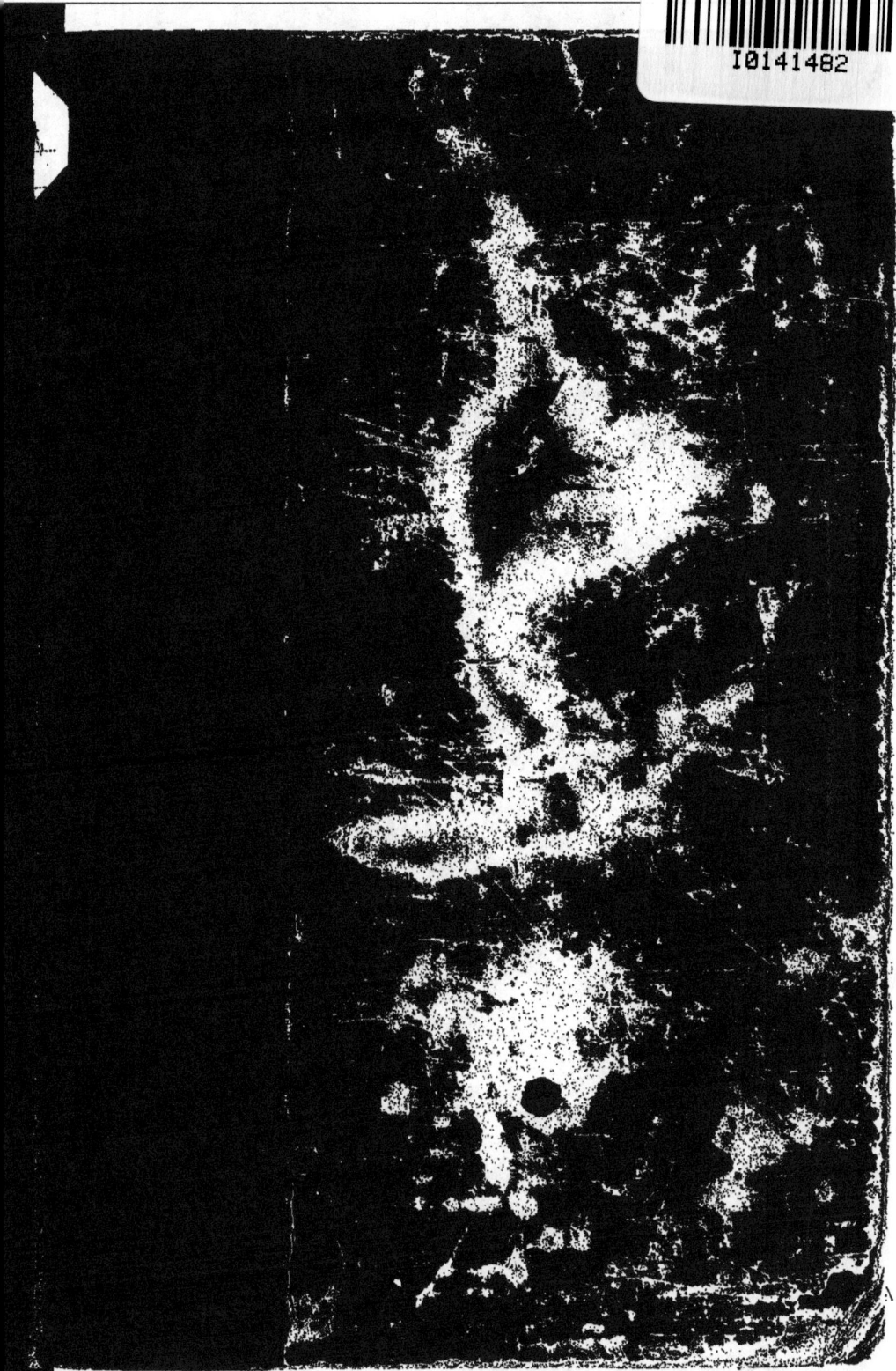

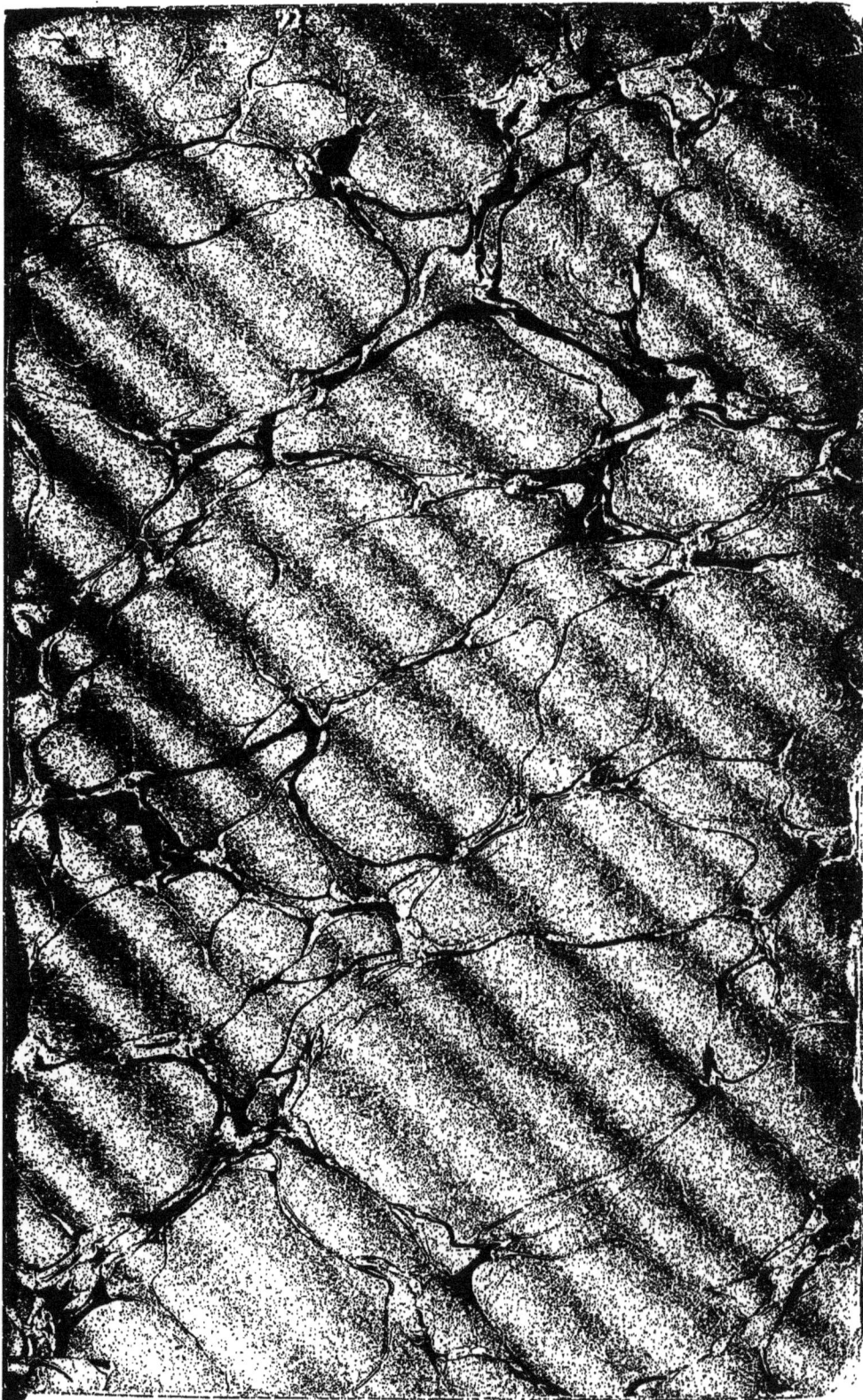

M.-N. BOUILLET

DICTIONNAIRE

UNIVERSEL

D'HISTOIRE ET DE GÉOGRAPHIE

REFONDU SOUS LA DIRECTION DE

L.-G. GOURRAIGNE

ANCIEN ÉLÈVE DE L'ÉCOLE NORMALE SUPÉRIEURE,
PROFESSEUR AGRÉGÉ D'HISTOIRE AU LYCÉE JANSON-DE-SAILLY, A L'ÉCOLE NORMALE SUPÉRIEURE D'ENSEIGNEMENT PRIMAIRE
ET A L'ÉCOLE COLONIALE,
ANCIEN MEMBRE DU CONSEIL SUPÉRIEUR DE L'INSTRUCTION PUBLIQUE.

TRENTE-TROISIÈME ÉDITION

SUPPLÉMENT

PARIS

LIBRAIRIE HACHETTE ET Cie

79, BOULEVARD SAINT-GERMAIN, 79

1908

3 fr.

M.-N. BOUILLET

DICTIONNAIRE

UNIVERSEL

D'HISTOIRE ET DE GÉOGRAPHIE

REFONDU SOUS LA DIRECTION DE

L.-G. GOURRAIGNE

ANCIEN ÉLÈVE DE L'ÉCOLE NORMALE SUPÉRIEURE.
PROFESSEUR AGRÉGÉ D'HISTOIRE AU LYCÉE JANSON-DE-SAILLY, A L'ÉCOLE NORMALE SUPÉRIEURE D'ENSEIGNEMENT PRIMAIRE,
ET A L'ÉCOLE COLONIALE.
ANCIEN MEMBRE DU CONSEIL SUPÉRIEUR DE L'INSTRUCTION PUBLIQUE.

TRENTE-TROISIÈME ÉDITION

SUPPLÉMENT

PARIS
LIBRAIRIE HACHETTE ET Cie
79, BOULEVARD SAINT-GERMAIN, 79

1908

SUPPLÉMENT

A

ABBADIE (Antoine d'), né à Dublin en 1810, mort à Paris en 1897, était le fils de Michel d'Abbadie, originaire de Mauléon, qui avait émigré en Irlande pendant la Révolution. Il fit ses études à Paris et étudia le droit à Toulouse; mais ses goûts l'entraînaient vers les voyages. Il fut chargé par l'Académie des Sciences d'une mission au Brésil (1836). L'année suivante, il rejoignit son frère Arnaud au Caire; tous deux se rendirent à Massaouah (1838), et, de là, gagnèrent l'Ethiopie; mais Antoine dut revenir en France chercher les instruments d'observation qui lui manquaient. En 1840, les deux frères recommencèrent leur voyage, visitèrent Gondar et passèrent plusieurs années en Ethiopie. Arnaud servant dans les armées abyssines. Antoine se livrant à de savants travaux d'histoire naturelle, de philologie, de géographie surtout, pour lesquels il suppléait au manque des instruments par une méthode de *géodésie expéditive* de son invention. En 1848, les deux frères rentrèrent en France. Antoine fut élu correspondant (1852), puis membre titulaire (1856), de l'Académie des sciences. M. Darboux lui a consacré une notice (2 décembre 1907).

ABBADIE (Arnaud d'), frère du précédent, né en 1815, mort en 1893, est surtout connu par les voyages qu'il fit avec son frère Antoine en Abyssinie (1837-1847), puis seul (1853-54). Il donna à cette époque, sur les sources du Nil, encore mal connues, des renseignements dont l'authenticité fut contestée.

ABDOULAHI, Kalife des Madhistes ou Derviches, d'origine arabe, fut désigné comme chef par le Mahdi Mohammed Ahmed (*Voy.* ce nom) quand celui-ci mourut (juin 1885). Agé d'environ 40 ans au moment de son avènement, Abdoulahi montra une grande énergie, et fonda dans le Soudan oriental un véritable empire. Il conquit Sennaar en 1885, le Darfour et le Kordofan, pénétra à plusieurs reprises dans la Province Equatoriale et dans la région du Bahr el Gazal (1885-1895). Sous la conduite de l'émir Osman Digma, les Madhistes occupèrent Kassala (1886). Ils essayèrent d'envahir l'Abyssinie, mais ils furent battus par les Abyssins à Galabat (1889). Ils attaquèrent les Italiens de Massaouah; mais ils furent repoussés à Agordat (1893), et le général Baratieri s'empara de Kassala (1894). Du côté de l'Egypte, les Madhistes occupèrent Dongola. Mais ils furent battus par le général Grenfell à Toski (1889), échouèrent dans leurs tentatives contre Souakim, et furent battus à Tokar (1891); ils perdirent Dongola, enlevé par Kitchener (sept. 1896), et, finalement, furent écrasés à Omdurmam (2 sept. 1898). Poursuivi par les Anglo-Egyptiens, Abdoulahi fut tué à Oum Debrikat (24 nov. 1899). Sa mort et la capture d'Osman Digma par les Anglais près de Tokar (janv. 1900) mirent fin à l'empire des Madhistes.

ABDOUR RHAMAN, émir d'Afghanistan, né en 1845, mort en 1901, était un petit-fils de Dost-Mohammed. Il lutta pendant sa jeunesse contre son oncle, l'émir Chehr-Ali, et contre le fils de ce prince, Yakoub-Khan. Vaincu par Yakoub, il dut se réfugier à Samarcande (1869), où les Russes lui accordèrent une pension annuelle de 25 000 roubles. En 1879, il profita du trouble causé dans l'Afghanistan par l'assassinat, à Caboul, du représentant britannique, Cavagnari, et par l'arrivée d'une armée anglaise, commandée par lord Roberts, pour rentrer dans son pays. Proclamé émir par les principaux chefs de tribus et par les notables de Caboul, il fut reconnu par les Anglais comme souverain de l'Afghanistan (juillet 1880). L'Angleterre lui attribua même une pension annuelle de quatre millions de francs, qui fut augmentée en 1893. En compensation, Abdour Rhaman s'engageait à maintenir l'Afgha-

nistan en dehors de toute influence étrangère. En 1884, les Russes s'emparèrent de Merv et prétendirent occuper des territoires qui dépendaient de l'Afghanistan : soutenu par l'Angleterre, l'émir résista aux prétentions des Russes qui finirent par évacuer les territoires contestés. La délimination de la frontière entre l'Afghanistan et le Turkestan russe fut faite en 1887 et en 1895 pour le massif du Pamir (*Voy.* AFGHANISTAN dans le SUPPLÉMENT). Les frontières entre l'Afghanistan et l'Inde furent fixées en 1893. — Abdour Rhaman fit de l'Afghanistan un véritable Etat, divisé en quatre provinces (Bérat, Turkestan, Caboul, Candahar), avec des finances bien organisées. Il forma, avec le concours du général Gholam Haïder, une armée de 50 000 hommes. Il s'efforça de maintenir son pays indépendant de l'Angleterre, aussi bien que de la Russie. Il eut pour successeur son fils aîné, Habib Oullah. — Abdour Rhaman a écrit en partie et en partie dicté à un secrétaire son autobiographie, qui a été traduite du persan en anglais (Mohamed Khan, *The life of Abdur Rhaman*, Londres, 1900) et analysée par M. Brisse dans la *Revue de Géographie* (août 1902).

ABEL (Niels Henrik), mathématicien norvégien, né en 1802, mort en 1829, fit ses études au Lycée et à l'Université de Christiania. Ses premiers mémoires traitèrent de l'*Intégration des formules différentielles* (1823) et des *Equations algébriques* (1824). Doté d'une bourse de voyage, il alla à Copenhague et à Berlin, où il se lia avec le savant Crelle et fonda avec lui un journal de mathématiques, dans lequel il publia d'importants mémoires. Il vint à Paris en 1826 et publia un travail, qui est célèbre dans l'histoire des mathématiques, *Sur une propriété très étendue de fonctions transcendantes*; c'est dans ce mémoire que se trouve le théorème relatif aux intégrales qu'on appelle *abéliennes*. Ce travail si important, remis à Cauchy et à Legendre, n'éveilla en aucune façon l'attention des savants français, et ces belles recherches ne donnèrent à leur auteur, ni à Paris, ni à Berlin en 1827, aucune réputation. Découragé, Abel, après un court séjour à Berlin (1827), revint à Christiania, où il obtint difficilement une place de professeur suppléant avec un traitement fort maigre, insuffisant pour le tirer de la misère dans laquelle il vivait depuis ses débuts. C'est dans ces conditions pénibles qu'il commença la publication des *Recherches sur les fonctions elliptiques*, que l'on considère comme son chef-d'œuvre. Dans le même temps, l'allemand Jacobi abordait des travaux sur les mêmes questions. Abel mourut phtisique en 1829, au moment où sa réputation de grand savant commençait à s'établir, et où il allait obtenir une chaire de mathématiques à Berlin. — Le centenaire de la naissance d'Abel a été célébré avec éclat par la Norvège en 1902.

ABIDJAN, localité maritime de la colonie française de la Côte d'Ivoire, à l'ouest de Port-Bouet et de Bingerville (*Voy.* ce mot dans le SUPPLÉMENT); port récemment créé; point de départ d'un chemin de fer de pénétration dans l'intérieur.

ABYSSINIE ou ÉTHIOPIE (*Voy.* ABYSSINIE et ÉTHIOPIE dans le DICTIONNAIRE). — Menelik, prince du Choa, dominant l'anarchie qui, depuis plusieurs années, désolait l'Abyssinie, se fit couronner roi d'Ethiopie à Entotto (3 novembre 1889). Il eut à résister aux Madhistes (*Voy.* ABDOULAHI), qui furent battus à Galabat (1889). Il s'occupa surtout de régler les rapports de son pays avec les Italiens (*Voy.* ABYSSINIE dans le SUPPLÉMENT), qui avaient essayé de pénétrer dans l'Abyssinie, et qui avaient été battus à Dogali (26 janv. 1887). Un traité fut signé le 2 mai 1889, duquel l'Italie prétendit ensuite tirer des droits à une sorte de protectorat. Cette prétention fut repoussée par Menelik. Les Italiens ayant pris Axoum et Adaoua en 1895, la guerre éclata (26 janv. 1896). Les Italiens furent battus au fort de Makallé (janv. 1896), et surtout à Adaoua avec le général Baratieri (1er mars), tandis que Menelik se faisait couronner empereur d'Ethiopie à Axoum (6 février). Après la signature de la paix, l'Abyssinie, qui avait noué d'amicales relations avec la France et la Russie, s'ouvrit de plus en plus à la civilisation européenne. Elle fut visitée par de nombreux voyageurs. La construction des voies ferrées, surtout du chemin de fer de Djibouti à Adis-Ababa, capitale de Menelik, ouvrit une ère nouvelle dans l'histoire de ce pays. En 1897, un traité entre l'Angleterre et l'Ethiopie reconnut à Menelik de vastes zones d'influence, notamment dans l'hinterland du pays des Somalis. Des conventions territoriales furent passées aussi avec la France et l'Italie. Un traité signé à Londres, le 13 décembre 1906, entre la France, l'Angleterre et l'Italie, garantit l'intégrité du territoire éthiopien, définit l'action commune des trois puissances auprès de l'empereur, stipula qu'aucun changement ne pourrait être apporté à la situation de l'Ethiopie sans le consentement des trois parties contractantes, décida que la construction des voies ferrées se ferait sous les auspices de l'Italie vers le Nord, de l'Angleterre vers l'Ouest, et que la ligne dite du Harrar (de Djibouti à Adis-Ababa) resterait sous l'influence de la France. Le calme assez général qui règne actuellement en Ethiopie, le rapprochement qui s'est opéré avec l'Europe et le développement des travaux publics ont accru la richesse de ce pays: elle consiste surtout dans la production de l'or, du bois, du coton, du café, du bétail; mais il reste encore de grands progrès à réaliser. La superficie actuelle de l'empire d'Ethiopie est évaluée à 518.000 kilomètres carrés et sa population à 10 millions d'habitants.

ACCARIAS (Calixte), jurisconsulte français, né en 1857, mort en 1905, fut d'abord élève de l'Ecole normale supérieure. Exclu de cette école en 1852 à cause de ses opinions républicaines, il étudia le droit, fut reçu agrégé en 1865, professa à Douai puis à Paris (1868-1890), et termina sa carrière comme conseiller à la Cour de Cassation. Directeur de la *Revue critique de législation et de jurisprudence*, il a publié de nombreux ouvrages, dont le principal est un *Précis de droit romain*, plusieurs fois réédité.

ACOLLAS (Emile), jurisconsulte, né en 1826 à La Châtre (Indre), mort en 1892, était fils d'un avocat qui fut, avec George Sand, un des fondateurs de l'*Eclaireur de l'Indre*. En 1866, soucieux d'unifier les doctrines du parti républicain, il réunit chez lui un comité d'études composé de Jules Favre, Hérold, Jules Simon, Jules Ferry, Floquet, Brisson, etc... Il fut l'organisateur et le promoteur, avec Ch. Lemonnier et Jules Barni, du premier Congrès de la Paix tenu à Genève en 1867. A son retour en France, il paya de sa liberté cette initiative. En prison, il commença l'œuvre remarquable publiée sous le titre modeste de *Manuel de droit civil*, dans laquelle se trouve formulée la philosophie du droit civil. En 1865, le premier, il avait posé, juridiquement, les droits de l'enfant et de la femme. Enfin en 1876, il prêta son nom à la première tentative de concentration des forces socialistes qui se fit dans le VIe arrondissement à Paris. Ses principaux ouvrages, en dehors du *Manuel de droit* sont: *l'Enfant né hors mariage*. 1865; *La nécessité de refondre l'ensemble de nos codes*. 1866; *La Philosophie de la science politique*, 1877, etc.

ADAMAOUA. Cette région du Soudan central est actuellement partagée entre la Nigeria anglaise, qui possède la ville de Yola, et le Cameroun allemand, qui comprend la ville et le pays de Ngaoundéré.

AFGHANISTAN (*Voy.* ce mot dans le DICTIONNAIRE). Etat de l'Asie centrale, a une superficie de 558.000 kil. carrés et une population de cinq à six millions d'habitants. Pendant la plus grande partie du XIXe siècle, les Russes et les Anglais se disputèrent la suprématie dans ce pays. Sous le règne de l'émir Abdour Rhaman (*Voy.* ce nom dans le SUPPLÉMENT), l'Afghanistan dut subir, de la part des deux puissances rivales, une notable diminution de territoire. Une convention de 1887 attribua au Turkestan russe quelques districts de l'Afghanistan septentrional et fixa de ce côté la frontière. Un acte de 1895 attribua à la Russie le massif montagneux du Pamir. Les frontières entre l'Afghanistan et l'Inde furent établies par une convention de 1893, qui donna aux Anglais, pour faciliter la défense militaire de l'Inde, les pays des Waziris et des Afridis, les passages qui traversent les

monts Soliman et qui ouvrent des débouchés sur Caboul, le Tchitral, le Badjaour, le Bouner, le Kodistan et le Dardistan, régions qui avaient dépendu jusqu'alors des souverains afghans. En compensation, l'Afghanistan obtint, au sud-ouest du Kafiristan, une région montagneuse habitée par des populations presque sauvages, qui ne furent soumises, au prix de mille difficultés, qu'en 1895. Sur ce territoire ainsi délimité, Abdour Rhaman établit un pouvoir assez fortement organisé et parvint à maintenir, entre les Russes et les Anglais, l'intégrité de son pays. Après sa mort (1901), son successeur, Habib-Oullah, s'efforça de suivre la même politique, en d'assurer l'indépendance de l'Afghanistan, tout en conservant de bons rapports avec ses voisins. Une convention de 1905 avec l'Angleterre fut le point de départ de relations franchement amicales entre cette puissance et le gouvernement de Caboul. L'émir Habib-Oullah, dans l'hiver de 1906-1907, alla visiter à Calcutta le vice-roi, lord Minto, et y reçu avec de grands honneurs. Par une convention du 31 août 1907 entre l'Angleterre et la Russie, cette dernière puissance s'est engagée solennellement à respecter l'organisation politique et l'intégrité territoriale de l'Afghanistan. Cette convention a été généralement interprétée comme plaçant l'Afghanistan sous une sorte de protectorat moral de l'Angleterre, sans que cette puissance songe, toutefois, à établir sa domination sans ce pays d'accès si difficile, ni à se servir des forces afghanes pour menacer sur un point quelconque la domination russe dans l'Asie centrale.

AFRIKANDERS, nom donné aux blancs d'origine hollandaise, allemande et française, descendants des anciens colons, nés ou établis dans l'Afrique du Sud. — Ils ont formé entre eux une ligue (Afrikander Bond) pour unir les Afrikanders épars dans la colonie du Cap, le Natal, les anciens Etats libres d'Orange et le Transvaal, transformés depuis 1902 en colonies anglaises. — Depuis plusieurs années, les Afrikanders jouent un grand rôle dans la politique de l'Afrique australe; ils ont fait élire un grand nombre de leurs représentants au Parlement du Cap. Un de leurs principaux chefs, M. Schreiner, devint, après les élections de 1898, premier ministre de cette colonie. Les élections de 1907 leur ont donné la majorité dans le Transvaal. (*Voy.* ce mot dans le SUPPLÉMENT.)

AFRIQUE AUSTRALE ANGLAISE, nom sous lequel on désigne de vastes possessions qui eurent pour origine la colonie du Cap de Bonne-Espérance (*Voy.* ces mots dans le DICTIONNAIRE), que les Anglais enlevèrent définitivement aux Hollandais en 1814. Au cours de leurs luttes contre les Boërs (*Voy.* ce mot dans le DICTIONNAIRE), les Anglais conférèrent et organisèrent, de 1842 à 1856, la colonie de Natal, tandis que leurs adversaires créaient les Républiques d'Orange et de Transvaal (*Voy.* ces mots dans le DICTIONNAIRE et dans le SUPPLÉMENT, dont les Anglais reconnurent l'indépendance (1852-1853). Le domaine britannique s'accrut, surtout vers la fin du XIXe siècle, par l'incorporation du Basoutoland (1868-1871), par la soumission des Cafres, Zoulous, Pondos, Fingos, etc. (1875-1882), par l'annexion du Griqualand (1880-1887), du Bechuanaland (1884-1887), du Khamaland (1885), du Ngomiland (1888). Cecil Rhodes (*Voy.* ce nom dans le SUPPLÉMENT), ministre du Cap et fondateur d'une puissante « compagnie à charte » ou *Chartered*, fut le promoteur principal de ce rapide développement, qui assura à l'Angleterre la possession des pays des Matébélés et des Machonas, par des traités signés avec le roi Lo-Benguela (1885), par l'éviction des Portugais du bassin intérieur du Zambèze (1890-91), par la formation de la Rhodesia (1891), du Nyassaland, enfin par la conquête de l'Orange et du Transvaal, qui devinrent des colonies de la couronne (1902). Actuellement, les principales subdivisions de l'Afrique australe anglaise sont: le Cap, Natal, qui ont des institutions parlementaires, le Zoulouland, colonie de la couronne, le protectorat de l'Amatongaland, le Basoutoland, colonie de la couronne, le Bechuanaland, pays de protectorat, la Rhodesia, administrée concurremment par les agents de la couronne et par ceux de la Compagnie, le protectorat du Nyassaland, l'Orange, colonie de la couronne, le Transvaal, qui a obtenu une constitution parlementaire en décembre 1906. — La superficie totale de ces pays est évaluée à environ 1.900.000 kilomètres carrés; la population, à plus de 7 millions d'habitants. — Le lien entre ces différentes parties, qui ont chacune un gouvernement particulier, est représenté par le gouverneur du Cap, qui porte aussi le titre de Haut-Commissaire pour l'Afrique australe.

AFRIQUE OCCIDENTALE FRANÇAISE, vaste colonie française qui comprend, en vertu d'un décret du 1er octobre 1904, les divisions suivantes : 1° colonie du Sénégal à laquelle sont rattachés les pays de protectorat de la rive gauche du Sénégal, qui faisaient partie antérieurement de la division dite de Sénégambie-Niger ; 2° colonie de la Guinée française ; 3° colonie de la Côte d'Ivoire ; 4° colonie du Dahomey ; 5° colonie du Haut-Sénégal et Niger, comprenant les anciens territoires du Haut-Sénégal et du Moyen-Niger, ainsi que ceux qui forment le Territoire militaire (Voy. ces mots dans le SUPPLÉMENT) ; 6° Territoire civil de la Mauritanie. (Voy. ces mots dans le SUPPLÉMENT). La superficie totale est évaluée à 1 717 000 kilomètres carrés et la population à un peu plus de 15 millions d'habitants. — Un décret du 16 juin 1895 avait réuni sous la même administration générale les territoires du Sénégal, du Soudan français, de la Guinée française et de la Côte d'Ivoire. Ces pays étaient placés sous la haute direction d'un gouverneur général, résidant à St-Louis, et chargé particulièrement de l'administration du Sénégal. Chaque colonie conservait d'ailleurs l'autonomie administrative sous l'autorité de gouverneurs résidant à Konakry et à Grand-Bassam. Le Dahomey n'était pas compris dans cette organisation, mais le gouverneur de cette colonie devait tenir le gouverneur général de l'Afrique occidentale au courant de son administration. Un décret du 17 oct. 1899 modifia cette organisation en démembrant le Soudan (Voy. ce mot), dont les diverses régions furent rattachées aux colonies maritimes les plus voisines. Un décret du 17 octobre 1899 rattacha le Dahomey à l'Afrique occidentale. Un décret du 1er octobre 1902 débarrassa le gouverneur général de l'administration du Sénégal, étendit ses pouvoirs, plaça le Sénégal, la Guinée, la Côte d'Ivoire et le Dahomey sous l'autorité de lieutenants-gouverneurs subordonnés au gouverneur général, fixa les attributions du secrétaire général et du Conseil de gouvernement, établit à Dakar le siège de l'administration centrale, organisa les « Territoires de la Sénégambie et du Niger », qui furent placés sous l'administration du gouverneur général représenté par un délégué siégeant à Kayes. Le même décret dota l'Afrique occidentale de l'autonomie financière et lui conféra le droit de contracter des emprunts. Un décret du 18 octobre 1904 débarrassa le gouverneur général de l'administration particulière de tout territoire de la colonie, lui réservant la haute direction et le contrôle supérieur de toutes les affaires. En même temps, les territoires de la Mauritanie (Voy. ce mot dans le SUPPLÉMENT), au nord du Sénégal, reçurent une organisation administrative et militaire, et une colonie nouvelle fut créée, celle du Haut-Sénégal et Niger. — L'Afrique occidentale, dotée d'un budget général, a contracté des emprunts consacrés à d'importants travaux publics : construction de voies ferrées (ligne de Dakar à Saint-Louis, antérieure à la création de la colonie ; lignes de Kayes à Koulikoro, sur le Niger ; de Konakry au Niger, en construction ; de Cotonou au Niger, en construction ; ligne de la Côte d'Ivoire, récemment commencée), amélioration des voies fluviales, outillage des ports, lignes télégraphiques et téléphoniques, assainissement des villes, etc. — Cette vaste colonie, dès maintenant prospère, paraît appelée à un brillant avenir, grâce à la variété et à la richesse de ses productions : gisements de fer et de cuivre, mines d'or, d'argent, de mercure ; — coton, qui réussit fort bien dans une grande partie du Soudan, indigo, arachides, gomme, mil, riz, arbre à caoutchouc, sésame, palmiers à huile, noix de kola, bois de construction et d'ébénisterie. Des jardins d'essai ont été créés dans diverses parties de la colonie, dont la richesse agricole est considérable.

AFRIQUE ORIENTALE ALLEMANDE, colonie de l'empire allemand, bordée par l'Afrique orientale anglaise au Nord ; par l'État indépendant du Congo, duquel elle est séparée par le Tanganika à l'Ouest ; par l'Afrique australe anglaise (Rhodesia) et la colonie portugaise de Mozambique, au Sud ; par l'Océan Indien à l'Est. La superficie est évaluée à 941 000 kil. carrés, et la population à un peu plus de à 7 millions d'habitants. — Côtes généralement basses, bordées d'îles (Pemba et Zanzibar dépendent de l'Angleterre ; Mafia seule est allemande). Ports de Tanga, Bagamoyo, Dar-es-Salam, etc. Principaux fleuves : Pangani, Loufidji. A l'intérieur, montagnes schisteuses se rattachant au massif du Kilima N'djaro. Deux saisons, sèche et pluvieuse, durant six mois chacune. — Pays pauvre en métaux : sol médiocrement fertile ; cocotiers ; quelques plantations de café ; forêts de caoutchouc ; élevage. — Ch.-l. de la colonie : Dar-es-Salam. — Ces pays ont été d'abord dominés par les sultans musulmans de Zanzibar. Mombasa et Quiloa, puis par les Portugais, enfin par l'imam de Mascate, qui chassa les Européens en 1698, et fonda à Zanzibar le siège d'un État considérable, qui commença à décliner vers 1850. En 1885, l'Empire allemand obtint du sultan de Zanzibar la possession d'une partie de la côte. L'exploitation et l'administration furent confiées à une Compagnie de l'Afrique orientale allemande, qui s'efforça de reculer les limites des possessions allemandes, tandis que les Anglais, de leur côté, travaillaient à accroître l'étendue de l'Afrique orientale anglaise (Voy. ces mots dans le SUPPLÉMENT). Les frontières furent fixées par des conventions avec le Portugal (1886, 1890), et avec l'Angleterre (1886, 1887, 1890). Par la convention de 1890, l'Allemagne céda à l'Angleterre le pays de Vitou, et reçut en échange l'île d'Héligoland, renonça à toute action dans l'Ouganda, et acquit du sultan de Zanzibar de nouveaux territoires sur la partie méridionale du littoral. A la suite de ce traité, la Compagnie de l'Afrique orientale perdit ses attributions politiques et administratives, qui passèrent à l'Empire allemand, représenté, depuis 1900, par le sous-secrétaire d'État des colonies. — L'Afrique orientale allemande a à sa tête un gouverneur général résidant à Dar-es-Salam. Il n'y a pas de garnison européenne, mais des milices formées de noirs. Pendant un soulèvement de la population indigène en 1906, les Allemands ont même envoyé dans cette colonie des miliciens papous recrutés en Nouvelle-Guinée. Les Allemands ont commencé à construire en 1894 une voie ferrée de Tanga au Kilima N'djaro et une autre entre Dar-es-Salam et Bagamoyo. Le commerce s'est élevé, en 1906, à 25 millions de marks, avec une augmentation de 5 millions sur l'année précédente. Il consiste surtout, à l'exportation, en ivoire, caoutchouc, café, etc.

AFRIQUE ORIENTALE ANGLAISE, colonie britannique, dont le littoral borde l'Océan Indien sur une longueur de 625 kilomètres, entre 0°13' et 4°45' de lat. Sud. Elle borne par l'Afrique orientale allemande au S., l'État libre du Congo à l'O., la Somalie italienne au N. — Ces régions, qui appartenaient au sultan de Zanzibar, furent disputées, surtout après 1870, par les Anglais et les Allemands. Une convention du 1er novembre 1886 détermina les zones d'influence entre ces deux nations. En 1887, le sultan de Zanzibar céda à des négociants anglais les territoires situés entre les rivières Oumba et Kipini. Un traité de 1890 attribua à l'Angleterre le pays de Vitou, et fixa à la rivière Rovouma la frontière de l'Afrique orientale allemande. — La région voisine de la côte est malsaine, fertile et habitée par des populations belliqueuses. L'intérieur du pays est dominé par les chaînes qui se rattachent aux massifs du Kenia et du Kilima N'djaro. Entre ces montagnes et les lacs Victoria et Albert, s'étendent des régions fertiles, habitées par des populations nombreuses et assez civilisées. — La superficie de l'Afrique orientale anglaise proprement dite est de 458 000 kil. carrés. La population était évaluée en 1905 à 4 508 000 habitants. Si l'on joint à cette colonie les possessions anglaises de l'Afrique centrale, dans les régions des lacs Victoria et Albert, ainsi que l'Ouganda (Voy. ce mot dans le SUPPLÉMENT), on atteint un total d'environ 1 254 000 kil. carrés, avec près de 9 millions d'habitants. — Ces pays furent administrés d'abord par une compagnie appelée Imperial British East Africa Cie, ou, par abréviation, Ibea, fondée en 1888. Mais cette Compagnie, ruinée par des entreprises coûteuses, telles que les expéditions dans l'Ouganda et la construction d'une voie ferrée de Mombaz à Port-Florence sur le lac Victoria, céda ses droits à la couronne en 1895. Les principaux objets de commerce sont l'ivoire, le caoutchouc, le bétail, les cuirs, et, dans quelques régions, le cacao et le café. — Le ch.-l. est Mombaz ; princip. localités : Malindi, Kipini, qui est le port de Vitou, Kismayou, etc. — On rattache aussi à cette colonie le protectorat de Zanzibar (Voy. ce mot dans le SUPPLÉMENT).

AFRIQUE ORIENTALE PORTUGAISE, vaste colonie du Portugal, bornée par l'Afrique orientale allemande et la Rhodesia anglaise au N., les colonies anglaises de Zambésia, Nyassaland, Rhodésia et Transvaal à l'O., la colonie anglaise de Transvaal et le Zoulouland anglais au S. — Superficie, 768 740 kil. carrés; population, environ 5 120 000 hab. — Fleuves Rovouma, Zambèze, Limpopo. — Climat malsain sur les côtes, plus salubre au S., surtout dans la région du Nyassa. Les productions sont surtout végétales : riz, café, arachides, cacao, canne à sucre, caoutchouc, etc. Cependant l'Afrique portugaise possède, comme les pays voisins, de grandes richesses minérales, surtout dans les régions septentrionales : or, charbon, fer, cuivre, etc. — Les Portugais s'établirent dans ces pays en 1498 et 1505 et les considérèrent d'abord comme des dépendances de l'Inde. En 1752, ils les érigèrent en capitainerie générale. Mais, pendant longtemps, ces colonies furent délaissées. Une loi de 1869, exécutoire à partir de 1878, abolit l'esclavage. En 1879, le gouvernement commença à accorder de vastes concessions à des compagnies formées pour l'exploitation du pays ; ainsi se formèrent les compagnies de Mozambique, d'Inhambané, du cap Delgado, de Zambézie. Les voyages des explorateurs Serpa Pinto (1870-77), Capello et Ivens, avaient relié les possessions orientales à celles qu'ont les Portugais dans l'Ouest africain (Loanda, Benguella, Mossamedes). Mais l'Angleterre, en 1890 et 1891, força les Portugais à renoncer au bassin intérieur du Zambèze (Voy. AFRIQUE AUSTRALE ANGLAISE dans le SUPPLÉMENT). Les Anglais avaient aussi contesté au Portugal la possession de la baie Delagoa, sur laquelle est situé le port considérable de Lourenço Marques. Mais grâce à l'arbitrage du maréchal de Mac-Mahon (1875), ce port resta aux Portugais. Lourenço Marques et Beira, son port important, sont reliés à l'Afrique anglaise par des voies ferrées. — L'Afrique orientale portugaise a été érigée, en 1891, en État de l'Afrique orientale, formant les provinces de Mozambique, Zambézie (ch.-l. Quilimané) et Lourenço Marques. Le gouverneur général réside tantôt à Mozambique, tantôt à Lourenço Marques.

AÏN-SEFRA, ville d'Algérie, sur le chemin de fer qui relie Oran à l'Oasis de Figuig, est actuellement comprise dans la division appelée Territoires du Sud (Voy. ces mots dans le SUPPLÉMENT). La population de la commune mixte d'Aïn-Sefra est d'environ 16 000 habitants dont environ 700 Européens, sans compter la garnison.

AIRY (George BIDDELL), astronome anglais, né à Ainwich, (Northumberland) en 1801 mort en 1892, fut titulaire, à l'âge de 20 ans, de la chaire scientifique de Cambridge, que Newton avait illustrée. Il enseigna les sciences physiques sous le nom de philosophie expérimentale. Peu de temps après, il fut mis en possession de la chaire d'astronomie, puis fut nommé directeur de l'Observatoire ; à ce titre il publia les observations astronomiques qui forment un ouvrage considérable. En 1835, il passa à la direction de l'observatoire de Greenwich : dans ces fonctions, il se signala par d'importants travaux sur la gravitation, sur les erreurs de l'observation astronomique, sur la forme de la terre, le magnétisme, la météorologie, etc. On lui doit aussi l'introduction d'appareils nouveaux ou perfectionnés, des méthodes de calcul plus rapides et plus simples, etc. Il a laissé connaître les résultats de ses recherches dans quelques ouvrages de vulgarisation sur la gravitation, l'astronomie, la trigonométrie, etc. Airy était membre associé de l'Institut de France.

ALARCON (Pedro Antonio DE), écrivain espagnol, né à Guadix (Grenade) en 1833, mort en 1891, débuta dans le journalisme en 1855, suivit l'armée espagnole au Maroc, en 1859, comme correspondant de la Iberia, visita l'Italie et la France, puis représenta aux Cortès la ville de Cadiz. Il prit une part notable à la révolution de 1868. Comme écrivain, il a laissé des œuvres souvent pleines de vigueur, toujours intéressantes : Diario de un testigo de la guerra de Africa, 1859 'Journal d'un témoin de la guerre d'Afrique' ; De Madrid à Naples, 1861 ; El finale de Norma, 1866, trad. en fr. par M. Yriarte ; Poesias serias y humoristicas, 1870 ; El Sombrero de tres picos, 1874 ; El Escándalo, 1875, trad. en fr. par M. Fournier ; El Niño de la Bola (L'Enfant à la Boule), 1880, trad. en fr. par M. Deleyne. Alarcon était membre de l'Académie espagnole.

ALBERT Ier, roi de Saxe, né à Dresde en 1828, était le fils du roi Jean Ier de Saxe et d'une princesse bavaroise. Il étudia le droit et les sciences administratives à l'Université de Bonn. Il prit part à la guerre contre le Danemark en 1849.

Quand son père devint roi de Saxe (1854), il reçut le commandement de l'infanterie saxonne. En 1866, la Saxe s'étant rangée du côté de l'Autriche contre la Prusse, il commanda le corps saxon, fort de 50 000 hommes, qui, refoulé hors de la Saxe par l'invasion prussienne, alla rejoindre en Bohême l'armée du feld-maréchal Benedek. Il combattit à Muncheugrœtz (28 juin), à Gitschin (29 juin) et à Sadowa (5 juillet). La participation de la Saxe à la guerre contre la Prusse aurait entraîné peut-être l'incorporation de ce petit royaume à la monarchie prussienne, sans la résistance de l'empereur d'Autriche et l'intervention de Napoléon III. La Saxe fit partie de la confédération du Nord, et ses troupes formèrent le XIIe corps de l'armée confédérée, sous le commandement du prince Albert (1867). En 1870, les Saxons, comme les autres peuples allemands, prirent les armes contre la France. Le prince Albert fut attaché à la IIe armée allemande, commandée par le prince Frédéric-Charles. Il prit une part considérable aux batailles de Gravelotte et de Saint-Privat. Lors de l'investissement de Metz, il fut placé à la tête de la IVe armée, dite de la Meuse, et opéra, conjointement avec le prince royal, contre le maréchal de Mac-Mahon. Il prit part au combat de Beaumont (30 août) et à la bataille de Sedan (1er septembre). Il coopéra à l'investissement de Paris par la rive droite, et établit son quartier général au Tremblay. Il repoussa les attaques du général Ducrot sur Villiers (30 novembre), où un monument a été élevé (1907) à la mémoire des Saxons tués dans ce sanglant combat, et à Champigny (2 décembre). En 1873, il succéda à son père, le roi Jean. Lié depuis l'enfance d'une étroite amitié avec l'empereur d'Autriche François-Joseph, il travailla assidûment et avec succès au rapprochement des Habsbourg et des Hohenzollern, qui aboutit à l'alliance austro-allemande de 1879. Il s'était rallié en toute sincérité au régime impérial allemand, qui était la conséquence des événements de 1866 et de 1870. — Le roi Albert avait épousé en 1853 la princesse Caroline de Wasa, mais il n'eut pas d'enfants. Il mourut en 1902 et laissa la couronne à son frère Georges, né en 1852 (Voy. ce nom dans le SUPPLÉMENT).

ALBERT (Frédéric Rodolphe archiduc), prince autrichien, né en 1817, mort en 1895, était le fils aîné du célèbre archiduc Charles. Gouverneur de Vienne en 1848, il réprima l'insurrection viennoise avec une grande sévérité, et n'hésita pas à faire tirer sur le peuple. Général de cavalerie, il commença à se faire connaître dans la campagne de 1849, où, sous les ordres de Radetzky, il prit une part considérable à la bataille de Novare. Il fut successivement commandant en chef du 3e corps d'armée, gouverneur général de la Hongrie jusqu'en 1860, commandant par intérim des troupes du royaume lombardo-vénitien. Placé, en avril 1866, à la tête des troupes autrichiennes en Vénétie (armée du Sud), il remporta sur les Piémontais, commandés par le général Durando, l'éclatante victoire de Custozza (24 juin 1866). Peu après, il remplaça Benedek, vaincu à Sadowa, à la tête de l'armée de Bohême. Après la paix, il resta commandant en chef de l'armée autrichienne ; il devint, en 1869, inspecteur général de l'armée austro-hongroise. Il a publié, en 1869, De la responsabilité dans la guerre, trad. en français par Dufour.

ALBERT (Alexandre MARTIN, dit), né à Bury (Oise) en 1815, mort en 1895, ouvrier mécanicien, joua un rôle actif dans les sociétés secrètes sous le règne de Louis-Philippe. Il prit part aux prises d'armes de 1832, de 1834 dans la rue Transnonain, de 1839, avec Barbès. Il est connu surtout par son rôle en 1848. Il était alors un des rédacteurs anonymes de l'Atelier, journal mensuel, fondé par des ouvriers en 1840. Le 21 février, quand la foule envahit les bureaux de la Réforme, le nom d'Albert fut acclamé par le peuple ; Albert fit partie du gouvernement provisoire avec Louis Blanc, Flocon et Marrast. Les nouveaux élus furent encore acclamés à l'Hôtel de Ville. Sur la proposition de Garnier-Pagès, ils devinrent, au titre de secrétaires, adjoints aux membres du gouvernement proclamés à la Chambre des députés Lamartine, Dupont de l'Eure, Arago, Ledru-Rollin, Garnier-Pagès, Crémieux, Marie. En fait, les secrétaires furent, dès le premier jour, placés sur le même rang que les élus du Palais-Bourbon. Albert fut adjoint à Louis Blanc comme vice-président de la commission du gouvernement pour les travailleurs. Dans le gouvernement même, il ne joua qu'un rôle secondaire, et vota toujours avec Louis Blanc. Président de la commission des récompenses nationales, il fut élu, le 23 avril 1848, représentant du peuple à l'Assemblée constituante par le département de la Seine, le 21e sur 34, avec 135 041 voix sur 267 888 votants. Il ne siégea que peu de jours. Arrêté comme complice ou instigateur de l'affaire du 15 mai, il fut conduit au fort de Vincennes, puis traduit devant la Haute Cour de justice de Bourges, dont il déclina la compétence. Il refusa de répondre aux juges, et fut condamné, le 2 avril 1849, à la peine de la déportation, qu'il subit à Doullens, puis à Belle-Isle, et au pénitencier de Tours. Amnistié en 1859, il se fixa à Paris, où il vécut d'un modeste emploi dans la Compagnie du Gaz. Après le 4 septembre 1870, il fut nommé par le gouvernement de la Défense nationale membre de la commission des barricades, avec Schœlcher, Bastide, Floquet, Rochefort, etc. Il se présenta dans le département de la Seine aux élections législatives du 8 février 1871, mais il ne fut pas élu. En 1878, il fut, sur la recommandation de Victor Hugo, candidat au Sénat, mais sans succès. Les dernières années de sa vie se sont écoulées fort calmes dans la petite ville de Mello, où il est mort, et où un monument lui a été élevé.

ALBERTA, province située au nord-ouest du Dominion du Canada. Elle a été formée en 1905 de l'ancien district de ce nom, créé en 1882, auquel on a ajouté des parties des anciens territoires d'Attrabasca, Assiniboine et Saskatchewan ; superficie 272 958 kil. carrés. Population 185 000 habitants en 1907. Capitale Edmonton. La province est administrée par un lieutenant-gouverneur et une Assemblée législative de 25 membres. — Dominé à l'O. par les Montagnes Rocheuses, ce pays présente de grands plateaux parcourus, surtout dans le bassin de la rivière Churchill, et arrosés par l'Athabasca, les Saskatchewan du N. et du S., etc. — Climat froid mais salubre. — Gisements de houille ; terrains fertiles dans la *Prairie*.

ALÉSIA (*Voy.* ce nom dans le DICTIONNAIRE), ville forte de l'ancienne Gaule, aujourd'hui Alise-Sainte-Reine (Côte-d'Or), célèbre par la résistance de Vercingétorix. Des fouilles y furent entreprises de 1861 à 1865, à l'occasion des travaux de Napoléon III sur Jules César. Elles ont été reprises de nos jours par la Société des Sciences de Semur, sous le patronage de la Société des Fouilles archéologiques. Les découvertes récentes (enceintes des fossés creusés par les assaillants, ruines de maisons, de monuments, notamment d'un vaste théâtre, statues, et monnaies à l'effigie de Vercingétorix, etc.) ne paraissent laisser aucun doute sur l'identité d'Alise et d'Alésia. La ville aurait été reconstruite après la victoire de César, ravagée au Ier siècle après Jésus-Christ et détruite au ve siècle.

ALEXANDRE III ALEXANDROVITCH, empereur de Russie, né en 1845, second fils de l'empereur Alexandre II, (*Voy.* ce nom dans le DICTIONNAIRE), devint héritier de la couronne après la mort de son frère aîné Nicolas (1865). Il se distingua dans la guerre de Turquie (1877) à la tête des 12e et 13e corps, à Choumla, à Roustchouk, à Osman-Bazar, à Rasgrad et à Eski-Djuma (27 janv. 4 fév. 1878). En 1881, il succéda à son père Alexandre II, assassiné par les nihilistes. Pendant plusieurs mois, le nouvel empereur vécut isolé à Gatchina ; ce ne fut qu'en 1883 qu'il se fit couronner à Moscou. L'année suivante, il eut une entrevue à Skiernievice avec les empereurs d'Allemagne et d'Autriche. Cependant, il ne voulut pas adhérer à la Triple Alliance. — A l'intérieur, Alexandre III revendiqua les droits du pouvoir absolu ; il prit des mesures rigoureuses contre lui dont les attentats étaient de plus en plus fréquents. Sur les conseils de Pobiedonozief, son ancien précepteur, devenu procureur général du Saint-Synode, il soutint toutes les traditions de l'Église orthodoxe, à laquelle il était passionnément attaché, persécuta les juifs, restreignit le nombre des étudiants dans les universités et celui des élèves dans les lycées (1887), poursuivit la russification des gouvernements de la Pologne et des provinces baltiques, défendit aux étrangers d'acquérir des biens fonciers. Il développa la marine et l'armée et releva les finances de la Russie. — A l'extérieur, il soutint en Bulgarie d'abord Alexandre Ier, (*Voy.* BATTENBERG dans le SUPPLÉMENT), puis, en présence des velléités d'émancipation de ce prince, il l'abandonna ; mais il refusa de reconnaître Ferdinand de Saxe-Cobourg, successeur d'Alexandre Ier. Avec la Chine, il signa le traité de Kouldja (1881), obtenant, en échange d'une partie de cette province, cédée aux Chinois, dix millions de roubles, le droit de créer des consulats en Mandchourie et en Mongolie, ainsi que de grands avantages commerciaux. Il poursuivit la conquête du Turkestan, soutint énergiquement ses droits contre les prétentions de l'Angleterre, fit la construction du chemin de fer transcaspien, qui relie la Caspienne à Samarkand et à Tachkendt. Il se rapprocha de la France pour tenir en échec la Triple Alliance ; la réception de la flotte française à Cronstadt (1891), puis celle des marins russes en France (1893), suscitèrent en Russie et en France un vif enthousiasme. Son grand titre de gloire est d'avoir maintenu la paix en Europe, et d'avoir ouvert définitivement à la civilisation l'Asie occidentale et septentrionale. Il mourut à Livadia le 2 novembre 1894. Il avait épousé en 1866 Sophie-Frédérique Dagmar, fille de Christian IX de Danemark. Son fils Nicolas II lui succéda.

ALEXANDRE Ier, roi de Serbie, fils de Milan Ier (*Voy.* ce nom) et de la reine Nathalie, né à Belgrade en 1876, fut déclaré roi par son père, qui abdiqua le 6 mars 1889, après avoir stipulé qu'une dotation annuelle d'un million lui serait payée, et que le séjour en Serbie serait interdit à la reine Nathalie, avec qui Milan avait toujours vécu en mauvaise intelligence. Le 14 avril 1893, le jeune prince fit arrêter les régents qui gouvernaient en son nom et se déclara majeur. Peu de temps après, l'ex-roi Milan rentra en Serbie, malgré les arrêts qui lui interdisaient de revenir dans le pays, et il exerça sur le gouvernement une influence que ne cessa qu'en 1900 : il fut même placé par Alexandre à la tête de l'armée et il dirigea l'État pendant les fréquents voyages que le jeune prince fit à l'étranger. Ces faits produisirent en Serbie un grand mécontentement. Dès lors les coups de force se succédèrent rapidement ; la constitution de 1889 fut remplacée par celle de 1896, qui était moins libérale : la cour suprême fut transformée, les radicaux furent écartés du pouvoir et leurs principaux chefs furent emprisonnés ; les différents cabinets qui essayèrent de gouverner au milieu des troubles furent fréquemment dissous. En 1900, Alexandre épousa la veuve d'un ingénieur, dame d'honneur de la reine Nathalie, Mme Draga Machin, plus âgée que lui de neuf ans. Ce mariage, à la suite duquel Milan s'était démis, en manière de protestation, de ses fonctions de généralissime, fut suivi d'une période d'apaisement. En 1901, après la mort de Milan, Alexandre promulgua une constitution assez libérale. Cependant la reine Draga était devenue très impopulaire ; le peuple et les soldats la détestaient comme une intrigante qui s'était emparée de l'esprit faible du roi, et qui prétendait, disait-on, imposer à celui-ci un de ses frères comme héritier présomptif de la couronne. De nouveaux coups de force vengèrent la reine du mépris dans lequel elle était tenue. Un complot militaire fut alors ourdi contre les souverains ; tous deux furent assassinés par des officiers dans la nuit du 10 au 11 juin 1903. Le prince Pierre Karageorgevich fut proclamé roi sous le nom de Pierre Ier.

ALEXANDRE Ier, prince de Bulgarie (*Voy.* BATTENBERG.

ALGÉRIE. — La domination de la France s'est considérablement étendue dans les régions du Sud, grâce aux efforts de nos explorateurs (Flatters, d'Attanoux, Flamant, Foureau, etc.) et de nos soldats. Le Mzab fut annexé dès 1882 ; Insalah en 1899 par Flamant et le capitaine Pein ; le Touat, à partir de la même date : Tidikelt (1890), Igli (1900), Gourara (1900). Ces pays ont été pacifiés rapidement par le colonel Laperrine et le général Servière ; placés en 1902 sous l'autorité directe du gouvernement général, ils ont été organisés en 1905 comme « Territoires du Sud », et forment quatre territoires (Aïn-Sefra, les Oasis, Ghardaïa, Touggourt) subdivisés en cercles ; chaque territoire a un commandant, chargé des services militaires et administratifs. La superficie totale de l'Algérie est de 800 000 kilomètres carrés. Sa population était évaluée en 1901 à 5 251 850 habitants, dont 558 174 Français, 242 857 étrangers (dont 71 793 naturalisés), 4 200 464 indigènes, 57 152 israélites naturalisés. — Depuis 1898, les décrets ont associé la population, d'une façon plus directe, à l'administration du pays, par l'organisation des *Délégations financières* élues, qui jouent un rôle considérable dans l'établissement du budget algérien ; les attributions du gouvernement général ont été en même temps étendues (décrets de 1902, etc.).

ALI, bey de Tunis, *Voy.* SIDI ALI.

ALGÉSIRAS (Conférence d'). Voy. Maroc.

ALLADA, ville du Dahomey, capitale du royaume du même nom, à 45 kil. N.-E. de Ouida. — Le royaume d'Allada, placé sous le protectorat de la France, a été formé en 1894. Il est limité : au N., par la Lama ; à l'O., par le Couffo ; à l'E., par la lagune d'Aona, le Ouovimé et la rivière Sô ; au S., par les territoires annexés aux possessions françaises. Le roi est élu par les Cabécères.

ALLEN (Grant), écrivain anglais, né à Kingston (Canada) en 1848, mort en 1899, fit ses études en Angleterre et fut professeur à la Jamaïque. Son œuvre comprend des ouvrages scientifiques et des romans, publiés sous les pseudonymes de J. Arbuthnot Wilson et de Cecil Power. Dans la première catégorie, on citera : l'Esthétique physiologique ; le Sens des couleurs ; l'Évolutionniste en liberté ; la Grande-Bretagne anglo-saxonne ; les Couleurs des fleurs ; les Fleurs et leur généalogie ; Ch. Darwin ; l'Évolution de l'idée de Dieu, etc. ; — parmi ses œuvres littéraires : les Romans du haut de la colline ; les Histoires étranges ; Douze contes ; la Femme qui l'a fait ; la Copiste à la machine ; Rosalba, etc. Il a laissé aussi une œuvre poétique, les Dernières pentes. Sa biographie a été écrite par M. R. Le Gallienne dans la Fortnightly Review (1899).

ALLONGÉ (Auguste), peintre, né à Paris en 1855, mort en 1898, fut élève de Léon Cogniet. Après s'être essayé dans la peinture historique, il s'adonna au paysage, et chercha surtout ses sujets dans la Bretagne, qu'il a beaucoup contribué à faire connaître. Mais il est estimé surtout par ses dessins au fusain. Il a publié pour l'enseignement de cette sorte de dessin un traité, le Fusain, 1875, et deux recueils, Grands Cours et Cours de fusain gradué.

ALPHAND (Jean-Ch.-Adolphe), ingénieur, né à Grenoble en 1817, mort en 1891, entra à l'École polytechnique en 1835, et se fit connaître comme ingénieur à Bordeaux. Appelé à Paris en 1854, il fut nommé ingénieur en chef des promenades et plantations. On lui doit la création du Bois de Boulogne, du parc Monceau et du Bois de Vincennes actuels, la transformation des Champs-Élysées, les parcs des Buttes-Chaumont et de Montsouris, qui remplacèrent d'anciennes carrières. Chargé en outre, en 1862, du service de la voie publique, il travailla activement à la transformation de Paris, et, notamment, dirigea, en 1867, le nivellement de la butte du Trocadéro. Nommé, en 1871, directeur des travaux de Paris, avec la direction des services d'architecture, il collabora avec ardeur à la préparation de l'Exposition de 1878, et, la même année, après la mort de M. Belgrand, la direction du service des eaux et des égouts. Désormais il eut la haute main sur tous les services techniques de la capitale. En cette qualité, il fut un des principaux organisateurs de l'Exposition de 1889. Inspecteur général des ponts et chaussées en 1875, il entra en 1891, comme membre libre, à l'Académie des Beaux-Arts, en remplacement de M. Haussmann. Il a laissé quelques ouvrages : les Promenades de Paris, 1867-1873 ; Arboretum et Fleuriste de la Ville de Paris, 1874. Un monument lui a été élevé à Paris sur l'avenue du Bois-de-Boulogne.

AMARI (Michele), écrivain italien, né à Palerme en 1806, mort en 1889, appartint dès sa jeunesse au parti libéral. Il publia en 1842 un ouvrage sur les Vêpres siciliennes sous ce titre : Un Épisode de l'Histoire de la Sicile au xiiie siècle. Ce livre, résultat de longues recherches, eut un grand retentissement dans l'Italie d'alors, si hostile à la domination étrangère. Il visita ensuite Paris et Londres, puis revint chez eux et il prit une part très active à la révolution de 1848. Ministre des finances pendant trois mois, il fut ensuite chargé de représenter la Sicile à l'étranger. Proscrit en 1849, il se fixa à Paris, où il obtint un petit emploi à la Bibliothèque Nationale. C'est là qu'il prépara son Histoire des Musulmans de Sicile. Il rentra en Italie en 1859, fut nommé professeur d'arabe à Pise, fut mêlé aux événements qui se déroulèrent en Sicile en 1860, fut ministre de l'instruction publique du nouveau royaume d'Italie jusqu'en 1865, et vécut désormais dans la retraite. Il a laissé une correspondance intéressante, échangée avec Michelet, Renan, etc. Il était membre associé de l'Académie des Inscriptions de France.

AMÉDÉE, duc d'Aoste, second fils de Victor-Emmanuel II, né en 1845, fut élu, en 1870, roi d'Espagne par les Cortès, sur la proposition du maréchal Prim. (Voy. ce nom dans le Dictionnaire.) Il débarqua à Carthagène le 30 décembre, le jour même où Prim succombait victime

d'un assassinat. Le prince entra à Madrid le 2 janvier 1871, prêta serment à la constitution de 1869 et fut reconnu sous le nom d'Amédée Ier. Il appela au gouvernement les libéraux et les progressistes ; mais il demeura impopulaire aux yeux de tous les partis. Il vit échouer tous ses projets d'organisation politique, tandis que les carlistes s'insurgeaient dans les provinces du Nord (avril 1872). Dans la nuit du 18 au 19 juillet 1872, il faillit, ainsi que la reine, être victime d'une tentative d'assassinat. Isolé en Espagne, il adressa sa démission aux Cortès (11 février 1873, et quitta immédiatement Madrid pour rentrer en Italie. Victor-Emmanuel lui conféra le grade de lieutenant général avec un siège au Sénat. Il mourut à Turin en 1890. — Il avait épousé, en 1867, la princesse Maria delle Cisterna (1847-1876), de laquelle il eut trois fils, Emmanuel, duc d'Aoste, né en 1869 ; Victor-Emmanuel, comte de Turin, né en 1870 ; Louis-Amédée, duc des Abruzzes, né en 1873. En 1888, il épousa en secondes noces sa nièce, Laetitia Bonaparte, de laquelle il eut un fils, Humbert, comte de Salemi, né en 1889.

AMÉRIQUE CENTRALE (Grande République de l'). On a désigné sous ce nom l'union formée par le Honduras, le Nicaragua, et le San Salvador, en vertu d'un traité du 15 juin 1897. À la suite de l'insurrection du Salvador, la Confédération fut dissoute (novembre 1898).

AMICIS (Edmond de), écrivain italien, né à Oneglia en 1846, mort en 1908, entra à l'École militaire de Modène en 1865, prit part comme sous-lieutenant à la bataille de Custozza (1866), puis dirigea à Florence le journal l'Italia militare. En 1870, après la prise de Rome, il quitta l'armée et se consacra exclusivement à la littérature. Dès 1868, il avait publié des Esquisses de la vie militaire, qui eurent un grand succès. Il publia ensuite des Nouvelles, et surtout des récits de voyage qui consacrèrent sa réputation d'écrivain : l'Espagne, 1873 ; Londres, 1874 ; Hollande, 1874 ; Maroc, 1876 ; Paris, 1878 ; Constantinople, 1878. Ces livres ont été traduits en français. En 1881, il publia un grand ouvrage sur Rome, en collaboration avec MM. Berserio et Bosco. Il a composé aussi des Portraits littéraires, Gli Amici, Cuore, que l'on considère comme son meilleur ouvrage ; il a laissé sur le mouvement social un livre inédit, le Premier mai. — L'œuvre de cet écrivain est considérable ; mais, dans son ensemble, elle n'a qu'une médiocre valeur littéraire.

ANDERLEDY (Antoine), général des Jésuites, né à Brieg (Valais) en 1819, mort en 1892, entra comme novice dans la Compagnie à l'âge de 19 ans. Professeur de littérature à Fribourg, il fut arrêté après la guerre du Sonderbund, se fixa ensuite à Chambéry, puis dans l'Amérique du Nord, où il reçut la prêtrise, et dirigea la mission de Greenbay, sur le lac Érié. Rappelé en Europe en 1858, il fut recteur des séminaires de Cologne, puis de Paderborn, fonda en 1868 le grand collège de Maria Laach, fit partie du Conseil supérieur de l'ordre comme assistant de la province germanique (1870), et devint, en 1885, vicaire général et coadjuteur du P. Beckx, auquel il succéda en 1887. Il passa les dernières années de sa vie dans l'ancien couvent des ermites de St-Jérôme, à Fiesole. Il a laissé un important ouvrage sur la Compagnie de Jésus.

ANNENKOF (Michel-Nicolaïevitch), général russe, né à St-Pétersbourg en 1835, mort en 1899, servit dans l'état-major ; il fut nommé général-major en 1869, et lieutenant-général en 1878. Il est connu surtout pour avoir construit, à partir de 1880, la voie ferrée qui, partant d'Ouzoun Ada mer Caspienne, se dirige dans le pays des Turkomans Tekkés et vers l'oasis de Merv. La ligne, qui doit, par Samarkande et Tachkend, se relier au Transsibérien, fut inaugurée en 1888. Annenkof fut aussi un des promoteurs principaux du chemin de fer transsibérien. À partir de 1896, il dirigea le journal Rouss (la Russie).

ANTOKOLSVKY (Marc), sculpteur russe, né à Vilna en 1842, dans une famille juive très pauvre, mort à Hombourg en 1902, apprit lui-même les éléments de l'art. À l'âge de vingt-deux ans, il obtint d'entrer comme élève libre à l'École des Beaux-Arts de Saint-Pétersbourg. Après avoir exposé des œuvres déjà remarquables, telles que le Tailleur juif, l'Avare (exposé à Paris), il reçut la médaille d'or et put faire en Italie un séjour de trois ans. Il se fit connaître par de nombreuses œuvres représentant les principaux personnages de l'histoire russe. À cette catégorie de productions appartiennent les statues d'Ivan *le Terrible*, de *Pierre le Grand*, d'*Alexandre II*, d'*Alexandre III*, etc. Puis il conçut et exécuta des œuvres plus larges. qui le placèrent au premier rang parmi les artistes contemporains : *Spinoza mourant. les derniers moments de Socrate, le Christ devant le peuple*, etc. Antokolsvky était très apprécié à Paris, où il résida pendant plusieurs années, et où il obtint pour son *Socrate* une médaille d'honneur à l'Exposition de 1878. Il était membre de l'Académie russe des Beaux-Arts, et, depuis 1888, membre associé de celle de France.

APIA, port de l'archipel des Samoa (*Voy.* ce mot dans le DICTIONNAIRE), situé dans l'île Oupoulou; occupé par les Allemands en vertu de la convention du 8 novembre 1899 entre l'Allemagne. les États-Unis et l'Angleterre.

ARABIE (*Voy.* ce mot dans le DICTIONNAIRE). — Depuis la fin du XIXe siècle, d'importantes modifications se sont produites dans la situation politique de ce pays, par suite de l'extension de l'influence anglaise et de l'agitation toujours croissante des Arabes, qui, soutenus par l'Angleterre, s'efforcent d'échapper à la tutelle de la Turquie. — Dans le sud, l'Angleterre a étendu sa domination sur l'hinterland d'Aden. Depuis 1873, elle a poursuivi l'annexion de l'Hadramaout et soumis les petits sultans de Kichin (1875), de Makalla (1888), etc.; La Turquie a reconnu à l'Angleterre le protectorat de ces pays, ainsi que la possession directe d'un territoire au sud de Moka (1905). — A l'Est, le sultan de Mascate s'est lié à l'Angleterre par des traités particuliers (1891); le protectorat britannique s'est étendu sur presque tout le littoral et les îles Bahreïn (1896). Le petit état de Koueit, situé non loin de l'estuaire du Chatt-el-Arab, qui était resté longtemps indépendant, a été placé, malgré les réclamations de la Turquie, sous le protectorat de l'Angleterre. — Dans la région intérieure appelée Nedjed, un soulèvement a éclaté en 1901 contre les Turcs qui, après avoir organisé l'Yémen en vilayet (1873), prétendaient exercer une sorte de protectorat sur l'intérieur de la péninsule. Le sultan Abd-el-Aziz, descendant des anciens émirs ouhabites, a appelé les Arabes aux armes (1901-1904); il est appuyé, dit-on, par l'Angleterre. Dans l'Yémen même, l'imam Yahia s'est révolté, et a battu les troupes turques de Riza-Pacha (1905); il compte un grand nombre de partisans. Le mouvement nationaliste arabe, qui peut devenir funeste à la domination ottomane, s'étend jusqu'à la Syrie.

ARAGO (Étienne), écrivain et homme politique, né à Perpignan en 1803, mort en 1892, fut d'abord préparateur de chimie à l'École polytechnique. Mais il abandonna bientôt les sciences pour les lettres, travailla avec Balzac, et écrivit, le plus souvent en collaboration, un grand nombre de pièces de théâtre, dont une des meilleures, les *Aristocraties*, fut jouée en 1847 au Théâtre-Français. De 1830 à 1840, il dirigea le théâtre du Vaudeville, collabora à divers journaux et figura jusqu'en 1848 parmi les écrivains du parti républicain. Député des Pyrénées-Orientales en 1848, il fut, pendant la même année, directeur des postes. Englobé dans la réaction de 1849, il fut condamné par la Haute Cour de Versailles, après l'échauffourée de juin, passa à l'étranger, et ne rentra qu'en 1859. Il écrivit alors à l'*Avenir national*, devint maire de Paris le 4 sept. 1870, et donna sa démission après le 31 octobre. Élu député des Pyrénées-Orientales en février 1871, il se retira peu après de la politique, et devint archiviste de l'École des beaux-arts (1878), puis conservateur du Musée du Luxembourg (1879). Il a publié en 1874 *l'Hôtel de Ville de Paris du 4 Septembre et pendant le siège*.

ARAGO (Alfred), fils de François Arago, peintre et critique d'art, né en 1816, mort en 1892, élève de Paul Delaroche, a laissé, entre autres œuvres, l'*Aveugle*, la *Récréation de Louis XI*, etc. Il fut attaché, sous le second Empire, au ministère d'État, et devint inspecteur des beaux-arts.

ARAGO (Franç.-Emmanuel), homme politique, né à Paris en 1812, mort en 1896, fils de François Arago, publia à vingt ans un volume de vers, et composa quelques vaudevilles. Inscrit au barreau en 1837, il fut, deux ans plus tard, un des défenseurs de Martin Bernard et de Barbès. Il prit une part active à la journée du 24 février 1848 et fut nommé commissaire général à Lyon, puis directeur des Ateliers nationaux. Député des Pyrénées-Orientales en 1849, il fut envoyé comme ambassadeur à Berlin, mais il donna sa démission après l'élection du prince Louis-Napoléon Bonaparte à la présidence de la République (10 déc.).

Il renonça à la vie politique après le 2 décembre 1851. En 1867, il présenta la défense de Berozowski, qui avait commis un attentat contre l'empereur de Russie. Il fut élu député de Paris en 1869, et, après le 4 septembre 1870, fit partie du gouvernement de la Défense nationale, dans lequel il fut ministre de la justice en remplacement de Crémieux. Il était à l'Hôtel de Ville, lors de l'insurrection du 31 octobre 1870. Il fut envoyé à Bordeaux (fév. 1871), avec Pelletan et Garnier-Pagès, pour s'opposer aux desseins de Gambetta, et exerça les fonctions de ministre de l'Intérieur. Député des Pyrénées-Orientales à l'Assemblée nationale, il se rattacha à la politique modérée de Thiers. Il fut élu sénateur en 1876, et, en 1880, envoyé à Berne comme ambassadeur. Il conserva ces fonctions jusqu'en 1894. Il a laissé des *Mémoires*.

ARANY (Janos), poète hongrois, né en 1817, mort en 1882, naquit dans une pauvre famille de paysans et suivit d'abord la carrière de l'enseignement. Il joua un rôle important dans les sociétés littéraires et patriotiques qui préparèrent la libération de la Hongrie en 1848. (*Voy.* KISFALUDY dans le SUPPLÉMENT). Il a laissé de remarquables traductions en langue hongroise des œuvres de Sophocle, d'Aristophane, de Shakspeare, de Gœthe, de Burns, et de très beaux poèmes, *Toldy, Ballades, le Siège de Murany, Constitution perdue*, etc. M. Kont a publié une étude sur Arany (Paris, 1905).

ARÈNE (Paul). écrivain, né à Sisteron en 1843, mort en 1896, se fit connaître en 1865 par une petite pièce jouée à l'Odéon, *Pierrot héritier*. Il donna ensuite à divers théâtres les *Comédiens errants*, 1875; *le Duel aux Lanternes*, 1875; *l'Ilote*, 1875; *le Char*, opéra-comique, 1878. Il a laissé des pièces de vers en langue provençale (*Lis Estello negro, Frontfrediero*, etc.). d'autres en français, dans le *Parnassiculet*, satire des procédés des Parnassiens; enfin des romans, dont le plus connu est *Jean des Figues*, 1870. Un monument lui a été élevé à Sceaux, un autre à Sisteron.

ARMITAGE (Edward), peintre anglais, né à Londres, en 1817, mort en 1896, étudia à Paris dans l'atelier de Delaroche. Il se fit connaître lors du concours ouvert en 1847 pour la décoration du Parlement anglais, par un *Débarquement de Jules César en Angleterre*. Depuis, il peignit des tableaux à la façon d'Horace Vernet : *la Bataille de Meanee; Balaclava; Inkermann*, etc. Il a peint aussi des fresques dans l'église St-Jean (Islington).

ARMSTRONG (William-George), ingénieur anglais, né à Newcastle en 1810, mort en 1900, fonda un atelier pour l'invention, vers 1800, de canons en fer forgé de grandes dimensions et de pièces se chargeant par la culasse. Des ateliers d'Elswick, qu'il dirigeait, sortit un matériel de guerre considérable. En 1887, Armstrong reçut le titre de baron et fut élevé à la pairie.

ARNETH (Alfred, chevalier d'), historien autrichien, né à Vienne en 1819, mort en 1897, fut attaché aux Archives Impériales, et en devint le directeur en 1868. Il siégea à l'Assemblée nationale de 1848, entra en 1861 au Landtag de la Basse-Autriche, puis à la Chambre des Seigneurs. Son principal ouvrage est une *Histoire de Marie-Thérèse* (4 vol. 1863-1870). Il a laissé en outre, d'importants travaux : *Marie-Thérèse et Marie-Antoinette*, 1865; *Marie-Antoinette, Joseph II et Léopold II*, 1866; *Correspondance de Marie-Thérèse et de Joseph II*, 1867; *Beaumarchais et Sonnenfels*, 1868; *Correspondance de Joseph II et de Catherine de Russie*, 1869; *Correspondance secrète entre Marie-Thérèse et le comte de Mercy-Argenteau*, 1874; *Marie-Thérèse et la guerre de Sept Ans*, 1875; *Les dernières années du gouvernement de Marie-Thérèse*, 2 vol. 1876-1877. Il a publié aussi des biographies du *Feld-maréchal de Stahremberg* et du *Prince Eugène de Savoie*. D'Arneth était membre correspondant de l'Institut de France.

ASCOLI (Graziadio), philologue italien, né à Goritz, en 1829, mort en 1907, étudia les langues sémitiques et indo-européennes, et se fit connaître dès l'âge de seize ans, par de remarquables études sur la langue du Frioul, qui, d'après M. Bréal, est un dialecte vénitien mêlé d'éléments francaises. En 1860, il fut nommé professeur à l'*Institut scientifique et littéraire* de Milan, nom qui fut donné à l'université constituée dans cette ville au lendemain de la libération de la Lombardie. Les travaux d'Ascoli ont porté plus particulièrement sur les langues romanes.

dans l'étude desquelles il se plaça à côté de Diez et de Gaston Paris, et sur les langues sanscrite et hellénique. Mais il a laissé, en outre, d'importantes études sur les dialectes populaires de la France, sur l'irlandais, l'albanais, le tsigane, etc. — Ascoli était membre associé de l'Institut de France.

ASSAILLY (Gilbert d'), IV° grand maître de l'Ordre de St-Jean de Jérusalem en 1167, rompit, sur les instances d'Amaury, roi de Jérusalem, la trève conclue avec les Musulmans, et prit d'assaut la ville de Belbeis, à la tête des chevaliers de l'Ordre de St-Jean. Contraint plus tard d'évacuer l'Égypte, il donna sa démission en plein chapitre. Il mourut en 1183, en vue de Dieppe, non loin du port, comme il venait de s'embarquer pour l'Angleterre.

ASSINIBOINE, Voy. ATHABASCA.

ASSISE (don François), prince espagnol, né à Aranguez en 1822, mort à Épinay, près de Paris, en 1902, était le fils de l'infant François de Paule, duc de Cadix, et de la princesse Louise de Bourbon. À la suite des négociations complexes qui précédèrent les « mariages espagnols », il épousa sa cousine germaine, Isabelle II (Voy. ce nom dans le SUPPLÉMENT), reine d'Espagne, le 10 octobre 1846, en même temps que le duc de Montpensier, fils de Louis-Philippe, épousait l'infante Luisa-Fernanda. Roi d'Espagne en titre, il ne s'occupa point du gouvernement, qu'il laissa entre les mains d'Isabelle II, de ses ministres et de ses favoris; peu de temps après son mariage, il se sépara en fait de la reine, et vécut dans la retraite au monastère de Calatrava. Il quitta l'Espagne à la suite de la révolution de 1868, et, tandis que la reine se fixait à Paris, il alla habiter à Épinay, près de Saint-Denis, où il vécut dans une retraite absolue et où il mourut.

ATCHIN (Voy. ACHEM dans le DICTIONNAIRE). Par un traité de 1824, l'Angleterre céda aux Pays-Bas les droits qu'elle prétendait posséder sur ce pays, en échange des comptoirs de Ceylan et de Malacca, auxquels les Hollandais renoncèrent. Cependant l'indépendance d'Atchin était stipulée. En 1871, l'Angleterre reconnut aux Hollandais le droit d'occuper Atchin. En échange, ceux-ci abandonnèrent aux Anglais les comptoirs sur le golfe de Guinée qui font partie actuellement de la Côte de l'Or. Après de longues guerres avec les indigènes musulmans, (1873-70, 1889-96), les Hollandais ont fini par imposer leur suzeraineté au sultan d'Atchin.

ATHABASCA, partie des territoires du Nord-Ouest, dans le Dominion du Canada, a servi, en 1905, avec le territoire d'Assiniboine ou Assiniboia, à la formation de deux provinces nouvelles, l'Alberta et la Saskatchewan. (Voy. ces mots dans le SUPPLÉMENT.)

AUDIFFRET-PASQUIER (Edme-Armand-Gaston, duc d'), homme d'État, né à Paris, en 1823, mort en 1905, était le fils du comte d'Audiffret, receveur général, et le neveu par alliance du chancelier duc Pasquier (Voy. ce nom dans le DICTIONNAIRE), dont il devint le fils adoptif et l'héritier. Auditeur au Conseil d'État, de 1840 à 1848, il rentra dans la vie privée à l'avènement de la seconde République; il devait rester fidèle toute sa vie à son attachement à la monarchie orléaniste et à ses sympathies pour les princes de la maison d'Orléans. Sous le second Empire, conseiller général du canton de Mortrée (Orne), il se présenta deux fois sans succès aux élections législatives (1863, 1869). Aux élections du 8 février 1871, il fut élu député, le premier sur la liste du département de l'Orne, à l'Assemblée nationale; il siégea parmi les conservateurs et ne tarda pas à jouer un rôle considérable; il fut nommé président de la commission des marchés de la guerre, et il prononça en cette qualité de patriotiques discours. Il remplaça, au mois de mai 1873, Saint-Marc-Girardin (Voy. ce nom), dans le DICTIONNAIRE, comme président du centre droit. Il prit une part importante aux négociations qui eurent pour but, après la chute de Thiers (1873), d'amener une fusion entre les légitimistes et les orléanistes, en vue d'une restauration monarchique. Mais, quand il fut convaincu de l'impossibilité de réaliser cette restauration, il travailla loyalement à l'organisation d'une république à laquelle il ne demandait que d'être libérale. Élu vice-président de l'Assemblée nationale (2 décembre 1874), puis président 15 mars 1875), il dirigea les débats relatifs à la constitution. Il fut élu sénateur inamovible (9 novembre 1875) par ses collègues, en tête de la liste, par 551 voix sur 688 votants; il avait réuni sur son nom la majorité des voix

de la droite et de la gauche. Le 8 mars 1876, il remit les pouvoirs de l'Assemblée à la Chambre des Députés et au Sénat nouvellement élus. Il fut nommé président du Sénat par 205 voix sur 274 votants 15 mars 1876. Il protesta contre le régime dit du 16 mai (1877) et contre la dissolution de la Chambre, dont la majorité était républicaine; pendant la violente lutte électorale qui suivit, il encouragea le maréchal de Mac-Mahon dans le respect de la légalité. Il soutint, après les élections du 14 novembre 1877, le ministère Dufaure, qui assura le respect de la constitution. Il conserva la présidence du Sénat jusqu'au 15 janvier 1879; il fut remplacé alors par M. Martel. Désormais il ne joua plus qu'un rôle secondaire dans la politique; cependant il monta encore à la tribune pour défendre la cause de la liberté de l'enseignement. Pendant les dix années qui avaient suivi la guerre franco-allemande, le duc d'Audiffret-Pasquier avait exercé un grand ascendant sur les assemblées, grâce à son éloquence, qui était vive et passionnée; il avait été un des défenseurs les plus convaincus du régime parlementaire; il s'était montré un des plus actifs parmi les hommes d'État qui travaillèrent alors au relèvement de la France. — Il avait publié les Mémoires du chancelier Pasquier. Il appartenait à l'Académie française, devant laquelle son éloge fut prononcé par M. Ribot, son successeur. Le 20 décembre 1906.

AUDRAN (Edmond), compositeur, né à Lyon en 1842, mort en 1901, composa un grand nombre d'opérettes, dont la musique, à la fois élégante et facile, obtint un grand succès auprès du public. Les plus populaires furent le Grand Mogol, qui fut représenté d'abord à Marseille (1877), la Mascotte (1880) Gillette de Narbonne (1872) Miss Helyett (1890), qui est considérée comme la meilleure de ses pièces, etc. Il a écrit aussi une messe en musique, un oratorio (la Sulamite, etc.).

AUMALE (Henri-Eugène-Philippe-Louis-d'ORLÉANS, duc d'), quatrième fils de Louis-Philippe, duc d'Orléans, plus tard roi des Français, et de Marie-Amélie de Bourbon, né à Paris en 1822, mort en 1897, fit ses études au collège Henri IV, entra dans l'armée, comme sous-lieutenant, à l'âge de dix-sept ans, et fit un stage, comme lieutenant et capitaine, au camp de Fontainebleau et à l'école de tir de Vincennes. En 1840, chef de bataillon au 4° léger, il accompagna en Afrique le duc d'Orléans, son frère aîné, comme officier d'ordonnance, et se distingua aux combats de l'Affroun, du col de Mouzaïa et du bois des Oliviers. Atteint par les fièvres, il dut revenir en France, et fit à Paris, à la tête du 17° léger, une entrée triomphale qui fut légèrement attristée par l'attentat Quénisset (13 sept. 1841). Le prince était populaire, car le peuple devinait en lui le soldat, passionné pour le métier des armes, et qui eût fourni une belle carrière, même sans être né sur les marches d'un trône. Maréchal de camp en 1842, il repartit pour l'Algérie, et fut mis à la tête de la subdivision de Médéa. C'est alors qu'il s'illustra en enlevant, près de Taguin, la smala d'Abd-el-Kader (16 mai 1843), par un des faits d'armes les plus brillants des campagnes d'Afrique. Nommé, en récompense, général de division et commandant supérieur de la province de Constantine, il se montra, comme administrateur, des qualités remarquables; il dirigea, en 1844, les expéditions de Biskra et des Zibans. La même année, il épousa la princesse Marie-Caroline-Auguste de Bourbon, fille du prince Léopold de Salerne, née en 1822. Pendant quelque temps, il commanda le camp dit de la Gironde (1845), revint en Afrique, reçut le commandement de la province de Titteri, fit campagne dans l'Ouarsenis (1846), dirigea une expédition contre les Ouled Naïl, et jeta les fondements de la ville qui porte son nom. En septembre 1847, il remplaça le maréchal Bugeaud comme gouverneur général de l'Algérie. Son gouvernement fut marqué par la capture d'Abd-el-Kader (décembre 1847). — À la nouvelle de la révolution de février 1848, le prince, dont la popularité était très grande en Algérie, ne tenta aucune opposition contre le nouveau gouvernement; il remit ses pouvoirs au général Changarnier, en attendant l'arrivée de Cavaignac, nommé gouverneur général, adressa à l'armée une proclamation pleine de dignité et de patriotisme, et s'embarqua pour Gibraltar avec son frère le prince de Joinville (Voy. ce nom). Il gagna ensuite l'Angleterre, et résida à Claremont et à Twickenham. Il occupa ses loisirs en publiant dans la Revue des Deux Mondes, sous la signature du gérant, M. de Mars, des articles sur les zouaves et sur les chasseurs à pied (1855), et, plus tard, sur les institutions militaires de la France, sur Louvois, Carnot, Gouvion-St-Cyr. En 1861, il publia sa *Lettre sur l'Histoire de France*, critique très vive du gouvernement impérial, qui valut à l'éditeur et à l'imprimeur une condamnation à l'amende et à la prison. Peu après, parut le début de l'*Histoire des Princes de Condé*, l'œuvre la plus considérable du prince. Les premiers volumes furent saisis et ne purent être mis en vente qu'en 1860.

En 1870, le duc d'Aumale sollicita vainement du gouvernement de la Défense nationale le droit de combattre pour son pays. En février 1871, il fut élu comme membre de l'Assemblée nationale par le département de l'Oise. Il y possédait le magnifique domaine de Chantilly, qui lui avait été légué par le dernier prince de Condé. Dans une proclamation adressée de Londres aux électeurs, tout en affirmant ses préférences pour la monarchie constitutionnelle, il s'était déclaré prêt à s'incliner devant la souveraineté nationale, et à accepter la République libérale. Il rentra en France après l'abrogation des lois de bannissement (juin 1871), mais M. Thiers le décida, ainsi que le prince de Joinville, à ne pas occuper son siège de député, bien que son élection eût été validée. Il ne parut à l'Assemblée qu'en 1872, après l'organisation des pouvoirs du nouveau Président de la République. En mars 1872, il fut réintégré dans l'armée comme général de division. Le 28 mai suivant, à propos de la loi sur la réorganisation de l'armée, il fit à la tribune, en faveur du drapeau tricolore, « symbole de gloire, de concorde et d'union », une déclaration vibrante que l'opinion considéra comme une réponse aux menées des légitimistes. En octobre 1873, il fut chargé de présider le conseil de guerre qui jugea Bazaine. Il dirigea les débats avec une grande autorité. Cependant, après la condamnation du traître, il prit l'initiative d'un recours en grâce auprès du maréchal de MacMahon. Il fut nommé en même année au commandement du 7ᵉ corps, et conserva ces fonctions jusqu'en 1879. Il fut alors nommé inspecteur général d'armée, mais placé en disponibilité. En 1883, sur la proposition du général Thibaudin, ministre de la guerre, le duc d'Aumale fut mis, par décret, en non-activité par retrait d'emploi, en même temps que le duc de Chartres et le duc d'Alençon. La loi du 23 juin 1886 ayant décidé l'expulsion des prétendants et exclu les membres de leurs familles de toute fonction publique, le prince fut rayé des cadres de l'armée par le général Boulanger, qui avait autrefois sollicité son appui. Le duc d'Aumale protesta par une lettre adressée à M. Grévy, président de la République (11 juillet). Un décret signé deux jours après lui interdit le territoire français. Il se retira à Bruxelles. L'Institut, auquel le prince avait fait don, par testament olographe de 1884, du château et des collections de Chantilly, et qui avait fait frapper en son honneur une médaille d'or (1887), demanda vainement le rappel de l'exilé. Le décret d'expulsion ne fut rapporté qu'en juin 1889. Le duc d'Aumale revint se fixer au château de Chantilly, dont il s'était réservé la jouissance. C'est dans cette royale demeure qu'il termina sa vie, faisant revivre les traditions du plus illustre des princes dont il s'était fait l'historien, réunissant auprès de lui les meilleurs esprits de ce temps, charmant ses hôtes par les grâces de son esprit, mettant la dernière main à l'œuvre historique qui est son principal titre de gloire littéraire, enrichissant avec un goût délicat des merveilleuses collections qu'il destinait à la France. C'est dans ces nobles soins qu'il cherchait la consolation à ses douleurs privées : la duchesse était morte depuis longtemps, puis il avait perdu ses deux fils, Louis-Philippe, prince de Condé, en 1866, et François, duc de Guise, en 1872. — Le duc d'Aumale fut élu membre de l'Académie française en 1871, en remplacement de Montalembert ; à l'Académie des Sciences morales et politiques en 1889 ; il était membre libre de l'Académie des Beaux-Arts. Il a laissé comme ouvrages : *Alésia, étude sur la cinquième campagne de César en Gaule*, 1859 ; *les Zouaves et les Chasseurs à pied*, nouvelle édit., 1886 ; *la Question algérienne*, 1867 ; *les Institutions militaires de la France. Louvois, Carnot, Saint-Cyr*, 1867 ; *Discours prononcé à l'Académie française le 7 avril 1881* ; *Histoire des princes de Condé pendant le XVIᵉ et le XVIIᵉ siècles*, 8 vol., 1889-1896 ; *le Roi Louis-Philippe et le droit de grâce*, 1897.

AUSTEN (Jane), romancière anglaise, née à Stevenson (Hampshire) en 1775, morte en 1817, a donné : *Sense and Sensibility*, 1811, ouvrage écrit dès 1797-98 ; *Pride and Prejudice*, 1813, écrit en 1796-97 ; *Mansfield Park*, 1814 ; *Emma* 1816 ; *Persuasion*, 1818 ; *Northanger Abbey*, 1818, composé de 1798 à 1816 ; *Lady Susan* et *The Watsons*, publiés seulement en 1870. Elle a peint avec fidélité les sentiments et les caractères de la vie ordinaire. Sa biographie a été écrite par son neveu J.-E. Austen Lee. — Cf. *Life of J. Austen* (Great Writers) qui donne une bibliographie complète.

AUSTRALASIA, nom sous lequel les Anglais désignent l'ensemble de leurs colonies d'Australie et de Tasmanie et ses dépendances (*Voy.* NOUVELLE-ZÉLANDE dans le SUPPLÉMENT).

AUSTRALIA (COMMONWEALTH OF), nom sous lequel les Anglais désignent la confédération de leurs colonies d'Australie et de Tasmanie. L'idée première de cette confédération paraît remonter vers 1850. Elle fut reprise en 1885, mais elle rencontra une vive opposition dans certaines colonies. Cependant, une Convention, réunie à Sydney en 1891, élabora un plan de constitution, qui fut de nouveau remis en question et voté à Hobart en 1898. En 1899, la Nouvelle-Galles du Sud, Victoria, le Queensland, l'Australie du Sud et la Tasmanie acceptèrent l'Acte fédéral : l'Australie occidentale donna son adhésion en 1900. Le Parlement fédéral accepta le bill de la Fédération australasienne (mai 1900). — L'ensemble des colonies australiennes est régi par un gouvernement parlementaire, qui comprend un gouverneur général nommé par la couronne, un Sénat de 36 membres, une Chambre des Représentants de 75 membres, 7 ministres responsables devant le Parlement fédéral et une Haute cour de justice souveraine. Le Parlement fédéral s'est réuni d'abord à Melbourne ; mais il doit être transféré dans la capitale fédérale qui sera fixée à Dalgety (*Voy.* ce mot dans le SUPPLÉMENT). L'ensemble de la Confédération occupe une superficie de 7 700 966 kilomètres carrés, et comptait en 1906 une population d'environ 4 120 000 habitants.

AVEBURY, *Voy.* LUBBOCK.

B

BAÏF (Lazare DE), né au château de Puis, près d'Angers, vers 1496, mort en 1547, appartenait à une famille noble. Reçu avocat au Parlement, il alla à Rome étudier le grec auprès de Musurus, élève de Lascaris. Distingué par le cardinal Jean de Lorraine, il revint en France après un séjour de cinq ans en Italie ; il se trouvait à Lyon en 1525, l'année suivante, il publia le *De re vestiaria*. François Iᵉʳ l'envoya comme ambassadeur à Venise (1529-1534). Il a laissé, au sujet de cette mission, une correspondance diplomatique intéressante. Pendant son ambassade, il publia sa *De Vasculis*, Bâle, 1531. A son retour en France, il fut nommé conseiller au Parlement et maître des requêtes de l'hôtel du Roi. Il collabora alors avec Robert Estienne au *Thesaurus linguæ latinæ*, avec Lambin à une édition de Cicéron, donna une traduction en vers français de l'*Électre* de Sophocle. En 1540, il alla à Haguenau représenter le roi de France dans un colloque de catholiques et de protestants : il fut accompagné dans cette mission par le jeune Pierre de Ronsard. Il reprit, peu après, ses travaux, donna une traduction d'*Hécube* en vers français, dédiée à François Iᵉʳ (1544). Il fut élever avec le plus grand soin son fils Antoine. (*Voy.* dans le DICTIONNAIRE ART. DE BAÏF). — Cf. L. Pinvert, *Lazare de Baïf*, Paris, 1900.

BAILLY (Ant.-Nicolas), architecte, né à Paris, en 1811, mort en 1892, élève de Duban, entra de bonne heure au service de la ville de Paris, concourut à l'achèvement de l'Hôtel de Ville, à la construction de la fontaine Molière, fut nommé en 1844 architecte du gouvernement, restaura les cathédrales de Bourges et de Digne, la maison de Jacques Cœur à Bourges, etc. Il construisit à Paris le Tribunal de commerce, la mairie du IVᵉ arrondissement, l'hôtel Schneider, etc. Il était membre de l'Institut.

BAIN (Alexandre), philosophe écossais, né à Aberdeen, en 1818, mort en 1903, fut professeur à l'université de cette ville. Il s'occupa surtout de la psychologie ; il fut, au témoignage de Taine, un grand analyste, un parfait anatomiste de l'esprit, excellent pour disséquer avec précision et délicatesse tous les phénomènes mentaux ». Son principal ouvrage, *les Sens de l'Intelligence*, a été traduit en français par M. Cazelles (1875), *la Logique déductive et inductive* a été traduite par M. G. Compayré; *l'Esprit et le Corps*, par M. W. Rattier.

BAKER (Samuel), explorateur, né à Londres en 1821, mort en 1893, s'occupa, entre 1847 et 1854, de colonisation à Ceylan, où il fonda le sanatorium de Newera Elia, visita la Crimée, la Turquie, et, à partir de 1861, consacra tous ses soins à l'exploration de la vallée du Nil. Après avoir reconnu les affluents de l'Atbara, il partit de Khartoum (1862), rencontra à Gondokoro Speke et Grant, qui revenaient du lac Victoria. Le 14 mars 1864, après un voyage très pénible, il aperçut un lac qu'il dénomma Albert Nyanza. Cette découverte lui valut en Angleterre, où il revint en 1866, le titre du baronet. De 1869 à 1873, à la tête de 2 000 hommes et avec le titre de pacha, il essaya de conquérir le Haut-Nil pour le compte du khédive. Plus tard, il visita la Syrie, les Indes, le Japon, l'Amérique. Il a laissé un grand nombre d'ouvrages : *Huit années de pérégrinations* (à Ceylan), 1855; *l'Albert Nyanza*, 1866; *les Affluents du Nil en Abyssinie*, 1871; *Ismaïlia*, 1874; *Chypre, telle que je l'ai vue en 1879*, etc.

BALLAY (Eugène), explorateur français, né en 1847, mort en 1902, servit d'abord dans le corps de santé de la marine. Il accompagna en 1875 l'enseigne de Brazza (*Voy.* ce nom dans le SUPPLÉMENT), dans ses voyages sur l'Ogooué, l'Alima et la Licona (1875-78). Il remonte en 1882 le cours de l'Ogooué, puis descendit l'Alima jusqu'au Congo. Rentré en France en 1884, il fut délégué à la Conférence de Berlin (1885), puis chargé de la délimitation entre le Congo français et l'État libre récemment fondé. Il fut nommé en 1886 lieutenant-gouverneur du Gabon; en 1890, il fut chargé de l'administration des Rivières du Sud, dont les territoires formèrent en 1893 la colonie de Guinée française, à la tête de laquelle Ballay fut placé comme gouverneur. Il développa la colonie naissante, transforma son chef-lieu, Konakry, et travailla activement à l'établissement d'un chemin de fer de pénétration vers le Niger. En 1900, il fut, sur sa demande, nommé gouverneur par intérim du Sénégal, que dévastait une redoutable épidémie de choléra. Chargé, en récompense de son dévouement, du gouvernement général de l'Afrique Occidentale, il mourut peu de temps après à Saint-Louis.

BAMBERGER (Louis), homme politique et écrivain allemand, né à Mayence en 1823, mort en 1899, étudia le droit à Giessen, à Heidelberg et à Gœttingue, puis exerça la profession d'avocat dans sa ville natale. D'opinions libérales, il fut un des chefs du mouvement de 1848. Après la répression de 1849, il se réfugia en Suisse, tandis qu'à Mayence il était condamné à la réclusion, et à mort en Bavière. Il vécut ensuite en Angleterre, en Belgique, en Hollande, enfin à Paris, où il dirigea une maison de banque (1855-1867). Il rentra en Allemagne en 1867, et fut élu à Mayence membre du Parlement douanier en 1868, du Reichstag en 1873. Attaché, après la guerre, au gouvernement de l'Alsace-Lorraine, Bamberger d'autre part, au Reichstag, un des principaux chefs du parti national-libéral, et soutint d'abord la politique de Bismarck. A partir de 1890, il se sépara du chancelier, et fonda le parti « sécessioniste », qui fit souvent cause commune avec les progressistes contre Bismarck. Il a laissé quelques ouvrages : *Le lune de miel de la liberté de la presse*, Mayence, 1848; *Résultats du soulèvement du Palatinat*, 1849; *M. de Bismarck*, 1868; *l'Histoire naturelle de la guerre française*, 1871; *les Travailleurs et le droit de réunion*, 1873; *l'Allemagne et le socialisme*, 1878; *Germanisme et judaïsme*, 1880; *la Succession de Bismarck*, 1889, etc.

BANCEL (Désiré), écrivain et homme politique, né à La Mastre (Ardèche), en 1822, mort en 1871, fut d'abord avocat à Valence. Il fut élu à l'Assemblée législative en 1849, et siégea à l'extrême gauche. Proscrit après le coup d'État du 2 décembre, il se fixa en Belgique, où il fit des conférences littéraires. Revenu en France, il fut élu député de Paris en 1869. Il a laissé quelques ouvrages : *les Harangues de l'exil*, 1865; *les Révolutions de la parole*, 1869; *les Révolutions de l'esprit français*, etc. — Un monument lui a été élevé à Valence.

BANGUI, localité de la colonie française du Congo (*Voy.* ce mot dans le SUPPLÉMENT), située sur la rive droite de la rivière Oubangui, chef-lieu de l'Oubangui-Chari-Tchad

(*Voy.* ces mots dans le SUPPLÉMENT), et siège d'une justice de paix à compétence étendue.

BANVILLE (Théodore FAULLAIN, dit), poète, né à Moulins en 1823, mort en 1891, se fit connaître par deux volumes de vers, *les Cariatides*, 1842, et *les Stalactites*, 1846. Les *Odelettes*, 1851, et les *Odes funambulesques*, 1858, consacrèrent sa réputation. On cite encore, parmi ses œuvres, *les Caméos parisiens*, 1866-1875; *les Parisiennes de Paris*, 1866; *les Exilés*, poésies, 1866; *Nouvelles odes funambulesques*, 1869; *Idylles prussiennes*, 1871; *Trente-six ballades joyeuses*, 1875; *les Princesses*, 1874; une série de contes : *Contes féeriques*, *Contes héroïques*, *Contes bourgeois*, *Contes pour les femmes*, 1881-1885; une série de scènes : *Dames et demoiselles*, *le Forgeron*, *les belles Poupées*, etc. Il a donné au théâtre, *le Feuilleton d'Aristophane*, 1852; *le Beau Léandre*, 1856; *le Cousin du Roi*, 1857; *Diane au bois*, 1863; *les Fourberies de Nérine*, 1864; *la Pomme*, 1865; *Gringoire*, 1866; *Deïdamia*, 1876; *Hymnis*, 1879; *Socrate et sa femme*, 1885, etc. Ses *Œuvres* ont été publiées de 1873 à 1878. — La ville de Moulins lui a élevé une statue.

BARAIL (François-Charles DU), général français, né à Versailles en 1820, mort en 1902, s'engagea dans les spahis en 1859 et fut nommé colonel en 1857. Il prit une part brillante aux campagnes d'Afrique et du Mexique. Général de division en 1870, il se distingua pendant la guerre franco-allemande, notamment à la bataille de Rezonville. Pendant la répression de la Commune (1871), il commanda le 3e corps d'armée. Il fut ministre de la guerre, de 1873 au 25 mai 1874, dans le premier cabinet formé par le maréchal de Mac-Mahon. Il prépara en cette qualité les lois sur l'organisation générale de l'armée, sur les emplois réservés aux anciens sous-officiers, sur la création de quarante nouveaux régiments, sur la formation des corps d'armée, etc. Il fut nommé ensuite au commandement du 9e corps à Tours. Il a laissé des *Mémoires* qui ont été publiées.

BARBET DE JOUY (Henri), archéologue, né en 1812, mort en 1896, fut conservateur du Musée des Souverains et des objets d'art du moyen âge et de la Renaissance, au Louvre, de 1865 à 1881. Il est connu surtout par ses travaux sur *les Della Robbia, sculpteurs en terre émaillée*; sur *les Gemmes et joyaux de la Couronne*, 1865-1880; *les Mosaïques chrétiennes des basiliques de Rome*, etc. Il fut admis comme membre libre à l'Académie des Beaux-Arts en 1880.

BARBIER (Jules), écrivain et poète, né à Paris en 1825, mort en 1901, fit représenter, dès 1847, à la Comédie-Française, un à-propos en vers, *l'Ombre de Molière*, puis un drame en cinq actes et en vers, *le Poète*. Il a composé, depuis, un grand nombre de drames : *André Chénier*, *la Sorcière*, *Maxwell*, *Cora*, *Jeanne d'Arc*, *Lucile Desmoulins*, *Néron*, etc.; des livrets d'opéra : *Faust*, *Roméo et Juliette*, 1867; *Philémon et Baucis*; *la Reine de Saba*, 1862; *Polyeucte*, 1878 (musique de Gounod) — *Mignon*, *Hamlet*, *Françoise de Rimini*, 1882 (musique d'Ambroise Thomas); — *les Noces de Jeannette*, 1855; *Galathée*, *Paul et Virginie*, 1876 (musique de Massé); — *le Pardon de Ploermel*, 1859 (musique de Meyerbeer); — *la Statue*, 1861 (musique de Reyer), etc. — Il a laissé, en outre, trois volumes de vers, *le Franc-Tireur*, *la Gerbe*, et *Fleurs blessées*.

BARBIER DE MEYNARD (Charles), orientaliste, né à Marseille en 1826, mort en 1908, enseigna le turc à l'École des langues orientales, et le persan puis l'arabe au Collège de France. Membre de l'Académie des Inscriptions et Belles-Lettres en 1878, il fut nommé ensuite directeur de l'École des Langues Orientales. On lui doit un *Dictionnaire géographique, historique et littéraire de la Perse*, un dictionnaire français-turc, des traductions des *Prairies d'Or de Maçoudi*, du *Verger de Sadi*, un ouvrage sur *la Poésie en Perse*, etc.

BARDOUX (Agénor), homme politique et écrivain, né à Bourges en 1830, mort en 1897, fut député de Clermont-Ferrand, de 1871 à 1881, puis sénateur (1882). Il remplit à plusieurs reprises des fonctions ministérielles. Il a laissé de nombreux ouvrages : *les Légistes et leur influence sur la société française*, 1878; *le Comte de Montlosier et le Gallicanisme*, 1881; *Dix années de vie politique*, 1882; *la Comtesse Pauline de Beaumont*, 1884; *la Bourgeoisie française*, 1886; *Mme de Custine*, 1888; *la Jeunesse de La Fayette*, 1892; *les*

Dernières années de La Fayette, 1892; *Chateaubriand*, 1893; *Guizot*, 1894, etc. Il a publié aussi un livre de poésies, *Loin du monde*. Il fut élu en 1890 membre de l'Académie des Sciences morales et politiques. Une notice sur la vie et les travaux de M. Bardoux a été lue devant cette Académie par M. G. Picot (7 décembre 1907).

BARRIAS (Ernest), statuaire né à Paris en 1841, mort en 1905, était le fils d'un modeste artisan, peintre sur porcelaine et sur stores. Son frère aîné, Félix, né en 1822, obtint le prix de Rome pour la peinture en 1844. Ernest fut d'abord élève du peintre Léon Cogniet, mais ses véritables maîtres furent Jouffroy et Cavelier. Il obtint le prix de Rome en 1865. C'est à Rome qu'il composa sa *Jeune Fille de Mégare*, avec laquelle commença sa réputation. Sa première œuvre remarquable fut le *Serment de Spartacus* (1877), qui est dans le jardin des Tuileries; ses *Premières Funérailles* (1878), groupe qui représente Adam et Ève penchés sur le cadavre d'Abel, le rendirent célèbre. Depuis, il composa des œuvres nombreuses, qui le placèrent au premier rang des artistes contemporains. On peut citer parmi les principales : *Mozart enfant* (1885), *Bernard Palissy* (Boulogne-sur-Seine et square Saint-Germain-des-Prés, à Paris), *la Défense de Paris* (1881), groupe érigé au rond-point de Courbevoie, *la Défense de Saint-Quentin* (1882). Plus tard, il entreprit un *monument de Victor-Hugo* (1900) qui fut considéré comme un insuccès. Les critiques ont contesté la valeur esthétique de ses œuvres monumentales. On apprécie davantage ses compositions plus simples, telles que la *Jeune Fille de Bou-Sada*, placée sur la tombe de l'orientaliste Guillaumet, au cimetière de Montmartre, *la Duchesse d'Alençon*, *la Nature dévoilant son mystère* (musée du Luxembourg), des figurines d'enfants sculptées sur des vases et des amphores.

BARTHOLDI (Frédéric-Auguste), statuaire, né à Colmar en 1834, mort en 1904, étudia d'abord l'architecture, puis la peinture dans l'atelier d'Ary Scheffer; mais il ne tarda pas à s'adonner à la sculpture, sous la direction de Soitoux. La première œuvre qu'il exposa fut *le Bon Samaritain* (1853). Il se fit connaître surtout par le projet du palais de Longchamp à Marseille, dont la conception lui fut contestée par M. Espérandieu, qui fut chargé des travaux. Bartholdi a laissé un grand nombre d'œuvres : *les Loisirs de la paix*, *la Malédiction de l'Alsace* (1872), le monument du *Sergent Hoff* au cimetière du Père-Lachaise, une statue équestre de *Vercingétorix*, etc. Ses deux œuvres capitales, justement célèbres, sont *le Lion de Belfort* et *la Liberté éclairant le monde*, qui se dresse à l'entrée du port de New-York, et qui a été offerte par la France aux États-Unis.

BATTENBERG (Alexandre, prince DE), né en 1857, mort en 1893, était le second fils du prince Alexandre de Hesse. Il servit dans l'armée russe et prit part à la guerre de 1877-1878 contre les Turcs. Il entra ensuite dans la garde royale prussienne. Lorsque le Congrès de Berlin eut fait de la Bulgarie une principauté placée sous la suzeraineté du sultan, Alexandre de Battenberg, appuyé par la Russie, fut élu prince par l'assemblée de Tirnovo (29 avril 1879); son élection fut agréée par le sultan et par les puissances. Les débuts de son principat furent rendus difficiles par l'anarchie qui désolait le pays. En juin 1881, il déclara la Bulgarie en état de siège et convoqua une Assemblée nationale de laquelle il obtint la suspension de la constitution et l'établissement du pouvoir absolu pour une durée de sept ans. En fait, la Bulgarie fut placée plus que jamais sous la tutelle de la Russie, représentée dans le ministère par deux généraux russes, Kaulbars, ministre de la guerre, et Sobolev, ministre de l'intérieur et président du conseil. En 1883, le prince rétablit en partie la constitution et parut vouloir se soustraire à la tutelle russe : Sobolev et Kaulbars sortirent du ministère et quittèrent la Bulgarie; ils furent remplacés par des ministres bulgares. Peu de temps après (18 septembre 1885), une émeute éclata dans la Roumélie orientale, à Philippopoli, et les Roumé-liotes se déclarèrent unis sous l'autorité du prince Alexandre. Celui-ci accepta cet agrandissement notable de la principauté, contre lequel protestèrent les puissances. La Serbie déclara la guerre aux Bulgares : Milan Ier (*V. oy.* ce nom dans le SUPPLÉMENT), s'avança jusqu'à Slivnitza; mais il fut battu par le prince Alexandre, refoulé sur le territoire serbe et écrasé à Pirot (27 novembre 1885). Les hostilités furent arrêtées par une menace d'intervention de l'Autriche. Un armistice, signé le 2 décembre 1885,

aboutit à la conclusion du traité de Bucarest (3 mars 1886). Une conférence réunie à Constantinople (avril 1886) autorisa Alexandre à porter le titre de gouverneur de la Roumélie orientale, pour une période de cinq ans, au bout de laquelle les pouvoirs devraient être renouvelés par les puissances. L'autorité du prince semblait solidement établie, quand éclata contre lui, à Sofia, une conspiration dirigée par le russe Zacharoff (21 août 1886). Alexandre fut enlevé et transféré dans la ville russe de Reni. Il rentra cependant à Sofia le 5 septembre, mais, convaincu de l'hostilité du gouvernement russe, il nomma un conseil de régence et abdiqua (7 septembre). Il revint alors en Allemagne, puis se fixa en Autriche. Il eut pour successeur le prince Ferdinand de Saxe-Cobourg.

BAUD-BOVY (Auguste), peintre suisse né en 1848, mort en 1899. Dans la première période de sa carrière, jusqu'en 1888, il vécut tantôt à Paris, tantôt en Suisse, subissant tour à tour l'influence de Courbet et de Corot. En 1888, il se fixa dans l'Oberland bernois, à Aeschi. C'est là qu'il a peint sous tous leurs aspects ses Alpes préférées : *la Descente du bois*, 1890; *le Crépuscule dans la vallée*; *la Jungfrau*; *Matinée d'automne*; *la Vallée de la Kander*; *la Montagne dans les nues*; *la Cime*; *la Fin du jour* (musée de Lyon); *Sérénité* (musée du Luxembourg), etc. — Cf. Ch. Morice, *Baud-Bovy, un peintre de la montagne*, 1899.

BAUDRILLART (Henri), économiste, né à Paris en 1821, mort en 1892, est connu surtout par ses études sur la situation matérielle, intellectuelle et morale des classes agricoles, résultat d'une enquête dont il avait chargé, à partir de 1877, l'Académie des Sciences morales et politiques, à laquelle il appartenait. On cite encore, parmi ses principaux ouvrages, un *Manuel d'économie politique*; *Rapports de la morale et de l'économie politique*; *la Famille et l'Éducation en France*; *Histoire du luxe public et privé*.

BAYARD (Émile), peintre, né à la Ferté-sous-Jouarre en 1837, mort en 1891, élève de Léon Cogniet, a laissé entre autres œuvres : *Pendant le siège*; *le Lendemain de Waterloo*; *Une affaire d'honneur*.

BAYOL (Jean), explorateur, né à Paris en 1849, mort en 1905, fut d'abord médecin de la marine. En 1879, il fit partie de la mission Galliéni envoyée dans le Soudan. En 1881, il visita le Fouta-Djalon et signa avec le sultan un traité qui plaçait ce pays sous le protectorat de la France. En 1883, il explora le Kaarta, resta quelque peu de temps après lieutenant-gouverneur du Sénégal, puis des Rivières du Sud (1889). En cette qualité, il fut envoyé au Dahomey pour présenter au roi Glé-Glé des observations au sujet de la violation des traités signés avec la France. En 1891, il coopéra à l'organisation de la nouvelle colonie de Guinée. Il fut élu en 1904 sénateur des Bouches-du-Rhône.

BEARDSLEY (Aubrey-Vincent), dessinateur anglais né en 1872, mort en 1898, acquit une brillante réputation par des dessins d'une puissante originalité. Il parut subir d'abord certaines influences, comme celle de Burne Jones, dans ses premiers ouvrages, les dessins de *Hail Mary*, *Persée*, *le Monstre*, etc. Il s'inspira de l'art oriental dans la *Femme incomprise*, *The Black Cape*. Enfin, sa verve puissante se révéla dans des œuvres pleines de fantaisie, comme *l'Escorte de Madame l'Or* ou le *Morceau de nuit*. Les meilleures de ses œuvres ont été réunies par M. J. Lane.

BECQUE (Henri), auteur dramatique, né à Paris, en 1837, mort en 1899, fut successivement employé à la Compagnie des chemins de fer du Nord, à la Chancellerie de la Légion d'honneur, commis et agent de change et secrétaire d'un Russe. Il débuta au théâtre par un livret d'opéra, *Sardanapale*, en 1867. L'année suivante, il fit représenter au Vaudeville *l'Enfant prodigue*; en 1870, il fit représenter sans frais, au théâtre de la Porte St-Martin, *Michel Pauper*, que l'Odéon hésitait à jouer. Il donna, en 1871, *l'Enlèvement*, qui n'eut aucun succès. Il reprit alors son emploi à la Bourse, puis se fit journaliste. En 1878, il donna au Gymnase *la Navette*; en 1880, au même théâtre, *les Honnêtes femmes*, comédie en un acte; *les Corbeaux*, pièce réaliste, jouée à la Comédie-Française en 1882, qui souleva une vive opposition. Son premier succès fut *la Parisienne*, comédie en trois actes, donnée à la Renaissance et reprise par la Comédie-Française. Dans les dernières années de sa vie;

Becque a travaillé à une pièce, *les Polichinelles*, qui ne fut pas terminée. Il a publié quelques ouvrages : *Querelles littéraires*, 1890 ; *Souvenirs d'un auteur dramatique*, 1895. Deux éditions de son *Théâtre complet* ont été données en 1890 et en 1898.

BECQUET (Just), sculpteur, né à Besançon en 1851, mort en 1907, fut élève de Rude qui exerça sur lui une très grande influence. Ses œuvres, comme celles du maître, se font remarquer par la justesse et par l'expression vigoureuse des formes. Il exposa au Salon de 1857 un *Faune* auquel il dut sa première réputation, bien que cette œuvre fût vivement attaquée par certains critiques. Ses principales œuvres furent ensuite un *Saint Sébastien* (1859), une statue allégorique du *Doubs* (1861), un *Christ sur la croix* (1864), un *Vendangeur* (1869), *Ismaël* (1870), des statues et des bustes de *Rude*, de *Proudhon*, de *Victor Cousin*, du *P. Ducoudray*, du colonel *Denfert-Rochereau*, etc. Dans la dernière partie de sa carrière, il reprit sous des formes nouvelles quelques-uns des sujets qu'il avait traités à ses débuts.

BEECHER-STOWE (mistress Harriet), romancière américaine, née à Lichtfield (Connecticut) en 1811, morte en 1896. Fille d'un pasteur protestant, elle épousa le pasteur Stowe, dut quitter avec lui, pour ses opinions abolitionnistes ouvertement déclarées, la ville de Cincinnati, où le docteur Stowe était professeur, et se réfugia dans le Maine. Après avoir publié quelques contes ou nouvelles, elle se rendit populaire par un roman, *la Case de l'Oncle Tom* (1852), qui eut un immense succès, fut traduit dans toutes les langues, et influa sans doute sur la suppression de l'esclavage. Elle publia ensuite la *Clef* de ce roman, puis un drame, *l'Esclave chrétien*, et *l'Émancipation de l'oncle Tom*, ouvrages qui n'ont rien ajouté à la réputation de l'auteur. En 1869, elle publia une *Vraie histoire de lady Byron*, et, l'année suivante, une *Lady Byron vengée*, ouvrages dans lesquels elle formulait, sans aucun fondement, les accusations les plus graves contre l'illustre poète, et qui produisirent en Angleterre un grand scandale.

BÉHAGLE (Ferdinand de), explorateur, né à Ruffec, en 1857, fut capitaine au long cours, puis administrateur en Algérie. Il fit partie des missions Dybowski et Maistre dans l'Afrique centrale. En 1897, il fut chargé d'une mission commerciale par une Société de négociants, se rendit à Brazzaville (janvier 1898), visita les régions de l'Oubangui, du Chari, et persista, malgré les conseils des administrateurs français, à pénétrer dans le pays alors occupé par les bandes de Rabah (*Voy.* ce nom dans le SUPPLÉMENT). Il voulut même se rendre auprès de ce chef, à Dikoa. Rabah le fit jeter en prison et mettre à mort (1899).

BELOT (Adolphe), écrivain, né à la Pointe-à-Pitre, en 1829, mort en 1890, se fit connaître, en 1855, par un roman, *Châtiment*. En 1859, il donna à l'Odéon *le Testament de César Girodot*. Il a publié un grand nombre d'œuvres. Ses principales pièces sont : *Secret de famille*, 1859 ; *la Vengeance du mari*, 1860 ; *les Indifférents*, 1865 ; *le Passé de M. Joanne*, 1868 ; *le Drame de la rue de la Paix*, 1865 ; *l'Article 47*, etc. Ses principaux romans sont *Mademoiselle Giraud*, *la Femme de feu*, etc.

BENADIR, nom donné à la portion de la côte orientale d'Afrique située sur l'Océan Indien, entre le fleuve Djouba et le 5° lat. Nord. Les Italiens ont établi leur protectorat sur ce pays, de 1889 à 1893 (*Voy.* SOMALIS dans le SUPPLÉMENT).

BENEDETTI (Vincent, comte), diplomate, né à Bastia en 1817, mort en 1900, fut directeur des affaires politiques au Ministère des affaires étrangères (1855) et figura comme secrétaire au Congrès de Paris (1856). Ministre plénipotentiaire à Turin (1861), il fut nommé ambassadeur à Berlin en 1864, et fut désormais mêlé à toutes les graves affaires que suscita la politique de M. de Bismarck (*Voy.* ce nom au SUPPLÉMENT). Il tenta à Nikolsbourg des négociations dont le mauvais succès fut imputable surtout au manque de perspicacité du gouvernement impérial. Après la chute de l'Empire, il abandonna la diplomatie, et publia en 1871 un livre justificatif de sa conduite, sous le titre de *Ma mission en Prusse*. Les déclarations du prince de Bismarck lui-même ont, depuis, démontré que la guerre de 1870 fut amenée par la politique agressive du chancelier, et non par la faiblesse du représentant. Benedetti a publié en 1896 et 1897 sur l'histoire contemporaine d'intéressantes *Études diplomatiques*, concernant notamment Cavour et Bismarck.

BENJAMIN-CONSTANT (Jean-Joseph), peintre, né à Paris en 1845, mort en 1902, fut élève de Cabanel. Attiré par l'Orient, il fit un voyage au Maroc, d'où il rapporta les *Prisonniers marocains* (1875), *Femmes de harem, le soir sur les terrasses*, etc. Ce fut encore sous l'influence de l'Orient qu'il peignit l'*Entrée de Mahomet II à Constantinople* (1876). Après 1880, outre des scènes orientales (*Passe-temps d'un Kalife*, *les Chérifas*, *le Jour des funérailles*, etc.), il peignit des sujets de décoration et des portraits ; pour l'Hôtel de Ville, le plafond de la salle des Fêtes. *Paris convoquant le monde* ; pour la Sorbonne, les *Lettres* et les *Sciences* ; pour l'Opéra-Comique, le grand plafond. Parmi les nombreux portraits qu'il a laissés, on cite ceux du pape Léon XIII, du duc d'Aumale, de la reine Victoria, de M. Henri Houssaye, d'André Benjamin-Constant, fils du peintre, etc.

BERCHÈRE (Narcisse), peintre, né à Étampes en 1819, mort en 1891. Il fit son premier envoi au Salon de 1844. Il voyagea en Orient, et peignit surtout des scènes empruntées à ces pays. *Vue du Nil*, *Mosquée au Caire*, *le Simoun*, *Nomades en marche*, etc. Il a publié, en outre, *le Désert de Suez*, *Cinq mois dans l'isthme*, etc.

BERTHELOT (Marcelin), savant et homme politique français, né à Paris en 1827, fils d'un médecin, fit de brillantes études littéraires au lycée Henri IV, mais, attiré vers les sciences, il s'adonna à la chimie et s'occupa spécialement de recherches sur les corps gras, les acides et la fermentation. Il publia dès 1850 un mémoire remarquable sur un *procédé simple et sans danger d'obtenir la liquéfaction des gaz* ; en 1855, il fit paraître un travail sur la *synthèse des principes gras naturels* ; l'année suivante, il fut reçu docteur avec une thèse sur les *combinaisons de la glycérine avec les acides* et *reproduction des corps gras neutres naturels* ; de cette thèse il tira sa théorie des alcools polyatomiques, une des plus générales de la chimie organique. Attaché, en 1851, au Collège de France comme préparateur du cours de chimie de Balard, son maître, il fut nommé, en décembre 1859, professeur de chimie organique à l'École supérieure de pharmacie ; sur la demande de l'Académie des sciences, une nouvelle chaire de chimie organique fut créée pour lui au Collège de France en 1865. Élu membre de l'Académie de médecine, en février 1863, dans la section de physique et chimie médicales, Berthelot entra à l'Académie des sciences, le 3 mars 1873 (section de physique), en remplacement de Duhamel ; il en devint plus tard secrétaire perpétuel, en remplacement de Pasteur démissionnaire (25 février 1889). En 1901, il fut élu membre de l'Académie française. Il appartenait aussi à la Société royale de Londres et à de nombreuses académies étrangères.

Les travaux de Berthelot ont eu pour objet principal la synthèse chimique, c'est-à-dire la reproduction des substances qui entrent dans la composition des êtres organisés ; ils ont ouvert une voie nouvelle à la science, qui s'était bornée jusque-là presque exclusivement à l'analyse. Outre sa thèse (1854), et près de 1200 mémoires publiés dans les *Annales de chimie et de physique* et dans les *Comptes rendus de l'Académie des sciences*, relatifs à la *Synthèse des carbures d'hydrogène*, des alcools, etc., on lui doit de nombreux ouvrages, parmi lesquels on peut citer : *Chimie organique fondée sur la synthèse* (1860) ; *Leçons sur les principes sucrés* (1862) ; *Leçons sur les méthodes générales de synthèse* (1864) ; *Leçons sur l'isomérie* (1865) ; *Traité élémentaire de chimie organique* (1872) ; *Sur la Force de la poudre et les matières explosives* (1871), ouvrage refondu et considérablement augmenté en 1883 ; *Vérification de l'aréomètre de Baumé* (1875) ; *la Synthèse chimique* (1875) ; *Essai de mécanique chimique fondée sur la thermo-chimie* (1879) ; *les Origines de l'alchimie* (1885) ; *Collection des anciens alchimistes grecs* (1887) ; *Introduction à l'étude de la chimie des anciens et du moyen âge* (1889) ; *Science et libre pensée* (1886-1906) ; *Archéologie et Histoire des Sciences* (1906) ; *Traité pratique de l'analyse des gaz* (1906) ; etc.

Berthelot, a écrit M. Painlevé, dans le *Temps* du 20 mars 1907, n'a pas apporté à la science seulement « des découvertes isolées, des matériaux épars destinés à quelque édifice futur : ce sont des séries enchaînées de découvertes, des constructions érigées de toutes pièces comme par un travail cyclopéen. L'idée de fond qui a inpiré et dirigé constamment cette prodigieuse activité, c'est la croyance en l'unité des forces naturelles. Dans tous les phénomènes de l'univers, les forces qui interviennent sont les mêmes et obéissent aux mêmes lois. Les combinaisons chimiques que la nature réalise dans le sol, dans les racines d'une plante, dans l'estomac d'un animal, le savant peut les reproduire dans ses creusets et ses cornues. Bien plus, une fois qu'il a démêlé les secrètes affinités des corps, il est capable de réaliser des combinaisons nouvelles que la nature ne nous offre pas. C'est de cette conception qu'est sortie la *synthèse chimique*. D'autre part, puisque la mécanique, puisque la physique nous montrent que, dans tous les faits qu'elles embrassent, l'énergie revêt des formes diverses mais se conserve, la même propriété doit appartenir aux phénomènes chimiques : de cette idée est née la *thermochimie*... que Berthelot a créée de toutes pièces. » Par cette admirable découverte, Berthelot a élargi la conception de l'Univers, en révélant la raison mécanique des actions chimiques. Il a donné à la chimie un élan qui ne s'est plus ralenti. « Toutes les modernes synthèses de la chimie allemande, la synthèse des sucres, les synthèses industrielles de l'alizarine, de l'indigo, se rattachent directement aux méthodes de l'illustre chimiste. C'est donc avec raison qu'il parlait des espérances illimitées qu'éveille la synthèse chimique, car « elle tire chaque jour du néant, pour le plus grand bien « de l'humanité, une multitude de corps nouveaux sem- « blables ou supérieurs aux produits naturels. » On doit aussi à Berthelot de belles études « sur la fixation de l'azote par les plantes et par la terre arable, d'où sa théorie des sources chimiques de la chaleur animale, dont le professeur Bouchard a pu dire qu'elle était maintenant une des théories fondamentales de la physiologie. Il n'est pas un problème intéressant les sciences chimiques et les sciences voisines où son génie n'ait projeté de la lumière, pas une méthode technique qu'il n'ait portée à un plus haut point de perfection. Les questions mêmes auxquelles il a donné le moins de temps ont reçu de lui une contribution magistrale : c'est ainsi que ses travaux sur la vitesse de formation des éthers ont mis nettement en évidence les notions d'équilibre chimique, de dissociation, ainsi que la durée des réactions chimiques et l'influence de cette durée. Dans ce chapitre de la science, son nom est à rapprocher de celui de Sainte-Claire Deville. » (M. Painlevé, *art. cité*.) — Les recherches et les découvertes de Berthelot sur la benzine, l'acétylène, les couleurs minérales dérivées des goudrons, les corps gras tels que le saindoux, etc., ont produit une véritable révolution dans la vie pratique. Les fonctions qui lui avaient été conférées pendant le siège de Paris au gouvernement de la défense nationale l'amenèrent à s'occuper des poudres de guerre et spécialement de la nitroglycérine et de la dynamite. Plus tard, d'importants travaux « sur la chaleur de formation des composés oxygénés de l'azote, du fulmicoton, des corps nitrés, et la détermination de l'énergie des substances explosibles nouvelles » préparèrent la découverte de la poudre sans fumée.

Doué d'une vaste et large intelligence, comparable à celle de Renan avec qui il était étroitement lié (*Voir* la correspondance échangée entre les deux amis), Berthelot avait l'esprit ouvert à toutes les connaissances humaines, et il traitait avec une grande hauteur de vues les questions de philosophie, de morale, d'histoire, même de littérature. Il a publié de nombreux articles sur des sujets divers dans la *Revue des Deux Mondes*, où son dernier travail fut une défense éloquente et rationnelle des traditions de l'orthographe française. Il fut un collaborateur assidu du journal *le Temps*; il participa à la fondation et conduisit la direction de la *Grande Encyclopédie* (1885). C'est dans ces publications, ainsi que dans sa correspondance et dans quelques-uns de ses discours, qu'il faut chercher les principes philosophiques de l'illustre savant. Ils aboutissent à un positivisme rationnel qui voit dans la science la source non seulement de toutes nos connaissances, mais encore de toute moralité. « Œuvre essentiellement collective, elle nous révèle la « puissance et la nécessité de la collaboration humaine; « elle fait pénétrer jusqu'au fond de nos cœurs et de notre « esprit la notion vivifiante de haute solidarité. » Ce sentiment de « haute solidarité » donne toute la pensée philosophique de Berthelot. Les ancêtres dont il se réclame, ce sont les savants et philosophes « libérateurs » du

xviiie siècle. « ceux qui ont élevé la voix au nom de la « justice, soulevé les peuples écrasés par le fanatisme et « l'autocratie ». — « Je n'ai jamais cessé, écrit-il ailleurs, « d'être passionné pour l'amélioration continue du plus « grand nombre et pour la grandeur morale et matérielle « de la démocratie. » (M. Painlevé, *art. cité*.)

Pendant le siège de Paris. Berthelot avait été nommé président du Comité scientifique de défense (2 sept. 1870). Aux élections générales de février 1871, sans s'être porté candidat, il réunit 30 913 voix, sur 528 000 votants. Il fut nommé inspecteur général de l'enseignement supérieur, le 6 avril 1876; il exerça ces fonctions jusqu'au mois de mars 1888, date à laquelle l'inspection générale de l'enseignement supérieur fut supprimée par mesure budgétaire. Le 16 juillet 1881, il fut élu sénateur inamovible. Il travailla dès lors avec une grande activité à la réorganisation de l'enseignement non seulement au Sénat, mais dans ses fonctions de président de la section des sciences physiques à l'École des Hautes-Études, de membre puis de vice-président du Conseil supérieur de l'Instruction publique. Il soutint, comme rapporteur, une des lois organiques de l'enseignement primaire dans les mois de mars et d'avril 1886. Appelé au ministère de l'instruction publique dans le cabinet Goblet, le 11 décembre suivant, il se retira quelques mois plus tard avec tout le ministère, le 18 mai 1887. En 1895, il fut ministre des affaires étrangères dans le cabinet Bourgeois, mais il se retira bientôt avec ses collègues, et il consacra exclusivement à la science les dernières années de sa vie. Il reprit alors ses anciennes études sur l'électrolyse, l'électrochimie, les piles, le cyanogène, etc. Le 24 novembre 1901, son jubilé fut célébré avec un très grand éclat, à la Sorbonne, par les savants du monde entier. Il mourut le 19 mars 1907, en apprenant la mort de sa femme. compagne admirable qui avait soutenu le savant pendant sa longue existence consacrée à un labeur incessant. M. et Mme Berthelot ont été inhumés au Panthéon.

BERTI (Domenico), écrivain et homme d'État italien, né à Cumiana en 1820, mort en 1897, fut député à la Chambre piémontaise en 1848. Il professa la philosophie à l'Université de Turin (1849-1860), et plus tard à Rome (1871-1877). Il fut ministre de l'instruction publique en 1866, puis de l'agriculture et du commerce (1881-1885). Il a laissé, entre autres ouvrages, une *Histoire de la Philosophie en Italie, depuis saint Thomas jusqu'à nos jours*; *Pic de la Mirandole*; *G. Bruno, sa vie et ses œuvres*, etc. Il a publié des *Lettres inédites du comte de Cavour*, des études sur Gioberti, Alfieri, Charles-Albert, etc.

BERTRAND (Alexandre), archéologue, né à Paris en 1820, mort en 1902, fit partie, en 1858, de la commission instituée par Napoléon III pour établir la carte de la Gaule au temps de César. Il prit part aux fouilles pratiquées à Alise-Sainte-Reine (*Voy.* ces mots dans le SUPPLÉMENT) à partir de 1860. Il s'adonna dès lors aux études archéologiques et contribua à la création du musée de Saint-Germain, duquel il fut le premier conservateur (1867); il exerça ces fonctions jusqu'à sa mort. Il adopta une classification toute nouvelle pour les monuments des époques préromaines, dont la connaissance avait été jusqu'alors obscure et confuse. Il s'efforça de démontrer l'existence de deux époques *préceltiques*, correspondant à l'âge de la pierre, puis d'une époque dite des *stations lacustres* pendant laquelle s'opéra la transition de la pierre polie au métal. Il fit dater de l'arrivée des Celtes en Gaule et dans la Haute-Italie les débuts de l'âge du bronze, qui se confondit ainsi avec l'*ère celtique*. Il établit une distinction entre les Celtes et les Gaulois ou Galates, armés de longues épées de *fer*. Il crut reconnaître une civilisation qu'il appelait *belge* dans les monuments funéraires de la Champagne, de la Haute-Italie. etc. A cette civilisation, dite du *Belgium*, aurait succédé celle de la Gaule devenue romaine par la conquête de César. Enfin la civilisation romaine fut remplacée à son tour par celle des peuples germaniques établis en Gaule à la suite des invasions. Bertrand appliqua ces classifications nouvelles dans l'organisation du Musée de Saint-Germain. Ses théories sont, en grande partie, devenues classiques. Cependant, elles ont été complétées sur certains points, notamment en ce qui concerne l'âge du fer, que l'on subdivise communément en deux âges et en plusieurs périodes, ou combattues, comme la distinction, qui semble hypothétique, entre les Celtes et les Gaulois. La classification de la salle paléolithique du Musée engendra de longues querelles entre Bertrand et son collaborateur de Mortillet (Voy. ce nom dans le Supplément). Travailleur infatigable, Bertrand a véritablement créé le Musée de Saint-Germain. Il dirigea, en outre, la Revue Archéologique, et enseigna l'archéologie nationale à l'École du Louvre. Il a publié de nombreux articles, réunis dans son Archéologie celtique et gauloise. Ses principaux ouvrages sont : la Gaule avant les Gaulois (2ᵉ édit., 1891, les Celtes dans les vallées du Pô et du Danube (1894), en collaboration avec M. S. Reinach, et la Religion des Gaulois. Il fut élu, en 1881, membre de l'Académie des Inscriptions.

BERTRAND (Joseph), frère du précédent, mathématicien, né à Paris en 1822, mort en 1900, montra dès l'enfance des dispositions extraordinaires pour les mathématiques; mais, comme il était d'une santé très délicate, son instruction générale fut très négligée. Dès l'âge de dix ans, il suivit le cours des mathématiques spéciales; à l'âge de onze ans, il fut admis à suivre les cours de l'École polytechnique. Il fut reçu docteur ès sciences à l'âge de dix-sept ans (1839) et il entra, la même année, le premier à l'École polytechnique. Au bout de la première année d'école, il fut reçu à l'agrégation des Facultés, après avoir obtenu une dispense d'âge de sept ans. Il enseigna les mathématiques à l'École normale supérieure, à l'École polytechnique et au Collège de France. Il fut admis en 1856 à l'Académie des Sciences, dont il devint le secrétaire perpétuel en 1874. Il entra à l'Académie française en 1884, en remplacement de J.-B. Dumas. Il a publié des ouvrages classiques, des traités d'arithmétique, d'algèbre, de calcul différentiel et intégral, etc. ; des Leçons sur la théorie mathématique de l'électricité; un grand nombre de mémoires (sur les Conditions d'intégralité des fonctions différentielles; sur la Théorie générale des surfaces; sur la Théorie des mouvements relatifs; sur la Similitude en mécanique; sur l'Intégration des équations générales de la mécanique; sur la Théorie des phénomènes capillaires; sur la Théorie de la propagation du son; etc.), qui ont été insérés dans le Journal de l'École polytechnique, dans le Journal des mathématiques de Liouville et dans les Mémoires de l'Académie des Sciences. Il a laissé encore : les Fondateurs de l'Astronomie moderne, 1865 ; l'Académie des Sciences et les académiciens, de 1660 à 1793, 1868 ; la Théorie de la Lune d'Aboul Wéfa, 1875 ; d'Alembert, 1889 ; Blaise Pascal, 1890, etc. L'Éloge de Joseph Bertrand fut prononcé, devant l'Académie des Sciences, par M. Darboux, qui lui succéda comme secrétaire perpétuel. Le 17 décembre 1901.

BESSEMER (Sir Henri), ingénieur anglais, né en 1813, mort en 1898, a attaché son nom à un nouveau procédé pour la trempe de l'acier, qu'il fit connaître en 1858. Comblé d'honneurs par la plupart des gouvernements de l'Europe, il vit son nom donné, aux États-Unis, à une ville nouvelle, voisine de Cincinnati. On lui doit aussi les paquebots à salon suspendu, pour éviter le mal de mer, le télescope à grandes dimensions, etc.

BIDA (Alexandre), dessinateur, né à Toulouse en 1813, mort en 1895, fut élève de Delacroix. De 1844 à 1846, il visita Constantinople et l'Orient, qui lui ont fourni la plupart des dessins et pastels exposés, depuis son retour, aux Salons annuels. On cite parmi ses œuvres : Boutique turque, Café arabe, le Chanteur grec, le Marché d'esclaves, le Barbier arménien, la Bastonnade, le Retour de la Mecque, le Mur de Salomon, 1867 ; l'Appel du soir, le Harem d'Azérius, 1887 ; Orphée et Eurydice, Rêve de bonheur, 1889 ; Pendant le sermon, en Alsace, 1891. Il a fourni d'admirables illustrations à la grande édition des Évangiles, 1867-1875 ; à une édition des Œuvres de Musset, 1860 ; à l'Histoire de Ruth, 1876 ; à celles de Joseph, 1878, de Jeanne d'Arc, etc.

BIES-BOCH, c'est-à-dire Bois de Jones, grande lagune en partie desséchée, traversée par la Meuse près de son embouchure, entre le Brabant Septentrional et la Hollande méridionale. Largeur, 10 à 12 kilomètres. — Cette lagune fut formée à la suite d'une grande tempête (20 novembre 1421). L'inondation détruisit 72 villages.

BIGOT (Charles), écrivain français, né à Bruxelles, en 1840, mort en 1893, appartint d'abord à l'Université, puis il écrivit dans le Siècle, le XIXᵉ Siècle, le Journal Officiel, la Revue Bleue, etc. On lui doit, entre autres ouvrages : Questions d'enseignement secondaire; les

Classes dirigeantes, la Fin de l'anarchie, 1876 ; Peintres français contemporains; Grèce, Turquie, Danube, et surtout un livre de lecture pour les écoles, le Petit Français, devenu très populaire.

BINET (Adolphe), peintre, né en 1854, mort en 1897, élève de Gérôme, a laissé de nombreux tableaux de genre, intéressants souvent par la recherche des effets de lumière. Quelques-unes de ses œuvres, à tendances symbolistes, demeurent peu intelligibles, comme la Marie-Madeleine exposée au Salon de 1896. Il a laissé une œuvre capitale, la Sortie de la garde nationale en 1870, exposée au Salon de 1891, et qui décore actuellement une des salles de l'Hôtel de Ville.

BINGERVILLE, localité de la colonie française de la Côte d'Ivoire, sur une lagune à l'ouest de l'embouchure de la rivière Comoé, a été ainsi dénommée en l'honneur du colonel Binger, qui, après avoir fait un remarquable voyage d'exploration du Sénégal à la Côte d'Ivoire (1887-1890), fut le créateur et le premier gouverneur de cette colonie (1895). Bingerville a remplacé Grand-Bassam comme chef-lieu de la Côte d'Ivoire (1900). Depuis, une partie de son importance a passé à Abidjan, située sur la même lagune, un peu à l'ouest de Bingerville.

BISMARCK-SCHÖNHAUSEN (Otto, prince de), homme d'État allemand, né en 1815, mort en 1898, était issu d'une ancienne famille noble de la Vieille Marche de Brandebourg. Son père était capitaine de cavalerie en retraite, sa mère fille du professeur Menken. Après avoir terminé ses études aux universités de Gœttingue et de Berlin, il débuta, en 1836, dans l'administration, à Aix-la-Chapelle, puis à Potsdam. Devenu, par la mort de son père, possesseur de la terre noble de Schönhausen, il fut, en cette qualité, élu à la Diète de la province de Saxe (1847). Il s'y montra imbu de l'esprit de caste, défenseur acharné des principes ultra-conservateurs, ennemi déclaré de toute idée libérale. La révolution de 1848, la capitulation du roi Frédéric-Guillaume IV devant l'émeute, la guerre de Danemark, excitèrent ses vives colères, dont la Gazette de la Croix, organe du parti des hobereaux. Quand le roi eut, de sa propre volonté, accordé à la Prusse une constitution avec une représentation nouvelle composée de deux Chambres, Bismarck entra dans la seconde Chambre, où il devint un des principaux chefs de la droite (février 1849). Il s'opposa à ce que le roi acceptât la couronne impériale, que lui offrait le Parlement de Francfort. En toute occasion, il se montrait partisan résolu du passé, combattait le mariage civil, l'enseignement laïque, réclamant le rétablissement des corporations et des jurandes, etc. Dans un autre ordre d'idées, il était opposé à tout projet d'unité allemande, et manifestait clairement ses idées en ce sens au Parlement d'Erfurt (mars-avril 1849). Il fut un des rares admirateurs, peut-être même un des principaux promoteurs de la convention d'Olmütz, de l'opinion publique considéra comme une grande humiliation pour la Prusse (1850). Dans tous les cas, il fut un des auteurs de la réaction qui fut une des conséquences de la convention, et qui amena le rétablissement de la Diète de Francfort (1851).

Nommé en 1851 conseiller de légation à Francfort, il commença dès lors à modifier ses idées sur la nécessité de maintenir à l'Autriche un rôle prépondérant dans la Confédération germanique. Témoin de la faiblesse des petits États de l'Allemagne du Nord, il entrevit, dès cette époque, la possibilité pour la Prusse de les grouper sous une sorte de patronage. D'ailleurs, tous les événements qui s'accomplirent alors, notamment la réouverture de la question d'Orient (1853-1854), ne firent qu'accentuer l'antagonisme naissant de la Prusse et de l'Autriche. Si Bismarck n'allait pas encore jusqu'à dire qu'il n'y avait pas de place en Allemagne pour ces deux États ensemble, du moins, il était disposé à considérer comme une nécessité historique, dont la Prusse pourrait tirer un grand avantage. C'est dans ce but, pour préparer ce conflit qu'il conseillait à son gouvernement de laisser ouverte la question des Duchés (Holstein, Lauenbourg, Slesvig), que la Conférence de Londres n'avait qu'imparfaitement résolue (1852), et qui ne reçut aucune conclusion au Congrès de Paris (1856).

Lorsque la maladie du roi Frédéric-Guillaume IV eut rendu indispensable l'organisation d'une régence, Bismarck devint un des conseillers les plus écoutés du prince Guillaume, régent du royaume. Nommé, en 1859, ambassadeur à Saint-Pétersbourg, il noua avec le prince Gortchakov une amitié qui, depuis, fut précieuse pour la Prusse. Après l'avènement de Guillaume au pouvoir (2 janv. 1861), Bismarck fut nommé ambassadeur de Prusse à Paris (1862). Mais, par suite des conflits qui éclataient à chaque instant à Berlin entre les députés, les ministres prussiens et le roi Guillaume, celui-ci, après avoir songé à abdiquer, se décida à appeler Bismarck au ministère des affaires étrangères, puis à la présidence du Conseil (25 sept. 1862). Dès cette époque, Bismarck eut de vifs démêlés avec les députés, qui l'accusaient de violer la constitution. Pendant trois ans, le président du Conseil tira ses ressources d'un budget non voté, et, d'accord avec les généraux de Moltke et de Roon, poursuivit la réforme de l'armée, malgré la violente opposition des Chambres. En fait, il ne se souciait nullement d'accorder au pays des libertés parlementaires. Il voyait plutôt dans le Parlement un obstacle aux grands desseins qu'il avait formés touchant la politique extérieure, celle qui tenait le premier rang dans ses préoccupations.

La grande habileté de Bismarck fut de réaliser, à sa façon, le rêve d'unité conçu par les Allemands depuis 1815. Dans la reprise de ce projet, traité si longtemps de chimérique, il pensa trouver l'unique remède aux conflits intérieurs, et le vrai moyen de consolider la monarchie prussienne. Mais tandis que les Allemands, depuis Fichte jusqu'à Gervinus, avaient désiré l'unité dans la liberté, pour le bonheur de l'Allemagne tout entière, Bismarck voulait la réaliser pour le bien exclusif et pour la prépondérance définitive de la Prusse. Il sut profiter des circonstances avec une habileté faite de violence et de cynisme. Il s'est toujours défendu d'avoir prononcé le mot célèbre que « la force prime le droit ». Mais cet axiome brutal est, quant au fond, un résumé assez exact de la politique suivie par le ministre prussien.

La situation de l'Europe permettait à Bismarck toutes les audaces. L'Angleterre, dans l'attitude du mécontentement, semblait presque désintéressée des affaires continentales. L'action politique de la France était paralysée par les rêves obscurs de Napoléon III. L'Autriche se recueillait depuis 1859. Enfin la Russie était gagnée par Bismarck, qui venait de l'aider dans l'insurrection polonaise de 1863, en lui livrant tous les réfugiés. Même, à cette date, l'empereur de Russie proposa à la Prusse de s'unir pour une guerre contre l'Autriche et la France. Mais les ambitions de Bismarck étaient alors plus modestes. Il ne songeait qu'à résoudre à son profit la question, toujours pendante, des Duchés.

Au mois de novembre 1863, en Danemark, Christian IX (Voy. ce nom dans le SUPPLÉMENT) succéda à Frédéric VII. Les réclamations formulées alors par le duc d'Augustenbourg et par les habitants du Holstein, soulevèrent en Allemagne une vive agitation. Bismarck affecta de se poser en « modérateur désintéressé. » En réalité, il ne faisait rien pour empêcher la Diète d'ordonner une intervention fédérale, qui fut confiée d'abord à la Saxe et au Hanovre. Toute son habileté était de se substituer à ces puissances secondaires, et d'intervenir, en compagnie de l'Autriche, qui s'était liée à lui par la convention du 15 janvier 1864. Il réussit à calmer les inquiétudes de l'Europe, d'ailleurs fort divisée, et, le 1er février 1864, l'armée austro-prussienne franchit la frontière de l'Eyder. La petite armée danoise fut écrasée à Duppel, dans l'île d'Alsen, à Fredericia, et Christian IX fut obligé de signer le traité de Vienne (30 octobre 1864). Les duchés étaient cédés aux deux souverains victorieux. Dès lors, Bismarck ne songea plus qu'à évincer les Autrichiens des duchés, et même de l'Allemagne. C'est dans ce but que fut signée la convention de Gastein (14 août 1865). L'Autriche garderait le Holstein, la Prusse aurait le Slesvig, et achèterait le Lauenbourg; le régime du Condominium, établi dans les duchés, subordonnerait l'action de chaque puissance, dans son propre domaine, au consentement de l'autre : de cette clause, la guerre pouvait sortir à brève échéance. Pour la préparer, Bismarck vint conférer avec Napoléon III à Biarritz, dans l'automne de 1865, et promit à l'empereur des compensations territoriales, dans le cas où la Prusse sortirait victorieuse d'un conflit avec l'Autriche. En même temps, le ministre prussien, dès le mois d'août 1865, ouvrait avec le gouvernement de Victor-Emmanuel II des relations qui aboutirent à un traité d'alliance contre l'Autriche (avril 1866).

L'armée prussienne, entièrement réorganisée, était prête à entrer en campagne. Mais, au moment décisif, Bismarck eut à vaincre les répugnances du roi, qui hésitait à déclarer la guerre à l'Empereur et à d'autres princes allemands, et à s'appuyer sur l'Italie de Victor-Emmanuel, qu'il jugeait trop révolutionnaire. L'idée d'une rupture avec l'Autriche était impopulaire en Prusse, comme le montra un attentat dirigé par un ouvrier, Blind, contre le ministre (7 mai 1866). Mais cette guerre, qu'il définissait « une nécessité historique », Bismarck la désirait ardemment. Après avoir protesté contre les armements de l'Autriche, il tenta audacieusement de gagner l'opinion publique, en réclamant brusquement la réforme des institutions fédérales et la convocation d'une assemblée élue par le suffrage universel dans tous les États confédérés. L'Autriche se plaignit aussitôt de la rupture du pacte fédéral (11 juin 1866); elle fut soutenue par la Saxe, le Hanovre, la Hesse et la Bavière. La Diète ayant voté l'exécution fédérale contre la Prusse (14 juin), Bismarck répondit en déclarant la Confédération dissoute par la faute de l'Autriche (15 juin), et la guerre commença aussitôt.

Les Hanovriens furent battus à Langensalza (29 juin), et le roi Georges V s'enfuit de ses États. La Hesse, le Nassau, la ville libre de Francfort, furent occupés sans difficultés. Les Bavarois et les Hessois furent vaincus à Fulda, Kissingen, Aschaffenbourg (5-10 juillet). Enfin, les Autrichiens, malgré une glorieuse résistance, furent définitivement écrasés à Sadowa (3 juillet). La Moravie fut envahie, et l'Autriche dut signer les préliminaires de Nikolsbourg (26 juillet), qui aboutirent au traité de Prague (27 août). La France, qui aurait pu empêcher ces événements, désastreux pour elle, s'interposa à Nikolsbourg. Notre ambassadeur à Berlin, M. Benedetti (Voy. ce nom dans le SUPPLÉMENT), après avoir sollicité des compensations en Allemagne, qui lui furent refusées, émit l'idée, des plus fâcheuses, d'un démembrement de la Belgique. Bismarck passa outre, et ne songea qu'à assurer à son pays des avantages considérables. La Prusse conservait les duchés, prenait le Hanovre, la Hesse électorale, le Nassau, la ville de Francfort. Elle dominait désormais 29 millions d'Allemands répartis sur un territoire compact. Les États du Sud furent mis en demeure de signer avec la Prusse des conventions qui les plaçaient réellement sous la tutelle de cette puissance. Une Allemagne nouvelle apparaissait dans l'histoire politique de l'Europe. Elle acclama dans Bismarck, devenu comte, son véritable fondateur. Toute opposition sérieuse cessa dans la nouvelle Chambre prussienne, le jour même de la victoire de Sadowa. En même temps, par un acte du 18 août 1866, était formée la Confédération du Nord, sous la présidence du roi de Prusse, assisté du comte Bismarck comme chancelier. Le Parlement était composé de deux Chambres, dont l'une, celle des députés, ou Reichstag, était élue par le suffrage universel. Le Parlement se réunit le 24 février 1867.

Cependant Bismarck ne pensait pas que son œuvre fût terminée. La guerre avec la France lui apparaissait comme la « conséquence historique » de Sadowa. Effrayé de l'ambition ou de la toute-puissance du ministre, le roi de Prusse songea, à plusieurs reprises, à se séparer de Bismarck. Mais celui-ci resta aux affaires. Dès lors, la guerre parut inévitable avec la France, à laquelle il fut refusé toute compensation territoriale. Même, en 1867, malgré un traité consenti par le roi des Pays-Bas, grand-duc de Luxembourg, le Parlement de la Confédération du Nord s'opposa à la cession du Grand-Duché à la France. Une conférence réunie à Londres décida seulement la neutralisation du Luxembourg et le démantèlement de la forteresse. La France dut se contenter de cette mince satisfaction. Des deux côtés on se prépara à la guerre, malgré l'Exposition Universelle de Paris (1867), que Bismarck visita. Peu après, une révolution ayant chassé d'Espagne la reine Isabelle II (1868), la couronne fut offerte en 1869, au prince Léopold de Hohenzollern (Voy. ce nom dans le SUPPLÉMENT). Les justes réclamations de la France firent d'abord retirer ce projet, mais il fut repris en 1870. En présence de l'émotion très vive suscitée en France par cette nouvelle, et après l'interpellation de M. Cochery à la Chambre des Députés, le gouvernement impérial, par l'organe de M. de Gramont, fit des déclarations énergiques (6 juillet). La candidature du prince Léopold, fut retirée (12 juillet). Mais Benedetti reçut l'ordre d'obtenir du roi de Prusse, qui était alors à Ems, des garanties pour l'avenir. Le roi Guillaume déclarait de son côté qu'il n'avait à intervenir dans cette affaire que comme chef de famille, et non comme chef de gouvernement. Le retrait de la candidature Hohenzollern lui paraissait devoir suffire à la France. D'ailleurs, dans les entrevues d'Ems avec Benedetti, l'attitude du roi de Prusse n'eut rien d'agressif. Mais Bismarck, comme il l'a reconnu lui-même en 1892, falsifia les termes d'une dépêche qu'il avait reçue au sujet d'un dernier entretien entre le roi et Benedetti, en lui donnant un sens inacceptable pour la France (13 juillet). De là sortit la déclaration de guerre, envoyée par la France (19 juillet). Le chancelier, qui avait tout fait pour la provoquer, osa cependant affirmer devant le Reichstag et devant l'Europe qu'il était étranger à ces graves affaires! Les puissances restèrent neutres, gagnées par Bismarck, ou mécontentes de la France à cause du projet de démembrement de la Belgique, révélé au dernier moment par le ministre prussien.

Pendant la guerre, Bismarck suivit les armées allemandes. Après la bataille de Sedan, il assista à l'entrevue de Napoléon III et du roi de Prusse. Quelques jours après (20 septembre), il eut à Ferrières, avec Jules Favre, une entrevue dans laquelle il exigea la cession de l'Alsace, et qui resta sans résultats. Arrivé à Versailles le 5 octobre, il ne cessa de presser les opérations du siège de Paris, et il porte la responsabilité du bombardement par lequel les Allemands pensèrent hâter la capitulation de la ville (28 janvier 1871).

Pendant ce temps, le Chancelier travaillait activement à organiser l'empire allemand. Les États de Bade et de Hesse, puis la Bavière et le Wurtemberg donnèrent successivement leur adhésion (novembre 1870). Une députation du Reichstag vint à Versailles offrir à Guillaume la couronne impériale (décembre 1870). Mais le roi de Prusse ajourna sa réponse. Enfin, le 18 janvier 1871, le rétablissement de l'Empire allemand fut solennellement proclamé dans la galerie des Glaces, au château de Versailles. Il était proprement l'œuvre de Bismarck. Après la conclusion de l'armistice (28 janvier), ce fut encore lui qui discuta à Versailles, à partir du 21 février, les conclusions de la paix avec Thiers et Jules Favre. Il a prétendu, depuis, avoir conseillé à l'empereur Guillaume l'abandon de la Lorraine, ce qu'il ne put obtenir, et de la place de Belfort. Les préliminaires furent signés le 26 février, et ratifiés par l'Assemblée nationale le 1er mars. La France perdait l'Alsace et la partie de la Lorraine, et devait payer une indemnité de guerre de cinq milliards. Quelques jours plus tard, le premier Parlement de l'Empire, qui n'était au fond que l'ancien Parlement de la Confédération du Nord, tint à Berlin sa première session. Bismarck, élevé à la dignité de prince, resta en possession des fonctions de chancelier.

Il s'agissait désormais d'assurer la durée des nouvelles institutions. Une période nouvelle, mais qui ne fut pas moins active que la précédente, s'ouvrait dans la carrière politique du prince Bismarck. On en signalera les faits les plus saillants, soit dans les Chambres prussiennes, soit dans le gouvernement de l'Empire.

En 1872, en présence de l'opposition faite, dans la Chambre des seigneurs de Prusse, aux modifications projetées des anciens privilèges féodaux, le prince, qui devait, depuis 1870, une partie de son succès au concours du parti libéral, crut devoir donner, pour quelque temps, sa démission de chef du Cabinet prussien. Mais il ne continua pas moins à diriger les affaires de la Prusse. — Dans ses rapports avec le parlement allemand, il put compter sur l'appui du parti « national-libéral » et des conservateurs modérés. Mais il lui fallut souvent des négociations délicates pour obtenir le concours des conservateurs proprement dits ou du centre. Les discussions relatives au budget entraînèrent fréquemment de graves difficultés. En 1874, il fit voter la loi du Septennat, c'est-à-dire le vote du budget militaire pour une période de sept ans. Au renouvellement du Septennat, en 1881, les discussions recommencèrent de même en 1887, époque à laquelle on demanda au Reichstag un renouvellement anticipé. Le refus du Reichstag entraîna la dissolution de l'Assemblée. Déjà en 1878, le Reichstag avait été dissous, pour avoir repoussé les lois contre les socialistes. — Malgré ces difficultés, l'action personnelle du prince se faisait vivement

sentir dans toutes les parties de l'administration, soit prussienne, soit impériale. Dans l'Empire, il agit comme chancelier jusqu'au moment de sa retraite. En Prusse, resté, sauf pendant peu de temps, président du Conseil, il garda la direction des affaires étrangères, à laquelle il joignit le portefeuille du commerce, en 1882. Il fut ministre pour l'Alsace-Lorraine jusqu'en 1879, époque à laquelle l'administration du Pays d'Empire fut remise entre les mains d'un Statthalter. Enfin, il fut ministre pour le Lauenburg, jusqu'à l'incorporation de ce pays à la Prusse.

Les rapports du Chancelier avec l'Église catholique devinrent des plus tendus, après la déclaration faite par Bismarck en 1872 que le gouvernement allemand ne s'inclinerait pas devant le Saint-Siège, et que l'on « n'irait pas à Canossa ». La guerre fut entamée énergiquement contre l'Église, par l'exclusion des Jésuites de l'Empire, et par la promulgation des « lois de mai », qui soumettant le clergé catholique à l'État, et enlevant aux évêques l'instruction des prêtres, inaugurèrent la période du Kultur Kampf (1872-73). Cependant un rapprochement se produisit avec la cour de Rome dès les premiers temps du pontificat de Léon XIII (Voy. ce nom dans le supplément). En 1885, le prince impérial fut admis au Vatican; en 1885, l'Allemagne demanda la médiation du pape dans la question des Carolines. L'accord fut complètement rétabli quand le Chancelier eut déclaré abolies la plupart des lois de mai (1886).

Il voulut aussi lutter contre les socialistes, bien qu'il eût entretenu lui-même des relations avec le socialiste allemand Lassalle (Voy. ce nom), et qu'il parût redouter ses doctrines. Il est possible que le Chancelier fut effrayé par les conséquences du congrès socialiste de Gotha (1875). À cette date, en effet, fusionnèrent deux groupes qui, jusqu'alors, étaient restés distincts : « l'Association générale des ouvriers allemands », fondée dans l'Allemagne du Nord par Lassalle en 1863, dirigée depuis par les députés Schweizer et Hasenclever; — et « l'Association démocratique des ouvriers », répandue dans l'Allemagne du Sud et dans la Saxe, dirigée par Bebel et Liebknecht (Voy. ce nom dans le supplément). Les deux groupes se réunirent sous le nom de « Parti socialiste des ouvriers allemands ». Le gouvernement impérial s'effraya, surtout après les attentats dirigés contre l'Empereur par Hœdel (11 mai 1878) et par Nobiling (4 juin 1878). Des lois d'exception furent aussitôt présentées au Reichstag. Sur son refus de les accepter, cette assemblée fut dissoute, et le Parlement suivant vota les lois demandées. Cependant le Chancelier comprit qu'il fallait donner satisfaction à quelques-unes, au moins, des revendications socialistes. Il prit donc, en 1881, l'initiative de fonder des caisses de maladies, et de rendre obligatoire l'assurance des ouvriers contre les accidents du travail. Une loi de 1883 institua aussi l'assurance contre les maladies. La discussion de ces lois se prolongea pendant plusieurs années. Enfin, le Chancelier pensa arriver à l'amélioration du sort des ouvriers par des tarifs douaniers protecteurs, qu'il annonça dès 1879, par la diminution des contributions personnelles, qui seraient remplacées par des impôts de consommation; de là le projet de monopole du tabac, qui échoua en 1880, et du monopole de l'alcool, qui rencontra une assez vive résistance (1886). Il semble que le parti socialiste, aujourd'hui très fort en Allemagne, surtout depuis les congrès de Halle (1890) et d'Erfurt (1891), se soit librement développé, en dehors de la tutelle de l'État que le Chancelier rêvait de lui imposer.

Depuis la direction qu'il imprima à la politique extérieure de l'Empire allemand, Bismarck se proposa tout d'abord de garantir la durée de son œuvre, plus tard de prendre des mesures de précaution contre certaines puissances, telles que la France et la Russie. Celle-ci intervint en 1875 pour empêcher une rupture, qui était sur le point de se produire, entre la France et l'Allemagne. Dès lors, le bon accord qui avait si longtemps régné entre Berlin et Saint-Pétersbourg tendit à se rompre. Après la guerre russo-turque de 1877, un congrès, tenu à Berlin (1878) sous la présidence du prince Bismarck, diminua considérablement les avantages que la Russie avait pensé se réserver par le traité de San-Stefano. L'attitude de la Russie vis-à-vis de l'Allemagne devant être, de ce fait, vraisemblablement modifiée, le Chancelier chercha à constituer un nouveau système d'alliances. L'union avec l'Italie ne s'était pas démentie depuis 1866, marquée par les voyages à Berlin du prince royal Humbert (1872), du roi Victor-Emmanuel II (1873), par les visites rendues au Quirinal par

Guillaume Ier et le prince impérial, qui ne se présentèrent pas au Vatican (1875). L'Allemagne avait dans l'Italie une alliée fidèle. Elle trouva un nouvel ami dans la personne de l'empereur d'Autriche François-Joseph, après l'entrevue de Gastein (1871), après le voyage du comte Andrassy (Voy. ce nom dans le DICTIONNAIRE) à Berlin (1876), et surtout après le congrès de Berlin (1878), qui assura à l'Autriche la possession de la Bosnie et de l'Herzégovine. Un traité d'alliance définitif entre l'Allemagne et l'Autriche-Hongrie fut signé à Vienne par le prince Bismarck en 1879. Il fut complété le 7 décembre 1891 par un traité de commerce signé entre ces deux puissances et l'Italie. Cependant les rapports officiels avec la Russie restaient amicaux, comme on put en juger par l'entrevue de Guillaume Ier et d'Alexandre III à Dantzig, en présence de Bismarck et de M. de Giers (1881), par celles de Skierniwice (1884), de Kremsier (1885), de Gastein (1886), de Berlin (1887). Mais Bismarck ne put pas réaliser son rêve de l'Union des trois Empereurs. Il dut se contenter de former « la triple Alliance » avec l'Autriche-Hongrie et l'Italie. — L'action politique du Chancelier s'était étendue jusqu'à l'Espagne, dont le souverain, Alphonse XII, avait été cordialement invité aux manœuvres de Hombourg. Mais la tentative maladroite faite par les Allemands pour s'emparer des Carolines (1884-85) suscita à Madrid un vif mécontentement. — Vis-à-vis de la France, aucune détente ne se produisait. Des incidents de frontière à Pagny-sur-Moselle et à Raon-sur-Plaine faillirent avoir des conséquences graves. L'Alsace-Lorraine subit le contrecoup de ces événements. Un régime arbitraire tendit à rompre ses rapports avec la France (1887). L'obligation du passeport fut imposée aux étrangers pénétrant dans le pays (1888).

Dans un temps où toutes les grandes puissances se préoccupaient d'étendre leurs empires coloniaux, il était bien difficile que l'Allemagne, avec l'augmentation si considérable de sa population et le progrès si remarquable de son industrie, restât systématiquement étrangère à toute idée d'expansion coloniale. Le Chancelier déclara en maintes occasions qu'il était peu favorable à la fondation de colonies impériales allemandes. Cependant, il avait constitué lui-même, après la guerre de France, le « Conseil économique », qui commença par réclamer 100 millions de marcks pour les entreprises coloniales. La « Société coloniale », qui compta bientôt des milliers d'adhérents, influa sur le gouvernement impérial. Bismarck se laissa entraîner à établir le protectorat allemand sur l'Afrique du Sud-Ouest (avr. 1884), à fonder les colonies du Cameroun, du Togo, de l'Afrique Orientale (1885). Il intervint aussi dans les Samoa (1879), dans la Nouvelle-Guinée, dans les Carolines (1884), etc.

La mort de l'empereur Guillaume Ier et l'avènement de Frédéric III (1888) n'arrêtèrent pas la brillante fortune de Bismarck. Cependant, il faillit donner sa démission au sujet du projet de mariage du prince Alexandre de Battenberg avec la princesse Victoria. L'empereur Guillaume II, qui succéda à Frédéric III en 1888, conserva d'abord toute sa confiance au prince. Mais des germes de mésintelligence ne tardèrent pas à se manifester entre les deux personnages, surtout au sujet de la législation ouvrière. L'Empereur publia, le 4 février 1890, sans la contre-signature du Chancelier, des « rescrits impériaux » qui contenaient un programme de réformes que blâmait le prince Bismarck. Peu de jours après, celui-ci donnait sa démission de ministre du commerce. Une entrevue mystérieuse du prince avec M. Windthorst, le chef du parti catholique, fournit à l'Empereur l'occasion attendue. Dans une scène très vive (15 mars 1890) il exigea du Chancelier un acte de démission, qui ne fut rédigé que le 19, et qui n'a pas été publié. Le lendemain, la population de Berlin apprit avec stupeur la retraite du prince, auquel elle fit une ovation quand il partit pour la retraite de Friedrichsruh, château situé près de Hombourg.

Nommé par Guillaume II duc de Lauenburg, Bismarck fut considéré comme une sorte de victime, que l'Empereur et le comte de Caprivi (Voy. ce nom dans le SUPPLÉMENT) le nouveau chancelier, avaient frappée d'une haine imméritée. Des pèlerinages s'organisaient à Friedrichsruh, à la réception desquels le prince se complaisait, heureux d'attaquer la politique de son successeur et même de l'Empereur. L'émotion que ressentit toute l'Allemagne en 1893, lors d'une grave maladie du prince, montra l'étendue de sa popularité. L'Empereur se réconcilia avec lui en 1894. Mais de nouveaux nuages ne tardèrent pas à s'élever, surtout quand, après le voyage du tsar en France, un journal dévoué au prince, les Nouvelles de Hambourg, eut divulgué l'existence d'un traité de neutralité, signé jadis entre l'Allemagne et la Russie. Mais la vieillesse finit par achever son œuvre. Bismarck mourut à Friedrichsruh le 31 juillet 1898. Il avait eu deux fils, Herbert et Guillaume (Voy. les articles suivants), et une fille qui épousa le comte de Rantzau.

On peut consulter, parmi les œuvres originales de Bismarck, les Lettres politiques confidentielles (1851-1858), traduites en français par M. Lang, 1885 ; la Correspondance diplomatique, publiée par M. Funck-Brentano, Paris, 1883 ; les Lettres familières (1844-1870), édition de 1891 ; les Lettres politiques (1849-1860), édition de 1890 ; les Discours, publiés par Horst et Kohl, Stuttgart, 1891-93 ; les Pensées et Souvenirs, traduits en français par M. Jæglé, 2 vol., 1898-99 ; les Mémoires, traduits en français par M. Jæglé. — La personne et l'œuvre du Chancelier ont inspiré toute une littérature. On se bornera à citer les travaux de Lothar Busch (Graf Bismarck, Leipzig, 1878 ; Neue Tagebuchblätter, 1879 ; Unsere Reichskanzler, 1884) ; le comte de Bismarck et sa suite pendant la guerre de France, livre qui a été revu soigneusement par le chancelier ; les ouvrages de Hesekiel, de Lothar Bucher (Stuttgart, 1893), de Poschinger (Bismarck und der Bundesrath, 1894 ; Bismarck und die Parlamentarier, 1895) ; les biographies de Hahn (1878-90), et de Blum (1894-95) ; la collection de l'Avenir, revue bismarckienne ; Bismarck intime (anonyme, édition Westhauser) ; et, parmi les ouvrages plus récents, Le Prince de Bismarck, de M. Andler, Paris, 1899 ; Bismarck, de M. H. Welschinger, Paris, 1900 ; le Prince de Bismarck, Psychologie de l'Homme fort, de M. Benoist, Paris, 1900 ; Bismarck et son temps, de M. Paul Matter (5e vol., 1908), etc.

BISMARCK (Herbert, comte DE), fils du précédent, né à Berlin en 1849, mort au château de Friedrichsruh, près de Hambourg, en 1904, débuta dans la diplomatie comme secrétaire à Dresde, puis à Rome et à Londres. Ministre plénipotentiaire à la Haye, il devint sous-secrétaire d'État aux affaires étrangères, puis adjoint à la chancellerie (1886). Dans les premiers temps du règne de Guillaume II, devenu empereur en 1888, H. de Bismarck se maintint en faveur auprès du souverain, qu'il accompagna dans son voyage à Rome ; ce fut lui qui, pendant la visite célèbre de Guillaume II à Léon XIII, introduisit le prince Henri de Prusse, malgré l'opposition des fonctionnaires pontificaux, dans le cabinet du Souverain Pontife, pour mettre fin à une conversation politique que l'empereur voulait éviter. Après la retraite du prince de Bismarck (20 mars 1890), le comte Herbert se démit de ses fonctions. Le vieux chancelier avait espéré vainement que son fils lui succéderait. Le comte Herbert appartint au Reichstag comme député de la circonscription de Larenbourg, et, comme membre héréditaire, à la Chambre des Seigneurs de Prusse. Devenu prince à la mort de son père, il prit vis-à-vis de l'empereur et du chancelier de Bülow une attitude d'opposition qui le fit reléguer dans une véritable disgrâce. En 1892, Herbert de Bismarck épousa à Vienne la comtesse Hoyos, fille d'un grand propriétaire de la Hongrie ; de ce mariage sont nés trois fils.

BISMARCK (Guillaume, comte DE), fils cadet du chancelier, né en 1852, mort en 1901, fut grand-veneur héréditaire de Prusse, président supérieur de la Prusse Occidentale, député au Reichstag et à la Chambre des Députés de Prusse, enfin stathalter de Hanovre. Il conserva ses fonctions malgré la disgrâce de son père.

BLANCHARD (Émile), naturaliste, né à Paris, en 1819, mort en 1900, a publié un grand nombre de travaux insérés dans les Comptes rendus de l'Académie des Sciences, ou dans les Annales des Sciences naturelles. Il a laissé en outre une Zoologie agricole, 1854 ; Organisation du règne animal, 1851-1864 ; les Poissons des eaux douces de la France, 1866 ; les Insectes, 1867 ; la Vie des êtres animés, 1888, etc. Il était membre de l'Académie des Sciences.

BLANCHE (Ant.-Émile), médecin, né en 1820, mort en 1894, s'est fait connaître par d'importants travaux sur les maladies mentales : les Homicides accomplis par les aliénés. 1878 ; la Folie considérée comme cause de divorce, 1884 ; la Mélancolie, 1887, etc.

BLANCHET (Paul), explorateur, né à Paris en 1870, fut élève de l'École normale supérieure. Il débuta par des études archéologiques en Tunisie, professa l'histoire au lycée de Constantine (1896), puis explora la région du Hodna; il retrouva l'ancienne cité berbère de Seddrata, au S.-O. d'Ouargla. En 1900, il entreprit l'exploration de la région saharienne située au N. du Sénégal, visita l'Adrar, entra dans Atar, capitale de l'oasis, mais fut arrêté par une population fanatique. Relâché, il revint alors au Sénégal, et mourut de la fièvre jaune à Dakar (octobre 1900).

BLANQUI (Auguste), fils de Dominique Blanqui, ancien conventionnel, devenu sous-préfet de Puget-Théniers, naquit dans cette ville en 1805, et mourut à Paris en 1881. Il fit de brillantes études au collège Charlemagne, collabora fort jeune au *Courrier Français*, et prit part, dès 1827, aux coups de main contre le gouvernement de Charles X. Il fut un des plus énergiques parmi les combattants de juillet 1830, fit ensuite partie de la *Société des Amis du peuple*, dirigée par Godefroy Cavaignac, et s'engagea résolument dans la lutte contre la monarchie orléaniste. Impliqué pour délit de presse dans le procès des Quinze, acquitté pour ce fait, mais condamné à un an de prison pour son plaidoyer jugé trop énergique, il devint un des membres les plus influents de la *Société des Familles*, puis de la *Société des Saisons*, où il se rencontra avec Barbès. Il ne prit aucune part aux insurrections de 1834, qui se produisirent peu de temps après son mariage avec Mlle Serre, mais il s'inscrivit parmi les défenseurs des accusés d'avril 1835. En 1836, impliqué dans l'affaire des poudres de la rue de Loureine, il fut condamné à deux ans de prison, fut enfermé à Fontevrault, puis, après l'amnistie de 1837, interné à Pontoise. Il dirigea, avec Barbès, la prise d'armes du 12 mai 1839, et fut condamné à mort (janvier 1840). La peine fut commuée en détention perpétuelle, et Blanqui fut envoyé au Mont-Saint-Michel. C'est là qu'il apprit la mort de sa femme (1841), et qu'il s'habitua à supporter avec résignation les plus affreux supplices. Gravement malade, il fut transféré à Tours en 1844, gracié malgré lui, et interné à Blois en 1847. Revenu à Paris après le 24 février 1848, il organisa la *Société républicaine centrale*, appelée aussi « club Blanqui », qui se réunissait dans la salle du Conservatoire. Il fut un des chefs de la manifestation du 17 mars. Mais son influence, chaque jour grandissante, fut tout à coup diminuée par la publication, dans la *Revue rétrospective* de Taschereau (31 mars), d'une pièce qui n'avait aucun caractère d'authenticité et qui accusait d'une soi-disant trahison de Blanqui envers son parti. Malgré sa défense éloquente (*Réponse du citoyen Aug. Blanqui*, 16 avril), il ne put convaincre certains esprits prévenus, surtout parmi les amis de Barbès, rival plein de jalousie, un des plus intéressés à cette prétendue révélation. Néanmoins, Blanqui prit part à la manifestation du 16 avril, au sujet des élections, et joua un rôle décisif dans l'invasion de l'Assemblée, le 15 mai. Arrêté peu après (26 mai), il comparut devant la haute cour de Bourges (mars 1849), et fut condamné à dix ans de détention, qu'il subit à Boulens, à Belle-Ile-en-Mer, d'où il essaya vainement de s'évader, et à Corte. En avril 1850, il fut interné à Mascara, puis définitivement libéré au mois d'août. En 1861, il fut condamné à quatre ans de prison, pour délit de société secrète, et enfermé à Sainte-Pélagie. Envoyé à l'hôpital Necker en 1864, il entreprit, en 1865, la publication d'un journal, *Candide*, qui n'eut que huit numéros. Puis il s'évada, se réfugia à Bruxelles, et travailla à la formation d'une société secrète ayant pour but le renversement de l'Empire. En 1868, il écrivit pour ses amis, Jaclard, Genton, Duval, Granger, Tridon, etc., son *Instruction pour une prise d'armes*. Les blanquistes, alors au nombre d'environ 800, songeaient à s'emparer de Vincennes pour y prendre des armes et appeler le peuple à la révolution. Sans cesse retardée, la tentative d'insurrection n'eut lieu, malgré les répugnances de Blanqui, que le 14 août 1870, après les premières défaites de la guerre franco-allemande. La tentative, dirigée contre la caserne des pompiers de la Villette, échoua, mais Blanqui échappa aux recherches de la police. Après la chute de l'Empire, il ouvrit un club, et publia, à partir du 7 septembre, un journal, *La Patrie en danger*, dans lequel il dénonça bientôt, avec une âpre éloquence, la faiblesse du gouvernement de la Défense nationale. Élu commandant du 169e bataillon de la garde nationale, il participa à la manifestation du 21 septembre à l'Hôtel de Ville, pour réclamer la guerre à outrance. Privé peu après de son commandement, il prit une part active à la journée du 31 octobre (invasion de l'Hôtel de Ville, déchéance du gouvernement de la Défense nationale). Malgré l'engagement formel pris alors par le gouvernement, qu'aucune poursuite ne serait exercée au sujet de cette affaire, Blanqui, sur l'ordre de M. Thiers, fut déféré (mars 1871) à un conseil de guerre qui le condamna à mort par contumace. Arrêté dans le Lot, où il s'était réfugié, il fut d'abord emprisonné à Cahors. Pendant ce temps, la Commune, organisée à Paris, offrait à M. Thiers d'échanger Blanqui contre l'archevêque de Paris, Mgr Darboy, et les autres otages. M. Thiers s'y refusa et fit transférer Blanqui au château du Taureau, à l'entrée de la rivière de Morlaix, où, pendant plusieurs mois, le prisonnier subit les plus odieux traitements. L'arrêt de condamnation ayant été cassé pour vice de forme, sur les instances pressantes d'une partie de la presse, Blanqui comparut en 1872 devant un nouveau conseil de guerre, qui maintint la condamnation. Il fut enfermé à Clairvaux, où il resta jusqu'à l'amnistie du 10 juin 1879. Quelques jours auparavant (20 avril), Bordeaux l'avait élu député, mais l'élection avait été invalidée par la Chambre. Dans les derniers temps de sa vie, à Bordeaux, à Marseille, à Nice, à Lyon, à Paris, le vieux révolutionnaire connut enfin les joies de la popularité. La publication du journal *Ni Dieu ni Maître* l'occupa jusqu'à sa mort, survenue le 1er janvier 1881. — Blanqui a beaucoup écrit. Une partie de ses œuvres a été détruite; une autre n'est pas encore publiée. On connaît de lui, outre ses *Plaidoiries* et les articles de la *Patrie en danger*, un ouvrage composé dans sa dernière captivité, *l'Éternité par les astres*. — Un monument lui a été élevé à Puget-Théniers. — Cf. G. Geffroy, *l'Enfermé*, 1897.

BLOCK (Maurice), économiste français, né à Berlin en 1816, mort à Paris en 1901, fut amené en France par sa famille à l'âge de 5 ans. À sa majorité, il se fit naturaliser Français. Il fut attaché au bureau de la statistique générale, au ministère de l'agriculture, et le quitta en 1861, pour se livrer à des travaux personnels. Il a écrit de nombreux articles d'économie politique dans le *Temps*, le *Journal des Débats*, la *Revue des Deux-Mondes*, l'*Économiste français*, et dans divers périodiques allemands. Il obtint en 1864 de l'Académie des Sciences le prix Montyon pour la statistique. Ses principaux ouvrages sont: le *Dictionnaire de l'Administration française*; le *Dictionnaire de la politique*; la *Statistique de la France* (2 vol.); l'*Annuaire de l'économie politique et de la Statistique*, et, surtout, les *Doctrines économiques depuis Adam Smith*, 2 vol., ouvrage qui lui assura une légitime notoriété. M. Block fut admis en 1880 à l'Académie des Sciences morales, en remplacement de Léonce de Lavergne.

BODENSTEDT (Frédéric), poète allemand, né à Peine (anc. Hanovre), en 1819, mort en 1892, fut d'abord précepteur dans la famille Galitzin, à Moscou. Il étudia alors la langue et les mœurs russes, et publia *Kosior, Poutchkine et Lermontov*, puis *l'Ukraine poétique*. D'un séjour dans le Caucase et l'Asie Mineure, il rapporta *Mille et un jours en Orient*. Professeur de langues slaves à l'Université de Munich, puis directeur du théâtre de la cour à Wiesbaden, il fit ensuite un voyage en Amérique, d'où il rapporta son livre *De l'océan Atlantique à l'océan Pacifique*. Il est connu surtout, comme poète, par les *Chants de Mirza-Schaffy*, son œuvre la plus originale. *OEuvres posthumes de Mirza-Schaffy*, *Dernières Poésies*, et par des traductions de Shakespeare, de Pouchkine, etc.

BODIANSKY (Joseph), savant russe, né en 1810, mort en 1865, professeur à l'Université de Moscou, a publié plusieurs ouvrages sur l'histoire, la littérature, la philologie slaves. Il a dirigé les *Lectures de la Société de l'Histoire et des Antiquités russes*. Il a publié en 1857 un recueil de poésies en langue ukrainienne, sous le pseudonyme d'*Isko Materynka*.

BÖCKLIN (Arnold), peintre suisse, né à Bâle en 1827, mort en 1901, fut d'abord élève du peintre paysagiste Schirmer, à Düsseldorf. Après un séjour à Bruxelles, à Paris 1848 et à Rome 1850-1856, il revint à Bâle, peignit des portraits et des paysages, puis alla passer deux ans à Munich 1856-1858. C'est là qu'il commença à se faire connaître par son tableau de *l'an jouant de la flûte* (1857). Il alla ensuite à Weimar, où il fut, pendant deux ans (1860-61), professeur à l'École des Beaux-Arts, et où il se lia avec Lenbach (*Voy.* ce nom dans le supplément). Il revint à Rome en 1861 ; là, s'inspirant surtout des maîtres de la Renaissance, il peignit l'*Anachorète*, la *Taverne romaine*, la *Bacchanale*, etc. En 1866, il rentra à Bâle, où il séjourna jusqu'en 1871. C'est alors qu'il peignit un grand nombre de décorations murales et de paysages, dans lesquels on sent l'influence de Corot, mêlée aux souvenirs de la Renaissance italienne (l'*Idylle marine*, l'*Esprit de la Mort*, le *Chevauchée de la Mort*). Revenu à Munich en 1871, il commença à peindre des faunes, des sirènes, des centaures, d'une inspiration âpre et violente. En Italie, où il vécut de 1874 à 1885, à Florence et à Fiesole, il peignit *les Chansons du Printemps*, *Flore*, *Diane surprise par les Faunes*, le *Soir de printemps*, l'*Ile des Morts*, la plus mystique de ses œuvres, la *Contrée des Bienheureux*, etc. En 1885, il se fixa à Zurich ; de cette époque datent *les Jeux des Naïades*, le *Silence de la Forêt*, *Vita somnium breve*, une de ses meilleures œuvres, le *Retour*, la *Vie de Marie*, triptyque, le *Combat des Cimbres*, etc. En 1892, il revint en Italie, où il peignit entre autres œuvres une *Venus genitrix* (1892). Il mourut à Fiesole. — La ville de Bâle donna en 1897 de belles fêtes pour célébrer la 70e année de ce grand artiste. Il a laissé des œuvres d'une originalité puissante, de beaux portraits, parmi lesquels le sien (musée de Bâle); un grand nombre de paysages, tour à tour bizarres et harmonieux, des allégories et des peintures mythologiques d'une conception singulière, mais fortement exécutées. Très populaire en Suisse et en Allemagne, Bœcklin était considéré dans ces deux pays comme un des représentants les plus éminents de l'art germanique.

BOERS (*Voy.* dans le supplément Afrique Australe Anglaise, Kruger, Orange, Transvaal). — Cf. H. Debérain, *L'Expansion des Boers au xixe siècle* (Hachette, 1905).

BOGOLUBOF (Alexis), peintre russe, né en 1824, mort en 1896, fut d'abord officier de marine. Il a peint des tableaux militaires, comme la *Bataille de Sinope*, et fut attaché comme peintre au ministère de la marine russe. Il se fixa plus tard à Paris. On a de lui des vues de différentes villes russes et une *Arrivée de l'escadre russe à Toulon en 1893*, qui orne le Cercle militaire à Paris. On lui doit aussi des fresques dans l'église russe de la rue Daru à Paris.

BOISLILLE (Arthur de), historien, né à Beauvais en 1835, mort en 1908, fut d'abord attaché au ministère des finances où il fut chargé de classer les archives relatives au Contrôle général sous l'ancien régime. Ce classement lui fournit la matière d'un important travail sur *la Correspondance des Contrôleurs généraux avec les Intendants*. Dans le même temps, il publia l'*Histoire des premiers présidents de la Chambre des Comptes de Paris*, d'après les archives de la famille de Nicolay, à laquelle appartenaient les premiers présidents de cette Cour, depuis 1506 jusqu'à la Révolution. Cet ouvrage valut à M. de Boislille le grand prix Gobert en 1873. Ensuite parurent d'importantes études sur Philippe le Hardi, Philippe de Commines, Semblançay, Vauban, etc. Le principal ouvrage de M. de Boislille fut l'édition des *Mémoires* de Saint-Simon, commencée en 1879. Dix-sept volumes furent publiés sur plus de trente que devait comprendre l'édition complète. Ce travail, remarquable par la science profonde de l'auteur, constitue avec les annotations qui l'accompagnent, l'œuvre peut-être la plus considérable de l'érudition contemporaine. M. de Boislille fut admis en 1884 comme membre libre à l'Académie des Inscriptions et Belles-Lettres.

BONGHI (Rugghero), écrivain italien, né à Naples, en 1827, mort en 1895, publia, dès l'âge de vingt ans, une traduction du traité de Plotin sur le Beau, et le *Philèbe* de Platon, avec un commentaire critique. Mêlé passionnément à la politique, il se fixa à Florence, où il fonda le journal *il Nazionale* (1848), puis à Turin, où il dirigea le journal *la Stampa*. Il travailla avec ardeur à la formation de l'unité italienne, dirigea des journaux libéraux à Milan et à Naples, fut membre du Parlement, et ministre de l'Instruction publique, de 1874 à 1876. On peut citer, parmi ses nombreux travaux : des *Lettres sur la littérature italienne*, 3e édit., 1875; une *Histoire des finances italiennes*, 1868 ; la *Vie et l'époque de Valentino Pasini*, 1869; *Moines, pape et roi*, 1875 ; *Portraits contempo-*

rains, *Cavour, Bismarck, Thiers*, 1879 ; l'*Histoire ancienne en Orient et en Grèce*, 1879 ; *Léon XIII et le Gouvernement italien*, 1882 ; *François d'Assise*, 1884 ; *Histoire de Rome*, 1885 ; *Rome païenne*, 1886, etc.

BONHEUR (Marie-Rosalie, dite Rosa), peintre, née à Bordeaux en 1822, morte en 1899, fut élève de son père. Elle acquit une grande réputation comme peintre d'animaux. Parmi ses œuvres très nombreuses, on cite : le *Labourage nivernais*, très remarqué au Salon de 1848 (musée du Luxembourg); le *Marché aux chevaux* (Salon de 1855); la *Fenaison en Auvergne* (Exposition de 1855); *Moutons au bord de la mer*; *Bœufs et vaches*; *Berger béarnais*; *Bourriquaires aragonais*; *Cerfs*, *Razzia en Écosse*; *Chevreuils au repos*; *Berger écossais*, etc. Ces œuvres furent réunies lors de l'Exposition de 1867. Après cette date, Rosa Bonheur n'exposa plus guère qu'à l'étranger (*Parti de fourrageurs*, le *Lion chez lui*, etc.).

BONNASSIEUX (Jean), statuaire français, né en 1811, mort en 1892, remporta le grand prix de Rome en 1836, et entra en 1866 à l'Académie des Beaux-Arts. Il a laissé un grand nombre de bustes, parmi lesquels celui de Lacordaire; des statues de Fénelon, de Jeanne Hachette (Luxembourg), etc. Le Luxembourg a aussi de lui un *Amour se coupant les ailes*.

BONNET (Amédée), plus connu sous le nom de bonnet de Lyon, célèbre chirurgien français, né à Ambérieu (Ain) en 1809, mort à Lyon en 1858. Praticien très distingué, il fut en outre un écrivain médical du plus grand mérite : son œuvre capitale, le *Traité des maladies articulaires*, a eu un retentissement universel, et lui a créé un rang à part dans la chirurgie moderne. Chirurgien en chef désigné de l'Hôtel-Dieu de Lyon à 24 ans, puis, en 1838, professeur de clinique chirurgicale à l'École de médecine de cette ville, il publia, entre autres ouvrages, son *Traité des sections tendineuses et musculaires* (1 vol. in-8 avec atlas, 1841), puis ses *Traités des maladies des articulations* (2 vol. in-8 avec atlas), ouvrage couronné par l'Institut en 1840 (prix Montyon), et de *Thérapeutique des maladies articulaires* (1 vol. in-8, 97 planches), par lesquels, rompant avec les données de la tradition, il créa de toutes pièces une science nouvelle et combla dans l'art un vide considérable. Nommé en 1854 membre correspondant de l'Institut, associé de l'Académie de médecine en 1857, il alla l'année suivante exposer à Paris ses idées et sa pratique sur le traitement de la coxalgie, pour lequel il inventa la gouttière universelle comme et qui porte son nom. Ses démonstrations eurent lieu plus grand succès, et ses idées furent adoptées par les plus célèbres chirurgiens de Paris, entre autres par Nélaton. Au retour de ce voyage, il achevait ses *Méthodes nouvelles de traitement des maladies articulaires* (1 vol. in-8), qui devaient mettre le sceau à sa réputation chirurgicale, quand la mort vint le frapper; il n'avait que 49 ans. Outre ses grands ouvrages chirurgicaux, Amédée Bonnet publia de nombreux mémoires de médecine et de chirurgie, qui, tous, portent son empreinte vigoureuse; il composa même pour l'Académie de Lyon, dont il était président, de remarquables publications littéraires et philosophiques. Nous citerons entre autres : *De l'influence des lettres et des sciences sur l'éducation*; *De l'oisiveté de la jeunesse dans les classes riches*, etc. — Le grand mérite d'Amédée Bonnet est d'avoir établi sur une base scientifique le traitement des maladies articulaires. Avant ses travaux, la cure de ces affections était entièrement abandonnée à l'empirisme. S'appuyant sur l'anatomie exacte, et surtout en tenant compte de la physiologie des articulations, il montra quelles ressources pouvait fournir l'immobilisation des jointures, mais sous la condition expresse d'une attitude définie pour chacune d'elles. Ces données restent encore les bases de toute la chirurgie articulaire. Il a, de même, montré le parti à tirer de la mobilisation conduite automatiquement et physiologiquement, et, là encore, il a montré que l'art consiste dans la méthode, dans la progression, dans l'application des mouvements passifs ou actifs. Ces deux éléments, mobilisation et immobilisation, sont encore, à l'heure actuelle, après tant de progrès de la chirurgie, les bases de toute la thérapeutique articulaire, et pas un des principes découverts par Bonnet n'a subi la moindre contradiction. A ces deux études fondamentales, il a joint des recherches précises sur la révulsion, sur la compression, sur l'extension appliquées aux jointures et, là aussi, il créa toute une série de procédés encore en usage dans nos hôpitaux.

En dehors de ces découvertes d'ordre scientifique, il créa parallèlement toute une série de moyens pratiques, d'appareils ingénieux destinés à réaliser chacune des idées théoriques qu'il émettait; il soumettait ainsi au contrôle de la clinique toutes ses créations d'ordre scientifique, et c'est à cette marche parallèle qu'il doit d'avoir laissé une œuvre durable au milieu de toutes les modifications des procédés chirurgicaux. La clarté et la méthode de l'enseignement de Bonnet ont fait de lui un chef d'école; ses idées ont été répandues par l'intermédiaire de ses nombreux élèves, et un nombre considérable de travaux ont été publiés d'après ses leçons et sa pratique. — En 1862, une statue lui a été élevée par souscription publique dans la grande cour de l'Hôtel-Dieu de Lyon. — Biographie par Barbier, Garin, Lyon, 1859; Diday, Lyon, 1860.

BONNET (Pierre-Ossian), mathématicien français, né en 1820, mort en 1892, fut d'abord élève, puis répétiteur, examinateur, et directeur des études à l'École polytechnique, membre de l'Académie des Sciences 1862, professeur d'astronomie à la Faculté des sciences 1878. Il a laissé d'importants travaux sur les diverses branches des mathématiques, notamment sur la convergence des séries, le développement des fonctions en séries, les intégrales définies, les surfaces isothermes et orthogonales, les lignes géodésiques, etc.

BORGNIS-DESBORDES (Gustave), général, né à Paris en 1839, fut élève de l'École polytechnique et entra dans l'artillerie de marine. Il servit en Cochinchine (1867-1871), et se fit connaître surtout par ses campagnes au Soudan. A partir de 1880, il commença l'exploration du Haut-Sénégal et du Haut-Niger, occupa Kita (févr. 1881), mena activement la lutte contre Samory (1882), s'établit sur le Niger à Bammakou (1er fév. 1883), et lutta énergiquement contre un frère de Samory. Nommé colonel la même année, il alla commander l'artillerie au Tonkin (1885-1885). Général de brigade en 1886, il revint au Tonkin l'année suivante et fut promu général de division en 1890. Rentré en France, il prit une part active à la mise en défense de nos côtes. Il revint en Indo-Chine en 1899 comme commandant en chef du corps d'occupation, et mourut au Tonkin (18 juillet 1900). C'était un brillant soldat, qui, par ses expéditions rapides et énergiques, a assuré notre domination en Afrique et en Indo-Chine.

BORNIER (Henri, vicomte de), poète et auteur dramatique, né à Lunel (Hérault) en 1825, mort en 1901, étudiait le droit, à Paris, quand il commença à se faire connaître, dès 1845, par un volume de vers, les Premières feuilles, et un drame en cinq actes et en vers, le Mariage de Luther, présenté au Théâtre-Français. Remarqué par M. de Salvandy, ministre de l'Instruction publique, il fut à cette époque, attaché à la Bibliothèque de l'Arsenal, dont il devint l'administrateur général en 1889. Quelques compositions nouvelles lui assurèrent lentement la notoriété: Dante et Béatrix, drame en cinq actes et en vers, 1855; le Monde renversé, comédie en vers; la Muse de Corneille, à-propos écrit pour l'Odéon à l'occasion de l'anniversaire de la naissance du poète, 1854; le Quinze janvier ou la Muse de Molière, à-propos donné au Théâtre-Français. Pendant quelques années, H. de Bornier parut s'éloigner du théâtre. Il obtint alors plusieurs prix de l'Académie pour la poésie (l'Isthme de Suez, 1861; la France en Extrême-Orient, 1865) et pour l'éloquence (Éloge de Chateaubriand, 1864). Après avoir donné au Théâtre-Français une tragédie en deux actes, Agamemnon (1868), H. de Bornier arriva enfin à la célébrité avec la Fille de Roland (1875), drame en quatre actes, d'une inspiration vraiment cornélienne, auquel des vers fortement frappés et patriotiques valurent un succès prolongé, et, plus tard, le grand prix de la fondation Jean Reynaud (1879). Depuis, H. de Bornier composa Dimitri, 1876, drame lyrique en cinq actes (musique de M. de Joncières, les Noces d'Attila, drame en quatre actes et en vers (Odéon, 1880); le Moabite, 1880; l'Apôtre, 1881; l'Arétin, 1885, pièce dans laquelle il s'élève avec éloquence contre le danger des mauvais livres; Mahomet, drame qui, reçu à la Comédie-Française, fut interdit sur la demande du gouvernement ottoman (1890). Une dernière œuvre dramatique, France... d'abord! fut jouée avec un grand succès à l'Odéon. — On citera encore, parmi les œuvres de M. de Bornier, la Guerre d'Orient, poème, 1858; la Sœur de Charité, poème, 1859; la Cage du lion, comédie en vers; plusieurs romans: le Fils de la terre, 1864, la Lizardière,

1885; Comment on devient belle, 1884; le Jeu des vertus, 1885, etc. Il a laissé aussi un grand nombre de nouvelles, articles littéraires et poésies, insérés dans les revues et journaux. Une édition de ses Poésies complètes a été donnée en 1888. H. de Bornier était membre de l'Académie française.

BORODINE Alexandre, compositeur russe, né à Saint-Pétersbourg en 1834, mort en 1887, descendait des princes d'Imérétie. En même temps que la musique, il étudia les sciences, fut docteur en médecine et professeur de chimie. Comme musicien, il fut d'abord grand admirateur de Mendelssohn. Sa réputation date surtout de 1862, où il composa une remarquable symphonie en mi bémol majeur. Il a laissé des symphonies très estimées, le Prince Igor, etc. — Cf. A. Habets, A. Borodine, Paris, 1893.

BOTKINE Serge Petrovitch, un des chefs de l'école médicale russe, né à Moscou en 1832, mort à Menton en 1889, professa à l'Académie de médecine de Saint-Pétersbourg. On lui doit les Archives de la clinique des maladies intérieures, 1869-72, et des Lettres à sa femme, pleines de détails intéressants sur la guerre russo-turque de 1877, pendant laquelle il accompagna Alexandre II comme médecin particulier.

BOUCHERON (Maxime), auteur dramatique, né à Paris en 1856, mort en 1896, a composé, entre autres pièces de théâtre, le Droit du seigneur, 1878; le Billet de logement, 1880; Miss Helyett, 1890, la plus populaire de ses œuvres; la Duchesse de Ferrare, 1895, etc.

BOUGUEREAU William, peintre, né à la Rochelle en 1825, mort en 1905, partagea avec Baudry le grand prix de Rome en 1850. Sa première œuvre remarquable fut le Corps de Sainte Cécile rapporté dans les Catacombes, 1855, musée du Luxembourg. Il composa depuis un grand nombre de tableaux, dont beaucoup sont restés populaires: l'Empereur visitant les inondés de Tarascon, le Retour de Tobie, le Printemps, l'Été, l'Amour, l'Amitié, la Fortune, la Danse, Bacchante sur une panthère, etc. Beaucoup de ses compositions sont empruntées à la mythologie, comme Nymphes et Satyres, Faunes et Bacchantes, Psyché et l'Amour, Arion, etc.; une des plus célèbres fut le Triomphe de Vénus, 1856. Une certaine monotonie se dégage de ces toiles où l'artiste se plaisait à peindre des amours et des femmes d'un dessin impeccable mais d'un ton singulièrement conventionnel. Il a laissé quelques peintures religieuses, la Vierge, l'Enfant Jésus et Saint Jean-Baptiste, la Vierge consolatrice; des peintures murales dans quelques églises de Paris Saint-Louis, Sainte-Clotilde, etc.), et des sujets de décoration, comme Apollon et les Muses dans l'Olympe plafond du Grand-Théâtre de Bordeaux. Bouguereau fut admis à l'Académie des Beaux-Arts en 1876.

BOUILLIER Francisque, philosophe, né à Lyon en 1813, mort en 1899, élève de l'École normale supérieure (1834) professa la philosophie à Orléans et à la Faculté de Lyon. Inspecteur général en 1865, il fut directeur de l'École normale de 1867 à 1872. Il fut élu membre de l'Académie des Sciences morales et politiques en 1875. On a de lui: Histoire et Critique du Cartésianisme; Théorie de la raison impersonnelle; Histoire de la philosophie cartésienne; de l'Unité de l'âme pensante et du principe vital; du Plaisir et de la douleur; de la Conscience en psychologie et en morale; Morale et progrès; l'Université sous M. Ferry, 1881; la Vraie conscience; Questions de morale pratique, etc. Il a donné des traductions françaises de quelques ouvrages de Leibniz, de Kant et de Fichte.

BOULANGER Georges, général, né à Rennes en 1837, servit à St-Cyr, servit avec distinction en Kabylie, en Italie, où il fut blessé, en Cochinchine, et, de nouveau, en Afrique. Pendant la guerre franco-allemande, il combattit sous Paris, et fut blessé à Champigny. Colonel en 1874, général de brigade en 1880, il fut chargé de la direction de l'infanterie au ministère de la guerre. Divisionnaire en 1884, il fut envoyé en Tunisie, en remplacement du général Logerot. A la suite de conflits avec le tribunal de Tunis, il revint en France, fut soutenu par le parti radical, et devint ministre de la guerre dans le ministère Freycinet (7 janv. 1886). Ministre encore dans le cabinet Goblet, jusqu'au mois de mai 1887, il fut ensuite commandant du 13e corps à Clermont-Ferrand. Mis en non activité en 1888 pour désobéissance aux ordres du ministre de la guerre, Boulanger fut élu député dans l'Aisne; mis d'office à la retraite. il devint ouvertement le chef d'un parti composé des éléments les plus divers. Elu député de Paris le 27 janvier 1889, il fut accusé d'attentat contre la sûreté de l'État, et condamné par le Sénat, formé en haute cour de justice. Le général Boulanger, qui avait quitté Paris avant l'ouverture des débats, vécut désormais exilé, en Belgique, à Londres, à Jersey, et, de nouveau, en Belgique. Il se tua dans le cimetière d'Ixelles, le 30 septembre 1891.

BOULAWAYO, ville de l'Afrique australe anglaise, chef-lieu du Matabéléland, qui est maintenant une partie de la Rhodésia méridionale (*Voy.* Rhodésia dans le supplément). Centre important de chemins de fer, situé à l'embranchement des voies ferrées qui relient le Cap au Zambèze d'une part, à Salisbury de l'autre, Boulawayo paraît destinée à un bel avenir. La population était, en 1907, de 5840 habitants.

BOURBAKI (Charles), général, né à Pau, d'une famille d'origine grecque, en 1816, mort en 1897, élève de l'École de St-Cyr, entra dans les zouaves comme sous-lieutenant en 1836, et fit en Afrique, où son nom devint très populaire, la plus grande partie de sa carrière. Général de brigade en 1854, il se distingua à l'Alma, à Inkermann et à l'assaut de Sébastopol. Général de division en 1857, il se signala dans la campagne d'Italie, mais sans paraître au premier rang. Il commanda le camp de Châlons en 1869, et, en 1870, fut mis à la tête de la garde impériale. Il fit partie de l'armée de Bazaine et prit part aux combats livrés autour de Metz. Il consentit à aller négocier à Londres, dans des conditions mystérieuses, avec un sauf-conduit des Allemands. Rentré en France après l'échec de sa mission, il se mit à la disposition de Gambetta, qui le plaça à la tête de l'armée du Nord et de l'Oise (oct. 1870). Il établit son quartier général à Lille, poussa activement l'organisation de ses troupes, et se disposa à concourir à la délivrance de Paris. Mais la prise d'Orléans par les Allemands interrompit l'exécution de ce plan. Bourbaki reçut alors le commandement des 15e, 18e et 20e corps, formés autour de Nevers et Bourges, qui devinrent l'armée de l'Est. Chargé de débloquer Belfort, au succès remporté à Nuits par le général Cremer, et l'évacuation de Dijon et de Gray par les Allemands, Bourbaki arriva à Dijon le 4 janvier 1871, et se porta à la rencontre du général de Werder, fortement retranché sur les bords de l'Oignon. Le 9 janvier, il enleva la position de Villersexel; le 15, il s'empara des villages d'Arcey et de Ste-Marie; le 13, il occupa la ville de Montbéliard. Mais, pendant ce temps, le général de Werder s'était établi dans une position très forte, autour d'Héricourt. Dans les combats malheureux des 16 et 17 janvier, Bourbaki ne put pas forcer les positions; il se mit en retraite sur Besançon, tandis que les Allemands, pour lui couper la route, amenaient rapidement, sous les ordres de Manteuffel, une nouvelle armée qui, négligeant Garibaldi à Dijon, se porta sur Dole. Craignant d'être cerné, Bourbaki ordonna la retraite sur Pontarlier, puis, dans un accès de désespoir, il se tira un coup de revolver dans la tête (27 janvier). Le général Clinchant prit le commandement de l'armée, qui, finalement, dut passer en Suisse. Bourbaki fut transporté à Lyon, où il guérit de sa blessure. Nommé, après la guerre, au commandement de Lyon, il eut à combattre les révolutionnaires et à désarmer la garde nationale. Il fut aussi gouverneur militaire de cette ville et commandant du 14e corps. Il fut mis en disponibilité en 1879, bien qu'ayant commandé devant l'ennemi. Il essaya sans succès d'entrer au Parlement, et vécut ses dernières années à Bayonne, où il mourut. — Cf. commandant Grandin, *le Général Bourbaki*.

BOURRAS (Mathieu-Alphonse), colonel, né à Pompignan (Gard) en 1836, mort en 1880, s'engagea à 18 ans dans le génie. Capitaine en 1870, il s'évada de Sedan et organisa dans les Vosges un corps franc qui se distingua à Nuits, Gray, Ableviliers, et qui fit une belle retraite vers Gex à travers le Jura. Général à titre provisoire en 1871 et chargé du commandement des gardes nationales à abandonna Bourras rétablit l'ordre à Saint-Étienne; il fut cependant ramené ensuite au grade de chef de bataillon. Pompignan a élevé une statue à ce patriote. — Cf. Ardouin-Dumazet, *Le colonel Bourras*, Paris, 1882.

BOUTMY (Émile), publiciste, né à Paris en 1835, mort en 1906, fut professeur d'histoire à l'école d'architecture. Il est surtout connu par la grande part qu'il prit, après la

guerre de 1870, à la création de l'École libre des sciences politiques. Il fut le directeur de cette école, dans laquelle il professa un cours d'histoire constitutionnelle comparée. Il a publié plusieurs ouvrages, parmi lesquels on citera : *Études de droit constitutionnel* (1885); le *Développement de la constitution et de la société politique en Angleterre* (1887), etc. — Boutmy fut élu membre de l'Académie des sciences morales et politiques en 1880, en remplacement de Léon Say.

BRAHMS (Johannès), compositeur allemand, né à Hambourg en 1833, mort en 1897, étudia la musique à Altona, débuta comme pianiste en 1847, et fut distingué à Dusseldorf par Schumann, dont il devint l'élève favori. En 1853, il publia à Leipzig ses premières compositions, qui furent diversement appréciées. Après avoir habité successivement Hambourg, Dusseldorf et Leipzig, il fut appelé en 1861 à Vienne comme maître de la chapelle impériale, et se fixa dans cette ville. Il a composé de nombreuses sonates (notamment Sonate en ré mineur pour piano et violon); des concertos, variations, quatuors, quintettes, cantates (notamment *Rinaldo*); des lieder (*Von ewiger Liebe*); etc. On cite surtout parmi ses œuvres : *le Requiem allemand*; *le Chant du Destin*; *le Chant du Triomphe*; *le Chant des Parques*; une *Symphonie en ut mineur*; une *Rhapsodie* (alto-solo et chœurs d'hommes), etc. On a dit de Brahms qu'il est « comme le musicien des désenchantements, des tourments de cœur, de l'incertitude », et que son nom mérite d'être placé à côté de celui de Schopenhauer. — Cf. Reimann, *Joh. Brahms*, Berlin, 1897.

BRATIANO (Jean), homme d'État roumain, né à Pitesti, en 1821, entra en 1838 dans l'armée, qu'il quitta au bout de quatre années, pour venir terminer ses études à Paris. Élève de l'École polytechnique et du Collège de France, prit part aux journées de février 1848, puis il alla à Bucarest, où la révolution venait d'éclater. Il ne tarda pas à devenir le chef du parti national-libéral. Il força le prince Bibesco, qui d'ailleurs s'enfuit bientôt, à signer la nouvelle constitution; puis il fit partie du gouvernement provisoire et de la *Commission intérimaire*. Mais les Russes envahirent peu après les Principautés, et Bratiano dut s'enfuir (1853). Il se réfugia à Paris, fut poursuivi comme « chef d'une Société secrète et détenteur d'une presse clandestine », mais il fut acquitté. En janvier 1854, malgré les efforts de son défenseur, Jules Favre, il fut condamné à trois mois de prison et 3000 francs d'amende, sous prétexte de participation aux complots de l'Hippodrome et de l'Opéra-Comique. Rentré en Valachie après le traité de Paris (1856), il prit une grande part à l'élection du prince Couza. Après la chute de celui-ci (1866), il fut chargé d'aller offrir la couronne à un prince étranger. Sur les conseils de Napoléon III, il s'adressa au comte de Flandre, qui refusa, puis au prince Charles de Hohenzollern, qui accepta (1866). Ministre des finances en 1866, Bratiano dirigea, en outre, l'intérieur et la guerre en 1867 et 1868. Mais il fut compromis en 1870 dans les événements de Ploesti, qui faillirent, à la suite de la révolution du 4 septembre à Paris, substituer un gouvernement républicain à celui du prince Charles. Mis en jugement, il fut acquitté. En 1876, au moment où commençait la dislocation de l'empire ottoman, Bratiano devint président du conseil des ministres, avec le portefeuille des finances, puis de la guerre (1877-78), quand les hostilités eurent éclaté contre la Turquie. Le 20 mai 1877, la Roumanie proclama son indépendance. Au congrès de Berlin, Bratiano protesta, mais en vain, contre l'incorporation de la Bessarabie roumaine à l'empire russe. Il eut la joie, en 1881, de voir la Roumanie érigée en royaume, ce qui était en grande partie son œuvre. Depuis, il régla la question de la navigation du Danube, rapprocha la Roumanie de l'Allemagne, après une entrevue avec Bismarck à Gastein (sept. 1884), modifia la loi électorale dans un sens libéral (1884). Mais ses ennemis, conservateurs et libéraux, devenaient de plus en plus nombreux. Deux attentats furent dirigés contre lui en 1880 et 1886. En mars 1888, il abandonna la présidence du Conseil. Son départ ne calma pas ses adversaires, qui réclamèrent sa mise en accusation (1889-90). Bratiano mourut peu de temps après (4 mai 1891).

BRAZZA (Camille Savorgnan de), explorateur français, d'origine italienne, né en 1852, en rade de Rio-de-Janeiro, fut inscrit à l'état civil de Rome sous le nom de *de Brazza Savorgnani*. Il fit ses études à Paris, entra en

1808, au titre étranger, à l'École Navale de Brest, servit au même titre dans la marine de guerre française à partir de 1870, et fut naturalisé français en 1874. Il fit en 1872 un premier voyage au Gabon, où il revint en 1875. Il explora alors, avec le naturaliste Marche et le docteur Ballay (*Voy.* ce nom dans le SUPPLÉMENT), les bassins de l'Ogooué et de l'Alima; mais il n'eut pas le temps de reconnaître dans cette dernière rivière un affluent du Congo; arrêté par les indigènes, il revint sur ses pas, découvrit le Licona, autre affluent du grand fleuve, et revint au Gabon en 1878. En 1879, il reçut la grande médaille d'or de la Société de Géographie de Paris. Bientôt, apprenant avec inquiétude les découvertes du Stanley (*Voy.* ce nom dans le SUPPLÉMENT), dans l'Afrique congolaise, il voulut assurer à la France l'exploitation d'une partie au moins de ces vastes pays, en trouvant une route du Gabon vers le grand fleuve. Il reçut en 1880 l'exploration de l'Ogooué, sur les bords duquel il fonda Franceville. Il signa avec Makoko, roi des Batékés, des traités qui assuraient à la France le protectorat d'un vaste pays et la possession d'une grande région au nord du fleuve (septembre-octobre 1880), descendit l'Alima, où un poste fut fondé en 1881, et fonda près de N'tamo, sur les bords du fleuve, la station qui reçut peu de temps après le nom de Brazzaville. En janvier 1882, il explora le fleuve côtier Niari-Kouilon, puis il revint en France, laissant à la garde du sergent indigène Malamine et de trois hommes les belles possessions que, sans aucun acte de violence, il avait acquises à son pays. Accueilli à Paris avec enthousiasme, il fut reçu solennellement par la Société de Géographie et obtint une médaille du Conseil Municipal, ainsi qu'un prix de l'Académie des Sciences. Lieutenant de vaisseau en 1885, Brazza revint la même année en Afrique. Il fonda de nombreux postes (1883-1885) et commença à organiser la colonie, dont les rapports économiques avec les puissances étrangères furent fixés, ainsi que pour l'État libre du Congo, par la conférence de Berlin (novembre 1884). Il reçut en 1886 le titre de Commissaire général dans l'Ouest africain, et en 1888, celui du Commissaire général du Congo et du Gabon; le docteur Ballay lui fut adjoint comme lieutenant-gouverneur. Brazza resta au Congo jusqu'en 1897, et présida au développement de la colonie, dont le territoire s'étendit, grâce à d'actives explorations, dans les vallées de la Sangha, de l'Oubangui, du M'bomou, et, par le Chari, vers le Tchad. L'Académie des Sciences morales et politiques lui décerna le prix Audiffred en 1897. En 1902, le Parlement vota à Brazza une pension de 10000 francs, à titre de récompense nationale. En 1905, le fondateur du Congo français fut chargé d'une enquête dans cette colonie, qui était en proie à de graves désordres. Après avoir rendu ce dernier et signalé service, Brazza mourut à Dakar (septembre 1905), au moment de rentrer en France.

BRETON (Jules), peintre français né à Courrières (Pas-de-Calais), en 1827, mort en 1906, fut élève d'un artiste de Gand, de Vigne, et de Drolling. Il fut un des meilleurs peintres de la terre et des paysans. Son tableau de la *Faim* (1851), qui est au musée d'Arras, commença sa réputation; elle s'accrut avec *les Glaneuses* (1854) qui précédèrent de trois ans la composition bien connue de Millet, et surtout avec la *Bénédiction des blés* (1857), qui appartient au musée du Luxembourg, et qui est considérée comme une de ses meilleures œuvres. On cite encore de lui *l'Incendie*, *le Soir*, *le Colza*, *les Vendanges*, tableau peint dans le Médoc pour le comte Duchâtel, *le Grand Pardon* (1869, après un séjour en Bretagne), *Jeunes Filles se rendant à la procession*, *la Lavandière*, etc. On a reproché aux œuvres des vingt dernières années une recherche de sentimentalité exagérée. Il a composé aussi quelques volumes de poésies, d'ailleurs médiocres, et une autobiographie, sous le titre de *Vie d'un artiste*, *art et nature*.

BRETONNET (Henri), officier de marine, né à Mézières (Seine-et-Oise) en 1864, fut chargé, comme enseigne de vaisseau, d'accompagner le lieutenant Mizon (*Voy.* ce no) dans sa mission vers l'Adamaoua (1891). En 1896, attaché au gouverneur du Dahomey, il explora le Niger moyen, le haut Dahomey, le haut Niger, et s'empara de Boussa (fév. 1897). Nommé administrateur colonial en 1898, il fut chargé de ramener à Baguirmi les ambassadeurs que Gaourang, sultan de ce pays, et allié de la France, avait envoyés à Paris. Quand il arriva au Baguirmi, dans

les premiers mois de 1899, il trouva ce pays au pouvoir de Rabah, qui avait établi un camp fortifié près de Kouno, localité où s'était réfugié Gaourang, resté fidèle à la France. En juin 1899, Bretonnet se porta sur ce point avec une soixantaine de miliciens; puis, ne se jugeant pas en sûreté, il s'établit à Niellim, à 20 kilomètres en arrière de Kouno, sur des hauteurs qui dominent le Chari. Cette poignée d'hommes, soutenue par quelques troupes de Gaourang, fut attaquée par Rabah et 8000 guerriers 16 juillet. Bretonnet périt avec la plupart des siens, après avoir infligé à l'ennemi une perte de 700 hommes.

BREWSTER (David), savant anglais, né à Jedburgh en 1781, mort en 1868, fut un des fondateurs de l'Association britannique pour l'avancement des sciences (1831). On lui doit un *Traité d'optique*, 1831; les *Martyrs de la science*, 1841; une biographie de *Newton*, 1855, etc. Ses principales découvertes portent sur l'optique : lois de la polarisation par réflexion et par réfraction; découverte de cristaux à deux axes de double réfraction; lois de la réflexion métallique; kaléidoscope, stéréoscope, perfectionnements dans le système des lentilles des phares. Recteur de l'Université d'Édimbourg, il fut nommé en 1849 associé étranger de l'Institut de France. — Cf. Henry, *Home life of sir D. Brewster*, Édimbourg, 1881.

BRIALMONT (Henri-Alexis), général belge, né à Venloo en 1821, mort en 1903, était fils d'un général qui servit dans les armées de Napoléon. Il se fit connaître par de remarquables études sur la transformation du camp retranché d'Anvers. Le projet que, simple capitaine, il avait élaboré, et qui était combattu par le haut état-major belge, reçut l'entière approbation de l'illustre ingénieur russe Todleben (*Voy.* ce nom dans le SUPPLÉMENT qui était venu en Belgique en 1858. Dès 1859, 1860, on commença les travaux indiqués par Brialmont. Ils consistaient en une enceinte polygonale continue de 12 kilomètres, et 11 forts détachés à des intervalles de 1200 mètres, éloignés de 5 à 4 kilomètres du centre de la place, avec des zones facilement inondables. Colonel en 1868, général en 1874, Brialmont fut nommé inspecteur général des fortifications en 1875, lieutenant général en 1877 et commandant du corps d'armée d'Anvers. Libéral, combattu à la fois par les catholiques et les socialistes comme partisan du service obligatoire, il fut mis prématurément à la retraite en 1892; mais il fut élu député de Bruxelles (1892-1894). La Belgique doit à Brialmont le camp retranché d'Anvers et celui de Namur-Liège, commencé en 1889. En outre, Brialmont a élevé les fortifications de Bucarest, de Sofia, du Bosphore et des Dardanelles; ces travaux firent de lui l'émule de Todleben et le placèrent au premier rang des ingénieurs militaires de son temps. Il introduisit, en effet, une véritable révolution dans la science de la fortification. A la puissance des nouveaux explosifs, il opposa la méthode des cuirassements, dont il fut un des principaux promoteurs; on l'a appelé parfois le Vauban du XIXᵉ siècle. Écrivain estimé, fondateur du *Journal de l'armée belge* (1850), Brialmont a publié un grand nombre d'études techniques et d'ouvrages, parmi lesquels on citera divers traités de fortification : *la défense des États et les camps retranchés* (1876), ouvrage considérable, dans lequel il préconisait le système qui, aujourd'hui, est partout en vigueur, des vastes camps retranchés et des forts d'arrêt; *la Fortification du champ de bataille* (1878); *Manuel de fortification de campagne*; *la Fortification du temps présent*; *les Régions fortifiées*, etc. On lui doit aussi de très bonnes études historiques sur Wellington, Todleben, etc.

BRIÈRE DE L'ISLE (Louis), général, né à la Martinique en 1827, mort en 1896, élève de St-Cyr, se distingua dans les expéditions de Chine et d'Indo-Chine 1860-1861. Gouverneur du Sénégal en 1876, il poussa activement la pénétration au Soudan. Général de brigade en 1881, il fut envoyé au Tonkin, s'empara de Bac-Ninh (12 mars 1884) de Yen-Thé, Thai-Nguyen et Hong-Hoa. Chef du corps expéditionnaire après le départ du général Millot, il remporta les victoires de Kep, de Chu et du Lock-Nam. Général de division en 1885, il occupa Langson 1ᵉʳ février, et réussit à débloquer Tuyen-Quan. Peu après le combat de la porte de Chine et la retraite du colonel Herbinger, il rentra en France.

BROGLIE (Victor-Albert duc de), écrivain et homme politique, né à Paris en 1821, mort en 1901, était le petit-fils de Mᵐᵉ de Staël et le fils du duc de Broglie, ministre sous la monarchie de Juillet. Porté vers les lettres par les traditions de sa famille et par ses goûts personnels, il publia, dès 1846, une étude sur le *Système religieux de Leibniz*. Dans le même temps, il débuta dans la diplomatie, et fut successivement attaché d'ambassade à Madrid et à Rome. La République issue de la révolution de Février, puis le gouvernement de l'Empire, le tinrent à l'écart. Il profita de ce repos forcé pour publier, dans le *Correspondant* et dans la *Revue des Deux Mondes*, de nombreux articles concernant les sujets les plus variés, politique, religion, critique littéraire et historique. C'est aussi de cette époque de sa vie que date l'*Histoire de l'Église et de l'Empire au IVᵉ siècle* (6 vol.). Ces savantes études lui valurent d'être élu membre de l'Académie française (févr. 1862), en remplacement du P. Lacordaire. Il fut élu en 1895 à l'Académie des Sciences morales, en remplacement de Duruy. Après avoir fait partie de l'opposition libérale sous l'Empire, le duc de Broglie fut élu en 1871 député de l'Eure à l'Assemblée nationale. Il fut envoyé la même année à Londres comme ambassadeur, et suivit les travaux de la conférence qui annula le traité de Paris de 1856. De retour en France, il fut un des chefs de la majorité monarchiste qui combattit les idées et les projets de M. Thiers. C'est à la suite d'une interpellation du duc de Broglie que celui-ci se retira du pouvoir (1873). Sous la présidence du maréchal de Mac-Mahon, il fut président du Conseil avec le portefeuille des affaires étrangères, qu'il échangea contre celui de l'intérieur après la démission de M. Beulé (nov. 1873). Il suivit une politique monarchique ; mais, cependant, jugé trop libéral par l'extrême droite, il fut renversé le 16 mai 1874. Il travailla activement à la *fusion* des deux branches de la maison de Bourbon. Il vota la constitution de 1875. Nommé sénateur de l'Eure en 1876, il revint aux affaires le 16 mai 1877, à la place de Jules Simon. Il fit prononcer par le Sénat la dissolution de la Chambre, et essaya de diriger les élections dans un sens favorable à sa politique. Mais le suffrage universel renvoya à la Chambre les 363. Le duc de Broglie dut se retirer des affaires. Il essaya vainement d'obtenir le renouvellement de son mandat de sénateur en 1885, puis de se faire élire député, la même année. Dès lors, il renonça entièrement à la politique active, pour se consacrer à l'étude. Dans la retraite laborieuse où il entrait pour toujours, le duc de Broglie put se rendre ce témoignage que, s'il avait méconnu les préférences du pays pour le régime républicain, du moins il avait travaillé, en homme d'État éclairé, à augmenter la prospérité matérielle de la France, ses forces militaires et son crédit à l'étranger. Historien plein de pénétration, et écrivain de premier ordre, le duc de Broglie publia, outre les livres déjà cités, un grand nombre d'articles dans les revues et des ouvrages très appréciés, dans lesquels il exposait avec une rare impartialité et un très grand sens historique la politique de la France au XVIIIᵉ siècle : *le Secret du Roi*, 1878 ; *Frédéric II et Marie-Thérèse*, 1885 ; *Frédéric II et Louis XV*, 1885 ; *Marie-Thérèse, impératrice*, 1888. On lui doit aussi la publication des *Mémoires* du duc son père, et ceux de Talleyrand. Les derniers travaux du duc de Broglie furent une étude critique sur Malherbe, une *Vie de saint Ambroise*, enfin le *Dernier bienfait de la Monarchie*, qui est une de ses œuvres les meilleures.

BRONTË (Charlotte), romancière anglaise, née à Haworth (Yorkshire) en 1816, morte en 1855. Elle devint une jeunesse difficile et enseigna l'anglais à Bruxelles. Elle publia en 1846, sous un pseudonyme, des *Poèmes par Currer, Ellis et Acton Bell*, qu'elle avait écrits en collaboration avec ses deux sœurs, Émilie (1818-1848) et Anne (1820-1849). Son second ouvrage, *Le professeur*, ne trouva pas d'abord d'éditeur. En 1847, elle donna *Jane Eyre*, qui est devenu un des plus populaires des romans anglais ; puis *Shyrbey* (1849), année où fut découvert le nom de l'auteur ; *Villette* (1853), inspiré par les souvenirs de Bruxelles. — Émilie Brontë a publié un roman bizarre, *Withering Heights* ; on doit à Anne Brontë *Agnes Grey*. Ces ouvrages ont été traduits en français. — La vie de Charlotte Brontë a été écrite par Mrs Gaskell, son amie. Cf. *Life of Ch. B.* (Great Writers, avec une bibliographie complète) ; Montégut, *les Écrivains modernes de l'Angleterre* (Paris, Hachette) ; Mac Kay, *The Brontës*. Lond. 1897. Mme Darmesteter a consacré une étude aux sœurs Brontë, dans la *Revue de Paris*, 1899.

BROWN-SÉQUARD (Charles-Édouard), physiologiste français, né à Port-Louis (Maurice) en 1817, mort en 1894. Il

fut reçu docteur en médecine à Paris, en 1846. Il publia d'importants travaux sur les centres nerveux, sur la moelle épinière, la composition du sang, la chaleur animale, etc. Il professa la physiologie à l'université Harvard (États-Unis), de 1864 à 1869, revint alors en France, puis, en 1873, se fixa de nouveau à New-York, où il fonda les *Archives de médecine scientifique et pratique*. Revenu à Paris, il succéda en 1878 à Claude Bernard, au Collège de France, et fut élu membre de l'Académie des Sciences, en 1886.

BROZIK (Vaceslav de), peintre tchèque, né à Pilsen (Bohême) en 1851, mort à Paris en 1901, étudia la peinture à Munich et se fixa à Paris en 1870. Il a peint surtout des sujets empruntés à l'histoire de la Bohême : l'*Ambassade de Ladislas à la cour de Charles VII*, la *Condamnation de Jean Huss*, la *Défenestration de Prague*, etc. Il dirigea pendant quelques années, à partir de 1895, l'Académie des Beaux-Arts de Prague. Il peignit dans cette ville les fresques du musée. et, entre autres tableaux. *Tu, felix Austria, nube*, et l'*Élection de Podiebrad*. Il était membre associé de l'Institut de France.

BRUNETIÈRE (Ferdinand), écrivain et professeur, né à Toulon en 1849, mort en 1906, se fit connaître par des articles dans la *Revue bleue* et la *Revue des Deux Mondes*, à laquelle il collabora à partir de 1875. En 1886, il fut nommé maître de conférences de langue et de littérature françaises à l'École normale supérieure. En 1893, il succéda à John Lemoinne à l'Académie française. La même année, il fut nommé par les actionnaires directeur-gérant de la *Revue des Deux Mondes*. Dans ses écrits et ses conférences, fort goûtés du public, il se montra le défenseur résolu et énergique des croyances catholiques. Son influence à cet égard s'accentua après une visite faite au pape Léon XIII en 1894. Le gouvernement refusa de le nommer à la chaire laissée vacante au Collège de France par la mort de M. Deschanel, et l'écarta de la Sorbonne lors de la transformation de l'École normale (1904). On peut citer, parmi les nombreux ouvrages, *Études critiques et Nouvelles Études critiques* (1880-1887), *Histoire et littérature* (1884-1886). *Nouvelles Questions de critique* (1890), *le Roman naturaliste*, l'*Évolution de la poésie lyrique*, *les Époques du théâtre français*, etc. Pour la défense de ses idées religieuses et politiques, il a écrit *Discours de combat*, *Sur les Chemins de la Croyance*, *Questions actuelles*, etc. Les dernières conférences qu'il donna, sous les auspices de la Société des conférences, furent relatives aux *Encyclopédistes*. On lui doit aussi des éditions annotées d'ouvrages classiques, entre autres une édition des *Sermons choisis* de Bossuet, pour qui il professait une profonde admiration. L'*Éloge* de Brunetière a été prononcé à l'Académie française, par M. Barboux, son successeur, le 20 février 1908. M. Victor Giraud a consacré à cet écrivain une importante étude dans la *Revue des Deux Mondes* (1908).

BUCHER (Lothar), homme politique prussien, né à Neustettin en 1817, mort à Glyon (Suisse) en 1892, appartint d'abord à la magistrature, fut député de Stolpe à l'Assemblée nationale de 1848, se distingua par son opposition au sujet des impôts, de l'état de siège à Berlin (1849), et fut contraint de se réfugier en Angleterre (1850). Se fixa à Paris en 1855, revint peu après en Prusse, et fut attaché par Bismarck au ministère des affaires étrangères, où il devint conseiller rapporteur (1868). Il passait pour un des conseillers les plus écoutés du prince, qu'il ne quitta plus pendant son long séjour aux affaires. C'est à lui que Lassalle avait légué la propriété de ses ouvrages.

BÜCHNER (Louis), philosophe allemand, né à Darmstadt en 1824, mort en 1899, étudia la médecine à Giessen, à Strasbourg et à Vienne. Nommé professeur à Tubingen, il publia en 1855 un livre célèbre *Force et Matière*, dans lequel il exposait les principes d'une philosophie matérialiste. Obligé de renoncer à l'enseignement, il reprit à Darmstadt l'exercice de la médecine, mais sans interrompre ses publications. Parmi les principales, on citera : *Nature et Esprit*, Francfort, 1859, 1874 ; *Esquisses physiologiques*. Leipzig, 1861 ; *Nature et Science*, 1862, recueil d'études critiques sur les systèmes philosophiques des principaux savants contemporains, traduit en français par M. G. Lauth. 1886-88 ; l'*Homme selon la science* ; l'*Idée de Dieu*, 1874 ; *Observations sur la vie intellectuelle des animaux*. trad. en fr. par M. Letourneau, 1881 ; *Lumière et vie*. trad. en fr. par le même, 1882 ;

Puissance de la transmission héréditaire, 1882 ; *Faits et théories de la vie naturaliste dans le présent*, 1887

BULOW (Hans DE), pianiste allemand, né à Dresde en 1830, mort en 1894, était le fils du poète Charles de Bulow. Dès l'âge de seize ans, il donna des concerts, en compagnie de Wagner et de Liszt. Il se fixa à Berlin en 1854, puis à Munich, où il devint, en 1867, maître de chapelle de la Cour et directeur de l'École royale de musique. Il remplit plus tard les fonctions de maître de chapelle, à Hanovre, à Meiningen et à Berlin. Il a composé de nombreux morceaux de concert, la musique de *Jules César* de Shakespeare, des ballades, une symphonie de *Nirvâna*, des transcriptions d'œuvres de Berlioz, de Wagner, etc.

BULWER-LYTTON (Edouard-Robert comte DE), fils de Edouard-George (*Voy.* BULWER-LYTTON dans le DICTIONNAIRE), diplomate et écrivain anglais, né en 1851 mort en 1891, fit de brillantes études à Oxford, à Harrow et à Bonn. Après un séjour à Belgrade, il publia, en 1860, un volume de poésies serbes. Sous le pseudonyme d'Owen Meredith, il avait déjà donné un recueil de poésies antiques, *Clytemnestre*, et deux romans, *le Retour du comte* et *la Porte d'une âme*. Ambassadeur à Washington (1874, à Lisbonne (1876), vice-roi des Indes, créé comte Lytton et vicomte Knebworth, ambassadeur à Paris (1887) en remplacement de lord Lyons, Lytton a, malgré ses occupations politiques, composé un grand nombre d'ouvrages : *l'Anneau d'Amasis*, 1865, trad. en fr. par Mme Floureus, 1885 ; *Tannhäuser*, 1871, sous le pseudonyme d'Ed. Trevor ; *Fables lyriques*, 1874, traduites en fr. par O. Barrot, 1875 ; *le Roi Poppy*, 1877 ; *la Race future*, curieux roman philosophique, traduit en fr., 1888, etc. On lui doit aussi une biographie de son père.

BUNSEN (Rob.-Guillaume), chimiste allemand, né à Gœttingue en 1811, mort en 1890, étudia dans sa ville natale, puis à Paris, à Berlin et à Vienne. Il enseigna la chimie à Gœttingue (1835), puis à l'Institut polytechnique de Cassel (1836), aux Universités de Marbourg, de Breslau et de Heidelberg (1852-1889). On ne saurait citer les nombreux mémoires qui constituent son œuvre scientifique. On rappellera la découverte de la pile qui porte son nom ; l'indication de l'emploi de l'hydrate ferrique comme contrepoison de l'arsenic ; les beaux travaux en collaboration avec Kirchhoff, sur la *Préparation du lithium* (1856), sur l'analyse chimique fondée sur les observations du spectre et sur la préparation du rubidium et du césium 1860), etc. On lui doit aussi des travaux sur la géologie de l'Islande qu'il visita en 1846. Bunsen fut membre, en 1853, membre correspondant de l'Académie des Sciences de Paris.

BURCKHARDT (Jacob), historien suisse né à Bâle en 1818, mort en 1897, enseigna à Bâle et à Zurich, de 1844 à 1893. Il publia en 1855 un remarquable ouvrage sur *l'Époque de Constantin le Grand* ; en 1855, un *Cicérone italien*, très important pour la connaissance des œuvres d'art en Italie, traduit en français par Geiger, 1885 ; en 1858, *la Civilisation de la Renaissance en Italie*, (5e édition 1877), ouvrage considérable, complété plus tard par *l'Histoire de la Renaissance italienne*, 1867, traduite en français en 1885.

BURNE-JONES (sir Edw. COLEY), peintre anglais, né à Birmingham en 1855, mort en 1898, fut destiné par sa famille à la carrière ecclésiastique. Mais il renonça, en 1855, aux études qu'il avait commencées à Oxford, pour s'adonner à la peinture. Il vint à Londres, où il fut élève de Rossetti, qui a exercé sur lui la plus grande influence. Son éducation artistique se compléta en 1862 par un voyage avec Ruskin en Italie, durant lequel il se sentit invinciblement attiré vers les admirables peintures des XIVe et XVe siècles. Pénétré de la culture antique, Burne-Jones fut un des plus grands peintres de l'Angleterre contemporaine ; on a pu le comparer, à certains égards, à notre Puvis de Chavannes. La liste de ses œuvres, peintures à l'huile, dessins, aquarelles, etc., est très considérable. On citera de lui, avant 1862, *le Lied des Nibelungen* et des cartons de vitraux, notamment pour St-Paul de Brighton ; après 1862, *le Chevalier miséricordieux*, *la Fée Rosamonde*, *St Georges et le Dragon*, des dessins de *Cupidon et Psyché*, l'illustration du *Paradis terrestre* de W. Morris, *le Vin de Circé* et *Phyllis*, aquarelles. Après 1870, l'artiste sembla en proie à une véritable fièvre de travail. On citera seulement *le Roi Cophetua*, *le Miroir de Vénus* et *l'Escalier d'or*, qui parurent à l'Exposition universelle de 1889 ; puis

les dessins de *la Belle au bois dormant*, *l'Étoile de Bethléem*, *Danaé*, *l'espertina Quies*, etc. Il a donné aussi des illustrations pour des éditions de Chaucer et de Virgile ; peint un certain nombre de portraits, des aquarelles d'un goût exquis (*Laus Veneris*, etc., à l'Exposition universelle de 1900), donné des dessins de tapisseries dont quelques-uns des spécimens les plus beaux ont paru à l'Exposition universelle de 1900 (*la Recherche du Saint-Graal*).

BURNEY (Fanny), romancière anglaise, fille de Ch. Burney, née en 1752, morte en 1840, épousa en 1793 un officier français émigré, M. d'Arblay, qui mourut en 1818. Elle a publié : *Evelina ou Entrée d'une jeune personne dans le monde*, 1778 ; *Cecilia ou Mémoires d'une héritière*, 1782 ; *Camilla ou Tableau de la jeunesse*, 1796 ; *le Voyageur ou Difficultés féminines*, 1814. Malgré le pédantisme du style, ces œuvres devinrent rapidement populaires. Elle a laissé en outre un *Journal* et des *Lettres*, publiés par sa nièce, 7 vol., 1841-46.

BURNOUF (Emile), helléniste, né à Valognes en 1821, mort en 1907, fut élève de l'École normale supérieure, puis de l'École française d'Athènes, de laquelle il devint directeur en 1867. Il fut un des principaux promoteurs de la création d'une école française d'archéologie à Rome (1875). Il a laissé, entre autres ouvrages, une *Histoire de la littérature grecque*, la *Science des religions*, et de nombreux travaux relatifs à l'archéologie athénienne.

C

CAIN (Auguste), sculpteur, né à Paris en 1822, mort en 1894, fut d'abord apprenti chez un décorateur. Tout en travaillant d'un métier manuel, il fréquenta l'atelier de Rude, suivit les leçons de Barye au Muséum, et exposa, en 1846, sa première œuvre. De cette époque datent le *Loir et les fauvettes*, les *Grenouilles qui demandent un roi*, etc. Sa réputation de véritable artiste s'affirma avec la *Lionne du Sahara*, 1864 ; puis avec le *Vautour fauve*, 1865 ; le *Renard*, 1867 ; le *Tigre au crocodile*, 1869. Au moment de la mort de Barye, qu'il remplaçait dignement, il donna *Lion et lionne se disputant un sanglier*, 1875 ; *Famille de tigres*, 1876. On peut citer encore parmi ses œuvres principales le *Lion à l'autruche* (Luxembourg), le *Tigre étouffant un crocodile* (Tuileries), le *Rhinocéros attaqué par des tigres* (Tuileries), les *Lions de l'Hôtel de Ville*, la *Lionne emportant ses petits*, 1885, et les groupes de chiens, exécutés de 1880 à 1887 pour Chantilly et pour les jardins de l'Élysée.

CALGARY, ville du Dominion du Canada, chef-lieu de la province d'Alberta, à environ 700 kilomètres au nord-ouest de Régina, sur un plateau situé au pied des Montagnes Rocheuses, sur la rive droite de la Rivière aux Arcs, qui est une des sources de la Saskatchewan méridionale ; station importante du chemin de fer transcontinental canadien, avec plusieurs embranchements, notamment vers Edmonton au nord, et vers la frontière des États-Unis au sud ; population environ 10 000 habitants. — Fondée par des métis français, cette ville porta d'abord les noms de Fort-Jonquières et de Fort-Brisebois.

CAMBODGE (*Voy.* ce mot dans le DICTIONNAIRE). — La domination de la France sur ce pays est devenue de plus en plus directe depuis 1895 (*Voy.* Norodom dans le SUPPLÉMENT). — La superficie du Cambodge est évaluée, d'après les dernières statistiques, à 96 000 kilomètres carrés, et la population à 1 500 000 habitants.

CAMBRIELS (Albert), général, né à Lagrasse (Aude) en 1816, mort en 1891, était fils d'un général de l'Empire. Élève de St-Cyr, il servit en Afrique, se distingua en Italie à la tête du 84e de ligne, fut promu général de brigade en 1865, et divisionnaire en 1870. Grièvement blessé à Sedan, il fut renvoyé en France par les Allemands sans être engagé sa parole. Chargé par le gouverneur de Tours d'organiser la défense au S.-O. des Vosges, Cambriels, qui n'avait en reste à sa disposition que des troupes insuffisantes, battit en retraite vers Besançon, organisa une armée de 25 000 hommes, défendit contre les Allemands le passage de l'Oignon ; mais, après le violent combat du 22 octobre, comme l'ennemi avait réussi à s'établir sur la rive gauche de la rivière, il donna sa démission. Épuisé par les fatigues et par sa blessure mal guérie.

il quitta le commandement du 19e corps. qui lui avait été confié par Gambetta. Après la guerre, il resta à la tête du 10e corps jusqu'en 1881.

CAMERON (Verney-Lovett', marin et explorateur anglais. né en 1844, mort en 1894, servit d'abord dans la marine royale. et prit part à la campagne d'Abyssinie (1868). En 1872. la Société de géographie de Londres le chargea de diriger une expédition pour ravitailler Livingstone. Mais il modifia ses projets quand il eut appris la mort du célèbre voyageur, en octobre 1873. Cameron chargea un de ses compagnons, M. Murphy, de ramener à la côte le corps de Livingstone. Lui-même partit pour l'intérieur (nov. 1873). Il arriva à Kaouélé dans l'Oudjidji (22 fév. 1874), s'embarqua le 20 mars sur le Tanganyika. qu'il explora, et découvrit le Loukouga. qui sort de ce lac. Puis il visita Nyangoué, point extrême atteint par Livingstone. en descendant le Loualaba vers le nord. De Nyangoué, il revint vers le sud, remonta la rivière Lomani. entra dans l'Ourona, puis dans le bassin du Kassabi. et atteignit enfin la côte occidentale, à Katombela, près de Benguella, le 7 nov. 1875. En deux ans et huit mois, il avait parcouru près de 5000 kilom., dont 1900 en pays inconnu. Il reçut la grande médaille d'or de la Société de géographie de Londres (1876). et celle de la Société de géographie de France, après l'exposition qu'il fit de son voyage, à la Sorbonne (1877). Il visita encore la Côte de l'Or (1882). Il a laissé, entre autres ouvrages : A travers l'Afrique, 1876, traduit en français par Mme Loreau, 1877 ; Notre future grande route de l'Inde, 1880, traduit en français, 1885 ; Croisière du Corsaire « Black Prince », 1886 ; Harry Raimond, aventures chez les pirates, 1886 ; Jacques Hooper, ses aventures, etc., 1885 ; Queen's land, 1886.

CAMEROUN dans le DICTIONNAIRE). — Depuis cette date, la colonie s'est étendue, de la côte vers l'intérieur et jusqu'au lac Tchad. Des conventions ont été signées avec l'Angleterre (1886, 1890, 1893), notamment pour le partage de l'Adamaoua (Voy. ce mot dans le SUPPLÉMENT) et avec la France (15 mars 1894 et 18 avril 1908. — Sa superficie de la colonie est évaluée à environ 495 000 kilomètres carrés, et la population à 3 millions d'habitants. la plupart insoumis. Le gouverneur de la colonie réside à Buea, sur les pentes du Mont Cameroun. — Principal port. Victoria.

CAMPBELL BANNERMAN (Sir Henry'. homme d'État. né en Écosse en 1836, mort en 1908, était fils d'un riche marchand de Glasgow. Il fit ses études dans cette ville, puis à Cambridge. En 1868, il fut élu député de Stirling. et il demeura jusqu'à sa mort le représentant de cette circonscription. Il appartient au parti libéral, et reçut de Gladstone, en 1871, le poste de secrétaire financier du ministère de la guerre, qu'il conserva jusqu'en 1874. En 1884-1885, il fut secrétaire pour l'Irlande, et il s'associa aux projets de Home rule formés par Gladstone. Il fut ministre de la guerre dans les deux cabinets Gladstone, en 1886 et en 1892, et dans le cabinet Rosebery (1894). Devenu le chef du parti libéral en remplacement de sir William Harcourt (1899), il succéda à Balfour comme premier ministre, après la démission de celui-ci (décembre 1905). Les élections de janvier 1906 assurèrent la victoire des libéraux. Pendant son ministère. il s'inspira des principes de Gladstone, commençant par accorder des portefeuilles aux principaux représentants du parti victorieux, même aux plus avancés. Il n'hésita pas à s'allier aux socialistes du Labour party : les conservateurs lui reprochèrent de favoriser, par cette attitude, les grèves, qui furent fréquentes sous son ministère. Il encouragea des manifestations pacifistes en 1906 et en 1907, et il fit, pour restreindre les dépenses navales, une tentative qui fut condamnée par une grande partie de l'opinion. Au sujet de l'Irlande, il reprit l'ancien programme de Gladstone relatif au Home rule, et mécontenta ainsi un grand nombre d'Anglais ; enfin il entreprit contre la Chambre des Lords une campagne qui choqua parfois l'esprit traditionaliste du pays. Cette politique à tendances excessives ne fut pas sans causer au ministre de sérieuses difficultés, qui apparurent dans les élections partielles, chaudement disputées par les conservateurs. Gravement malade, Campbell Bannerman donna sa démission au mois d'avril 1908 : il mourut quelques jours après avoir quitté les affaires (22 avril). Il fut remplacé par M. Asquith.

CAMPOAMOR (don Ramon DE , écrivain espagnol, né

dans les Asturies en 1817. mort en 1901. fut gouverneur civil d'Alicante et de Valence, etc., à plusieurs reprises, élu aux Cortès, où il brilla par son éloquence. Il a laissé de belles œuvres poétiques. qui se distinguent moins par le lyrisme de la forme que par la profondeur et par la tournure philosophique de la pensée. Il a créé en poésie des formes nouvelles, la Dolora ou Elégie, sorte de petit poème philosophique, et le Pequeño poema ou Petit poème, où une action généralement simple sert de cadre à un développement poétique et moral. On citera parmi ses œuvres, très populaires en Espagne, outre ses Doloras et ses Pequeños poemas réédités en 1879 , des Odes, pleines de passion (sur le retour de la reine Christine, etc.); des Fables morales et politiques, 1842-1866 ; le Drame universel, 1873 ; Christophe Colomb, poème épique en seize chants, 1850) ; des drames : Dies irae, l'Honneur, etc.; des écrits philosophiques. Philosophie des Lois, 1846 ; Polémiques avec la Démocratie. 1862 ; l'Absolu, 1865 ; l'Idéalisme, 1883, etc. L'Espagne a fait à Campoamor des funérailles officielles.

CANADA. Voy. DOMINION.

CANDOLLE (Alphonse DE , fils d'Augustin de Candolle, né à Paris en 1806. mort à Genève en 1893, étudia d'abord le droit et fut reçu docteur en 1829. puis il se tourna vers les sciences naturelles et professa pendant 20 ans la botanique à Genève. Il fut le fondateur de la géographie botanique. Outre de nombreux mémoires, il a laissé : Monographie des Campanulées, 1850; Introduction à l'étude de la botanique, 1834-35; Géographie botanique raisonnée. 1855; Lois de la nomenclature botanique. 1867; Nouvelles remarques sur la nomenclature, 1883; Origine des plantes cultivées. 1883; Histoire des sciences et des savants depuis deux siècles. 1873, etc. Il était associé étranger de l'Institut de France. correspondant de la Société royale d'Angleterre; il siégea plusieurs années dans le Grand Conseil de Genève.

CANOVAS DEL CASTILLO (Antonio', homme d'État espagnol, né à Malaga en 1830, dirigea d'abord le journal la Patria. Il fut élu en 1852 député de Malaga. Il devait rester, toute sa vie. dévoué à la monarchie constitutionnelle, qu'il savait concilier avec les idées libérales. Gouverneur de Cadix en 1855, il fut envoyé, en 1856, comme chargé d'affaires, auprès du Vatican, et prépara, en cette qualité, le concordat entre l'Espagne et le St-Siège. Sous-secrétaire d'État à l'Intérieur en 1861, il fut, en 1864, ministre de l'Intérieur dans le Cabinet Mon; en 1865, ministre des Finances et des Colonies dans le cabinet O'Donnell. Il présenta alors un projet d'abolition de l'esclavage. Il fut banni par la Révolution de 1868. Réfugié en France, il dirigea dans un sens libéral l'éducation de don Alphonse, et prépara l'avènement de ce prince, qui devint roi d'Espagne sous le nom d'Alphonse XII (déc. 1874'. Pendant plusieurs années, il alterna au pouvoir avec Sagasta (Voy. ce nom dans le SUPPLÉMENT). chef du parti libéral. Président du Conseil, il se retira en septembre 1875. à la suite de l'échec de son projet de suffrage universel pour l'élection des Cortès. Mais il revint au pouvoir le 2 déc. de la même année. Élu député de Madrid en janvier 1876, il eut alors à lutter contre les carlistes. à faire voter la constitution et à réorganiser les finances. La question des réformes à réaliser à Cuba l'éloigna du pouvoir en mars 1879. Il y revint en décembre. mais ses adversaires lui reprochèrent dès lors un programme financier aventureux et des idées jugées réactionnaires. Il tomba en 1881. fut réélu, la même année, député de Madrid, et devint le chef du parti conservateur libéral. De nouveau président du Conseil en 1879 et en 1884, il fut président de la Chambre des députés en 1885, après la mort d'Alphonse XII. Il reprit la direction des affaires en 1890 et en 1895, au milieu des difficultés causées par l'agitation anarchiste et par les insurrections de Cuba et des Philippines. Il fut assassiné à Santa-Agueda par l'anarchiste italien Angiolillo, le 8 août 1897. Écrivain distingué, Canovas a laissé un volume de Poésies lyriques. 1851 ; une édition de la Campaña de Huesca, chronique du XIIe siècle. 1852; une Histoire de la décadence de l'Espagne, depuis l'avènement au trône de Philippe III jusqu'à la mort de Charles II; une Histoire de la maison d'Autriche; de nombreuses études politiques et littéraires. notamment sur le théâtre; une importante monographie consacrée à Estebanes Calderon, sous le titre El Solitario, etc.

CANROBERT (François-CERTAIN', maréchal de France, né

à Saint-Céré (Lot) en 1809, mort en 1894, élève de Saint-Cyr, entra comme sous-lieutenant au 47e de ligne en 1828, servit en Afrique à partir de 1835, prit part à l'expédition de Mascara, à la prise de Tlemcen, aux combats de Sidi-Yakoub, de la Tafna et de la Sikkah. Capitaine en 1837, il fut blessé au siège de Constantine, à côté de son colonel, Combes, qui fut tué. Nommé chevalier de la Légion d'honneur, il rentra en France (1839), puis il fut chargé, avec le grade de chef de bataillon, de constituer les carlistes réfugiés une troupe qui devint le noyau de la légion étrangère. Revenu en Afrique (1841), et passé aux chasseurs à pied, il combattit avec succès Bou-Maza dans la rude campagne du Dahra, Lieutenant-colonel du 64e de ligne en 1845, il devint colonel (1847) du 2e étranger, puis du 3e zouaves. En cette qualité, il emporta Zaatcha (1849) avec un héroïsme qui fonda sa popularité : il fut alors promu commandeur de la Légion d'honneur, puis nommé général de brigade (15 janvier 1850). Aide de camp du prince-président, il dut prendre part aux manifestations militaires qui assurèrent le succès du coup d'État. Général de division en 1853, il commanda le camp d'Helfaut, près de St-Omer. Commandant de la 1re division de l'armée d'Orient (1854), il débarqua le 31 mars à Gallipoli, et occupa Varna le 2 juin. Sa division fut décimée par le choléra, contracté dans la Dobrondja ; il en conduisit les débris en Crimée, fut blessé à la bataille de l'Alma, et fut jugé digne de succéder à Saint-Arnaud à la tête des troupes. Il investit Sébastopol (oct. 1854), prit part à la bataille d'Inkermann (5 nov.), où il fut blessé. Il dirigea le siège, pendant que se livraient les combats de Balaklava et d'Eupatoria, et résigna son commandement, le 16 mai 1855, entre les mains de Pélissier, mais resta néanmoins à la tête du 1er corps. Deux mois plus tard, il fut rappelé en France, et remplacé par Mac-Mahon. Il fut nommé maréchal de France, en même temps que Bosquet, le 18 mars 1856. En Italie, à la tête du 3e corps, il se distingua à Magenta et à Solférino. Il commanda ensuite le camp de Châlons, le 4e corps, à Lyon, puis l'armée de Paris (1865). Envoyé à Châlons en 1870, il fut mis à la tête du 6e corps; placé, après Forbach, sous les ordres de Bazaine, il assista aux combats autour de Metz, et se couvrit de gloire à Saint-Privat. Membre du Conseil supérieur de la guerre, il se retira en 1873, et ne joua plus aucun rôle militaire. Sénateur de l'Empire, il revint au Sénat en 1876, envoyé par le Lot, puis par la Charente (1879, 1885). Ses restes reposent aux Invalides. Un monument lui a été élevé à Saint-Céré (Lot). — Il a laissé des *Mémoires*, publiés à partir de 1898 par les soins de M. Germain Bapst.

CANTU (Cesare), historien italien, né à Brivio (Milanais) en 1805, mort en 1897, se fixa de bonne heure à Milan, servit la cause libérale et fut condamné en 1833 par les Autrichiens pour avoir publié des *Réflexions sur l'histoire de la Lombardie au XVIIe siècle*. En prison, il composa un roman, *Margherita Pusterla*. Ses œuvres, parmi lesquelles on cite un poème patriotique, *Algiso*, *la Lega lombarda*, le placent à côté de Manzoni et de Silvio Pellico, parmi les maîtres du romantisme italien. Il est surtout connu par son *Histoire universelle*, qui parut en 1841, de 1843 à 1846, et dont furent données deux éditions françaises, en 1854-1859 et en 1884. On cite encore son *Histoire de la littérature italienne*, 1831; *Histoire des cent dernières années*, 1852; *Histoire des Italiens*, 1859; *les Hérétiques d'Italie*, trad. en français par MM. Digard et Martin, 5 vol. 1866-1871 ; *les Trente dernières années* (1848-1878); *Beccaria et le droit pénal*, etc. Cantu était membre associé de l'Institut de France.

CAPRIVI DE CAPRERA DE MONTECUCOLI (Georges-Léon, comte de), général et homme d'État allemand, né à Berlin en 1831, mort en 1899, servit dans l'armée prussienne à partir de 1849, fut attaché au grand État-major en 1866, et fit les campagnes de 1866 et de 1870. Lieutenant général en 1882, il fut mis à la tête du 30e division à Metz. L'année suivante, il fut nommé chef de l'amirauté, et chargé de réorganiser la marine allemande. Il commandait le 10e corps à Hanovre, lorsque le prince Bismarck (*Voy.* ce nom dans le supplément) se retira des affaires. M. de Caprivi devint, le 20 mars 1890, chancelier de l'Empire, président du Cabinet prussien et ministre des affaires étrangères. Plus conciliant que son prédécesseur, il fit plusieurs réformes dans le sens de réaction contre l'administration précédente, notamment pour ce qui concernait la presse officieuse, à laquelle Bismarck avait donné un développe-

ment exagéré. Il renouvela en 1891 l'Acte de la Triple alliance; signa avec l'Angleterre la convention du 1er juillet 1890, relative à l'Afrique orientale et à l'île d'Héligoland. Par opposition au système exclusif de protection de Bismarck, il conclut des traités de commerce avec l'Autriche-Hongrie, l'Italie, la Belgique, la Russie. Mais il souleva, par ces actes, une vive opposition de la part des agrariens protectionnistes, auxquels se joignirent les ultra-conservateurs. M. de Caprivi devait tomber sous leurs intrigues. Il se retira, en 1892, de la présidence du Cabinet prussien, à la suite de dissentiments avec l'Empereur au sujet de la loi scolaire de M. de Zedlitz. En 1894, à la suite de dissentiments avec le prince d'Eulembourg au sujet des lois répressives concernant les socialistes, M. de Caprivi offrit sa démission à l'Empereur, qui l'accepta et le remplaça par le prince de Hohenlohe.

CARATHÉODORI (Alexandre), homme d'État ottoman, né à Constantinople en 1833, mort en 1906, descendant d'une ancienne famille fanariote, était le fils du docteur Étienne Carathéodori, médecin et philologue distingué. Il compléta ses études en Allemagne et entra dans la diplomatie ottomane. Il prit part comme conseiller aux conférences de Constantinople de 1876 et 1877, et fut délégué comme plénipotentiaire au Congrès de Berlin (1878). Il fut le premier chrétien appelé en Turquie aux fonctions de ministre des affaires étrangères (1878). Il représenta la Turquie à Rome, fut chargé, avec le titre de prince (1885), de l'administration de l'île de Samos, placée sous la suzeraineté du sultan : il fit partie de la section civile du Conseil d'État, et, dans toutes ces hautes fonctions, joua un rôle de premier ordre.

CARDUCCI (Giosuè), poète et critique italien, né à Valdicastella, près de Pietra-Santa (Toscane) en 1836, mort en 1907, fut dès son enfance initié par son père, médecin de campagne, à la poésie de Virgile, de Dante et des maîtres italiens. En 1849, il vint avec sa famille habiter Florence, où il acheva ses études sous la direction des ecclésiastiques. En 1857, il publia ses premières poésies, *Rime*, suivies bientôt des *Juvenilia* (1860). Avec quelques jeunes gens qui s'intitulaient eux-mêmes « les Amis Pédants », il fonda, en 1858, un journal littéraire, *Il Poliziano* (le Politien), qui s'occupait de poésie et d'érudition. Le jeune écrivain fut, peu de temps après (1861), nommé professeur de philologie et de littérature italiennes à l'Université de Bologne. Malgré les grands succès littéraires qu'il remporta bientôt et la brillante renommée qui en fut la conséquence, Carducci, pendant de longues années, remplit avec un zèle le plus consciencieux ses fonctions professorales, consacrant la bonne partie de sa vie à ses élèves et à la préparation de ses cours. De ce labeur universitaire sortirent de remarquables leçons sur les poètes des XVe et XVIe siècles, et d'importants ouvrages, tels : *Dello svolgimento della letteratura nazionale; Delle rime di Dante Alighieri; Della varia fortun di Dante; Delle poesie di Lorenzo de Medici; Delle poesie toscane di Angelo Poliziano; La lirica classica nella seconda metà del sec. XVIII; Discorsi pel centenario del Petrarca e del Boccaccio; L'Opera di Dante*, etc. — Carducci est le plus grand poète lyrique de l'Italie contemporaine. On l'a appelé « le Victor Hugo italien ». Sa réputation commença en 1865, quand il publia, sous le pseudonyme d'*Enotrio Romano*, *l'Hymne à Satan*, œuvre puissante qui fut considérée comme une attaque violente contre le christianisme et qui déchaîna contre l'auteur la colère des catholiques. Dès lors, l'opinion rangea Carducci parmi les révolutionnaires, et vit en lui un des principaux protagonistes du parti anticlérical. En 1875, parurent les *Iambes et épodes*; en 1875, le recueil intitulé *Levia gravia*. Les premières *Odes barbares* furent publiées en 1877; le recueil complet, comprenant les *Odes* et les *Nouvelles Odes* (1882, 1889), a été traduit en français par M. J. Lugol (Paris, Leinerre, 1888), et par M. H. Lacoche (Rennes, 1894). Dans cette œuvre, en grande partie inspirée par le paganisme, imprégnée de l'adoration de la nature, pleine de révolte contre l'esprit chrétien, le poète, abandonnant la tradition classique et reprenant la tentative faite par plusieurs écrivains des XVe et XVIe siècles, s'efforça de rétablir dans la poésie italienne la métrique des poètes grecs et romains : de là, le nom de *barbares* qu'il donne à ses poésies. Il avait choisi, disait-il lui-même, ces mètres nouveaux parce qu'ils lui semblaient convenir aux pensées nouvelles qu'il avait voulu exprimer; la forme de la poésie lui apparaissait comme inséparable du fond même des idées. Carducci fut surtout le poète patriote, « poeta civico », de l'Italie. Son amour pour son pays commence avec les siècles les plus reculés; il a une foi profonde dans l'avenir de la race italienne et dans la puissance du « sang romain ». Attaché au présent par ses libres les plus intimes, il a chanté avec une exaltation passionnée l'Italie contemporaine, les exploits de Garibaldi et des Mille, Mentana, etc.; il a toujours témoigné une grande reconnaissance à la France, initiatrice de l'indépendance italienne. D'abord révolutionnaire en politique (il a consacré quelques pièces, telles que Ça ira, à la Révolution française), député républicain de Lugo en 1876, il finit, comme tant d'autres de ses contemporains, par se rallier à la maison de Savoie : cette conversion fut déterminée par l'attachement respectueux qu'il avait voué à la reine Marguerite, à laquelle il consacra une belle poésie (1878): cette princesse, de son côté, professait une vive admiration pour le grand poète. Une haute leçon de morale se dégage de l'œuvre de Carducci, consacrée à l'exaltation du devoir, de l'abnégation, du patriotisme. Sa vie, simple et modeste, fut éloignée de tout faste théâtral. Admiré, sans distinction de parti ni même de religion, par tous ses compatriotes, il vit l'Italie entière célébrer le jubilé de son entrée dans l'Université; il reçut en 1906 le prix Nobel pour la poésie. Une fête solennelle en l'honneur du grand poète fut donnée au Collège de France (mars 1908).

CARLOS Ier, roi de Portugal, né en 1863, était le fils du roi Louis Ier et de la reine Maria-Pia, fille du roi d'Italie Victor-Emmanuel II. Il porta d'abord le titre de duc de Bragance. De bonnes études faites à Porto lui inspirèrent le goût de la littérature et des arts. Il collabora avec son père à la traduction en portugais d'*Othello*, de *Macbeth* et du *Marchand de Venise*, de Shakespeare. Aquarelliste distingué, il s'intéressait aussi à la musique. En 1886, il épousa la princesse Marie-Amélie d'Orléans, fille du comte de Paris; de ce mariage naquirent deux fils, Louis-Philippe, duc de Bragance, né en 1887, et l'infant Manuel, duc de Beja, né en 1889. Carlos succéda à son père en 1889.

Dès les débuts de son règne, il dut céder à l'Angleterre des territoires situés dans l'hinterland de l'Afrique australe, dont le Portugal avait jusqu'alors revendiqué la possession. Cet abus de pouvoir commis par l'Angleterre compromit la vieille alliance conclue depuis le XVIIe siècle entre ce pays et le Portugal. Mais l'accord fut rétabli entre les deux puissances après les visites de Carlos en Angleterre (1902, 1904) et d'Édouard VII à Lisbonne. L'amitié avec la France lui resserra un voyage du président Loubet en Portugal (octobre 1905) et du roi à Paris (novembre 1905).—À l'intérieur, le Portugal traversa une grave crise financière (1892), qui obligea le roi à renoncer à un cinquième de la liste civile ; malgré ce sacrifice, un attentat fut dirigé contre le souverain (1895). Une crise politique suivit. Les deux partis dynastiques, *régénérateur* et *progressiste*, se disloquèrent, et l'opposition républicaine se fortifia. En 1906 et 1907, le roi, qui avait exigé du Trésor des avances de fonds considérables, fut violemment attaqué dans la presse et au parlement. En 1907, les Chambres furent dissoutes, et don Carlos appela à la présidence du Conseil M. João Franco, chef des régénérateurs dissidents, qui fut investi d'une véritable dictature. Celui-ci poursuivit la réforme des abus, et, en même temps, exerça contre les opposants une répression très sévère; un grand nombre de républicains furent emprisonnés. En même temps, M. Franco profita de l'absence des Chambres pour faire remise au roi des avances faites par le Trésor, et pour augmenter la liste civile. Alors se produisit contre le roi et le ministre un vif mécontentement que n'apaisa point la convocation des collèges électoraux pour le 5 avril 1908. Des conspirations se formèrent contre le souverain, qui, sur les conseils de M. Franco, se disposa à suspendre les garanties constitutionnelles. Mais, le 1er février 1908, comme il traversait en voiture la place du Commerce, à Lisbonne, en compagnie de la reine et de ses deux fils, il fut assassiné, ainsi que le duc de Bragance, à coups de revolver et de carabine, par des conspirateurs républicains, conduits par un instituteur appelé Manuel Buica. L'infant Manuel, qui avait été légèrement blessé, prit aussitôt le pouvoir sous le nom de Manuel II, tandis que M. Franco, qui n'avait échappé aux conjurés que par miracle, s'en-

fuyait du Portugal et se réfugiait en Italie. Le nouveau roi constitua aussitôt un ministère plus libéral, présidé par l'amiral Ferreira d'Amaral.

CARNOT (François-Sadi), président de la République française, fils d'Hippolyte Carnot, né à Limoges en 1837, élève de l'École polytechnique, entra dans le corps des Ponts et Chaussées. Ingénieur à Annecy en 1870, il fut chargé, après le 4 Septembre, d'organiser la défense nationale en Normandie. Député de la Côte-d'Or (8 fév. 1871); il siégea à la gauche républicaine, et vota contre la paix avec l'Allemagne. À partir de 1876, il représenta constamment à la Chambre l'arrondissement de Beaune. Sous-secrétaire d'État au ministère des travaux publics (26 août 1878), Carnot conserva ces fonctions sous MM. Waddington et Varroy, et devint ministre des travaux publics dans le cabinet Jules Ferry (23 sept. 1880-nov. 1881). Dans le ministère Brisson (avril 1885), Carnot dirigea pendant quelques jours les travaux publics, puis les finances, en remplacement de M. Clamageran. Il figura également dans le ministère Freycinet (janv. 1886), où il se signala par la franchise de ses déclarations. En possession de l'estime générale, qui justifiaient ces qualités d'homme public et privé, Carnot fut élu président de la République le 3 déc. 1887, en remplacement de M. Grévy, par 616 voix contre 211. Il eut le bonheur, à force de tact et de courtoisie, de rendre au pays le calme nécessaire, et aux fonctions présidentielles le prestige indispensable. Il présida à l'Exposition universelle de 1889. Il aida de tout son pouvoir à l'entente entre la France et la Russie, attestée par les fêtes de Cronstadt et de Toulon. Sous sa présidence, les affaires publiques furent administrées par les présidents du Conseil : Tirard (1er cabinet, 12 déc. 1887); Floquet (5 avril 1888); Tirard (2e cabinet, 25 fév. 1889); Freycinet (17 mars 1890); Loubet (27 fév. 1892); Ribot (1er cabinet, 7 déc. 1892); Ribot (2e cabinet, 1er janv. 1893); Dupuy (1er cabinet, 5 avril 1893); Casimir-Périer (3 déc. 1893); Dupuy (2e cabinet, 31 mai 1894). Dans ses nombreux voyages, où il se dépensait sans réserve, Carnot s'appliqua à détruire les dernières préventions qui pouvaient subsister dans une partie de la nation contre les institutions républicaines. Il était considéré, de l'aveu de tous, comme le modèle d'un chef d'État républicain. Par respect pour la constitution, il s'abstint de toute intervention dans les luttes des partis. Cette attitude pleine de réserve lui valut les sympathies et le respect de tous les groupes politiques. Cependant ce fut sous sa présidence que les attentats anarchistes se multiplièrent (tentative de Vaillant au Palais-Bourbon, 9 déc. 1893, etc.). La condamnation à mort et l'exécution de Vaillant avaient exaspéré les révolutionnaires : Carnot fut assassiné à Lyon par l'anarchiste italien Caserio, le 24 juin 1894. La mort du président inspira à tous les gouvernements des manifestations de vive sympathie à l'égard de la France. Carnot fut inhumé solennellement au Panthéon le 1er juillet. Des monuments ont été élevés à sa mémoire à Annecy, à Châlons, à Nancy, à Limoges, à Lyon, etc.

CARNOTVILLE, poste de l'intérieur du Dahomey, fondé en 1895 sur la rive gauche de l'Ofé, branche principale de l'Ouémé, a servi de point de départ pour l'exploration du Borgou et de l'arrière-pays du Dahomey — Lat. N. 8°30', long. E. 1°53'.

CARO (Pauline cassius, dame), femme de lettres, était la femme d'Elme Caro (Voy. ce nom dans le DICTIONNAIRE). Elle se fit connaître comme écrivain par un roman, le *Péché de Madeleine*, publié en 1865 sous le pseudonyme de P. Albane. Elle a encore écrit *Flamen*, 1866; *Histoire de Souci*, 1868: les *Nouvelles amours de Hermann et de Dorothée*, 1875: *Amour de jeune fille*, 1891, etc.

CARRIÈRE (Eugène), peintre, né à Gournay-sur-Marne (Seine-et-Oise), en 1849, mort en 1906, fut élevé en Alsace, et fit en partie ses études à Strasbourg. Il entra, en 1870, à l'École des Beaux-Arts, et fut élève de Cabanel. Il débuta au Salon de 1876 avec un *Portrait de femme*, et exposa depuis : *Portrait de Mlle Stern* (1877) ; *Jeune Mère* (1879) ; la *Nymphe Écho* (1880) ; le *Baiser de l'innocence* (1882) ; *Deux Amis: Marguerite* (1884) ; *l'Enfant malade*; le *Favori* (1885); le *Premier Voile* (1886) ; les *Dévideuses* (1887) ; *Femme à sa toilette*; *M. Jean Dolent* (1888); *Intimité* (1889), plus un assez grand nombre de portraits. Il envoya, en 1890, à l'Exposition des dissidents, au Champ-de-Mars, six toiles · Som-

meil, Tendresse, le Déjeuner, etc. Il prit part à la décoration de l'Hôtel de Ville.

CASIMIR-PERIER (Jean), homme d'État, né à Paris en 1847, mort en 1907, fils d'Auguste Casimir-Perier (*Voy.* PERIER dans le DICTIONNAIRE), servit avec distinction, pendant la guerre franco-allemande, avec le grade de capitaine, dans les mobiles de l'Aube. Il prit part avec son bataillon au siège de Paris et fut décoré pour sa belle conduite au combat de Bagneux (13 octobre 1870), où il enleva à l'ennemi le corps du commandant de Dampierre, mortellement blessé. Chef de cabinet de son père, ministre de l'Intérieur (octobre 1871-février 1872), il fut élu en 1873, conseiller général de Nogent-sur-Seine (Aube). Aux élections générales du 20 février 1876, il fut élu député de l'arrondissement de Nogent, avec une profession de foi républicaine : il fit partie des groupes du centre gauche et de la gauche républicaine. Au 16 mai 1877, il compta parmi les 363 qui refusèrent leur confiance au ministère de Broglie. Il fut réélu aux élections suivantes par 6515 voix contre 5400 obtenues par un candidat bonapartiste, M. Walkenaer. Au mois de décembre 1877, dans le cabinet Dufaure-de Marcère, il fut nommé sous-secrétaire d'État aux Beaux-Arts, M. Bardoux étant ministre de l'Instruction publique, des Beaux-Arts et des Cultes. Il occupa ces fonctions jusqu'à la retraite du ministère Dufaure (31 janvier 1879). Réélu à Nogent-sur-Seine le 21 août 1881, Casimir-Perier se rallia définitivement à l'union républicaine. Il fut sous-secrétaire d'État à la guerre, avec le général Campenon comme ministre, dans le cabinet Gambetta (nov. 1881-janvier 1882). Il donna sa démission de député (1er février 1883), après le vote de la loi qui exclut des fonctions publiques les membres des familles ayant régné en France. Il avait déclaré à ses électeurs que « les circonstances ne lui permettaient pas de concilier ses devoirs de famille avec sa conscience et ses convictions républicaines ». Il fut d'ailleurs réélu le 18 mars suivant. Dans le cabinet J. Ferry, il fut sous-secrétaire d'État à la guerre, sous le ministère du général Campenon, du 17 octobre 1883 au 3 janvier 1885. La même année, quand les élections se firent au scrutin de liste (4-18 octobre), il fut élu au scrutin de ballottage (18 octobre), le premier sur quatre, par 41836 voix sur 65785 votants. Il fut alors élu vice-président de la Chambre des députés ; il fut aussi, en même temps, rapporteur du budget de la guerre. En 1888, il fut chargé de présider les fêtes commémoratives de l'Assemblée tenue en 1788 au château de Vizille (Dauphiné) propriété de la famille Perier. Aux élections générales du 22 septembre 1889, faites au scrutin d'arrondissement, il fut élu député de Nogent-sur-Seine par 5021 voix, battant un candidat radical, M. Charonnal, et un conservateur, M. Conil. De 1889 à 1893, il fut président de la Commission du budget, vice-président, puis président de la Chambre des députés. Le 4 décembre 1893, après de nombreuses instances du président Carnot, Casimir-Perier forma, après la chute du cabinet Ch. Dupuy, un ministère qui compta parmi ses membres MM. Raynal, Burdeau, Spuller, Antonin Dubost, Viger, Marty, Jonnart, Maurice Lebon, le général Mercier et l'amiral Lefebvre. Il fit rejeter une demande d'amnistie présentée par M. Paschal Grousset (4 décembre). Le 9 décembre, l'anarchiste Vaillant lança à la Chambre des députés un engin qui ne fit aucune victime. Le 11, Casimir-Perier proposa des modifications au régime de la presse et aux articles du Code sur les associations, qui furent votées par 415 voix contre 63 ; Vaillant fut condamné à mort et exécuté. En mars 1894, Casimir-Perier fit voter une conversion du 4 1/2 pour 100 en 3 1/2. Il défendit, avec Spuller, le principe de la tolérance religieuse, tout en maintenant vis-à-vis du Saint-Siège les droits de l'État. Il fut renversé le 8 mai 1894 au sujet des syndicats professionnels. Il fut réélu président de la Chambre des députés, le 2 juin suivant, à la place de Charles Dupuy, redevenu président du Conseil. Le 24 juin, le président Carnot fut assassiné à Lyon. Le 27, Casimir-Perier, malgré le peu de part qu'il avait pour le pouvoir, fut élu président de la République par 451 voix sur 831 votants. Il avait eu comme rivaux MM. Brisson (195 voix) et Ch. Dupuy. Une phrase du message présidentiel raviva parmi les adversaires de Casimir-Perier les craintes qu'avait fait parfois concevoir son caractère autoritaire. Le nouveau président s'engageait, en effet, à ne laisser « ni méconnaître ni proscrire les droits que la constitution lui conférait ». Violemment combattu, sur-

tout par les socialistes, énervé par leurs attaques injustes, se croyant desservi par quelques membres du ministère Ch. Dupuy, notamment par le ministre des Affaires étrangères, M. Hanotaux, Casimir-Perier, sans considérer l'appui que voulaient lui donner une grande partie des républicains, décida de se retirer. Le 15 janvier 1895, le jour même où le cabinet Dupuy abandonnait le pouvoir, il adressa sa démission aux Chambres, en protestant contre la « campagne de diffamation menée contre l'armée, la magistrature, le Parlement, le chef irresponsable de l'État ». « Le respect et l'ambition que j'ai pour mon pays ne me permettent pas, ajoutait-il, d'admettre qu'on puisse insulter chaque jour les meilleurs serviteurs de la patrie et celui qui la représente aux yeux de l'étranger. » Désormais Casimir-Perier vécut dans la retraite, consacrant ses loisirs à des œuvres philanthropiques et à l'enseignement, aux progrès duquel il portait un vif intérêt, comme président des « Amis de l'Université ». Il refusa, en 1899, le portefeuille de la guerre que lui offrait Waldeck-Rousseau, président du Conseil. Ce fut sous la présidence de Casimir-Perier que le capitaine Dreyfus fut condamné par le Conseil de guerre de Paris comme coupable de haute trahison. En 1899, Casimir-Perier vint déposer comme témoin devant le Conseil de guerre de Rennes, au sujet de la même affaire.

CASSAGNAC (Paul Granier de), journaliste et homme politique, né à Paris en 1843, mort en 1904, était le fils d'Adolphe Granier (*Voy.* ce nom dans le DICTIONNAIRE) de Cassagnac. Il débuta dans le journalisme sous le second Empire, et entra en 1866 dans la rédaction du *Pays*, organe bonapartiste dont il devint bientôt le directeur. Il fut célèbre par l'ardeur passionnée de ses convictions, qu'il défendit par la plume dans son journal et par l'épée dans des duels retentissants. En 1870, il mena, malgré l'Empereur, une vive campagne contre le ministre Émile Ollivier. Pendant la guerre de 1870, quoique nommé chef de bataillon des mobiles du Gers, il s'engagea comme volontaire dans le 1er régiment de zouaves et fut fait prisonnier à Sedan. Après la guerre, il fonda dans le Gers un journal politique, *l'Appel au peuple*, puis il reprit, en 1872, la direction du *Pays*. Poursuivi devant les tribunaux, en 1874 et 1875, pour la violence de ses attaques contre le gouvernement, Cassagnac fut acquitté. Aux élections générales du 20 février 1876, il fut élu député de l'arrondissement de Condom. Après la dissolution de la Chambre, il fut réélu député de la même ville aux élections du 14 octobre 1877 ; dans plusieurs discours, il attaqua violemment le maréchal de Mac-Mahon, à qui il reprochait de n'avoir pas voulu faire un coup d'État contre la république et la constitution. Son élection fut d'ailleurs annulée après une longue enquête (1878) ; mais il fut réélu le 2 février 1879. De nouvelles violences de langage contre les ministres républicains, notamment contre Jules Ferry, lui valurent des poursuites qui aboutirent, du reste, à un acquittement (juillet 1879). Cependant la mort du prince impérial (1879) avait fait passer la direction du parti bonapartiste aux mains du prince Napoléon, que Cassagnac avait maintes fois attaqué : il n'en resta pas moins le défenseur des idées bonapartistes. Il quitta la direction du *Pays* en 1884 ; il fonda en 1886, *l'Autorité*. Il fut de ceux qui amenèrent une scission entre le prince et son fils aîné et qui divisèrent les bonapartistes en *jéromistes* et en *victoriens*. Élu député de Mirande en 1881, il fut exclu de la Chambre en juillet 1885 pour la violence de ses attaques contre le gouvernement. Réélu en 1886 (scrutin de liste), il s'opposa à toute conciliation entre les députés de droite et la république, et se rallia au parti révisionniste fondé sous les auspices du général Boulanger. En 1891, on l'entendit, non sans quelque surprise, se déclarer partisan de la séparation de l'Église et de l'État. Il échoua aux élections de 1893, fut réélu en 1898, et battu de nouveau en 1903. Cassagnac a collaboré à *l'Histoire de Napoléon III* rédigée par son père, et publié quelques brochures et ouvrages de circonstance. *Empire et Royauté* (1873), *Histoire de la troisième république* (1875), etc.

CASTELAR (Don Emilio C. y Rissou), écrivain et homme d'état espagnol, né à Cadix en 1832, mort en 1899, enseigna quelque temps l'histoire et la littérature. Dès 1854, il soutint les idées démocratiques dans plusieurs journaux, notamment dans la *Democracia*, qu'il fonda en 1864. Destitué de la chaire d'histoire de l'Université de Madrid pour ces faits et pour la publication d'un manifeste républicain, la *Formule du Progrès*, Castelar prit une part active à la révolution du 22 juin 1866, qui fut réprimée par Serrano. Condamné à mort, il put se réfugier à Genève, puis en France. Il écrivit alors son livre *Un an à Paris*, 1867. Après la révolution de 1868, qui renversa Isabelle II, il rentra en Espagne, et essaya vainement, malgré une active propagande, de faire triompher ses doctrines républicaines. C'est alors que se forma le remarquable talent de celui que les Espagnols ont surnommé l'*orateur national*, et dont l'éloquence vibrante, pleine de hardiesses poétiques, ne fut pas sans analogie avec celle de Lamartine. Le parti républicain, dont Castelar était le chef, se trouva en minorité dans les Cortès de 1869. Les tentatives républicaines faites en Catalogne et en Andalousie furent sévèrement réprimées par le gouvernement de la régence. Castelar combattit la candidature au trône, puis la politique d'Amédée Ier. Après le départ de ce prince (fév. 1873), la République fut proclamée. Castelar, nommé ministre des affaires étrangères dans le cabinet Figueras, fit abolir l'esclavage à Porto-Rico, instituer le jury et le suffrage universel. Mais l'Espagne était plongée dans le plus grand désordre par les menées des cantonalistes, des carlistes, des constitutionnels, et par l'insurrection de Cuba. Castelar, qui avait quitté le ministère et pris la présidence des Cortès, fut nommé chef du pouvoir exécutif (8 sept. 1873). Mais il fut mis en minorité par les Cortès (3 janv. 1874), qui furent dispersées par le général Pavia. Il ne put empêcher la proclamation d'Alphonse XII (déc. 1874), à la suite de laquelle il revint en France. Élu député de Barcelone en 1876, il fit de vains efforts pour faire triompher ses idées devant une assemblée hostile. D'ailleurs, à cette époque, il se sépara de Ruiz Zorrilla, chef des révolutionnaires, et ses doctrines inclinèrent de plus en plus vers le simple libéralisme. Mais il restait toujours fidèle aux grandes idées de progrès et de justice qui furent l'idéal de toute sa vie. Il fit ses adieux aux Cortès dans un beau discours du 7 février 1888. Il consacra à l'étude ses dernières années. Réélu cependant aux élections de 1899, il annonça dans un éloquent discours son intention de reprendre une part active aux affaires. — On citera, parmi ses ouvrages politiques : *Ideas democráticas*, 1858 ; *Questiones politicas y sociales*, 1870 ; *Discursos parlamentarios*, 1871 ; *Miscelanea*, 1874 ; *Historia del movimento republicano en Europa*, 1875 ; *Cartas sobre la politica europea*, 1875 ; *la Russia contemporanea*, 1881 ; — parmi ses romans, dans lesquels il a subi l'influence du romantisme : *Alfonso el Sabio*, 1856 ; *la Hermana de la Caridad*, 1857 ; *Fra Filippo Lippi*, etc. ; — parmi ses ouvrages littéraires : *Vida de Byron*, 1873 ; *Essayos literarios*, 1870 ; etc. ; — ses ouvrages historiques : *la Civilisacion en los cinco primeros siglos del cristianismo*, leçons professées à l'Athénée de Madrid, 1858-59 ; *Estudios históricos sobre la edad media*, 1875 ; *Tragedias de la Historia*, 1885 ; *Norissimo concepto de la historia*. Peu d'années avant de mourir, il avait annoncé l'intention d'écrire une *Histoire de l'Espagne*. — Admirateur passionné de la France, qu'il appelait « la mère de ses idées », et à laquelle il donna, en 1870 et depuis, des marques touchantes d'attachement, il a écrit en français : *l'Art, la Religion et la Nature en Italie*, 1874-77.

CAVAIGNAC (Godefroi), homme politique, né à Paris en 1853, mort en 1905, était le fils du général Eugène Cavaignac (Voy. ce nom dans le DICTIONNAIRE). Engagé volontaire en 1870, il reçut la médaille militaire pour sa belle conduite au plateau d'Avron. Admis à l'Ecole polytechnique en 1872, il entra dans le corps des Ponts et Chaussées, et fut nommé peu de temps après maître des requêtes au Conseil d'État. Élu en 1882 député de l'arrondissement de Saint-Calais (Sarthe), il fit partie de l'Union démocratique. Sous-secrétaire d'État de la guerre en 1885, réélu député la même année, il soutint constamment les opinions libérales, et se distingua par l'ardeur de son patriotisme. Il fut ministre de la marine et des colonies en 1892, dans un cabinet présidé par M. Loubet ; en 1895, dans un cabinet présidé par M. Léon Bourgeois, il remplaça le général Mercier au ministère de la guerre. Il inclina alors vers les idées radicales ; en 1897, il combattit les projets financiers du cabinet Méline. Après la chute de ce ministère (juin 1898), il revint au ministère de la guerre dans un cabinet présidé par M. Brisson. Le 7 juillet, au cours de l'affaire Dreyfus, il donna lecture à la tribune d'un document dont la fausseté fut, peu de temps après, démontrée. Quand le ministère Brisson proposa la révision du procès, Cavaignac donna sa démission, au mois d'août suivant, après s'être déclaré convaincu de la culpabilité du capitaine Dreyfus. Réélu en 1902, il fut le président du groupe nationaliste parlementaire. G. Cavaignac a publié un important ouvrage historique, *Formation de la Prusse contemporaine* (Paris, 1891, etc.).

CAVALLOTTI (Félice), écrivain et député italien, né en 1842, mort en 1898, trouva ses premières inspirations dans le patriotisme, et publia, dès l'âge de dix-sept ans, un appel en faveur de l'union des peuples latins, sous le titre *Germania e Italia*. Il fit partie de la fameuse légion des *Mille*, et reprit les armes en 1866, comme volontaire, sous Garibaldi. Un souffle révolutionnaire anime ses premières poésies, l'*Ode à Proti*, le *Jour du Statut*, la *Ballade de Mentana*, qui lui firent condamner à la prison en 1870, ainsi que sa célèbre *Ode à Manzoni*, publiée en 1873. Député républicain de Corteolona la même année, et, depuis, toujours réélu au Parlement, il fut, avec Imbriani, le chef du parti radical. Il se montra orateur passionné et s'attira de nombreux duels, dont le dernier devait lui être fatal. Partisan d'un rapprochement entre la France et l'Italie, il fut des adversaires les plus ardents du ministre Crispi, à la chute duquel il eut la plus grande part. — Comme écrivain, il a laissé des poésies, publiées en 1884, sous les titres de *Sogni e Scherzi, Battaglie, Anticaglie*, ce dernier concernant Alcibiade et la vie hellénique au siècle de Périclès ; des drames en vers, *I Pezzenti, Guido, Agnese* ; des pièces diverses, *Mansoni*, comédie historique, 1874 ; *Lea*, drame ; *Agatomedon*, comédie ; *Luna di Miele*, 1884, etc. Dans les dernières années de sa vie, prématurément terminée par un duel avec un journaliste, M. Macola (7 mars 1898), il parut se détacher de la littérature pour s'adonner tout entier à la politique.

CAVELIER (Pierre-Jules), statuaire, né à Paris en 1814, mort en 1894, élève de David d'Angers, obtint en 1842 le grand prix de Rome. Il se fit connaître dès 1849 par sa *Pénélope endormie*, qui remporta la médaille d'honneur du Salon. On cite encore de lui : *la Vérité*, 1855 ; *Cornélie* (Luxembourg, 1855) ; *Bacchante*, 1855 ; *Blaise Pascal* (tour Saint-Jacques) ; *Mgr Affre* (Notre-Dame) ; *la Seine* et *le Rhin* (ancien Hôtel de Ville) ; *la Poésie, l'Histoire* (Louvre). Cavelier fut admis en 1865 à l'Institut.

CAVENDISH (William, baron), septième duc de Devonshire, marquis de Hartington, comte de Burlington, né en 1808, mort en 1891, débuta aux Communes en 1829 comme député de l'Université de Cambridge, dont il devint plus tard le chancelier, en remplacement du prince Albert. En 1834, il succéda à la Chambre des lords à son grand-père, comme comte de Burlington, et, en 1848, hérita de son cousin, William Cavendish, le titre de duc de Devonshire. Il appliqua toute son activité au développement de deux villes anglaises, Barrow-in-Furness, devenue un centre industriel très actif, et Eastbourne, une des stations balnéaires les plus fréquentées du midi de l'Angleterre. Il eut trois fils : Spencer C., marquis de Hartington, qui hérita du titre de duc de D. et de la pairie ; — Frédéri, C., assassiné en 1882 avec Th. Burke par les *Invincibles* à Phœnix Park, quand il venait prendre possession de ses fonctions de secrétaire pour l'Irlande, dans le ministère libéral de Gladstone ; — Édouard C., 1838-1891, membre de la Chambre des communes pour le comté de Derby depuis 1865.

CAVENDISH (Spencer COMPTON), huitième duc de Devonshire, né en 1833, mort en 1908, prit le titre de marquis de Hartington (1848) quand son père prit celui du duc de Devonshire. Élu député du Lancashire en 1857, il siégea parmi les whigs, adoptant les idées libre-échangistes de Robert Peel et les doctrines impérialistes de Palmerston. En 1863, il fut ministre de la guerre dans un cabinet Palmerston, et, en 1868, ministre des postes dans le ministère Gladstone. En 1870, après la retraite de Gladstone, le marquis de Hartington devint le chef du parti libéral. Après la victoire des libéraux aux élections de 1880, il refusa le poste de premier ministre et céda la place à Gladstone ; mais il refusa de suivre ce dernier qui voulait accorder à l'Irlande un gouvernement autonome (*home rule*) et, se plaçant résolument à la tête des libéraux-unionistes, il passa du côté des conservateurs. Il siégea aux Communes jusqu'à la mort de son père (1891). Devenu alors duc de Devonshire, il entra à la Chambre des Lords. En 1895, il fit partie du ministère conservateur Salisbury comme lord-président du conseil privé. Mais il protesta contre les tendances protectionnistes de son collègue, M. Chamberlain, et il se sépara des conservateurs. Depuis, il ne joua plus qu'un rôle secondaire. Ce grand seigneur, un des plus riches de l'Angleterre, chancelier de l'Université de Cambridge, resta jusqu'à sa mort le type du gentilhomme whig d'autrefois.

CAVENTOU (Joseph-Bienaimé), pharmacien et chimiste, né à St-Omer en 1795, mort en 1877, élève de Thénard, fut d'abord interne des hôpitaux et pharmacien militaire. Rentré dans la vie civile, il se lia avec Pelletier (Voy. ce nom dans le SUPPLÉMENT) vers 1816, et commença avec lui de mémorables études sur la strychnine, la chlorophylle (1818), la brucine (1819), la vératrine (1820). De la même année datent leurs grands travaux sur la quinquina, et la découverte de la quinine. Les deux savants vulgarisèrent aussitôt les procédés de la préparation de ce précieux remède, rendant ainsi un admirable service à l'humanité. Caventou a publié une Nouvelle nomenclature chimique, 1816; un Traité élémentaire de pharmacie théorique, 1819; un Manuel du pharmacien et du droguiste, 1820, ainsi que de nombreux mémoires dans les revues spéciales. Membre de l'Académie des Sciences dès 1821, il fut nommé professeur de chimie à l'École de Pharmacie de Paris en 1850. Un monument a été élevé à Caventou et à Pelletier à Paris, en 1900, près de l'École de Pharmacie.

CAZIN (Jean-Charles), peintre, né à Samer (Pas-de-Calais) en 1841, mort en 1901, enseigna d'abord le dessin à l'école libre d'architecture, et dirigea pendant quelque temps l'École des beaux-arts de Tours. Pendant un séjour en Angleterre (1871-1875), il produisit des œuvres de céramique remarquables. Parmi ses meilleurs tableaux, on cite Ismaël (1880, musée du Luxembourg), la Fuite en Égypte, Tobie, les Voyageurs, l'Été, les Errants, etc.

CERNUSCHI (Henri), écrivain et économiste italien, né à Milan en 1821, mort en 1896, prit une part active à la révolution de 1848, fut emprisonné, et, après sa libération, vint se fixer en France. Expulsé en 1870, pour avoir soutenu de son argent une politique opposée au gouvernement impérial, il rentra en 1871 et obtint la naturalisation. Il a publié des travaux relatifs aux finances et à l'économie politique : Or et argent; la Monnaie bimétallique, 1874; le Bimétallisme, 1881; le Grand procès de l'Union latine; les Assignats métalliques; le Monométallisme bossu, etc.

CHABRIER (Emmanuel), compositeur, né à Ambert en 1842, mort en 1894, étudia le droit, puis fut employé au ministère de l'Intérieur. Musicien remarquable, il a laissé, outre des morceaux inédits, une fantaisie pittoresque célèbre, España (1883), une scène lyrique, la Sulamite (1884), et trois ouvrages dramatiques : l'Étoile, opéra-bouffe, représenté en 1877; Gwendoline, joué à l'Opéra seulement en 1895; le Roi malgré lui, composé après le précédent, mais représenté dès 1887.

CHALLAMEL (Augustin), écrivain, né à Paris en 1818, mort en 1894, fut d'abord avocat puis bibliothécaire de Sainte-Geneviève (Paris). Il a laissé de nombreux ouvrages historiques, parmi lesquels on peut citer : Histoire populaire de la France, de la Révolution, de Napoléon, de Paris (4 parties, 1851); Histoire anecdotique de la Fronde (1860); Histoire du Piémont et de la maison de Savoie (1860); Mémoires du peuple français, depuis son origine jusqu'à nos jours (8 vol., 1865-1875); Histoire de la mode en France (1874); Histoire de la liberté en France, depuis 1789 jusqu'à nos jours (1886), etc.

CHAMBERS (Will., 1800-1883, et Robert, 1802-1871), littérateurs et éditeurs anglais, nés à Peebles, connus surtout par une Encyclopédie en 10 volumes, 1859-69. Robert a publié une Cyclopædia of English literature (2 vol., 1844), ouvrage composé de notices et d'extraits. Un choix des Essais de Robert a été publié en 1847. Son frère a écrit sa Vie (1872).

CHAMBIGES, famille d'artistes français de la Renaissance, qui s'intitulaient « maîtres maçons-tailleurs de pierre ». Treize d'entre eux sont connus. Les plus célèbres sont : Martin, mort en 1552, qui construisit le transept et les deux façades latérales de la cathédrale de Sens, travailla aux cathédrales de Beauvais, Troyes à partir de

1507) et Senlis, qui furent achevées par son fils Pierre et son gendre Jean de Damas. — Pierre C. commença la construction de l'Hôtel de Ville de Paris, travailla à Fontainebleau, éleva les châteaux de Chantilly (vers 1550), Saint-Germain, etc. Bien qu'il ne reste plus rien de ses œuvres, on le considère comme l'initiateur de la Renaissance classique en France. — Pierre C., fils du précédent, construisit peut-être la petite galerie du Louvre. Il eut pour gendre Guillaume Guillain, qui continua le travaux de l'Hôtel de Ville. On connaît aussi deux autres Guillain, fils et petit-fils de Guillaume. — Cf. Marius Vachon. Une Famille parisienne d'architectes maîtres-maçons, 1907.

CHAMBRUN (Joseph DE PINETON, comte DE), né à Saint-Chély-d'Apcher (Lozère) en 1821, mort en 1899, fit partie de l'administration préfectorale sous le second Empire, et fut député de la Lozère, de 1857 à 1876, puis sénateur du même département jusqu'en 1879. A cette date, il quitta la politique pour se vouer à l'étude des questions sociales. Il a créé à Paris de ses propres ressources, en 1895, le Musée social, pour faciliter l'étude de toutes les questions qui peuvent intéresser les travailleurs.

CHARCOT (Jean-Martin), médecin, né à Paris en 1825, mort en 1893, fut reçu docteur en 1853, et attaché en 1862 au service des aliénés de la Salpêtrière. Il se consacra dès lors à l'étude des maladies du système nerveux. Il a laissé, entre autres ouvrages, Clinique des maladies du système nerveux, et un grand nombre d'études publiées dans les revues spéciales, notamment dans les Archives de neurologie, qu'il avait fondées en 1880. Nommé professeur en 1880, il acquit une réputation européenne par ses mémorables leçons sur l'hystérie, l'hypnotisme, la grande névrose, etc. Il fut admis en 1873 à l'Acad. de Médecine.

CHARI (Voy. CONGO FRANÇAIS et OUBANGUI-CHARI-TCHAD dans le SUPPLÉMENT).

CHARLES, roi de Wurtemberg, né en 1823, était fils de Guillaume Ier et de la princesse Pauline, fille du duc Louis de Wurtemberg. Il fit ses études à Tubingen, Berlin et Ludwigslung, et succéda à son père le 25 juin 1864. Il se déclara d'abord contre la Prusse; mais, après les événements de 1866, il se rallia à la politique de cette puissance, à laquelle il est resté attaché jusqu'à sa mort (1891). Marié en 1846 à la grande-duchesse Olga, fille du tsar Nicolas, il n'eut pas d'enfant, et laissa le trône à son neveu Guillaume, fils du prince Frédéric de Wurtemberg.

CHARNER (Léonard-Victor-Jos.), amiral, né à Saint-Brieuc en 1797, mort en 1869, prit part comme lieutenant de vaisseau à l'expédition d'Alger, fut le représentant des Côtes-du-Nord en 1849, et fut promu en 1852 contre-amiral, en raison de ses brillants états de service. Il se distingua dans la campagne de la mer Noire, fut promu vice-amiral en 1855, et fut chargé en 1860 du commandement en chef des forces navales dans les mers de Chine. Il bombarda les forts du Peï-ho (5 août 1860), et occupa Tien-Tsin. Envoyé en Cochinchine en chef des forces de terre et de mer (1861), il prit Kyhoa (24-25 fév.). Mytho (12 avril), et assura la domination de la France sur ces pays. Il fut promu amiral en 1864.

CHARTRAN (Théobald), peintre, né à Besançon en 1849, mort en 1907, fut élève de Cabanel et obtint le prix de Rome en 1877. Il a laissé de belles décorations (Centenaire de Victor Hugo, à Versailles; Vincent de Beauvais et saint Louis, Ambroise Paré à Metz, à la Sorbonne). On cite parmi ses principales œuvres la Vision de saint François d'Assise, saint François au labour, etc. Il obtint une grande réputation surtout comme peintre de portraits; on peut citer ceux du pape Léon XIII, du président Carnot, etc.

CHASSÉRIAU (Théodore), peintre, né dans la République Dominicaine actuelle en 1819, vint à Paris avec sa famille dès l'âge de deux ans. Il entra, encore enfant, dans l'atelier d'Ingres, et professa d'abord une grande admiration pour les doctrines du maître. Il exposa pour la première fois en 1836, et obtint une troisième médaille pour son Caïn maudit. En 1838, il exposa une Vénus Anadyomène et une Suzanne au bain (Louvre), qui produisirent une grande impression. Le beau tableau du Christ aux Oliviers est de 1840. Chassériau alla alors étudier à Rome. Là, il se sépara définitivement d'Ingres pour s'inspirer directement de la nature. Il se révéla dès lors comme un peintre de premier ordre (portrait du *P. Lacordaire*, les *Deux Sœurs*, 1845, etc.'. Il a excellé dans la peinture religieuse (Vie de *Ste Marie l'Egyptienne* à St-Merri: chapelle des fonts baptismaux à St-Roch: coupole de St-Philippe-du-Roule, etc.'. Son chef-d'œuvre fut la décoration de l'escalier de la Cour des comptes (1844-1848), qui fut en grande partie détruite en 1871. — Un séjour en Algérie avait fait de lui un puissant coloriste (le *Kalifat de Constantine*: le *Sabbat des Juifs de Constantine*, etc.). On citera encore, parmi ses plus belles œuvres, le *Tepidarium* (Louvre) et la *Défense des Gaules* (musée de Clermont). Chassériau mourut prématurément, en 1856. On trouvera la liste complète de ses œuvres dans l'ouvrage de M. A. Chevillard, *Un peintre romantique, Th. Chassériau*, Paris, 1893.

CHATIN (Adolphe', botaniste, né à Tullins en 1813, mort en 1901, fit ses études médicales à Paris, et fut reçu docteur en 1844. Attaché comme pharmacien à l'hôpital Beaujon et à l'Hôtel-Dieu, il fut chargé de l'enseignement de la botanique à l'Ecole de Pharmacie, dont il devint le directeur en 1874. Il a laissé d'importants travaux, parmi lesquels on peut citer : *Etude sur la physiologie végétale*, 1848 : la *Symétrie générale des organes des végétaux*, 1848 ; l'*Existence de l'iode dans les plantes d'eau douce*, 1851 ; l'*Anatomie comparée des végétaux*, 1866, etc. On lui doit aussi de nombreuses études insérées dans les recueils scientifiques. Chatin fut élu membre de l'Académie de Médecine en 1853, et de l'Académie des Sciences en 1874, en remplacement de Claude Gay. M. Bonnier lui a consacré une *Notice* (*Revue Rose*, 2 fév. 1901).

CHATROUSSE (Emile), statuaire, né à Paris en 1829, mort en 1896, fut élève d'Abel de Pujol et de Rude. Ses œuvres principales sont : la *Reine Hortense et son fils le prince Louis-Napoléon* (musée de Versailles) : l'*Automne* (Louvre) : *Heureux ceux qui pleurent* St-Eustache de Paris) : *Héloïse et Abélard* : la *Cité et le Paraclet* ; l'*Art chrétien* (Louvre) ; la *Renaissance et l'Antiquité* (Fontainebleau) ; *Madeleine au désert* ; *Source et ruisselet* (jardins du Luxembourg) : *Une jeune Parisienne* : la *Lecture* (Luxembourg) ; *Jeanne d'Arc libératrice* ; l'*Histoire* (Exposition de 1889), etc.

CHAUDORDY (J.-B. Alex. Damase, comte de), diplomate, né à Agen en 1826, mort en 1899, débuta en 1851 à l'ambassade de France à Rome. Il est connu surtout pour avoir rempli d'importantes fonctions en 1870-1871 auprès du Gouvernement de la Défense nationale, avec le titre de délégué du Ministère des affaires étrangères. En cette qualité, il publia plusieurs circulaires énergiques en réponse aux notes de Bismarck, réfuta les accusations du chancelier au sujet de prétendues violations de la convention de Genève, et protesta contre les excès commis par les armées allemandes. Député du Lot-et-Garonne en 1871, Chaudordy représenta encore la France en Suisse et en Espagne. Il a publié *La France à la suite de la guerre de 1870* ;1887 ; et *la France en 1889*.

CHAZAL (Pierre-Emmanuel-Félix, baron , général belge, né à Tarbes en 1808, mort à l'zos, près de Pau, en 1892, était fils d'un ancien conventionnel, préfet et baron du premier empire, qui, en 1815, alla se fixer en Belgique. Félix Chazal dirigeait une maison de draps quand éclata la révolution de 1830. Nommé intendant général, il étudia les sciences militaires, devint colonel, puis général de division (1847), et, la même année, ministre de la guerre dans le cabinet Frère-Orban-Rogier. Il se retira en 1850, revint aux affaires de 1859 à 1866, et fit exécuter les fortifications d'Anvers malgré la vive opposition de cette ville. Il fut nommé, en 1866, adjudant général et chef de la maison militaire du roi. En 1870, il commanda deux corps d'armée destinés à sauvegarder la neutralité de la Belgique ; en 1874, il fut appelé à la direction de l'une des deux grandes circonscriptions militaires du royaume.

CHENEVIÈRE Arthur, banquier et homme d'Etat genevois, né en 1822, mort en 1908, fut élu en 1864 membre du Conseil d'Etat de Genève, en remplacement de James Fazy. Cette élection, accueillie à coups de fusil par les partisans de Fazy, donna lieu à une échauffourée qu'on désigna sous le nom de « fusillade de Chantepoulet », à la suite de laquelle eut lieu une intervention des troupes fédérales. Chenevière rétablit l'ordre dans les Finances. Il vint à Paris en 1871, au nom du Conseil Fédéral, distribuer des secours aux Suisses demeurés dans la capitale

pendant le siège. La même année, il quitta le Conseil d'Etat. Plus tard ; il représenta Genève au Conseil National.

CHENNEVIÈRES (Ch.-Philippe, marquis de), né à Falaise en 1820, mort en 1899, entra en 1846 dans l'administration des Musées. Il fut conservateur du Musée du Luxembourg, puis directeur des Beaux-Arts, de 1873 à 1878. Il fut admis à l'Académie des Beaux-Arts en 1879. Il fit décider la décoration du Panthéon et commencer l'inventaire des richesses artistiques de la France (1874); Il a laissé un grand nombre de travaux, parmi lesquels on cite ses *Portraits inédits d'artistes français* (5 vol., 1855-1860); les *Dessins du Louvre* (4 vol., 1882-1884). Il fonda, en 1851, avec M. de Montaiglon, les *Archives de l'Art français*, et collabora à l'*Inventaire général des richesses d'art de la France*.

CHEKE (John), érudit anglais, né à Cambridge en 1517, mort en 1557, professa le grec à l'Université de cette ville et travailla avec Th. Smith à réformer la prononciation. Il publia *De pronuntiatione linguæ græcæ*, 1555, et *Remède contre la sédition*.

CHEMIAKA (Démétrius), prince de la Galicie russe (XVe s.), se saisit de Basile II, grand-duc de Moscou, lui fit crever les yeux, et s'empara de Moscou en 1446. Son injustice envers les Moscovites fut telle, qu'il devint proverbial d'appeler un jugement inique « jugement de Chemiaka ». Chassé de Moscou, il périt empoisonné en 1453.

CHERBULIEZ (Victor), écrivain, né à Genève en 1829, dans une famille protestante d'origine française, enseigna d'abord à Genève. Il vint, en 1875, se fixer à Paris et reprit plus tard la nationalité française. Il a publié un grand nombre de romans : le *Comte Kostia*, 1863 ; le *Prince Vitali* ; *Paule Méré*, 1864 ; le *Roman d'une honnête femme*, 1866 ; le *Grand œuvre*, 1867 ; *Prosper Randoce*; l'*Aventure de Ladislas Bolski*, 1869 ; la *Revanche de Joseph Noirel*, 1872 ; *Meta Holdenis*, 1873 ; *Miss Rovel*, 1875 ; le *Fiancé de Mlle de St-Maur*, 1876 ; *Samuel Brohl et Cie*, 1877 ; l'*Idée de Jean Téterol*; *Amours fragiles*, *Noirs et Rouges*, 1880 ; la *Ferme du Choquart*, 1885 ; la *Bête*; la *Vocation de comte Guislain*, 1888 ; *Une gageure*, etc. Il a écrit aussi, dans les journaux et revues, sous le pseudonyme de G. Valbert, un grand nombre d'articles qui ont été réunis en volumes : l'*Allemagne politique*, 1870 : *Etudes de littérature et d'art*, 1873 ; l'*Espagne politique*, 1874 ; *Hommes et choses d'Allemagne*, 1877 ; *Hommes et choses du temps présent*, 1883 ; *Profils étrangers*, 1890 ; l'*Art et la Nature*, 1892, etc. Il remplaça, en 1881, M. Dufaure à l'Académie française. Il mourut à Combs-la-Ville (Seine-et-Marne) en 1900.

CHIMAY (Jos.-Marie-Philippe de RIQUET, prince de), diplomate belge, né à Ménars en 1836, mort en 1892, remplit les fonctions diplomatiques à Paris, fut gouverneur du Hainaut de 1870 à 1878, puis ministre des affaires étrangères, à partir de 1884.

CHINE. (Voy. l'art. DU DICTIONNAIRE.) — Les statistiques les plus récentes donnent pour l'Empire chinois les chiffres suivants : Chine proprement dite, superf. 3 970 100 kilomètres carrés, 344 000 000 hab.; — Turkestan chinois, ou province de Kan-Sou-Sin-Fsian, avec Kouldja, 1 426 000 kil. car., et environ 1 286 000 hab.; — Mandchourie, 942 000 kil. car., 7 500 000 hab.; — Mongolie, 3 545 000 kil. car., 2 000 000 hab.; — Tibet, 1 914 000 kil. car., 1 750 000 hab. Au total, 11 795 100 kilomètres carrés et 557 505 000 habitants (les statistiques anglaises de 1908 évaluent la population à 407 255 020 habitants). — De 1885 à 1900, la Chine a été en proie à une crise grave, causée surtout par les sociétés secrètes, en même temps que les puissances européennes convoitaient des portions de son territoire, et qu'un violent conflit éclatait avec le Japon. Cette puissance déclara la guerre (1er août 1894) au sujet des affaires de Corée (Voy. ce mot au SUPPLÉMENT). Les Japonais, commandés par les maréchaux Oyama et Yamagata, occupèrent Port-Arthur et remportèrent de brillantes victoires en Corée et sur le Po-tehi-li. La Chine dut signer le traité de Simonosaki (17 avril 1895), par lequel elle reconnaissait l'indépendance de la Corée, cédait au Japon Port-Arthur et la baie de Talieu-Ouane, Formose et les îles Pescadores, payait une indemnité de guerre de 200 millions de taels, accordait l'ouverture de quatre ports chinois et des avantages commerciaux. Depuis cette époque, les puissances accrurent leurs exigences vis-à-vis d'un gouvernement qu'on considérait comme étant sans force, et elles eurent la prétention de se partager l'héritage chinois. On peut croire que ces prétentions et les violences qui les accompagnèrent exaspérèrent le peuple chinois et les membres innombrables des sociétés secrètes, hostiles aux étrangers et aux missionnaires. Voici le tableau résumé des « avantages » obtenus par les puissances : — L'Angleterre, en 1897, obtint l'ouverture du Si-Kiang au commerce européen (convention du 4 fév.), et une avantageuse rectification de frontière sur les confins de la Birmanie (convention du 5 juin). En 1898, comme compensation de l'appui qu'elle avait donné à l'emprunt chinois de 16 millions de livres sterling, elle obtint pour toutes les marines l'ouverture des fleuves chinois, pour elle-même la promesse que la Chine ne céderait à aucune puissance le riche bassin du Yang-tse; elle se fit céder à bail le port de Weï-Haï-Weï; enfin elle prit la haute main sur l'inspection des douanes chinoises. Puis, par la convention du 9 juin 1898, elle obtint la cession de la presqu'île de Kao-Loung, avec quelques îles, en face de Hong-Kong. — La France, en 1897, obtint de pousser le chemin de fer du Tonkin jusque dans le Yunnan (Yun-nan-Fou), avec privilège d'exploiter les mines (convention du 12 juin 1897). En avril 1898, elle se fit céder à bail la baie de Kouang-Tcheou, exigea la promesse que la Chine ne céderait à aucune puissance l'île Haïnan, les trois provinces de Kouang-Si, Kouang-Toung, Yunnan; elle reçut la direction des postes, et eut l'autorisation de construire une voie ferrée de Pakoï à Nan-Ning-Fou sur le Si-Kiang. — La Russie occupa Port-Arthur (déc. 1897), qui commande toute une portion des côtes chinoises sur le Petchi-li, ainsi que la baie de Talien-Ouane (1898), et obtint en Mandchourie (Voy. ce mot) des avantages qui équivalaient à la possession de ce pays. — Le Japon, outre les bénéfices du traité de Simonosaki, eut la promesse que la province de Fou-Kian, en face de Formose, ne serait cédée à aucune puissance (convention d'avril 1898). — L'Allemagne, qui s'occupait depuis plusieurs années de multiplier les missions et de protéger les chrétiens, notamment dans le Chan-Toung, protesta contre l'assassinat de deux missionnaires allemands dans cette province et occupa la baie et le port de Kiao-Tcheou (novembre 1897), obtint la cession de cette place « à bail » pour 99 ans, et poussa activement sa pénétration dans le Chan-Toung (mars 1898). — L'Italie elle-même, en 1899, formula, au sujet de la baie de San-Moun, des prétentions auxquelles la Chine, il est vrai, ne parut pas attacher une grande importance. — Enfin, l'intervention des puissances obligea la Chine à ouvrir les ports de Fou-Ning-Fou (baie de Samsah), Yo-Tcheou (lac Toung-Ting), Ching-Wan (golfe de Liao-Toung. Une telle attitude des puissances détermina une grande effervescence dans cet Empire de Chine où les sociétés secrètes ont été de tout temps fort répandues (Nénuphar blanc, Triade, Taïpings, etc.). La Société dite des « Boxeurs » se souleva, fut bientôt maîtresse de tout le bassin du Pe-tchi-li (mai 1900) et organisa de terribles massacres. Le baron de Ketteler, ministre d'Allemagne, fut assassiné à Pékin (18 juin 1900) et les légations furent assiégées, tandis que les églises étaient partout incendiées et les chrétiens et les étrangers massacrés. Dans le même temps (24 juin) un coup d'État porta au pouvoir le prince Tuan, chef des Boxeurs (24 juin); mais l'impératrice douairière, qui gouvernait précédemment, ressaisit bientôt l'autorité. Pendant ce temps, les grandes puissances européennes, les États-Unis et le Japon s'entendaient pour intervenir collectivement en Chine. Le 17 juin, les alliés occupèrent les forts de Takou, s'emparèrent de Tien-Tsin (14 juillet), battirent les Chinois au nord de cette ville (5 août), et marchèrent sur Pékin. Le commandement en chef des troupes alliées ayant été conféré, par suite d'un accord général, au feld-maréchal allemand de Waldersee (8 août), les alliés délivrèrent les légations et s'emparèrent de la ville impériale (17 août). Des conférences furent ouvertes en vue de la paix. La Chine fut obligée de payer de très fortes indemnités en réparation des dommages causés par les Boxeurs.

Cette insurrection montra aux puissances européennes, le danger de leurs prétentions excessives en Chine. Les défaites des Russes en Mandchourie exaltèrent d'autre part l'orgueil des Chinois, qui contestèrent, à partir de 1901, la plupart des concessions qu'ils avaient faites aux Européens, et cessèrent d'en accorder de nouvelles. La

réaction contre les étrangers, qui se manifeste depuis cette époque dans le parti de la « Jeune-Chine », a engendré dans beaucoup de villes, notamment à Changhaï, des troubles assez graves. Le gouvernement de Pékin entreprit, dans un but nettement nationaliste, des réformes militaires, scolaires, économiques et même politiques. En 1904, on annonça une grande réforme administrative. En 1905 commença la réorganisation de l'armée chinoise sur le modèle des armées européennes, sous la direction d'instructeurs japonais; de nombreuses écoles furent fondées; des missions d'études furent envoyées en Europe sous la direction du duc Tsaï-Tsé et de Touang-Fang. En 1906 (1er septembre parut un décret impérial qui établissait une sorte de constitution. Un conseil de Gouvernement devait être organisé avec des représentants de chaque province. Mais, en 1907, une sorte de réaction se produisit dans l'entourage de l'empereur. On se borna à interdire les fumeries d'opium et à réorganiser le gouvernement de la Mandchourie. Puis, dans la même année, après l'assassinat du gouverneur de Nganking par un novateur, événement qui produisit une grande impression à Pékin, on revint aux réformes. Une cour dite de contrôle administratif fut chargée d'élaborer des lois constitutionnelles et de préparer la réforme bureaucratique. Au mois de mars 1908, un décret a annoncé l'établissement prochain d'une constitution. — Les puissances étrangères paraissent renoncer au démembrement de la Chine. L'accord russo-japonais de juillet 1907 a proclamé l'intégrité du territoire chinois.

CHODZKO (Alex.-Edmond), écrivain polonais, né à Krzywice (Lithuanie en 1804, mort à Noisy-le-Sec en 1891, subit l'influence de Mickiewicz, son ami, et fut, dès sa jeunesse, un poète et un patriote. Adonné aux études orientales, il fut vice-consul de Russie à Recht. Puis il se rendit dans l'Occident, en Europe, et publia, à Londres, *Specimens of the popular poetry of Persia*, etc., 1842; à Paris, la *Grammaire persane*, 1852, rééditée en 1885; *le Khoraçan et son héros populaire*, 1852, etc. En 1857, il fut chargé du cours de littérature slave au Collège de France, et occupa cette chaire jusqu'en 1884. Il publia alors : *Légendes slaves au moyen âge*, 1859; *Grammaire paléoslave*, 1869; *Études bulgares*, 1875; *Chants historiques de l'Ukraine*, 1879. On lui doit aussi *le Théâtre persan*, 1878.

CHOUVALOV (Pierre, comte), général et diplomate russe, né en 1828, mort en 1889, fut successivement gouverneur des Provinces Baltiques, chef de la police secrète et de la gendarmerie (1866-73), ambassadeur à Londres (1873-79). Il sut, dans ce poste, apaiser les susceptibilités que provoquait parmi les Anglais l'extension des Russes en Asie. Après la signature du traité de San-Stefano (1878), il entra en négociations secrètes avec lord Salisbury et lord Beaconsfield, et signa le *Memorandum* qui porte son nom. Cet acte fut d'abord nié, puis avoué par Salisbury. Il rendait un grand service à l'Europe, en empêchant une guerre entre les Russes et les Anglais.

CHRISTIAN IX, roi de Danemark, né en 1818, mort en 1906, était le fils du duc Frédéric-Guillaume de Slesvig-Holstein-Sonderbourg-Glucksbourg. En vertu du traité de Londres du 8 mai 1852 et de la loi de succession du 31 juillet 1853, il devint roi de Danemark le 15 novembre 1863, comme successeur de Frédéric VII, mort sans enfants. Dès son avènement, les difficultés commencèrent pour le Danemark, au sujet des duchés de Slesvig, de Holstein et de Lauenbourg, qui faisaient partie de la monarchie danoise, mais qui étaient régis par des lois successorales différentes; en outre, le Holstein et le Lauenbourg faisaient partie de la Confédération germanique. Ces pays, surtout le Lauenbourg et le Holstein, peuplés d'Allemands, avaient excité dès 1848 la convoitise de certains hommes d'État, qui prétendaient les réunir à l'Allemagne. Des protestations s'élevèrent contre l'avènement de Christian IX, formulées notamment par le duc d'Augustembourg, qui, cependant, par le traité de 1852, avait renoncé, moyennant indemnité, à toute prétention à la couronne de Danemark. Des pétitions circulèrent dans le Holstein et réclamèrent le rattachement de ce pays à l'Allemagne. La Diète germanique, soutenant les réclamations des intéressés, et prétendant poursuivre l'œuvre de l'unité allemande, ordonna l'occupation des duchés par des régiments hanovriens et saxons, mais le ministre prussien Bismarck

(*Foy.* ce nom dans le SUPPLÉMENT), fit substituer à cette intervention celle de la Prusse et de l'Autriche. Le 1er février 1864, les Austro-Prussiens franchirent le fleuve de l'Eyder, qui séparait le Danemark de l'Allemagne. Les alliés s'emparèrent des places fortes de Düppel et de Frédéricia, bombardèrent les débris de l'armée danoise dans l'île d'Alsen et envahirent le Jutland. Les préliminaires de la paix, qui devint définitive par le traité de Vienne (30 octobre 1864). furent signés dès le 1er août : Christian IX renonça au Slesvig, au Holstein et au Lauenbourg. Les grandes puissances, qui avaient promis de soutenir le Danemark, s'étaient abstenues de toute intervention. La possession commune, ou *condominium*, des duchés par la Prusse et l'Autriche fut le point de départ de complications qui aboutirent à la guerre de 1866, entre ces deux puissances et à la constitution d'une Prusse désormais puissante et redoutable. Le Danemark se résigna à la situation effacée que l'abandon des puissances lui avait imposée. Mais Christian IX n'oublia jamais l'injure reçue, et ce ne fut que dans les dernières années de sa longue existence qu'il consentit à renouer des relations amicales avec le gouvernement de Berlin. Il se voua à la réorganisation de son pays, donna une constitution nouvelle (août 1866), plus libérale que la précédente, reconstitua l'armée sur la base du service obligatoire pour tous (1806), transforma et augmenta la flotte de guerre. L'industrie, le commerce, les chemins de fer se développèrent. Mais les dépenses militaires, ainsi qu'un projet de fortification de Copenhague, furent l'occasion de graves conflits entre le roi et la majorité libérale du Folketing ou Chambre des Députés. L'avènement au pouvoir d'un ministre tout dévoué au roi, M. Estrup (juin 1875), aggrava la situation. La Chambre fut plusieurs fois dissoute. L'opinion réclamait le fonctionnement sincère du régime constitutionnel, avec un cabinet pris dans la majorité de la Chambre, suivant les règles du gouvernement parlementaire. Le roi, très attaché au pouvoir personnel, considérant ses ministres comme de simples conseillers, résistait de toutes ses forces. Les élections, cependant, condamnèrent sa politique; plusieurs fois le Folketing refusa de voter le budget: le roi l'établit par la voie des décrets, en s'appuyant sur le groupe conservateur de la Chambre haute. La lutte dura de 1875 à 1894, marquée, outre les débats dans les Chambres, par un attentat contre M. Estrup (21 octobre 1885), par des poursuites judiciaires contre les chefs de l'opposition, par l'arrestation du président et du vice-président de la Chambre, et par une vive agitation qui troublait tout le pays. Les dernières années du règne de Christian IX furent plus calmes. — Ce prince donna à l'Islande une constitution particulière (1er août 1874); il ratifia plus tard le vote de l'Alting, sorte de Sénat islandais, qui conféra aux femmes l'électorat municipal; il refusa d'ailleurs d'accorder à l'île l'autonomie. — Sa politique extérieure fut toute pacifique; des mariages unirent aux grandes dynasties la maison de Christian IX, qui était devenu, dans ses dernières années, comme le patriarche des souverains. Il avait épousé en 1842 la princesse Louise, fille du landgrave de Hesse-Cassel. De ce mariage naquirent Frédéric, né en 1843, actuellement roi, époux de Louise de Suède, fille unique du roi de Suède Charles XV; Alexandra, née en 1844, épouse du roi d'Angleterre Édouard VII; Georges, roi de Grèce; Dagmar, épouse de l'empereur de Russie Alexandre III; Anne, épouse du duc de Cumberland, fils du dernier roi de Hanovre. Un des petits-fils de Christian a été proclamé roi de Norvège (*Foy.* ce mot dans le SUPPLÉMENT) sous le nom de Haakon VII (19 novembre 1905).

CHRISTOPHE (Ernest), statuaire, né à Loches en 1827, mort en 1892, fut élève de Rude. avec lequel il travailla au tombeau de Godefroi Cavaignac. Il a laissé des œuvres pleines d'originalité: *la Douleur*, 1855; *le Masque*, qui devint plus tard *la Comédie humaine* (Salon de 1876); *la Fatalité* (Salon de 1885); le monument funéraire d'*Eug.* *Fromentin*, etc.

CIALDINI (Henri), duc de Gaëte, général italien, né à Castelvetro (Modène) en 1811, mort en 1892, étudiait à Parme la philosophie et la médecine quand éclatèrent contre François IV de Modène et Marie-Louise de Parme des insurrections auxquelles il prit part (1831). Il dut se réfugier à Paris, où il continua ses études médicales, tout en traduisant, pour vivre, Voltaire, Rousseau, et les œuvres du chirurgien Velpeau. A la fin de 1832, il s'en-

gagea comme soldat à Porto dans une légion formée par dom Pedro IV de Portugal pour soutenir contre dom Miguel les droits de dona Maria; il passa en Espagne avec la légion (1835), fit campagne contre don Carlos, puis, après la victoires des libéraux, fut nommé lieutenant-colonel de gendarmerie à Valence. En 1848, il passa en Lombardie dès le début de la révolution, fut nommé colonel par le gouvernement provisoire de Milan, et fut blessé à Vicence par les Autrichiens. Bientôt échangé, il entra au service du Piémont et conduisit à Novare le « régiment des duchés », formé de volontaires de Parme, Modène et Toscane (1849). Il fit la campagne de Crimée (1855), fut nommé général-major et aide de camp du roi. Pendant la guerre d'Italie (1859), il fut mis à la tête d'une division, se distingua à Palestro, et occupa la Romagne. En 1860, lieutenant général, il envahit les Marches (États de l'Église), battit l'armée pontificale, commandée par Lamoricière, à Castelfidardo (18 sept. 1860), puis entra dans les États napolitains et força François II de Naples à capituler à Gaëte. ce qui lui valut le titre de duc. En 1861, il fut élu député de Reggio; puis il fut chargé de maintenir l'ordre dans les provinces napolitaines, extrêmement agitées. Il fut obligé à cette occasion, de réprimer l'agitation garibaldienne en Sicile et à Naples. Ses troupes arrêtèrent Garibaldi à Aspromonte (29 août 1862). Cialdidi fut nommé sénateur en 1864. En 1866, commandant une armée sur la rive droite du Pô, il ne put ou ne sut empêcher la défaite de La Marmora à Custozza, et engagea à ce sujet une violente polémique avec ce général. En 1870, il accompagna le duc d'Aoste (*Foy.* AMÉDÉE dans le SUPPLÉMENT) en Espagne, et resta dans ce pays jusqu'en 1873. Il fut ambassadeur à Paris de 1876 à 1881, et fut rappelé au moment de l'occupation de la Tunisie par les Français.

CLADEL (Léon), écrivain, né à Montauban, en 1835, mort en 1892. vint à Paris à l'âge de 22 ans, s'y lia avec Baudelaire et Gambetta, et. sous le pseudonyme de Pierre l'Ancien, collabora au *Nain Jaune* qui combattait ardemment l'Empire. Écrivain distingué, il ne tarda pas à se consacrer tout entier aux lettres. Il a laissé des œuvres d'un style parfois maniéré, mais très sincères, originales, et d'une vigueur de pensée remarquable. Il a excellé dans la peinture du Quercy, avec son âpre nature et sa race de paysans tenaces et laborieux. Ses principaux ouvrages sont: *les Va-nu-pieds*, 1873, livre qui mit en pleine lumière le libre talent de Cladel; *les Martyrs ridicules*, *l'Homme de la Croix-aux-Bœufs*, 1876; *le Bouscassié. Montauban-il-ne-te-saurai-pas*, qui sont deux chefs-d'œuvre: *Omphraïlles. Zncilas*, *N'a-qu'un-œil*, *Kerkadec*, *Fête votive de Saint-Bartholomé Porte-Glaive*. Il a publié, dans les derniers temps de sa vie, *Images verscolores*. ouvrage dans lequel il cherchait à évoquer par la magie du style la sensation que donne la peinture.

CLAUX SLUTER, sculpteur d'origine flamande, (fin du xive et début du xve siècle), travailla à Dijon pour les dues de Bourgogne. On lui doit les statues du *Puits de Moïse* et le *Tombeau de Philippe le Hardi*. Il eut une grande influence sur les artistes de son temps (*Foy.* COLOMBE dans le SUPPLÉMENT).

COCHERY (Adolphe), homme politique, né à Paris, en 1820, mort en 1900, fut avocat sous le second Empire, puis député du Loiret en 1869: il siégea au centre gauche. Ce fut lui qui, le 6 juillet 1870, interpella le gouvernement sur la candidature du prince de Hohenzollern à la couronne d'Espagne. Il vota contre la guerre. Pendant la guerre, il assista M. Thiers dans ses entrevues avec Bismarck, et fut envoyé en qualité de commissaire général dans le département du Loiret, qui, en 1871, l'élut député à l'Assemblée nationale. Il prit place au centre gauche, puis fit partie de la gauche républicaine. Il fut constamment réélu, de 1871 à 1888; il fit partie de la Commission du budget et en fut trois fois le rapporteur. Il combattit le gouvernement du 16 mai, et déclara, au nom de la Commission du budget, le refus de voter le budget des recettes jusqu'à la formation d'un cabinet parlementaire (nov. 1877). Il entra dans le cabinet Dufaure comme sous-secrétaire d'État aux finances. Le 1er mars 1878, il réunit les services des postes et des télégraphes sous un même direction, transformée, par décret du 5 février 1879, en un ministère spécial, à la tête duquel il resta jusqu'à la chute du ministère Ferry (31 mars 1885). Titulaire dans ces fonctions de remarquables qualités d'administrateur, il opéra la fusion des services postal et télégraphique, réorganisa le personnel et améliora sa situation, réforma les taxes, créa les services des bons de poste, des abonnements, des recouvrements, des télégrammes pneumatiques, de la Caisse postale, des colis postaux, etc. Il établit le service téléphonique, développa les services maritimes postaux, les câbles sous-marins, négocia des conventions postales internationales, en un mot fonda une administration vraiment nouvelle. Élu sénateur du Loiret en 1888, il fut, dans ses dernières années, président des Commissions des chemins de fer et des douanes.

COCHIN (Augustin), philanthrope, né à Paris en 1823, mort en 1871, suivit l'exemple de son père qui avait fondé à Paris des œuvres de bienfaisance et consacra tous ses soins à l'amélioration des hospices et des écoles primaires, dont une, créée par lui, porta son nom. Dès l'âge de dix-huit ans, Augustin Cochin travailla à la propagation des Comités philanthropiques de Saint-Vincent de Paul, créa une Société de secours mutuels pour les ouvriers, des écoles de filles à la campagne, et, à Paris, une maison de vieillards dirigée par les Petites Sœurs des Pauvres. Il fut un des disciples et des collaborateurs de Le Play dans ses essais de réforme sociale. A ce titre, il s'occupa avec le plus grand zèle des questions ouvrières. Il écrivit en 1861 un livre éloquent sur l'abolition de l'esclavage. Il fut admis en 1865 à l'Académie des Sciences morales et politiques. Il fit partie du groupe des libéraux qui luttèrent dans les dernières années de l'Empire en faveur des libertés d'association, de la presse et de la parole. M. G. Picot lui a consacré une *Notice* (décembre 1905).

COLLADON (Daniel), ingénieur physicien, né à Genève, en 1802, mort en 1893 se fit remarquer dès l'âge de 25 ans par ses expériences, en collaboration avec Sturm sur la *propagation des ondes sonores dans l'eau*. Il étudia aussi la *résistance des matériaux* et la *compressibilité des liquides*, ce qui lui valut en 1827 le grand prix de l'Académie des Sciences de Paris. Appelé dans cette ville pour fonder l'Ecole centrale des arts et manufactures, il devint professeur de mécanique dans cet établissement, qu'il ne quitta que pour occuper la chaire de physique à l'Académie de Genève. C'est à Colladon que l'on doit le principe de l'entraînement des ondes lumineuses par une colonne d'eau (*fontaines lumineuses*), la transmission de l'énergie par l'air comprimé (*machines à perforer les tunnels*) et un grand nombre de mémoires techniques qu'il envoya toujours à l'Académie des Sciences de Paris, avec des observations météorologiques d'une grande valeur.

COLLIER (John Payne), critique anglais, né en 1789, mort en 1884, a surtout donné une *Histoire de la Poésie dramatique*, 1831 (nouv. édit. 1880), des *Notes sur la vie de Shakespeare* (1835-36-39), une édit. des *Œuvres de Shakespeare*, 1842 (revue en 1858). Pour les corrections de cette 2e édition, Collier s'était servi de l'in-fol. de 1632, avec notes marginales écrites, prétendait-il, par un contemporain du poète, Th. Perkins. Une controverse s'engagea sur l'authenticité des notes, qui furent reconnues modernes. Cependant les œuvres de Collier ont une réelle valeur.

COLMET DAAGE (Gabriel), jurisconsulte, né à Paris, en 1813, mort en 1896, fut nommé en 1841 professeur suppléant à la Faculté de droit de cette ville. Professeur titulaire de procédure civile en 1847, il devint doyen en 1868. Il a publié avec Boitard un volume complémentaire des *Leçons de procédure civile et criminelle*, (1851), ouvrage important qui a reparu, remanié, en 1851. Il a laissé aussi une histoire de l'*Ecole de Droit de Paris*, de 1814 à 1816.

COLOMBE (Michel), sculpteur, né en Bretagne vers 1431, mort en 1512, fut un des plus grands artistes de la Renaissance française. Il subit l'influence de Claux Sluter et des artistes flamands que les ducs de Bourgogne réunissaient à Dijon. Etabli plus tard à Tours, il exécuta, entre autres œuvres admirables, le *Tombeau de François II* (Nantes) et *Saint Georges terrassant le dragon* (Louvre). M. Vitry a consacré à ce grand artiste une importante étude.

COMETTANT (Oscar), écrivain, né à Bordeaux en 1819, mort en 1898, se fit connaître par des récits de voyages : *Trois ans aux Etats-Unis*, 1857 ; l'*Amérique telle qu'elle est*, 1864 ; *Voyage pittoresque et anecdotique dans le nord et le sud des Etats-Unis*, 1865. Critique musical dans le journal *le Siècle*, il a consacré à Ad.

Sax l'*Histoire d'un inventeur au xixe siècle*. Il a écrit aussi *Musique et Musiciens*, 1862 ; la *Musique*, 1869 ; *Francis Planté*, 1874 ; les *Compositeurs illustres de notre siècle*, 1883, etc.

COMTE (Pierre-Charles), peintre, né à Lyon, en 1823, mort en 1895, fut élève de Robert Fleury. Il a peint surtout des personnages et des scènes du xvie siècle, la *Visite de Charles IX à Coligny* ; *Henri III et le duc de Guise* (musée du Luxembourg) ; *Henri III visitant ses singes et ses oiseaux* (salon de 1857). En dehors de ses études favorites, il a laissé une *Jeanne d'Arc ou sacre de Charles VII*, *Récréation de Louis XI*, *Alain Chartier et Marguerite d'Ecosse*, *Richelieu jouant avec ses chats*, etc.

CONGO FRANÇAIS (Voy. ces mots dans le DICTIONNAIRE), colonie française, dont le territoire a été étendu par de nombreuses missions dans les régions de la Sangha (Foureau, 1890 ; Mizon, 1892, etc.) — de l'Oubangui (Crampel, 1891 ; Dibowsky, 1893 ; Maistre, etc.) — du M'Bomou et du Bahr el Gazal (Liotard, 1891-1896 ; Marchand, 1890-1898, — du Chari et du Tchad (Gentil, 1897 ; Bretonnet, 1898-1899 ; Foureau-Lamy, 1900). Les délimitations ont été établies : en 1885, 1887, 1894, 1895, 1896, avec l'Etat indépendant du Congo ; en 1894 avec le Cameroun allemand (cette convention fut complétée par celle du 18 avril 1908 ;) en 1898 et 1899 avec l'Angleterre, qui occupe ou fait le Soudan égyptien, et qui a interdit à la France toute intervention dans le bassin du Nil. — La superficie du Congo français est évaluée approximativement à 3 millions de kilomètres carrés, et la population à 10 millions d'habitants. L'exploitation du Congo français, riche en ivoire et en caoutchouc, commence à donner des résultats satisfaisants. Le commerce général s'est élevé de 13 millions de francs (1899) à environ 25 millions (1906). Mais des désordres fréquents ont troublé cette colonie, particulièrement difficile à administrer. Après le départ de Brazza (Voy. ce nom dans le SUPPLÉMENT) en 1897, un décret de la même année créa un commissaire général résidant à Libreville, un lieutenant-gouverneur au Congo, un commissaire du gouvernement au Chari. Les territoires du Tchad commencèrent à s'organiser en 1900. Un décret de 1903 fixa de nouvelles divisions, placées sous l'autorité du commissaire général, transféré de Libreville (Gabon) à Brazzaville (Congo) ; alors furent créées les colonies du Gabon et du Moyen-Congo, les territoires de l'Oubangui-Chari, et du Tchad. Les troubles ayant continué, Brazza fut chargé en 1905 d'une enquête qui a abouti à une réorganisation administrative fixée par le décret du 11 février 1906. L'autorité du commissaire général s'étend sur les colonies du Gabon, du Moyen-Congo, et de l'Oubangui-Chari-Tchad (Voy. ces mots dans le SUPPLÉMENT).

CONGO BELGE, désigné à partir de 1908, sous le nom d'Etat indépendant du Congo (Voy. ces mots dans le DICTIONNAIRE), a été délimité grâce à de nombreuses conventions avec la France (1885, 1887, 1894, 1895, 1896, etc.), avec le Portugal (1885, 1891, 1894), et avec l'Angleterre (1894, 1906). Le chef-lieu est Léopoldville. La superficie est évaluée à 2 252780 kilomètres carrés, et la population à 20 ou 30 millions d'habitants, dont 2655 Européens en 1906. Livré en régime des grandes compagnies concessionnaires, le Congo paraît avoir été souvent le théâtre d'abus de pouvoir qui aboutirent à des soulèvements d'indigènes et à des répressions violentes. Ce mode d'administration a soulevé de vives récriminations en Angleterre et aux Etats-Unis, surtout à partir de 1905. Une enquête faite en 1904, révéla, en effet, l'existence de graves abus. Le commerce, qui consiste surtout en ivoire et caoutchouc, n'a pas cessé de s'accroître : il dépasse actuellement 55 millions de francs aux exportations, et 20 millions aux importations, et se fait pour la plus grande partie par le port d'Anvers, qui est devenu le premier de l'Europe pour le caoutchouc et l'ivoire. Cette prospérité toujours croissante a décidé une partie de l'opinion publique en Belgique, qui était d'abord hostile à toute idée d'incorporation, à souhaiter la transformation de l'Etat indépendant en colonie belge. En 1889, un testament du roi Léopold légua le Congo à la Belgique, mais ce legs ne fut pas accepté. Depuis, l'Etat libre fut placé peu à peu sous la dépendance de la Belgique, qui lui avait consenti des avances de fonds. Deux traités furent même signés les 28 novembre 1907 et le 5 mars 1908), en vue d'une annexion, entre la Belgique et l'Etat congolais. Mais les Chambres belges se montrèrent hostiles à ces actes, qui réservaient au roi Léopold un domaine considérable soustrait à l'action de la Belgique. La reprise du Congo par la Belgique, qui avait été discutée dans les Chambres en 1895 et en 1901, fut ajournée; un projet en ce sens fut, de nouveau, présenté, au mois de décembre 1907, aux Chambres belges, qui paraissent décidées à voter, sous certaines réserves, la transformation du Congo en colonie de la Belgique (avril 1908.)

CONGRÈVE (Richard), philosophe anglais, né à Leamington (Warwick), en 1818, mort en 1899, appartint à l'enseignement universitaire. Disciple d'Auguste Comte et un de ses exécuteurs testamentaires, il fonda en Angleterre plusieurs groupes positivistes. D'opinions libérales, il s'opposa de toutes ses forces aux doctrines d'où est sorti l'impérialisme britannique. En 1870, il protesta contre le siège de Paris par les armées allemandes. Il a laissé, outre des traductions d'ouvrages d'Aug. Comte, *l'Empire romain d'Occident; Inde, ordre et progrès*, 1858; *Elisabeth d'Angleterre; l'Irlande*, 1868; *la Question du travail; l'Angleterre et la Turquie*, 1877, etc.

CONSTANTIN NICOLAÏÉVITCH, fils du tsar Nicolas, né en 1827, mort en 1892, consacra toute sa vie à l'étude des questions maritimes. Pendant la guerre de 1854, il commanda la flotte de la Baltique, dirigea, à partir de 1855, le ministère de la marine, et introduisit dans les escadres russes d'importantes réformes. Il avait épousé en 1848 la princesse Alexandra de Saxe-Altenbourg.

COOLGARDIE, ville de l'Australie occidentale, à 495 kilomètres, au nord-est de Perth, sur le bord d'une lagune salée; env. 6000 habitants. La ville fut fondée en 1892, à la suite de la découverte de mines d'or dans cette région. Les débuts de Coolgardie ont été lents et difficiles, en raison de l'insalubrité du climat et de la sécheresse du pays, qui est entièrement privé d'eau potable. Le nom de *Typhoïdville* avait été même donné à la ville naissante. Peu à peu, celle-ci s'est développée; elle est reliée à Perth par une voie ferrée longue de 590 kilomètres. Le bassin aurifère de Coolgardie ou de Ylgarn s'étend sur 260 000 kilomètres carrés, dans une région parsemée de lagunes salées. Les gisements d'or furent découverts à partir de 1887, d'abord autour de Knutsford, à 180 kilomètres à l'ouest de Coolgardie, de Southern Cross et de Parker's Find; en 1891, à Ularing, à 152 kilomètres au nord-ouest de Coolgardie, et, en 1892, à Coolgardie même. Le rendement de ces gisements, auxquels s'ajoutent ceux de Dundas Hill, à 155 kilomètres au sud de Coolgardie, découverts en 1893, est devenu considérable.

COOPER (Thomas), prédicant anglais, né à Leicester, en 1805, mort en 1892, exerça d'abord le métier de cordonnier; cependant il apprit le latin, le grec, l'hébreu, le français, et devint instituteur à l'âge de 35 ans. En 1841, il se mit à la tête du mouvement chartiste à Leicester, et fut condamné à deux ans de prison. Pendant sa détention, il composa son *Purgatory of suicides*, ainsi qu'une série de contes allégoriques. Il se fixa ensuite à Londres, où il se fit remarquer comme orateur politique; mais une révolution morale s'opéra en lui : d'athée, il devint chrétien, et de révolutionnaire, prédicateur pacifique. Attaché à la secte des baptistes, il intéressa par ses œuvres bizarres des hommes tels que Dickens, Carlyle, Disraeli. Parmi ses ouvrages, la plupart fort étranges, on cite deux romans, *Alderman Ralph* et *The Family Feud*, ainsi qu'une autobiographie.

COPE (Edouard-Drinker), naturaliste américain, né à Philadelphie en 1840, mort en 1897, étudia dans les universités de Philadelphie et de Heidelberg (Allemagne) et devint professeur de sciences naturelles au collège Haverford à Philadelphie. Il dirigea dès lors de nombreuses explorations géologiques sur le territoire des États-Unis. On lui dut notamment la connaissance des terrains crétacés du Kansas (1874), du terrain éocène du Wyoming (1872), des terrains tertiaires du Colorado (1873), du Nouveau-Mexique (1874), du Montana septentrional (1875), de l'Orégon et du Texas (1877), de la région de l'Ouest (1878). Ne cas explorations, Cope rapporta une collection de six cents animaux vertébrés fossiles, dont il a donné la description dans plusieurs ouvrages. Il a laissé aussi d'importants travaux sur *les Salamandres*, sur *les Batraciens*, sur *l'Origine des ongulés*. Il a combattu les théories de Darwin, auxquelles il a opposé non sans succès les doctrines renouvelées de Lamarck.

CORÉE (*Voy.* l'article dans le DICTIONNAIRE). La superficie de la Corée est évaluée, d'après les dernières statistiques, à 212 000 kilomètres carrés, et sa population à 10 millions d'habitants. Ce pays, bien qu'indépendant de fait et gouverné par une dynastie royale, fut longtemps considéré par les Chinois comme une dépendance de leur empire. En 1893, la Chine ayant envoyé des troupes à Séoul, le Japon protesta et une guerre éclata entre les deux puissances (1er août 1894). La Corée fut un des théâtres de cette lutte. Elle fut déclarée indépendante par le traité de Simonosaki (avril 1895). En fait, les Japonais restèrent les maîtres du pays, auquel ils prétendirent imposer une transformation radicale. Mais une réaction se manifesta contre eux, dirigée, disait-on, par la reine douairière, qui fut massacrée en 1895, sans doute à l'instigation des Japonais. Le roi réclama la protection des Russes, qui s'empressèrent d'intervenir. Un traité du 28 mai 1896, entre la Russie et le Japon, plaça la Corée sous le protectorat des deux puissances. Mais l'agitation continua; les Russes en profitèrent pour se déclarer les protecteurs du gouvernement coréen, qui était hostile aux Japonais. Ils obtinrent l'ouverture des ports de Mok-hpo et le Tjeungnampo (juil. 1897), firent exclure les fonctionnaires japonais, et aidèrent le roi à prendre le titre d'Empereur (déc. 1897). Ils reconnurent solennellement l'indépendance de la Corée par la convention du 25 avril 1898, qui établissait, en outre, une action commune entre les deux puissances. Ils occupèrent ensuite Taïlien-Ouane et Masampo, le plus beau port de la Corée. Les empiètements des Russes dans ce pays furent une des principales raisons qui déterminèrent le Japon à entrer en guerre contre la Russie (7 février 1904). Dès le 23 février de la même année, la Corée fut obligée de signer avec le Japon un traité de protectorat qui fut rendu plus étroit par la convention de Séoul (17 novembre 1905). Par le traité de Portsmouth, qui mit fin à la guerre russo-japonaise, la Russie reconnut le protectorat du Japon sur la Corée. Ce protectorat ne tarda pas à se changer en une domination réelle. Une convention du 25 juillet 1907 attribua au résident général japonais l'administration de la Corée. Dans le même temps, une mission coréenne tenta d'apporter à la conférence de La Haye les doléances du gouvernement de Séoul, mais elle ne fut pas reçue, par égard pour le Japon. Cette démarche n'eut d'autre résultat que l'obligation d'abdiquer qui fut imposée à l'empereur Yi-Young. Son fils lui a succédé; mais on peut considérer la Corée comme une véritable possession du Japon, qui y envoie chaque année un grand nombre d'émigrants (200 000 en 1906-07).

CORNU (Marie-Alfred), physicien, né en 1841, mort en 1902, fit toutes ses études à Paris et à Orléans, fut admis à l'École polytechnique en 1860, et, deux ans après, à l'École des mines. Il en sortit comme ingénieur en 1866, mais n'entra pas au service des mines et se consacra à l'enseignement. Nommé professeur de physique à l'École polytechnique en 1867, il fut élu membre de l'Académie des sciences en 1878, en remplacement de M. Becquerel père. Il dut cette haute distinction à l'exécution d'importantes expériences relatives à la détermination de la vitesse de la lumière, en perfectionnant la méthode de Fizeau. Les stations choisies étaient l'École polytechnique et le mont Valérien, distantes de 10 310 mètres, et la mesure de la vitesse obtenue de 298 500 kilomètres par seconde, chiffre voisin de celui calculé par Foucault. On doit encore à Cornu des études sur la détermination de la densité moyenne de la terre d'après la méthode de Cavendish; sur l'acoustique, l'optique, la synchronisation des pendules, etc. Outre sa thèse pour le doctorat ès sciences ayant pour titre *Recherches sur la réflexion cristalline*, on peut citer ses mémoires : *Sur un Nouveau polarimètre* (1870 ; *Sur le Renversement des raies spectrales de vapeurs métalliques* -1871 ; *Sur le spectre de l'aurore boréale du 4 février 1872* (1872); *Extension des résultats au mode mineur* (1873); *le Spectre normal du soleil, partie ultra-violette* 1881, etc. Cornu obtint la grande médaille Rumford de la Société royale de Londres (novembre 1878).

CORNWALL (Barry), pseudonyme de PROCTER (Bryan Waller), poète anglais, 1790-1874. Il fit son droit et devint « commissioner in Lunacy ». Il a publié : *Scènes dramatiques et autres poèmes*, 1819; *Une histoire sicilienne* et *Marcia Colonna*, 1820; *Mirandola*, tragédie, 1821; *le Déluge de Thessalie*, poème, 1822. Il est connu surtout par son petit volume, *English Songs*, 1852 et 1851. On a encore de lui *Contes en prose*, 1855, et une monographie sur Ch. Lamb. 1866; *Œuvres poétiques*, éditées en 1855. — Sa fille, Adélaïde-Anne, 1824-1864, est connue par ses *Légendes et poèmes lyriques*, 1862, réédités en 1868 avec une introduction de Dickens.

CORROYER (Jules), architecte, né à Amiens en 1855, mort en 1904, élève de Viollet-le-Duc, fut nommé en 1874 architecte du gouvernement. Il effectua à l'abbaye du Mont-Saint-Michel des restaurations qui suscitèrent de vives critiques. Il construisit le Comptoir d'Escompte de Paris, l'Hôtel de Ville de Roanne, etc. Relevé de ses fonctions, en 1888, comme suspect de cléricalisme, il fut élu membre de l'Académie des Beaux-Arts en 1897. Il a publié plusieurs ouvrages concernant le Mont-Saint-Michel.

COSTER (Charles-Henri de), écrivain belge, né en 1827, mort en 1879, fut un des rénovateurs de la littérature en Belgique. Il a écrit des *Contes* et surtout *la Légende et les Aventures héroïques, joyeuses et glorieuses d'Ulenspiegel et de Lamme Goedzak au pays de Flandre et d'ailleurs*. Ce récit d'aventures se développe au milieu des terribles guerres entre Flamands et Espagnols au XVIe siècle. C'est une épopée populaire, qui évoque les souvenirs à la fois de Rabelais et de Cervantes, et qui dépeint, d'une façon souvent admirable, le pays flamand. Ce livre, qui, à certains égards, est un chef-d'œuvre, a marqué le début d'une véritable renaissance dans la littérature belge. — Cf. Fierens-Gevaert, *Figures et Sites de Belgique* (1908).

CÔTE DE L'IVOIRE, possession française du golfe de Guinée, bornée au S. par la mer, à l'O. par la République de Libéria, à l'E. par la colonie anglaise de la Côte de l'Or, au N. par le Sondan français. Superficie approximative 297 000 kil. carrés (avec les zones d'influence); population env. 2 millions d'habitants. — Chef-lieu Bingerville, près de laquelle se développent Port-Bouet et Abidjan; autres localités: Grand-Bassam, Assinie, Grand-Lahou, Petit-Lahou, Jacqueville, Cavally etc. La colonie forme 10 cercles et compte des territoires protégés (Baoulé, Roudoukou, Anno, Bandokho, Djimini, Diammala, Kong). Elle fut d'abord rattachée au Gabon, puis au Sénégal; elle est devenue autonome en 1893 et a été rattachée en 1902 à l'Afrique occidentale française (*Voy.* ces mots dans le SUPPLÉMENT). — Le climat présente deux saisons de pluie et deux saisons sèches. — Lagunes d'Assinie, Lahou, etc. le long du littoral. Nombreuses rivières provenant du Soudan : Bandama, Sassandra, Cavally, etc. — Forêts, bananiers, canne à sucre, café, cacao, plantes médicinales. — D'importants travaux ont été entrepris à Bingerville, à Abidjan et à Port-Bouet, d'où part un chemin de fer de pénétration vers Kong.

CÔTE DE L'OR (en anglais GOLD COAST), colonie anglaise du golfe de Guinée. — Les frontières ont été fixées par les conventions de 1898 avec la France, et de 1899 avec l'Allemagne. La superficie est évaluée à 487 000 kilomètres carrés, et la population à 1 607 000 habitants. De cette colonie dépend le pays des Achantis, peuples qui ont soutenu, depuis 1870, de longues guerres contre les Anglais. Ceux-ci occupèrent la capitale de ces indigènes, Coumassie, en 1874, mais des soulèvements se produisirent à plusieurs reprises. Il fallut reprendre Coumassie en janvier 1896, et débloquer, en 1900, le gouverneur anglais, qui y était cerné par les insurgés. Le centre administratif de la colonie est Accra, qui compte environ 18000 habitants. — L'exploitation de l'or est en progrès. Elle a donné, en 1907, une valeur de plus de 20 millions de francs. D'Accra et de Cape-Coast partent des chemins de fer de pénétration dans l'intérieur.

COUDREAU (Henri), explorateur, né à Sonnac (Charente-Inférieure) en 1859, fut élève à l'École normale de Cluny. Chargé plus tard d'enseigner l'histoire et la géographie à Cayenne, il commença, en 1881, à explorer l'intérieur de la Guyane; en 1885, il traversa les territoires contestés entre la France et le Brésil, et parvint jusqu'à l'Amazone. En 1884, il reconnut quelques-uns des affluents du grand fleuve sur la rive gauche; en 1887-88, il explora la région des monts Tumuc-Humac, complétant sur plusieurs points les découvertes de Crevaux. En 1889-90, il acheva de visiter le bassin de l'Oyapok. Entré au service du gouvernement brésilien, il explora, à partir de 1896, quelques-uns des affluents de la rive droite de l'Amazone. Il mourut en 1899 sur les bords d'une de ces rivières, le rio

Trombetas. Il a laissé un certain nombre d'ouvrages exposant les détails et les résultats de ses voyages. — Cf. O. Coudreau, *Voyage au Trombetas*, Paris, 1900.

COURAJOD (Louis), archéologue, né à Paris en 1841, mort en 1896, fut conservateur adjoint au Musée du Louvre et chargé de l'enseignement de l'histoire de la sculpture à l'École du Louvre. Il est un de ceux qui ont mis le mieux en lumière la part considérable qui revient à la France septentrionale, indépendamment des influences étrangères, dans les origines et le développement de l'art français. Il fut un des fondateurs du Musée de sculpture française du moyen âge. Il a écrit, pour soutenir ses doctrines, un grand nombre d'articles, notamment dans le *Bulletin des Musées*. On lui doit encore le *Journal d'Alexandre Lenoir*: *Histoire de l'enseignement des arts du dessin au XVIIIe siècle; la Polychromie dans la statuaire du moyen âge et de la Renaissance; l'École royale des élèves protégés; le Catalogue raisonné du musée de sculpture du Trocadéro*, etc.

COURCELLE-SENEUIL (Jean-Gustave), économiste né à Seneuil (Dordogne) en 1813, mort en 1892, écrivit avant 1848 dans les journaux de l'opposition. Directeur des domaines en 1848, il quitta la France au début de l'Empire, professa l'économie politique à Santiago du Chili, et rentra en France en 1865. Il fut nommé conseiller d'État en 1879. Il entra en 1882 à l'Académie des Sciences morales et politiques. On cite parmi ses ouvrages : *le Crédit et la Banque*, 1840; *Traité théorique et pratique des opérations de banque*, 1855; *Traité d'économie politique*, 1858-59; *Cours de comptabilité*, 1867 ; *Liberté et socialisme*, 1868; *Protection et libre-échange*, 1879: *Manuel des affaires*, 1880. Il a aussi traduit des ouvrages de Stuart Mill et de Summer Maine.

COURNOT (Antoine-Augustin), mathématicien et philosophe, né à Gray en 1801, mort en 1877, fut admis en 1821 à l'École normale. Deux ans plus tard, il fut attaché à la personne du maréchal Gouvion Saint-Cyr et collabora à la rédaction de ses *Mémoires* (1825-1855). Il fut nommé ensuite professeur d'analyse à la Faculté des Sciences de Lyon, recteur à Dijon, puis inspecteur général de l'Université (1862). Il a laissé de nombreux travaux, auxquels la *Revue de métaphysique et de morale* (janvier 1906) a consacré d'importantes notices, mettant en lumière les qualités rares de ce savant modeste, dont la réputation est très inférieure à son mérite. Philosophe, il s'est efforcé, à la façon d'Auguste Comte, de classer, d'après un lien rationnel, les connaissances humaines, et surtout de rattacher l'histoire de l'évolution humaine aux sciences de la nature. Dans cet ordre de recherches, il a essayé de fonder la sociologie sur des principes à la fois clairs et originaux, par son *Traité des idées fondamentales* (1861) et ses *Considérations sur la marche des idées et des événements dans les temps modernes* (1872). On a comparé ce dernier ouvrage à la *Réforme intellectuelle et morale* de Renan, paru à la même époque. Ainsi que Taine, il s'est élevé fortement contre les conceptions *a priori* des philosophes du XVIIIe siècle. Comme mathématicien, il a laissé d'importants travaux sur les principes du calcul infinitésimal.

CRAUK (Gustave-Adolphe-Désiré), statuaire, né à Valenciennes en 1827, mort en 1905, fut élève de Pradier, et obtint le prix de Rome en 1851. Il exposa au Salon de 1857 un groupe de bronze qui fut très remarqué, *Bacchante et Satyre*. On cite parmi ses principales œuvres: *Omphale*, groupe en marbre destiné à la cour du Louvre (1859) : *Faune* (1861), *Saint Jean-Baptiste* 1865, *la Victoire couronnant le drapeau français* (1864), *Fronton de la manufacture de Sèvres* (1866), *le Crépuscule* 1870, les statues de *Dupuytren*, à Pierrebuffière, de *Claude Bourgelat*, à l'École d'Alfort, les bustes de l'*Impératrice Eugénie*, de *Changarnier*, des maréchaux *Baraguay-d'Hilliers*, *Pélissier*, *Mac-Mahon*, *Niel*, à Versailles ; d'*Eugène Pelletan*, *Francisque Sarcey*, *Jules Sandeau*, *Girard*, vice-amiral *Aude*, etc.; la statue d'*Edmond About*, destinée au tombeau de cet écrivain; *la Jeunesse et l'Amour* (1884); le *Général Chanzy*, statue en bronze pour le monument élevé au Mans à l'armée de la Loire (1885); le monument de l'*Amiral Coligny*, élevé à Paris, au chevet de l'Oratoire de la rue de Rivoli, etc.

CRÈTE (Voy. dans le DICTIONNAIRE les art. cadre et cassia). — Conquise définitivement par les Turcs en 1669, l'île se souleva à plusieurs reprises et fut rudement châtiée, 1821, 1866, etc. Après l'insurrection de 1866, le sultan lui concéda quelques réformes, un gouverneur civil, une assemblée nationale (règlement de 1867. De nouveaux troubles éclatèrent en 1878 et en 1890. Après ces dernières, les Turcs levèrent de nouvelles taxes sur le sel, le tabac, et augmentèrent l'impôt du timbre. En 1896, les désordres recommencèrent, malgré la nomination d'un gouverneur chrétien. Sur la demande des puissances, le sultan accorda de nouvelles réformes (sept. 1896), et une assemblée nationale se réunit à la Canée. Mais l'entente ne put s'établir entre chrétiens et musulmans. La Grèce (*Voy.* ce mot) intervint dans la querelle, après les troubles de la Canée (février 1897), et fit débarquer le colonel Vassos avec 2 000 hommes. Les puissances, de leur côté, décidèrent d'empêcher les Grecs de s'emparer de l'île, et firent occuper les principaux points par des détachements internationaux. Ces événements amenèrent une guerre entre la Grèce et la Turquie (avril 1897). Cependant les puissances décidèrent le sultan à préparer une constitution. L'île fut placée, en vertu d'un accord général, sous le gouvernement du prince Georges de Grèce, qui prit le titre de Haut Commissaire, sous la suzeraineté du Sultan (novembre 1898). La constitution fut établie en avril 1899: elle créait une Assemblée de 74 députés, dont 4 musulmans, et attribuait le pouvoir exécutif au Haut Commissaire et à un Conseil de trois membres. En 1906, les pouvoirs publics ordonnèrent la création d'une gendarmerie et d'une milice destinées à remplacer les troupes internationales, et décidèrent la réforme de l'impôt, de la législation, etc. Le prince Georges abandonna alors ses fonctions de Haut Commissaire et fut remplacé, sur l'initiative du roi de Grèce, par M. Zaïmis, ancien premier ministre à Athènes, nommé pour cinq ans. La constitution fut modifiée en février 1907: le nombre des députés a été fixé à 61. — La population de la Crète est évaluée (1908) à 503 543 habitants.

CRISPI (Francesco), né à Ribera, près de Girgenti (Sicile) en 1819, mort en 1901, fit ses premières études au séminaire de Montreal, près de Palerme. Avocat dans cette dernière ville, puis à Naples, il subit dès sa jeunesse l'influence du révolutionnaire Mazzini. Il prit une part active à la révolution de 1848, en Sicile. Exilé en 1849, il vécut successivement à Turin, à Milan, à Malte, à Paris, d'où il fut expulsé après l'attentat d'Orsini contre Napoléon III (1858); il se réfugia alors à Londres, auprès de Mazzini. Revenu en Italie après l'entrée des Français en Lombardie (1859), il prit part à l'expédition des Mille, qui entraîna le soulèvement de la Sicile et de Naples (1860). Il fut ministre de l'Intérieur et des Finances dans le gouvernement provisoire organisé à Naples par Garibaldi. Envoyé par la circonscription de Castelvetrano au parlement italien, il se sépara des révolutionnaires (1865), et soutint la cause de la monarchie constitutionnelle dans son journal la *Riforma*. Président de la Chambre des députés en 1876, il figura comme ministre de l'Intérieur dans le cabinet Depretis (1877), qu'il quitta bientôt, à la suite d'une accusation, d'ailleurs fondée, qui fut lancée contre lui. De nouveau ministre de l'Intérieur en 1887, il remplaça, la même année, Depretis comme président du Conseil et ministre des Affaires étrangères. Il se montra en toutes circonstances très hostile à la France et partisan résolu de l'alliance avec l'Allemagne et l'Autriche. Il donna à la Triple Alliance, qui existait déjà quand il arriva au pouvoir, un caractère de malveillance et de provocation à l'égard de notre pays qui rendit son nom odieux aux Français. Il s'efforça, par tous les moyens, de combattre la France; c'est ainsi qu'en Orient il subventionna des écoles laïques italiennes pour lutter contre l'influence des écoles catholiques soutenues par le gouvernement français. Il fut renversé par la Chambre, le 30 janvier 1891, pour s'être compromis dans des rapports peu corrects avec des banques auxquelles il reconnaissait avoir fait des emprunts. Il revint cependant au pouvoir en 1893. Son gouvernement fut marqué de nouveau par des agissements scandaleux à l'égard des grands établissements de crédit, tels que la Banque romaine. Crispi traqua ses anciens coreligionnaires politiques et réprima durement les manifestations ouvrières. Il inaugura alors une politique ambitieuse, qui ne tendait à rien moins qu'à créer une vaste colonie italienne sur le littoral africain de la mer Rouge (*Voy.* ABYSSINIE et ÉRYTHRÉE dans le SUPPLÉMENT). Mais, après quelques alternatives de succès et de revers, les troupes italiennes, commandées par le gé-

néral Baratieri, furent écrasées par les Abyssins à Adaoua (1er mars 1896). Cette défaite obligea Crispi à se démettre du pouvoir. Ses dernières années, passées dans une demi-pauvreté, furent attristées par de graves maladies (il était devenu presque aveugle), et par l'impopularité qui grandissait autour de son nom. En 1898, il fut l'objet d'un vote de blâme de la part de la Chambre des députés, au sujet de ses agissements scandaleux vis-à-vis de la Banque de Naples, à laquelle il avait enlevé des sommes considérables. Crispi avait voulu augmenter la puissance de l'Italie: mais sa politique imprudente, maladroitement ambitieuse, avait été néfaste pour son pays. Ses successeurs s'efforcèrent de réparer ses fautes, et, notamment, de réconcilier l'Italie et la France. (*Voy.* ZANARDELLI dans le SUPPLÉMENT). — Crispi a laissé un *Journal* dans lequel, depuis son début dans la vie politique, il notait jour par jour les événements, ses impressions et ses appréciations touchant ses contemporains. Ce *Journal* doit être publié, non sans des suppressions nombreuses, nécessitées, dit-on, par la raison d'État, sous la forme et le titre de *Mémoires*. En outre, pendant sa longue carrière, Crispi avait collectionné de nombreux documents, notes, etc., sur les hommes politiques de son pays. L'une partie de ces notes aurait été soustraite par les intéressés et par le gouvernement aussitôt après la mort de Crispi. Celui-ci songeait, dit-on, à fondre ce un seul ouvrage, qu'il aurait intitulé *Mémoires*, ses notes et son journal. Mais les maladies qui l'assaillirent dans les dernières années de sa vie ne lui laissèrent pas le loisir de réaliser ce dessein.

CUCHEVAL-CLARIGNY (Philippe-Athanase), écrivain, né à Calais en 1827, mort en 1895, fut élève de l'École normale supérieure, agrégé d'histoire, bibliothécaire à l'École normale, conservateur de la bibliothèque Ste-Geneviève jusqu'en 1888. Rédacteur au *Constitutionnel* à partir de 1845, il devint directeur de ce journal après le coup d'État du 2 décembre 1851. Il soutint la politique de l'Empire, fut directeur de la *Presse* en 1866, et eut en cette qualité des démêlés retentissants avec M. Haussmann. Il essaya vainement à plusieurs reprises d'arriver à la Chambre des députés. Il a laissé, outre un très grand nombre d'études publiées dans la *Revue des Deux Mondes*, concernant surtout l'Angleterre et l'Amérique du Nord : *De la Presse, sa vie et ses écrits*, 1847; *Histoire de la presse en Angleterre et aux États-Unis*, 1857; *les Budgets de la guerre et de la marine en France et en Angleterre*, 1860; *Considérations sur les banques d'émission*, 1864; *Histoire de la Constitution de 1852*, 1869; *Des institutions représentatives*, 1874; *Lord Beaconsfield et son temps*, 1880; *l'Instruction publique en France*, 1883; *les Finances de l'Italie, de 1866 à 1885*, 1885; *Essai sur l'amortissement et sur les emprunts d'État*, 1886, etc. — M. Cucheval-Clarigny fut élu membre de l'Académie des Sciences morales et politiques en 1880.

CURIE (Pierre), physicien, né à Paris, en 1859, était le fils d'un médecin. Il fit ses études à la Faculté des sciences de Paris et devint chef des travaux, puis professeur à l'École municipale de physique et de chimie. Ses premiers travaux furent faits en collaboration avec ses frères Paul et Jacques. Il s'occupa d'abord de cristallographie : il découvrit les phénomènes dits de piézo-électricité et ceux qui sont relatifs à la dilatation des cristaux; il étudia ensuite la notion de symétrie en physique et en cristallographie, les propriétés magnétiques des corps à diverses températures, la charge électrique des rayons secondaires des rayons Röntgen, etc. Il s'adonna surtout à l'étude des radiations, à partir de 1896. Il fut grandement aidé dans ses recherches par Mme Curie (Marie Sklodowska), fille d'un professeur de physique de Varsovie, qui avait commencé, comme étudiante à la Sorbonne, d'importantes études sur les rayonnements, et qui fut reçue docteresse avec une thèse sur les corps radioactifs. Les travaux de M. et Mme Curie, faisant suite à la découverte des propriétés de l'*uranium* par M. Becquerel, aboutirent à la découverte du *polonium* et du *radium*, qui fut communiquée à l'Académie des Sciences au mois de juillet 1898. Devenu tout d'un coup illustre, Curie fut chargé d'un cours à la Sorbonne (1900), puis nommé titulaire d'une chaire de physique créée par un vote spécial du Parlement (1905). Il fut membre de l'Académie des Sciences en 1905. M. et Mme Curie reçurent la médaille Davy de la Société royale de Londres; en 1903, Curie partagea avec M. Becquerel le prix Nobel, qui lui fut attribué par l'Académie royale de Stockholm ; la même année, Mme Curie obtint le prix Osiris, en partage avec M. Branly. Modeste et désintéressé, « ne se souciant en aucune façon, a pu écrire Mme Curie, de tirer parti de ses travaux pour obtenir des avantages matériels ou des satisfactions d'amour-propre », Curie ne voyait dans ces hautes récompenses qu'un moyen assuré de continuer ses coûteuses recherches. Il fut écrasé par une voiture dans une rue de Paris, le 19 avril 1906. La liste des travaux de M. et Mme Curie a été publiée dans la *Revue scientifique* du 28 juillet 1906. Les *Œuvres* de Pierre Curie ont été publiées en 1908, avec une préface de Mme Curie.

CURTIS (George-Ticknor), jurisconsulte américain, né à Watertown (Massachusetts), 1812-1895, a publié entre autres ouvrages : *Droits et devoirs des négociants maritimes*, 1841 ; *Commentaires sur la jurisprudence*, etc., *des cours des Etats-Unis*, 1854 ; *Histoire de l'origine, de la formation et de l'adoption de la Constitution des Etats-Unis*, 1855-58 ; *les Dernières années de Daniel Webster*, 1878 ; *Vie de James Buchanan*, 1883 ; *les Pouvoirs implicites de la Constitution*, 1885 ; *les Derniers services publics de Mac-Clellan*, 1886.

CURTIUS (Ernest), historien allemand, né à Lubeck en 1814, mort en 1896, alla étudier en Grèce dès 1837, il accompagna Ottfried Muller dans son voyage en Morée. Il professa ensuite à Berlin et fut le précepteur du prince Frédéric, plus tard empereur Frédéric III. Il devint secrétaire perpétuel de l'Académie des sciences de cette ville, et directeur du Musée d'antiquités. Ses ouvrages concernent exclusivement l'antiquité grecque : *Peloponnesos*, Gotha, 1851-52 ; *Histoire grecque*, 1858-81, trad. en fr. par M. Bouché-Leclercq, 1880-83 ; *l'Acropole d'Athènes*; *Considérations sur les voies grecques*; *les Ioniens*; *Ephèse*; *la Plastique des Grecs*, etc. On lui doit aussi des travaux sur la topographie de l'Attique. Enfin, il dirigea une grande science les fouilles d'Olympie, dont il avait assuré le monopole à l'Allemagne par une convention passée en 1875 avec la Grèce.

CYNEWULF, poète anglo-saxon, mort en 780, fut probablement évêque de Lindisfarne. On a de lui des poèmes contenus dans les manuscrits appelés *Vercelli Book* et *Exeter Book*. Ce sont : *Elene*, sur la découverte de la croix par la mère de Constantin ; *le Christ*, et quelques pièces lyriques.

D

DALGETY, petite localité située en Australie, au Sud de Sidney, sur la rivière Snowy, a été désignée pour servir de siège au gouvernement fédéral de l'Australie (*Voy.* ce mot dans le SUPPLÉMENT).

DALNY (en japonais, *Dairen*), port fondé en 1899 par les Russes sur la baie de Ta-Lien-Ouan, après l'occupation de Port-Arthur (*Voy.* ce mot). Port-Arthur devint un arsenal et un port de guerre, Dalny un port decommerce. Cette ville a été occupée, pendant la guerre de Mandchourie, par les Japonais, qui l'ont conservée.

DALOU (Jules), statuaire, né à Paris dans une famille d'ouvriers, en 1838, mort en 1902, fut élève de Duret, mais il subit plutôt l'influence de Carpeaux, et surtout celle de sa propre fantaisie. Ses premières occupations consistèrent en modelages d'animaux pour un naturaliste. Il sculpta, à la fin du second Empire, les Cariatides et les Nymphes pour la décoration de l'Hôtel de Mme de Paiva (Champs-Élysées) ; il travailla aussi dans l'atelier d'orfèvrerie Fannière. Sa première œuvre remarquée, la *Brodeuse*, fut exposée au Salon de 1870. Pendant la Commune, il accepta un emploi au Musée du Louvre ; condamné, pour ce fait, aux travaux forcés, il dut se réfugier en Angleterre, où il demeura pendant plusieurs années, et où il composa quelques œuvres (*Berceuse, Gardeuse d'enfant*, etc.), et, notamment, des terres cuites. Rentré en France en 1879, il exposa au Salon de 1883 deux hauts-reliefs : *Mirabeau répondant à M. de Dreux-Brézé* (Palais-Bourbon), et le *Triomphe de la République*, par lequel il se proposait de célébrer, dans le style de Louis XIV, qui lui inspirait la plus vive admiration, la victoire des classes populaires. On peut citer parmi ses autres œuvres les statues de *Blanqui* (Père-Lachaise), de *Victor Noir* (Père-Lachaise), de *Lavoisier* (Sorbonne), le *Triomphe de Silène*, le monument du *Triomphe de la République*.

place de la République), dont le modèle fut inauguré solennellement en 1889 ; le monument d'*Eug. Delacroix* (Luxembourg), il a laissé aussi des bustes remarquables, ceux de *Charcot*, d'*Aug. Vacquerie*, d'*A. Theuriet*, etc. Très attaché à ses convictions politiques, Dalou, a écrit M. Roujon, était « un homme rude et vrai, qui forçait l'estime.... L'amour du peuple fut la religion de sa vie. » Son dernier désir fut d'élever un « monument des ouvriers », qui serait la glorification exclusive des travailleurs. Cf. *Dalou, sa vie et son œuvre*, par M. Dreyfous, Paris, 1902.

DARCEL (Alfred), archéologue, né à Rouen en 1818, mort en 1895, fut d'abord ingénieur, puis attaché au musée du Louvre (1862), directeur des Gobelins (1871), du musée de Cluny (1885), dont il a augmenté et classé les collections. On lui doit de remarquables notices sur les émaux, sur l'orfèvrerie, sur les faïences italiennes, rédigées pour les catalogues du Louvre ; une histoire de la *Tapisserie* ; une histoire des *Manufactures nationales de tapisserie et des tapis de la Savonnerie* ; l'*Inventaire des Gobelins* ; l'*Inventaire général des richesses d'art de la France* ; le *Catalogue de l'Exposition rétrospective de l'art français au Trocadéro* (1889), et de nombreux articles épars dans la *Gazette des Beaux-Arts* et la *Revue archéologique*.

DARIMON (Alfred), écrivain et homme politique, né à Lille en 1819, mort en 1902, fit partie en 1848 de la rédaction du *Peuple*, journal dirigé par Proudhon. Il publia ensuite des ouvrages concernant l'économie politique et l'organisation sociale (la *Réforme bancaire*, 1857, etc.). En 1857, candidat de l'opposition démocratique à Paris, il fut élu député et fit partie du petit groupe des *Cinq*, avec J. Favre, Ernest Picard, Émile Ollivier et Hénon. Il fut réélu aux élections de 1863, au même titre. En 1864, en même temps qu'Émile Ollivier, il se sépara des membres de l'opposition et finit par se rallier au gouvernement. Il ne se présenta pas aux élections de 1869. Après la chute de l'Empire, il collabora à de nombreux journaux, notamment au *Figaro*. Il a publié, entre autres ouvrages, *Histoire de Douze ans* ; 1857-1869 ; *Histoire d'un parti, les Cinq* ; *l'Agonie de l'Empire*, etc.

DARMESTETER (James), orientaliste, né à Château-Salins en 1849, mort en 1894, fils d'un pauvre relieur, fut reçu docteur ès lettres en 1877, et fut nommé répétiteur de zend à l'École des Hautes Études, puis professeur de langue et de littérature persanes au Collège de France. Parmi ses ouvrages, pleins d'érudition, on cite : *Haurvatât et Amevetât*, 1875 ; *Ormazd et Ahriman*, thèse de doctorat ; *Essais orientaux*, 1883 ; *Études iraniennes*, 1885 ; les *Origines de la poésie persane*, 1887 ; *Lettres sur l'Inde*, 1888 ; *la Légende divine*, 1890 ; *les Prophètes d'Israël*, etc. Il a publié aussi les écrits posthumes de son frère Arsène, sous le titre de *Reliques scientifiques*, 1890. Biogr. par Mme Darmesteter, née Mary Robinson.

DAUBRÉE (Gabriel-Auguste), géologue, né à Metz, 1814, mort en 1896, élève de l'École polytechnique, entra, en 1834, dans le corps des mines. Chargé d'un important voyage d'exploration géologique en Algérie, il fut nommé professeur de géologie et de minéralogie à la Faculté des Sciences de Strasbourg (1839). Promu ingénieur en chef en 1855, il fut nommé professeur de minéralogie à l'École des mines en 1862 ; en même temps, il professait la géologie au Muséum. Il était entré en 1861 à l'Académie des Sciences. Inspecteur général des mines en 1872, il prit sa retraite en 1884. Il a laissé de nombreux travaux dans les *Annales des mines* et les *Comptes rendus de l'Académie des Sciences*. Ses principales études sont consacrées au *Métamorphisme*, au *Striage des roches*, à la *Chaleur intérieure du globe*, aux *Eaux souterraines*, aux *Tremblements de terre*, etc.

DAUDET (Alphonse), écrivain, né à Nîmes en 1840, mort en 1897, fut d'abord, après de brillantes études au lycée de Lyon, maître répétiteur au collège d'Alais. Il vint se fixer à Paris en 1857, et se fit bientôt connaître par de petits poèmes pleins de talent et d'esprit (*les Amoureuses*, 1858 ; *la Double Conversion*, 1861). Il écrivit pour le *Figaro* des articles qui furent réunis en 1861 sous le titre de *Chaperon rouge*. Il fut attaché au cabinet du duc de Morny jusqu'en 1865. Dès ses débuts dans les lettres, Daudet aborda le théâtre, avec *la Dernière Idole* en collaboration avec M. E. Lépine, Odéon, 1862) ; *les Absents* (livret pour l'Opéra-Comique, partition de M. Poise, 1865) ; *l'Œillet blanc* (Comédie-Française, 1864). Dans le même temps, il collaborait au *Petit Moniteur*, publiait dans l'*Événement, en 1866, sous le nom de Jehan de l'Isle, des *Lettres sur Paris*. De la même époque datent les *Lettres de mon moulin*, sous la signature de Gaston-Marie, et, en 1868, *le Petit Chose*, autobiographie, qui eut le plus grand succès. En 1869, il donna aux Variétés *Sacrifice*, dont le succès fut médiocre. Après les événements de 1870, il publia les *Lettres à un absent*, 1871 ; puis les *Aventures prodigieuses de Tartarin de Tarascon*, 1872 ; et les *Petits Robinsons des caves*. Il écrivit pour le théâtre *Lise Tavernier*, drame en 5 actes, 1872 ; *l'Arlésienne*, 1872 ; *Fromont jeune et Risler aîné*, drame tiré de son roman avec M. Belot, 1876 ; *la Char*, opéra-comique, 1877. Depuis, il a tiré des ouvrages dramatiques de la plupart de ses romans, tout en y ajoutant quelques sujets nouveaux. Ainsi furent représentés : *le Nabab*, 1880 ; *Jack*, 1881 ; *les Rois en exil*, en collaboration avec M. P. Delair, 1883 ; *Sapho*, avec M. Belot, 1885 ; *Numa Roumestan*, 1887 ; *Tartarin sur les Alpes*, avec MM. de Courcy et Bocage, 1888 ; *la Lutte pour la Vie*, 1889 ; *l'Obstacle*, 1890. — *Les Contes du lundi*, *les Contes et Récits*, devinrent rapidement populaires. Mais Daudet fut surtout un romancier. Ses romans, où se trouvaient de fréquentes allusions, souvent mordantes, à des personnages contemporains, éveillaient toujours l'intérêt, ou même suscitaient de vives polémiques. On ajoutera à ceux qui ont été transportés au théâtre, et dont on a cité plus haut les titres : *l'Évangéliste*, 1884 ; *les Femmes d'artistes*, 1885 ; *la Belle Nivernaise*, 1886 ; *l'Immortel*, 1888, critique acerbe dirigée contre l'Académie. Ses dernières œuvres ont été : *Trente ans de Paris* ; *A travers ma vie et mes livres*, 1888 ; *Souvenirs d'un homme de lettres*, 1888 ; *Port-Tarascon*, 1890 ; *Soutien de famille*, publié par *l'Illustration*, peu de temps avant la mort de Daudet, et *la Doulou*, dont il préparait les premiers feuillets quand la mort l'a frappé. Daudet se refusa toujours à poser sa candidature à l'Académie Française.

DAVIEL (Jacques), chirurgien, né à la Barre (Eure) en 1693, mort en 1762, étudia la chirurgie à Rouen et à Paris. Venu en 1720 à Marseille pour soigner les pestiférés, il fut, en raison de son dévouement, agrégé au corps des chirurgiens de cette ville, et y demeura 25 ans. Il étudia spécialement les maladies des yeux, et, renonçant aux anciens procédés, il opéra, pour la première fois, le 8 avril 1745, l'extraction du cristallin, découverte qu'il communiqua en 1752 à l'Académie de chirurgie de Paris. Sa réputation était devenue européenne ; Daviel fut fréquemment appelé à l'étranger, en Portugal, en Italie, en Espagne, où Ferdinand VI essaya vainement de le retenir, à Liège, à Cologne, à Munich, auprès du prince Clément de Bavière. Il voulut demeurer en France, visitant les provinces, et montrant un désintéressement aussi grand que son savoir. Un monument a été érigé à sa mémoire sur une des places de Bernay (Eure).

DAVIS (Jefferson), homme d'État américain, né dans le Kentucky en 1808, mort à la Nouvelle-Orléans en 1889, entra en 1824 à l'école militaire de West-Point. Il quitta l'armée en 1835, et se fixa dans l'État de Mississipi, qui l'élut député en 1845 ; il siégea parmi les démocrates, partisans du maintien de l'esclavage, et hostiles, en principe, aux États du Nord, où dominaient les républicains. Il prit part à la guerre du Mexique (1846-47) comme colonel de volontaires. Sénateur en 1848, il devint secrétaire de la guerre en 1853, sous la présidence de Pierce, et il conserva ses fonctions jusqu'en 1857. En 1860, il fut élu président par le Congrès des États confédérés réuni à Montgomery (Voy. *sécession* dans le supplément). Il prit possession de ces fonctions le 18 février 1861, organisa la lutte contre les fédérés du Nord, donna le signal de la guerre en assiégeant le fort Sumter (12 avril), et transporta le siège du gouvernement confédéré à Richmond. Secondé par les généraux Sudistes Lee, Beauregard, etc., il lutta énergiquement contre les Nordistes, prit une part décisive à la bataille de Bull's-Run, où il fut vainqueur (21 juillet). Il envoya en Europe des représentants, MM. Mason et Slidell, pour soutenir la cause du Sud auprès des gouvernements français et anglais, appela dans l'armée active tous les hommes de 18 à 35 ans, et résista à tous les efforts des Nordistes, jusqu'au moment où la victoire de Fair-Oaks (31 mai 1862) assura les avantages des Sudistes. Il appela alors à la conscription les hommes de 35 à 45 ans, ordonna de nouvelles émissions de bons

du Trésor, et publia un décret qui punissait de mort les anciens esclaves enrégimentés par les fédérés du Nord. Malgré tous ses efforts, Davis ne put pas empêcher la victoire définitive des Nordistes, qui s'emparèrent de Richmond (5 avril 1865). Il se réfugia alors à Yorktown (Caroline du Sud) ; mais les fédérés, prétendant qu'il avait été le promoteur de l'assassinat du président Lincoln (Voy. ce nom dans le dictionnaire), promirent 180 000 dollars pour sa capture. Arrêté près de Mâcon (mai 1865), il fut emprisonné au fort Monroë. Pendant trois ans, le Congrès américain discuta la nature du tribunal qui serait chargé de juger Davis. Il fut mis en liberté, sans avoir été jugé, au mois de mai 1867 ; les poursuites furent définitivement abandonnées en janvier 1869. Dans les dernières années de sa vie, l'ancien président dirigea une compagnie d'assurances sur la vie à Memphis.

DAVOUT (Léopold-Charles, duc d'Auerstœdt), général français, né à Escolives (Yonne) en 1829, mort en 1904, petit-neveu du célèbre maréchal, fut élève de l'École militaire de Saint-Cyr. En 1860, commandant de chasseurs à pied, il reçut de Napoléon III le titre de duc d'Auerstædt, qu'avaient porté le maréchal Davout et son fils, mort en 1853. Pendant la guerre de 1870, colonel du 95e régiment de ligne, il se distingua à Rezonville, à Saint-Privat et à Noisseville (blocus de Metz). Il prit une part active à la lutte contre la Commune, en 1871. Général de division en 1877, il fut chef d'état-major général sous le ministre Gresley. Il commanda successivement le 10e corps (1880), le 19e (1884), le 14e (1885), fut membre du Conseil supérieur de la guerre et inspecteur de l'armée. Il prit sa retraite en 1894, et fut nommé, l'année suivante, grand chancelier de la Légion d'honneur (1895-1901). Il fut chargé de représenter la France au jubilé de la reine Victoria (1897).

DAWSON CITY, ville du Dominion (Klondike, territoire du Yukon) s'élève près du confluent du Klondike (Voy. ce mot au supplément) et du Yukon. Elle date de 1896, époque de la découverte de l'or dans ces régions ; elle comptait en 1907 une population permanente d'environ 10 000 habitants.

DÉCOURCELLE (Adrien), auteur dramatique, né à Paris en 1822, mort en 1892, débuta, en 1845, au Théâtre-Français, par une petite comédie en vers : *Une soirée à la Bastille*. Il a écrit un grand nombre de pièces, la plupart en collaboration. Les plus connues sont : *Un monsieur qui suit les femmes*, avec Th. Barrière ; *Jenny l'ouvrière*, avec J. Barbier ; *Je dîne chez ma mère*, avec Lambert Thiboust ; *la Joie de la maison*, avec Marc Fournier, etc.

DEHAISNES (Auguste), prélat de la maison du pape, archéologue, né à Estaires en 1825, mort en 1897, professeur au collège St-Jean de Douai, fut archiviste de cette ville, puis du département du Nord (1871-1882). Il fut ensuite vice-recteur de l'Université catholique de Lille. Il est connu surtout par deux grands ouvrages sur *les Documents et extraits divers concernant l'histoire de l'Art dans la Flandre, l'Artois et le Hainaut avant le xve siècle*, et *l'Histoire de l'Art dans la Flandre, l'Artois et le Hainaut avant le xve siècle*, (Lille, 1886). Dans le même ordre de recherches, il publia deux études sur un vieux peintre flamand, *Jean Bellegambe* (Lille, 1890), et sur *Simon Marmion* (Lille, 1892). On lui doit encore le *Nord artistique et monumental* (1897), et un grand nombre de travaux sur divers sujets historiques, comme les *Fêtes et Marches historiques en Belgique et dans le nord de la France*, 1893.

DEHÉRAIN (Pierre), agronome, né à Paris en 1830, mort en 1902, se fit connaître par une thèse sur l'*Emploi agricole des phosphates* (1859) ; il enseigna la chimie agricole à l'École d'agriculture de Grignon, puis la physiologie végétale au Muséum. On lui doit d'importants travaux sur la culture du blé, de la betterave, sur la terre arable, sur les engrais, sur les irrigations, sur la *Nutrition de la Plante* (1885). Il a laissé, outre son dernier ouvrage, un *Cours de Chimie agricole* et de nombreuses études publiées dans les *Annales agronomiques*, qu'il avait fondées en 1875. Il fut élu membre de l'Académie des Sciences en 1887.

DELABORDE (Henri, comte), peintre et écrivain, né à Rennes en 1812, mort en 1899, fut élève de P. Delaroche. Il a peint un certain nombre de paysages et de tableaux d'histoire, et a écrit de nombreux articles de critique dans diverses revues. Il a laissé des ouvrages sur H. Flandrin, sur Ingres, etc., *le Cabinet des estampes de la Bibliothèque Nationale* ; une histoire de *la Gravure* ; de *l'Académie* *des Beaux-Arts*. 1891. Il fut admis dans cette Académie en 1868, et en devint, en 1874, le secrétaire perpétuel. M. G. Larroumet a lu à l'Institut, en 1900, une *Notice* sur la vie et les œuvres du comte H. Delaborde.

DELAUNAY (Élie), peintre, né à Nantes en 1828, mort en 1891, élève de Flandrin, a laissé un grand nombre d'œuvres excellentes : la *Leçon de flûte*, le *Serment de Brutus*, la *Communion des Apôtres*, la *Peste à Rome, Diane, Ixion aux enfers*, le *Centaure Nessus, David vainqueur*, etc. Il a peint : à la Trinité, l'*Assomption de la Vierge* ; à Saint-François-Xavier, les *Prophètes* ; à la Visitation de Nantes, l'histoire de *Sainte Jeanne-Françoise de Chantal* ; à l'Opéra, le *Parnasse* ; au Palais-Royal, les allégories de la *Puissance publique*. Il avait commencé au Panthéon trois panneaux conservés à sainte Geneviève. Comme portraitiste, Delaunay a pris rang parmi les meilleurs artistes de son temps.

DELOCHE (Maximin), archéologue, né à Tulle en 1817, mort en 1900, remplit des fonctions administratives en Algérie et en France, tout en se livrant à des travaux d'érudition qui le firent admettre à l'Institut en 1874. On citera, parmi ses ouvrages : *El. Baluze, sa vie et ses œuvres; Cartulaire de l'abbaye de Beaulieu; de la Forêt royale de Ligurium; du Principe des nationalités; Études sur la géographie historique de la Gaule; la Trustis et l'Antrustion royal; Monnaies mérovingiennes trouvées en Limousin; Étude sur quelques cachets et anneaux de l'époque mérovingienne; Études de numismatique mérovingienne; Saint-Rémy de Provence au moyen âge; Pagi et vicairies du Limousin*, etc.

DE QUINCEY (Thomas), écrivain anglais, né à Manchester en 1785, mort en 1859, était fils d'un négociant. A Oxford, il se lia avec Coleridge, Wordsworth et Southey, et alla, en 1808, habiter auprès d'eux dans le district des lacs. Il ne les quitta qu'en 1843, pour s'établir près d'Édimbourg, où l'attirait l'amitié de John Wilson. Il écrivit dans le *London Magazine* les *Confessions d'un mangeur d'opium* (lui-même s'était adonné à l'opium à Oxford) ; il a publié plus tard, dans le *Blackwood Magazine*, des essais sur Shakespeare, Milton, Gœthe, etc. *Œuvres compl.*, 15 vol. — Cf. Masson, *De Quincey* (English men of Letters).

DENNERY ou d'ENNERY (Adolphe PHILIPPE, dit), auteur dramatique, né à Paris en 1811, mort en 1899, fut d'abord clerc de notaire, essaya de la peinture et du journalisme, puis débuta au théâtre, en 1831, avec Charles Desnoyer, par *Émile*, ou le *Fils d'un pair de France*. Plusieurs succès populaires, qui suivirent, à peu de distance, ce modeste début, lui ouvrirent l'accès de toutes les scènes du boulevard et, bientôt, sa fécondité comme dramaturge n'eut plus de bornes. Parmi les centaines de pièces, comédies, vaudevilles et drames, qu'il a produites, seul ou en collaboration, sous les noms et prénoms d'*Adolphe*, de *Philippe*, d'*Eugène*, et surtout sous celui d'*A. Dennery*, la plupart sont aujourd'hui bien oubliées. On citera parmi les plus connues : *la Case de l'oncle Tom*, 1853 ; *les Oiseaux de proie*, 1854 ; *la Dame de Saint-Tropez*, les *Sept péchés capitaux* (avec M. Aniset Bourgeois) ; *Don César de Bazan* (avec M. Dumanoir) ; *la Grâce de Dieu* (avec M. G. Lemoine) ; *Halifax* (avec M. A. Dumas), 1842 ; *les Bohémiens de Paris*, 1843 ; *les Sept Merveilles du monde* (avec M. Grangé, 1853 ; *Gastibelza ou le Fou de Tolède*, drame fantastique, 1847 ; *les Mystères du vieux Paris* (avec M. Dugué), 1865 ; *Rothomago* (avec M. Clairville), 1862 ; *Aladin la lampe merveilleuse* (avec M. Crémieux), 1863 ; *le Tour du Monde en quatre-vingts jours*, 1871 ; *Michel Strogoff*, 1880. Il a écrit en collaboration avec M. Jules Verne : *les Deux Orphelines*, 1875, drame qui obtint un très grand succès. Il a laissé aussi un certain nombre de livrets d'opéra : le *Premier jour de bonheur* (musique d'Auber, 1868) ; *Si j'étais roi*, 1852 ; le *Tribut de Zamora* (musique de Gounod, 1881) ; le *Cid* (musique de M. Massenet, 1885), etc.

DÉON DE BEAUMONT (Charles, chevalier), né à Tonnerre en 1728, mort d'un receveur des domaines du roi. Il se fit connaître à Paris comme escrimeur et aussi comme écrivain ; il publia en 1753 deux ouvrages d'histoire et d'économie politique. Il entra alors dans la diplomatie secrète de Louis XV. En 1755, il fut chargé, avec le chevalier Douglas, d'une mission auprès de l'impératrice Élisabeth de Russie, que la France voulait détacher de l'alliance anglaise. Il prit des habits de femme pour arriver plus facilement auprès de l'impératrice, qui le choisit comme « lectrice ». Il parvint à détacher l'Angleterre la souveraine, qui se rapprocha de la France et de l'Autriche (1756). Il revint en Russie en 1758 et en 1760, mais sous des habits d'homme. Nommé capitaine de dragons en récompense de son succès à Saint-Pétersbourg, il servit avec distinction sous les ordres du lieutenant général de Broglie pendant la guerre de Sept Ans. En 1762, il accompagna à Douvres le duc de Nivernais qui allait négocier la paix. Il fut nommé ministre plénipotentiaire et chargé d'affaires auprès du gouvernement britannique, en attendant l'arrivée de l'ambassadeur, M. de Guerchy. Entraîné par sa vanité, il voulut mener le train d'un grand seigneur et dépensa pour son compte les sommes allouées à l'ambassade pour frais de représentation. Désavoué par Guerchy, il tomba en disgrâce et se vengea en lançant dans les journaux anglais des accusations sans fondement contre Guerchy, qui dut se retirer. Possesseur de papiers secrets qu'il menaçait de divulguer, Déon obtint de Louis XV une pension de 12 000 livres et l'autorisation de rester à Londres avec une mission de confiance : il devait surveiller les auteurs de pamphlets lancés contre le roi, et, au besoin, négocier avec eux. Pour cette besogne, on lui adjoignit pendant quelque temps Beaumarchais. Après la mort de Louis XV (1774), le service de la diplomatie secrète fut supprimé, et Déon, qui était encore à Londres, dut restituer ses papiers moyennant une indemnité qui fut négociée par Beaumarchais. C'est alors qu'il eut l'idée, pour occuper de sa personne l'opinion publique, de se faire passer pour une femme. Beaumarchais le crut un certain air de le croire ; l'opinion suivit, et Déon fut autorisé à rentrer en France à la condition qu'il ne quitterait plus le costume féminin (1777). Malgré l'invraisemblance de cette aventure, « la chevalière » obtint le plus grand succès dans les salons parisiens et à la cour. Mais, fatigué de cette comédie, Déon reprit un jour son costume de dragon. Il fut exilé dans ses terres à Tonnerre. Au début de la Révolution, il était revenu en Angleterre ; bien qu'il se fût rallié aux idées nouvelles et qu'il eût refusé de rejoindre les émigrés à Coblentz, sa pension fut supprimée, et il fut inscrit sur la liste des émigrés. Réduit à la misère, il donna des leçons d'escrime et publia des Mémoires et quelques ouvrages. Il mourut à Londres en 1810. Ses œuvres. *Loisirs du Chevalier d'Éon* (1775). *Vie politique et privée de Mlle d'Éon* (1779), etc., obtinrent un succès de curiosité. — Cf. de Broglie, le *Secret du Roi*, les biographies rédigées par Gaillardet, Fromageot, etc. *Un Aventurier au XVIIIe siècle* : le *Chevalier d'Éon*, par O. Homberg et F. Jousselin (1904), publication faite d'après des documents découverts récemment.

DERBY (Édouard Henry STANLEY, comte de), fils d'Édouard Stanley (*Voy.* DERBY), né en 1826, mort en 1893, fut, sous les différents ministères de son père, sous-secrétaire aux affaires étrangères (1851), secrétaire d'État pour les Indes (1858), ministre des affaires étrangères (1866). Membre de la Chambre des Lords en 1869, il se signala par ses idées libre-échangistes et par la mesure de ses opinions conservatrices. Ministre des affaires étrangères en 1874, dans le cabinet Disraeli, il se prononça contre la politique de celui-ci, bruyante et agressive, surtout à l'égard de la Russie. Il donna sa démission en 1878, au sujet de l'envoi des troupes indiennes à Malte. Il se sépara désormais des conservateurs, dont il paraissait devoir être le chef, prononçant ainsi à de hautes destinées. Il fut secrétaire d'État pour les colonies dans le cabinet Gladstone (1882) ; mais, en 1886, il refusa de s'associer aux projets de *home rule* formés par son chef, fonda avec le marquis de Hartington (*Voy.* CAVENDISH dans le SUPPLÉMENT), le parti libéral-unioniste, et vécut dès lors dans une demi-retraite. Recteur des Universités de Glasgow (1869 et d'Édimbourg (1874), il fut chancelier de celle de Londres (1891). — Cf. Kebbel, *Life of the Earl of Derby*, Lond. 1890.

DERENBOURG (Joseph), savant français, né à Mayence en 1811, mort en 1894. Son père, hébraïsant distingué, l'initia de bonne heure à ses études, et lui fit suivre le cours de l'école talmudique et du Gymnase de Mayence. Après avoir fréquenté les Universités de Giessen et de Bonn, il reçut docteur en philosophie à la première de ces universités (1834). Il vint en 1838 à Paris, et suivit les leçons de Quatremère, Reinaud et Cousin de Perceval. Attaché en 1852, en qualité de correcteur, à l'Imprimerie nationale, il devint en 1856 correcteur spécial des textes orientaux. En 1871, il fut élu membre de l'Académie des Inscriptions et Belles-lettres, en remplacement de son ancien maître, Caussin de Perceval. Il fut directeur-professeur à l'Ecole des Hautes Etudes. Outre une collaboration très active au *Journal scientifique de la théologie juive* et à la *Revue juive scientifique et pratique*, fondés par Abraham Geiger, on doit à Derenbourg : une édition des *Fables de Lokman* (Berlin, 1846), avec une introduction sur l'origine chrétienne de ces fables : la seconde édition, en collaboration avec M. Reinaud, des *Séances de Hariri* (1847-53, in-8) ; *Essai sur l'histoire de la Palestine*, d'après les talmuds et les autres écrits rabbiniques (1867, in-8) ; *Notes épigraphiques* (1877, in-8) ; *Deux versions hébraïques du livre de Kalilah et Dimnah*, d'après les manuscrits de Paris et d'Oxford (1881, gr. in-8) ; *le Livre des Parterres fleuris*, grammaire hébraïque en arabe d'Abou'l-Walid Merwan ibn Djanah (1886, in-8 : *les Monuments sabéens et himyarites du Louvre*, en collaboration avec son fils (1880, in-4) ; *Johannes de Capua, Directorium vitæ humanæ*, version latine du livre de Kalilah et Dimnah (1889, gr. in-8) ; des articles dans le *Journal asiatique*, la *Revue critique* et le recueil de l'Ecole des Hautes Etudes.

DERENBOURG (Hartwig), fils du précédent, né à Paris en 1844, mort en 1908, enseigna l'arabe à l'Ecole des langues orientales et à l'école des Hautes Etudes. Il a publié, entre autres ouvrages, un *Catalogue des manuscrits arabes de l'Escorial* ; *Chrestomathie élémentaire de l'arabe littéral* ; *la Science des religions et l'islamisme* ; une traduction de l'*Histoire de l'ancien Testament* de Th. Nœldeke, en collaboration avec M. J. Soury), etc. Il a été aussi un des principaux collaborateurs du *Corpus Inscriptionum Semiticarum*.

DESCHANEL (Emile), professeur et écrivain, né à Paris en 1819, mort en 1904, fut élève de l'Ecole normale supérieure (1839). Il y enseignait la littérature grecque, quand il fut destitué (1850) pour avoir manifesté des tendances hostiles au catholicisme, dans la revue *La liberté de penser*. Il combattit la politique du prince Napoléon et fut exilé après le Coup d'Etat de décembre 1851 ; il se fixa à Bruxelles, où il donna des conférences. Il rentra en France après l'amnistie de 1859, organisa des conférences littéraires et fit partie de la rédaction du *Journal des Débats*. Il fut élu député de Saint-Denis en 1876, puis devint sénateur inamovible (1881). Il fut nommé, la même année, professeur de littérature française au Collège de France en remplacement de Paul Albert. On peut citer parmi ses ouvrages un *Essai de critique naturelle* (1864) ; des *Etudes sur Aristophane* et sur le *Romantisme des classiques*.

DESFRICHES (Aignan-Thomas), peintre, né à Orléans en 1715, mort en 1800, fut élève de Natoire, ce qui ne l'empêcha pas de gérer une maison d'épicerie dans sa ville natale. Il composa d'agréables paysages, des vues d'Orléans et des bords de la Loire. Ses œuvres sont pleines de simplicité et de charme. Il fut aussi un amateur éclairé et réunit un grand nombre d'œuvres de maîtres hollandais et français. Il fut lié avec Chardin, Cochin, Perronneau, Vernet, etc., et échangea avec ses amis une intéressante correspondance. Le Musée d'Orléans conserve un assez grand nombre de ses tableaux et dessins. — Biographie et correspondance publiées par P. Ratouis de Limay, 1907.

DESJARDINS (Arthur), jurisconsulte, né à Beauvais en 1835, mort en 1901, fit partie de la magistrature, et devint avocat général à la Cour de cassation en 1875. Il a laissé des travaux considérables, parmi lesquels on citera : *De l'aliénation et de la prescription des biens de l'Etat, des communes et des établissements publics*, 1862 ; *la Nouvelle législation de la presse*, 1867 ; *les Etats généraux, leur influence*, 1871 ; *Traité de droit commercial maritime*, 1878-1890 ; etc. Il fut élu membre de l'Académie des Sciences morales en 1882.

DEUS (João de). *Foy.* DANOS.

DEVARENNE (Ulysse-Auguste), vice-amiral, né à Besançon en 1830, mort en 1892, élève de l'Ecole navale, aspirant en 1848, prit part au bombardement de Sébastopol, à la campagne de la mer Noire et à l'expédition de la mer d'Azov (1854-1855). Lieutenant de vaisseau en 1857, il reçut le commandement du *Chaptal*, se rendit au Mexique, où l'amiral Jurien de la Gravière le fit débarquer avec un détachement de marins pour se rendre par Cordoba à Tehuacan. Malgré de grands périls, Deva-

renne s'acquitta de cette mission, devint aide de camp de l'amiral, et fut envoyé en France pour expliquer au gouvernement l'attitude de Jurien de la Gravière au sujet de la convention de Soledad. Revenu au Mexique, il rentra bientôt en France avec son chef, puis l'accompagna de nouveau au Mexique, quand celui-ci fut chargé du commandement des forces navales ; il se distingua à la prise de Tampico (1865), fut envoyé en mission, la même année, à Haïti, puis au Venezuela, où il fut nommé capitaine de frégate (1866). En 1870, il servait sur la *Bellone*, de la division des côtes occidentales d'Afrique. Capitaine de vaisseau en 1875, membre adjoint du Conseil d'amirauté, il fut promu contre-amiral en 1883 et vice-amiral en 1890.

DIAKOVO (en Hongrois *Diakovar*), petite localité située en Slavonie (Hongrie), peuplée d'environ 4 000 habitants. Malgré son exiguïté, Diakovo est le chef-lieu d'un diocèse qui comprend, avec une partie de la Croatie, la Bosnie et une partie de la Serbie. (*Voy.* SINOSSMAYER dans le SUPPLÉMENT.)

DIDON (R.-P. Henri), prédicateur, né au Touvet (Isère) en 1840, mort en 1900, entra en 1862 au noviciat des Dominicains et, pendant plusieurs années, se prépara à l'apostolat de la parole, Il compléta ses études théologiques au couvent de la Minerve à Rome, rentra en France en 1868, et acquit bientôt, comme prédicateur, la plus grande réputation. On l'entendit à Nancy, à Marseille et surtout à Paris. Il interrompit ses prédications en 1870 pour suivre les armées en qualité d'aumônier, Puis il reprit son œuvre de prédication qu'il continua jusqu'en 1880. Aucune question, politique ou sociale, ne le laissait indifférent. C'est ainsi qu'il fit à la Trinité des conférences sur le divorce, qui produisirent une vive impression sur le public. Brusquement, après un Carême prêché à Saint-Philippe-du-Roule à Paris, il se retira au couvent de Corbara, où il passa quelque temps dans une retraite qui lui avait été imposée. Très versé dans les questions scolaires, il suivit pendant quelque temps les cours des universités de Leipzig et de Berlin. Il dirigea, de 1890 à 1900, le collège Albert-le-Grand à Arcueil, fondé à l'école Lacordaire, et se mêla avec une haute compétence à la plupart des discussions pédagogiques de son temps. On citera, parmi ses discours imprimés : *Qu'est-ce qu'un moine?* 1868 ; *Eloge funèbre de Mgr Darboy*, 1871 ; *Discours sur la confession*, 1872 ; *Discours sur le patriotisme*, 1872 ; *l'Homme selon la science et la foi*, 1875 ; *la Science sans Dieu*, 1878 ; *Indissolubilité et Divorce*, 1880. etc. Il a écrit aussi des ouvrages : *l'Enseignement supérieur et les universités catholiques*, 1875 ; *les Allemands*, 1884 ; *la Vie de Jésus*, 1890, etc. Dans sa correspondance, on a publié : *Lettres à Mlle Th. V...*, Paris, 1901. — La biographie du P. Didon a été publiée par M. A. de Coulanges, 1901.

DJIBOUTI, ville maritime de l'Afrique orientale, par 11°34' lat. N. et 40°47' long. E., est le ch.-l. des possessions] françaises d'Obok-Djibouti et du protectorat de la côte des Somalis. — Bon port, qui a remplacé Obok. Population, env. 2000 habitants, Arabes et Somalis. Une voie ferrée doit relier Djibouti, qui est un des principaux débouchés de l'Abyssinie, au Harrar et à Adis-Ababa, capitale de l'empereur Menelik.

DOLGOROUKOV (Vladimir-Andréiévitch, prince, né à Moscou en 1810, mort à Paris en 1891, descendait d'une famille issue de Rurik. Un de ses ancêtres sauva la vie à Pierre le Grand ; un autre prit une grande part à la conquête de la Crimée. Lui-même se distingua au Caucase. Il fut, sous Nicolas Ier, grand maître des subsistances ; sous Alexandre II, membre du Conseil de la guerre (1856), et, la même année, gouverneur de Moscou. Il donna, dans ces fonctions, l'exemple de la tolérance religieuse, s'attacha aux réformes scolaires, au développement des sociétés scientifiques, artistiques et littéraires, au perfectionnement de l'assistance publique. Il était, en outre, membre du Conseil de l'Empire et aide de camp de l'empereur.

DONDOUKOV-KORSAKOV prince Alexandre Mikhaïlovitch), général russe, né en 1820, mort en 1893, acheva ses études à l'Université de Saint-Pétersbourg, servit dans la garde impériale, devint ataman des Cosaques du Don (1857 gouverneur général de Kiev (1869), prit part à la guerre russo-turque de 1877, et, avec le titre de commissaire impérial, devint gouverneur de la Bulgarie, qu'il dota d'une constitution. Il fut plus tard gouverneur général de Kharkov et d'Odessa, et exerça les mêmes fonctions au Caucase (1882-1890). Très instruit et libéral, il protégea les savants et les sociétés scientifiques.

DOMINION DU CANADA. — Des provinces nouvelles ont été formées dans les territoires de l'Ouest (Voy. Alberta, Manitoba, Saskatchewan, dans le supplément). D'après les plus récentes statistiques, la superficie du Dominion est de 9.584.600 kilomètres carrés ; la population de 5.685.396 habitants, dont 1.645.371 d'origine française.

DOUCET (Camille), écrivain, né à Paris en 1812, mort en 1895, fut d'abord clerc de notaire, puis entra, en 1857, dans l'administration de la liste civile. Il débuta comme auteur dramatique en 1858 par un vaudeville en collaboration avec Bayard, Léonce ou Propos de jeune homme. Dès lors il donna à l'Odéon un certain nombre de pièces en vers : un Jeune homme, 1841 ; l'Avocat de sa cause, 1842 ; le Baron Lafleur ou les Derniers Valets, 1842 ; le Dernier banquet de 1817 ; les Ennemis de la maison, 1850. Il fit jouer au Théâtre-Français : la Chasse aux trépons, 1846 ; le Fruit défendu, 1857 ; la Considération, 1860. Ces œuvres ne se distinguent ni par la vigueur de la pensée, ni par l'originalité de la forme. — Comblé de faveurs par l'Empire, M. Doucet fut nommé en 1855 chef de la division des théâtres au ministère d'État, et, en 1863, directeur de l'Administration des théâtres. Il fut élu en 1865 à l'Académie française, en remplacement d'A. de Vigny, et devint secrétaire perpétuel en 1876, en remplacement de M. Patin.

DOUCHAN (Étienne), roi de Serbie, né à Scutari d'Albanie en 1308, était fils d'Étienne Detchansky, prince serbe. Il passa une partie de sa jeunesse à Constantinople. Revenu en Serbie en 1322, quand son père devint roi, il fit ses premières armes contre les Bulgares, qu'il battit à Kustendil (1330). Menacé de se voir exclu de la couronne au profit d'un de ses frères, Douchan se révolta contre son père (1331), et, après la mort de ce prince, qui périt assassiné la même année, il prit le titre de roi. Il lutta contre tous ses voisins, Grecs, Bulgares, Hongrois, rois angevins de Naples (1336). Il conquit une grande partie de l'Albanie (1340) et la Macédoine (1345). Après ces belles victoires, il s'intitula « empereur des Serbes, Grecs, Bulgares et Albanais ». Maître de la Thessalie, qu'il avait enlevée aux Grecs, il assiégea vainement Salonique (1340) et menaça même Constantinople. Il aurait voulu former un grand royaume de Serbie. Il mourut en Albanie, pendant une expédition contre les bandes turques qui menaçaient ce pays (1355). En 1349, il avait donné aux Serbes un code de lois. Ses successeurs renoncèrent à sa politique de conquêtes.

DU BARAIL (François-Charles), général français, né à Versailles en 1820, mort en 1902, s'engagea dans les spahis en 1839 et fut nommé colonel en 1857. Il prit une part brillante aux campagnes d'Afrique et du Mexique. Général de division en 1870, il se distingua pendant la guerre franco-allemande, notamment à la bataille de Rezonville. Pendant la répression de la Commune (1871), il commanda le 3e corps d'armée. Il fut ministre de la guerre de 1873 au 24 mai 1874, dans le premier cabinet formé par le maréchal de Mac-Mahon. Il prépara en partie cette loi sur l'organisation générale de l'armée, sur les emplois réservés aux anciens sous-officiers, sur la création de quarante nouveaux régiments, sur la formation des corps d'armée, etc. Il fut nommé ensuite au commandement du 9e corps, à Tours. Il a laissé des Mémoires qui ont été publiés.

DUBOIS (Paul), statuaire, né à Nogent-sur-Seine, en 1829, mort en 1905, fut élève d'A. Toussaint. Il voyagea en Italie de 1859 à 1862, et s'inspira des maîtres de la Renaissance. Il exposa au Salon de 1863 un Saint Jean-Baptiste, et un Narcisse, qui obtinrent un grand succès, en même temps que le Pêcheur napolitain, de Carpeaux et le Vainqueur du combat de coqs de Falguière. En 1865, il exposa le Chanteur florentin, qui a été popularisé par de nombreuses reproductions. Il donna ensuite la Vierge et l'Enfant-Jésus (1867) ; Ève naissante (1873) ; le Tombeau de La Moricière (1878), destiné à la cathédrale de Nantes, admirable monument de la statuaire moderne, qui comprend, outre la statue couchée du général, quatre figures allégoriques, le Courage militaire, la Charité, la Foi et la Méditation ; le Connétable Anne de Montmorency (Chantilly) ; la statue équestre de Jeanne d'Arc (Reims : celle du duc d'Aumale ; un groupe célèbre représentant l'Alsace-Lorraine, etc. Il composa aussi, avec une grande force d'expression, les bustes de Henner, de P. Baudry,

de Pasteur, de Cabanel, de Bonnat, de Saint-Saëns, Legouvé, etc. Il exposa en divers Salons des dessins inspirés souvent par les peintres italiens de la Renaissance : Portrait de Femme, Adam et Ève, la Madeleine, etc., ainsi que des portraits, parmi lesquels le plus remarquable fut celui de ses fils (1876). — P. Dubois fut conservateur du Musée du Luxembourg (1873-1878), membre de l'Institut (1876) et directeur de l'École des Beaux-Arts.

DU BOIS-REYMOND (Émile), physiologiste allemand, né à Berlin, en 1818, dans une famille originaire de Neuchâtel, mort en 1896 fut l'élève de Jean Müller pour l'anatomie et la physiologie, et lui succéda en 1868 à l'université de Berlin. Il est connu par ses Recherches sur l'électricité animale, 1848-1860 ; Description de quelques appareils et de quelques expériences dans les recherches électro-physiologiques ; les Idées de Leibniz et les sciences naturelles modernes ; les Limites de la connaissance de la Nature ; Recueils d'essais sur la physique générale des muscles et des nerfs ; Civilisation et science de la nature, etc. Il a laissé, en outre, de nombreux mémoires et des discours dans lesquels il s'est plu à étaler des sentiments de haine contre la France.

DUCHARTRE (Pierre), botaniste, né à Porteranges (Hérault) en 1811, mort en 1894, débuta comme docteur ès sciences à la Faculté des Sciences de Paris (1840), et fut nommé professeur titulaire (1866), en même temps qu'il entrait à l'Académie des Sciences. Il a laissé de nombreux mémoires originaux : Morphologie de la fleur et du fruit : Physiologie des racines ; Anatomie et organogénie de la Clandestine ; et des Éléments de botanique.

DUCLAUX (Émile), chimiste, né à Aurillac en 1840, mort en 1904, fut d'abord clerc dans l'étude de son père, avoué dans cette ville. Mais poussé vers les sciences par une passion irrésistible, il reprit ses études et entra en 1859 à l'École normale supérieure, où il fut élève, puis préparateur de Pasteur. Il enseigna ensuite la chimie au lycée de Tours, puis dans les facultés de Clermont et de Lyon. En 1874, il fut nommé professeur de météorologie à l'Institut agronomique. Mais il n'interrompit jamais ses travaux chimiques, qui portaient principalement sur les fermentations alcooliques, les diastases, le lait, etc. Il contribua à la fondation de la chimie microbienne, après son maître, Pasteur, dont il vulgarisa les doctrines. En 1886, il fut nommé professeur de chimie biologique à la Sorbonne, puis directeur de l'Institut Pasteur. Il créa plus tard, grâce à des libéralités privées, l'Institut de chimie biologique. En 1889, il fonda les Annales de l'Institut Pasteur, dans lesquelles il publia de remarquables séries d'articles. En 1888, il fut élu membre de l'Académie des Sciences, en remplacement de M. Hervé-Mangon. Il appartient aussi à l'Académie de médecine. On peut citer parmi ses principaux ouvrages : Ferments et Maladies (1882), dans lequel il célèbre en termes émus la lutte entreprise avec tant de succès contre les maladies épidémiques, et expose l'évolution de la Microbiologie, science éminemment française ; Chimie biologique (1883 : le Microbe et la maladie (1886) ; Pasteur, histoire d'un esprit, biographie admirable de l'illustre savant ; Traité de Microbiologie, dans lequel il a exposé le rôle des ferments (quatre volumes sur sept furent publiés : l'Hygiène sociale (1902), conférences faites à l'École des hautes études sociales pour vulgariser au profit de l'intérêt général les découvertes de la science ; l'Alcool et ses droits naturels (1904), etc. — Duclaux a, par ses travaux, rendu les plus grands services aux industries de la fermentation. Par la hauteur de son enseignement et la valeur de ses découvertes, il fut un des maîtres les plus illustres de la chimie et de la bactériologie.

DUFFERIN (Frédéric Temple-Hamilton-Blackwood), 1er comte, 1er marquis de Dufferin et Ava, pair d'Angleterre, né en juin 1826, à Florence, mort en 1902, était d'origine irlandaise. Après avoir fait ses études à l'Université d'Oxford, il succéda à son père dans ses titres, le 21 juillet 1841, reçut en 1849 la charge de chambellan de la reine, qu'il résigna lors du passage des idées au pouvoir (1852) et la reprit de 1854 à 1858. Quatre ans plus tôt, il avait été pourvu d'une pairie héréditaire sous le titre anglais de baron Clandeboye (1850). Attaché à une mission spéciale du comte Russell à Vienne en 1855, il fut envoyé comme commissaire anglais en Syrie lors des massacres de 1860. En 1862, il fut créé chevalier commandeur de l'ordre du Bain. Sous-secrétaire d'État pour l'Inde 1864, puis pour la guerre 1866, il fut nommé chancelier du duché de Lancastre en 1868, puis gouverneur général du Canada en avril 1872, et garda ce poste jusqu'en octobre 1878. Nommé ambassadeur à Saint-Pétersbourg en février 1879, il passa à Constantinople au mois de juin 1881. En septembre 1884, il fut envoyé aux Indes comme vice-roi, et y resta quatre ans. En décembre 1888, il fut nommé ambassadeur à Rome. Dans ces divers postes il soutint avec distinction la politique et les intérêts de l'Angleterre : en Égypte, il réorganisa les divers services au profit de la prépondérance anglaise ; aux Indes, lors de la guerre de Birmanie, il annexa cette province à l'Empire britannique, le 1er janvier 1886. Membre du conseil privé depuis 1868, il reçut le titre de comte de Dufferin en 1871 et de marquis de Dufferin et Ava, en souvenir de l'annexion de la Birmanie. Ambassadeur à Rome, de 1888 à 1891, il fut nommé à Paris, en remplacement de lord Lytton, en janvier 1892 : il conserva ces fonctions jusqu'à la fin de 1896. Il vécut depuis dans la retraite. Il a publié plusieurs ouvrages : Letters from high latitudes, récit d'un voyage fait par lui dans les régions arctiques (trad. en français par F. de Lanage) ; the Honorable Impulsia Gushington, satire sur le grand monde de son temps ; Irish emigration and the tenure of Land in Ireland ; Quatre Ans aux Indes anglaises (Paris, 1890), etc.

DUFRAINE (Charles), statuaire, né en 1827 à Saint-Germain-du-Plain, dans la Bresse, était le fils d'un meunier. Vers l'âge de vingt ans, il vint à Lyon, où il vécut jusqu'à sa mort, en 1900, et il composa toutes ses œuvres. Il fut successivement ouvrier marbrier et praticien, tout en suivant, le soir, les cours de l'École des Beaux-Arts. En 1865, il fut chargé par l'architecte Bosson, qui songeait à rénover l'art religieux, de diriger à Valence une école de statuaires qui se voueraient à la décoration des églises. Mais Dufraine resta peu de temps à Valence et revint à Lyon. Il a orné de remarquables statues un grand nombre d'églises : Saint-Vincent, où l'on remarque une belle statue de la Vierge, Saint-Georges, où les statues de saint Pierre et de saint Jean rappellent des œuvres de la Renaissance italienne, la chapelle de l'Hôtel-Dieu, la basilique de Fourvières, où il a sculpté une grande frise au fronton supérieur de la façade et les quatre statues symboliques de l'Ange, du Lion, du Bœuf et de l'Aigle. Dufraine a sculpté fort peu de statues profanes. Son œuvre, très originale et parfois inégale, est imprégnée de douceur et de piété. Il est un des rares artistes contemporains qui ont travaillé avec foi et talent à la rénovation de l'art religieux. — Cf. Lucien Bégule et Auguste Bleton, L'Œuvre de Ch. Dufraine, statuaire lyonnais.

DUMAS (Alexandre), romancier et auteur dramatique, né à Paris en 1824, mort en 1895, fils du célèbre romancier, publia en 1845 son premier recueil de vers, les Péchés de jeunesse, puis sa première œuvre dramatique, le Bijou de la Reine. Après un voyage en Espagne avec son père, il donna son premier roman, les Aventures de quatre femmes et d'un perroquet, 1846-1847. Sa grande réputation commença avec la Dame aux camélias, 1848, roman bientôt célèbre, que suivirent le Roman d'une femme, 1848 ; Diane de Lys, 1851 ; la Dame aux Perles, 1854 ; la Vie à vingt ans, 1856. Mais ce fut surtout au théâtre qu'il remporta ses succès les plus brillants, et apparut comme le créateur d'un art nouveau. La Dame aux camélias, adaptée à la scène, où elle introduisait une véritable révolution, fut jouée le 2 février 1852 ; puis vinrent Diane de Lys (15 nov. 1853), et le Demi-monde (20 mai 1855), qui, suivant l'expression de M. Sarcey, « parut à tous comme une nouvelle et décisive étape dans la voie inaugurée par l'auteur de la Dame aux camélias ». À ces œuvres succédèrent la Question d'argent (31 janv. 1857), le Fils naturel (16 janv. 1858), le Père prodigue (30 nov. 1859). Accueillies avec enthousiasme, ces pièces, qui étaient fondées sur une observation minutieuse de la société, et soutenaient chacune une thèse d'intérêt public, furent discutées avec passion dans l'opinion et dans la presse. Fatigué, suivant l'expression d'A. Dumas père, par un « labeur terrible, interminable », A. Dumas consacra quelques années à des voyages. Il reparut au théâtre en 1864, avec l'Ami des femmes. Les vives discussions qui accueillirent cette pièce inspirèrent à Dumas le projet de s'éloigner du théâtre. Cependant la Comédie-Française lui donna, le 29 avril 1865, le Supplice d'une femme, d'A. Dumas et d'Émile de Girardin ; mais, à la suite de querelles entre les collabo-

rateurs, la pièce parut sans nom d'auteur. Revenant au Gymnase, qui avait joué toutes ses pièces, A. Dumas donna, en collaboration avec A. Durantin, Héloïse Paranquet (20 janv. 1866). Tandis qu'il composait un roman, l'Affaire Clémenceau, le maître écrivait les Idées de madame Aubray, comédie en quatre actes, jouée le 16 mars 1867, dans laquelle il reprenait sa thèse de la réhabilitation de la femme déchue. En 1868, l'édition qu'il donna de son Théâtre fit grand bruit, en raison des tendances socialistes que certains critiques crurent reconnaître dans les Préfaces.

Au lendemain de la guerre de 1870, qui sépara comme en deux parties distinctes la vie des écrivains de ce temps, A. Dumas écrivit ses « Lettres sur les choses du jour ». Puis il revint au théâtre et donna : Une visite de noces (10 oct. 1871), la Princesse Georges (2 déc. 1871), la Femme de Claude (16 janv. 1873), Monsieur Alphonse (26 nov. 1873). La Femme de Claude avait été précédée par une brochure, l'Homme-Femme (1872), dans laquelle l'écrivain exposait ses théories personnelles sur le châtiment de l'épouse coupable, et qui suscita des discussions très vives. La Comédie-Française, qui avait introduit le Demi-monde dans son répertoire, donna, en février 1876, l'Étrangère, comédie en 5 actes. Dans cette pièce, renouvelant un genre, A. Dumas sut rajeunir le mélodrame et lui donner une saveur nouvelle. En même temps, il composait les Danicheff, drame en 5 actes, avec la collaboration de M. P. de Corvin (Odéon, février 1876), puis la Comtesse Romani, en collaboration avec M. G. Pould (nov. 1876). On peut considérer encore comme fait en collaboration le drame de Joseph Balsamo (Odéon, mars 1878), tiré du roman de A. Dumas père, et joué sous le nom seul de ce dernier.

Dans la dernière partie de sa carrière littéraire, A. Dumas donna encore à la Comédie-Française la Princesse de Bagdad (31 janv. 1881), dont le succès fut médiocre ; Denise (19 janv. 1885) ; Francillon (17 janv. 1887). Il a laissé deux œuvres, la Route de Thèbes, appelée ensuite la Troublante, pièce en 5 actes, dans laquelle il abordait la question de la vie ; c'est peut-être, a-t-on dit, son chef-d'œuvre, et les Nouvelles Couches, pièce inachevée. A. Dumas aurait exprimé la volonté que ces deux pièces ne fussent jamais jouées.

Outre ses œuvres de théâtre, A. Dumas a composé un grand nombre de romans. On citera : Césarine, 1848 ; le Docteur Servans, 1849 ; Antonine, 1849 ; Tristan le Roux, 1850 ; Trois hommes forts, 1850, 1858 ; Revenants, 1851 ; le Régent Mustel, 1852 ; Contes et Nouvelles, 1853 ; Sophie Printemps, 1855 ; la Boîte d'argent, 1855 ; l'Affaire Clémenceau, 1867 ; Thérèse, 1875, etc. En 1874, il publia une brochure mystique, le Retour du Christ. — Ses théories sur les droits de la femme, sur le divorce, la recherche de la paternité, etc., ont inspiré certaines de ses brochures, comme les Femmes qui tuent et les Femmes qui votent (1880), ainsi que ses Lettres à M. Naquet (1882), à M. Rivet (1885). A. Dumas fut élu membre de l'Académie française en 1874.

DUMERBION (Pierre-Jadard), général, né à Montmeillant (Ardennes) en 1737, entra comme lieutenant au bataillon de milice de Mazarin en 1754, fut fait prisonnier en 1757, pendant la guerre de Sept Ans, et resta en captivité jusqu'en 1761. Il servit plus tard en Amérique, devint colonel en 1792, général de brigade, puis de division en 1793, et commandant en chef de l'armée d'Italie. Il défendit vaillamment la frontière du Sud-Est, battit les Piémontais à Saorgio (29 av. 1794), à Fourches, Raous, Tende (7 mai). Caressio (5 juillet). Mis à la tête des armées combinées des Alpes et d'Italie (24 août 1794), il fut vainqueur à Cairo (21-22 sept.), et pénétra dans le Piémont. Les infirmités l'obligèrent à prendre sa retraite en novembre 1794. Il mourut dans son pays natal en 1797.

DUMONSTIER, famille d'artistes français des xvie et xviie siècles, dont les portraits au crayon se trouvent encore nombreux, au Louvre, à Chantilly, au Cabinet des Estampes, etc. On compte onze artistes de ce nom, qui se sont succédé depuis le temps de François 1er jusqu'au règne de Louis XIV. Le plus célèbre fut Daniel D., le septième de la dynastie, qui vécut de 1574 à 1656. Il fut peintre et valet de chambre du roi. Il fut réputé pour ses œuvres, pour son goût délicat de collectionneur, comme pour la culture et l'originalité de son esprit. — Cf. les études de M. J.-J. Guiffrey dans la *Revue de l'art ancien et moderne*, 1905.

DUNBAR (William), poète écossais, né à Lothian vers 1490, m. en 1520, imita la forme allégorique de Chaucer dans le *Chardon et la Rose*, 1505, poème sur le mariage de Jacques IV et de Marguerite Tudor, et le *Bouclier d'or* (1508), allégorie où figurent l'Amour, la Beauté, la Raison et le Poète. Il est surtout original dans ses satires à l'esprit âpre et rude, notamment dans la *Danse des sept péchés capitaux*, 1507.

DUNDAS HILL, gisement aurifère de l'Australie. *Voy.* COOLGARDIE.

DUPERRÉ (Victor, baron), amiral, né à Paris en 1825, mort en 1900, élève de l'École navale, fit les campagnes de Crimée et d'Italie, devint contre-amiral en 1875 et vice-amiral en 1879. Il gouverna l'Indo-Chine de 1874 à 1877, et commanda la division navale des mers de Chine, de 1880 à 1882.

DUPONT DES LOGES (Paul), évêque, né à Rennes en 1804, mort en 1886, fut élevé par son père, président de la Cour de Rennes, dans les traditions religieuses et monarchistes. Après avoir fait ses études à Saint-Sulpice, il fut ordonné prêtre en 1828, resta quelque temps vicaire, puis chanoine à Rennes, fut choisi pour vicaire général d'Orléans en 1840 par Mgr Morlot, et sacré évêque de Metz en 1843. Jusqu'en 1870, s'il déploya dans ses fonctions épiscopales beaucoup de piété, d'austérité et de désintéressement, il ne prit que peu de part aux mouvements généraux de l'opinion et de la vie de l'Église. Pourtant il fut le premier à dénoncer, dans un mandement remarqué, le caractère anti-catholique de la Ligue de l'Enseignement. Au concile du Vatican, il vota avec les évêques dits de l'opposition, mais il se soumit comme eux à la décision de l'infaillibilité. La guerre de 1870-71, le siège de Metz, l'annexion de son diocèse à l'Allemagne, mirent en lumière les qualités morales de Mgr Dupont des Loges. Il devint comme le père et le protecteur de son peuple, s'imposa au vainqueur lui-même à force de dignité, et s'acquit sans le chercher un prestige extraordinaire en France et en Allemagne. Les Messins le choisirent comme député, en 1874, pour porter au Reichstag leur protestation contre le traité de Francfort; il n'y parut que pour remplir ce devoir, ayant toujours répugné à mêler la politique à la religion. Le maréchal de Manteuffel, gouverneur d'Alsace-Lorraine, qui l'estimait beaucoup, ayant obtenu pour lui de Guillaume Ier, en 1882, l'Ordre de la Couronne, l'évêque refusa cette décoration dans une lettre admirable qui acheva de former autour de son nom une véritable auréole de patriotisme et de sainteté. — Sa vie a été écrite par l'abbé F. Klein (in-8°, Paris, 1899, ouvrage couronné par l'Académie française).

DUPRATO (Jules), musicien, né en 1827, mort en 1892, élève de Leborne dans la classe de composition au Conservatoire, remporta en 1848 le grand prix de Rome. Après deux ans de séjour en Italie et en Allemagne, il donna successivement : les *Trovatelles* (Opéra-Comique, 1854); *Pâquerette*, 1856; *M'sieu Landry* (Bouffes-Parisiens, 1856); *Salvator Rosa* (Opéra-Comique, 1861); la *Déesse et le Berger* (Opéra-Comique, 1863); le *Baron de Groschaminet*, *Sacripant*, le *Chanteur florentin* (Fantaisies-Parisiennes, 1866-1867); la *Fiancée de Corinthe* (Opéra, 1867); le *Tour du chien vert* (Folies-Dramatiques, 1867); le *Cerisier* (Opéra-Comique, 1874). On lui doit aussi quatre cantates. A partir de 1866, Duprato professa l'harmonie au Conservatoire.

DUPUIS (Daniel), graveur en médailles, né à Blois en 1849, mort en 1899, fut élève de Farochon. Il remporta le grand prix de Rome en 1872. Il a laissé un très grand nombre de médailles et médaillons, dont de beaux spécimens figurent au Musée du Luxembourg. On citera les médailles commémoratives des Expositions universelles de 1878 et 1889; la monnaie de bronze française, etc.

DUPUY (Dominique), général, né à Toulouse en 1767, était fils d'un boulanger. À l'âge de seize ans, il s'engagea au régiment d'Artois, mais, au bout d'un an, il rentra à Toulouse. En 1791, il fut élu lieutenant-colonel du bataillon des volontaires de la Haute-Garonne. Il contribua à la répression des troubles du Midi, fit partie de l'armée des Pyrénées-Orientales, puis de celle d'Italie (1795), et fut nommé peu après général de brigade. Accusé d'incivisme, ainsi que son chef, le général Brunet, Dupuy comparut, le 3 prairial an II, devant le tribunal révolutionnaire de Paris et fut condamné à l'emprisonnement, qui ne dura que quelques jours; mais il fut destitué. Revenu dans sa ville natale, il obtint, en 1794, d'être réintégré dans l'armée avec le grade de chef de bataillon. Il fut nommé chef de brigade (colonel) en février 1795, et envoyé à l'armée d'Italie. En 1796, il prit le commandement, en remplacement de Rampon, de la 52e demi-brigade, dont les exploits sont restés légendaires. Il se distingua à Dego, à Caldiero et surtout à Arcole, où il surprit les Autrichiens en sortant brusquement d'un marais où il s'était caché avec ses hommes à l'abri des roseaux. Nommé pour la seconde fois général de brigade, il refusa ce grade pour rester avec ses soldats. Il fit partie de l'armée d'Égypte, se distingua à la bataille des Pyramides, et fut nommé pour la troisième fois général. Il accepta et reçut de Bonaparte le commandement du Caire. Il fut tué le 30 octobre 1798 dans un soulèvement des musulmans de cette ville. Un monument lui fut érigé à Toulouse sous le règne de Louis-Philippe.

DURUY (Victor), historien, né à Paris en 1811, mort en 1894, était le fils d'un artiste employé aux Gobelins. Élève de l'École normale en 1830, il professa l'histoire à Reims, au collège Henri IV (1833). De 1861 à 1862, il devint successivement inspecteur de l'Académie de Paris, maître de conférences à l'École normale, professeur d'histoire à l'École polytechnique, inspecteur général de l'enseignement secondaire. Nommé en 1863 ministre de l'instruction publique, il présida d'importantes réformes, pleines de libéralisme : extension de la gratuité et diffusion de l'enseignement primaire; organisation des cours d'adultes; création de l'enseignement spécial et de l'école de Cluny; des cours secondaires pour les jeunes filles; de l'École pratique des Hautes Études et des laboratoires d'enseignement et de recherches; d'une école supérieure d'agronomie au Muséum d'histoire naturelle; réorganisation de l'enseignement des langues vivantes, de l'histoire, de la philosophie, de la gymnastique, des exercices militaires, etc. En un mot, il sema dans l'Université tous les germes qui ont été développés depuis. Remplacé au ministère par M. Bourbeau (juillet 1869), il devint sénateur. Il entra à l'Académie des Inscriptions en 1873; à celle des Sciences morales et politiques en 1879, en remplacement de Naudet, à l'Académie française en 1884, en remplacement de Mignet. Il représenta l'Institut au conseil supérieur de l'Instruction publique de 1881 à 1886. Travailleur infatigable, il a laissé un grand nombre d'ouvrages d'histoire à l'usage des classes. Il a dirigé la publication d'une *Histoire universelle*. Ses principaux travaux sont : l'*Histoire des Romains depuis les temps les plus reculés jusqu'à la mort de Théodose*, 1870-1885, 7 vol. in-8; l'*Histoire des Grecs*, 1887-1889, 3 vol. gr. in-8. Ces travaux lui valurent le prix Jean Reynaud, décerné par l'Académie française. Un monument lui a été élevé à Villeneuve-Saint-Georges en 1900.

DUVEYRIER (Henri), explorateur, né à Paris, en 1840, mort en 1892, commença dès l'âge de vingt ans d'intéressants voyages dans l'Afrique du Nord. Il explora le Mzab et l'oasis de Goléah (1859), le sud de la province de Constantine et le Sahara tunisien (1859-60), le pays des Touaregs (1860), qu'il visita en partie avec Ikhenoukhen, chef de la confédération des Azdjer, qui signa avec la France une convention commerciale. Les derniers voyages de Duveyrier eurent pour but les chotts tunisiens (1874) et le Maroc (1876). On doit à ce voyageur un grand ouvrage, *Exploration du Sahara : les Touaregs du Nord* (1864); *Liringstone* (1875); la *Confrérie musulmane des Senoûsi* (1884), et de nombreux mémoires de géographie.

DYCE (Alexandre), critique anglais, né à Édimbourg, en 1798, mort en 1869, fut clergyman; il s'établit à Londres en 1827. Il a étudié le théâtre anglais du temps d'Élisabeth. On lui doit des éditions des œuvres de G. Peele, 1829; de J. Webster, 1830; de Rob. Greene, 1831; de Th. Middleton, 1840; de Beaumont et Fletcher, 1843-1846; de Shakespeare, 1857-64. Cette dernière édition, qui offre jusqu'ici le meilleur texte de Shakespeare, a été rééditée en 1874 par John Forster.

DVORAK (Antoine), compositeur tchèque, né à Mulhausen, près de Kralup (Bohême) en 1841, mort en 1904, était le fils d'un boucher. Poussé vers la musique par une vocation irrésistible, il vint à Prague à l'âge de seize ans, et commença à étudier l'orgue et la composition, tout en jouant, pour vivre, du violon dans les bals et dans les cafés. En 1862, après de longues années de misère. il obtint, avec un second prix à l'Ecole de musique. une place dans l'orchestre du Théâtre-National et un poste d'organiste dans une église de Prague. Sa première œuvre. *Hymne* (chœurs et orchestre). fut exécutée en 1873. Titulaire en 1875, d'une pension du gouvernement. il put se livrer avec plus de loisir à l'étude de la composition. Ses *Danses slaves*. publiées en 1878. commencèrent sa réputation : il alla à plusieurs reprises en Angleterre diriger l'exécution de ses œuvres. Il fut nommé en 1890 professeur de composition au Conservatoire de Prague. puis fut chargé. en 1892, de la direction du Conservatoire de New-York. Outre ses *Danses slaves*. *Rhapsodies slaves*. *Dumkal*. *Furiante*, etc.. qui sont en grande partie des transcriptions d'airs nationaux. il composa aussi des symphonies et des morceaux de musique de chambre remarquables par l'originalité du rythme et le mélange d'art classique et de traditions populaires. Il a laissé aussi un grand nombre de mélodies. un *Stabat*. un oratorio. une messe de *Requiem* et quelques opéras. dont le plus connu est *Un Coquin de Paysan*. Il est un des principaux maîtres de l'école tchèque contemporaine.

E

EBERS (Georges). égyptologue et romancier allemand, né à Berlin en 1837. mort en 1898. suivit les cours de l'Université de Gœttingue. où il prit le goût des études égyptiennes. A l'Université de Berlin. il suivit les cours de Lepsius et de Brugsch. Docteur en 1862. avec une thèse *sur Memnon et sur sa légende*, il publia ensuite un Mémoire sur la xxvie dynastie. et fut admis comme professeur à l'Université d'Iéna. Son premier roman. qui parut en 1865, *la Fille d'un roi d'Egypte*. eut un grand succès. En 1868. il publia le premier volume d'un ouvrage sur *L'Egypte et les livres de Motse*. A partir de 1869. il entreprit de fréquents voyages en Egypte, publia en 1872 le récit de son voyage au Sinaï. puis. pendant un séjour à Thèbes. acquit le papyrus médical dont il a donné le fac-similé et le commentaire, et qui est connu sous le nom de *papyrus Ebers*. Il a exposé les résultats de ses voyages dans *Ægypten in Wort und Bild*, 1880. Il enseigna à l'Université de Leipzig de 1870 à 1889. Aussi populaire par ses romans que par ses travaux scientifiques. il a publié encore *Ouarda*, *Homo sum*. *Deux sœurs*, *la Fiancée du Nil*, etc.. œuvres dans lesquelles sont exposées avec talent des scènes de la vie égyptienne à diverses époques. Il a composé aussi des écrits sur d'autres sujets : *Madame la Bourgmestre*, *Un mot*. etc.

ÉGYPTE. (Foy. ce mot dans le DICTIONNAIRE. ISMAIL et TEWFIK dans le SUPPLÉMENT). — La France, qui. en 1882. avait laissé l'Angleterre intervenir seule en Egypte. ne souleva plus aucune réclamation contre l'occupation de ce pays par les Anglais. Par la convention du mois d'avril 1904 elle s'est engagée « à ne gêner en aucune façon l'occupation britannique. De son côté. l'Angleterre a donné toutes garanties aux créanciers français de l'Egypte. Les Anglais ont proclamé la neutralisation du canal de Suez (1888). En fait. ils sont les maîtres de l'Egypte. et ils doivent en grande partie leur suprématie à l'habileté de lord Cromer (d'abord sir Evelin Baring. qui a été le véritable chef du gouvernement égyptien, de 1883 à 1907. Cf.. Cromer, *Modern Egypt*, 2 vol. Londres, 1908.) Les Anglais ont, il est vrai, accompli d'utiles réformes dans le pays. au point de vue du gouvernement, qui comprend. outre les ministres. un Conseil législatif de 30 membres. dont 14 officiels et une Assemblée générale dont 46 membres sont élus; de la justice, des finances. de l'armée et de la police. Un pousse le chemin de fer d'Alexandrie jusqu'au delà de Khartoum, construit une voie ferrée de Berber à Souakim, sur la Mer Rouge 1906; établi à Assouan, sur le Nil. un barrage colossal qui rend les plus grands services à l'agriculture. Ils ont développé les ressources naturelles de l'Egypte qui est devenue un des principaux pays producteurs du coton et du sucre. Ils ont repris le Soudan égyptien aux Mahdistes (Foy. MANDI, MOHAMED-AHMED dans le DICTIONNAIRE et ABDULLAH dans le SUPPLÉMENT. Mais. malgré les services rendus. une vive opposition se manifeste depuis plusieurs années contre l'occupation anglaise. Un parti nationaliste s'est formé sur-

tout grâce à l'initiative de Moustafa-Kamel Pacha (Foy. ce nom dans le SUPPLÉMENT), et il semble menaçant dans l'avenir pour l'occupation britannique. — La superficie de l'Egypte est évaluée à 994500 kilomètres carrés, dont 58000 à peine sont cultivés. La population est de 11 287 000 habitants (1907). — Le Soudan égyptien. dont la superficie est au moins le double de celle de l'Egypte. ne compte que 2 millions d'habitants.

EDWARDS (Alphonse MILNE). Foy. MILNE-EDWARDS.

ÉLISABETH. impératrice d'Autriche. née à Munich en 1837, fille de Maximilien, duc de Bavière. et de la princesse Ludovica, fille du roi Maximilien Ier. épousa, en 1855. l'empereur d'Autriche François-Joseph. Elle donna naissance à l'archiduc Rodolphe. mort d'une façon tragique en 1889. Éprise de poésie et de musique, des œuvres de H. Heine et de Wagner, elle resta toujours étrangère à la politique. Elle consacrait la plus grande partie de son temps à des voyages. Elle fut assassinée à Genève, le 10 septembre 1898 par l'anarchiste Luccheni.

EMERSON (Ralph Waldo). écrivain américain. né à Boston en 1803. mort en 1882, a publié des livres de philosophie historique et des poésies. On reproche à ses ouvrages. même à ses œuvres poétiques, une obscurité et une subtilité qui les rendent souvent peu compréhensibles. Le fond de sa philosophie est une relation étroite entre l'homme et l'univers : « Lorsque l'âme universelle, dit-il. souffle à travers notre intelligence, elle s'appelle génie; à travers notre volonté, vertu; à travers nos sentiments, amour ». La beauté est la manifestation de la conscience universelle, le fondement et le but de la morale. Comme Carlyle. il enseigne que les grands hommes sont les héros de l'humanité. qui leur doit tous ses progrès. En résumé. la philosophie d'Emerson aboutit à une sorte de panthéisme. Elle est exposée dans les *Essais*. dont quelques-uns ont été traduits par M. Boulogne. M. Firmin Roz a traduit *l'Héroïsme*.

ÉMIN-PACHA, de son vrai nom Edouard SCHNITZER, explorateur, né à Oppeln (Silésie) en 1840. Il fit ses études médicales à Breslau et à Berlin. et fut reçu docteur en 1864. Il se rendit alors à Constantinople, fut attaché à la personne d'un haut fonctionnaire ottoman. Hakki-Pacha. et l'accompagna en Arménie. en Syrie et en Arabie. Après la mort de ce personnage. il passa en Egypte. avec l'intention de se faire une place parmi les explorateurs de l'Afrique. C'est alors qu'il prit le nom d'Emin ou « Fidèle » et qu'il adopta les usages musulmans, sans doute pour faciliter la tâche qu'il voulait entreprendre. En 1876, il gagna Khartoum. comme médecin du gouverneur général du Soudan égyptien. En 1877. il rejoignit Gordon dans la Province Equatoriale, et devint. en mars 1878. gouverneur de cette province. quand Gordon dut rentrer à Khartoum. Avec une énergie indomptable, Emin établit l'ordre dans la Province. débarrassa le pays des marchands d'esclaves et des soldats égyptiens très indisciplinés. qu'il remplaça par une petite armée indigène, créa enfin un véritable État qui s'est trouvé plus tard assez fort pour subsister seul. après l'effondrement de l'empire égyptien au Soudan (1885). Les titres de bey et de pacha avaient récompensé ses services. En même temps. il faisait de nombreuses et importantes explorations dans l'Ouganda. l'Ounyoro. la région des Grands Lacs, poursuivait de remarquables études dans les sciences naturelles. et dirigeait avec le plus grand zèle l'hôpital de Lado. Privé. par l'insurrection mahdiste, de communications régulières avec l'Egypte et l'Europe, il se maintint néanmoins dans la Province Equatoriale, et continua d'en assurer la prospérité. Mais les Anglais. qui avaient formé une Compagnie de l'Afrique Orientale (Foy. IBEA dans le SUPPLÉMENT). convoitaient la possession de ces pays. Ils envoyèrent, en 1887, Stanley (Foy. ce nom dans le SUPPLÉMENT) à la recherche d'Emin-Pacha. qui consentit à venir à Zanzibar (1889). Livrée à elle-même, la Province Equatoriale se défendit contre les Mahdistes (Foy. ABDULLAH). Après un court séjour à Zanzibar, Emin revint vers l'État qu'il avait fondé, en compagnie du docteur Stuhlmann. Après avoir reconnu le Rouanda, le Mpororo, etc.. il atteignit Vichumbi (lac Albert-Edouard) en mai 1891. Il fit encore de nouvelles découvertes dans ces régions. explora la vallée de l'Ituri. arriva à Oundoussouma. et. de ce point. partit vers le Congo, à travers la forêt équatoriale. Il fut tué en 1892. dans le pays des Niangrés et des Kassongos. sur l'ordre d'un chef nommé Kibongo.

qui, lui-même, fut pris par les troupes du Congo belge et fusillé. Les bagages et les papiers d'Emin furent retrouvés par le capitaine belge Lothaire. M. Felkin a publié en anglais la correspondance et les journaux de voyage d'Emin-Pacha (*Emin-Pacha in Central Africa*, Londres, 1888). La biographie de l'explorateur a été publiée par son exécuteur testamentaire, M. G. Schweitzer (*Emin-Pacha, sa vie et son œuvre*, Berlin, 1898).

EON DE BEAUMONT (Charles, chevalier d'). *Voy.* DÉON.

ERCKMANN (Emile), écrivain, né à Phalsbourg (anc. Meurthe) en 1822, mort en 1899, a écrit, en collaboration avec Chatrian (*voy.* ce nom), à partir de 1848, un grand nombre d'ouvrages. Nous citerons : *l'Alsace en 1814, l'Illustre docteur Matheus*, 1859, ouvrages qui commencèrent la réputation des deux auteurs; *Contes fantastiques*, 1860; *Contes de la montagne*, 1860; *Maître Daniel Rock*, 1861; *Contes des Bords du Rhin*, 1862; *le Fou Yégof*, épisode de l'invasion, 1862; *le Joueur de clarinette, la Taverne du Jambon de Mayence*, etc., 1865; *Madame Thérèse ou les Volontaires de 92*, 1863; *l'Ami Fritz*, 1864; *Histoire d'un conscrit de 1813*, 1864; *l'Invasion, Waterloo*, 1865; *Histoire d'un homme du peuple*, 1865; *la Maison forestière*, 1866; *les Contes populaires*, 1866; *le Blocus*, 1867; *Histoire d'un paysan*, 1868-70; *Histoire d'un sous-maître*, 1869; *Histoire du plébiscite*, 1872; *les Deux Frères*, 1873; *le Brigadier Frédéric*, 1874; *Une Campagne en Kabylie*, 1874; *Maître Gaspard Fix*, 1876; *Souvenirs d'un chef de chantier à l'isthme de Suez*, 1876; *Contes Vosgiens*, 1877; *le Grand-père Lebigre*, 1880; *les Vieux de la Vieille*, 1881; *le Banni*, 1882; *Époques mémorables de l'Histoire de France avant 1789*, 1884; *l'Art et les Grands Idéalistes*, 1885; *Pour les enfants*, 1888. De plusieurs de ces romans ont été tirées des œuvres dramatiques : *le Juif polonais*, 1867; *l'Ami Fritz*, 1877; *la Taverne des Trabans*, opéra-comique, 1882; *le Fou Chopine*, opéra-comique, 1882; *les Rantzau*, 1882; *Madame Thérèse*, 1885; *Myrtille*, opéra, 1885; *la Guerre, Masséna et Souvarof*, 1885. Ils écrivirent en outre un drame patriotique, *Alsace!* qui fut interdit par la censure. Puis des dissentiments s'élevèrent entre eux et, à partir de 1880, la rupture fut complète entre les deux anciens collaborateurs. Établi à Lunéville, Erckmann a publié *Alsaciens et Vosgiens d'autrefois*, 1895; *Fables alsaciennes et vosgiennes*, 1895.

ERNST (Alfred), critique de musique français, 1860-1898, élève de l'École polytechnique, fut d'abord attaché aux observatoires de Nice et de Paris; mais, bientôt, il se voua exclusivement à la critique musicale. Il publia, en 1884, *l'Œuvre dramatique de Berlioz*, et, en 1887, *R. Wagner et le drame contemporain*. Depuis, il s'attacha surtout à faire connaître le théâtre du compositeur allemand, dans des articles publiés dans divers journaux et revues; il donna une belle traduction française des principales œuvres; enfin, il lui consacra deux ouvrages remarquables, *l'Art de R. Wagner*, 1895, et *Études sur Tannhæuser*, 1895.

ERYTHRÉE, colonie fondée par les Italiens sur les côtes occidentales de la mer Rouge, à la suite de l'occupation de Massaouah (1885). L'Italie avait eu la prétention d'étendre sa domination jusque dans l'Abyssinie (*Voy.* ce mot dans le SUPPLÉMENT) et le Soudan égyptien. Depuis les victoires remportées par les Abyssins à Amba-Alaghi (déc. 1895), et surtout à Adoua (1er mars 1896), l'Erythrée est réduite à une bande de côtes, généralement stériles, large d'environ 40 kilomètres. — La superficie totale de la colonie est d'environ 450 000 kilomètres carrés; la population est de 550 000 habitants. Le seul point de quelque importance qu'occupent les Italiens est Massaouah. Le siège du gouvernement est à Asmara, sur un plateau à l'ouest de la côte.

ESMARCH (Auguste n°). chirurgien allemand, né à Tœning en 1823, mort en 1908, exerça pendant de longues années la médecine à Kiel, à partir de 1846. Pendant la guerre de 1864, il organisa les grands hôpitaux de Kiel et de Hambourg. C'est alors qu'il inventa la bande élastique qui porte son nom et qui permet de rendre exsangues les membres qui doivent être amputés. On doit à d'Esmarch un grand nombre d'ouvrages spéciaux qui, pour la plupart, ont été traduits en français. En 1872, il avait épousé en secondes noces la princesse Henriette d'Au-

gustembourg, apparentée à la famille impériale d'Allemagne.

ÉTATS-UNIS (*Voy.* ces mots dans le DICTIONNAIRE). — La superficie de l'Union est évaluée, d'après les statistiques récentes, à 9 383 020 kilomètres carrés. — Après la guerre civile (*Voy.* SÉCESSION dans le SUPPLÉMENT), les États-Unis reprirent leur marche progressive sous la double présidence de Grant (1864-1877) : inauguration du *Central Pacific* (1869); travaux du *South* et *North Pacific* (inauguration en 1881 et 1885); amortissement de la dette; augmentation de la population (50 millions en 1880) : Exposition universelle de Philadelphie (1876), etc. Mais de nombreux scandales, politiques et financiers, qui n'épargnèrent même pas le président de la République, marquèrent la fin de cette période. Sous les présidences du républicain Hayes (1877-1881), et de Garfield, qui fut assassiné par un nommé Guiteau et remplacé par le vice-président Arthur Chester (1881-1885), les questions économiques, tarifs douaniers, circulation monétaire, etc., prirent une grande importance, encore accrue sous la présidence du démocrate Cleveland (1885-1889). Les républicains revinrent au pouvoir avec Harrison (1889-1893). Six États nouveaux furent incorporés : 2 Dakotah, Wyoming, Montana, Idaho, Washington). Mais le zèle déployé par les républicains en faveur des tarifs prohibitifs et d'un programme d'expansion territoriale éloigna les électeurs, qui réélurent le démocrate Cleveland (1893-1897). Celui-ci dut cependant céder la place à M. Mac-Kinley. (*Voy.* ce nom dans le SUPPLÉMENT), républicain, qui avait fait voter les bills protecteurs de 1890 qui ont gardé son nom. Président de 1897 à 1901, réélu en 1900 contre M. Bryan, candidat démocrate, Mac-Kinley vit s'accroître, dans des proportions considérables, la fortune de l'Union. Le président fut assassiné en 1901 par l'anarchiste Czolgosz. Il eut pour successeur le vice-président de l'Union, M. Roosevelt, qui fut élu président en 1904. — Le recensement de 1900 a donné pour la population le chiffre de 76 295 020 habitants. En 1907, on compte environ 85 millions d'habitants. — La production agricole et industrielle de l'Union n'a pas cessé de s'accroître. En 1907, les États-Unis ont produit 244 millions d'hectolitres de blé, tenant ainsi le premier rang dans le monde (France 118); 335 millions d'hectolitres d'avoine; 954 millions d'hectolitres de maïs; 13 456 milliers de balles de coton, etc. Ils ont fourni 349 millions de tonnes de charbon, 17 millions de tonnes de pétrole, du fer, du cuivre, de l'or (417 millions), de l'argent (175), etc. Les usines américaines fournissent une énorme quantité de machines, locomotives, rails, etc. Le chiffre des exportations s'est élevé en 1900 à 7 milliards 600 millions de francs; celui des importations à 4 milliards 275 millions : jamais l'écart entre ces deux chiffres (3 milliards 325 millions de francs) n'avait été aussi considérable. En 1905, le chiffre des importations s'est élevé à 5 milliards 650 millions, et celui des exportations à 7 milliards 725 millions. Le tonnage de la marine de commerce a considérablement augmenté; New-York, après Londres et Anvers, est devenu le troisième port du monde. — En même temps, les doctrines de l'*Impérialisme* se sont développées et ont poussé les États-Unis soit à intervenir avec hauteur dans toutes les questions américaines, comme au Venezuela au sujet d'un conflit de frontières avec l'Angleterre (1895-1899), et au Nicaragua au sujet d'un projet de canal (1899-1900), soit à étendre leur domaine territorial : de la, l'annexion des Hawaï (août 1898), et l'intervention dans les Samoa (1898-1899), où les Américains prirent possession de Pago-Pago. Prenant dans les Antilles espagnoles l'ancienne tradition qui consistait à encourager secrètement les troubles locaux, les États-Unis alimentèrent longtemps la guerre civile dans Cuba, puis déclarèrent la guerre à l'Espagne (1898). Les hostilités eurent pour théâtre les Philippines, Cuba et Porto-Rico. Les Américains remportèrent de faciles succès à Santiago de Cuba, à San-Juan de Porto-Rico, qui capitula, et près de Manille, où la flotte espagnole fut détruite en rade de Cavite. Les préliminaires de la paix, signés à Washington (12 août 1898), aboutirent au traité de Paris (10 décembre), par lequel l'Espagne céda aux États-Unis Porto-Rico, les Philippines et Guam dans les Marianne. Cuba fut proclamée indépendante. Mais il semble probable que cette grande île sera un jour ou l'autre incorporée à l'Union américaine. Après la signature du traité, les Américains eurent à soutenir une lutte cortre les patriotes des Philippines, qui voulaient rester indépendants. Leur principal chef, Aguinaldo, fut fait prisonnier par surprise (mars 1901), mais la guerre n'en continua pas moins. La situation des îles est encore très troublée. — En 1906 a été formé un nouvel Etat avec l'Oklahoma et le Territoire Indien. Le nombre des Etats est de 46 et celui des territoires de 4 (Columbia, Alaska, Nouveau-Mexique, Arizona). — Parmi les faits curieux de l'histoire contemporaine de l'Union, on peut citer la diminution, dans l'émigration, des éléments anglo-saxons et allemands au profit des Italiens, Slaves, Scandinaves. Les Allemands et Anglo-Saxons, qui ont représenté, jusqu'en 1868, 85 % de l'émigration, sont descendus à 44 % en 1890 et environ 30 % en 1900, tandis que les Italiens, Slaves, etc., figuraient dans l'immigration pour près de 70 %. Le second fait est celui de l'augmentation des catholiques. Au début du xixᵉ siècle, ils étaient au nombre d'à peine 40000. En 1902, ils s'élevaient à près de 12 millions. En 1855, les Etats-Unis comptaient 7 archevêchés et 27 évêchés. En 1905 existaient 14 archevêchés (Baltimore, Boston, Chicago, Cincinnati, Dubuque, Milwaukee, Nouvelle-Orléans, New-York, Oregon-City, Philadelphie, San-Francisco, Saint-Louis, Saint-Paul, Santa-Fé) 71 évêchés et 4 vicariats apostoliques administrés par des évêques *in partibus*.

ETHIOPIE (Empire d'). *Voy.* ABYSSINIE dans le SUPPLÉMENT.

F

FABRE (Ferdinand), romancier, né à Bédarieux en 1830, mort en 1898, se destina d'abord à la carrière ecclésiastique. Ses meilleurs romans renferment de curieuses études sur le clergé et de belles descriptions des régions cévenoles : *le Chevrier, l'Abbé Tigrane, Mon oncle Célestin, Ma vocation, l'Abbé Roitelet, Nouvelles cévenoles, Taillevent*, etc.

FALGUIÈRE (Alexandre), sculpteur et peintre, né à Toulouse en 1831, mort en 1900, fut élève de Jouffroy. Il débuta au Salon de 1857 par un *Thésée enfant*, et remporta, en 1859, le prix de Rome. Dès ses débuts, il acquit une réputation méritée par son *Vainqueur au combat de coqs*, 1864. En 1867, il donna *Tarcisius, martyr chrétien*, puis *Ophélie*, 1860; *Pierre Corneille*, 1872; *Danseuse égyptienne*, 1873; *la Suisse accueillant l'armée française*, 1874; *M. Carolus Duran*, buste, et une statue de *Lamartine*, 1876, inaugurée à Mâcon en 1878; *le Cardinal de Bonnechose*, buste, 1878; *Saint Vincent de Paul*, au Panthéon, 1879; *Eve*; des bustes de *la Baronne Daumesnil*, 1880, de la *duchesse d'Uzès*, de *Mlle Cléo de Mérode, Louise Abbéma, Marie Kalb*, etc.; *Diane*, 1882, œuvre par laquelle Falguière affirma hautement ses tendances au modernisme; *l'Asie*, 1885; *Nymphe chasseresse*, 1884, qui achève l'évolution indiquée par la *Diane*; la statue de Gambetta, inaugurée à Cahors, en 1884, si remarquable par la vérité et la puissance des traits; *Bacchantes*; *la Sortie de l'école*, 1887; *la Musique*, 1889; *la Femme au paon*, 1890. On peut citer encore une *Danseuse*, exposée au Salon de 1896; les statues de *La Rochejacquelein*, 1895; de *Mgr Lavigerie* (Bayonne et Biskra) 1898; de *Larrey, d'Alphonse Daudet, de Balzac*, de *Jules Grévy*, etc. On doit aussi à Falguière le *Monument de l'amiral Courbet*, inauguré à Abbeville en 1890; un *Monument de Lafayette*, élevé à Washington; les monuments du *président Carnot*, de Bizet et d'*A. Thomas*, ainsi qu'une belle fontaine à Rouen. Il mettait la dernière main au monument d'Alphonse Daudet, destiné à la ville de Nîmes, et travaillait à un buste du sculpteur Rodin, quand la mort le surprit. — Il avait été chargé aussi du couronnement décoratif de l'Arc de Triomphe, et avait composé, sous le titre de *Triomphe de la Révolution*, une maquette, qui, exécutée en charpente et en plâtre, a figuré au sommet du monument de 1881 à 1886. — Falguière est un des maîtres de l'école de sculpture contemporaine. — Comme peintre, il a laissé des œuvres originales et pleines d'énergie : *les Lutteurs*, 1875; *Caïn et Abel*, 1876; *Suzanne*, 1879; *Eventail et poignard*, 1882; les *Naïas de Grenade*, 1888; etc. Il fut admis à l'Institut en 1882. — Le catalogue des œuvres de

Falguière a été publié par la librairie de l'art ancien et moderne.

FANTIN-LATOUR (Henri), peintre, né à Grenoble en 1836, mort en 1904, fut d'abord l'élève de son père, Théodore Fantin-Latour, né à Metz (1805-1875). Il suivit ensuite à Paris les cours de Lecoq de Boisbaudran, que fréquentaient aussi Lhermitte, Cazin, etc., puis il entra à l'Ecole des Beaux-Arts; enfin il travailla sous la direction de Courbet. Entre temps, il se fortifiait par l'étude et la copie des œuvres des grands maîtres. Il fut cependant refusé aux Salons de 1859, 1861, 1863 (*la Féerie*). L'année suivante, l'*Hommage à Delacroix* commença sa réputation. On peut citer, parmi ses principales œuvres, l'*Atelier aux Batignolles* (1870), où se trouvent les portraits de Manet, de Zola, etc.; *Coin de Table* (1872), avec les portraits de Verlaine, Rimbaud, d'Hervilly, Jean Aicard, Camille Pelletan, Emile Blémont; *Autour du piano* (1885), avec les portraits de Chabrier, Vincent d'Indy, Ad. Jullien, Cam. Benoît. Ces tableaux-portraits, composés à la manière de Rembrandt et des maîtres hollandais, étaient destinés, dans sa pensée, non à forcer l'attention publique par la notoriété des personnages représentés, mais à constituer une œuvre purement artistique et à perpétuer le souvenir d'amis qui lui étaient chers. De lui encore sont *la Liseuse, la Broderie*, etc. Il a laissé de beaux portraits de *Manet*, d'*Ad. Jullien*, de *M. et Mme Edwin Edwards*, de la *Famille Dubourg*, de lui-même. Il peignait aussi de gracieux tableaux de fleurs, qui étaient fort recherchés, surtout en Angleterre. Dans la dernière partie de sa carrière, il peignit des scènes mythologiques, *le Jugement de Pâris, Hélène*. Sa passion pour la musique lui inspira des œuvres telles que l'*Anniversaire de Berlioz* (1876). Il a consacré de belles lithographies à l'œuvre de ce maître, à celles de Wagner, de Schumann, ainsi qu'aux livres des écrivains qu'il préférait.

FAURE (Félix), président de la République française, né à Paris en 1841, était fils d'un menuisier fabricant de meubles. Après des études sommaires, il séjourna deux ans en Angleterre, travailla comme ouvrier chez un tanneur d'Amboise, puis fut employé comme courtier en cuirs du Havre. Il fonda à son tour, dans cette même ville, une maison de peausserie qui prospéra. Commandant de mobiles en 1871, il fut décoré pour faits de guerre. Adjoint au maire du Havre depuis 1869, révoqué de ses fonctions sous le ministère de Broglie en 1874, membre du Tribunal et de la Chambre de commerce, il fut élu député en 1881, et, depuis, fut toujours réélu. Il fut successivement sous-secrétaire d'Etat au ministère du Commerce et des Colonies dans le cabinet Gambetta (1881), sous-secrétaire d'Etat au ministère de la Marine et des Colonies dans le cabinet Jules Ferry (1883-1885), sous-secrétaire d'Etat aux Colonies dans le ministère Tirard (1888). Il marqua son passage au ministère des Colonies par d'utiles réformes dans l'administration et par la création de l'Ecole coloniale. Vice-président de la Chambre des députés en 1893, il devint ministre de la marine dans le cabinet Dupuy (1894-95). Ici, encore, d'utiles réformes signalèrent son administration. Le 17 janvier 1895, il fut élu Président de la République, après la démission de M. Casimir-Perier, par 430 voix contre 361 données à M. Brisson. Sous sa présidence, furent constitués les ministères Ribot (janv.-nov. 1895), Bourgeois (nov. 1895-avril 1896), Méline (avril 1896-juin 1898) et Brisson. Les fréquents voyages du Président, sa présence assidue aux solennités militaires, l'intérêt manifeste qu'il portait à tout ce qui touchait l'armée, sa sympathie bien connue pour les petits et les humbles, enfin, la façon très digne dont il exerçait ses hautes fonctions, toutes ces qualités, rehaussées par un abord aimable, rendirent Félix Faure rapidement populaire. Il reçut à Paris l'empereur de Russie Nicolas II et l'Impératrice (oct. 1896) et, l'année suivante, rendit sa visite à l'Empereur à Cronstadt. A cette occasion, l'alliance de la France et de la Russie fut solennellement proclamée par les deux chefs d'Etat (27 août). Par ses relations personnelles avec d'autres souverains, notamment avec la reine d'Angleterre, Felix Faure exerçait sur nos affaires extérieures une influence très grande et très favorable à nos intérêts. Les derniers temps de sa présidence furent agités par les débats soulevés par l'affaire Dreyfus. Il mourut subitement, le 16 février 1899.

FAVIER (Louis), évêque missionnaire, né à Marsonnayla-Côte (Côte-d'Or) en 1857, mort en 1905, fut ordonné prêtre à Dijon, entra chez les Lazaristes et fut envoyé dans les missions de la Chine septentrionale. Nommé bientôt curé de Pékin, il exerça une véritable influence au palais impérial, et fut mêlé à toutes les grandes affaires entre le gouvernement chinois et les étrangers. En 1871, il régla les indemnités dues aux Français pour les assassinats commis à Tien-Tsin l'année précédente. Devenu évêque, il travailla activement à conserver à la France le protectorat des catholiques que Léon XIII voulait conférer à un nonce pontifical. En 1900, pendant le soulèvement des Boxeurs, à Pékin, il fut assailli par les Chinois dans les bâtiments de la mission autour desquels s'étend le quartier chrétien (Pe-Tang), soumis à l'autorité de l'évêque. Défendu par quarante marins français et autrichiens, commandés par l'enseigne Henri, qui fut tué, il soutint avec une grande bravoure le siège, qui fit de nombreuses victimes parmi les habitants du Pe-Tang. Il est inexact que Mgr Favier ait guidé les Européens dans le pillage de Pékin qui suivit la délivrance des légations. L'œuvre des missions lui doit la construction de la cathédrale du Pe-Tang, de nombreuses églises et chapelles, de trois séminaires et de plusieurs établissements de charité.

FAYE (Hervé), astronome, né à Saint-Benoît-du-Saut (Indre) en 1814, mort en 1902, fut élève de l'Ecole polytechnique (1832). Attaché à l'Observatoire de Paris, il découvrit la comète qui porte son nom (1843), reçut le prix Lalande (1844) et fut admis à l'Académie des Sciences (1847). Il professa l'astronomie à l'Ecole polytechnique (1873-1895) et fut inspecteur général de l'Université. Il apporta d'utiles perfectionnements aux instruments d'observation, s'attacha à l'étude de l'analyse spectrale, donna une théorie physique du soleil (1874) et exposa ses idées dans un grand ouvrage sur L'origine du monde (1885). Il a laissé aussi des travaux Sur les tempêtes (1887, 1897). On lui doit encore des Leçons de cosmographie et un Cours d'astronomie.

FERDINAND IV, ex-grand-duc de Toscane, d'une dynastie issue des Habsbourgs, né à Florence en 1835, mort à Salzbourg en 1908, fils de Léopold II et d'une princesse des Deux-Siciles, succéda à son père, qui abdiqua en 1859. Les victoires des Français à Magenta et à Solferino déterminèrent à Florence, ainsi qu'à Parme et à Modène, des soulèvements populaires, qui obligèrent les princes à s'enfuir. Un plébiscite du peuple toscan décida l'incorporation du grand-duché au Piémont, noyau du futur royaume d'Italie. Ferdinand IV se réfugia en Autriche et vécut à Vienne et à Salzbourg. Il avait épousé la princesse Anne de Saxe, morte en 1859, puis Alice de Bourbon-Parme. Il eut de son premier mariage deux enfants, la princesse Louise, épouse du roi de Saxe, divorcée en 1903, après des aventures retentissantes, et mariée en 1907 à un musicien italien, M. Toselli; et l'archiduc Léopold, qui renonça à ses titres pour vivre dans une condition privée, sous le nom de Léopold Wœlfling. — Du second mariage sont nés les archiducs Joseph, Pierre et Henri, et les princesses Anne, Marguerite, Germaine et Alice.

FERRY (Jules), homme politique, né à Saint-Dié (Vosges) en 1832, mort en 1893, fit son droit à Paris, et collabora aux journaux de l'opposition, surtout au Temps, à partir de 1865. Candidat aux élections de 1863, il se retira devant Garnier-Pagès. Il se fit surtout connaître par deux brochures, la Lutte électorale de 1815 et les Comptes fantastiques d'Haussmann. Elu en 1869 député de la Seine, il entra après le 4 Septembre dans le Gouvernement de la Défense nationale, reprit l'Hôtel de Ville sur les insurgés du 31 Octobre, et fut nommé maire de Paris, le 15 novembre. Elu député des Vosges, le 8 fév. 1871, il devint préfet de la Seine le 26 mai, donna sa démission le 5 juin, et fut nommé ministre de France à Athènes (1872). Après la chute de M. Thiers, il revint siéger à l'Assemblée, lutta contre les partis monarchistes, et fut, à partir de 1875, le président de la gauche républicaine. Elu député des Vosges le 20 février 1876, il compta parmi les 363, et fut réélu le 14 octobre 1877. Son rôle fut désormais considérable soit comme ministre de l'instruction publique (1875-1882; 1883; soit comme président du Conseil (23 septembre 1880-10 novembre 1881; 21 février 1883-30 mars 1885). Il réorganisa le Conseil supérieur de l'instruction publique; restreignit les privilèges de l'enseignement libre par l'article 7, qui fut la cause de discussions violentes; fit

signer les décrets contre les Jésuites et les congrégations non autorisées (1880); organisa l'enseignement primaire obligatoire, gratuit et laïque (1880), présida à l'organisation de l'enseignement secondaire des jeunes filles, etc. Ministre des affaires étrangères en même temps que président du Conseil (1883-mars 1885), il négocia le protectorat français sur la Tunisie, poussa activement les opérations au Tonkin, et tomba à la nouvelle de la retraite de Lang-Son (30 mars 1885). Devenu impopulaire, il posa sa candidature à la présidence de la République en 1887, et obtint au premier tour de scrutin 212 voix contre 303 données à M. Carnot; il se désista. Battu aux élections de 1889 dans les Vosges, il devint sénateur de ce département en 1891, et fut élu, le 24 février 1893, président du Sénat. Il mourut le 17 mars. Les villes de St-Dié et de Tunis lui ont élevé des statues. — Voy. Dreyfus-Brisac. J. Ferry, ministre de l'instruction publique, 1895. M. P. Robiquet a publié les Discours et Opinions de J. Ferry.

FIELD (Cyrus W.), ingénieur américain, 1819-1892, conçut, en 1854, le projet d'unir par un câble télégraphique l'Europe et l'Amérique. Ce câble fut terminé en 1866 entre Terre-Neuve et Valentia (Irlande). On doit aussi à Field les études préparatoires pour l'établissement d'un câble entre San Francisco et le Japon.

FIGUIER (Louis), docteur en médecine, né à Montpellier en 1819, mort en 1894, professa la pharmacie à Montpellier et à Paris. Il fut surtout connu par ses ouvrages de vulgarisation : les Conquêtes de la science, les Merveilles de l'industrie, la Terre avant le déluge, la Terre et les mers, l'Histoire des plantes, l'Homme primitif, les Races humaines, le Savant du foyer, etc. Il publia aussi, à partir de 1856, l'Année scientifique.

FINLANDE (Voy. ce mot dans le dictionnaire). — La Finlande conserva jusqu'en 1899 la constitution autonome qui lui avait été donnée en 1772 sous la domination suédoise, et qui avait été confirmée par Alexandre Ier en 1809. En vertu de cette constitution, le pouvoir législatif appartenait à une Diète réunie tous les cinq ans et formée des représentants de la noblesse, du clergé, de la bourgeoisie et des paysans, ces derniers votant au suffrage censitaire. En novembre 1905, à la suite des troubles qui avaient agité la Finlande, l'autonomie fut rétablie, et le droit électoral fut conféré à tous les Finlandais, hommes et femmes, âgés de vingt-quatre ans; la diète, composée de 200 membres, devait se réunir trois mois tous les ans. Mais les troubles qui bouleversèrent la Russie à cette époque s'étendirent à la Finlande. La diète, élue en 1907, se composa d'éléments radicaux et révolutionnaires. Elle fut dissoute par un oukase impérial (4 avril 1908).

FITZPATRICK (Will. John), écrivain irlandais, né à Dublin en 1830, mort en 1895, a consacré à son pays d'importants travaux historiques, parmi lesquels on cite une Etude sur l'espionnage en 1798; l'Irlande avant l'Union, ouvrage qui a eu six éditions; la Correspondance de Daniel O'Connell, avec commentaires et biographie, 1888. Il a laissé aussi des études sur l'évêque Doyle, lord Cloncurry, lady Morgan, etc.

FIZEAU (Louis), physicien, né à Paris, en 1819, mort en 1896, est surtout connu par ses découvertes sur la vitesse de la lumière, qui remontent à 1849, et par d'importants travaux relatifs à l'optique. Il a publié de nombreux mémoires dans les Annales de chimie et de physique. Il fut admis à l'Académie des sciences en 1860.

FLAMENG (Marie-Auguste), peintre, né à Jouy-aux-Arches, près de Metz, en 1843, mort en 1893, fut élève de Dubufe, Mazerolle, Delaunay, Puvis de Chavannes, et surtout du paysagiste Emile Vernier. On cite, parmi ses meilleures œuvres, un Bateau de pêche à Dieppe (Luxembourg), un Coin de mer à Saint-Vaast-la-Hougue, le Varech, la Sortie d'un trois-mâts au Havre, la Tamise à Londres, Sur la grève, à Cancale, Embarquement d'huîtres à Cancale, la Rade de Bordeaux, la Sortie des barques à Trouville, etc.

FLEURY DE CHABOULON (Edouard), né en 1779, mort en 1835, était sous-préfet en 1814, au moment de la restauration des Bourbons. Destitué de ses fonctions, il rejoignit à Lyon Napoléon au retour de l'île d'Elbe, et fut nommé secrétaire du cabinet impérial; en cette qualité, il fut chargé d'aller en Suisse avec une mission à laquelle nul fin la défaite de Waterloo. Réfugié en Angleterre pendant la seconde Restauration, il rédigea, en 1819, des Mémoires, le plus souvent inexacts et mensongers, dont un exemplaire fut mis sous les yeux de l'Empereur à Sainte-Hélène. Mécontent des assertions de l'auteur, Napoléon fit sur le livre d'importantes annotations. Cet exemplaire, rapporté en France par un serviteur de l'Empereur, Étienne Saint-Denis, fut légué par lui à la ville de Sens. La publication en a été faite par M. L. Cornet, 1901.

FONSECA (Manoel-Deodoro da), maréchal brésilien et président de la République, né à Alagoas en 1827, mort en 1892, prit part au siège de Montevideo (1864-65) et à la campagne du Paraguay, pendant laquelle il fut nommé général de division. Connu pour son opposition au gouvernement impérial, il fut, après le mouvement républicain du 15 nov. 1889, mis à la tête du gouvernement provisoire comme généralissime et dictateur. Le congrès le nomma président de la République; mais, en présence de l'opposition formée contre lui, il prononça la dissolution du Congrès (4 nov. 1891); celui-ci fut soutenu par la marine, et Fonseca dut se retirer.

FORNARINA, nom sous lequel on désigne la fille d'un boulanger, laquelle fut un des principaux modèles de Raphaël. Son nom était peut-être Marguerite Luti, fille d'un certain Francesco Luti, originaire de Sienne. Raphaël eut pour elle une grande affection, qui l'empêcha d'épouser la nièce d'un cardinal, Marie Bibbiena, à qui il était fiancé. Suivant la tradition, au moment où le grand peintre allait expirer (1520), le pape lui envoya un messager porteur de sa bénédiction, mais l'envoyé du souverain pontife ayant aperçu la Fornarina qui pleurait auprès du lit du moribond, aurait fait mine de se retirer, et Raphaël lui-même aurait chassé la jeune femme. Aussitôt après la mort de Raphaël, la Fornarina se retira dans un couvent, peut-être celui de Sainte-Apollonie du Transtévère. On montre à Rome trois maisons dans lesquelles elle aurait habité, dans la via Dorotea, dans la via del Cedro et dans la via del Governo-Vecchio.

FORSTER (John), critique anglais, né à Newcastle en 1812, mort en 1876, écrivit dans l'*Examiner* et la *Foreign Quarterly Review*, dont il fut directeur. Il a écrit : *Vie de Goldsmith*, 1848; *Vie de Landor*, 1869; *Vie de Dickens*, 1872-74; le premier volume d'une *Vie de Swift*, 1876; des *Essais de Biographie et d'Histoire*, etc.

FORT-LAMY, localité de la colonie française du Congo, sur le territoire de l'Oubangui-Chari-Tchad, située sur la rive droite du Chari, à peu de distance de l'entrée de ce fleuve dans le lac Tchad. Ainsi appelée en l'honneur du commandant Lamy, collaborateur de l'explorateur Foureau, tué à la bataille de Kousseri (22 avril 1900), livrée au chef noir Rabah (*Voy.* LAMY et RABAH dans le SUPPLÉMENT).

FORT-DE-POSSEL, localité de la colonie française du Congo (*Voy.* ce mot dans le SUPPLÉMENT), située sur la rive droite de l'Oubangui, par 5° de latitude sud, fut, jusqu'en décembre 1906, le chef-lieu du territoire de l'Oubangui-Chari-Tchad, transféré depuis à Bangui (*Voy.* ce mot), et, jusqu'en novembre 1907, le siège d'une justice de paix à compétence étendue.

FOU-NING-FOU, port sur la côte S.-E. de la Chine (province de Fou-Kian), à 130 kil. N. de Fou-Tcheou, ouvert en 1898 au commerce européen.

FOUQUÉ (Ferd.-André), géologue, né à Mortain en 1828, mort en 1904, fut reçu d'abord à l'École spéciale militaire de Saint-Cyr (1846), donna bientôt sa démission, et entra en 1848 à l'École d'administration récemment fondée par Carnot et Vaulabelle. Mais il ne tarda pas à quitter cette école pour revenir à Mortain, où il se prépara au concours de l'École normale qu'il passa avec succès en 1849. Il suivit les cours de sciences en même temps que ceux de la faculté de médecine, qui lui conféra le diplôme de docteur en 1858. Après une courte incursion dans l'industrie, il revint aux recherches scientifiques, fut le préparateur de Ch. Sainte-Claire Deville au Collège de France, et se livra spécialement, à partir de 1860, à l'étude des volcans. Des missions lui permirent d'étudier diverses éruptions du Vésuve, de l'Etna, de Santorin et de Terceira. Ses travaux physiques et chimiques ruinèrent la théorie dite des cratères de soulèvement, par laquelle de Buch, Humboldt, Dufrénoy, Elie de Beaumont, expliquaient la genèse des cratères. Ses études géologiques sur les volcans anciens et actuels n'eurent pas moins d'importance. Il créa aussi des méthodes nouvelles pour l'observation des tremblements de terre. Après 1870, il s'appliqua à l'étude des roches, pour laquelle il inventa des procédés nouveaux, tels que l'emploi de l'électro-aimant et de l'acide fluorhydrique. En 1879, il dressa, avec le concours de M. Michel Lévy, la classification des roches cristallines de France; il put enfin reproduire artificiellement la plupart des minéraux des roches volcanique. « Les synthèses de Fouqué, dit M. Ch. Barrois, ont permis d'entrevoir quelques-unes des conditions qui ont présidé à la genèse du globe; aux anciennes théories génétiques, elles ont fait succéder les déductions basées sur des données certaines empruntées aux expériences de physique et de chimie des laboratoires. » Ses applications du microscope à l'étude des roches, faites concurremment par lui et par Zirkel, ouvrirent une ère nouvelle dans la géologie. Fouqué fut le véritable créateur d'une nouvelle école de pétrographie. Il fut nommé professeur au Collège de France en 1877, et admis en 1881 à l'Académie des Sciences en remplacement de Delesse.

FOUQUET (Jean), peintre, né à Tours vers 1415, mort vers 1480, fut modeleur, peintre et portraitiste. Il visita l'Italie entre les années 1443 et 1455, et vécut plusieurs années à Rome, où il peignit un portrait du pape Eugène IV (mort en février 1447). Revenu en France, il peignit, outre des tableaux et des portraits, des miniatures pour livres d'heures (notamment les heures d'Étienne Chevalier), pour les statuts de l'ordre de Saint-Michel, pour les *Antiquités judaïques* de Josèphe. On lui attribue la *Vierge d'Anvers*, le *Guillaume Juvénal des Ursins* et le *Charles VII* du Louvre, l'*Étienne Chevalier* de Berlin; mais on ne peut pas actuellement affirmer que ces attributions soient réellement fondées. — *Cf.* M. Lafenestre, *Revue des Deux Mondes*, janvier 1902; P. Durrieu, les *Antiquités judaïques et le peintre J. Fouquet*, 1908, etc.

FOURIER (Pierre), dit DE MATTAINCOURT, né à Mirecourt en 1565, mort à Gray en 1640, fit ses études à Pont-à-Mousson, sous la direction des jésuites Sirmond et Guignard, appartint à l'abbaye des chanoines de cette ville, devint curé de Mattaincourt, et réforma les chanoines réguliers de Lorraine. Il organisa, un des premiers, une caisse de prévoyance, dite Bourse de Saint-Epvre, des sociétés de secours mutuels, fonda des écoles gratuites pour les enfants des campagnes, créa une congrégation chargée de donner l'enseignement aux jeunes filles, et fut un des premiers promoteurs de ce que l'on a appelé depuis l'enseignement primaire. Il eut aussi, un des premiers, l'idée des justices de paix et de l'assistance judiciaire. Il joua un rôle important dans le mariage de François de Lorraine avec la princesse Claude, seconde fille de Henri II et de Marguerite de Gonzague (Cf. M. d'Haussonville, *la Réunion de la Lorraine à la France*). — Pierre Fourier fut, en résumé, un admirable philanthrope. L'Église de Rome, qui lui avait déjà conféré le titre de bienheureux, l'a placé au nombre des saints (mai 1897).

FOUTA-DJALON (*Voy.* ces mots dans le DICTIONNAIRE). Depuis l'établissement du protectorat français (1888), des traités de délimitation ont été signés avec l'Angleterre (1889, 1895), la République de Libéria (1892, 1907), des voyages d'exploration ont été accomplis par le capitaine Brosselard-Faidherbe (1890), le docteur Maclaud (1898-1899). En 1898, l'attitude du souverain indigène ou almamy, ayant paru suspecte, on ne laissa à ce chef que l'administration des provinces de Timbo, Bouria et Kolen. En 1902, le Fouta-Djalon fut divisé en quatre cercles, Timbo, Dittinn, Koïn, les Timbis, administrés par des agents français, placés sous l'autorité d'un administrateur chef de tous les services.

FRANÇAIS (François-Louis), peintre, né à Plombières, en 1814, mort en 1897, fut, à l'âge de quatorze ans, commis chez un libraire, puis lithographe. Enfin il put étudier la peinture avec Gigoux et Corot. Il devint un des maîtres du paysage. A l'âge de trente-deux ans, il visita l'Italie; mais sa forte personnalité résista aux séductions de ce pays : ce fut surtout la nature de France qu'il put interpréter avec un charme original. Parmi ses œuvres très nombreuses, on citera : *Soleil couchant en Italie* (musée du Luxembourg); *un Sentier dans les blés*; le *Ruisseau de Neuf-Pré*; les *Bords du Gapeau*; les *Hêtres de la Côte de Grâce*; *Orphée* (musée du Luxembourg), œuvre qui lui fut inspirée par l'opéra de Gluck, interprété par Mme Viardot; *Bois Sacré*; *Daphnis et Chloé* (musée du Luxembourg); *la Source*; une *Terrasse à Nice*; *le Miroir de Scey*; *le Soir*; l'*Ave Maria à Castel Gandolfo*; le *Jardin des Hespérides à Cannes*; la *Vallée de Cernay*; le *Ravin de Géhard*, etc. Il a décoré les fonts baptismaux de l'église de la Trinité, à Paris; peint pour cette église le *Baptême du Christ* et *Adam et Ève chassés du Paradis terrestre*. Enfin, il a illustré un certain nombre d'ouvrages, *Paul et Virginie*, *Roland furieux*, etc. En 1890, il entra à l'Institut et reçut la médaille d'honneur du Salon. Un monument lui a été élevé à Plombières.

FRANCE. — Le recensement opéré à la fin de 1906 a indiqué une population de 39 252 000 habitants.

FRANCK (Adolphe), philosophe, né à Liocourt (Meurthe) en 1809, mort en 1893, professa la philosophie dans divers lycées de province, puis au lycée Charlemagne et à la Sorbonne (1840). Chargé d'un cours de philosophie sociale en 1847, il suppléa ensuite M. Barthélemy Saint-Hilaire au Collège de France (1849-1852) dans la chaire d'histoire de la philosophie ancienne puis il occupa une chaire nouvelle, celle du droit de la nature et des gens. Il a écrit un grand nombre d'ouvrages imprégnés des doctrines spiritualistes : la *Kabbale* et la *Philosophie religieuse des Hébreux*, œuvre savante qui le fit entrer à l'Académie des sciences morales et politiques; un *Dictionnaire des sciences philosophiques*, qui assura sa réputation; puis, *Esquisse d'une Histoire de la logique*; *de la Certitude*; *Études orientales : Philosophie et religion*; *Philosophie du droit pénal*; *Philosophie du droit civil*; *Philosophie du droit religieux*; *ou des Rapports de la religion et de l'État*; la *Philosophie mystique en France au dix-huitième siècle*; *Philosophes modernes, français et étrangers*; *Moralistes et Philosophes*; *Essais de critique philosophique*; *Réformateurs et publicistes de l'Europe*.

FRANCK (César), compositeur français, né à Liège en 1822, mort à Paris en 1890. Il obtint tout enfant le premier prix de piano au Conservatoire de Liège, donna des concerts en Belgique, puis vint à Paris, entra au Conservatoire, remporta à l'âge de 15 ans un premier grand prix d'honneur de piano qui, depuis, ne fut jamais décerné, puis un premier prix de fugue; et de contrepoint. Il se fixa dès lors à Paris et ne quitta plus cette ville. Il se fit naturaliser français au moment de la guerre de 1870. Organiste à Sainte-Clotilde en 1858, César Franck fut nommé professeur d'orgue et de composition au Conservatoire. La réputation ne vint que lentement à ce grand artiste, de vie simple et laborieuse. Nul ne fit plus combattu, n'eut plus à souffrir de l'indifférence du public. Et pourtant, Franck est un des plus grands maîtres de la musique. Il joignait à une organisation musicale extraordinaire une science consommée, une technique prodigieuse, qui lui permettaient de se mouvoir à l'aise au milieu des plus étonnantes complications. L'architecture de ses œuvres demeure souverainement simple et lumineuse. Esprit tendre et rêveur, il a justement mérité le surnom que lui donna un jour la critique, celui de *docteur angélique de la musique*; mais sa religiosité était aussi large que sincère. A certains égards, Franck avait un peu l'âme poétique et contemplative des vieux capelmeister d'outre-Rhin. — Son œuvre est considérable; il a abordé tous les genres avec une souplesse incroyable, dans tous, il a été un créateur. L'imposante partition des *Béatitudes*, commencée avant 1870, restera l'un de ses meilleurs titres de gloire. C'est un poème symphonique pour orchestre, soli et chœurs, inspiré par le « Sermon sur la montagne ». L'élévation continue du style n'exclut jamais la variété; tout concourt à rendre cette œuvre unique : l'intensité de l'inspiration, la richesse de l'invention harmonique, la beauté de l'instrumentation, le saisissant contraste entre les cris de la terre et les chants vraiment divins des anges, et circulant à travers l'ouvrage, la pénétrante phrase du Christ appelant à lui les souffrants et les déshérités.

Parmi les autres compositions qui ont placé Franck au premier rang des maîtres symphonistes, il faut citer l'admirable *Symphonie en ré mineur*, un des monuments de la musique française; le *Quintette* en fa mineur, un autre chef-d'œuvre; la célèbre *Sonate* pour piano et violon; le *quatuor à cordes* qui vaut le quintette; quatre *Trios*, tout un écrin de poèmes symphoniques, le

Chasseur maudit, les *Djinns*, les *Variations symphoniques*, les *Éolides*, *Psyché*, des oratorios comme *Ruth*, *Rédemption*, une préface des *Béatitudes*, *Rébecca*, toutes œuvres d'importance capitale. Il a composé aussi deux opéras, *Hulda* et *Ghisèle*. Citons encore la *Messe solennelle* pour orchestre, soli et chœurs, où se trouve un adorable *Panis angelicus*, un célèbre *Dextera Domini*, des offertoires, etc. Ajoutons un œuvre d'orgue considérable divisé en trois recueils (le dernier composé de trois grands chorals appartient à l'année de sa mort), de grandes pièces pour piano, d'une construction absolument neuve, comme le *Prélude, Choral et Fugue*, *Aria et Final*, etc.; — des compositions pour harmonium; de nombreuses mélodies, chœurs, duos, quelques-unes orchestrées, comme la *Procession*, etc. Franck a formé une brillante phalange d'élèves, parmi lesquels MM. Vincent d'Indy, Duparc, Pierné, Samuel Rousseau, Ernest Chausson, Guy Ropartz. Une statue lui a été élevée dans le square Sainte-Clotilde, à Paris. Sa biographie a été publiée par M. E. Destranges, 1897.

FRANZ (Robert), compositeur allemand, né à Halle en 1815, mort en 1892, a mis en musique un grand nombre de *lieder*, surtout de Heine et de Lenau. Il a donné de belles éditions des œuvres de Bach et de Hændel.

FRÉDÉRIC (impératrice). Voy. victoria dans le supplément.

FRÉDÉRIC (Guillaume-Louis), grand-duc de Bade, né en 1826, mort en 1907, prit à la mort de son père, le grand-duc Léopold (24 avril 1852), le titre de régent, à la place de son frère aîné Louis, que son état physique et intellectuel rendait incapable de régner. Il devint effectivement grand-duc le 5 septembre 1856. Dès 1853, il entra en lutte contre le clergé catholique, surtout contre l'archevêque de Fribourg, qui réclamait la restitution à l'Église de ses anciens privilèges. Dans le cours de la lutte, les jésuites furent bannis (1853). Puis le parti libéral l'emporta définitivement dans le Landtag badois (1860), et le clergé fut obligé de renoncer à ses prétentions. Bien que très favorable à la Prusse, Frédéric fut obligé par l'opinion publique et le Landtag, en 1865-64, lors de l'affaire des duchés, de prendre parti pour l'Autriche contre Berlin. Le 14 juin 1866, le gouvernement badois déclara la guerre à la Prusse. Mais le grand-duc, chef de l'armée, s'abstint de toute action et conclut un armistice avec les Prussiens (22 juillet). Le grand-duché dut payer une indemnité de guerre. Dès lors, Frédéric fut un des plus ardents partisans de l'unité allemande. On prétendit même, en 1869, qu'il songeait à incorporer le grand-duché de Bade à la Prusse. Pendant la guerre contre la France, il fournit une division qui combattit à Wœrth, devant Strasbourg, à Dijon, à Nuits et devant Belfort. En novembre 1870, le grand-duché entra dans la Confédération du Nord. Le grand-duc accepta avec enthousiasme la création de l'Empire allemand. Le 18 décembre 1870, il fut le premier à acclamer le nouvel empereur. Cependant il eut parfois des démêlés avec le prince de Bismarck, dont l'attitude hautaine indisposait les princes allemands et l'empereur lui-même. En 1870, il avait été médiocrement partisan de l'annexion de l'Alsace à l'Allemagne. En 1880, il se prononça énergiquement contre les menaces que Bismarck dirigeait contre la Suisse, en prenant des mesures militaires au sujet de la frontière entre ce pays et l'Alsace. Dès ce temps, Bismarck fut convaincu que le grand-duc cessait de lui unir auprès de l'empereur. Après la guerre, Frédéric accomplit dans ses États des réformes libérales, régla les questions différends avec le clergé catholique, réorganisa la justice, développa l'enseignement public, introduisit le suffrage universel pour les élections au Landtag (1904). Son esprit libéral lui avait valu en Allemagne une grande popularité. — Frédéric avait épousé la princesse Louise de Prusse, fille du roi Guillaume. De ce mariage naquirent un fils et une fille, la princesse Victoria, née en 1862, mariée en 1881 au prince Gustave de Suède. Les noces d'or du couple grand-ducal furent célébrées en grande pompe le 20 septembre 1906. Frédéric a eu pour successeur son fils, Frédéric-Guillaume, né en 1857, marié en 1885 à la princesse Hilda de Nassau.

FREEMAN (Edw.-Auguste), historien anglais, né à Harborne (Stafford) en 1823, mort en 1892, professa à Oxford. Il est connu surtout par une *Histoire de la Conquête normande*, 1867-79; trois séries d'*Essais historiques*,

1872-79 ; une *Histoire de l'Europe par la géographie politique*, 1881, traduite en français par G. Lefebvre, avec préface de M. Lavisse ; une étude sur la *Puissance ottomane en Europe* ; une *Histoire de la Sicile*, etc.

FREPPEL (Charles-Emile), évêque, né à Obernai (Bas-Rhin) en 1827, mort en 1891, fut ordonné prêtre en 1849. Renommé pour sa science, il fut mis, jeune encore, à la tête du collège de St-Arbogaste, dans le diocèse de Strasbourg, devint en 1852 docteur en théologie, chapelain de Ste-Geneviève en 1855, puis professeur d'éloquence sacrée à la Faculté de théologie catholique de Paris. En 1862, pendant le carême, il prêcha aux Tuileries des sermons qui ont été publiés sous le titre *la Vie chrétienne*. Doyen de Ste-Geneviève en 1867, il prit une part active aux travaux préparatoires du Concile du Vatican. Evêque d'Angers en 1869, il se signala pendant la guerre par son patriotisme ; il siégea à la Chambre des députés à partir de 1880. Il a laissé de nombreux ouvrages, parmi lesquels un *Examen critique du livre de M. Renan sur la Vie de Jésus*. — Cf. Mgr Ricard, *Mgr Freppel*, Paris, 1892.

FRÈRE-ORBAN (Hubert-Joseph WALTHER FRÈRE, dit), homme d'Etat belge, né à Liége en 1812, mort en 1904, soutint ardemment dans la presse de son pays la cause de l'indépendance de la Belgique en 1830. Membre du Conseil communal de Liége, il fut élu député aux élections du 8 juin 1847 et siégea dans les rangs des libéraux. Il devint aussitôt ministre des travaux publics, puis des finances. La création de la Banque nationale belge (1850) fut une de ses œuvres les plus remarquables, car cette institution remédia à une grave crise financière qui avait suivi les troubles de 1848. Démissionnaire en 1852, il revint au pouvoir en 1857 et reprit la direction des finances. Il fut dès lors le principal chef du parti libéral belge, et, à ce titre, il combattit le parti catholique. Partisan de l'omnipotence de l'Etat, il préconisait, par exemple, l'exploitation des chemins de fer par le gouvernement. Bien qu'il se fût opposé, en 1861, à la signature d'un traité de commerce avec la France, il se prononça contre la politique protectionniste et s'efforça de lancer la Belgique dans la voie du libre-échange ; mais il fut mal soutenu par ses partisans : ce ne fut qu'en 1871 que la Belgique commença à se dégager du protectionnisme, grâce à une loi qui établit la liberté du droit des céréales, et qui fut due aux catholiques. Il travailla au développement des forces militaires de la Belgique, ne voulant pas que, sous le prétexte de neutralité, ce pays se résignât à une attitude passive dans les affaires européennes. Le 3 janvier 1868, Frère-Orban devint président du Conseil. En cette qualité, il eut des démêlés avec la France au sujet d'une loi relative aux chemins de fer belges et de la cession de l'exploitation des lignes du Luxembourg à une compagnie française. Malgré les intérêts et les rivalités qui tendirent à irriter le débat, on convint que cette cession ne porterait aucune atteinte au droit de pleine propriété de l'Etat sur les lignes concédées, et n'aurait qu'une portée exclusivement commerciale (avril-juillet 1869). En juin 1870, le parti libéral fut battu aux élections, et Frère-Orban dut faire place à un cabinet catholique présidé par M. Malou. Chef de l'opposition, Frère-Orban lutta en faveur de la liberté de l'enseignement, qui fut consacrée par une loi. En 1878, vainqueur aux élections générales, il devint président du Conseil et ministre des Affaires étrangères. Il créa alors un ministère spécial de l'Instruction publique, et organisa des écoles primaires laïques, dans le but de lutter contre l'enseignement catholique. Alors s'engagea une lutte très vive au cours de laquelle le clergé mit les nouvelles écoles en interdit et lança l'excommunication contre les instituteurs laïques. La lutte entre les catholiques et les libéraux fut à son apogée en octobre 1879. Le cabinet Frère-Orban rompit les relations avec le Saint-Siège (juillet 1880) et rappela l'ambassadeur accrédité auprès du pape. Dans le même temps, l'usage de la langue flamande fut introduit dans les écoles primaires. Le droit électoral fut élargi ; une loi du 10 avril 1884 augmenta le nombre des électeurs pour les élections communales et provinciales, en conférant le droit de suffrage à tout Belge âgé de vingt et un ans, sachant lire et écrire. Mais le parti radical, nouvellement formé, et dirigé par M. Janson, trouvait insuffisantes ces concessions aux programmes avancés.

L'opinion se montrait de plus en plus favorable au régime du suffrage universel. Les élections du 10 juin 1884 donnèrent d'ailleurs la majorité aux catholiques, et Frère-Orban se retira. Il cessa dès lors de jouer un rôle prépondérant dans les affaires de son pays. — La biographie de Frère-Orban a été écrite par M. Paul Hymans, 1905.

FREYTAG (Gustave), écrivain allemand, né à Kreuzburg (Silésie) en 1816, mort en 1895, se consacra de bonne heure à l'étude de la philologie, et fut reçu docteur à Berlin en 1838. Chargé du cours de littérature allemande à l'Université de Breslau, il mena de front son enseignement et ses travaux littéraires personnels. Sa première œuvre, qui parut en 1845, avait pour titre : *A Breslau* ; c'était un recueil de poésies épiques. Il se tourna bientôt vers le théâtre, et écrivit deux drames : *Valentine* (1847) et *le Comte Waldemar* (1850), qui obtinrent un vif succès sur plusieurs scènes allemandes. En 1859, il obtint un nouveau succès avec sa tragédie antique, *les Fabiens*. En 1848, il avait pris à Leipzig la direction d'une revue hebdomadaire, *les Grenzboten*, qu'il conserva jusqu'en 1870. En 1854, il fit une comédie qui a encore du succès aujourd'hui : *les Journalistes*, dans laquelle il présente une image satirique de la vie politique et intellectuelle de son temps. En 1855, il eut plus de succès encore avec son roman : *Doit et Avoir*, qui fut traduit en plusieurs langues, et fit connaître l'auteur à l'étranger. En 1865, il se signala par une œuvre d'un nouveau genre : *la Technique du drame*, dans laquelle il exposait les règles fondamentales de l'art dramatique. Après avoir goûté de l'enseignement et de la littérature, il fit une courte apparition dans la politique ; de 1867 à 1870, il représenta Erfurt au Reichstag de l'Allemagne du Nord. En 1870, il accompagna pendant la guerre le prince royal Frédéric, le futur empereur Frédéric III, en qualité d'historiographe. C'est à cette intimité entre l'écrivain et le prince royal qu'on doit l'œuvre parue en 1889 sous ce titre : *le Prince royal et la Couronne impériale allemande*, qui donna lieu à de vives polémiques. A son retour de la campagne de 1870, Freytag se mit à écrire son œuvre la plus considérable, *les Ancêtres*, qui comprend six romans différents, et qui présente l'histoire d'une famille allemande, depuis les temps les plus reculés de la Germanie jusqu'à nos jours. — *Œuvres complètes* publiées en 22 volumes à Leipzig.

FRIEDEL (Charles), chimiste, né à Strasbourg en 1832, mort en 1899, fut élève de Wurtz, puis préparateur du minéralogiste Dufrénoy. Docteur en 1869, il fut maître de conférences de minéralogie à l'Ecole normale, puis professeur à la Sorbonne ; il succéda à Ad. Wurtz dans la chaire de chimie organique (1884). Il fut plus tard directeur de l'Ecole de chimie industrielle, qu'il avait fait créer. Comme chimiste, il a laissé un grand nombre de travaux, notamment sur les acétones et les aldéhydes, dans les *Annales de Chimie et de Physique*, dans les *Comptes rendus de l'Académie* et le *Bulletin de la Société chimique*. Il fut un des promoteurs les plus actifs de la théorie atomique. On lui doit encore d'importantes études sur la combinaison de l'oxyde de méthyle avec l'acide chlorhydrique, sur les analogies entre le silicium et le carbone, sur le silicium-éthyle, découvert par lui, sur la glycérine, l'acide lactique, l'éther silicique, etc. Il fonda, en 1896, le recueil des *Actualités chimiques*, devenu plus tard la *Revue générale de chimie*, et fut un des créateurs de la *Société chimique*. — En minéralogie, il a laissé aussi des travaux considérables sur l'orthose, la topaze, le quartz, etc. Il a publié, à partir de 1893, un traité de *Minéralogie générale*. — Il fut admis en 1878 à l'Académie des Sciences.

FROUDE (James Anthony), historien anglais, né à Totness (Devonshire) en 1818, mort en 1894, fit ses études à Oxford, remporta en 1842 un prix de discours anglais, et devint, la même année, *fellow* d'Exeter College à la même université. Il publia en 1848 un ouvrage intitulé *la Némésis de la Foi*, dirigé contre la Bible, qu'il appelle la mythologie hébraïque, et dont il trouve la conception morale grossière. Sa hardiesse lui ayant fait perdre sa place, il écrivit dans les périodiques et donna plusieurs brochures et de *Courtes Etudes sur de grands sujets*. Son ouvrage principal est une *Histoire d'Angleterre depuis la chute de Wolsey jusqu'à la mort d'Elisabeth*, 12 vol., 1856-1869. Il s'y montre grand admirateur de Henri VIII et adversaire passionné de Marie Stuart et de l'Église catholique. Il fut l'ami et l'exécuteur testamentaire de Carlyle, dont il écrivit la *Vie*, publiée à partir de 1882; dans cet ouvrage, l'écrivain écossais apparaît, en dépit du biographe, sous un jour peu favorable. Il a encore donné *les Anglais en Irlande au XVIIIᵉ siècle* (1872-1874), dans un esprit ultra-conservateur. — Bien qu'il fût fort consciencieux, Froude a laissé passer dans ses travaux de nombreuses erreurs de détail; l'accent est souvent celui de la passion; mais l'expression est d'une netteté et d'une justesse admirables. Froude a été surnommé parfois le Michelet anglais.

G

GADE (Niels-Guillaume), compositeur danois, né à Copenhague en 1817, mort en 1890, fut d'abord premier violon à la chapelle royale de Copenhague. Il se fit connaître par une ouverture intitulée : *Echo d'Ossian*, qui lui valut une pension de voyage. Il fit applaudir à Leipzig, en 1843, deux de ses meilleures œuvres : une *Ouverture* et une *Symphonie*. Il obtint, pendant l'absence de Mendelssohn, la direction des concerts, qu'il garda jusqu'en 1849. L'année suivante, il retourna à Copenhague, où il devint maître de chapelle du roi. Ce fut toutefois en Allemagne, particulièrement à Leipzig, qu'il continua de faire exécuter ses principaux ouvrages. Il fut élu correspondant de l'Institut en 1878. Ses principales œuvres sont des *Symphonies, Ouvertures, Sonates, Cantates, Quintettes et Romances*, et deux drames lyriques, *Comala* et *les Nibelungen*.

GALIGAÏ (Leonora nom. dite), née en 1576 ou 1577 dans une famille de la bourgeoisie florentine, fut placée en 1584 auprès de Marie de Médicis, alors âgée de quatorze ans, pour tenir compagnie à cette jeune princesse, qui avait perdu sa mère à l'âge de cinq ans, et qui était délaissée par son père, le grand-duc François. Leonora plut à la princesse par son caractère enjoué; dès lors, malgré la différence des situations, une intime amitié s'établit entre les deux jeunes filles. Leonora accompagna Marie de Médicis en France, quand cette princesse épousa Henri IV (1600). Elle n'était alors que simple femme de chambre (*cameriera*). Peu après, par ses intrigues auprès d'Henriette d'Entragues à qui elle promit de la défendre auprès de la reine, elle obtint le titre et les fonctions de dame d'atours, non sans de grandes difficultés, car Henri IV voulait la renvoyer en Italie, ainsi qu'un de ses compatriotes, Concini (*Voy.* ce nom dans le dictionnaire) dont elle s'était éprise pendant le voyage de Florence à Paris. Leonora resta, malgré tout, à la cour, eut un appartement au Louvre, et, en 1601, épousa Concini. Elle exerçait une grande influence sur l'esprit de la reine, qui avait en elle une entière confiance. Elle en profita pour amasser de grandes richesses dans son bel hôtel de la rue de Tournon. Après la mort du roi (1610), elle fut toute-puissante; elle s'enrichit encore plus par le passé, en vendant sa protection aux sollicitants; elle faisait créer des offices qu'elle accordait aux plus offrants; elle envoya en Italie une bonne partie des sommes ainsi extorquées. Grâce à elle, Concini devint un des principaux personnages de l'État. Atteinte, d'ailleurs, d'une maladie nerveuse, Leonora, qui se croyait ensorcelée, se livrait à des pratiques bizarres, qui la firent passer pour sorcière. À la mort de Concini (24 avril 1617), elle fut arrêtée comme telle. Pendant son procès, elle se défendit sans habileté. Elle expliqua son influence sur la reine, non pas en accusant celle-ci de faiblesse d'esprit, mais en disant : « J'ai eu l'honneur d'être aimée de la reine pour l'avoir suivie dans sa jeunesse; j'ai acquis sa bienveillance en la bien servant. » Les juges la condamnèrent à être décapitée, puis brûlée. Ils punirent ainsi les prévarications de Leonora; mais ils avaient voulu, aussi, donner une leçon à la reine, qui avait abusé de sa situation de régente pour gaspiller les finances de l'État. — Cf. L. Battifol, *La Vie intime d'une reine de France au XVIIᵉ siècle*.

GALLAND (Pierre), peintre décorateur, né à Genève de parents français en 1822, mort en 1892, fut élève de Labrouste, de Gléyre et de Drolling. Adonné surtout à la peinture décorative, il a orné le Panthéon (*la Prédication*

de St Denis), le plafond du grand amphithéâtre de la Sorbonne (*l'Université, les Sciences, les Lettres, le Droit et la Médecine*), l'Hôtel de Ville de Paris (la *Glorification du travail*). Il a décoré en outre un grand nombre d'hôtels particuliers. Il fut nommé en 1875 professeur d'art décoratif à l'École des Beaux-Arts, et, en 1877, directeur des travaux aux Gobelins.

GALLÉ (Émile), artiste, né à Nancy en 1846, mort en 1904, était le fils d'un fabricant de faïences qui s'était fait remarquer par ses œuvres finement décorées. Émile Gallé produisit à l'Exposition Universelle de 1867 des faïences artistiques qui commencèrent sa réputation. Dès lors, son œuvre ne cessa plus de progresser, tantôt originale, tantôt inspirée par l'imitation des vieux maîtres. Ses faïences, ses émaux, ses verreries, sont des œuvres artistiques de premier ordre. Il s'adonna aussi à l'ébénisterie, et produisit des meubles imitant les formes de plantes, d'une composition parfois maniérée, mais d'un art subtil et élégant. La beauté de son œuvre l'a fait comparer parfois à Bernard Palissy. D'importantes études ont été consacrées à Émile Gallé par MM. Roger Marx (*la Décoration et les Industries d'Art*, 1900), Ch. de Dombasle (*Émile Gallé*, 1900), L. de Fourcaud, 1903.

GALLINA (Giacinto), auteur dramatique italien, né à Venise en 1852, mort en 1897, a donné au théâtre un grand nombre de pièces, dont beaucoup sont restées populaires. On citera : *Le Barufe in famegia; La Famegia in rovina; Nessun va al monte; Le serve al pozzo; El moroso de la nona; Zente refada; La Chitarra del papa*; sujets tirés de la vie journalière, et traités à la manière de Goldoni. Ses dernières pièces furent des sortes de plaidoyers sur des questions sociales et politiques, *Serenissimo, La Famegia del Santolo, Fora del mondo, La Base de tuto*.

GARCIA (Calixto), patriote cubain, né à la Havane en 1832, fut un des principaux chefs de l'insurrection de Cuba en 1868. Blessé et pris par les Espagnols, il fut gardé par eux jusqu'à la fin de la guerre (1878); il s'établit alors aux États-Unis. En 1880, il essaya de fomenter une nouvelle révolution. Battu, et, de nouveau prisonnier, il essaya inutilement de se tuer. Il vécut en Espagne jusqu'en 1894, s'enfuit alors aux États-Unis, et prit une part considérable à l'insurrection de 1895; devint commandant de la province de Santiago de Cuba. Après le débarquement des Américains (1898), il aida le général Shafter à s'emparer de cette ville importante. Chargé par l'Assemblée cubaine d'une mission à Washington, il mourut dans cette ville en 1898.

GARNIER (Charles), architecte, né à Paris en 1825, mort en 1898, était fils d'un forgeron. Élève d'Hippolyte Lebas, il entra à seize ans à l'École des Beaux-Arts, et obtint le prix de Rome à vingt-trois ans, en 1848. Il voyagea beaucoup en Italie, d'où il envoya d'intéressants travaux; fit dans le royaume de Naples, pour le duc de Luynes, le relevé des monuments de la Maison d'Anjou, et exécuta, à cette occasion, de belles aquarelles. Il alla ensuite étudier en Grèce, où il fit une remarquable restauration du temple polychrome de Jupiter Panhellénien, dans l'île d'Égine. Il revint en Italie, puis à Paris, où il devint architecte du cinquième arrondissement. En 1862, il prit part au concours à deux degrés institué par l'empereur Napoléon III pour l'édification d'un nouvel Opéra. Classé le cinquième au premier concours, sur deux cents concurrents, il fut le premier, à l'unanimité, au second concours, restreint entre les cinq projets primés. Chargé de la construction de l'Opéra, il fit un devis de 35 millions. Mais le ministère, craignant l'opposition des Chambres, ne leur présenta qu'un devis de 15 millions, contre lequel l'architecte protesta en vain. Doué d'une grande activité, Ch. Garnier aurait pu achever son œuvre en quatre ou cinq ans; mais la Chambre des députés marchandait les crédits et n'allouait chaque année que des sommes insuffisantes. Puis la guerre suspendit les travaux, et la République ne parut pas se soucier de les reprendre activement. Mais l'incendie de l'Opéra de la rue Le Peletier précipita l'achèvement du nouvel Opéra, et l'architecte dut faire un vrai tour de force pour terminer son œuvre en treize mois. L'Opéra put être inauguré le 5 janvier 1875. Le soir de l'inauguration, à laquelle assistaient le maréchal Mac-Mahon, alors Président de la République, et le maire de Londres, le public fit à Garnier une ovation chaleureuse. Son œuvre est, en effet, puissante et originale. L'Opéra de Paris, construit sur un plan simple et logique, est rapidement devenu le type consacré pour tous les théâtres qu'on construit, tant en France qu'à l'étranger. La nouveauté des moyens de construction, l'emploi de la polychromie par le marbre dans les façades, la mise en œuvre de beaux matériaux provenant de tous les pays, l'introduction pour la première fois en France de la mosaïque vénitienne, telle qu'on la voit à Ravenne, l'invention de la couleur *vieil or*, la belle ordonnance de la salle, inspirée par celle de Louis dans l'ancien Opéra, le splendide escalier, le foyer, tout cet ensemble de luxe, élégant sans surcharge, fait de l'Opéra un chef-d'œuvre. On doit encore à Charles Garnier : le *Cercle de la Librairie* (boulevard St-Germain), excepté la partie ajoutée sur la rue Grégoire-de-Tours, bâtie par Cassien Bernard ; l'*Observatoire de Nice*, qui montre comment l'art peut s'harmoniser avec la science : la belle *Villa Bischoffsheim*, maintenant *Villa Ethelinda*, à Bordighera ; l'église des *Franciscains*, à Bordighera ; l'église de la *Cappelle-en-Thiérache* ; les *tombeaux d'Offenbach*, de Bizet, au Père-Lachaise ; celui de *Musset*, au cimetière Montmartre ; le *Casino*, les *Bains*, la belle *Salle à manger* de l'établissement des Eaux de Vittel, et la *chapelle* ; une *Salle de concerts* et deux nouvelles *salles de Jeu* à Monte-Carlo. On considère la salle de concerts construite en 1878, comme marquant l'apogée du génie de Charles Garnier, mais des modifications ont été depuis apportées à la construction primitive. A l'Exposition universelle de 1889, Charles Garnier conçut et exécuta une savante et artistique reconstitution de l'habitation à tous les âges du monde, qu'il appela : *Histoire de l'Habitation humaine*.—Charles Garnier a laissé quelques ouvrages écrits avec originalité : *A travers les Arts*, 1869 ; le *Théâtre*, 1871, sorte de manuel de la construction théâtrale ; un important ouvrage in-folio : l'*Opéra*, avec photographies et chromolithographies, où il explique et discute son œuvre. Il a publié aussi une *Monographie de l'Observatoire de Nice*, puis, en collaboration avec M. Auguste Ammann, l'*Habitation humaine*, commentaire de son travail à l'Exposition de 1889. Il fut nommé, en 1875, membre de l'Académie des Beaux-Arts.

GARNIER (Christian), géographe et linguiste, né à Paris en 1872, mort en 1898, fils du précédent, a laissé des articles dans les *Revues de Géographie française* et italienne ; un *Essai de géographie générale*, plein d'idées neuves et personnelles ; deux *Grammaires des idiomes italiens* de Bordighera et de Realdo ; une *Monographie de la Province de Porto-Maurizio* (en italien). et une œuvre remarquable, d'une grande érudition, *Méthode de transcription rationnelle générale des noms géographiques*, qui valut à son jeune auteur, trois mois avant sa mort, le prix Volney, à l'Institut.

GARRETT (J.-Bapt. DA SILVA LEITÃO, vicomte D'ALMEIDA), écrivain portugais, 1799-1854, est considéré comme un des principaux promoteurs de la renaissance littéraire en Portugal. Il a laissé de belles poésies lyriques ; un recueil intitulé *Folhas cahidas* (les *Feuilles tombées*) ; un poème sur *Camoëns*, traduit en français par M. H. Faure (Paris, 1880 ; des tragédies, comme *Caton*, *Mérope*, et de nombreuses pièces dramatiques, qui ont donné une vie nouvelle au théâtre portugais. On cite, parmi les plus belles, *Un auto de Gil Vicente*, l'*Armurier de Santarem*, la *Nièce du marquis*, et surtout *Frère Louis de Souza*, qui est considéré comme le chef-d'œuvre de Garrett.

GASKELL (Mrs Elisabeth GREGORY, née STEVENSON), romancière anglaise, 1810-1865. Ses principaux romans, traduits en français, sont : *Mary Barton*. 1848 ; *Ruth*. 1853 ; les *Amoureux de Sylvia*, 1863. On lui doit aussi une *Vie de Charlotte Brontë*, 1857. — Cf. Montégut, les *Écrivains modernes d'Angleterre*.

GASPARIN (Valérie BOISSIER, comtesse de), née à Genève en 1813, morte au Rivage, près de Genève, en 1894, épousa en 1857 le comte Agénor de Gasparin, qui mourut en 1867. Elle publia les œuvres philosophiques et religieuses laissées par son mari et se fit connaître par des ouvrages dont deux obtinrent le prix Montyon à l'Académie française : le *Mariage au point de vue chrétien* (1842) et *Il y a des Pauvres à Paris et ailleurs* (1846). On peut citer encore parmi ses œuvres, qu'animent une foi profonde et un sentiment très vif de la nature : *Un Livre pour les femmes mariées* (1845) ;

Journal d'un voyage au Levant (1849) ; *Quelques défauts des Chrétiens d'aujourd'hui* (1853) ; les *Corporations monastiques au sein du Protestantisme* (1855) ; les *Horizons prochains* (1859), son principal ouvrage ; les *Horizons célestes* (1859) ; l'*esper* (1861) ; les *Tristesses humaines* (1865) ; la *Bande du Jura*, recueil de récits et impressions de voyage (1865-1866) ; *Au bord de la Mer* (1866) ; *A Constantinople* (1867) ; *A travers les Espagnes* (1868), etc. Mme de Gasparin a aussi traduit ou imité de l'anglais un grand nombre d'ouvrages, la *Grande armée des misérables* (1877) ; *Quatre ans de prison* (1880) ; *Si distingué!* (1883) ; *Pures amours* (1884), ces trois derniers empruntés à des originaux anonymes, etc. La comtesse de Gasparin a mené une campagne très active contre les diaconesses protestantes et contre l'armée du Salut. Sa biographie a été publiée, avec une intéressante correspondance, par sa nièce, Mme C. Barbey-Boissier (Paris, Plon, 1902).

GAUTIER (Léon), historien, né au Havre en 1832, mort en 1897, élève, et, plus tard, professeur de paléographie à l'École des Chartes, se fit connaître d'abord par des *Essais sur la poésie liturgique au moyen âge*, étude sur les proses, les tropes et les offices rimés, qu'il a continuée jusqu'à la fin de sa vie (*Histoire de la poésie liturgique*, 1887 ; la *Poésie religieuse dans les cloîtres*, 1887). Il est connu surtout par ses travaux sur l'histoire littéraire, entrepris à une époque où cette matière était mal étudiée, et conduits à terme avec beaucoup de méthode et de discernement. Telles sont les *Épopées françaises*, 1866-1867-1878 ; la *Chanson de Roland*, 1874. Comme couronnement à ses études sur le moyen âge, il publia, en 1884, la *Chevalerie*, peinture exacte et touchante de la vie de ce temps. Léon Gautier a laissé d'autres ouvrages sur des sujets divers : *Études littéraires pour la défense de l'Église*; *Lettres d'un catholique*, 1870-1878, etc. Il fut admis, en 1887, à l'Académie des Inscriptions et Belles-Lettres.

GAYANGOS Y ARCE (don Pascual), historien espagnol, né à Séville en 1809, mort en 1897, étudia en France les lettres classiques, puis les langues orientales auprès de Silvestre de Sacy, fit un voyage en Afrique en 1828, et rentra en Espagne, où il fut successivement professeur à l'université de Madrid et directeur de l'enseignement (1881). L'Académie des Inscriptions de France l'élut membre correspondant en 1856. On cite de lui : *Histoire des dynasties mahométanes d'Espagne*; une traduction espagnole de l'*Histoire littéraire d'Espagne*, de Ticknor ; *Correspondance du cardinal Cisneros*, 1867 ; *Rapports et correspondances de Hernan Cortès avec Charles V*, 1870 ; *Lettres et documents sur les rapports de l'histoire d'Angleterre avec l'histoire d'Espagne*, sous le règne de Henri VIII, 1870-1880 ; *Memorial historico-espagnol*, 19 vol. ; *Catalogue analytique des manuscrits espagnols du British Museum*.

GEBHARDT (Emile), écrivain et professeur, né à Nancy en 1839, mort en 1908, fut reçu docteur ès lettres à l'âge de vingt-deux ans avec des thèses remarquables sur l'*Histoire du sentiment artistique de la nature dans l'antiquité grecque et latine*, et *De varia Ulyssis apud veteres poetas persona*. Nommé en 1861 membre de l'École française d'Athènes, il séjourna quelque temps à Rome. A son retour, en 1865, il fut nommé professeur à la Faculté des Lettres de Nancy, où il demeura jusqu'en 1879. Il vint alors occuper à la Sorbonne la chaire des littératures de l'Europe méridionale, récemment créée. Il fut élu membre de l'Académie des Sciences morales et politiques en 1895, en remplacement de Constant Martha, et membre de l'Académie française en 1904, en remplacement de Gréard. — Gebhardt a su allier, dans ses ouvrages, une érudition profonde aux charmes d'un art plein de délicatesse. Il fut surtout l'historien original et subtil de l'Italie, qu'il sut admirablement dépeindre dans l'infinie variété de son évolution. Il a publié sur ce sujet : l'*Italie* (1876), essais de critique et d'histoire ; les *Origines de la Renaissance en Italie* (1879) ; *Études méridionales* (1887) ; la *Renaissance italienne et la philosophie de l'histoire* ; l'*Italie mystique* (1890), qui est peut-être son chef-d'œuvre ; les *Conteurs florentins* (1901) ; *Sandro Botticelli* (1907) ; *Florence*, un de ses meilleurs ouvrages. Il a exposé avec un grand talent quelques-uns des chapitres les plus intéressants de l'histoire de l'Église, dans son *Histoire de la Renaissance religieuse au* moyen âge; le Diacre de Nicée; Autour d'une tiare (1893); Moines et papes (1896); Au son des cloches; Un pape de l'époque de la Renaissance, Jules II. — Le xvi⁰ siècle français lui inspira un livre remarquable sur Rabelais, la Renaissance et la Réforme. Admirateur fervent de l'antiquité il composa des ouvrages sur l'art ancien, tels que Praxitèle, essai sur l'histoire de l'art et du génie grecs, et un Essai sur la peinture de genre dans l'antiquité. Il fut un des défenseurs convaincus des anciennes traditions françaises, des institutions nationales, et aussi des humanités, en faveur desquelles il écrivit son livre sur le Baccalauréat et les études classiques. Enfin il a laissé des contes pleins d'esprit et de fine bonhomie, Cloches de Noël et de Pâques, d'Ulysse à Panurge (1902), etc. Il a donné aussi de nombreux articles au Journal des Débats, au Gaulois, à la Revue des Deux Mondes, etc.

GEFFCKEN (Fréd. Henri), jurisconsulte et écrivain allemand, né à Hambourg en 1830, mort en 1896, représenta sa ville natale à Paris, à Berlin, à Londres, et entra en 1869 au Sénat de Hambourg. Il enseigna le droit public à Strasbourg, de 1872 à 1882. En 1888, il fut accusé de haute trahison par le prince Bismarck, pour avoir publié dans la Deutsche Rundschau un article intitulé Aus Kaiser Friederichs Tagebuchs 1870-1871; mais il fut acquitté par la haute cour de l'Empire (1889) et il se retira en Suisse. Ses principaux ouvrages sont: Réforme de la Constitution prussienne, Leipzig, 1870; le Coup d'État de 1851 et son contre-coup en Europe, Leipzig, 1870; la Constitution de la Confédération allemande, 1870; l'Impasse orientale (en français, 1871). — Ces ouvrages ne sont pas signés de son nom. La Question de l'Alabama, Stuttgart, 1872; Développement historique des relations entre l'État et l'Église, Berlin, 1875; Contribution à l'histoire de la guerre d'Orient, Berlin, 1881; la Question du Danube (en français, 1883); l'Empire allemand et la question des banques, Hambourg, 1885; le Droit d'intervention, 1887. Il a publié, en outre, de nouvelles éditions du Guide diplomatique de Martens, Leipzig, 1866, et du Droit international de l'Europe de Heffter, Berlin, 1881. —

GELLIVARA, petite localité de la Laponie suédoise. Mines de fer connues depuis le xviii⁰ siècle, exploitées surtout depuis 1896. Une voie ferrée de 100 kilomètres relie Gellivara à la côte.

GENGIS KHAN (Voy. ce nom dans le dictionnaire). — Suivant l'explorateur russe Prjevalsky, le tombeau de Gengis Khan est situé dans le district de Wan, à cent verstes au sud du lac Dalasoum-Nor. Il a été visité en 1896 par un Français, M. Bouin. Les restes du conquérant reposent sous deux grandes tentes, placées elles-mêmes sur une plate-forme entourée d'une palissade. Suivant la légende, Gengis Khan doit ressusciter huit siècles ou, au plus tard, dix siècles après sa mort, pour entamer contre les Chinois une guerre de laquelle les Mongols doivent sortir victorieux.

GEORGE (Henri), socialiste américain, né à Philadelphie en 1839, mort en 1897, fut successivement matelot, imprimeur, chercheur d'or, employé dans un moulin, commis de magasin, etc. Il fonda, en 1871, un journal à San-Francisco, remplit jusqu'en 1880 les fonctions de bibliothécaire de cette ville, puis il se fixa en 1880 à New-York, où il dirigea le Standard (1887-1890), et s'occupa de la publication de ses ouvrages, tout en faisant de fréquents voyages en Angleterre et en Irlande. Ses livres ont eu une grande influence sur les doctrines socialistes contemporaines. On cite de lui: Notre sol et notre politique agraire, San-Francisco, 1871; Progrès et Pauvreté (1⁰⁰ édit., New-York, 1879), son chef-d'œuvre, dont la notoriété devint bientôt universelle; Problèmes sociaux, 1880; la question agraire en Irlande, 1881; les Conditions du Libre-Échange, 1885; le Philosophe perplexe, 1891. Il propose, dans ces ouvrages, l'établissement d'un impôt unique, qui serait fourni par la rente, ou la « plus-value immobilière », qui ne résulte pas de l'effort immédiat du travail et du capital. Il voit dans la destruction de la rente le seul moyen logique de hausser les salaires. Ces doctrines, répandues par les livres de George et par de nombreuses conférences dans tous les pays de langue anglaise, ont produit une impression profonde dans le monde anglo-saxon.

GEORGES (grand-duc de Russie), fils de l'empereur Alexandre III et frère de l'empereur Nicolas II, né à Tsarskoïé-Sélo, en 1871, fut, pendant plusieurs années, l'héritier présomptif de la couronne. Il mourut en 1899, à Abbas-Touman, dans le Caucase, après une longue et cruelle maladie. Ce prince était doué des qualités les plus brillantes.

GEORGES, roi de Saxe, né à Pilnitz en 1832, fils cadet du roi Jean, étudia avec soin les sciences militaires et le droit. Il épousa, en 1859, la princesse Marie de Portugal. Général en 1866, il prit une part notable à la bataille de Sadowa, sous les ordres de son frère le prince Albert (Voy. ce nom dans le supplément), qui commandait le corps saxon, joint à l'armée autrichienne. On sait qu'après la campagne de 1866, la Saxe fut englobée dans la Nordbund. Pendant la guerre franco-allemande, le prince Georges prit part aux batailles de Saint-Privat, de Beaumont et de Sedan, puis au siège de Paris, pendant lequel il participa aux batailles de Villiers et de Champigny. Après l'avènement de son frère Albert au trône de Saxe (1873), le prince Georges prit le commandement des troupes saxonnes formant le douzième corps de l'armée allemande. Il fut nommé par l'empereur Guillaume feldmaréchal en 1888 et inspecteur d'armée. Très attaché à la religion catholique, il mécontenta souvent le peuple luthérien de Saxe. Rétrograde en politique, il s'était prononcé contre l'usage du suffrage universel dans les élections à l'Assemblée de Saxe. Il succéda en 1902 à son frère Albert sur le trône de Saxe. Comme son prédécesseur, il combattit les socialistes et suivit une politique antilibérale, ce qui provoqua un conflit entre le roi et ses sujets, qui, en 1905, envoyèrent vingt-deux députés socialistes au Reichstag. En 1902, la cour de Saxe fut le théâtre d'un scandale sans précédent: la princesse Louise, fille de l'archiduc Ferdinand IV (Voy. ce nom dans le supplément) et femme du prince héritier Frédéric-Auguste, s'enfuit de Dresde avec le précepteur de ses enfants. Le roi fit aussitôt prononcer le divorce. Georges mourut le 15 octobre 1904. De son mariage avec la princesse Marie de Portugal, qui mourut en 1884, naquirent six enfants: la princesse Mathilde, née en 1863; Frédéric-Auguste, né en 1865, qui a succédé à son père; Marie-Josèphe, né en 1867, qui épousa l'archiduc Otto; Jean-Georges, né en 1869, qui épousa la duchesse Isabelle de Wurtemberg; Max, né en 1870, ordonné prêtre en 1896; et le prince Albert, né en 1875.

GÉROME (Jean-Léon), peintre et sculpteur, né à Vesoul en 1824, mort en 1904, était le fils d'un orfèvre. Il vint à Paris en 1841, entra dans l'atelier de Delaroche, sous la direction duquel il suivit les cours de l'École des Beaux-Arts, et l'accompagna dans son voyage en Italie (1844-1845). Il exposa pour la première fois au Salon de 1847, avec les Jeunes Grecs excitant des coqs, œuvre qui est maintenant au Luxembourg. Au Salon de 1848, il exposa la Vierge, l'Enfant Jésus et saint Jean et Anacréon, Bacchus et l'Amour. Il visita par la suite la Turquie et l'Égypte. Nommé professeur à l'École des Beaux-Arts en 1863, il fut élu deux ans plus tard membre de l'Académie des Beaux-Arts en remplacement de Heim. Ses œuvres sont remarquables par la hardiesse de conception, l'intensité expressive et la vigueur de l'exécution. On cite parmi les principales: Souvenir d'Italie (1859), Pœstum (1852), le Siècle d'Auguste et la naissance de Jésus-Christ (1855), la Sortie du bal masqué ou le Duel de Pierrot (1857), qui obtint une très grande vogue, Memnon et Sésostris (1857), Phryné devant le tribunal, Socrate chez Aspasie, les Deux Augures, la Réception des ambassadeurs siamois, l'Almée, Jérusalem (1868), Marché d'esclaves, Marchand ambulant au Caire, Cléopâtre. Il décora une des chapelles de Saint-Séverin (la Peste à Marseille, la Mort de saint Jérôme). Dans la dernière partie de sa carrière, il donna Pollice verso (1874); l'Éminence grise, Bain turc (1878), la Nuit au désert (1884), la Soif (1888), Lion aux aguets, Un Coin du Caire, la Prière dans la mosquée (1897), Femme au bain (1898), la Plaine de Thèbes (1901), vue de Médinc-el-Fayoum (1905). — Gérome fut peut-être plus sculpteur que peintre. Dès 1867, il exécuta pour l'Exposition universelle de grandes figures de femmes représentant les nations. Il mit à la mode la sculpture polychrome. On peut citer parmi ses principales œuvres le Gladiateur, Bacchus et l'Amour,

Tanagra, Danseuse, la *Joueuse de boules, Galatée et Pygmalion, Bellone, Bonaparte*, buste en bronze ; *Tamerlan, Victoire, Wellington* (1901), *l'Aigle expirant* (Waterloo), *Corinthe*, sa dernière œuvre à laquelle il travaillait encore la veille de sa mort. Doué d'un esprit mordant et d'un tempérament plein d'ardeur, Gérôme défendit avec éclat ses doctrines esthétiques. Il fut l'adversaire résolu de l'école impressionniste.

GHARDAÏA, localité du Mzab, annexée en 1882 (*Voy.* TERRITOIRES DU SUD dans le SUPPLÉMENT).

GIACOSA (Giuseppe), littérateur italien, né à Colleretto-Parella, près d'Ivrée (Piémont), en 1847, mort en 1900, était le fils d'un avocat distingué. Il fit ses études au collège d'Ivrée et son droit à Turin. Il suivit le barreau, mais se fit surtout connaître comme poète, par le succès de ses premières pièces de vers, qu'il lisait lui-même. C'étaient des poèmes à légendes de forme dramatique, qui, transportés à la scène, réussirent également. Telles furent : *la Partie d'échecs*, inspirée du poème français de Huon de Bordeaux, et traduite en vers français par M. Émile d'Audiffret (1886) ; *le Triomphe d'Amour, le Frère d'armes*. Sa réputation d'auteur dramatique s'affirma par la représentation sur le théâtre de Turin, dès 1862, du proverbe : « A chien qui lèche les cendres ne donnez pas la farine à garder » (*A can che lecca cenere non gli fidar farina*). Il donna ensuite *l'Vieille histoire*, comédie ; *Affaires de banque*, 1873, pièce qui fut jouée sur un grand nombre de scènes italiennes ; puis, *les Fils du marquis, Arthur, Thérèse, le Mari amant de sa femme, le Conte rouge, Tristes amours* (1888), pièce jouée à Paris, au Vaudeville (1895) ; *les Droits de l'âme* (1894). *Le plus fort*, etc. Une satire éloquente des mœurs de la haute bourgeoisie, *Comme les feuilles* (1900), fut peut-être le plus grand succès de Giacosa. Il a publié aussi quelques nouvelles et des études d'archéologie et d'histoire. — Cf. Jean Dornès, *le Théâtre italien*, et M. Muret, *Giacosa et ses pièces sociales*, dans la *Revue* (vol. LXI, 1900).

GIGOUX (Jean-François), peintre, né à Besançon en 1808, mort en 1894, a laissé un grand nombre de toiles. Les plus connues sont : *la Mort de Cléopâtre, Charlotte Corday, la Veillée d'Austerlitz* (musée de Besançon), *le Bon Samaritain* (1857, musée du Luxembourg) ; *Une Arrestation sous la Terreur* (1859) ; *Sainte Madeleine au désert* (1878) ; *le Dernier jour de Jeanne d'Arc à Domrémy* (1880) ; *la Source de la Loire* (1888) ; *Printemps « Jeunesse de la Vie »* (1890). Il a peint aussi des portraits et décoré les églises de Saint-Germain-l'Auxerrois, Saint-Merry, Saint-Gervais et Saint-Protais.

GILBERT (sir John), peintre anglais, 1817-1897, acquit une grande réputation, grâce surtout à ses aquarelles, et devint président de la Société des aquarellistes anglais. Il a longtemps collaboré au *London Journal* et à l'*Illustrated London News*. On lui doit des illustrations de la plupart des classiques anglais, notamment de Shakespeare. On cite, parmi ses œuvres principales : *Don Quichotte et Sancho Pança, l'Éducation de Gil Blas, le Meurtre de Thomas Becket, l'Entrée de Jeanne d'Arc à Orléans*, une *Charge de cavaliers à Naseby, le cardinal Wolsey à l'abbaye de Leicester, Richard II déposant sa couronne, En avant*, etc.

GIRARD (Charles), chimiste, né à Paris en 1830, mort en 1898, s'est occupé surtout de chimie industrielle et agricole. On lui doit, sur la culture de la pomme de terre et de la betterave, d'importants travaux, dont l'industrie a tiré le plus grand profit. On citera, parmi ses principaux ouvrages : *Dictionnaire de chimie industrielle*, avec Barreswill, 1861-1868 ; *Composition chimique et valeurs alimentaires des diverses parties du grain de froment*, 1885 ; *les Nématodes de la betterave*, 1887 ; *Recherches sur le développement de la betterave à sucre*, 1887 ; *la Fabrication de la bière*, en collaboration avec M. Delattre, 1887 ; *les Engrais*, en collaboration avec M. A. Müntz, 1888-1889 ; *Recherche sur la culture de la pomme de terre industrielle*, 1889 ; *Amélioration de la culture de la pomme de terre*, 1893 ; *Application de la pomme de terre à l'alimentation du bétail*, 1894, etc.

GLADSTONE (William-Ewart), homme d'État anglais, né à Liverpool en 1809, mort en 1898, était le troisième fils d'un riche marchand. Il fit de brillantes études à Eton et à Oxford. Dès 1832, il fut élu, grâce à la protec-

tion du duc de Newcastle, député de Newark, et siégea parmi les conservateurs. En 1834, sous le ministère Robert Peel, il devint lord de la Trésorerie, puis sous-secrétaire d'État aux colonies (1835). Après la formation du cabinet Melbourne, il écrivit son livre *l'État dans ses relations avec l'Église*, (1838), où il se déclare partisan d'une religion d'État très exclusive. C'est à cette époque que Macaulay saluait dans le jeune député « l'espoir et l'honneur du toryisme intransigeant ». Il revint avec Peel aux affaires en 1841, comme vice-président de l'Office du commerce, dont il prit la présidence en 1843. Dès ce temps, préparant la réforme des tarifs douaniers, il se convertit aux principes de la liberté commerciale. Il soutint Robert Peel dans l'abolition des droits sur les céréales. Pendant une année (1845-1846), il se tint à l'écart de la politique, ne voulant pas, à la suite de l'affaire de la dotation du collège catholique de Maynooth, manquer aux engagements qu'il avait pris vis-à-vis de ses électeurs anglicans. Député de l'Université d'Oxford en 1847, il combattit le « papisme », soutint, d'autre part, l'admission des Juifs au Parlement, et commença à se séparer de ses premiers amis. Réélu en 1851, non sans difficultés, par l'Université d'Oxford, il fut chancelier de l'Échiquier sous le ministère Aberdeen et au début du ministère Palmerston (1855). Il reprit ces fonctions en 1859 et participa à la conclusion du traité de commerce avec la France (1860). Dès cette époque, il prépara la transformation radicale de l'impôt et se couvrit entièrement aux idées libérales. Aussi ne fut-il pas réélu en 1865 par l'Université d'Oxford ; mais les électeurs du South-Lancashire le renvoyèrent au Parlement. Après la mort de Palmerston (oct. 1865), le rôle de Gladstone grandit encore. C'est alors qu'il proposa l'abolition de l'église privilégiée d'Irlande, question qui agita beaucoup le pays (1868). La Chambre des communes fut dissoute Gladstone, battu dans le Lancashire, fut élu à Greenwich. Il devint alors premier ministre et fit passer son projet (1869). Il fit aussi voter la première loi agraire favorable à l'Irlande. Pendant la guerre de 1870, il garda une neutralité peu bienveillante pour la France ; il ne put pas s'opposer, dans la conférence de Londres (1871), à la revision, dans un sens favorable à la Russie, du traité de Paris de 1856. Poursuivant ses réformes libérales, il fit supprimer dans l'armée le droit d'achat des grades, malgré l'opposition des lords. Battu avec son parti aux élections de 1874, il céda la place au ministère Disraeli. Mais il ne renonça pas à la politique. Il publia des articles et des brochures sur le Saint-Siège (*les Décrets du Vatican*, *le Vaticanisme*, 1875, etc.), sur la question d'Orient (*les Atrocités de la Bulgarie*, 1876, etc.). Au sujet de l'Afghanistan, il critiqua vivement la politique de lord Beaconsfield, si bien qu'en 1880, il triompha aux élections générales, et fut, de nouveau, président du conseil. En 1881, il accorda de nouvelles satisfactions à l'Irlande au sujet des lois agraires. Mais, en présence de l'agitation irlandaise, surtout après l'assassinat, dans Phœnix Park, de lord Cavendish et de M. Burke (1882), il dut demander au Parlement des pouvoirs presque dictatoriaux, qui lui furent accordés. Il fit aussi passer la réforme électorale qui conférait le droit de vote à près de deux millions d'électeurs nouveaux (1885). Sous son ministère, l'Angleterre intervint en Égypte, sous prétexte des projets ambitieux d'Arabi Pacha, bombarda Alexandrie (11 juillet 1882), battit Arabi à Tel-el-Kebir (13 sept.), commençant ainsi l'occupation injuste de l'Égypte. La question de l'oasis de Merv (1884) et la marche des Russes vers l'Afghanistan faillirent amener de graves complications. Renversé en juin 1885, au sujet d'une surtaxe sur la bière, Gladstone revint encore aux affaires en février 1886, avec l'aide des radicaux et des parnellistes. C'est alors qu'il proposa pour l'Irlande le système intégral du « Home Rule », ainsi que l'expropriation, avec indemnité, d'un certain nombre de propriétaires anglais dont les terres seraient cédées à des paysans irlandais. Mais il fut battu (1886) et fut remplacé par lord Salisbury. Il employa ses loisirs à défendre, avec les idées libérales, la cause irlandaise, compromise par une affaire scandaleuse à laquelle Parnell fut mêlé, et qui nécessita la séparation de ces deux hommes politiques (1889). Cette même année, l'Angleterre et toute l'Europe libérale célébrèrent le quatre-vingtième anniversaire de celui qu'on appelait « the Great old Man ». Cependant il reprit le pouvoir encore une fois, en 1892, pour y renoncer définitivement en mars 1893. Peu de temps après, il subissait avec succès l'opération de la cataracte. — Joignant le goût des lettres à celui de la politique, Gladstone a laissé, outre des ouvrages de circonstance, une *Histoire des États romains*, 1851-1852, traduite de l'italien de Farini, et des *Études sur Homère et l'époque homérique*, 1861. Il était, depuis 1865, associé étranger de l'Institut de France. M. Luzzatti, qui lui a succédé à l'Institut, a donné sur l'homme d'État anglais une notice biographique (15 avril 1899). Cf. *Marie Dronsart, Will.-Ewart Gladstone*, avec bibliographie, Paris, 1895.

GLAIZE (Auguste-Barthélemy), peintre, né à Montpellier en 1812, mort en 1893, élève des frères Devéria, appartint à l'école romantique, et se fit connaître, dès 1836, par des tableaux d'histoire et de poéte. On cite parmi ses œuvres : les *Femmes gauloises*, 1852 ; l'*Allocution de l'Empereur à la distribution des aigles* (musée de Versailles) ; le *Pilori*, 1855, etc.

GOBINEAU (Louis, comte de), orientaliste et écrivain, né à Ville-d'Avray en 1816, mort à Turin en 1882, était d'une famille originaire du pays de Libourne (Gironde). Il entra dans la diplomatie, séjourna en Suisse, en Allemagne, en Perse, en Grèce, à Terre-Neuve, au Brésil, en Suède, et rapporta de ces divers séjours des observations intéressantes. Il publia, de 1853 à 1855, son *Essai sur l'inégalité des races humaines*, dans lequel il voulut démontrer la toute-puissance des lois ethniques, attribuant à une prétendue race aryenne une supériorité absolue sur les autres. Les « Aryens » ayant cessé depuis longtemps de déverser en Europe leurs flots régénérateurs, la décadence du vieux monde est, selon lui, inévitable. Gobineau reprit cette idée dans son essai sur *les Religions et les philosophies dans l'Asie centrale*. Plus tard, il écrivit une *Histoire des Perses* (2 vol. in-8°), qui tient plus du roman que de la science ; vinrent ensuite *Trois Ans en Asie* (réimprimé en 1900) ; les *Souvenirs de voyage*, puis un livre singulier, dans lequel il prétendait exposer les origines de sa famille : *Histoire d'Ottar Jarl, pirate norvégien, conquérant du pays de Bray en Normandie, et de sa descendance*. Il a laissé aussi des romans, notamment *Ternove*, récit du retour de Napoléon en 1815 et de la fuite des Bourbons ; les *Aventures de Jean de la Tour-Miracle*, publiées dans la *Quotidienne* en 1846 ; les *Pléiades*, 1874 ; les *Nouvelles asiatiques* (le *Mouchoir rouge*, *Akrivia*, *Pharangopoulo*, l'*Histoire de Gamber-Aly*, la *Guerre des Turcomans*, etc.), qui renferment des pages remarquables, et dans lesquelles reparaît toujours la thèse dominante de la suprématie aryenne ; des ouvrages divers, comme *la Renaissance*, une tragédie médiocre, *Alexandre le Macédonien*, publiée par le professeur Schemann (Strasbourg, 1901), et un mauvais poème de vingt mille vers. *Amadis*. Gobineau, ennemi des « races latines », éprouvait une affection particulière pour l'Allemagne. Il était lié avec un grand nombre d'Allemands, notamment avec Wagner, dont il fit la connaissance à Rome seulement en 1880. Ses œuvres ont exercé une influence considérable que l'on retrouve jusque dans certains ouvrages de Taine et de Renan. Cette influence fut profonde, surtout en Allemagne, où s'est fondée une Société (*Gobineau-Vereinigung*) pour la propagation des œuvres de Gobineau (1894) ; elle est manifeste dans certains ouvrages de Nietzsche et même de Wagner (*Héroïsme et christianisme*). Cependant les œuvres de Gobineau sont fort inégales, fondées souvent sur des hypothèses incohérentes et paradoxales. En politique, il est résolument aristocrate. Ses idées religieuses ne sont pas les mêmes que ses théories ethnographiques : catholique de tradition, il est païen de fait. — Cf. Ernest Seillière, *le Comte de Gobineau et l'Aryanisme historique* ; R. Dreyfus, *la Vie et les prophéties du comte de Gobineau* (1905). M. J. Morland a publié des *Pages choisies* de Gobineau (1905).

GOBLET (René), homme politique, né à Aire-sur-la-Lys en 1828, mort en 1905, fut d'abord avocat au barreau d'Amiens. Sous l'Empire, il concourut, dans cette ville, à la fondation d'un journal libéral, le *Progrès de la Somme*. Après la révolution du 4 septembre 1870, il fut nommé procureur général à Amiens. Il donna bientôt sa démission afin de se présenter aux élections générales pour l'Assemblée nationale ; il échoua au premier scrutin en février 1871, mais fut élu aux élections complémentaires du 2 juillet. Il s'inscrivit au groupe de la Gauche républicaine et

se fit bientôt remarquer comme orateur par sa parole parfois un peu sèche, mais précise et vigoureuse. Il vota pour l'amendement Wallon et pour l'ensemble des lois constitutionnelles. Aux élections générales du 20 février 1876 pour la Chambre des députés, Goblet échoua, dans la 2ᵉ circonscription d'Amiens, au scrutin de ballottage. L'année suivante, aux élections qui suivirent la dissolution de la Chambre des députés, il fut élu dans la 1ʳᵉ circonscription d'Amiens, en remplacement de M. Barni. Il reprit sa place sur les bancs de la Gauche ; il devint sous-secrétaire d'État à la justice (février 1879). Il combattit en 1880 une proposition tendant à la suspension de l'inamovibilité de la magistrature. Maire d'Amiens, il représentait alors le canton nord-est de cette ville au Conseil général de la Somme. Réélu le 21 août 1881 dans la 1ʳᵉ circonscription d'Amiens, il fut appelé au ministère de l'intérieur dans le cabinet formé par M. de Freycinet (31 janvier 1882). Il s'appliqua avec une grande énergie à maintenir l'ordre. Il fut particulièrement mêlé à la crise qui mit fin à la courte existence du cabinet. Le 19 juillet, il réclama sur la question de la mairie centrale de Paris, l'ordre du jour pur et simple, qui fut repoussé par 278 voix contre 272, la Chambre tenant à déclarer, par un ordre du jour motivé, son opposition formelle à la création proposée, et sa volonté que le gouvernement fint compte de ses sentiments à cet égard. Sur ce vote, M. Goblet, le président du Conseil, et M. Floquet, préfet de la Seine, donnèrent leur démission ; mais, le lendemain même, la majorité la leur fit retirer, en votant, par 288 voix contre 105, un ordre du jour de confiance. Dix jours après, le ministère était renversé sur la question des affaires égyptiennes, et Goblet quittait le pouvoir avec tous ses collègues. Pendant son passage au ministère de l'intérieur, il avait préparé et déposé divers projets de loi, entre lesquels il faut signaler ceux relatifs à l'élection des maires et des adjoints et à l'organisation administrative du canton.

Vers cette époque, Goblet se sépara du groupe formé autour de Gambetta et de Jules Ferry, et devint un des principaux fondateurs du parti radical. Il affirma l'indépendance de sa politique en combattant la suspension de l'inamovibilité de la magistrature, en réclamant la décentralisation administrative, l'extension de la compétence des juges de paix, la revision de la constitution (1884). Dans le cabinet formé par M. Brisson, après la chute de J. Ferry, Goblet fut appelé au ministère de l'instruction publique, auquel fut alors rattaché de nouveau celui des cultes (6 avril 1885). Homme d'affaires et orateur remarquable pour la netteté de ses idées et la précision de son langage, il intervint fréquemment pour soutenir devant la Chambre la politique générale du cabinet. Comme ministre de l'instruction publique, il prépara, avec le concours du Conseil supérieur, des réformes concernant la création des universités, les conditions des examens et la refonte des programmes ; il fit attribuer aux Facultés la personnalité civile ; mais, tout en assurant le succès de l'enseignement laïque, il se montra respectueux des droits de l'enseignement libre. Comme ministre des cultes, il fut mêlé à la lutte ouverte entre le clergé et le parti républicain. Réélu dans la Somme, au scrutin de ballottage, lors des élections d'octobre 1885 (scrutin de liste), il eut à répondre, le 15 décembre, à une interpellation de M. Baudry-d'Asson sur les suspensions de traitement prononcées contre un certain nombre de desservants, à la suite des élections, et ses explications furent complètement approuvées par la majorité, qui ordonna l'affichage de son discours dans toutes les communes. A la fin de décembre, après la discussion des crédits demandés pour le Tonkin et la réélection de Jules Grévy comme président de la République, Goblet donna sa démission avec tout le cabinet de M. Brisson ; mais il reprit le même portefeuille dans le cabinet formé, sous la présidence de M. de Freycinet, le 7 janvier 1886. Il travailla activement à l'organisation laïque de l'enseignement primaire. Son discours du 4 février eut les honneurs de l'affichage dans toute la France.

Le cabinet Freycinet étant tombé, à l'improviste, sur la question de la suppression des sous-préfets, Goblet fut appelé à former un ministère dans lequel il reprit le double portefeuille de l'intérieur et des cultes (11 décembre 1886). Parmi les projets de loi ressortissant à son administration, on peut signaler celui qui était relatif à l'organisation municipale de Paris et que la complication des intérêts en présence empêcha d'aboutir. Sous ce mi-

mistère, l'arrestation illégale d'un commissaire de police français, M. Schnœbelé, par les Allemands faillit mettre aux prises la France et l'Allemagne. Le gouvernement maintint ses droits avec une énergie et une dignité qui lui firent le plus grand honneur. Ce fut alors que commença à se former le parti boulangiste contre lequel Goblet ne prit aucune mesure. Il fut renversé, le 17 mai 1887, sur la question du budget. Il revint au pouvoir dans le ministère radical formé par M. Floquet le 3 avril 1888 et prit le portefeuille des affaires étrangères. Entre autres affaires délicates, il eut à répondre aux réclamations du gouvernement italien relatives à la dénonciation des traités de commerce. Il répondit par un discours plein de dignité aux déclarations du ministre hongrois Tisza (*Voy.* ce nom dans le SUPPLÉMENT) qui refusait de laisser participer la Hongrie à l'Exposition de Paris de 1889, pour ne pas s'associer au centenaire de la Révolution. Goblet se retira avec tout le cabinet Floquet, le 14 février 1889, par suite du refus de la Chambre de s'associer à son projet de revision immédiate de la constitution. Dès lors, il cessa de jouer un rôle prépondérant dans les affaires de l'État, mais il resta un des chefs de la gauche radicale. Aux élections générales du 22 septembre 1889, faites de nouveau au scrutin uninominal, il fut battu à Amiens par M. Millevoye, candidat boulangiste. Écarté du Parlement, il vint s'inscrire au barreau de Paris. Il fut élu sénateur de la Seine le 3 mai 1891 et siégea à l'extrême gauche. Il se montra partisan des réformes sociales et de la suppression du Concordat. En 1896, il ne fut pas réélu sénateur. Retiré des assemblées politiques, Goblet ne cessa pas de s'intéresser aux affaires publiques. Fidèle aux doctrines libérales qu'il avait toujours professées, il défendit la liberté toutes les fois qu'elle lui parut menacée. Profondément patriote, il protesta jusqu'à son dernier jour contre les théories anti-patriotiques qui compromettaient l'avenir de la France. Il s'associa aux efforts tentés par quelques instituteurs patriotes, pour chasser de l'école primaire les doctrines antimilitaristes. Il exposa ses idées patriotiques dans une belle lettre pleine de sens et de ferme raison adressée à M. F. Buisson. Son désintéressement absolu et la sincérité profonde de ses convictions avaient assigné à l'ancien chef du parti radical une place exceptionnelle dans l'estime de ses contemporains, bien au-dessus des querelles des partis.

GODARD (Benjamin), compositeur, né à Paris en 1849, mort en 1895, étudia le violon sous Richard Hammer. Élève de Reber au Conservatoire (1863), il s'adonna à la composition, publia des mélodies, des morceaux pour piano, des trios, des concertos, tels que le *Concerto romantique*, des symphonies, comme la *Symphonie orientale*, la *Symphonie légendaire*, les *Scènes poétiques*. Il donna, à la Renaissance, un opéra en un acte, (voyez *Bijoux de Jeannette*, 1878, et, la même année, *Le Tasse*, qui fut couronné par la Ville de Paris. Il fit représenter à Anvers un opéra en quatre actes, *Pedro de Zalamea*, 1884 ; à Bruxelles, un autre opéra en quatre actes, *Jocelyn*, 1888 ; à l'Opéra-Comique de Paris, *le Dante*, 1890. Sa dernière œuvre, la *Vivandière*, jouée en 1895, a mis en lumière les brillantes qualités de ce musicien.

GŒRGEI (Arthur), général hongrois, né le 5 février 1818, à Toporez, dans le comitat de Zips (Haute-Hongrie), mort en 1897, servit dans l'armée jusqu'au grade de capitaine. Il donna sa démission pour suivre, en 1845, les cours de l'école des arts et métiers d'après, puis les cours de chimie théorique et pratique de l'Université. Il sollicita vainement une place de professeur et se résigna à administrer les terres d'une de ses parentes dans le comitat de Zips. C'est là que la révolution de 1848 le trouva. Capitaine dans le corps des *Honveds*, bientôt colonel, puis général en chef, il débuta par une admirable retraite, menée pied à pied dans les défilés des Karpathes, entre quatre corps d'armée autrichiens, avec une habileté et une audace souvent heureuses, qui permirent au gouvernement hongrois de se mettre à couvert à Debreczin. Mais à la suite de cet héroïque fait d'armes, il publia la fameuse proclamation de Vaitzen, où il se déclarait partisan de la monarchie autrichienne, et qui sembla déjà, dans les circonstances où l'on se trouvait, une sorte de trahison. Kossuth, se repentant de l'avoir élevé si haut, donna le commandement de l'armée du haut Danube au général Dembinski (12 février). Gœrgei, mécontent, laissa perdre à son général en chef la bataille de Kapolna, contraria de

tous ses efforts la retraite de son armée sur la Theiss, et, en dernier lieu, profita de son influence sur les troupes pour faire arrêter son chef : cette audace resta impunie. Vetter, chargé de remplacer Dembinski, ne se sentit pas en sûreté, et Kossuth fut forcé de rendre à Gœrgei son commandement. La fortune réservait à ce chef indocile une campagne d'un mois (avril 1849), dont chaque jour fut presque marqué par une victoire. Les batailles de Gœdœllœ, de Vaitzen, de Nagy-Sarlo, la prise de Komorn et de Bude en furent les principaux épisodes. Kossuth, pour récompenser et enchaîner ses services, lui offrit la dignité de feld-maréchal et le ministère de la guerre ; mais Gœrgei accepta seulement le portefeuille, en faisant une déclaration de principes moins autrichienne que celle de Vaitzen. Il avait pourtant commis, au dire des tacticiens, une grande faute, celle de ne point marcher sur Vienne découverte et de perdre trois semaines dans des marches et contremarches inutiles. Quand il se ravisa, 150 000 Russes avaient envahi la Hongrie et le rappelaient en arrière. Il s'opiniâtra à tenir tête aux Autrichiens devant Komorn, malgré l'ordre de Kossuth, qui, ne pouvant obtenir de lui qu'il se repliât sur la Theiss, déféra son commandement à Meszaros. Ce fut le renouvellement de l'affaire Dembinski. L'armée réclama son général vainqueur, et Kossuth fut encore une fois obligé de céder à Gœrgei dont l'obstination dut, en fin de compte, aboutir à cette retraite sur la Theiss, ordonnée par le dictateur. Après quelques combats brillants au pied des Karpathes, il se vit contraint de reculer jusqu'à la citadelle d'Arad, pendant que l'armée de son lieutenant était anéantie à Debreczin, et celle de Dembinski à Temesvar. Ici se place le dernier acte et le plus grave de la vie militaire de Gœrgei, la fameuse capitulation de Vilagos, que tout le parti national hongrois maudit comme une insigne trahison. Investi de la dictature par Kossuth, Gœrgei, préoccupé surtout de ne point se rendre aux Autrichiens, livra aussitôt, sans conditions, au général russe Rudiger, l'armée hongroise, forte encore de 20 000 fantassins et 2000 cavaliers et de 150 canons. Ses principaux lieutenants furent pendus par les Autrichiens, deux mois après ; quant à lui, il fut épargné et interné à Klagenfurth, où il ne s'occupa plus que de travaux scientifiques. En 1872, il devint employé au chemin de fer de l'Est de la Transylvanie. Au mois de mars 1885, une proposition de réhabilitation en sa faveur provoqua en Hongrie de vives discussions et fut rejetée dans une réunion de honveds et d'anciens combattants des années 1848 et 1849. Gœrgei a écrit des Mémoires justificatifs sous ce titre : *Ma vie et mes actes en Hongrie, dans les années 1848 et 1849* (Leipzig, 1852, 2 vol.).

GONCOURT (Edmond HUOT DE), écrivain, né à Nancy en 1822, mort en 1896, a écrit, en collaboration avec son frère Jules (voyez ce nom dans le SUPPLÉMENT), mort en 1870, un très grand nombre d'ouvrages, que distingue une hardiesse de la pensée et de la forme souvent poussée à une affectation excessive. Les deux frères ont écrit des articles et des ouvrages de critique, des études historiques qui manquent le plus souvent d'ampleur et de méthode, et qui font une trop large place aux menus détails anecdotiques ; des romans réalistes, des pièces de théâtre, etc. On citera : *Salon de 1852* ; *les Mystères des théâtres* ; *Histoire de la Société française pendant la Révolution et sous le Directoire* ; *la Peinture à l'Exposition universelle de 1855* ; *Portraits intimes du XVIIIᵉ siècle* : *Sophie Arnould, d'après sa correspondance* ; *Histoire de Marie-Antoinette* ; *les Maîtresses de Louis XV* ; *les Hommes de lettres*, roman réimprimé sous le titre de *Charles Demailly* ; *Sœur Philomène*, roman ; *la Femme au XVIIIᵉ siècle* ; *Renée Mauperin*, roman ; *Germinie Lacerteux* ; *Idées et sensations* ; *Manette Salomon* ; *Madame Gervaisais* ; *Gavarni, l'homme et l'artiste* ; *l'Art du XVIIIᵉ siècle*, etc. On doit aussi rapporter à la collaboration des deux frères le *Journal des Goncourt* (1851-1870), et quelques ouvrages parus après la mort de Jules de Goncourt, tels que *Pages retrouvées*, 1886 ; *Préfaces et manifestes littéraires*, 1888. — Après 1870, Edmond de Goncourt publia l'*Œuvre de Watteau*, 1876 ; l'*Œuvre de Prud'hon*, 1877 ; *la Fille Élisa*, roman, 1878 ; *les Frères Zemganno*, 1879 ; *la Maison d'un artiste*, 1881 ; *la Faustin*, 1882 ; *Chérie*, 1884 ; *les Actrices du XVIIIᵉ siècle* ; la seconde série du *Journal des Goncourt*, commençant en 1870. Les deux frères ont donné au théâtre, en 1865, *Henriette Maréchal*, pièce qui souleva de vives discussions. Edmond de Goncourt a composé seul *Germinie Lacerteux* (1887), et un drame, *la Patrie en danger*, qui porta d'abord le titre de *Blanche de Mondragon*, et qui fut joué au Théâtre-Libre en 1888. Les frères de Goncourt ont fondé et doté par leur testament une académie libre, dite: Académie de Goncourt.

GONTAUT-BIRON (Anne-Armand-Elie, vicomte de), diplomate, né à Paris, en 1817, mort en 1890, fut élu représentant à l'Assemblée nationale, le 8 février 1871, dans le département des Basses-Pyrénées, après avoir publié une profession de foi, dans laquelle il déclarait adhérer à la République. Il prit néanmoins place à droite. Nommé ambassadeur à Berlin, le 4 décembre 1871, il fut chargé des négociations pour l'évacuation anticipée du territoire. Il accomplit sa mission avec succès. Après la chute de M. Thiers, il conserva son poste et ne prit aucune part aux travaux de l'Assemblée. Il fut élu sénateur dans les Basses-Pyrénées, en 1876. Après la constitution du cabinet Dufaure (14 décembre 1878), il fut remplacé par le comte de Saint-Vallier (31 janvier 1878) et reprit sa place au Sénat, où il s'associa à tous les votes de la droite monarchique. Il échoua au renouvellement.

GONTCHAROV (Jean), romancier russe, 1813-1891, publia en 1855 *Histoire ordinaire*, roman qui eut un grand succès. On cite encore de lui *l'Écroulement* et surtout *Oblomov*, que l'on considère comme son chef-d'œuvre.

GOTTSCHALL (Rodolphe), écrivain allemand, né à Breslau, en 1823, était le fils d'un officier d'artillerie. Il fit de bonnes études au gymnase de Mayence, puis entra, en 1844, à l'université de Kœnigsberg. La part qu'il prit au mouvement libéral de la jeunesse des universités le fit renvoyer successivement de celles de Kœnigsberg et de Breslau, et ne se fit q. après une interruption de plusieurs années qu'il put continuer ses études à Berlin. Reçu docteur en droit, il se vit fermer la carrière de l'enseignement et se consacra à la littérature. Il écrivit alors, pour le théâtre de Kœnigsberg, des drames dont plusieurs furent interdits par la police prussienne. En 1855, il se fixa à Breslau, passa en 1862 à Posen où il dirigea un journal, fit un voyage en Italie et fut appelé en 1864 à Leipzig par l'éditeur Brockhaus, pour prendre la direction de la revue *Unsere Zeit* et du journal littéraire *Blaetter für litterarische Unterhaltung*. Nommé conseiller de cour par le duc de Saxe-Weimar en 1844 et conseiller intime de 1875, il fut anobli par l'empereur d'Allemagne en 1877. — Les écrits de Gottschall, qui lui ont fait en Allemagne et même à l'étranger une grande notoriété, appartiennent au théâtre, à la poésie et à la critique littéraire. Parmi ses œuvres dramatiques, on cite des drames: *Robespierre*, *l'Aveugle d'Alcara*, *Lord Byron*, *Jérôme Suitger*, *la Marseillaise*, *Ferdinand de Schill*, ces deux derniers interdits sur le théâtre de Berlin et de Breslau en 1850; *la Rose du Caucase*, *Lambertine de Méricourt*, un de ses principaux succès; puis des comédies: *Pitt et Fox* (1864), représentée avec succès à Weimar, *les Diplomates*, *le Médiateur*, *l'Espion de Rheinsberg*; enfin des tragédies: *le Roi Charles XII*, *Catherine Howard*, *le Duc Bernhard de Weimar*, *Arabella Stuart*, *Amy Robsart*, etc. Comme poète lyrique, Gottschall a donné deux recueils anonymes: *Chants du temps présent* (Lieder der Gegenwart; Kœnigsberg; 1842), et *les Fugitifs de la Censure* (Zurich, 1845); puis, sous son nom: *Poésies* (Hambourg, 1849); *Nouvelles poésies* (Breslau, 1858); *Maïa* (1864); *le Roi Pharaon*. Pendant la guerre franco-allemande, il inséra dans la *Gazette de Cologne* l'« Hymne de guerre contre la France ». Dans ces dernières années Gottschall écrivit des romans: *Sous le drapeau de l'aigle noir* (Breslau, 1876); *Feuilles fanées* (1877); *le Veau d'or* (1880; *l'Héritage du sang* (1882); *la Demoiselle de Sainte-Amaranthe* (1885). Comme critique ou historien littéraire, il a publié: *la Littérature nationale allemande dans la première moitié du XIXᵉ siècle* (Breslau, 1855); *Portraits et Études*, etc. Citons encore de lui: *Journal d'un voyage en Italie* (Breslau, 1864), et *Paris sous le second Empire* (Leipzig, 1870-1876). Une édition de son *Théâtre complet* a été donnée à Leipzig (1865-1880, 12 vol., 2ᵉ édit., 1884).

GOUNOD (Ch.-François), compositeur, né à Paris en 1818, mort en 1895, étudia l'harmonie avec Reicha, Lesueur et Halévy. Il remporta le grand prix de composition musicale en 1839 et séjourna en Italie jusqu'en 1845.

Rempli d'une exaltation mystique, et dominé, d'ailleurs, par la parole entraînante du P. Lacordaire, qu'il rencontra à Rome, Gounod songea à entrer dans les ordres. Il s'enrôla, tout au moins, dans une association dite de Jean l'Évangéliste, composée de jeunes artistes qui poursuivaient la régénération de l'humanité par le moyen de l'art. L'enthousiasme religieux de sa jeunesse éclate dans une *messe alla Palestrina* qu'il fit entendre à Vienne en 1843. De retour à Paris, il devint maître de chapelle à l'église des Missions étrangères. Une *Messe solennelle*, chantée à Saint-Eustache en 1849, commença sa réputation. En 1852, il fut nommé directeur du cours normal de chant de la Ville de Paris, désigné sous le nom d'Orphéon. — Dans la première partie de sa carrière, Gounod a composé des ouvrages de genres très divers. Il a écrit pour le théâtre: *Sapho* (1851), drame lyrique en 3 actes; les *Chœurs de l'Ulysse* de Ponsard (juin 1852); *la Nonne sanglante* (1854), opéra en 5 actes. Dans l'intervalle, l'auteur avait produit une première symphonie, intitulée *la Reine des Apôtres* (1850), deux autres *Symphonies*, exécutées à la Société des jeunes artistes (1855 et 1856), et une *Cantate*, à l'occasion du voyage de la reine d'Angleterre à Paris, sans parler d'un oratorio ou drame sacré, *Sainte Geneviève*, dont le libretto avait été écrit par l'abbé Freppel, alors doyen de Sainte-Geneviève de Paris. — Dans une seconde période, Gounod s'adonna surtout à la musique dramatique. Après le *Médecin malgré lui* (Théâtre-Lyrique, 1858), il fit représenter le drame lyrique de *Faust* (même théâtre, 1859), qui, fort mal accueilli à l'Opéra, et près de deux cents représentations au Théâtre-Lyrique; profondément retouché, il fut repris à l'Opéra, en 1869; il est resté un des plus populaires parmi les opéras français. Vinrent ensuite: *la Colombe* (Bade, 1860), reprise, en 1866 à l'Opéra-Comique; *Philémon et Baucis* (Théâtre-Lyrique, 1860); *Mireille*, d'après le poème provençal de Mistral (même théâtre, 1862); *la Reine de Saba*, opéra en 4 actes (Opéra, 1862); *Roméo et Juliette*, opéra en 5 actes (Théâtre-Lyrique, avril 1867); *les Deux Reines*, drame de M. Legouvé (salle Ventadour, 1872); *Jeanne d'Arc*, paroles de Jules Barbier (Gaîté, 1873); *Cinq-Mars* (Opéra-Comique, 5 avril 1877); *Polyeucte* (Opéra, octobre 1878). Cette dernière pièce donna lieu à des démêlés retentissants entre Gounod et une dame anglaise, Mrs. Weldon, qui prétendait avoir acquis la propriété de certaines œuvres du maître. En 1881, Gounod donna à l'Opéra *le Tribut de Zamora*.— Pendant un séjour à Londres en 1870, Gounod avait fait jouer, à l'ouverture de l'Exposition de cette ville (1ᵉʳ mai 1870), une cantate, *Gallia*. Plus tard, son activité se tourna vers une sorte de mysticisme artistique, dont il a résumé la théorie, dans une lecture faite à la réunion des trois classes de l'Institut, le 25 octobre 1886. Sa première grande œuvre dans ce sens avait été *la Rédemption*, dont il avait conçu l'idée à Rome dès 1857, et qui, longuement élaborée, ne fut exécutée en public qu'en 1882, dans un festival solennel à Birmingham. C'était, suivant l'auteur, l'exposition lyrique des trois grands faits sur lesquels repose la société chrétienne: la Passion, la Résurrection, la Diffusion du christianisme dans le monde. Pour lui donner un pendant, au festival de 1885 de la même ville, Gounod écrivit une œuvre religieuse du même genre, sous le titre de *Mors et Vita*, composée de deux parties: pour la mort, une messe complète de *Requiem*, avec des morceaux additionnels, empruntés à des textes de l'Écriture Sainte et des Pères de l'Église; pour la vie, la description de la musique du séjour de l'humanité dans la vie bienheureuse, sous l'inspiration des huit premiers versets de l'*Apocalypse* de saint Jean. Ce second ouvrage eut deux auditions solennelles au Trocadéro, en mai 1886. On doit encore à Gounod une *Messe de Jeanne d'Arc*, et quelques morceaux de musique patriotique, *A la frontière* (1870); une cantate, *la Statue de la Liberté*, écrite pour voix d'hommes, et exécutée à New-York au profit de la souscription pour l'érection de la statue de Bartholdi. Il a composé aussi un grand nombre de mélodies sur des paroles françaises, anglaises ou italiennes, publiées en recueils tant à Londres qu'à Paris, et dont quelques-unes, la *Sérénade* (poésie de V. Hugo), *le Vallon*, *le Soir* et autres « Méditations » de Lamartine, etc., sont restées populaires. Il a transcrit quelques ouvrages, comme le « *Don Juan* » de Mozart (1890), etc. Il fut élu membre de l'Académie des Beaux-Arts en 1866. — CF. *Autobiographie de Ch. Gounod* (Londres, 1875); *Mémoires d'un artiste*, 1896; Pagnerre,

Ch. Gounod et son œuvre, 1890. Un monument lui a été élevé à Paris au Parc Monceau.

GOURKO (Joseph-Vladimirovitch), feld-maréchal russe, né en Lithuanie en 1828, mort en 1901, fit comme capitaine la guerre de Crimée, fut aide de camp de l'Empereur (1857), colonel en 1861, général-major en 1867, lieutenant-général en 1876. Il se distingua particulièrement dans la campagne de 1877 contre les Turcs, en franchissant audacieusement les Balkans à la tête de l'avant-garde russe, tandis que l'armée ottomane occupait encore la Bulgarie. Rappelé en arrière par la glorieuse défense d'Osman-Pacha (Voy. ce nom) à Plevna, il battit les Turcs à Gorny-Doubniak, et eut une grande part dans l'investissement de la place et dans la défaite définitive du général turc. Après la victoire, il repassa de nouveau les Balkans, occupa Sofia (janvier 1878) et envahit la vallée de la Maritza. Après la guerre, il fut gouverneur général de Saint-Pétersbourg (1879-1880), puis gouverneur militaire de Varsovie (1883). Il fut promu au grade de feld-maréchal en 1894. — Cf. de Villebois-Mareuil, l'Armée russe et ses chefs en 1888.

GRAMME (Louis-Zénobe), électricien belge, né à Jehay-Bodegnée (province de Liège) en 1826, mort à Bois-Colombes (Seine) en 1901, fut d'abord ouvrier menuisier. Il suivit à Liège les cours de l'école industrielle, y apprit les éléments du dessin et le travail du bois et des métaux. Doué d'une grande habileté manuelle, il put, par la suite, confectionner lui-même les modèles de ses inventions. En 1860, il entra, à Paris, comme modeleur, au service de la Société « l'Alliance », qui construisait des machines magnéto-électriques. Il commença alors à s'occuper des appareils électriques; un traité de physique et un dictionnaire lui donnèrent les premiers éléments de la science de l'électricité. Bientôt il put apporter des perfectionnements aux travaux entrepris par « l'Alliance » et construisit un régulateur à arc voltaïque. Il travailla successivement chez Ruhmkorff à Paris, chez Disderi à Londres et chez Bazin à Angers. Il construisit, en 1867 et 1869, ses premières machines à courant continu, et, en 1872, une machine dynamo-électrique, dont l'application a produit dans l'industrie une profonde révolution. C'est à Gramme que l'on doit les progrès de l'industrie électro-chimique, le transport de la force motrice à grande distance et l'expansion de l'éclairage électrique. Gramme obtint pour ces belles découvertes un grand prix à l'Exposition universelle de 1878, et, à l'Exposition d'électricité de 1881, une récompense du gouvernement français de 20 000 francs, ainsi que le prix Volta de 50000 francs. Un monument a été élevé à sa mémoire.

GRANCHER (Jules), médecin français né à Felletin en 1843, mort en 1907, appartenait à une modeste famille d'ouvriers; son grand-père était tailleur de pierres; son père était tailleur d'habits. Il fit ses études au petit séminaire de sa ville natale et vint à Paris en 1864 pour suivre les cours de l'École de Médecine. Interne des hôpitaux en 1867, il devint, l'année suivante, chef de laboratoire d'histologie à l'amphithéâtre d'anatomie, fonctions qu'il exerça pendant dix ans. Chef de clinique en 1873, médecin des hôpitaux et professeur agrégé en 1875, il fut plus tard titulaire, de la Faculté de Médecine, de la chaire de clinique des maladies infantiles. Il fut le collaborateur de Pasteur dans ses recherches sur le vaccin antirabique. Il fut un des premiers à se livrer à des expériences de vaccination anti-tuberculeuse (1890-1893). Mais il est connu surtout par ses belles études sur la tuberculose. Le premier, il démontra, dans sa thèse présentée en 1873, l'unité de la phtisie. « En 1878, dans un mémoire sur l'anatomie pathologique du tubercule, il affirma, dit le docteur Marcel Labbé, la curabilité de la tuberculose. » Toutes ses recherches furent consacrées à l'étude de cette redoutable maladie, que l'on considérait, avant lui, comme incurable. « Une série de travaux, publiés de 1878 à 1883, ont pour objet le diagnostic précoce de la tuberculose pulmonaire, c'est-à-dire le diagnostic à la période de germination, avant la période d'agglomération des tubercules.... En 1898, il établit les règles de la prophylaxie de la tuberculose dans les familles, dans les écoles et dans les casernes; il montre l'erreur de la conception allemande de la prévention par le sanatorium, et remet au premier plan le rôle de l'hygiène et de l'alimentation. » On lui doit la fondation de l'Œuvre de la Préservation de l'Enfance (1903). Grancher fut élu en 1902 membre de l'Académie de Médecine. Il a laissé entre autres ouvrages, un volume sur les maladies de l'appareil respiratoire (1890), et un Traité des Maladies de l'enfance, publié en collaboration avec MM. Marfan et Comby. Grancher mérite, par ses admirables travaux, d'être placé au premier rang des savants qui ont consacré toute leur existence au salut et au progrès de l'humanité. — Cf. L'Œuvre scientifique et sociale du professeur Grancher, par le docteur Marcel Labbé (Journal des Débats, 18 juillet 1907). Le docteur Faisans a consacré une notice biographique à Grancher dans une brochure intitulée Préservation de l'enfance contre la tuberculose, publiée en 1907.

GRAS (Basile), général, né à Saint-Amant-de-Pallazel (Tarn-et-Garonne) en 1836, mort en 1906, entra en 1854 à l'École polytechnique et servit dans l'artillerie. Il était capitaine lorsqu'il présenta, en 1871, à l'administration de la guerre un modèle de nouveau fusil se chargeant avec des cartouches métalliques, qui fut adopté pour l'infanterie. Chef d'escadron en 1874, colonel en 1882, général de brigade en 1888, il fut nommé inspecteur des manufactures d'armes. Général de division en 1895, il devint inspecteur permanent des fabrications et membre du comité technique de l'artillerie. Il prit sa retraite en 1900.

GRÉARD (Octave), administrateur et pédagogue, né à Vire en 1828, mort en 1904, entra à l'École normale en 1849. Reçu agrégé des lettres, puis docteur ès lettres, il professa la rhétorique à Metz, Versailles et Paris. Nommé inspecteur de l'académie de Paris, il fut délégué à l'Hôtel de Ville pour la direction de l'enseignement primaire en 1865. En 1868, il publia un important ouvrage sur l'organisation pédagogique des écoles de la Seine, qui montrait les lacunes que présentait alors l'enseignement primaire, et établissait les moyens d'y remédier. En 1871, Gréard publia l'Instruction primaire à Paris et dans le département de la Seine, et les Besoins de l'enseignement primaire à Paris. Promu inspecteur général, il fut appelé à la direction de l'enseignement primaire au ministère de l'Instruction publique (août 1872). Relevé de ses fonctions sous le ministère de M. Bathie, le 11 octobre 1873, il reprit la direction de l'enseignement primaire de la Seine et refusa, en 1874, les fonctions de secrétaire général de l'Instruction publique, pour conserver son service, auquel il donna une extension considérable. Il avait été honoré, en 1874, par l'Académie des sciences morales et politiques, du prix Halphen, « comme étant la personne ayant le plus contribué par ses efforts à propager l'instruction primaire ». Trois ans plus tard, dans un congrès général des représentants de l'enseignement primaire public, le ministre, Jules Ferry, le proclamait « le premier des instituteurs de France ». Le 11 février 1879, Gréard fut nommé vice-recteur de l'Académie de Paris et inspecteur général honoraire. Il consacra dès lors son activité et son influence aux questions d'organisation et de méthode intéressant l'enseignement secondaire et l'enseignement supérieur de son académie, sans préjudice d'une coopération constante aux travaux des grandes commissions du ministère de l'Instruction publique. En 1885, il n'accepta la candidature qui lui était offerte d'un siège de sénateur inamovible, pour appartenir tout entier à l'enseignement et aux vastes projets qu'il avait conçus pour l'Université de Paris. Il travailla activement à la réorganisation de l'enseignement des garçons (Cf. l'Enseignement secondaire à Paris en 1880; l'Esprit de discipline dans l'éducation, 1883; la Question des Programmes dans l'enseignement secondaire, 1884). Il fut un des principaux créateurs de l'enseignement secondaire des jeunes filles; le soin qu'il apporta à cette partie de son œuvre lui inspira plusieurs ouvrages qui seront indiqués plus loin. Il prépara enfin la restauration de l'enseignement supérieur, la création des Universités, fit décider la construction de la nouvelle Sorbonne et de laboratoires mieux aménagés (Cf. Nos Adieux à la Vieille Sorbonne, 1893). Passionnément dévoué à l'œuvre immense qu'il avait entreprise, il préféra ses fonctions de recteur aux situations les plus hautes: en 1887, il refusa de réunir entre ses mains, au ministère de l'Instruction publique, la direction de l'enseignement supérieur et celle de l'enseignement secondaire. Il conserva les fonctions rectorales jusqu'à la fin de 1902, date à laquelle il prit sa retraite, et il les exerça avec une grande autorité. « Après le ministre, a dit de lui M. Buisson, Gréard était le premier personnage de l'Université. »

Au début de 1904, il fut nommé vice-président du Conseil supérieur de l'Instruction publique, en remplacement de M. Boissier. Depuis plusieurs années, il était président de la section permanente du Conseil et de la Commission du contentieux. Élu membre de l'Académie des sciences morales et politiques en remplacement de l'économiste Armand Husson, le 16 mai 1875, il fut aussi élu membre de l'Académie française, le 18 novembre 1886, en remplacement de M. de Falloux; il fut reçu par le duc de Broglie, le 19 janvier 1888. — Outre ses thèses de doctorat (*De Litteris et litterarum studio quid censuerit L. Annæus Seneca*, et *De la Morale de Plutarque*; 1866), dont la dernière a été plusieurs fois réimprimée (5e édit. 1892), Gréard a publié: *l'Enseignement secondaire des filles* (1885); *l'Éducation des femmes par les femmes* (1886), première série d'études et de portraits, comprenant: Fénelon, Mme de Maintenon, Mme de Lambert, J.-J. Rousseau, Mme d'Epinay, etc.; *Edmond Scherer* (1890), étude de biographie psychologique sur les transformations philosophiques et religieuses du célèbre critique; *Prévost-Paradol*, étude de critique morale et littéraire, insérée dans le *Centenaire* publié, en 1889, par le *Journal des Débats*. On lui doit, en outre, d'importants recueils de documents historiques et des mémoires sur l'enseignement public en France: *la Législation de l'instruction primaire* (1874); *Rapports sur l'enseignement primaire à Paris et dans le département de la Seine*, notamment celui qui a été rédigé pour l'Exposition universelle de 1878; *Éducation et instruction*, embrassant l'enseignement primaire, secondaire et supérieur (1887). Il a publié aussi une traduction des *Lettres d'Héloïse et Abélard* (1870); un *Précis de littérature* (1875); un choix d'*Extraits des lettres, avis, entretiens, etc., sur l'éducation de Mme de Maintenon* (1884), etc. Ses dernières productions furent des pages remarquables sur « Michelet et l'éducation nationale », qui servent d'introduction à *Nos Fils*, et une étude sur Mme de Rémusat, qui devait paraître avec Mmes de Genlis et Campan dans le second volume de l'*Éducation des femmes par les femmes*. L'éloge de Gréard fut prononcé devant l'Académie française par son successeur, M. Gebhardt.

GRÈCE (*Voy.* l'article dans le DICTIONNAIRE). — En février 1878, vers la fin de la guerre russo-turque, la Grèce entama contre la Turquie des hostilités qui n'eurent qu'une courte durée. Le Congrès de Berlin (1878) puis la Conférence de Constantinople (1881) demandèrent et obtinrent pour la Grèce une partie de l'Épire (province d'Arta) et la Thessalie. En 1886, sous le ministère Delyannis, les Grecs voulurent intervenir en Crète (*Voy.* ce mot); mais les puissances, à l'exception de la France et de la Russie, s'y opposèrent et bloquèrent le Pirée. A la suite des troubles survenus en Crète en 1896, la Grèce, sous le ministère Delyannis, débarqua ses troupes dans l'île, et déclara la guerre à la Turquie (avril 1897). Dès les débuts, les Grecs, commandés par le prince royal, subirent des échecs. Les Turcs, sous le commandement d'Eddem Pacha, puis d'Osman Pacha, refoulant partout l'ennemi, qui évacua Larissa, occupée par les Ottomans le 25 avril, se replia sur Pharsale et sur Volo. En Épire le colonel Manos, qui avait envahi le territoire turc, rentrait en désordre à Arta, après la bataille de Pente-Pighadia (28-29 avril). Ces défaites amenèrent la chute du ministère Delyannis, que remplaça le cabinet Ralli. Le prince royal dut céder le commandement en Thessalie au colonel Molenski. Mais les Grecs furent encore battus à Pharsale (5 mai); ils se replièrent, sans même défendre les monts Othrys, et laissèrent les Turcs occuper Volo sans résistance (8 mai). La Grèce invoqua alors la médiation de l'Europe, puis elle reprit l'offensive en Épire. Mais les Turcs furent encore vainqueurs à Domokos (17 mai), ce qui détermina le sultan à réclamer la Thessalie et une indemnité de 250 millions de francs. Grâce à l'intervention russe, les Turcs consentirent à arrêter les hostilités (19 mai). Une conférence se réunit à Constantinople et la paix fut signée (4 déc. 1897). La Turquie garda les débouchés des montagnes qui donnent accès en Thessalie, avec une partie de la vallée du Pénée, et exigea une indemnité de guerre de 90 millions de francs. Sur la proposition de l'Allemagne, une commission internationale fut créée à Athènes pour régler les garanties de l'emprunt pour l'indemnité de guerre et contrôler les anciennes dettes de la Grèce

GREENAWAY (Kate), artiste anglaise, 1845-1901, a laissé de charmants dessins, accompagnés de textes, dans lesquels, avec un art plein de délicatesse, elle a représenté sous leurs divers aspects les occupations, les plaisirs et les joies de l'enfance. Un certain nombre de ses ouvrages ont été présentés avec traduction aux lecteurs français: *Poèmes enfantins, Pour les enfants, Jeux et passetemps, la Lanterne magique, le Langage des fleurs*, etc.

GRÉVILLE (Alice Henry, dame Durand, dite Henry), femme de lettres, née à Paris en 1842, morte en 1903, suivit à Saint-Pétersbourg son père, qui devint professeur de langue et de littérature françaises à l'Université et à l'École de droit de cette ville. En 1872, elle revint en France et publia désormais un grand nombre d'ouvrages. On peut citer parmi les principaux: *Dosia* (1876); *l'Expiation de Sarelli* (1876); *la Princesse Ogheroff* (1876); *les Koumiassine* (1877; *Suzanne Normis* (1877; *Sonia* (1877); *la Maison de Maurèze* (1877; *Nouvelles russes* (1877); *les Épreuves de Raïssa* (1877; *l'Amie* (1878; *le Violon russe* (1879); *Lucie Roday* (1879); *Cité Ménard* (1880); *l'Héritage de Zénie* (1880); *le Moulin Frappier* (1880); *Perdue* (1881; *le Fiancé de Sylvie* (1882; *Rose Rosier* (1882; *une Trahison* (1882; *Angèle* (1883); *l'Ingénue* (1883); *Louis Breuil* (1883; *Un Crime* (1884; *les Ormes* (1884; *Clairefontaine* (1885; *Idylles* (1885); *le Mors aux dents* (1885; *Cléopâtre* (1886); *le Comte Xavier* (1886); *la Fille de Dosia* (1887); *Nicanor* (1887); *Frankley* (1887); *Comédies de paravent* (1888); *la Seconde Mère* (1888); *l'Avenir d'Aline* (1889; *le Passé* (1890); *Un Mystère* (1890); *Aurette* (1891); *Péril* (1891); *l'Héritière* (1891), etc.

GREVIN (Alfred), dessinateur, né à Épineuil (Yonne) en 1827, mort en 1892, composa, à partir de 1857, d'innombrables dessins pleins de verve. On cite, parmi ses séries, les *Bals de l'Opéra*, les *Courses*, les *Promenades au Bois de Vincennes*, les *Bains de mer*, les *Fantaisies parisiennes*, etc. Il a donné, en collaboration avec M. d'Hervilly, une pièce en vers à l'Odéon, le *Bonhomme Misère*, 1877.

GRÉVY (Jules), président de la République française, né à Mont-sous-Vaudrey (Jura) en 1807, mort dans la même localité en 1891, fit ses études de droit à la Faculté de Paris, et fut inscrit au barreau en 1837. Il se fit connaître dès 1839, en plaidant pour deux accusés de l'insurrection de mai, et se rangea dans l'opposition républicaine. Commissaire de la République dans le Jura en 1848, il fut élu député à l'Assemblée Constituante, dont il devint vice-président. Au cours de la discussion relative à l'élection du président de la République, il déposa un amendement resté célèbre: « l'Assemblée nationale délègue le pouvoir exécutif à un citoyen qui reçoit le titre de président du Conseil des ministres. Le président du Conseil des ministres est nommé par l'Assemblée nationale au scrutin secret et à la majorité absolue des suffrages. Le président du Conseil est élu pour un temps illimité. Il est toujours révocable. » Mais cet amendement fut repoussé par 643 voix contre 168, et l'on décida que « le peuple français déléguait le pouvoir exécutif à un président élu pour quatre ans par le suffrage universel ». Député du Jura à la Législative, en 1849, Grévy se signala son opposition à la politique de réaction, notamment au sujet de l'expédition romaine, de la loi des réunions publiques, de la loi électorale du 31 mai, de la révision de la constitution. Il vota la proposition qui tendait à donner aux questeurs de l'Assemblée le droit de requérir directement la force armée pour protéger la représentation nationale (1851). Il fit partie des protestataires réunis au 2 décembre à la mairie du Xe arrondissement, et fut enfermé quelques jours à Mazas. Puis il rentra au barreau, se tint à l'écart de la politique et devint bâtonnier de l'ordre. Élu dans le Jura en 1868, à la faveur d'une élection partielle, il fut réélu en 1869, sans concurrent, et fit partie de la Gauche fermée. Il refusa d'entrer dans le gouvernement de la Défense nationale après le 4 sept. 1870, fut élu député le 8 fév. 1871 par les Bouches-du-Rhône et le Jura, opta pour ce dernier département, et fut nommé président de l'Assemblée nationale. En février 1873, à la suite d'un incident de séance, il donna sa démission de président, et la maintint, bien qu'il eût été réélu par 319 voix contre 251, données à M. Buffet, qui devint président. Grévy, opposé à la prorogation des pouvoirs du maréchal de Mac-

Mahon, publia, en 1873, une brochure, *le Gouvernement nécessaire*. Élu dans le Jura en 1876, il présida la nouvelle Chambre, garda ces fonctions après les élections de 1877, et, le 30 janvier 1879, fut nommé président de la République par 563 voix sur 670 votants; le général Chanzy avait obtenu 99 suffrages. Réélu le 28 déc. 1885 par 457 voix sur 507 suffrages. Grévy s'appliqua surtout à maintenir la paix à l'extérieur. Après la chute du ministère Rouvier (19 nov. 1887), en présence des difficultés qui empêchaient la formation d'un nouveau cabinet, il adressa au Parlement sa démission (2 décembre), et vécut désormais dans la retraite.

GRIEG (Edouard), compositeur norvégien, né à Bergen, en 1843, mort en 1907, étudia la musique au Conservatoire de Leipzig, dont l'enseignement officiel n'eut peut-être pas grande influence sur son esprit (1858-1862). Il tira un meilleur parti des conseils qu'il alla chercher à Copenhague auprès du compositeur Gade, le rénovateur de la musique danoise. Une pension perpétuelle qui lui fut attribuée par le parlement norvégien lui permit de continuer ses études. Il fit plusieurs voyages en Allemagne, en Italie, en France, puis il revint se fixer aux environs de Bergen. — Grieg fut, avec Ole Bull (1810-1880) et Alfdan Kjerulf (1815-1868), le rénovateur de la musique norvégienne. Il s'inspira dans son œuvre des mélodies populaires de son pays. Il a laissé un grand nombre de sonates, des concertos, des *Scènes populaires*, des *pièces lyriques*, des *morceaux symphoniques*, des cantates, des *lieder*, de la musique dramatique, sur des paroles et des drames de Bjœrnson et d'Ibsen, tels que *Sigurd Jorsalafar*, de Bjœrnson, et *Peer Gynt*, d'Ibsen. La valeur de ces œuvres a été d'ailleurs contestée par des critiques autorisés. Grieg fut élu en 1891 membre correspondant de l'Académie des Beaux-Arts de France.

GRIGORESCO (Nicolas), peintre roumain, d'origine grecque, né à Bucarest, en 1838, mort en 1907, a laissé une œuvre considérable et très variée qui le place parmi les meilleurs artistes du xixe siècle. On peut citer les tableaux militaires de la guerre turco-russe de 1877, qui lui furent commandés par le gouvernement roumain, et de très beaux paysages des Carpathes et des plaines valaques.

GRIMAUX (Louis-Edouard), chimiste, né à Rochefort, en 1835, mort en 1900, fut élève de Wurtz à la Faculté de médecine de Paris. Reçu docteur en 1865 et agrégé en 1866, il suppléa Wurtz dans son cours de chimie en 1872. Deux ans plus tard, il fut nommé répétiteur adjoint à l'Ecole polytechnique, puis professeur titulaire de chimie. Il enseigna aussi cette science à l'Institut agronomique. Il fut élu en 1894 membre de l'Académie des Sciences. — On doit à Grimaux des travaux importants sur les éthers benzyliques, les glycols, la glycérine, les dérivés de l'acide urique, l'acide citrique, la morphine, le chlorhydro-sulfate de quinine, etc. Outre de nombreux mémoires insérés dans les *Comptes rendus de l'Académie des Sciences*, il a publié des ouvrages sur la *Chimie organique* et la *Chimie inorganique*, sur les *Théories et notations chimiques*, sur *Lavoisier*, *Charles Gerhardt*, etc.

GUAM, la plus importante des îles Mariannes, a été cédée par l'Espagne aux Etats-Unis en 1898 (*Voy.* ETATS-UNIS dans le SUPPLÉMENT).

GUÉRIN (Maurice de), écrivain, né au château du Cayla en 1810, est connu par quelques œuvres poétiques et par des poèmes en prose (*le Centaure*, *la Bacchante*), d'une inspiration délicate et d'une forme élégante. Il mourut en 1839, emporté par la phtisie. Ses œuvres ont été publiées par G. Trébucien en 1861. — On associe au nom de Maurice de Guérin celui de sa sœur Eugénie (1805-1848), qui soigna son frère avec le plus grand dévouement et entoura sa mémoire d'une pieuse affection.

GUILLAUME (Eugène), sculpteur, né à Montbard en 1822, mort en 1905, fut élève de Pradier à l'Ecole des Beaux-Arts; en 1845, il obtint le grand prix de Rome. On cite parmi ses œuvres: les *Hôtes d'Anacréon*, bas-relief; les *Gracques*, double buste en bronze (Musée du Luxembourg); *la Vie de Ste Clotilde* et la *Vie de Ste Valère*, bas-reliefs pour l'église Sainte-Clotilde à Paris; le fronton et les cariatides du pavillon Turgot; la statue de *L'Hospital* (Louvre); le *Monument de Colbert* (ville de Reims); les bustes de *Napoléon Ier*, d'*Ingres*, de *Mgr Darboy*, *J.-B. Dumas*, *P. de St-Victor*, *J. Ferry*, *prince Napoléon*, *dom Pedro II*, etc.; *Bonaparte, officier d'artil-*

lerie; *Source de Poésie*; *Tombeau d'une Romaine*; *Mariage romain*, une de ses œuvres préférées, qu'il a modifiée vers la fin de sa vie, et qui est aujourd'hui au musée du Luxembourg; *Orphée*; la statue de *Rameau* (ville de Dijon); une statue de *M. Thiers* (musée de Versailles); *Philippe le Bon*; *Andromaque*; *Monument à Duban* (Ecole des Beaux-Arts); la statue de *Claude Bernard* (Collège de France); le groupe de *la Musique*, à la façade de l'Opéra de Paris, qui n'est pas indigne du célèbre groupe de la Danse, de Carpeaux. — Membre de l'Académie des Beaux-Arts en 1862, Guillaume devint, deux ans plus tard, directeur de l'Ecole des Beaux-Arts, directeur des Beaux-Arts (1878-79), directeur de l'Académie de France à Rome, à partir de 1890. Il succéda, en 1882, à Ch. Blanc dans la chaire d'esthétique et d'histoire de l'art au Collège de France. Il fut élu en 1898 membre de l'Académie française en remplacement du duc d'Aumale. Il a laissé, comme écrivain, de remarquables articles de critique dans la *Revue des Deux Mondes*, des notices biographiques lues à l'Institut, et quelques ouvrages d'une grande distinction: *Etudes d'art antique et moderne*; *Essais sur la théorie du dessin*, etc. Son éloge fut prononcé à l'Académie française par son successeur, M. Lamy (11 janvier 1906).

GUINÉE FRANÇAISE, colonie formée en 1893, par la réunion du territoire des Rivières du Sud et du protectorat du Fouta-Djalon. La première organisation fut due à Eugène Ballay (*Voy.* ce nom dans le SUPPLÉMENT). La colonie est administrée par un lieutenant-gouverneur dépendant du gouverneur général de l'Afrique occidentale française. Elle s'étend entre la Guinée portugaise et le Sénégal au N., l'ancienne colonie du Soudan français à l'E., le Sierra Leone au S. — Superficie, environ 243 000 kilomètres carrés; population, environ 2 200 000 habitants. — Littoral bas et marécageux. A l'intérieur, massif du Fouta-Djalon (*Voy.* ce mot). Nombreuses rivières : Gambie, Falémé, Bafing, Tankisso, Scarcies, Mellacorée, Doubréka, rio Pongo, rio Nunez, Cavally, etc. — Commerce assez actif; caoutchouc, sésame, riz, arachides, kola, coton, bétail, etc. — Le ch.-l. de la colonie est Konakry, fondé en 1888; autres localités, Boké, Boffa, Benty, etc. En 1904, l'Angleterre a cédé à la France les petites îles Los, situées en face de Konakry, qui ont été rattachées à la Guinée. Une voie ferrée de 600 kilomètres, qui sera probablement terminée en 1910, doit relier Konakry à Kouroussa sur le Haut-Niger.

Guinée (Nouvelle), *Voy.* NOUVELLE-GUINÉE dans le supplément.

GUINÉE PORTUGAISE. — Débris des possessions fondées par les Portugais au xve siècle, sur la côte occidentale de l'Afrique, cette colonie est aujourd'hui enclavée dans l'Afrique Occidentale française. La délimitation a été établie par la convention du 12 mai 1886. La superficie de la Guinée portugaise est évaluée à 57 000 kilomètres carrés, et la population à 820 000 habitants. — Canne à sucre, tabac, coton; ivoire. — Le chef-lieu est Bolama; le principal port, Bissao. De cette colonie dépendent les îles Bissagos.

GUIRAUD (Ernest), compositeur français, né à la Nouvelle-Orléans en 1837, mort à Paris en 1892, était fils d'un musicien estimé. Élève à Paris de Marmontel et de Barbereau, il remporta à l'âge de 22 ans le grand prix de Rome, avec la cantate de *Bajazet*, *le Joueur de flûte*. Il donna ensuite *Sylvie*, *En Prison*, *le Kobold*, 1870; il fit jouer : *Carnaval*, suite d'orchestre (concerts Pasdeloup, 1872); *Madame Turlupin* (Athénée, 1872), le ballet de *Gretna-Green* (Opéra, 1873), *Piccolino* (Opéra-Comique, 1876), *Galante Aventure* (1882), ainsi que des œuvres de musique symphonique et de chambre.

GUIZOT (Guillaume), fils de l'homme d'Etat, 1833-1892, débuta à l'âge de 20 ans par un ouvrage remarqué, *Ménandre et la comédie grecque*. En 1880, il fut nommé, au Collège de France, suppléant de M. de Loménie dans le cours de langue et de littérature françaises modernes. En 1874, il succéda à Ph. Chasles dans la chaire de langues et de littérature germaniques.

GUYS (Constantin), dessinateur français, né à Flessingue en 1805, mort en 1892, combattit en Grèce avec Byron, puis visita une grande partie de l'Europe. Il se fixa à Paris en 1805. Il a laissé un grand nombre de dessins, pleins de verve et d'originalité, qui constituent des documents précieux pour l'histoire du xixe siècle, particulièrement pour la période du second Empire. — Cf. Gustave

Geffroy, *Constantin Guys, l'historien du second Empire*.

GYLDEN (Hugo). astronome suédois, né à Helsingfors en 1841, mort en 1896, étudia l'astronomie à Gotha, sous la direction de Hansen, fut attaché d'abord à l'observatoire de Pulkowa. devint, en 1871, directeur de l'observatoire de Stockholm, puis de celui de Gœttingue en 1884. Il a laissé des travaux considérables, qui le placent au premier rang des astronomes contemporains, sur les termes séculaires, sur la libration de la lune, sur la rotation de la terre. On citera encore parmi ses ouvrages : *Recherches sur la constitution de l'atmosphère; Études sur la théorie des perturbations; Principes de l'astronomie; Recherches d'une théorie mathématique. expliquant la variation de lumière des étoiles variables*, etc.

H

HACHETTE (Georges), éditeur, fils de Louis Hachette, né en 1858, mort en 1892, fut associé en 1865 à son père et à ses beaux-frères, L. Bréton et E. Templier. Il donna une grande impulsion aux travaux cartographiques et géographiques, dirigea la publication des *Dictionnaires* et des ouvrages scientifiques. Chevalier de la Légion d'honneur à la suite de l'Exposition de Vienne (1874), G. Hachette fut juge au tribunal de commerce. et président du Cercle de la Librairie et de l'Imprimerie.

HAMEL (Anton-Gérard van), philologue hollandais, né à Harlem en 1842, mort à Amsterdam en 1906, étudia d'abord la théologie et obtint le titre de docteur en cette science. Il fut pasteur de l'église wallonne, de 1868 à 1879. En 1879, il vint à Paris pour suivre les cours de philologie professés par Gaston Paris et A. Darmesteter à l'École des Hautes Études. Il fut pendant cinq ans l'élève assidu de cette école, qu'il ne quitta que pour aller prendre possession de la chaire de philologie romane nouvellement fondée à l'université de Groningue (1884). Il devint plus tard recteur de cette université. Dans son enseignement comme dans ses livres, Van Hamel se montra toujours un ami éclairé et dévoué de la France. Il fut un des propagateurs et des défenseurs les plus zélés de la langue française dans les pays flamands, organisant des conférences, faisant créer une chaire de littérature française à l'université de Groningue. On lui doit une édition critique de Jehan Le Fèvre de Ressons (1892-1905), de nombreuses études publiées dans le *Museum*, la *Romania*, la revue *De Gids*. Quelques-unes ont été réunies dans son livre sur *la Vie littéraire en France* (1899).

HARCOURT (Sir William-Vernon), homme politique anglais, né en 1828. mort en 1904, était le petit-fils d'un archevêque d'York. Il fut élevé au Trinity College de l'université de Cambridge, prit ses grades en 1851 et s'inscrivit au barreau d'Inner Temple en 1854. Conseiller de la reine en 1866, il entra à la Chambre des Communes en 1868, comme député libéral. Il fut élu le 2 mars 1869 professeur de droit international à l'université de Cambridge, s'était déjà fait connaître comme jurisconsulte dans plusieurs commissions spéciales. Nommé solicitor général en novembre 1885 et créé chevalier à cette occasion, il prit poste lors de la sortie du pouvoir de Gladstone, en février 1874. Lorsque les élections de mai 1880 ramenèrent les libéraux au pouvoir, Vernon Harcourt entra au pouvoir comme ministre de l'intérieur, dut se représenter, selon l'usage, devant ses électeurs d'Oxford, et échoua contre un concurrent conservateur. Mais il fut aussitôt réélu par la ville de Derby, de laquelle il resta le représentant jusqu'en 1895. Les cinq années de son ministère furent employées surtout à la pacification de l'Irlande, où il aurait voulu, suivant les tendances du cabinet, jeter les fondements du *Home rule*. Il quitta le pouvoir avec Gladstone en 1885, y revint pour quelques mois. après les élections de 1886. comme chancelier de l'Échiquier, puis abandonna ses fonctions après les nouvelles élections qui, la même année, condamnèrent les partisans du *home rule*. Revenu aux affaires en 1892 avec Gladstone, il fut encore chancelier de l'Échiquier. Il conserva ces fonctions. après la retraite de Gladstone, sous la présidence de Rosebery,

et fit voter des augmentations notables sur les droits de succession. En 1895, battu à Derby. il fut élu député dans le comté de Galles. En 1896, il remplaça Rosebery à la tête du parti libéral. mais il en abandonna la direction à le fin de 1898. Il fut un des plus déterminés adversaires de la politique impérialiste de M. Chamberlain. — Comme écrivain, sir William Harcourt a publié de nombreux articles dans le *Saturday Review*, dans le *Times*, sous le pseudonyme d'*Historicus*. et des études de droit qui ont été réunies en un volume en 1865.

HARTEL (Guillaume de), homme d'État et philologue autrichien, né à Hof (Moravie) en 1859, mort en 1907, s'adonna d'abord aux études philologiques. Docteur en 1864. il fut nommé peu de temps après *privat-docent* à l'Université de Vienne, professeur extraordinaire en 1869, puis titulaire en 1872. Il visita en 1874 la Grèce, la Syrie. l'Égypte et l'Asie Mineure. En 1890. il devint directeur de la bibliothèque de la Cour, puis recteur de l'université de Vienne. En même temps qu'il formait de nombreux élèves, il publia d'importants ouvrages sur les littératures anciennes, surtout sur les écrivains grecs, Homère, Démosthène, etc. Il fut aussi un des principaux collaborateurs du *Thesaurus linguae latinae*. Homme politique. il fit partie de la Chambre des seigneurs et siégea parmi les constitutionnels. Il fut un membre très actif du parti favorable à la suprématie allemande. Le 4 octobre 1899, il fut ministre des cultes et de l'instruction publique dans le cabinet de Clary. Il conserva ses fonctions dans les cabinets Kœrber et Gautsch. Il présida au développement de l'enseignement médical, organisa des cliniques gynécologiques à Vienne, développa l'enseignement des jeunes filles, et ouvrit aux femmes l'accès des gymnases et des universités. Il fut aussi le protecteur éclairé des artistes et des beaux-arts. Il prit une grande part à la création de l'association des Académies d'Europe. qui pourra rendre d'importants services à l'érudition.

HAURÉAU (Jean-Barthélemy), historien, né à Paris en 1812, mort en 1896, se fit connaître dès 1832 par une publication révolutionnaire, la *Montagne*. et par des articles dans les journaux avancés du temps. Il dirigea, de 1838 à 1845, le *Courrier de la Sarthe*, journal d'une certaine importance politique. Nommé bibliothécaire de la ville du Mans, il publia, dans le même temps, des ouvrages de pure érudition, une *Histoire littéraire du Maine*, et une *Histoire de Pologne*. Destitué de ses fonctions en 1845. il devint, en 1848, conservateur des manuscrits à la Bibliothèque nationale, et fut élu représentant de la Sarthe à l'Assemblée Constituante. Il se retira des fonctions publiques après le 2 décembre. Il dirigea l'Imprimerie nationale de 1870 à 1882. Il fut plus tard directeur de la fondation Thiers. Il fut admis à l'Académie des Inscriptions en 1862. On lui doit les tomes XV et XVI de la *Gallia Christiana* ; des études sur *François Iᵉʳ et sa cour*; une *Histoire de la philosophie scolastique*, 1872-1880 ; *Bernard Délicieux et l'Inquisition albigeoise*. 1877 ; *Catalogue des manuscrits de la Bibliothèque Mazarine*, etc. — M. Wallon lui a consacré une notice (1897).

HAUSSEZ (Charles Lemercher de Longpré, baron d'). administrateur, né en 1778, mort en 1854. fut mêlé pendant le Consulat aux conspirations royalistes, notamment à celle de Cadoudal. Il se rallia cependant à l'Empire, puis, en 1814, se déclara pour les Bourbons. Louis XVIII lui conféra le titre de baron. Élu député de la Seine-Inférieure aux élections d'août 1815, il échoua aux élections qui suivirent la dissolution de la Chambre introuvable (septembre 1816). Il fut nommé préfet et administra successivement les départements des Landes, du Gard, de l'Isère et de la Gironde (1824). Conseiller d'État, puis député des Landes en 1827, il fit partie du cabinet de Polignac comme ministre de la marine (août 1829). Il prépara avec activité l'expédition d'Alger. Après la révolution de 1830. il se réfugia en Angleterre. Il fut condamné à la prison perpétuelle avec les autres ministres de Charles X (1831) ; il rentra en France en 1857. Il a laissé des *Mémoires* qui ont été publiés.

HAUT-SÉNÉGAL ET NIGER, division de l'Afrique Occidentale Française (*Voy*. ces mots dans le *supplément*), reçut une première organisation par le décret du 1ᵉʳ octobre 1902. Alors furent créés les « Territoires de la Sénégambie et du Niger » qui furent placés sous la dépendance directe du gouverneur général de l'Afrique Occidentale, représenté par un délégué siégeant à Kayes.

Un décret du 1er octobre 1904 érigea ces territoires en colonie sous le nom de « Haut-Sénégal et Niger ». Elle comprend les vastes régions arrosées par les cours supérieurs du Niger et du Sénégal. La superficie est évaluée à un million de kilomètres carrés, et la population à 8 millions d'habitants. Ces pays, qui furent longtemps ravagés par les guerres, sont maintenant calmes. Les principales cultures sont celles des arachides et surtout du coton, qui paraît destiné à une grande prospérité. Les plantations d'arbres à caoutchouc commencent à s'étendre. Le chef-lieu de la colonie est à Bammakou. De cette colonie dépend le « Territoire militaire du Niger » (Voy. ces mots dans le SUPPLÉMENT), créé aussi en 1904. En attendant que les voies ferrées nécessaires soient construites, un réseau téléphonique ouvert aux communications privées a été établi dans cette colonie en 1907.

HAWAÏ (Voy. HAWAÏ et SANDWICH dans le DICTIONNAIRE). — Ces îles, situées dans l'Océan Pacifique, comptaient, en 1895, environ 150 000 habitants, dont 2 500 à 3 000 Américains des États-Unis. Ceux-ci détenaient la plus grande partie du commerce de l'Archipel et possédaient les plus riches plantations de cannes à sucre, tandis que les autres étrangers, Japonais (25 000), Chinois (20 000), Açoriens (10 000), quoique plus nombreux, n'avaient, au point de vue économique, qu'une importance secondaire. Les Américains, qui voulaient enlever l'archipel à l'influence japonaise, firent un coup d'État contre la reine Liliuokaloni, qui fut déposée (17 janvier 1893). Un gouvernement provisoire, présidé par un américain, M. Sanford Dole, proclama la République (4 juillet 1894); Les îles furent déclarées annexées aux États-Unis le 12 août 1898, sous la présidence de Mac-Kinley.

HAYES (Rutherford-Birchard), homme politique américain, 19e président des États-Unis (1877-1881), né à Delaware (Ohio) en 1822, mort à New-York en 1893, appartenait à une famille écossaise émigrée au Connecticut en 1682. Son grand-père était fermier dans l'État de New-York, et son père s'établit dans l'Ohio. Après avoir fait de fortes études classiques au collège de Kenion, il étudia le droit aux Universités de Cambridge et de Harvard, devint un des avocats estimés de Cincinnati, et y remplit l'emploi de solicitor. Lors de la guerre de Sécession, il s'engagea, comme simple soldat, dans le 23e régiment de volontaires de l'Ohio, dont il devint successivement major, lieutenant-colonel et colonel. En 1864, il fut nommé brigadier-général. Il prit une part des plus actives à la campagne, et fut plusieurs fois blessé. Rentré dans la vie civile, il fut élu député au Congrès. Ayant donné sa démission en 1867, il fut nommé gouverneur de l'Ohio. Réélu deux fois de suite à ce poste, il fut choisi en 1876 par le parti républicain comme candidat à la présidence des États-Unis, et élu contre M. Tilden, candidat démocrate. Son élection donna lieu à de très vives contestations. Les opérations électorales des États de la Louisiane, de la Floride et de la Caroline du Sud furent, d'après les démocrates, entachées de nombreuses fraudes. Le recensement officiel du vote reconnut à Hayes 185 suffrages du second degré, représentant 21 États, contre 184 donnés à son concurrent, et ne représentant que 17 États. Mais cette majorité d'une voix comportait en réalité une minorité de 250 000 voix environ dans le corps électoral du premier degré. Aussi l'opinion réclama-t-elle une réforme électorale, à laquelle le nouvel élu lui-même ne se montra pas opposé. Dans sa lettre d'acceptation de la candidature et dans son adresse d'entrée en fonctions (4 mars 1877), Hayes, se prononça pour la reprise des payements en espèces, contre le principe de la rééligibilité du président, contre la révocabilité trop facile des fonctionnaires; il manifesta le vœu ardent d'une complète réconciliation entre le Nord et le Sud.

La conduite du président fut conforme à ces déclarations. Dans une de ses premières circulaires, adressée aux fonctionnaires, il leur interdisait toute immixtion dans les agitations électorales, en leur reconnaissant le libre usage de leurs droits de citoyens. Ses messages de 1877 et 1878 constatèrent avec satisfaction la part prise par les États-Unis à l'Exposition universelle de la France, en faisant voir ce fait un gage de l'entente sympathique des deux pays. Dans sa politique intérieure, le président, en face de la majorité démocratique de la Chambre des représentants, eut souvent à faire usage de son droit de veto. Il opposa à plusieurs bills, notamment

à celui qui supprimait du budget de la justice le traitement des fonctionnaires spéciaux, chargés de surveiller les opérations électorales; comme le parti démocratique n'atteignait pas la majorité des deux tiers, nécessaire pour annuler le veto, le bill se trouva définitivement rejeté (30 juin 1879). Au milieu de ces conflits revenait déjà la préoccupation de la future élection présidentielle, et Hayes, qui s'était prononcé pour le principe de la non-rééligibilité du président, se voyait en outre écarté par l'opinion dominante de la liste des candidats. Remplacé dans la présidence, le 4 mars 1881, par J.-Abr. Garfield, il se retira à Fremont, où il vécut désormais dans la retraite.

HAWTHORNE (Nathaniel), romancier américain, né à Salem (Massachusetts) en 1804, mort en 1864, a publié : Histoires racontées deux fois, 1837-42; Mosses from an old Manse, 1845; La lettre rouge, tableau de la vie puritaine dans la Nouvelle-Angleterre, 1850; la Maison aux sept pignons, 1851; le Roman de Blithedale, où il retrace l'expérience fouriériste de Brookfarm, 1852; la Vie du général Pierce, le Livre des Merveilles, les Contes de Tanglwood, 1853. Consul à Liverpool en 1852, il visita l'Italie, et en rapporta la Transformation, roman sur la Rome artistique, 1860. L'Angleterre lui inspira Notre ancienne patrie, 1863, ouvrage qui mécontenta beaucoup les Anglais. On a publié aussi ses Souvenirs et Carnets de notes (1868-70), ainsi que Septimius, roman inachevé, 1871. Ses romans ont été traduits en français. — Cf. Henry James, Hawthorne (English men of Letters).

HELMHOLTZ (Ferdinand von), physiologiste allemand, né à Potsdam en 1821, mort en 1894, étudia la médecine à l'Institut militaire de Berlin, et servit en qualité de médecin dans l'armée. En 1848, il devint professeur d'anatomie à l'Académie des Beaux-Arts de Berlin, puis professeur de physiologie à l'Université de Kœnigsberg (1849), à Bonn (1855), à Heidelberg (1858), enfin professeur de physique à Berlin (1871). Dès 1847, il publia sur la Conservation de la force un mémoire dans lequel il étudiait d'une façon originale les relations qui existent entre les phénomènes mécaniques et les phénomènes physiques. Il a laissé d'importants travaux sur la thermodynamique, sur les piles, sur les vapeurs et la formation des brouillards, sur l'électricité, etc. Mais il est surtout connu par ses études de physique physiologique, parmi lesquelles on citera : l'Optique physiologique (publ. en 3 parties, 1856-1860-1866; traduite en français par MM. Javal et Klein, 1867), travail considérable, qui renferme des parties très neuves sur l'optique de l'œil humain, la découverte de l'ophtalmoscope, etc. Sa Théorie physiologique de la Musique, publiée à Brunswick, 1862, et traduite en français par M. Guéroult, 1868, est un ouvrage de premier ordre. Membre correspondant des Académies de médecine et des Sciences de Paris, Helmholtz fut anobli par l'empereur d'Allemagne en 1883.

HENNER (Jean-Jacques), peintre français, né à Bernwiller (Alsace) en 1829, mort à Paris en 1905, fit ses études au collège d'Altkirch. Venu à Paris en 1848, il entra à l'École des Beaux-Arts, et fut successivement élève de Gabriel Guérin, de Drolling, de Picot et de Goutzwiller. La faiblesse de sa santé l'obligea à retourner dans son pays natal, où il séjourna pendant deux ans, et où il peignit quelques tableaux, dont un, celui d'un curé de campagne, est au musée du Luxembourg; quelques autres figurent au musée de Mulhouse. En 1858, il remporta le grand prix de Rome avec un tableau représentant Adam et Ève retrouvant le corps d'Abel. Pendant son séjour à Rome, Henner peignit quatre tableaux qui figurent au musée de Colmar : Madeleine pénitente, le Christ en prison, Jeune Romain, Jeune Baigneur endormi. Parmi les œuvres postérieures du maître, on peut citer : la Chaste Suzanne (1865, musée du Luxembourg), Biblis changée en source (1867), la Toilette (1868), Femme couchée (1869), Alsacienne (1870), Idylle (1872), le Général Chanzy (1873). Des critiques autorisés, tels que M. Henri Michel, considèrent comme sa belle période celle des années 1874 à 1880. De cette époque datent le Bon Samaritain (1874); le Christ mort (1876), la Magdeleine (1878), la Source, Saint Jérôme (1881). Bara (1882), Femme qui lit, Nymphe qui pleure, Fabiola, Orpheline, Solitude, Hérodiade, Saint Sébastien, Prêtre-Martyre (1889), Pietà, Mélancolie, etc. Henner a laissé aussi de remarquables portraits. Il fut élu membre de l'Académie des Beaux-Arts, en remplacement de Cabanel, en 1889.

HENNESSY (Sir John Pope), homme d'Etat irlandais, né à Cork en 1834, mort en 1891, fut le premier membre catholique élu à la Chambre des communes (1859). Membre influent du parti conservateur, il s'occupa de la loi des pauvres, défendit les droits de l'Eglise catholique en Irlande, ceux de la Pologne (1863) et des colonies australiennes. Il fut gouverneur de Labouan (1867), des établissements de la côte occidentale d'Afrique (1872), de Bahama (1873), des îles du Vent (1875), de Hong-Kong (1877), de Maurice (1882). Revenu en Europe, il rentra dans la vie politique pour soutenir le *home rule*, et fut présenté par Parnell (*Voy.* ce nom) aux électeurs du nord du comté de Kilkenny. Cependant il fut le premier champion de l'antiparnellisme en Irlande.

HENRIQUEL-DUPONT (Pierre HENRIQUEL, dit), graveur, né à Paris en 1797, mort en 1892, étudia le dessin et la peinture avec Pierre Guérin, la gravure avec Bervic. Dès l'âge de vingt ans, il dirigea lui-même un atelier très fréquenté. Il a reproduit un grand nombre d'œuvres des peintres de la Renaissance, d'Ingres, de Delaroche, Ary Scheffer, Hersent, Lehmann, etc. On cite de lui : la *Vierge à l'Enfant*, d'après Raphaël ; *Saint Jérôme* et le *Mariage mystique de sainte Catherine*, d'après le *Corrège* ; les *Pèlerins d'Emmaüs*, d'après le Véronèse ; le *Baron de Rothschild*, d'après H. Flandrin ; *l'Ecole turque*, d'après Decamps ; *l'Entrée de Henri IV à Paris*, d'après Gérard ; et surtout, d'après Delaroche, l'*Hémicycle de l'Ecole des Beaux-Arts*, que l'on considère comme son chef-d'œuvre (1853), et l'*Ensevelissement de Jésus-Christ* (1855). Les gravures de Henriquel-Dupont se distinguent par une parfaite correction, qui ne s'est jamais démentie, depuis l'*Entrée de Henri IV à Paris*, une de ses premières œuvres, jusqu'aux *Cinq Saints* (1876) et à la *Vierge d'Orléans* (1883). Membre de l'Académie des Beaux-Arts en 1840, il fut nommé, en 1873, professeur de gravure à l'Ecole des Beaux-Arts.

HERBST (Edouard), homme d'Etat autrichien, né à Vienne en 1820, mort en 1892, professa le droit à Vienne, à Lemberg et à Prague. Député à la Diète de Bohême (1861), il se montra partisan de l'Autriche, devint ministre de la justice dans le cabinet présidé par le prince Auersperg, et se signala par la défense éloquente des *Lois confessionnelles* dirigées contre le Concordat de 1855. Il introduisit, en outre, d'importantes réformes en Autriche, abolit la prison pour dettes, organisa le fonctionnement du jury, modifia la loi sur les faillites et supprima la publicité des exécutions capitales. Il quitta le ministère en 1870, mais resta jusqu'à la fin de sa vie député de Vienne.

HEREDIA (José-Maria DE), écrivain français, né à la Fortuna, près de Santiago de Cuba, en 1842, mort à Paris en 1905, descendait par son père d'un des premiers conquérants espagnols de l'Amérique, don Pedro de Iler, fondateur de Carthagène, et, par sa mère, née Gérard d'Ouville, d'origine normande, il se rattachait à la France. Il vint en France à l'âge de huit ans et fit ses études au collège de Saint-Vincent, à Senlis. A l'âge de dix-sept ans, il revint dans son pays natal, où il séjourna pendant une année, suivant les cours de l'Université de la Havane. Il revint ensuite à Paris (1859), s'inscrire à l'Ecole de Droit et, comme auditeur libre, à l'Ecole des Chartes. Attiré vers la littérature, il fit partie, vers la fin du second Empire, du groupe des Parnassiens. Il se fit remarquer par son habileté à manier le sonnet, genre alors fort en faveur, dans le *Parnasse*, la *Revue Française*, la *Renaissance*, et, plus tard, dans la *Revue des Deux Mondes*. Il collabora aussi au *Temps* et au *Journal des Débats*. Le premier recueil des vers de Heredia parut en 1893, sous le titre de *Trophées*, brillante épopée, dont la forme de sonnets, magnifiquement ordonnée, qui chante l'évolution de l'humanité, depuis les origines de la Grèce jusqu'au début des temps modernes. Cet unique ouvrage place Heredia au premier rang des maîtres de la littérature contemporaine. Le public fut émerveillé par les vives couleurs du style, l'ampleur et la sonorité du rythme, la correction impeccable de la forme. L'Académie française accorda au poète une de ses récompenses, et, peu de temps après, l'admit parmi ses membres, en remplacement de M. de Mazade (22 février 1894). Il publia, la même année, un récit d'aventures, la *Nonne Alferez*,

avec des dessins de Daniel Vierge. On doit en outre à Heredia une traduction en français de l'*Histoire véridique de la conquête de la Nouvelle-Espagne*, du capitaine Bernal Diaz de Castillo, un des conquérants (4 vol., 1878-1887). En 1901, Heredia fut nommé administrateur de la bibliothèque de l'Arsenal, en remplacement de M. de Bornier. Il a consacré les dernières années de sa vie à la préparation d'une édition des œuvres d'André Chénier. Il eut pour successeur à l'Académie française M. Maurice Barrès, qui prononça son éloge (17 janvier 1907).

HÉRISSON (Maurice, comte D'IRISSON D'), officier et écrivain, né à Paris en 1840, mort en 1898, fut officier d'ordonnance du général Cousin-Montauban dans la campagne de Chine. Chargé d'une mission aux Etats-Unis en 1860, il rentra en France dès le début de la guerre, fut attaché à l'Etat-major du général Schmitz, puis devint officier d'ordonnance du général Trochu. Il assista à l'entrevue de Ferrières. Il a consigné les souvenirs de cette époque dans son *Journal d'un officier d'ordonnance*, 1885, et *la Commune*, 1889. Il a écrit divers ouvrages sur la Tunisie, sur la Chine, sous le titre de *Journal d'un interprète en Chine*, 1885. Le gouvernement l'empêcha de publier, en 1882, un ouvrage sur l'*Expédition de Chine*. En 1891, il fut chargé d'organiser les milices dans le Congo français.

HERMITE (Charles), mathématicien français, né à Dieuze (Meurthe) en 1822, mort en 1901, fut élève de l'Ecole polytechnique (1843), et resta attaché à l'Ecole, comme répétiteur d'analyse et examinateur d'admission, puis comme examinateur de sortie et de classement (1863), enfin comme professeur d'analyse (1869), en remplacement de M. Duhamel, auquel il succéda aussi comme professeur d'algèbre supérieure à la Faculté des Sciences de Paris. Il a laissé des travaux considérables, commencés dès l'Ecole polytechnique, sur les fonctions abéliennes, qu'il suivit, quelques années plus tard, un mémoire célèbre sur leur transformation. On lui doit aussi des découvertes importantes sur la théorie des formes algébriques, l'introduction des variables continues dans la théorie des nombres, etc. Ses principaux travaux concernent les théories des nombres et des fonctions elliptiques et abéliennes : *Théorie des équations modulaires*, 1859 ; *Réduction des formes cubiques à deux indéterminées*, 1869 ; *Théorie des fonctions elliptiques*, 1863 ; *l'Equation du 5e degré*, 1866 ; la *Fonction exponentielle*, 1874, etc. Jouissant d'une réputation universelle, membre des principales académies du monde, Hermite fut admis en 1856 à l'Académie des Sciences, en remplacement de Binet. M. C. Jordan dans la *Revue scientifique*, (2 février 1901) et M. Darboux à l'Académie des Sciences (décembre 1905) lui ont consacré d'importantes notices biographiques.

HERVÉ (Florimond RONGER, dit), compositeur, né à Houdain, près d'Arras en 1825, mort en 1895, étudia la musique à la maîtrise de Saint-Eustache. En 1847, il composa *Don Quichotte*, le premier essai d'opéra-bouffe qu'on ait fait en France. Chef d'orchestre au Palais-Royal, puis directeur des Folies-Nouvelles, enfin chef d'orchestre de l'Eldorado, il a composé un grand nombre de pièces, dont les plus connues sont : *l'Œil crevé*, 1867 ; *Chilpéric*, 1868 ; le *Petit Faust*, 1869 ; la *Femme à papa*, 1879 ; etc.

HERVÉ (Edouard), publiciste, né à St-Denis de la Réunion en 1835, mort à Paris en 1899, fut élève de l'Ecole normale supérieure, mais renonça bientôt à l'enseignement pour se faire journaliste. Il écrivit d'abord dans la *Revue de l'Instruction publique*, puis dans la *Revue contemporaine*, plus tard (1865) dans le *Courrier du Dimanche*, le *Temps* et l'*Epoque*. Il fonda avec J.-J. Weiss le *Journal de Paris*, dont il fut seul directeur quand Weiss devint secrétaire général du Ministère des Beaux-Arts. En 1873, il fonda le *Soleil*, journal royaliste, dont l'importance s'accrut après la disparition du *Journal de Paris* (1876). Membre de l'Académie française en remplacement du duc de Noailles 1886. Hervé a laissé quelques ouvrages : *la Presse et la législation de 1852* ; *une Page d'histoire contemporaine*, 1869 ; *la Crise irlandaise*, 1885, etc.

HERVEY DE SAINT-DENYS (Léon, marquis D'), orientaliste, né à Paris en 1825, mort en 1892, s'attacha particulièrement à l'étude du chinois. On lui doit de nombreux travaux : *Recherches sur l'agriculture des Chinois*, 1851 ; *Poésies de l'époque des Thang*, 1862 ; *Ethnogra-*

phic des peuples étrangers à la Chine. 1876-1884; *Trois nouvelles chinoises.* 1885; etc. Il fut admis à l'Académie des Inscriptions et Belles-lettres en 1878.

HIND (John Russell), astronome anglais, 1823-1895, fut d'abord aide à l'Observatoire de Greenwich, sous la direction d'Airy. Ses premiers travaux le firent admettre dans la Société Royale astronomique dès 1844. Attaché la même année à l'observatoire particulier de M. Bishop dans Regent's Park, il publia en 1845 son *Système solaire.* Il observa trois comètes (1846 et 1847), et publia en 1848 le *Retour attendu des grandes comètes de 1264 et 1556.* Il a fait parmi les corps planétaires de nombreuses découvertes: *Iris,* 1847, la plus importante, dont la révolution sidérale s'accomplit en 1345 jours; *Flore,* 1847; *Victoria,* 1850; *Irène.* 1851; *Melpomène,* 1852; *Fortuna,* 1852; *Calliope,* 1852; *Thalie,* 1852; *Euterpe,* 1853; *Uranie,* 1854. etc. Il a laissé, outre les ouvrages déjà indiqués, un *Manuel d'astronomie; Astronomie de Londres illustrée,* 1853; *Eléments d'algèbre,* 1855; *Traité descriptif des Comètes,* 1857, et un très grand nombre de mémoires.

HOHENLOHE-INGELFINGEN (prince KRAFT DE), général d'artillerie, adjudant général de l'empereur Guillaume Ier, né à Koschentin (Silésie) en 1827, mort en 1892, est connu par son rôle dans la bataille de Sadowa, où il commandait l'artillerie de la garde prussienne, ainsi que pendant le siège de Paris. Il a laissé un grand nombre d'ouvrages militaires, parmi lesquels des *Lettres sur la cavalerie, sur l'infanterie, sur l'artillerie, sur la stratégie,* 1884-1887.

HOHENLOHE-SCHILLINGSFURST (Clovis, prince DE), prince de Ratibor et de Corvei, né à Schillingsfürst (Bavière) en 1819, mort en 1901, fils du prince Joseph et de la princesse Constance de Hohenlohe-Langenburg, fut le chef de la branche cadette (catholique) de la maison souveraine de Hohenlohe. Après de fortes études aux universités de Heidelberg, de Gœttingue et de Bonn, il entra en 1842 au service de la Prusse et fut conseiller référendaire à Potsdam. Mais, après la mort de son frère Philippe-Ernest, il renonça à ses fonctions (1845), entra en possession du domaine héréditaire de Schillingsfürst, et se fixa en Bavière, où il fut membre de la Chambre des Seigneurs. Il fit partie de l'opposition libérale, fut un des fondateurs du parti progressiste bavarois, et, en même temps, se prononça en faveur de la doctrine de l'unité allemande. Il combattit l'influence autrichienne, et se prononça en faveur de la Prusse en 1860. Ministre des affaires étrangères de Bavière à la place du baron de Pfordten (31 déc. 1866), délégué au parlement douanier de Berlin (1867), il poussa de toutes ses forces le gouvernement bavarois à une alliance intime avec la Prusse, et fut le partisan décidé des conventions militaires qui assuraient à la Prusse, en cas de guerre, la disposition des forces militaires de l'Allemagne du Sud. Il réalisa l'union douanière des États du Sud avec la Prusse. Dans le même temps, soutenu par le comte de Bismarck, il combattit le projet qu'avait conçu le Saint-Siège de faire proclamer par un concile l'infaillibilité pontificale. Attaqué par les catholiques et les nationalistes bavarois, il quitta le ministère en mars 1870. Pendant la guerre franco-allemande, il soutint la politique prussienne et coopéra à la formation de l'Empire allemand (déc. 1870). Vice-président du Reichstag (1871), il fut nommé ambassadeur d'Allemagne à Paris, en remplacement du comte d'Arnim (avril 1874): il fut un des principaux auteurs de la disgrâce de ce personnage. Il s'efforça d'ailleurs, notamment pendant la crise de 1875, de maintenir la paix entre la France et l'Empire allemand. En 1885, il remplaça le général de Manteuffel à la tête de l'administration de l'Alsace-Lorraine, avec le titre de Statthalter. Il s'efforça d'adoucir le régime imposé au Pays d'Empire; mais, après les élections nationalistes de 1887, il fut obligé d'appliquer de nouveau une législation rigoureuse. En octobre 1894, il quitta l'Alsace et fut nommé par l'empereur Guillaume II premier ministre prussien et chancelier de l'Empire, à la place du général de Caprivi (*v.* ce nom). Plus souple que son prédécesseur, le prince de Hohenlohe se borna à exécuter ponctuellement les volontés impériales. Il conserva ses fonctions jusqu'au mois d'octobre 1900, et fut alors remplacé par le comte de Bulow. Il a laissé des *Mémoires* qui donnent des détails intéressants sur l'histoire de l'Alsace-

Lorraine, de 1885 à 1894. — Le prince de Hohenlohe avait épousé la princesse Marie de Sayn-Wittgenstein.

HOHENZOLLERN (Léopold, prince DE), burgrave de Nuremberg, comte de Sigmaringen, né à Krauchenwies en 1835, mort en 1905, était le second fils d'Antoine de Hohenzollern et de la princesse Joséphine de Bade. Son frère aîné, Charles, devint prince régnant (1866), puis roi (1881) de Roumanie. Léopold épousa, en 1861, la princesse Antonia de Portugal, fille de dona Maria et de Ferdinand de Saxe-Cobourg. De ce mariage naquirent trois fils: Guillaume-Auguste, époux de Marie-Thérèse de Bourbon-Sicile, qui exerce un commandement dans la garde prussienne et qui renonça en 1886 à la succession éventuelle de son oncle, le roi de Roumanie; Ferdinand, prince héritier de Roumanie: Charles, époux de la princesse Joséphine de Belgique, officier au service de la Prusse. — Le prince Léopold fut surtout connu par le rôle que Bismarck voulut lui faire jouer après la révolution qui chassa d'Espagne la reine Isabelle (septembre 1868). Serrano et Prim, chefs du parti progressiste, dirigèrent le nouveau gouvernement, républicain de nom, monarchiste de fait, et bientôt ils voulurent donner un roi à l'Espagne. De différents côtés furent posées les candidatures du prince Fernand de Portugal, du duc de Montpensier, du prince Amédée de Carignan, du duc Thomas de Gênes. Dès le début de 1869, quelques journaux, à l'instigation de Bismarck, mirent en avant le nom du prince Léopold, dont la candidature fut posée en Espagne par le député Salazar y Mazarredo, aux gages de Bismarck. Mais le gouvernement français repoussa cette candidature qui ne comptait, du reste, que peu de partisans. Cependant, après une entrevue à Vichy avec Prim, Salazar alla trouver Léopold en Allemagne, au château de Weinbourg, près de Constance pour l'engager à se poser définitivement comme candidat. Mais le prince se montra fort peu empressé, et sa candidature parut abandonnée (juin 1869). Mais, l'année suivante, Bismarck prit activement l'affaire en mains, pesa sur le roi Guillaume de Prusse et démontra au prince Léopold que l'intérêt de l'Allemagne exigeait son acceptation. Des agents de Bismarck, son secrétaire Lothar Bücher et le major de Versen, envoyés en Espagne, transmettaient des rapports favorables à cette candidature, à laquelle Prim finit par se rallier. Le 4 juin 1870, le prince Léopold l'accepta; mais le général Prim crut devoir informer de ces faits l'ambassadeur de France à Madrid, Mercier de Lostende. La nouvelle, connue à Paris le 3 juillet, amena, le 6, l'interpellation du député Cochery. Le 12, le duc de Gramont, ministre des Affaires étrangères, lut à la tribune du Palais-Bourbon une déclaration énergique. Le 12, le prince Antoine déclara officiellement que la candidature de son fils était retirée. Mais une fraction du parti bonapartiste prétendit obtenir du roi Guillaume des garanties pour l'avenir. De ces complications sortit la déclaration de guerre de la France à la Prusse (19 juillet). Le prince Léopold ne joua qu'un rôle effacé dans la guerre franco-allemande. Il succéda à son père, en 1885, dans la Chambre des Seigneurs de Prusse.

HOLMES (Oliver Wendell), écrivain américain, né à Cambridge (Massachusetts) en 1809, mort en 1894, passa plusieurs années dans les écoles et les hôpitaux de France et d'Angleterre, devint docteur en médecine en 1836, et, en 1839, professeur d'anatomie et de physiologie au collège de Dartmouth; en 1847, il fut nommé au même titre à Harvard, et occupa ce dernier poste presque jusqu'à sa mort. Il publia dès 1836 son premier volume de *Poèmes,* puis trois volumes d'*Essais* où il traite, sous forme de conversations, les questions les plus variées touchant la société, la morale, la vie humaine, etc. Ces ouvrages, pleins de fantaisie et d'humour, ont pour titre: *L'Autocrate à la table d'hôte, le Professeur à la table d'hôte* (1860) et *le Poète à la table d'hôte* (1872). Ils ont été en partie traduits en français.

HOLMÈS (Augusta), compositeur d'origine irlandaise, mais de nationalité française, née à Paris en 1847, morte en 1903, fut élève de César Franck. On cite parmi ses principales œuvres, dont elle écrivit la partition et le poème, *les Argonautes* (1880), symphonie dramatique; *les Sept Ivresses* (1882); *Irlande, Pologne, Ludus pro patria* (1888); *Ode triomphale* (1889); *l'Hymne à la paix* (1890); *Au Pays bleu* (1891); *Andromède* (1900); Elle a composé aussi de nombreuses mélodies.

HOLST (Hans Peter), poète danois, 1811-1893, a consacré son talent surtout à célébrer les événements intéressant l'histoire du Danemark. On connaît ses deux poèmes sur la mort de Frédéric VI (1839 et 1840), dont le premier a été traduit dans presque toutes les langues de l'Europe. On lui doit en outre : un *Livre de lectures danoises*, 1851 ; des *Eteenes et poètes danois*, 1855-58 ; un recueil de *Nouvelles romances*, 1845, traduit en allemand ; des *Romances nationales*, 1840 ; des *Nouvelles* ; un recueil de *Poèmes*, etc. Il a dirigé pendant de longues années la *Gazette de Berling* (*Berlingske Tidende*), ainsi appelée du nom de son fondateur. Il fut nommé, en 1875, poète dramatique officiel du théâtre de la cour.

HOUSSAYE (Arsène houssay), écrivain, né à Bruyères, près de Laon, en 1815, mort en 1896, publia en 1836 deux romans, *la Couronne de bleuets* et *Pécheresse*. Il acquit la réputation d'un critique d'art par sa *Galerie de portraits du xviiie siècle* (1844), ouvrage d'ailleurs médiocre, et par l'*Histoire de la peinture flamande et hollandaise* (1846). Il fut administrateur de la Comédie-Française de 1849 à 1856, puis inspecteur général des musées de province. Houssaye a publié un très grand nombre de romans, dont plusieurs en collaboration avec Sandeau : les *Revenants*, qu'il illustra lui-même ; *Mlle de Kérouart*, *Milla, Marie*, etc., *Alice*, 1877 ; *Rodolphe et Cinthia*, 1888, etc. — des poésies, les *Racines* et *éléments simples dans le système linguistique indo-européen* ; des *Mélanges de linguistique et d'anthropologie* ; un *Précis d'anthropologie*, etc.

HOVELACQUE (Abel), philologue, né à Paris en 1843, mort en 1896, fonda en 1867 la *Revue de Linguistique*, et plus tard la *Bibliothèque des sciences anthropologiques*, pour soutenir les doctrines transformistes et matérialistes. Il a laissé, outre un important ouvrage sur la *Linguistique*, des études sur les *Racines et éléments simples dans le système linguistique indo-européen* ; des *Mélanges de linguistique et d'anthropologie* ; un *Précis d'anthropologie*, etc.

HÜBNER (Joseph-Alexandre, baron, puis comte de), diplomate autrichien, né à Vienne en 1811, mort en 1892, fit ses études à l'Université de Vienne et alla passer quelque temps en Italie. A son retour (1833), Metternich l'attacha à son cabinet. En 1837, il fit partie de l'ambassade de Paris, dont le comte Apponyi était le chef ; mais, l'année suivante, Metternich le rappela auprès de sa personne. En 1841, lorsque l'Autriche renoua des relations diplomatiques avec le Portugal, il fut envoyé à Lisbonne, comme secrétaire du plénipotentiaire, le baron Marshal, et eut à réorganiser la légation impériale. Il passa à Leipzig en 1844, en qualité de chargé d'affaires près des cours d'Anhalt, et fut en même temps consul général d'Autriche. Pendant les crises de l'année 1848, Hübner fut chargé de la correspondance diplomatique du vice-roi de Lombardie, l'archiduc Rénier, avec les princes voisins. Surpris, au mois de mars, par l'insurrection milanaise, il fut retenu quelques mois comme otage ; un échange lui rendit à la liberté. Vers la fin d'octobre, il alla rejoindre l'empereur à Schœnbrunn et l'accompagna à Olmütz. Le prince de Schwarzenberg, devenu, quelques mois plus tard, ministre des affaires étrangères et président du conseil des ministres, lui confia la rédaction des proclamations, manifestes et autres actes publics, relatifs, soit aux péripéties de la lutte contre la révolution, soit à l'abdication de l'empereur Ferdinand et de son frère, l'archiduc François-Charles, et à l'avènement de l'empereur François-Joseph Ier. Chargé d'une mission extraordinaire à Paris, au mois de mars 1849, le baron de Hübner fut nommé, quelques mois après, ministre plénipotentiaire auprès du Président de la République. Dans ce poste, il contribua à maintenir de bons rapports entre son pays et la France. Au commencement de 1856, il fut appelé à siéger, avec les plénipotentiaires des nations belligérantes, au Congrès de Paris, et fut un des signataires du traité du 30 mars. Lors de la guerre d'Italie, (1859), il fut rappelé de Paris, où il fut remplacé, après la signature de la paix, par le prince de Metternich. Il fut nommé ministre de la police (août 1859), mais les divergences d'opinions avec son collègue Goluchowski le forcèrent de se retirer au bout de quelques mois, et il vécut assez longtemps dans la retraite. En janvier 1866, il fut mis à la tête de l'ambassade d'Autriche à Rome ; c'est lui qui fut chargé des négociations relatives

à l'abolition du concordat autrichien (octobre 1867). L'année suivante, il abandonna le service et parcourut l'Asie et l'Amérique. Il publia le résultat de ses voyages dans un ouvrage qui parut simultanément à Paris, en français, et à Leipzig, en allemand : *Promenades autour du monde* (1873). En octobre 1879, il fut nommé membre de la Chambre des seigneurs d'Autriche ; il reçut, peu de temps après, le titre de comte. Outre ces récits de voyages, Hübner a publié une monographie historique très importante : *Sixte-Quint*, d'après des correspondances diplomatiques inédites, tirées des archives du Vatican (1870) ; *à travers l'Empire britannique*, 1883-1884 ; *Une Année de ma vie* (1891, in-8). Il fut nommé membre associé de l'Académie des sciences morales et politiques de Paris, 1877, en remplacement de lord Stanhope.

HUGHES (Thomas), écrivain anglais, 1823-1896, entra au barreau en 1848, siégea au Parlement de 1865 à 1874, puis fut conseiller de la Reine et magistrat. Il publia en 1857 un livre qui devint aussitôt populaire, *Tom Brown's school days by an old boy*, dont une version française fut donnée en 1875 par M. Levoisin (*Jours d'école de Tom Brown*). Il donna ensuite *Tom Brown à Oxford*, mais ce nouvel ouvrage n'obtint pas le succès du précédent. Il a laissé aussi de nombreuses études sur les questions de coopération ouvrière, de tempérance, de politique générale, de religion. On citera sa *Religio laici*, 1861, complétée et rééditée en 1868 ; *The old Church* (la Vieille Eglise, 1878), ouvrage dans lequel il se prononce contre la séparation de l'Eglise et de l'Etat en Angleterre ; la préface de l'ouvrage du comte de Paris sur les *Trade-Unions*, 1869 ; des introductions à l'*Alton Locke* de Kingsley, à l'édition des œuvres poétiques de Lowell, des biographies sur l'évêque Foaser, sur Livingstone, etc.

HUGHES (Edward), physicien anglais, né à Londres en 1831, mort aux Etats-Unis en 1900, enseigna dans ce pays la musique, puis la physique. En 1855, il prit un brevet pour son télégraphe imprimeur, qui l'emporta bientôt sur l'appareil de Morse, et qui fut adopté aux Etats-Unis, en France, en Italie (1862), en Angleterre (1863), en Russie (1864), en Allemagne, etc. En 1878, il fit connaître sa découverte du microphone ; en 1880, de la balance à induction. Il était membre de la Société Royale de Londres.

HULST (Maurice lesage d'hauteroche), prélat français, né à Paris en 1841, mort en 1896, entra au séminaire de Saint-Sulpice, après de brillantes études au collège Stanislas, et fut ordonné prêtre en 1865. Il séjourna quelque temps à Rome, puis fit partie du clergé de Paris. Il fut nommé vicaire général en 1875 et archidiacre de Saint-Denis, avec le titre de prélat de la maison du pape. Il fut recteur de l'Université catholique de Paris, succéda, en 1890, au P. Monsabré comme prédicateur à Notre-Dame, et fut élu député de Brest en 1892, à la Chambre de Mgr Freppel. Il a laissé, entre autres ouvrages : *Vie de la Mère Marie-Thérèse, fondatrice de la Congrégation de l'Adoration* ; *l'Instruction obligatoire*, 1872 ; *Que vont devenir les Facultés libres?* 1880 ; *De la Crèche au Calvaire*, 1882 ; *le Droit chrétien et le Droit moderne*, 1886 ; *l'Education supérieure*, 1886 ; *Du Progrès en Philosophie*, 1887 ; *l'Organisation de la Société chrétienne*, 1887 ; *Vie de Just de Brétenières*, 1889 ; *Mélanges oratoires*, 1891 ; *Mélanges philosophiques*, 1892 ; *Conférences de Notre-Dame*, 1890-1896 ; *la Question biblique*, 1893 ; *Une âme royale et chrétienne. Notes intimes sur le Comte de Paris*, 1894 ; panégyriques de *Jeanne d'Arc*, de *Saint Alphonse de Liguori*, etc.

HUMBERT Ier, roi d'Italie, né à Turin le 14 mars 1844, était le fils aîné de Victor-Emmanuel et de l'archiduchesse Adélaïde d'Autriche, qui mourut en 1855. Il fut, dès son enfance, confié aux soins du général Rossi, qui l'éleva dans le goût des choses militaires. Il assista aux côtés de son père à la campagne de 1859. Après l'expédition de Garibaldi en Sicile et à Naples (1860), il fut chargé d'organiser l'administration du pays conquis. Envoyé en mission à Paris peu de temps avant les hostilités avec l'Autriche (1866), il fut peut-être le négociateur méconnu. Mais, comme soldat, il se distingua brillamment à Custozza, à la tête d'une division, qu'il sut former rapidement en carré, le sauvant ainsi des attaques de la cavalerie autrichienne, et l'employant ensuite à couvrir la retraite de l'armée vaincue. Après l'entrée des Italiens à Rome (1870), il fut chargé de préparer l'établissement du gouvernement nouveau. Il continua à s'occuper activement de l'armée, et remplit d'importantes missions diplomatiques, dans ses voyages à Berlin (1872), à Saint-Pétersbourg (1875), en Angleterre et à Vienne (1875). La même année, il alla visiter Garibaldi, et cette démarche produisit dans toute l'Italie une vive sensation. — Devenu roi après la mort de Victor-Emmanuel II (9 janvier 1878), il jura, dès son avènement, de maintenir les libertés constitutionnelles, et il tint sa promesse, avec les divers cabinets présidés par MM. Depretis, Cairoli, Robilant, Crispi, di Rudini. En matière de politique étrangère, il se montra peu sympathique à la France, et se tourna entièrement du côté de l'Allemagne. Il adhéra pleinement à la Triple Alliance, et manifesta, en toute occasion, des sentiments d'amitié absolue vis-à-vis des Hohenzollern, notamment pendant les voyages en Italie du prince impérial (Frédéric III) en 1878, de Guillaume II en 1889 et 1893, lors de la réception du prince Bismark à Monza, et dans les visites qu'il fit lui-même à Berlin. Ambitieux pour son pays, poussé d'ailleurs par le ministre Crispi vers une politique de grandeur peu en rapport avec les ressources réelles de l'Italie, il se montra partisan de l'expansion coloniale, qui aboutit pour les Italiens au désastre d'Adoua. Malgré le développement économique si remarquable qui se produisit alors en Italie, la situation financière resta mauvaise pendant la plus grande partie du règne d'Humbert Ier. La misère fut extrême dans certaines provinces, surtout du midi. Ce fut cependant dans les riches provinces du nord que grandit rapidement l'agitation ouvrière. En 1890, éclatèrent, dans la Romagne et à Milan, des troubles qui furent réprimés avec une extrême sévérité. Le roi, qui avait été déjà deux fois l'objet de tentatives d'assassinat, fut tué à Monza, à coups de revolver, le 29 juillet 1900, par l'anarchiste Bresci. Il avait épousé, en 1868, sa cousine, la princesse Marguerite, fille du duc de Gênes, dont il eut un fils, le prince de Naples, devenu Victor-Emmanuel III.

HUNFALVY (Paul), ethnographe et philologue hongrois, 1810-1891, était Allemand de naissance. Il se nommait Hundsdorfer, et avait obtenu l'autorisation de magyariser son nom. Il a cherché à démontrer par ses travaux que la race hongroise a la même origine que les races finnoise et turque. On cite parmi ses principaux ouvrages : *Chrestomathia Fennica*, Pest, 1861 ; *Voyage à travers les pays de la Baltique*, 1871 ; la *Langue des Kondaï-Vogul*, 1872 ; la *Langue des Ostiaks*, 1875 ; une importante *Ethnographie hongroise*, 1876 ; *Les Hongrois*, 1881 ; *Les Roumains et leurs droits*, Teschen, 1883. Il a fondé la revue *Science linguistique hongroise*. Député à l'Assemblée nationale de 1848, il siégea depuis à la Chambre des magnats. Il était membre de l'Académie Royale hongroise.

HUNT (Leigh), écrivain anglais, né à Southgate (Middlesex) en 1784, mort en 1859, écrivit d'abord dans l'*Examiner* des articles politiques qui lui valurent deux ans de prison, pendant lesquels il composa une *Histoire de Rimini*, poème. Il donna ensuite deux recueils de poésies, *Feuillage* et le *Festin des poètes*, 1821 : le *Capitaine Épée* et le *Capitaine Plume*, poème contre la guerre, 1835 ; le *Palefroi*, poème narratif, 1842 ; *Une légende de Florence*, drame, 1840, etc. Sa poésie est entachée d'une affectation qui l'a fait surnommer « le poète Cockney ». On a aussi de lui des essais en prose, une autobiographie, etc.

HUXLEY (Thomas-Henry), naturaliste anglais, né à Ealing (Middlesex) en 1825, mort en 1895, était le fils d'un maître d'école. Dès son enfance, il montra un goût passionné pour les études scientifiques. Il étudia d'abord la médecine et suivit les cours de l'École de l'Hôpital de Charing-Cross. Dès l'âge de vingt ans, il obtint la médaille d'or de l'Université de Londres pour l'anatomie et la physiologie. De 1846 à 1850, il fit en qualité d'aide-chirurgien de la marine, un long voyage, sur le navire *Rattlesnake*, dans l'océan Pacifique et l'archipel Indien. Nommé professeur d'histoire naturelle à l'École des mines de Londres en 1854, il fut chargé, en outre, d'un cours d'anatomie au Collège royal des Chirurgiens, de 1863 à 1869. Membre de la Société royale de Londres en 1851, il fut nommé recteur de l'Université d'Aberdeen pour la période triennale de 1872 à 1874. Il enseigna l'histoire naturelle dans les sessions de 1875 et 1876, à l'Université

d'Édimbourg, et devint un des conservateurs du British Museum. Il fut élu correspondant de l'Académie des Sciences (section de zoologie) en 1879. — Savant profond, penseur hardi et écrivain original, Huxley publia, à la suite de son grand voyage, le résultat des observations faites sur les mollusques et les acéphes sous ce titre : *History of the oceanic hydrozoa* (Londres, 1858). Frappé par la publication, en 1859, du livre célèbre de Darwin sur *l'origine des espèces*, il adopta la théorie darwinienne, dont il donna l'exposition, en l'adaptant à l'espèce humaine, dans le livre : *De la place de l'homme dans la nature* (Man's place in Nature, Londres, 1863, nombreuses éditions, traduit en diverses langues et particulièrement en français, 1868). Il le fit suivre des : *Leçons d'anatomie comparée*, 1864, traduites en français par le docteur Darin (1876) ; et des *Leçons de physiologie élémentaire* (1866), traduites par E. Dally (1869). Parmi ses autres travaux, il faut citer : *les Principes physiques de la Vie* (1868), ouvrage dans lequel il développe sa théorie du *Protoplasma* ; *Éléments d'anatomie comparée des animaux vertébrés* (1871), dont Mme Brunet a donné une traduction française revue par l'auteur, avec une préface de Ch. Robin (1875) ; *Practical instruction in elementary biology* (1875) ; *les Sciences naturelles et les problèmes qu'elles font surgir*, édition française, publiée avec le concours de l'auteur (1876, in-18), et reproduisant un ouvrage antérieur intitulé en anglais, *Lay sermons* (Londres, 1871) ; *Hume, sa vie et ses travaux*, traduit en français par M Compayré (1879) ; *l'Écrevisse*, introduction à l'étude de la zoologie (1879), traduction française (1880) ; *Physiographie*, introduction à l'étude de la nature, traduction et adaptation de G. Lamy (1882), etc. Son dernier ouvrage, qui demeura inachevé, était consacré à la réfutation du livre de M. Balfour, *Fondation of Belief*. Il a publié en outre un grand nombre de mémoires dans les recueils des Sociétés zoologiques, géologiques, linnéennes, et dans les *Transactions* de la Société royale de Londres. — Huxley fut un des naturalistes les plus éminents du XIXe siècle, et un des défenseurs les plus convaincus de l'idée évolutionniste. Très modeste, il inventa, dit-on, le mot *agnostique*, qu'il s'appliqua à lui-même, voulant signifier ainsi qu'il savait fort peu de choses. Sa *Correspondance* a été publiée avec d'intéressantes notes biographiques par son fils, M. Léonard Huxley (1901).

HUYSMANS (Joris-Karl), écrivain français, né à Paris en 1848, mort en 1907, appartenait à une famille d'origine hollandaise, qui a fourni plusieurs peintres distingués. Dans la première partie de sa carrière littéraire, il appartient au groupe dont Zola était le chef, et fut un des collaborateurs des *Soirées de Médan* (Voy. zola dans le supplément). Les ouvrages qu'il publia à cette époque le classèrent parmi les plus violents naturalistes, ceux que le critique Max Nordau déclarait atteints de « l'hystérisme littéraire ». Ses œuvres de cette époque sont le *Drageoir à épices* (1874), *Marthe* (Bruxelles, 1877), les *Sœurs Vatard* (1879), *Croquis parisiens* (1880), *En ménage* (1881), *À vau l'eau* (Bruxelles, 1882). Dans une seconde manière, l'écrivain naturaliste s'éprit d'esthétique raffinée et subtile, de sentimentalisme et même du surnaturel. Son incontestable talent d'écrivain apparut sous une forme nouvelle dans l'*Art moderne* (1883), *À Rebours* (1884), *En Rade* (1887), *Un dilemme* (1887), *Certains* (1889), *les Vieux Quartiers de Paris* (1890), *Là-bas* (1891), *En Route* (1895). Dans la dernière période de sa vie, Huysmans se convertit à la foi catholique et vécut dans la retraite austère des abbayes bénédictines ; cependant il garda dans cette nouvelle et décisive transformation la même hardiesse de pensée. Dans ses *Foules de Lourdes*, il combattit certains aspects de religiosité qui lui semblaient grossiers, tout en acceptant le miracle. Admirateur fervent de l'Église mystique du moyen âge, il a peint sa ferveur dans des ouvrages pleins de charme, tels que l'*Oblat*, *Sainte Lydwine*, la *Cathédrale*. La foi sincère qui l'animait lui permit de supporter avec résignation les souffrances de la longue maladie à laquelle il succomba.

I

IBANEZ DE IBERO (Charles), marquis de Mulhacen, général et savant espagnol, né à Barcelone en 1825, mort à Nice en 1891, servit dans le corps d'État-Major et se consacra spécialement à l'étude de la géodésie et de la géographie. Il dressa une carte de l'Espagne, en lui donnant pour base de nombreuses déterminations astronomiques et géodésiques au moyen d'une règle dont l'inventeur et qui est connue dans le monde savant sous le nom de *règle espagnole*. Il entreprit ensuite une triangulation des îles Baléares, qu'il relia à celle du continent; puis, en collaboration avec le général Perrier, il rattacha, par-dessus la Méditerranée, l'Afrique à l'Espagne, en se servant du télégraphe optique et des appareils du colonel Mangin. L'exécution de ce travail lui valut du gouvernement espagnol le titre de marquis de Mulhacen, nom du plus haut sommet des montagnes sur lesquelles s'appuyait la triangulation effectuée. Le général Ibanez fonda et dirigea pendant vingt-cinq ans l'Institut géographique et statistique de l'Espagne. Il présida pendant vingt ans la Commission internationale du mètre, dont le siège est à Saint-Cloud, et il prit une large part aux congrès annuels de l'Association géodésique internationale. Il fut élu correspondant de l'Institut (Académie des Sciences), le 17 août 1885, et, en décembre de la même année, correspondant de l'Académie royale des sciences de Belgique. En dehors de savants *mémoires* disséminés dans des recueils spéciaux, on doit au général Ibanez un grand ouvrage, *Tableau géographique et statistique de l'Espagne*.

IBEA, nom donné par abréviation à l'*Imperial British East Africa Company*, société de commerce et de colonisation, qui fut fondée au mois d'avril 1888, au capital de deux millions de livres sterling, pour exploiter et administrer l'Afrique orientale anglaise (*Voy.* ces mots dans le SUPPLÉMENT). Le 3 septembre suivant, le gouvernement britannique accorda à cette société une « charte d'incorporation » qui lui conférait de grands avantages au point de vue politique et commercial, mais lui imposait de lourdes charges, telles que l'établissement des routes et de chemins de fer, la conquête et l'organisation de l'Ouganda, etc. Ruinée par ces obligations, l'Ibea céda ses droits à l'État anglais, en 1895, moyennant une indemnité de 250 000 livres sterling.

IBSEN (Henri), écrivain et poète dramatique norvégien, né à Skien en 1828, mort à Christiania en 1906, se destina d'abord à l'exercice de la médecine et entra dans une pharmacie, qu'il abandonna pour se livrer à la littérature. Ses premières œuvres furent purement romantiques. Après avoir publié, sous le pseudonyme de *Brynjolf Bjarme*, un drame en trois actes, *Catilina* (Christiania, 1850), il reprit ses études à l'Université, où il fonda avec ses condisciples un journal littéraire, dans lequel il publia sa première satire, *Norma ou l'Amour d'un homme politique*. Il entra alors en relations avec les poètes Vinje et Bjørnson, dont le second devait devenir l'adversaire de ses idées en matière dramatique. Bientôt Ibsen devint, grâce à la protection du violoniste O. Bull, l'auteur dramatique attitré du théâtre de Bergen; il passa, en 1857, en la même qualité, à celui de Christiania. Il fit jouer quelques-unes de ses pièces, dont le succès fut de plus en plus complet. A cette époque de sa vie appartiennent *Fru Juger til Oesteraad* (1857), *Haermaendene paa Helgeland* (1858). En 1865, il fit paraître la *Comedie de l'amour* (Kjaerlighedens Komoedia), poème satirique qui lui valut une subvention pour voyager à l'étranger. Il quitta la Norvège en 1864 et alla vivre à Rome, où il acheva un de ses drames les plus renommés, *Brand* (1866), puis *Peer Gynt* (1867). Doté d'une pension par le Storthing (1866), Ibsen se fixa successivement à Dresde, à Munich, puis revint à Rome et ensuite à Munich. Il rentra dans son pays en 1892 et se fixa à Christiania. Dès cette époque, sa réputation était universelle. Du romantisme, dit un de ses récents biographes, M. Ehrard, il s'était élevé par une gradation continue vers les drames philosophiques, politiques, puis symboliques. Dans toutes les œuvres du maître se manifestent désormais l'originalité et la hardiesse de ses théories politiques et sociales.

« Les idées d'Ibsen, a écrit M. Faguet, se ramènent toutes à la passion de la liberté individuelle. » Ses personnages sont à la fois très humains et très locaux : « on les sent nés en plein pays protestant, en plein pays, aussi, ou la vie de société est nécessairement faible et comme espacée; enfin ils sont représentatifs de cette idée fondamentale d'Ibsen que l'humanité périt par l'affaiblissement de l'énergie individuelle et par l'absorption de l'individu soit dans l'État, soit dans la foule, soit dans la race, soit simplement dans l'abandon de la race. » *Journal des Débats*, mai 1906. — On comprend dès lors le grand intérêt que présentent les œuvres d'Ibsen. L'*Union de la Jeunesse* (1869) fut une de ses premières pièces politiques; vinrent ensuite *Empereur et Galiléen* (1873), tableau dramatique des dernières persécutions du christianisme sous Julien l'Apostat; *les Soutiens de la Société* (1877), le plus fidèle exposé de la philosophie sociale de l'auteur; *Maison de Poupée* (1879), pièce dans laquelle Ibsen proclame les droits de la femme à l'union libre et à une existence indépendante; *Revenants* (1881); *Un Ennemi du peuple* (1882); *le Canard sauvage* (1886); *Edda Gabler* (1890); *Solness le constructeur* (1892); *le Petit Eyolf*; *Quand nous nous réveillerons d'entre les morts*. — M. Faguet a dit d'Ibsen que « c'est au grand théâtre psychologique de Sophocle, de Corneille et de Racine qu'il se rattache beaucoup plus qu'à Shakespeare, encore qu'il se rattache aussi à celui-ci par la raison que tous les genres de théâtre sont dans Shakespeare. » En 1871, Ibsen publia un volume de *Lyriske Digte*. — Les principales œuvres d'Ibsen ont été traduites en français par le comte Prozor. Quelques-unes ont été jouées avec succès à Paris, au Théâtre-Libre. Les *Œuvres complètes* ont été publiées en allemand (Berlin, S. Fischer). M. Ehrard a consacré à Ibsen un livre remarquable. — Cet écrivain a exercé une grande influence sur le théâtre contemporain. « Il aura tracé et frayé de grands chemins, dit encore M. Faguet; il aura fait jaillir des sources profondes et fécondantes. Il aura réveillé des imaginations. Il aura exprimé des idées qui, pour n'être justes qu'en partie, sont considérables et ne laissent pas d'être utiles à méditer. »

IGNATIEV (Nicolas-Paulovitch), général et diplomate russe, né à Saint-Pétersbourg en 1832, mort en 1907, était le fils d'un général qui se rangea un des premiers du côté de l'empereur Nicolas, lors de la révolution militaire de 1825. Élevé à l'École militaire des pages, il termina ses études à l'Académie d'État-major et entra dans la garde impériale en 1849. Pendant la guerre de Crimée, il servit sous le général de Berg, qui commandait un corps d'observation dans les provinces baltiques. Fut quelque temps attaché militaire aux ambassades de Londres et de Paris, puis fut nommé, en 1859, ambassadeur à Pékin. Il conclut avec la Chine un traité de commerce très avantageux pour la Russie. Nommé, en 1860, directeur du département asiatique au ministère des affaires étrangères; il passa, le 26 juillet 1864, à Constantinople, comme ambassadeur. Par un avancement rapide, il avait reçu, dès 1858, le grade de général major.

Dans le poste difficile qui lui était confié, il s'attacha d'abord à maintenir les bonnes relations des deux pays, en désavouant l'insurrection crétoise de 1866 et en abandonnant la Grèce dans son conflit avec la Turquie. Il prit parti pour les Bulgares, lors du différend de ceux-ci avec les Grecs, à propos des affaires ecclésiastiques. Il acquit une grande influence sur le sultan Abdul-Aziz et, quoique toute sa politique tendît à exciter les populations chrétiennes contre les musulmans, il fut populaire parmi les Ottomans. Lors des premières difficultés, qui créèrent pour la Turquie, en 1875, les réclamations des Bosniaques et des Bulgares, il soutint ces peuples et se prononça pour la politique libérale de Midhat-pacha. La déposition d'Abdul-Aziz (30 mai 1876) changea sa position à Constantinople. Une première conférence des ambassadeurs se réunit le 1er septembre 1876, afin de demander à la Porte la cessation des hostilités contre la Serbie; le général Ignatiev réclama des garanties, pour la mise à exécution des décisions de cette conférence. Dans une deuxième réunion présidée par lui-même (12 décembre), il déclara, avec le marquis de Salisbury, que les contre-propositions turques étaient inacceptables, et les plénipotentiaires quittèrent Constantinople. Le général Ignatiev entreprit à Berlin, à Vienne, à Londres et à Paris, une série de voyages diplomatiques, dont le résultat fut la signature du protocole de Londres (31 mars 1877). Depuis il se tint à l'écart, représentant le parti de la guerre à outrance, contrairement aux tendances du prince Gortschakoff. Il fut un moment question de lui pour le trône de la Bulgarie indépendante. Il ne prit point part au Congrès de Berlin et après la signature de la paix, se retira à Nice (février 1879). Rappelé aux affaires à l'avènement d'Alexandre III (mars 1881), il fut d'abord nommé ministre des domaines, puis il passa au ministère de l'intérieur en remplacement du général Loris Mélikoff. Un vif désaccord se manifesta entre les vues militaires du général Ignatief et le ministre des affaires étrangères, M. de Giers, représentant des idées pacifiques auprès du nouvel empereur, et, dès l'année suivante, le général fut relevé de ses fonctions pour raison de santé (21 juin 1882). Il cessa dès lors de jouer un rôle actif, mais il conserva son titre de membre du Conseil de l'Empire.

IMBERT-COLOMÈS (Jacques), né à Lyon en 1725, fit ses études chez les jésuites, et fut nommé, en 1787, échevin de Lyon. Premier échevin, commissaire de la noblesse et commandant de la ville en 1789, en l'absence du prévôt des marchands, il montra la plus grande énergie contre la Révolution. En butte à de nombreuses attaques, il dut quitter Lyon en 1790, émigra de bonne heure auprès des princes, mais reparut à Lyon au moment du siège (1793). Il alla à nouveau chercher les instructions des Bourbons et fut nommé leur agent pour le Lyonnais. Quoique proscrit et porté sur la liste des émigrés, il fut nommé député au Conseil des Cinq-cents et se signala par son ardeur royaliste. Proscrit au 18 fructidor, il put s'échapper et fut mis à la tête de l'agence royaliste d'Augsbourg. Arrêté par ordre du roi de Prusse sur l'invitation du Premier Consul, qui ne l'avait pas autorisé à rentrer après Brumaire, il fut incarcéré au Temple. Sa correspondance fut saisie et publiée sous le titre de « Papiers saisis à Bayreuth et à Mende ». Relâché, il rejoignit Louis XVIII et mourut à Bath en 1809.

IMBRIANI-POERIO (Mathieu-René), homme politique italien, né à Naples en 1845, mort à Rome en 1901, était le fils d'un jurisconsulte de valeur, ardent patriote, qui, condamné à mort par les Bourbons, se réfugia à Turin avec sa famille. Mathieu-René Imbriani fit ses études à Nice et au collège militaire de Turin. En 1859, il s'enrôla parmi les « Mille » qui suivirent Garibaldi en Sicile et à Naples; il fut blessé en Calabre, à Castelmorone. En 1860, il entra dans l'armée italienne avec le grade de lieutenant. Il donna sa démission en 1870 pour se consacrer à la politique. Il devint, avec Cavalotti, un des principaux chefs du parti radical. Il fonda à Naples un journal patriote et d'opinions très avancées, l'Italia degli Italiani, et fut un des membres les plus actifs de la ligue de l'Italia irredenta, pour laquelle il écrivit un livre, Pro Patria. La situation était alors fort tendue entre l'Italie et l'Autriche, où le colonel Haymerlé avait publié un ouvrage passionné, Italicæ res. Le voyage du roi Humbert à Vienne (1881) excita la fureur d'Imbriani, qu'exaspéra encore plus l'exécution de l'étudiant italien Guillaume Oberdank, condamné à mort pour un attentat contre l'empereur d'Autriche. En 1889, Imbriani fut élu député de la deuxième circonscription de Bari. Il fut un des plus véhéments parmi les orateurs de la gauche, un adversaire résolu de la Triple Alliance et un partisan convaincu de l'union avec la France, pour laquelle il professait d'ardentes sympathies. Plusieurs fois il dénonça avec une grande force d'expression les innombrables abus de l'administration italienne. Le 20 septembre 1897, il fut frappé d'une attaque d'apoplexie pendant l'inauguration d'un monument de Garibaldi à Sienne. Il dut renoncer dès lors à la politique; mais il resta jusqu'à sa mort un des hommes les plus populaires de l'Italie.

INDO-CHINE. — Vaste possession française, dont la superficie est évaluée à 665 000 kilomètres carrés, et la population à 17 millions d'habitants. Elle comprend la Cochinchine, le Tonkin, le Laos (organisé à partir de 1895), possessions françaises, le Cambodge et l'Annam, pays de protectorat, ainsi que le territoire de Kouang-Tcheou-Ouane, cédé à bail par la Chine en 1898. — Le gouvernement appartient, depuis 1891, à un gouverneur général, dont les attributions ont été successivement étendues, et qui est assisté d'un secrétaire général, d'un conseil de défense et d'un conseil supérieur. Les diverses parties de l'Indo-Chine sont administrées par des résidents et un lieu-

tenant-gouverneur (Cochinchine) chefs des services civils. Des voies ferrées ont été construites de Hanoï (Tonkin) au Yunnan, etc. Le cours du Mé-Kong a été amélioré. Le commerce général de l'Indo-Chine s'est élevé en 1906 à environ 398 millions de francs, dont près de 221 pour les importations.

IRVING (sir Henry Brodribb, dit), acteur anglais, né à Keinton en 1838, mort en 1905, fit ses débuts au Sunderland théâtre en 1856 et joua bientôt après à Edimbourg, à Glasgow, à Manchester et à Liverpool, puis à Londres (théâtres de Drury Lane, Haymarket, Gaiety). En 1870, il passa au Vaudeville Theatre, où il joua les Deux Roses, comédie de M. Albery, plus de trois cents fois. Il parut enfin au Lyceum, en 1874, dans Hamlet, où son talent se révéla dans toute son ampleur. La pièce de Shakespeare eut deux cents représentations, carrière qu'elle n'avait point encore fournie, et Henry Irving fut considéré comme le premier tragédien de l'Angleterre. À Hamlet succédèrent Macbeth, en 1875, Othello, en 1876, et la Reine Marie, de Tennyson, l'année suivante. Après une tournée en Écosse et à Oxford, où le Trinity College le reçut avec un grand honneur, Irving reparut au Lyceum dans Richard III. En 1878, devenu directeur de ce théâtre, il mit à la scène Othello, où il joua alternativement avec M. Edwin Booth les rôles du Maure et de Iago, le Marchand de Venise, Beaucoup de bruit pour rien, Faust, etc.; il eut pour partenaire dans toutes ces pièces Miss Ellen Terry. Des tournées en Amérique (1883, 1884, 1888) accrurent encore sa réputation. En 1889, après une tournée en Allemagne, Irving joua devant la reine à Sandringham, puis fit entendre les « récitatifs » de Macbeth avec la musique de M. Arthur Sullivan. Il parut ensuite dans le rôle de Falstaff, dans le Roi Henri IV (1892). Considéré comme une gloire nationale, Irving avait reçu le titre de baronet.

ISABELLE II (Marie-Louise-), ex-reine d'Espagne, née à Madrid, le 10 octobre 1830, morte à Paris en 1904, était la fille du roi Ferdinand VII et de Marie-Christine, la quatrième femme de ce prince. Isabelle eut une sœur cadette, l'infante Marie-Louise-Fernande, qui épousa en 1846 le duc de Montpensier. Ferdinand VII assura l'héritage de sa couronne à Isabelle par la pragmatique sanction du 29 mars 1830, qui supprima la loi salique en Espagne et déposséda don Carlos, frère du roi. Cet acte eut pour conséquence une guerre civile qui dura de longues années. Placée, en octobre 1832, sous la tutelle immédiate de sa mère, déclarée reine régente, Isabelle fut menacée de perdre son trône dès le berceau. Aussitôt après la mort de Ferdinand VII (septembre 1833), une insurrection formidable s'éleva dans le nord, sous la conduite de Zumalacarregui, et força la régente à conclure une quadruple alliance défensive avec l'Angleterre, la France et le Portugal (22 avril 1834); elle dut aussi faire d'importantes concessions au parti libéral. L'Estatuto real du 15 avril accorda une Constitution et deux Chambres.

Les Cortès nouvellement convoquées consacrèrent par un vote l'exhérédation de don Carlos et les droits d'Isabelle, qui furent assurés par les victoires du général Espartero, et la décisive capitulation de Vergara (31 août 1839), à la suite de laquelle don Carlos passa en France, et y fut interné. Cependant la guerre civile rendait très difficile le gouvernement intérieur. Déjà commençaient à se former deux grands partis, les moderados (conservateurs) et les exaltados (libéraux), entre lesquels la reine hésitait. Les exaltados firent tourner quelque temps les embarras du gouvernement à leur profit. Au ministère Martinez de la Rosa avait succédé Mendizabal (septembre 1835). Sous la pression des révoltes de Saragosse et de Madrid, ce ministre se crut assez fort pour modifier l'Estatuto real, élargit la loi électorale et soumit les congrégations à l'impôt. Les juntes insurrectionnelles réclamèrent alors la Constitution de 1812, qui, après de nouvelles indécisions du gouvernement (ministère Isturiz, mai-août 1836), fut accordée à la révolte triomphante de Madrid (18 juin 1837).

Le gouvernement, aussitôt après les victoires d'Espartero, essaya de prendre sa revanche. La dissolution des Cortès (septembre 1839) aboutit aux émeutes formidables de Barcelone et de Madrid, et à la fuite de Marie-Christine en France. La régence fut confiée à Espartero (tutelle de la reine à son ami Arguelles (8 mai 1841). Une tentative des généraux O'Donnell et Diego-Léon pour enlever la reine ne réussit pas; la mort de Diego-Léon ne fit qu'accélérer la chute d'Espartero (mai 1843). La tutelle passa au général Castanos; mais les Cortès avancèrent de onze mois la majorité d'Isabelle (8 novembre 1854).

Le retour de Marie-Christine et la victoire des moderados furent signalés par la dictature militaire de Narvaez, par des lois antilibérales et par l'état de siège. Aux Cortès de 1844, les progressistes laissèrent le terrain complètement libre à leurs adversaires. Bientôt la grande question du mariage de la reine vint agiter l'Europe. On avait d'abord songé à marier Isabelle avec le comte de Montemolin, fils aîné de don Carlos, afin de réconcilier les deux branches de la maison de Bourbon. Mais le projet fut mal accueilli par les conservateurs comme par les libéraux, et l'on dut l'abandonner. Alors se présentèrent les candidatures de l'infant François d'Assise, cousin d'Isabelle ; du comte de Trapani, fils du roi des Deux-Siciles, Ferdinand II ; du prince Léopold de Saxe-Cobourg, présenté par l'Angleterre. A la suite de divisions dans le gouvernement espagnol et entre les gouvernements français et anglais, la politique de la France triompha tout à coup. La reine épousa son cousin, Marie-Ferdinand-François d'Assise, fils de l'infant François de Paule, et sa sœur, Marie-Ferdinande-Louise, épousa le duc de Montpensier. Les deux mariages furent célébrés le même jour, à la grande colère du gouvernement anglais (10 octobre 1846). L'agitation que causèrent ces choix en Espagne rendit quelque force aux libéraux. Un instant la reine parut pencher de leur côté et secouer le joug de sa mère, en appelant aux affaires Serrano et Salamanca (1er septembre 1847); mais, dès le mois suivant, Narvaez reprit en main le pouvoir. Ce ministre prévint, par un redoublement de compression, la contre-coup que pouvait avoir en Espagne la révolution de Février. La reine se rapprocha de l'Autriche et de la Prusse, qui avaient toujours refusé de la reconnaître, noua pour la première fois avec ces puissances des relations diplomatiques, et envoya un corps d'armée pour aider au rétablissement du pape. D'un autre côté, elle rompait ses relations avec l'Angleterre. A l'intérieur, une nouvelle tentative de Cabrera et du comte de Montemolin (1848-1849) était énergiquement comprimée, une série d'intrigues de palais n'aboutissait qu'à l'humiliation du mari de la reine, et à la consolidation du ministère Narvaez. Celui-ci céda pourtant la place, en janvier 1851, au cabinet Bravo Murillo, qui promit des réformes libérales et débuta par un concordat avec le pape. Le 20 décembre, la reine qui, le 12 juillet de l'année précédente, était accouchée d'un enfant mort, mit au monde une fille, Marie-Isabelle-Françoise. Le 2 février 1852, comme elle allait faire ses relevailles, elle fut blessée légèrement d'un coup de poignard par un prêtre fou appelé Martin Merino. Cet attentat, joint à l'influence de la nouvelle politique qui dominait en Europe, donna prétexte à des mesures réactionnaires, auxquelles les Cortès de 1852 répondirent en choisissant un président libéral. Martinez de la Rosa. Le ministère renvoya la Chambre et présenta un projet de révision de la constitution, qui portait l'amoindrissement implicite de toutes les libertés civiles ou municipales de l'Espagne. La Chambre de 1855, où les anciens conservateurs, entre autres Narvaez, avaient fait alliance avec l'opposition libérale, présenta une majorité énorme contre le gouvernement. Elle fut dissoute le 8 avril, et, à la suite d'une longue crise ministérielle, l'absolutisme entra au pouvoir, en septembre, avec Sartorius, San Luis, Domenech, Blaser, Gerona, Calderon et Molins.

Au bannissement de plusieurs généraux du parti constitutionnel, l'armée répondit par une sédition, à la tête de laquelle se mirent les généraux O'Donnell, Messina, Serrano, Ros de Olano et Dulce, commandant de la garnison de Madrid. Vainqueurs à Vicalvaro, ils appelèrent l'Espagne à l'insurrection, au nom de la constitution de 1837. A la suite d'une petite guerre d'environ un mois en Andalousie, un nouveau ministère, formé le 18 juillet par le duc de Rivas, et dit des quarante heures, fut renversé le 20, par une émeute qui éclata à Madrid. La reine parut s'enfuir en France, et la reine confia à Espartero la formation d'un cabinet libéral. Une insurrection républicaine fut écrasée le 30 juillet, et, le 8 novembre, les Cortès, présidées par Pascal Madoz, consacrèrent le principe monarchique, remis en question par une majorité de 194 voix contre 19. Du reste la révolution s'accomplit dans le sens libéral. De janvier à juin 1855, on discuta les bases constitutionnelles. L'entrée de Madoz au ministère des finances (février) fut signalée par la fameuse loi de

desamortizacion, qui exalta les espérances des démocrates. Mais une émeute à Valence et des troubles en Andalousie déterminèrent entre Espartero et O'Donnell des dissentiments qui envenimaient encore des rivalités personnelles et qui se manifestèrent à l'occasion de certaines modifications du cabinet. Les Cortès avaient déjà voté quatre-vingt-onze lois libérales lorsque l'attitude plus révolutionnaire d'Espartero fut enfin condamnée par la reine. Le 14 juillet 1856, il dut se retirer devant la préférence notoire accordée à son rival. Une insurrection formidable éclata presque en même temps à Madrid, à Malaga, à Barcelone et à Saragosse. Rapidement comprimée, elle donna lieu à des mesures réactionnaires, dont la progression croissante devait aboutir à la chute d'O'Donnell, au rappel de Narvaez, et à la formation d'un nouveau ministère d'une nuance plus libérale, le ministère Armero-Mon (octobre 1857). Celui-ci fit place, l'année suivante, à un nouveau ministère présidé par le maréchal O'Donnell (1er juillet 1858). Fortifié par l'union des centres et la coalition des modérés des deux partis, ce ministère, qui dura de 1858 à 1863, fut le meilleur de tous ceux qui gouvernèrent l'Espagne sous le règne d'Isabelle. Il fit une guerre heureuse au Maroc, une expédition à Saint-Domingue, et intervint au Mexique en compagnie de l'Angleterre et de la France. Dans le même temps, la reine se concilia l'opinion en abandonnant les trois quarts de son patrimoine privé, pour être vendus au profit de la nation : le produit de cette vente fut estimé à environ 600 millions de réaux (février 1865). La contre-révolution prit peu à peu le dessus, et elle paraissait tout à fait triomphante quand se rouvrit l'ère des catastrophes. Elles eurent pour cause principale l'extrême faiblesse de la reine, que dominaient ses favoris et son confesseur. Le duc de Montpensier, beau-frère de la reine, augmenta le désordre en se mettant à la tête de conspirations. L'armée venait à peine d'être réorganisée par le décret du 24 janvier 1867, quand une insurrection nouvelle éclata en Catalogne ; au mois d'août, Madrid fut mis une fois de plus en état de siège. Ni la prompte répression de la révolte, ni l'amnistie qui suivit, en faveur des paysans et des soldats qui avaient pris part (septembre), ne consolidèrent le trône affaibli par la mort d'O'Donnell (6 novembre 1867), puis de Narvaez (28 avril 1868). Le nouveau ministre, Gonzalez Bravo, ne put pas tenir tête à la révolution. Une année entière se passa en mouvements insurrectionnels qui prirent un caractère de plus en plus hostile à la dynastie, et en répressions inefficaces. Les mesures de rigueur se multiplièrent contre les généraux suspects de sympathie pour les populations mécontentes, et capables de devenir leurs chefs. Serrano et les principaux conspirateurs furent déportés aux Canaries, le duc de Montpensier fut exilé. Mais ces rigueurs furent inutiles. Le 18 septembre 1868, l'escadre se révolta à Cadix avec l'amiral Topete, les généraux Serrano et Prim, qui prirent la tête du mouvement. La révolution s'étendit à Madrid où Concha remplaça Gonzalez Bravo. Quelques régiments fidèles à la reine, commandés par Pavia, furent battus par les insurgés à Alcolea (29 septembre). Le 30, la reine partit de Saint-Sébastien et passa en France. Réfugiée au château de Pau, avec son mari, ses enfants et son conseiller intime, l'impopulaire Marfori, cause principale de sa chute, elle lança une proclamation aux Espagnols, datée du 30 septembre. Un mois après, elle vint se fixer à Paris, qu'elle ne devait plus quitter, et où elle mourut le 9 avril 1904.

Le long règne d'Isabelle II avait été signalé, dans ses dernières années, par des négociations avec les Etats-Unis relativement à l'île de Cuba, que les Américains voulaient acheter et que l'Espagne ne voulait pas vendre (1855-1854) ; par le règlement des frontières avec la France ; par une convention avec la France, la Belgique, la Sardaigne et la Suisse, relativement à l'organisation du service international télégraphique ; enfin et surtout, à la fin de 1859, une guerre avec le Maroc, qui fut signalée par de belles victoires et terminée par une paix glorieuse. Ce fut encore l'intervention commune avec la France et l'Angleterre au début de la guerre du Mexique, l'annexion de Saint-Domingue livrée par le général Santana et bientôt suivie d'une insurrection redoutable (1865) ; l'occupation des îles Chinchas (1864) à la suite de démêlés avec le gouvernement péruvien ; la médiation des Etats-Unis, acceptée pour terminer la guerre entre l'Espagne et les républiques de l'Amérique du Sud, etc. Dans le même temps, la France, alliée plus intimement avec l'Espagne, agissait diplomatiquement auprès des autres gouvernements pour lui faire reprendre son rang de puissance de premier ordre dans les conférences européennes (circulaire de M. Thouvenel, du 30 mai 1860). Les rapports devinrent aussi de plus en plus intimes avec le Saint-Siège. Quelques mois avant sa chute, la reine Isabelle reçut du pape, par une préférence marquée sur les autres souveraines, la fameuse rose bénite à la messe des Rois et réservée à la princesse la plus vertueuse, qui a le mieux mérité de l'Église (février 1868).

Depuis sa déchéance, quelques incidents personnels marquèrent l'existence de la souveraine exilée. Au mois de mars 1870, elle se sépara à l'amiable de son mari, don François d'Assise (Voy. ce nom dans le supplément). Le 26 juin suivant, la reine abdiqua en faveur de son fils, don Alphonse (Voy. alphonse xii dans le dictionnaire). Lorsque, cinq ans plus tard, celui-ci eut été appelé au trône, et qu'il eut été permis à elle-même, non sans peine, de rentrer en Espagne, elle pria auparavant le maréchal de Mac-Mahon, président de la République française, d'exprimer à la France, par l'organe du Journal officiel, sa reconnaissance pour l'accueil bienveillant qu'elle avait trouvé dans ce pays (27 juillet 1876). Son voyage fut de courte durée; il fut signalé par l'emprisonnement de Marfori, qui avait accompagné la reine, et qui refusa d'obéir à un ordre d'expulsion. Au mois d'octobre 1877, pendant un second voyage à Madrid, elle se montra fort opposée, dit-on, à l'union d'Alphonse XII et de la princesse Mercédès de Montpensier. Les journaux commentèrent beaucoup, vers la même époque, ses relations amicales avec don Carlos, revenu à Paris, et, bien que, par une lettre rendue publique, elle présentât ce rapprochement comme tout à fait étranger à la politique, l'opinion en fut sérieusement affectée en Espagne. Depuis, le nom d'Isabelle a de nouveau reparu dans la presse quotidienne, soit au sujet de procès intentés à son intendant par des fournisseurs, soit lors des préliminaires du mariage d'Alphonse XII avec l'archiduchesse Christine d'Autriche. Après la mort d'Alphonse XII (1885), Isabelle parut peu favorable à l'établissement de la régence de Marie-Christine. Mais si elle eut alors quelque velléité de jouer de nouveau un rôle dans la politique espagnole, elle dut y renoncer bientôt et pour toujours.—De son mariage avec don François d'Assise, Isabelle avait eu un fils, Alphonse XII, et quatre filles, les infantes Isabelle, Pilar, Paz et Eulalie.

ISELIN (Henri-Frédéric), statuaire, né à Clairegoutte (Haute-Saône) en 1825, mort en 1905, étudia la sculpture dans l'atelier de Rude, suivit quelque temps l'École des Beaux-Arts, et débuta par plusieurs bustes au Salon de 1849. Ensuite, il exécuta et exposa Jean Goujon, commandé par le ministère de l'intérieur (1852); le buste de Marat, pour la galerie de Versailles (1855); le Génie du feu, groupe en nouveau Louvre; le duc de Bauffremont, M. Lefebvre (1857); Picard, buste (1859); le duc de Morny, le président Boileau (1861); Napoléon III, le comte de Persigny (1862); Courtenay, Augustin Thierry, pour les galeries de Versailles (1854); Napoléon III, destiné au palais du Corps législatif (1865); une double répétition du duc de Morny (1866); MM. de Moustiers et de Rambuteau, bustes en marbre (1870), pour les galeries de Versailles; le général Lamoricière, pour le musée de Versailles (1871); l'abbé Cochet, buste bronze pour le musée de Rouen; La Grange, buste en marbre pour le bureau des Longitudes (1877); Claude Bernard (1881); le Tibre (1885); Viennet, de l'Académie française, buste en marbre (1884); le Coureur (1885); Hippomène, statue en bronze; Un escrimeur, etc.

ISMAÏL-PACHA, ex-vice-roi et Khédive d'Égypte, né au Caire, le 31 décembre 1830, mort à Constantinople le 1er mars 1895, était le second des trois fils d'Ibrahim-Pacha (Voy. ce nom dans le dictionnaire). Envoyé en France avec son frère Ahmet-Rifaat, il fréquenta avec lui l'École d'état-major. De retour en Égypte en 1849, il fit l'opposition à Abbas-Pacha, qui gouverna l'Égypte de 1848 à 1854, et fut un des membres les plus actifs du parti des Princes. A la suite d'un voyage à Constantinople, il reçut, comme son père, le titre de pacha. En 1855, il fut accusé, par le gouvernement d'Abbas, d'avoir assassiné un de ses familiers; puis cette affaire, par laquelle Abbas voulait atteindre le parti des Princes, fut étouffée. En 1855, Ismaïl partit pour la France, chargé d'une mission

par son oncle Mohamed-Saïd, et à son retour, il passa par l'Italie, où il alla porter au pape des présents magnifiques. Sous le gouvernement de Saïd (1854-1863), il remplit des fonctions importantes. Membre du Conseil d'État, il fut chargé, en 1861, pendant les voyages que le vice-roi fit aux villes saintes, puis en Europe, de la direction intérimaire du gouvernement, et, à la fin de la même année, il fut mis, avec le titre de général en chef de l'armée égyptienne, à la tête d'un corps de 14000 hommes, avec lequel il réussit à réprimer des tribus insurgées de la frontière du Soudan.

A la mort de Saïd-pacha (18 janvier 1863), Ismaïl succéda à son oncle sans opposition. Un des principaux faits de son gouvernement, à l'intérieur, fut l'extension extraordinaire de la culture du coton, qui fut, pendant toute la guerre civile des États-Unis, une source considérable de richesse pour l'Égypte. Il en résulta un premier démêlé avec la compagnie de l'isthme de Suez à laquelle il retira le concours des fellahs. De nouvelles contestations vinrent menacer cette grande entreprise; mais elles furent terminées en 1864 par l'arbitrage de Napoléon III, accepté par Ismaïl. Au mois d'août 1869, le canal, ouvert depuis plus d'un an dans toute sa longueur, avait presque partout sa largeur normale. Le vice-roi avait envoyé lui-même, par une dépêche, à son ministre à Paris, la nouvelle de l'entrée des eaux de la Méditerranée dans les lacs Amers (18 mars 1869), à laquelle il avait assisté, et le témoignage de son admiration pour l'œuvre et de sa confiance dans les résultats. Des arrangements à l'amiable étaient intervenus entre le gouvernement et la compagnie, pour racheter certaines clauses du pacte primitif, qui pouvaient devenir excessives. Puis, lorsque le temps de l'ouverture approcha, il se transporta dans la plupart des capitales de l'Europe, afin d'inviter les souverains aux solennités de l'inauguration. Ces communications personnelles du vice-roi avec les cours étrangères parurent même une atteinte à la suzeraineté de la Porte, et devinrent une source de complications menaçantes pour le gouvernement égyptien, auquel le sultan avait prodigué jusque-là les concessions. On parla de notes irritées adressées de Constantinople, du retrait des privilèges octroyés, de l'exercice des droits extrêmes de suzeraineté, de déchéance même à prononcer contre un vassal. Puis il fut question de faire présider l'inauguration du canal par le sultan lui-même, pour bien marquer, aux yeux de toute l'Europe concernant la subordination du vice-roi. Les conflits s'apaisèrent, et Ismaïl-pacha put faire lui-même les honneurs de l'Égypte et du canal aux souverains et aux personnages qui répondirent à ses invitations.

Une révolution considérable s'était déjà accomplie, soit dans l'organisation intérieure de l'Égypte, soit dans ses relations avec l'empire ottoman. Au mois de mai 1866, le vice-roi avait obtenu du sultan un changement important dans la transmission héréditaire du trône; elle devait désormais, et contrairement à la loi d'hérédité musulmane, se faire en ligne directe. Plus tard, par le firman impérial du 8 juin 1867, Ismaïl reçut le droit d'édicter, sans en référer à la Porte, tous les règlements spéciaux relatifs à l'administration de l'Égypte, à la douane, au transit, à la poste, à la police sur les sujets étrangers, etc., sous la condition que les arrangements concernant ces matières n'eussent pas la forme de traités internationaux ni de conventions politiques. En même temps, son titre de vice-roi était échangé contre celui de Khédive, lequel, sans entraîner l'idée de royauté, a une acception plus haute, et plaçait Ismaïl immédiatement après le sultan. D'ailleurs le nouveau Khédive avait payé, en partie, ces avantages, en envoyant des troupes égyptiennes en Crète, pour aider à la répression de l'île insurgée contre les Turcs. A l'intérieur, Ismaïl se montrait partisan résolu du progrès. Il voulut même constituer un parlement égyptien, qu'il ouvrit en personne avec solennité, le 25 novembre 1866. Cette sorte de Chambre des députés, qui répondra au programme de nos gouvernements représentatifs, s'occupa au moins assez sérieusement de l'impôt, des questions de vicinalité, des irrigations, etc. En 1869, avec le concours d'un ministre intelligent et actif, Nubar-Pacha, Ismaïl opéra une importante réforme judiciaire. Un essai d'administration municipale avec un conseil élu se fit à Alexandrie, sous la direction du docteur Colucci-bey. En même temps, l'imitation des mœurs françaises se manifestait dans la vieille Égypte, au Caire, par l'importation du répertoire et du personnel des théâtres bouffes de Paris. La création d'un tribunal international siégeant à Alexandrie, l'introduction du calendrier grégorien, la création d'une société de géographie, etc., complétèrent les réformes, qui furent dues en partie à l'activité de Nubar-pacha.

En 1872, le khédive obtint encore du sultan le droit d'augmenter son armée et sa marine et, en 1873, de conclure des traités de commerce sans l'assentiment préliminaire de la Porte. Reprenant les projets de Méhémet-Ali sur l'incorporation à l'Égypte du bassin supérieur du Nil, Ismaïl nomma, en 1869, Baker-pacha gouverneur général du Soudan. Celui-ci fonda Gondokoro (1871), conquit l'Ounyoro (1872), soumit le Darfour et le Kordofan au protectorat égyptien. Chailley-Long s'établit dans l'Ouganda (1874). Gordon, successeur de Baker, fonda au sud de Fachoda la Province Équatoriale, qui fut administrée par l'Allemand Schnitzer, appelé Emin-Pacha (1878). Les troupes khédiviales essayèrent même de pénétrer en Abyssinie; mais elles durent, après plusieurs tentatives, battre en retraite (juin 1875). Pendant la guerre turco-russe, une division égyptienne de 6000 hommes fut conduite par Hassan, troisième fils du Khédive, en Bulgarie.

Malheureusement, de graves imprudences et des dépenses incalculables avaient ébranlé le crédit de l'Égypte, au point qu'une banqueroute était imminente. Les puissances européennes intervinrent alors; un ministère spécial de l'agriculture et du commerce fut constitué, Nubar-pacha donna sa démission, et le khédive consentit à laisser procéder par un commissaire anglais, M. Cave, à l'estimation de ses propriétés personnelles (Deïra), que la cour d'appel, récemment instituée, avait déclarées saisissables (janvier 1876); elles furent évaluées à 175 millions. Le 14 mai, un décret prescrivit l'établissement d'un ministère des finances et d'un conseil supérieur du trésor. Deux commissaires européens, MM. Rivers Wilson et de Blignières, s'efforcèrent, au milieu de difficultés chaque jour renaissantes, d'apaiser des mécontentements qui se manifestèrent parfois à main armée (février 1879). Enfin, au mois de juin, la situation devint tellement critique que, sur les sollicitations des représentants de France, d'Angleterre, d'Allemagne et d'Autriche, le sultan demanda au khédive sa démission. Celui-ci la refusa d'abord, puis il abdiqua, le 26 juin, en faveur de son fils, Tewfick-pacha, et, le 1er juillet, il quitta l'Égypte. Il se fixa d'abord à Naples, puis à Constantinople, où il mourut en 1895. Il laissait sept fils et cinq filles; l'aîné des fils, Mohamed Tewfik-Pacha, succéda à son père.

ISOARD (Louis-Romain Ernest), évêque, né à Saint-Quentin en 1820, mort en 1901, fut longtemps directeur de l'école préparatoire des Carmes, auditeur de rote près la France à Rome, puis évêque d'Annecy (1879). Lorsqu'au mois de novembre 1879, le cardinal Lavigerie donna au clergé le signal de l'adhésion à la constitution républicaine, l'évêque d'Annecy fut un des premiers à s'associer par une lettre publique à ces déclarations, en condamnant la politique de solidarité entre l'Église et les régimes déchus. Outre un certain nombre d'opuscules religieux, Mgr Isoard a laissé des conférences qui ont été réunies en volumes sous ces titres : le Sacerdoce (1878), conférences prêchées à l'Oratoire, le Mariage (1879), et Cinq Années : 1879-1884, œuvres pastorales (1884).

ISRAELS (Joseph), peintre hollandais, naquit à Groningue en 1824. Il commença d'abord par travailler dans le bureau de son père, qui était courtier en effets publics. Mais il se sentait attiré vers la peinture : après une très vive résistance, sa famille le laissa libre enfin de suivre sa vocation. Il avait appris les premiers éléments avec un certain Buys, qui avait prophétisé qu'Israëls ne pourrait jamais rien apprendre, étant « trop désordonné ». Il suivit ensuite les cours de l'Académie Minerva, dirigée par Bruggink. En 1842, il alla étudier à Amsterdam sous la direction de Jan Kruseman. De 1846 à 1848, il travailla à Paris dans l'atelier de Picot, puis il alla se fixer à Amsterdam. Ses premières œuvres furent des tableaux historiques et surtout bibliques, des portraits et quelques lithographies. En 1850, Israëls remporta pour la première fois un succès incontesté avec sa Rêverie, exposée à Amsterdam. L'année suivante, il eut la médaille d'or à l'exposition de Bruxelles. En 1862, sa toile célèbre, les Naufragés, envoyée à l'Exposition universelle de Londres, lui assura une réputation presque européenne. De la même époque date le Long du Cimetière (musée

d'Amsterdam) : dans ces belles œuvres se manifestèrent avec le dédain des conventions, l'observation exacte de la nature et une extrême délicatesse de sentiments. En 1867, il peignit les Enfants de la mer, qui appartiennent à la famille royale de Hollande, le Vent Soutien, appartenant au comte de Flandre, etc. Il donna aux Salons de Paris : les Dormeuses (1868, le Débarquement des pêcheurs 1869), Préparatifs pour l'avenir 1875), Intérieur d'un village 1876), Portrait de Mlle d'E.... les Bons Camarades (1877); et, à l'Exposition universelle de 1878, Seul au monde, l'Anniversaire, le Dîner des savetiers, les Pauvres du village, Plus rien, École de couture à Kotwyck (1881), Dialogue silencieux (1882), Beau temps, l'Enfant qui dort (1885), la Lutte pour l'existence, la Rentrée 1884), Quand on devient vieux (1886), la Petite Garde-malade, la Couseuse (1888), etc.. Israëls obtint un grand prix à l'Exposition universelle de 1889. Il fut élu correspondant de l'Académie des Beaux-Arts le 5 janvier 1885. A partir de 1871, Israëls résida à la Haye. Ce grand artiste a exercé une influence considérable sur l'École néerlandaise. Le 27 janvier 1904, ses admirateurs célébrèrent en grande pompe le 80e anniversaire de sa naissance. Le peintre W. Mesdag consacra à cette occasion, à l'illustre maître une notice qui a été reproduite par le Journal des Débats (31 janvier 1904).

ISSAKOV (Nicolas), général russe, né en 1821, mort en 1891, chef des écoles militaires de l'Empire, collabora aux réformes libérales d'Alexandre II, transforma les écoles de cadets en lycées militaires, où l'instruction générale tenait la première place, fonda le Musée Roumiantzov à Moscou, et le Musée pédagogique de St-Pétersbourg.

J

JACOBY (Léopold), poète allemand, né en 1840, mort en 1895, vécut à Berlin, à Trieste, à Boston, à Milan, où il enseigna pendant plusieurs années la littérature allemande. Il quitta, en 1892, cette ville, pour se fixer à Zurich, où il mourut à l'hôpital. Les socialistes allemands le considèrent comme un de leurs meilleurs poètes, surtout à cause de son ouvrage populaire, Qua la lumière soit. Il a laissé encore, entre autres œuvres, Gounita, et des Lieder allemands d'Italie.

JANET (Paul), philosophe, né à Paris en 1825, mort en 1899, élève de l'École normale supérieure, professa la philosophie à Bourges, à Strasbourg, au lycée Louis-le-Grand, enfin à la Sorbonne (1864). Il a publié un grand nombre d'ouvrages dans lesquels il s'efforçait de concilier les doctrines spiritualistes avec la liberté des recherches scientifiques. On citera : la Famille ; Histoire de la philosophie morale et politique dans l'antiquité et les temps modernes ; Études sur la dialectique dans Platon et Hegel ; la Philosophie du bonheur ; le Matérialisme contemporain en Allemagne ; la Crise philosophique : le Cerveau et la pensée ; Éléments de morale ; les Problèmes du xixe siècle ; Philosophie de la Révolution française : les Causes finales ; la Philosophie française contemporaine ; les Maîtres de la pensée moderne ; les Origines du socialisme contemporain ; V. Cousin et son œuvre ; les Passions et les caractères dans la littérature du xviie siècle ; Centenaire de 1789 ; la Philosophie de Lamennais, etc. — On lui doit aussi une traduction de Dieu, l'Homme et la Béatitude, de Spinoza, et une édition des Lettres de Mme de Grignan. P. Janet fut élu membre de l'Académie des Sciences morales et politiques en 1864. Une notice historique lui a été consacrée par M. G. Picot, secrétaire perpétuel de cette Académie (6 décembre 1902).

JANICH (Caroline), écrivain russe, née à Jaroslav en 1810, morte en 1895, passa la plus grande partie de son enfance à Moscou, où elle étudia le latin et l'allemand. Dès l'âge de 20 ans, elle donna une traduction russe de différents poètes allemands et français; à 25 ans, elle publia à Dresde une importante étude sur la littérature russe. On lui doit aussi une Jeanne d'Arc, traduite en vers français de la tragédie de Schiller, un recueil de vers intitulé Préludes. Elle a publié en outre un grand nombre d'articles dans les revues; une sorte d'épopée historique, le Kremlin, 1854; des traductions d'auteurs russes et allemands. Elle avait épousé en 1859 l'écrivain Nicolas Pavlot, dont elle eut un fils. Hippolyte P., connu comme critique, mort en 1882.

JANNEL (Jacques DE), commandait la garnison de Saint-Jean-de-Losne, en Bourgogne, quand cette petite place fut attaquée, en octobre 1636, par une armée impériale commandée par Galas. La plupart des soldats ayant déserté, Jannel fit appel au courage des habitants, qui prirent les armes, se défendirent bravement contre les ennemis et obligèrent Galas à se retirer. La résistance héroïque de Saint-Jean-de-Losne avait sauvé une partie de la France de l'invasion. Jacques de Jannel reçut du roi la permission de joindre à ses armes une tour armée d'une épée flamboyante avec la devise : « Galas suorum strage fugatur. » Mais il refusa toute autre faveur. Il mourut de la peste peu de temps après la délivrance de la ville. Au XVIIIe siècle, les descendants de Jacques de Jannel obtinrent de Louis XV le titre de comtes de Vauréal.

JANSSEN (Jean), historien allemand, né à Xanten, en 1829, mort en 1891, a publié, entre autres ouvrages, des histoires de Charlemagne ; de Gustave-Adolphe ; une Histoire de l'évêché de Munster ; Schiller historien ; Bœhmer, sa vie, ses lettres, etc., et surtout la Fin du moyen âge (traduite en français par Henrich, 1887).

JANSSEN (Pierre-Jules-César), physicien et astronome, né à Paris en 1824, mort en 1907, étudia d'abord la peinture. Puis il suivit les cours de la Faculté des Sciences et fut reçu en 1852 licencié ès sciences mathématiques, puis en 1860, docteur ès sciences physiques avec une remarquable thèse : Sur l'Absorption de la chaleur rayonnante obscure dans les milieux de l'œil. Il fut professeur suppléant au lycée Charlemagne en 1853, et professeur de physique générale à l'Ecole spéciale d'architecture, de 1865 à 1871. Plus tard, il s'adonna exclusivement aux études astronomiques. La carrière scientifique de Janssen peut se résumer dans les nombreuses missions dont il a été chargé. En 1857 et 1858, envoyé au Pérou pour la détermination de l'équateur magnétique, il ne put achever ses travaux par suite de fièvre et de dysenterie persistante contractées pendant l'expédition. En 1861 et 1862, il étudia en Italie les raies telluriques du spectre solaire ; sur l'avis de l'Académie des Sciences, il y retourna en 1864 ; pour continuer cette étude, il mit à profit les recherches de Kirchhoff sur le spectre solaire. Il acheva alors de démontrer l'existence des raies telluriques, découvrit le spectre de vapeur d'eau et indiqua la méthode à suivre pour en retrouver la présence dans les atmosphères des planètes. En 1867, après avoir observé l'éclipse annulaire à Trani, il se rendit à Santorin pour observer l'éruption du volcan de cette île. La même année, il continua les recherches magnétiques, optiques et topographiques, aux îles Açores, avec Ch. Sainte-Claire-Deville. En 1868, il fut chargé par le ministère de l'instruction publique, l'Académie des Sciences et le Bureau des longitudes, de l'observation de l'éclipse du soleil du 18 août, à Guntoor, dans l'Inde ; cette éclipse, une des plus longues qui aient jamais été observées, amena la découverte de la nature des protubérances du soleil et suggéra à Janssen une méthode pour l'étude journalière de ces phénomènes. Cette méthode fut employée immédiatement avec succès par le P. Secchi, puis par les astronomes anglais ; l'Académie accorda à Janssen le prix Lalande, porté au quintuple par exception. Chargé encore par l'Académie des Sciences de l'observation de l'éclipse du 22 décembre 1870, visible en Algérie, Janssen quitta Paris assiégé, en ballon, le 2 décembre, et descendit près de Savenay. Ce voyage aérien lui fournit l'occasion d'inventer un appareil pour repérer les mouvements des aérostats. Il partit immédiatement pour Oran, où il apprit qu'à la prière des savants anglais l'ambassade britannique avait demandé sa libre sortie de Paris et qu'elle allait lui être accordée au moment où il se mettait lui-même en mesure de ne rien solliciter de l'ennemi. En 1871, il fut chargé d'une nouvelle mission dans l'Inde, à Shoolor, pour l'observation de l'éclipse totale du 12 décembre, durant laquelle il constata l'existence d'une nouvelle enveloppe gazeuse du soleil qu'il nomma atmosphère cornuale. Janssen rapporta de cette mission une précieuse collection d'animaux pour le Muséum d'histoire naturelle. En 1874, il fut chargé de l'observation du passage de Vénus sur le soleil au Japon : cette mission, à laquelle le gouvernement brésilien sollicita la faveur d'adjoindre plusieurs de ses savants, s'accomplit avec beaucoup d'éclat et réussit

complètement. Au retour, Janssen fut invité à se joindre à une expédition anglaise pour observer l'éclipse totale du soleil du 6 avril 1875, dans le royaume de Siam. En décembre 1882, à Oran, il observa le passage de Vénus sur le soleil, et, le 6 mai 1883, l'éclipse totale du soleil aux îles Carolines. En 1888, président du club alpin, il proposa la fondation d'un observatoire au sommet du Mont-Blanc, où il fit une ascension en 1890 : trois ans après, l'observatoire du Mont-Blanc était fondé, grâce au concours généreux de M. R. Bischoffsheim, et Janssen en était nommé directeur. Dès 1889, il avait utilisé la tour Eiffel pour d'intéressantes observations. Les résultats de ces diverses observations, ont été consignés dans des rapports et des mémoires publiés dans les Comptes rendus de l'Académie, dans les Archives des missions scientifiques et littéraires et dans les Annales de chimie et de physique. En 1884, Janssen représenta la France au congrès de Washington, qui devait choisir un méridien universel. Il proposa un méridien neutre. Cette proposition ne fut pas acceptée. Mais les membres du Congrès se prononcèrent, par une sorte de compensation, en faveur de l'adoption du système métrique par toutes les puissances. — Nommé membre du Bureau des longitudes par décret du 16 juin 1875, Janssen fut élu membre de l'Académie des Sciences, le 10 février 1873, en remplacement de Laugier. Il fut nommé, en 1876, directeur de l'observatoire d'astronomie physique fondé d'abord à Montmartre, puis transféré à Meudon (1877). Docteur honoraire de l'Université d'Edimbourg et membre de l'Académie de cette ville, il appartint, dès 1875, à la Société royale de Londres qui lui décerna, en 1877, la grande médaille Rumford, accordée auparavant à Arago, Biot, Pasteur, etc. — Les découvertes de Janssen ont profondément modifié les connaissances touchant la constitution physique du soleil. On lui doit aussi d'importants perfectionnements apportés aux appareils aussi bien qu'aux méthodes d'observation. Il fut faire de grands progrès à la photographie astronomique. Outre un grand nombre de mémoires et de rapports, Janssen a laissé d'importants travaux sur les Méthodes en astronomie physique, l'Age des étoiles, la Photographie céleste, le Spectre de l'oxygène et l'atmosphère céleste, etc.

JAPON (Voy. ce mot dans le DICTIONNAIRE). Après la révolution commencée en 1868, le Japon se transforma rapidement. La féodalité disparut en 1872. En 1889, le mikado accorda à ses sujets une constitution qui réservait le pouvoir exécutif au souverain et à ses ministres, le pouvoir législatif à la Chambre des pairs et à la Chambre des députés, élue par tous les Japonais âgés de vingt-cinq ans et payant 37 fr. 50 d'impôt foncier. Le pays était divisé en 45 départements, organisés d'après les principes de l'administration française. Un Code civil, imité de celui de la France, entra en vigueur en 1900. En même temps étaient créées une armée et une flotte puissantes, sur le modèle des forces militaires européennes. Dès lors, le Japon joua un rôle considérable en Asie. A la suite d'un conflit avec la Chine au sujet des affaires de Corée (Voy. ce mot au SUPPLÉMENT), le gouvernement japonais déclara la guerre aux Chinois. Les troupes japonaises, commandées par les maréchaux Oyama et Yamagata, occupèrent la Corée, remportèrent de brillantes victoires sur les bords du Yalou, qui sépare ce pays de la Chine, et s'emparèrent de Port-Arthur. La Chine dut signer le traité de Simonosaki (17 avril 1895), par lequel elle reconnut l'indépendance de la Corée, céda au Japon Port-Arthur et la baie de Talien-Ouane (presqu'île du Liao-Toung), Formose et les îles Pescadores, s'engagea à payer une contribution de guerre de 200 millions de taëls (le taël vaut environ 3 fr. 50), ouvrit quatre ports et concéda divers avantages au commerce japonais. Mais, sur la demande de la Russie, de la France et de l'Angleterre (27 avril), le Japon consentit à restituer à la Chine Port-Arthur et la baie de Talien-Ouane. Or, quelques mois plus tard, les Russes commencèrent à pénétrer en Mandchourie (Voy. ce mot au SUPPLÉMENT) avec le consentement du gouvernement chinois (1896), obtinrent de la Chine la concession pour vingt-cinq ans de Port-Arthur et de Talien-Ouane (1898), où ils élevèrent la ville de Dalny (1899), se firent attribuer le droit de relier ces ports au transsibérien par des voies ferrées, cherchèrent à établir leur prépondérance en Corée et créèrent une vice-royauté d'Extrême-Orient (1903). Les Japonais virent dans ces progrès si rapides de la Russie une provocation et une menace. Cependant, des négociations avaient été entamées entre les deux puissances pour arriver à une entente. De son côté, la diplomatie française faisait les plus louables efforts pour empêcher l'explosion d'une guerre en Extrême-Orient. Au mois de janvier 1904, la Russie se déclara disposée à reconnaître le protectorat japonais en Corée, avec certaines réserves. Une note dans ce sens devait être remise au gouvernement japonais le 2 février. Mais l'envoi de cette note subit des retards que les Japonais attribuèrent à la mauvaise volonté du gouvernement russe. Sans plus attendre, le gouvernement de Tokio se décida à la guerre. Le 8 février, au matin, la flotte japonaise attaqua à l'improviste l'escadre russe dans la rade de Port-Arthur. La guerre, qui se déchaîna dès lors avec une violente intensité, fut funeste aux Russes. Le général japonais Nogi assiégea Stoessel dans Port-Arthur que bloquait la flotte japonaise. Après un siège terrible, la ville capitula (1er janvier 1905). Une grande armée japonaise, commandée par Oyama et formée des corps de Kuroki, Nodu et Oku, se porta de la Corée sur le fleuve Yalou et vers la Mandchourie, où le général russe Kouropatkine subit de graves défaites, à Liao-Yang (26 août 1904), sur les bords du Cha-ho (janvier 1905) et autour de Moukden (24 février-10 mars 1905). Les Russes durent battre définitivement en retraite sous les ordres de Linievitch, qui succéda à Kouropatkine. Au mois de mai 1905, la flotte de l'amiral Rojestvensky, qui était partie de Cronstadt pour l'Extrême-Orient et qui était l'espoir suprême de la Russie, fut anéantie par l'amiral Togo près des îles Tsoushima, situées entre Kiou-Siou et la Corée. La Russie épuisée accepta la médiation de M. Roosevelt, président des États-Unis. Un traité signé à Portsmouth (New-Hampshire) le 5 octobre 1905 attribua au Japon le protectorat de la Corée, la possession de la partie méridionale de l'île de Sakaline, la cession à bail de Port-Arthur et de la presqu'île de Liao-Toung, le droit d'exploiter une partie du réseau ferré de la Mandchourie; mais cette province devait, en principe, être évacuée par les Japonais comme par les Russes et replacée sous les ordres du gouvernement chinois. La Russie n'eut à payer aucune indemnité de guerre. Tels furent pour les Japonais les avantages de cette terrible guerre qui faisait désormais du Japon une grande puissance, mais qui avait épuisé les finances de ce pays et qui lui avait coûté, d'après les statistiques officielles, plus de 60 000 morts et près de 225 000 blessés.

Depuis le traité de Portsmouth, le Japon n'a pas cessé de progresser. Si les frais de la guerre obérèrent gravement son budget, d'autre part l'industrie et le commerce continuèrent à se développer. La production du charbon et celle du cuivre particulièrement ne cessèrent plus de s'accroître, cette dernière atteignant en 1906, plus de 35 millions de tonnes. La même année, les importations s'élevèrent à 1047 millions de francs et les exportations à 4060 millions. La marine à vapeur comptait, en 1905, 1766 vapeurs jaugeant 797 674 tonnes et de 5944 voiliers jaugeant 529 254 tonnes. Le réseau ferré, insignifiant il y a quelques années, comptait, en 1906, 8074 kilomètres en exploitation. — Au point de vue politique, les Japonais ont transformé le protectorat de la Corée en domination directe (1907-1908) et ils paraissent considérer comme leur possession directe toute la Mandchourie méridionale, où ils exploitent à leur guise, sans aucun souci des droits de la Chine, les télégraphes et les chemins de fer. D'autre part, un conflit s'est élevé en 1907 entre le Japon et les États-Unis. Les autorités de Californie ayant voulu exclure des écoles publiques les enfants japonais, le gouvernement de Tokio a protesté avec énergie, réclamant pour ses nationaux le même traitement qui est accordé aux Européens. Cet incident, qui n'est qu'un épisode des conflits entre les races blanche et jaune en Amérique, paraît actuellement terminé (1908). Cependant, la flotte américaine a été envoyée de l'Atlantique sur les côtes du Pacifique. — D'après les dernières statistiques, la superficie du Japon proprement dit est de 382 526 kilomètres carrés; la population est d'environ 47 millions d'habitants, mais il convient d'ajouter à ces chiffres ceux qui concernent les dépendances : Formose et Pescadores, env. 38 000 kilomètres carrés et 3 millions d'habitants; Corée, 212 000 kilomètres carrés et 10 millions d'habitants; Sakaline, 35 000 kilomètres carrés; Territoire de Port-Arthur (?). La population totale du Japon et de ses dépendances s'élevait en 1907 à environ 60 millions d'habitants.

JEANBON-SAINT-ANDRÉ (André Jeanbon, dit,, conven-

tionnel, né en 1749 à Montauban dans une famille calviniste, mort à Mayence en 1813, se destina d'abord à la marine; puis il fit des études de théologie et devint pasteur à Castres et à Montauban. Dans ces fonctions, il coopéra activement à l'organisation des Églises réformées du Midi avant la Révolution. De 1789 à 1792, il fit partie de la municipalité de Montauban. Envoyé à la Convention par le département du Lot, il siégea à la Montagne et vota la mort de Louis XVI. Il fut envoyé en mission dans les départements du Lot et de la Dordogne. Il fit partie du Comité de Salut public, se rangea parmi les amis de Robespierre et présida la Convention en 1795. Commissaire aux armées, il s'occupa surtout de la réorganisation de la marine (1793-94). Il assista au combat livré aux Anglais le 1er juin 1794, qui donna naissance à l'épisode légendaire du vaisseau le Vengeur. Il se rendit ensuite à Toulon, où il reconstitua la flotte de la Méditerranée. Au cours de ses diverses missions à Montauban, à Brest, à Cherbourg, à Marseille et à Toulon, il n'hésita pas à employer des procédés révolutionnaires pour faire triompher les doctrines des Montagnards. Sous le Directoire, il fut consul général de France à Alger et à Smyrne. Sous le Consulat, il fut chargé, en 1801, d'organiser les quatre départements nouvellement formés sur la rive gauche du Rhin, puis il fut nommé à la préfecture du Mont-Tonnerre où il montra d'éminentes qualités d'administrateur, et où il mourut victime de son devoir. L'Empereur lui avait conféré le titre de baron. Il a laissé des mémoires et des rapports. Biographie écrite par Michel Nicolas (1848) et par M. Lévy-Schneider, d'après des documents inédits (1901).

JOIGNEAUX (Pierre), publiciste et homme politique, né à Varennes (Côte-d'Or) en 1815, collabora sous Louis-Philippe à des journaux républicains, le Journal du Peuple, l'Homme libre, et fut condamné à quatre ans de prison. Il publia ensuite les Prisons de Paris, et dirigea des journaux agricoles dans la Côte-d'Or. Député en 1848, il fut exilé de 1851 à 1859. On lui doit le Livre de la Ferme et des maisons de campagne et un Dictionnaire d'agriculture pratique. De 1871 à 1891, il représenta la Côte-d'Or dans les assemblées politiques.

JOKAI (Maurice), écrivain et homme politique hongrois, né à Komorn en 1825, mort à Budapest en 1904, appartenait à une famille calviniste de piété rigoureuse. Jokaï n'avait que douze ans quand il perdit son père, qui était avocat. Doué d'une grande force de volonté, il s'imposa, bien que livré à lui-même, un travail opiniâtre. Il fit de fortes études dans les écoles de Presbourg et de Kecskemét, où il se lia avec Petœfi. Il y est nom dans le supplément. En 1844, il s'établit comme avocat à Budapest. Mais, au lieu d'exercer cette profession, il se tourna vers la littérature. Il avait écrit à dix-sept ans un drame auquel le monde académique avait fait bon accueil, le Garçon Juif (1842). À vingt et un ans, il publia son premier roman, les Jours ouvrables (1846). Peu après, il aborda le journalisme littéraire et politique. En 1847, il dirigea une revue hebdomadaire, les Esquisses de la vie, à laquelle collaborèrent plusieurs écrivains hongrois renommés, entre autres Petœfi. Lorsque éclata la révolution de mars 1848, il se jeta avec passion dans le mouvement et provoqua à Budapest une réunion populaire qui adopta son programme. Il combattit avec Kossuth et Gœrgei contre les troupes autrichiennes, accompagnant les combats par sa femme, la célèbre tragédienne Rosa Labatlalvi, qu'il avait récemment épousée. Il put échapper à la prison, lorsque la répression triompha, et continua de soutenir la cause nationale dans une suite d'écrits, dont le premier avait pour titre : Esquisses des combats de la Révolution. Après la réorganisation de l'Autriche-Hongrie, Jokaï trouva un rôle politique dans l'opposition hongroise, puis dans le parti libéral gouvernemental. Élu plusieurs fois député à la Chambre hongroise, il y défendit la nécessité de l'union entre l'Autriche et la Hongrie, sous la direction d'un ministère mixte et sous l'autorité commune de l'Empereur. — Sa vie publique ne ralentit nullement son activité littéraire. On cite plus de 200 volumes de romans ou de compositions diverses sorties de sa plume, entre autres : Fleurs sauvages 1847, recueil de nouvelles; l'Âge d'or de Transylvanie 1851; l'Homme aux deux cornes 1862; la Domination turque en Hongrie 1855; le Nouveau Seigneur 1862, traduit en français en 1886 par Mlle Steinecke; les Modes politiques 1861; Avant la vieillesse 1865; les Fils de l'Amour 1867; les Fils de l'homme au cœur de pierre 1869, traduit en français par M. de Gérando-Teleki (1880); *les Diamants noirs* (1870); *Et pourtant elle se meut!* (1872); *le Roman du siècle à venir* (1872); *les Comédiens de la vie* (1876-1877); *Aimé jusqu'à l'échafaud* (1882); *la Femme blanche de Lentschau*, etc. Parmi ses drames ou cite : *le roi Koloman* (1858), *Manlius sinister* (1856), *Georges Dozsa* (1858), *les Martyrs de Szigetvar* (1859), *Milton* (1878), etc. Il a composé aussi des recueils de poésies politiques et d'esquisses sur l'histoire hongroise. La plupart de ces œuvres contiennent de belles descriptions de la nature et des mœurs hongroises. — Son extraordinaire fécondité valut à Jokaï le surnom d' « Alexandre Dumas hongrois ». Sa popularité en Hongrie était très grande. En 1860, Jokaï fut élu membre de l'Académie hongroise. Au mois de janvier 1894, des fêtes solennelles célébrèrent le 50ᵉ anniversaire de son entrée dans la carrière littéraire. Plusieurs de ses romans ont été traduit en allemand et en français. Journaliste de tempérament, il ne cessa jamais de diriger des journaux : *A Hon* (la Patrie), en 1863, puis *Nemzet* (la Nation).

JOINVILLE (François-Ferdinand-Philippe-Louis-Marie d'ORLÉANS, prince DE), troisième fils de Louis-Philippe, duc d'Orléans, depuis roi des Français, et de Marie-Amélie de Bourbon, né en 1818, mort en 1900, entra à l'École navale de Brest par la voie du concours. Enseigne, puis lieutenant de vaisseau en 1836, il fut attaché à l'escadre du Levant. En 1838, il se distingua à la prise de St-Jean d'Ulloa, força les portes de la Vera-Cruz, et prisonnier, de ses propres mains, le général Arista. Il fut alors promu capitaine de vaisseau. En 1840, il ramena de Sainte-Hélène les restes de Napoléon Iᵉʳ. En 1843, il épousa, à Rio-de-Janeiro, la princesse Francesca de Bragance, sœur de dom Pedro II. De ce mariage sont nés Françoise d'Orléans (1844), qui a épousé le duc de Chartres, et Pierre, duc de Penthièvre (1845). Contre-amiral en 1845, il prit une part active aux travaux de la Commission supérieure chargée d'organiser la marine à vapeur. Il fut un des promoteurs les plus ardents de la transformation de la flotte. À la même époque, il siégea à la Chambre des Pairs. En 1845, il commanda la flotte envoyée sur les côtes du Maroc, bombarda Tanger et prit Mogador. Il fut alors nommé vice-amiral. La révolution de 1848 le surprit en Algérie auprès de son frère, le duc d'Aumale (*Voy.* ce nom). Il ne tenta aucune résistance contre le régime nouveau, et alla se fixer en Angleterre. En 1861, il accompagna aux États-Unis le comte de Paris et le duc de Chartres, qui servirent dans les armées du Nord, tandis que son fils, le duc de Penthièvre, entrait à l'École de marine de l'Union. En 1870, il tenta vainement d'obtenir de l'Empereur le droit de servir dans les armées françaises. De Bruxelles, où il s'était rendu auprès d'Aumale et de Chartres, il put pénétrer en France après la révolution du 4 septembre; mais le gouvernement de la Défense nationale lui interdit de séjourner dans le pays. Il put cependant, sous le nom de colonel Lutherod, servir sur la Loire dans le 15ᵉ corps, avec le consentement de l'amiral Jaurès et de Chanzy; il prit même part à quelques combats. Mais Gambetta le fit arrêter et conduire à Saint-Malo, d'où il regagna l'Angleterre. Aux élections du 8 février 1871, les départements de la Haute-Marne et de la Manche récompensèrent son ardent patriotisme, en l'élisant comme représentant. Il opta pour la Haute-Marne. Son élection fut validée après l'abrogation des lois d'exil. Son principal acte de député fut le vote de l'ordre du jour Ernoul qui amena la chute de Thiers. Il s'abstint dans le vote pour les lois constitutionnelles, et rentra dans la vie privée en 1876. La loi du 23 juin 1886 amena sa radiation des cadres de la marine. — Le prince de Joinville a publié dans la *Revue des Deux Mondes* d'importantes études sur la marine, qui ont été réunies en un volume (1859, 1870); des ouvrages sur *l'Angleterre*, sur *la Guerre d'Amérique*, 1862-1872; *Un Mot sur Sadowa*, 1868. Doué d'un esprit original, qui éclatait dans la conversation en saillies imprévues, il a laissé encore un livre fort intéressant, *Vieux souvenirs*.

JOUBERT (Petrus-Jacobus), général boer, né à Cango (Natal), en 1831, mort en 1900, descendait d'une famille française émigrée de Provence après la révocation de l'Édit de Nantes. Les Joubert se fixèrent au delà du Vaal en 1847. Petrus Joubert participa avec Pretorius et P. Krüger à la fondation de Pretoria, où il s'établit. Il y acquit une grande influence grâce à ses talents d'avocat et d'homme politique. Il révéla, dans des expéditions contre les Cafres, de remarquables aptitudes dans l'art de la guerre, et fut choisi comme général en chef par ses compatriotes, en 1880, lorsque les Anglais attaquèrent le Transvaal. Il dirigea les opérations de 1880-1881, et gagna sur le colonel Colley la belle victoire de Majuba-Hill (27 fév. 1881), qui détermina l'Angleterre à reconnaître l'indépendance du Transvaal. En 1893, Joubert faillit l'emporter sur Paul Krüger aux élections pour la présidence de la République. Dans la dernière guerre contre les Anglais (1899), il remplit encore les fonctions de généralissime, organisa la résistance, bloqua les Anglais dans Kimberley, Mafeking, Ladysmith, et eut la gloire de retarder par de brillants succès l'invasion du Transvaal et de l'État libre d'Orange. Il mourut avant la fin de la guerre.

JOUVENCEL (DE), famille connue en Savoie dès le xvᵉ siècle, a produit divers personnages importants.

Pierre, *alias* n'anvas, syndic de Chambéry en 1580. — Pierre DE JOUVENCEL, conseiller à la Cour des monnaies de Lyon en 1741, célèbre par sa science. — Ferdinand DE J. (1760-1826), officier de marine sous Louis XVI, fit partie de l'expédition de Quiberon; fut emprisonné au Temple par Napoléon; à la Restauration, il fut nommé commissaire général de la Martinique. — Allegonde, chevalier de J. (1762-1840), maire de Versailles en 1814 et 1815, préserva cette ville de réquisitions qui l'eussent ruinée. Il reçut du tsar une bague accompagnée d'une lettre flatteuse, et des habitants de Versailles un service d'argenterie aux armes de la ville, dont il fut le député depuis 1821. Il siégeait au centre droit. — Ferdinand DE J. (1804-1875), député sous Louis-Philippe, fit sa carrière au Conseil d'État; président du Conseil d'État en 1870, député à l'Assemblée nationale en 1871, il manifesta toujours des convictions catholiques accentuées. — Paul DE J. (1827-1897) que diverses biographies ont confondu avec son père, fut député de la gauche en 1869 et 1885, et colonel de mobiles en 1870. Ce fut un orateur et un écrivain autorisé. On citera parmi ses ouvrages : *Du droit de rive et de la propriété*, 1847; *Lettre à la bourgeoisie*, 1854; *la Genèse selon la science*. 3 vol., 1858; *l'Allemagne et le droit des Gaules*, 1867; *Nécessité des volontaires*, 1867; *Récits du temps*, 1878; *Pierre Corbeau*, 1878; *Aide-mémoire du partisan franc-tireur*, 1875; *Les petites filles d'Ève* (roman), 1885, sous le pseudonyme de comtesse Jenecséki.

JUNKER (Wilhelm), explorateur et naturaliste, né à Moscou en 1840, mort en 1892, étudia la médecine en Allemagne; puis il visita la Tunisie (1874), la basse Égypte (1875), les régions du haut Nil à partir de 1876. C'est lui qui, le premier, en 1887, donna des informations précises sur Emin-Pacha. Il a publié des *Voyages en Afrique*.

JURIEN DE LA GRAVIÈRE (Edmond), vice-amiral, né à Brest, en 1812, mort en 1892, fils d'un vice-amiral, préfet maritime et pair de France, fut élève de l'École navale, et devint aspirant en 1828. Il servit sous les ordres du contre-amiral Lalande, notamment dans la première escadre permanente du Levant, fut aide de camp de l'amiral Roussin, commanda la corvette *la Bayonnaise*, et fit avec elle une croisière de quatre années (1846-1850) dont il a donné le récit dans son *Voyage en Chine* (2 vol., 1854); en même temps, il faisait sur les côtes de Chine de remarquables travaux hydrographiques. Capitaine de vaisseau en 1850, chef d'état-major de l'amiral Bruat, il prit une part active à la campagne de la mer Noire, à l'expédition de Kertch, et fut nommé contre-amiral (1855). Pendant la guerre d'Italie, il bloqua le port de Venise, puis il fut envoyé au Mexique comme commandant en chef, et nommé vice-amiral (1ᵉʳ janvier 1862); mais, opposé à l'expédition, il accepta la convention de Soledad et fut rappelé en France. Il revint cependant sur les côtes du Mexique, comme chef des forces navales, et prit Tampico et Alvarado. En 1870, il commanda l'escadre du Levant, et, après la guerre, eut la direction des cartes et plans de la Marine. Il fut membre de l'Académie des Sciences et de l'Académie française, où son éloge a été prononcé par M. Lavisse, son successeur. Il a laissé un grand nombre d'ouvrages estimés : *les Marins du xvᵉ et du xviᵉ siècles*; *laMarine des anciens*; *les Derniers Jours de la marine à voiles*; *les Corsaires barbaresques*; *Guerres maritimes sous la République et sous l'Empire*; *l'Amiral Baudin*; *les Campagnes d'Alexandre*, etc.

K

KALLAY DE NAGY-KALLO (Benjamin DE), homme d'État hongrois, né en 1839, mort en 1903, appartenait à une vieille famille noble. Après de bonnes études, il entra dans la vie politique en 1867 comme député à la Chambre hongroise et y soutint la politique de Deak. Nommé, en 1869, consul général à Belgrade, il occupa ce poste pendant six ans et fit de fréquentes excursions dans les Balkans et en Bosnie, pour étudier les mœurs et les ressources de ces pays. Il visita aussi l'Asie Mineure. Rentré en Hongrie en 1875, il fonda et dirigea le journal conservateur *Kelet Nepe*, et siégea à la Chambre. En 1878, de Kallay fut nommé membre, pour l'Autriche, de la commission internationale de la Roumélie orientale, avec le titre de ministre plénipotentiaire et envoyé extraordinaire. L'année suivante, il entra comme chef de section au ministère des affaires étrangères, et après la mort du comte de Haymerlé, en 1881, remplit l'intérim de ce ministère jusqu'à la nomination du comte de Kalnoky. Le 4 juin 1882, il fut nommé ministre des finances, dans le ministère commun de la monarchie austro-hongroise, et, en même temps, administrateur de la Bosnie et de l'Herzégovine : ces provinces étaient, en effet, placées sous l'administration de l'Autriche-Hongrie, en vertu des décisions du Congrès de Berlin (1878). Dans ce dernier poste, il fit preuve de qualités administratives remarquables, malgré toutes les difficultés que présentait l'organisation de ces pays, par suite des divergences de races et de religions. De 1878 à 1882, les deux administrateurs qui avaient précédé Kallay, Hofman et Szlavy, avaient presque entièrement échoué dans leur tâche. En 1881, avait éclaté parmi les peuples mécontents une insurrection que l'Autriche-Hongrie avait dû réprimer par la force des armes. Kallay pacifia la Bosnie et l'Herzégovine ; par ses soins, divers travaux publics furent entrepris, des voies de communication créées, l'instruction primaire répandue, le clergé du culte grec appointé, et néanmoins le budget de la Bosnie et de l'Herzégovine se solda par des excédents. Ces pays sont aujourd'hui calmes et prospères. — On doit à Kallay divers études sur *la Politique de la Russie en Orient*, sur *les Chemins vicinaux en Hongrie*, etc., une *Histoire de la Serbie* (2 vol.), traduite du hongrois en allemand en 1877. Il a traduit de l'anglais *la Liberté* de Stuart Mill, avec une préface dans laquelle il a exposé ses propres opinions politiques.

KALNOKY (Gustave, comte DE), homme d'État autrichien, né à Lettovitz (Moravie), en 1832, mort en 1898, servit son pays dans la diplomatie, fut, en 1880, ambassadeur à Saint-Pétersbourg, puis ministre des Affaires étrangères, de 1881 à 1895. Il travailla à consolider l'alliance de l'Autriche-Hongrie et de l'Allemagne, fondée en 1879 par le comte Andrassy, alliance à laquelle l'Italie adhéra en 1883. Dans les questions des Balkans, il s'efforça de ménager la Russie, prépara les entrevues des trois empereurs à Skiernicwice (1884), Kremsier (1885), et maintint la bonne entente jusqu'au moment où les événements de Serbie et de Bulgarie faillirent, en 1887 et 1888, provoquer une rupture entre la Russie et l'Autriche. Il exerça une grande influence sur la Bulgarie, jusqu'à la chute du ministre Stambouloff en 1894. Il quitta le ministère à la suite de dissentiments avec le Saint-Siège au sujet des lois ecclésiastiques, et fut remplacé par le comte Goluchowski.

KAO-LOUNG, presqu'île de la Chine méridionale (province de Kouang-Toung), en face de Hong-Hong. La Chine en a cédé une partie à l'Angleterre en 1861. Une convention de juin 1898 a considérablement augmenté l'étendue de la région cédée aux Anglais.

KARAVELOF (Petko), homme d'État bulgare, né à Kalofer (Roumélie) en 1840, mort en 1905, fit ses études à Moscou, puis à Dorpat. Revenu dans son pays, il fut professeur au gymnase de Philippopoli. Pendant la guerre russo-turque de 1877-1878, il fut nommé par le gouvernement russe gouverneur de Vidin. Quand le congrès de Berlin (1878) eut organisé la Bulgarie, Karavelof fut élu député à l'Assemblée nationale de Tirnovo et prit une part active à l'élaboration de la constitution. Il fut ministre des finances en 1880 sous le premier ministère Zankof, puis devint, peu de temps après, président du Conseil.

Chef des radicaux, il était aussi le chef du parti national bulgare. Après le coup d'État du 24 mai 1881, par lequel le prince Alexandre de Battenberg livra le gouvernement de la Bulgarie à l'influence russe, représentée par les généraux Sobolev et Kaulbars, qui devinrent membres du cabinet bulgare, Karavelof se retira dans son pays, dont il prépara la réunion avec la Bulgarie. En 1885, quand le prince Alexandre eut renvoyé les généraux russes, Karavelof revint à Sofia. En 1884, il fut président de l'Assemblée, puis président du Conseil après la chute de Zankof. Il poussa les Roumeliotes à l'insurrection (1885), qui eut pour conséquence l'incorporation de la Roumélie orientale à la Bulgarie. Il fut compromis dans l'enlèvement du prince de Battenberg. Après l'abdication de celui-ci, Karavelof fut nommé régent avec Mouthourof et Stambouloff ; mais son pouvoir n'eut qu'une courte durée. En 1887, il fut en butte aux persécutions de Stambouloff, qui exerçait, sous le nom du prince Ferdinand, une véritable dictature : jeté en prison, il fut condamné à cinq ans de réclusion comme coupable de trahison. Cependant, en 1895, il recommença à jouer un grand rôle dans la politique de son pays. Il fut de nouveau président du Conseil, et ne cessa pas de travailler à la prospérité et à l'agrandissement de la Bulgarie.

KAUFMANN (Richard DE), économiste allemand, né en 1850, mort en 1908, enseigna l'économie politique aux écoles techniques d'Aix-la-Chapelle et de Charlottenbourg, puis à l'Université de Berlin. On lui doit d'importants travaux sur l'industrie du sucre et sur l'*Union douanière dans l'Europe centrale*. Ce dernier ouvrage a été traduit en français. Il a publié aussi un ouvrage sur *les Finances de la France* (1888), traduit en français (1889), et une *Histoire des chemins de fer français*, dans laquelle il se montre hostile à l'exploitation par l'État.

KAVANAGH (miss Julia), romancière, née à Thurles (Irlande) en 1824, morte en 1877, fut élevée en France. Elle a donné d'aimables récits, dont plusieurs se déroulent en France : *Madeleine, histoire d'Auvergne*, 1848 ; *Nathalie*, 1851 ; *Rachel Gray*, 1856 ; *Béatrice*, 1865, etc. On lui doit aussi : *les Femmes en France au XVIIIe siècle*, 1850 ; *Femmes de lettres françaises*, 1861 ; *Femmes de lettres anglaises*, 1862.

KEATS (John), poète anglais, né à Londres en 1795, mort à Rome en 1821, était fils d'un palefrenier. Il étudia d'abord la médecine à Londres, puis se lia avec Leigh Hunt, qui l'encouragea à publier ses premiers poèmes (1817), qui, d'ailleurs, n'eurent aucun succès. Il donna, en 1818, *Endymion*, et, en 1820, *Lamia, Isabella, la Veille de sainte Agnès, Hypérion*, et des pièces lyriques. Il partit bientôt pour l'Italie, où il mourut phtisique. Keats est connu surtout par quelques pièces lyriques, comme les odes à *une Urne grecque, au Rossignol, à l'Automne*. L'édition la plus complète de ses œuvres est celle de Forman (Londres, 1883), qui a publié aussi ses *Lettres à Fanny Browne*, 1878. — Cf. *Revue des Deux-Mondes*, 15 juillet 1889.

KEBLE (John), poète anglais, né à Fairford (Gloucestershire) en 1792, mort en 1866, fut clergyman et eut une part considérable dans le mouvement religieux d'Oxford (1835). Il a laissé un recueil très populaire de poèmes sacrés, *The Christian Year*, 1827.

KELLER Émile, homme politique français, né à Belfort en 1828, mort en 1901, fut admis à l'École polytechnique en 1847. Mais il renonça à l'École et s'occupa d'études historiques et de philosophie religieuse. Il fut élu député du Haut-Rhin au Corps législatif en 1859, se sépara bientôt de la politique impériale au sujet des affaires d'Italie, et soutint à la tribune le pouvoir temporel du pape avec une ardeur et un talent de parole qui firent de lui un des principaux orateurs du parti catholique. Combattu par l'administration, il échoua aux élections de 1863, mais il fut élu en 1869, comme candidat de l'Union libérale. Pendant la guerre contre la Prusse, il commanda un corps de volontaires. Élu, le 8 février 1871, en tête de la liste, représentant du Haut-Rhin à l'Assemblée nationale, il protesta contre l'annexion de l'Alsace et de la Lorraine à l'Allemagne, vota contre les préliminaires de paix, et se retira de l'Assemblée avec ses collègues alsaciens. Aux élections complémentaires du 2 juillet 1871, il fut nommé représentant de Belfort. Il fut rapporteur de la commission chargée de déterminer la composition du conseil de guerre qui devait juger Bazaine (mai 1872), et du projet de loi relatif à la construction de l'église du Sacré-Cœur à Montmartre (juillet 1873). Membre de la commission des lois constitutionnelles, il repoussa l'amendement Wallon. Il signa l'adresse d'adhésion au *Syllabus*. Il refusa la candidature lors de l'élection de sénateurs inamovibles par l'Assemblée, se présenta dans l'arrondissement de Belfort, aux élections législatives du 20 février 1876 et fut élu. Il reprit sa place à l'extrême droite, combattit le projet de loi sur la collation des grades et la proposition des Gauches touchant le service militaire obligatoire de trois ans, bien qu'il eût soutenu cette même motion à l'Assemblée nationale (février 1877). Après l'acte du 16 mai 1877, il fut un des 158 députés des Droites qui soutinrent de leur vote le cabinet de Broglie. Réélu aux élections du 14 octobre 1877, il échoua aux élections du 21 août 1881, et fut de nouveau élu député aux élections d'octobre 1885. Il ne se représenta pas aux élections du 22 septembre 1889. Il a publié, outre une *Histoire de France* (1838), écrite au point de vue catholique, des brochures inspirées du même esprit : *L'Encyclique et les libertés de l'Église gallicane* (1860, in-18); *l'Encyclique du 8 décembre 1864 et les principes de 1789* (1865, in-8 ; *le Général de Lamoricière, sa vie militaire, politique et religieuse* (1875, 2 vol. in-8 ; 2ᵉ édit. 1880. 2 vol. in-18); *les Congrégations religieuses en France, leurs œuvres et leurs services* (1880, gr. in-8).

KELVIN (Sir William Thomson, lord', né à Belfast (Irlande), en 1824, mort à Netherhall-Largs (Ayrshire, Ecosse) en 1907, était le fils d'un professeur de mathématiques de Glasgow. Il fit des études dans cette ville, puis à l'université de Cambridge. En 1846, il fut nommé professeur de physique à l'université de Glasgow où il enseigna jusqu'en 1899 ; il devint en 1904 chancelier de cette université. Il s'occupa surtout des questions relatives à l'électricité et au magnétisme, et inventa ou perfectionna un grand nombre d'instruments, compas de mer, électromètres, condensateur à air, etc. Une de ses principales inventions fut un appareil de sondage sous-marin. Dans les dernières années de sa vie, il inventa des instruments pour mesurer l'intensité des courants électriques. Il fit faire de grands progrès à la télégraphie sous-marine. — Il dirigea, de 1860 à 1869, la pose du câble transatlantique français. On lui doit aussi la pose des câbles du Brésil et de la Plata (1873), des Indes Occidentales (1875), du câble transatlantique Mackay-Bennett (1879). Ses derniers travaux portèrent surtout sur les applications de la lumière électrique. L'ensemble de ces études plaça Thomson au premier rang des physiciens: on l'a parfois comparé à Faraday. Il fut président de l'Association Britannique, de la Société Royale, membre associé de l'Académie des Sciences de Paris (1877). En 1892, il reçut le titre de baron et devint lord Kelvin. Il a laissé de nombreux ouvrages, parmi lesquels on citera : *Electrostatique et Magnétisme; Conférences sur la Dynamique moléculaire et la théorie des ondulations de la lumière*, publié en 1904; *Traité de philosophie naturelle*, en collaboration avec le professeur Tait; *les Effets thermiques des fluides en mouvement; Une Théorie mathématique de l'élasticité; la Rigidité de la terre*, etc. Homme d'affaires en même temps que grand savant, Kelvin était le directeur de la Société du Câble Atlantique, ainsi que des établissements White et Kelvin, pour la fabrication des instruments dont il était l'inventeur.

KÉRATRY (Emile, comte de), homme politique, né à Paris en 1832, mort en 1904, s'engagea en 1854 au 1ᵉʳ régiment de chasseurs d'Afrique, fit la campagne de Crimée et fut nommé sous-lieutenant de lanciers en 1859. Il se distingua au Mexique comme capitaine, dans la contre-guérilla du colonel Dupin. Il donna sa démission en 1865, rentra en France, et s'occupa de politique et de littérature. Il collabora à la *Revue contemporaine*, où il attaqua, au sujet du Mexique, la conduite du gouvernement et du maréchal Bazaine. Il prit, peu après, la direction de la *Revue moderne*, où il continua ses accusations. En mai 1869, il fut élu, au second tour de scrutin, député de Brest. Il fit partie du groupe des 116 opposants. Pendant la session de 1870 et après l'avènement du cabinet du 2 janvier, son rôle politique s'accentua davantage. Il demanda la restitution aux Archives nationales des documents qui avaient été enlevés dans un intérêt dynastique. Il fit adopter un amendement à la loi sur la diffamation, autorisant la preuve et la poursuite toutes les fois qu'il s'agirait d'intérêts publics ou communaux. Il appuya

énergiquement la pétition des princes d'Orléans, demandant à rentrer en France. Après la déclaration de guerre à la Prusse et nos premiers désastres, Kératry demanda vainement au Corps législatif, dans la séance du 11 août, la mise en accusation du maréchal Lebœuf et des fonctionnaires de l'intendance: au moment de l'organisation du comité de défense, il obtint la déclaration d'urgence pour une proposition appuyée par M. Thiers, adjoignant neuf députés à ce comité. La révolution du 4 septembre lui valut les fonctions de préfet de police. En cette qualité, il favorisa la fuite de l'impératrice; il supprima le service de la police secrète, licencia le corps des sergents de ville, et les remplaça par des « gardiens de la paix publique ». Il adressa ensuite au gouvernement de la Défense nationale un rapport, proposant la suppression de la Préfecture de police et le renvoi aux différents ministères des services qui la composaient. Ce rapport fut approuvé par le gouvernement; mais quelques jours après, Kératry donna sa démission. Il fut remplacé par M. Edmond Adam, et partit en ballon, chargé d'une mission diplomatique en Espagne, qui fut sans résultat. Nommé, le 22 octobre, général de division commandant en chef les forces mobilisées des cinq départements de Bretagne, il fit appel à tous les anciens marins de cette région, organisa, avec M. Carré-Kérisouët, 47 bataillons de ligne, 7 compagnies de francs-tireurs, 9 batteries d'artillerie, et établit, à Conlie, un camp fortifié, armé de pièces de marine. A la suite de graves dissentiments avec l'administration, il résigna son commandement, le 27 novembre. Thiers le nomma préfet de la Haute-Garonne, puis préfet des Bouches-du-Rhône. Il donna sa démission en 1872: depuis, il s'efforça vainement de jouer un rôle politique. Il a publié quelques ouvrages : *la Contre-guérilla* (1867 ; *la Créance Jecker* (1867), *l'Elévation et la chute de Maximilien* (1867 ; *Armée de Bretagne*, 1870-1871 (1874), etc.

KERVYN DE LETTENHOVE (Joseph, baron), homme politique, historien et littérateur belge, né à Saint-Michel (Flandre occidentale) en 1817, mort à Bruxelles en 1891, s'occupa, dès sa jeunesse, de travaux historiques. Membre de l'Académie royale de Belgique, il fut élu, en 1865, correspondant de l'Académie des sciences morales et politiques, dans la section d'histoire générale et philosophique. L'Académie française avait couronné, en 1856, son *Etude sur les Chroniques de Froissart*. Membre de la Chambre des représentants, Kervyn de Lettenhove fut ministre de l'intérieur, du 1ᵉʳ juillet 1870 au mois de décembre 1871, et reprit sa place dans les rangs de la droite après la chute du cabinet d'Anethan. On a de lui : *Histoire de Flandre* (Bruxelles, 1847-1850), qui a obtenu en Belgique le prix quinquennal d'histoire; *Jacques d'Artevelde* (Gand, 1863, *le Psautier de saint Louis*, de l'université de Leyde (Bruxelles, 1865). *la Flandre pendant les trois derniers siècles* (1875), *le Prince d'Orange* (1881), *les Huguenots et les Gueux* (1883-1885), couronnée par l'Académie française, *Marie Stuart* (1889). Il a publié comme éditeur : *les Croniques des comtes de Flandre* (Bruges, 1849), *Mémoires de Jean de Dadizeele, souverain bailli de Flandre, haut bailli de Gand*, etc. (1454-1481), Ibid., 1850, in-4; *Lettres et négociations de Philippe de Commines*, avec un commentaire historique et bibliographique (Bruxelles, 1867), les *Œuvres de Georges Chastelain*, les *Chroniques de Froissart*, publiées avec les variantes des divers manuscrits (18 vol. in-8, *Chroniques relatives à l'histoire de la Belgique sous les ducs de Bourgogne* (1870-1876). *Histoire et chroniques de Flandre* (1879-1880). *Relations politiques des Pays-Bas et de l'Angleterre sous le règne de Philippe II* (1882-1890), etc. Il a fourni de nombreux travaux aux *Mémoires* et au *Bulletin* de l'Académie royale de Belgique et laissé une traduction des œuvres choisies de Milton

KETTELER (Guillaume-Emmanuel, baron de), évêque de Mayence, né en 1811, mort en 1877, fut un des principaux promoteurs du socialisme chrétien en Allemagne. Admirateur de Lassalle, il a attaqué, aussi fortement que le célèbre socialiste, la bourgeoisie libérale, et combattu avec autant d'énergie pour la cause des ouvriers. Peu curieux de théologie, mais admirablement doué pour la polémique, il a laissé une œuvre considérable dont on trouvera l'analyse dans la biographie publiée par Otto Pfuelf, S. J., 1900.

KEY-WEST. *Voy.* keas.

KEYS, nom sous lequel on désigne une centaine d'îlots de corail, situés au sud du cap Sable (Amérique du Nord), dans le prolongement de la côte de la Floride, semblant aller à la rencontre du littoral de Cuba. Peu élevés au-dessus du niveau de la mer, ces récifs sont très redoutés des navigateurs. Sur ces rochers désolés, les Américains ont élevé la petite localité de Knight's-Key et, à 47 milles plus loin, à l'extrême pointe méridionale de la chaîne des récifs, le port de Key-West, le point le plus rapproché du port de la Havane (90 milles). Une voie ferrée, reliée au reste du réseau américain, aboutit à Key-West, d'où un service de ferry-boats portera directement les trains jusqu'à la Havane et aux railways de Cuba. La nouvelle ligne constituera une des voies les plus rapides vers Panama, où les voyageurs partant de New-York pourront arriver en six jours, par Key-West, la Havane, Santiago de Cuba et Colon. Le 6 février 1908, a été inaugurée la ligne entre Miami (Floride) et Knight's-Key.

KIAO-TCHÉOU, baie et port sur la côte septentrionale de Chine (province de Chan-Toung). Le port est situé par 36°40' lat. N. et 117°50' long. E.—A la suite de l'assassinat de deux missionnaires allemands, les PP. Nies et Henle, à Yen-Tchéou (1er novembre 1897), les Allemands firent une démonstration navale devant Kiao-Tchéou (12 novembre). Le 6 mars 1898, la Chine dut céder à l'Allemagne, pour une période de quatre-vingt-dix-neuf ans, le périmètre de la baie de Kiao-Tchéou et quelques îles attenantes, formant une superficie d'environ 551 kilomètres carrés. L'Allemagne obtenait en outre le droit d'exploiter les mines du Chan-Toung et de construire dans ce pays des voies ferrées. — La population du territoire cédé est d'environ 150000 habitants. Kiao-Tchéou relève du ministère de la marine impériale; c'est, en effet, surtout une station navale. La possession allemande comprend deux districts, Tsing-Tau et Li-Tsun. Le gouverneur réside à Tsing-Tau.

KIEPERT (Henri), géographe allemand, né à Berlin en 1818, mort en 1899, fut un des élèves de Ch. Ritter, avec la collaboration duquel il publia son *Atlas historique de la Grèce et de ses colonies*, 1840-46. On citera encore, parmi ses premiers travaux, la carte de l'Asie Mineure en six feuilles, et plusieurs cartes de la Palestine. Directeur de l'Institut géographique de Weimar en 1845, il devint, en 1854, professeur de géographie à l'Université de Berlin, puis chef du bureau de statistique. On citera, parmi ses nombreux travaux, l'*Atlas géographique du monde ancien*, qui a eu un grand nombre d'éditions; son *Atlas de l'Asie*; *Atlas général*: *Atlas antiquus*, etc. Il a publié aussi un *Traité de géographie ancienne*.

KINGSLEY (Charles), écrivain anglais, né à Holne (Devonshire) en 1819, mort en 1875, fut professeur d'histoire moderne à Cambridge, chapelain de la reine et chanoine de Westminster. On a de lui: la *Tragédie du saint*, poème dramatique, 1848; *Andromède*, 1858; des *Sermons* et des *Conférences*; des romans, dont le plus connu est *Westward Ho!* 1855, où revivent l'esprit d'aventures et l'ardent patriotisme des sujets d'Élisabeth, et surtout un charmant petit traité où il a mis son amour de la nature, *Glaucus ou les Merveilles de la Côte*, 1855. La veuve de Kingsley a publié sa biographie, 1879.

KIRGHIZ (*Voy.* ce mot dans le DICTIONNAIRE).— D'après les statistiques russes, la superficie des steppes kirghizes est évaluée à 4 850 000 kilomètres carrés. La population est d'environ 2 500 000 habitants, dont 76 pour 100 se composent de nomades, et 24 pour 100 de colons russes. Les principaux centres sont Ouralsk (37 000 hab.), Omsk (37 000 hab.), Semipalatinsk (26 000), Petropavlosk (20 000), Koustanai (14 000), Gourier (9 500).

KISFALUDY (Alexandre), poète hongrois, né en 1772, mort en 1844, fut d'abord soldat. Pris par les Français en 1796, il fut interné dans le département de Vaucluse, et, suivant ses biographes, il profita de son séjour dans ce pays pour étudier les œuvres de Pétrarque. Revenu en Hongrie, il publia un poème, *les Amours de Himfy*, 1801-1807), qui le plaça au premier rang des lyriques hongrois. Il s'associa au mouvement patriotique qui se dessina en 1809 contre Napoléon. Il publia, de 1828 à 1835, ses *Récits magyars du vieux temps*. Il composa aussi quelques tragédies et un poème, *Chants du Cygne*, resté inachevé. Le nom de ce poète fut donné, aux environs de 1848, à une société littéraire et patriote à laquelle appartint, notamment, Janos Arany (*Voy.* ce nom dans le SUPPLÉMENT). Les œuvres de Kisfaludy ont été éditées à Budapest en 1847 et en 1870.

KLACZKO (Julian), publiciste polonais, né à Vilna (Lithuanie) en 1828, mort à Cracovie en 1907, fit ses études universitaires à Kœnigsberg, et reçut le grade de docteur en philosophie en 1846. Compromis en 1848 dans les troubles du grand-duché de Posen, il vint à Paris l'année suivante et collabora assidûment à la *Revue des Deux Mondes*. Il fut pendant quelques années sous-bibliothécaire du Corps législatif. Appelé, en 1869, comme conseiller aulique au ministère des affaires étrangères de l'empire d'Autriche, par M. de Beust, alors chancelier, il donna sa démission en 1870, afin de prendre librement parti pour la France qu'il considérait comme une seconde patrie, à laquelle il témoigna toujours un entier dévouement. Il fut, à la même époque, élu membre du Reichsrath de Vienne, mais l'état de sa santé l'obligea à se démettre de ce mandat; il alla passer plusieurs années en Italie. En 1875, il se fixa de nouveau à Paris. Il retourna, quelques années plus tard, à Vienne, où il occupa un poste dans un établissement de crédit. Il fut élu correspondant de l'Académie des sciences morales et politiques, en 1887. Écrivant avec la même facilité le français, l'allemand et le polonais. Klaczko publia dans la *Revue des Deux Mondes* d'importants travaux sur la politique contemporaine, publiés ensuite en volumes. On citera: *Une Annexion d'autrefois* (1859), l'*Agitation unitaire en Allemagne* (1862), *Études de diplomatie contemporaine* (1866), *les Préliminaires de Sadowa* (1866 et 1869), et surtout *les Deux Chanceliers* (le prince Gortchakoff et le prince de Bismarck), ouvrage publié en 1876, dont les révélations firent grand bruit. On lui doit aussi: *la Poésie polonaise au XVIe siècle* (1862), une intéressante traduction des *Mémoires d'un Sibérien* de Rufin Piotrowski, une édition de la correspondance du poète Mickiewicz (1861), un recueil de *Causeries florentines*, impressions et études sur Dante, Michel-Ange, Pétrarque (1880), couronné par l'Académie française. Parmi ses écrits de circonstance, dans sa langue maternelle, on peut citer: *l'Art polonais* (1840), *le Congrès moscovite et la propagande panslaviste*. — Cf. H. Welsinger, *Notice sur la vie et les travaux de M. Julian Klaczko*, Paris, 1907.

KLAPKA (Georges), général hongrois, né à Temesvar en 1820, mort à Budapest en 1892, entra au service à dix-huit ans, fut d'abord attaché au corps d'artillerie et passa en 1842, dans le régiment hongrois des gardes du corps. Il venait de donner sa démission et se préparait à entreprendre un voyage à l'étranger, quand éclata la révolution de 1848. Il s'enrôla aussitôt parmi les adversaires de l'Autriche et se distingua dans la guerre engagée contre les Serbes sur les rives du Danube. A la fin de 1848, il était chef d'état-major du général Kis; après la défaite de Kaschau (4 janvier 1849), il fut chargé de remplacer Meszaros à la tête de son corps d'armée. Il défendit avec succès la ligne de la Theiss, pendant que le gouvernement national s'établissait à Debreczin. Il ne put, cependant, battre les Autrichiens dans la bataille des trois jours livrée près de Kaploua (26-28 février 1849), mais, quand les Hongrois reprirent l'offensive, par suite de la conduite du premier corps d'armée, le succès des batailles d'Isaszegh (6 avril) et de Nagysarlo (19 avril), le 26 avril, il commanda l'aile gauche dans le combat livré devant Komorn aux Autrichiens, qui assiégeaient cette place, et il mena pendant le mois d'avril, une brillante campagne, qui provoqua la retraite de Windischgraetz et ouvrit aux Magyars la route de Vienne. Nommé ministre de la guerre par Kossuth, il entra complètement dans les vues du gouvernement révolutionnaire. Acceptant, dans toutes ses conséquences, le principe de la souveraineté du peuple, et associant à la cause de la nationalité celle de la liberté universelle, il suivit les inspirations de Kossuth, et, dans le plan qu'il dressa pour la campagne d'été, il assigna une place importante aux secours fournis par la démocratie polonaise. Mais tous les chefs de l'armée ne partageaient pas ses sentiments: Gœrgei (*Voy.* ce nom dans le SUPPLÉMENT) refusa de porter la guerre hors de la Hongrie et de marcher sur l'Autriche avant d'avoir repris Budapest. Le siège eut lieu malgré les avis de Klapka, et les Autrichiens eurent le temps de réparer leurs forces en attendant l'intervention russe. Après la prise de la ville, Klapka quitta le ministère et prit le commandement de la place de Komorn. Il essaya vainement de rétablir la concorde entre Kossuth et Gœrgei, qui, frappé de destitution, persistait à concentrer ses forces autour de Komorn, au lieu de repasser la Theiss et de se replier sur Szegedin, où le gouvernement s'était réfugié. Après les sanglants combats du 2 et du 11 juillet, l'armée hongroise fut enfin contrainte d'abandonner ses positions et opéra sa retraite vers Arad. Après la désastreuse capitulation de Vilagos (13 août 1840), Klapka se maintint héroïquement à Komorn. Par de courageuses sorties, il avait jusqu'alors tenu continuellement en haleine l'armée assiégeante ; le 5 août, il débloqua la place, jeta les Autrichiens dans le Danube, renouvela les approvisionnements de la citadelle, et poussa les avantpostes jusqu'à Raab. Il menaçait l'Autriche et la Styrie, quand il apprit la défection de Gœrgei. Forcé de se renfermer dans Komorn, il résolut de s'y défendre jusqu'à la dernière extrémité. Tandis que toute la Hongrie faisait sa soumission, il soutint seul tout l'effort des armées impériales. Pendant plusieurs semaines, l'Europe tout entière eut les regards fixés sur Komorn, et le nom de Klapka, jusqu'alors peu connu hors de sa patrie, devint aussi célèbre que ceux de Bem et de Kossuth. Enfin, le 27 septembre 1849, une convention fut conclue entre les derniers défenseurs de la place et le général Haynau. Le gouvernement autrichien, qui d'abord avait exigé que les « rebelles » se rendissent sans condition, se vit contraint de leur accorder la vie sauve et la liberté. Klapka alla vivre en Angleterre, puis en Italie et en Suisse. Après quelques années, il se fixa à Genève, et s'y fit naturaliser. Aux élections de 1856, les radicaux le firent entrer au Conseil, en le donnant pour collègue à M. Fazy. Lors de la guerre de l'indépendance italienne, en 1859, il se rendit à Turin et se concerta avec Teleki pour déterminer la Hongrie à se soulever contre l'Autriche. Mais la paix de Villafrance mit ce projet à néant, et Klapka rentra en Suisse. Depuis il fit plusieurs voyages en Italie et à Londres pour se concerter avec les divers défenseurs de la nationalité hongroise. Il désavoua, au mois d'août 1862, la proclamation par laquelle Garibaldi, à Catane, appelait les Hongrois aux armes, et adjura ses compatriotes d'attendre une heure plus propice. Il crut la trouver en 1866, quand Bismarck, avec qui Klapka entra alors en relations, poussa l'Autriche vers un conflit qui aboutit à la défaite des Autrichiens à Sadowa. Klapka forma une légion d'anciens honveds, à la tête desquels il pénétra en Hongrie par la frontière de Silésie, au moment même où un armistice venait d'être conclu. La paix signée, il rentra dans sa patrie, et la même année, il fut élu député. En 1877, il se rendit à Constantinople, en vue de former une légion hongroise. Il allait même être chargé de la réorganisation de l'armée ottomane, avec un commandement important, mais les intrigues des généraux turcs empêchèrent l'exécution de ce projet. Toutefois, il se montra l'adversaire résolu de la Russie et provoqua dans son pays des meetings et des manifestations en faveur des Turcs. Il reprit sa place à la Chambre hongroise, sans y exercer désormais une grande influence. Klapka a publié à Leipzig des Mémoires (1850), la Guerre nationale en Hongrie et en Transylvanie (1851), un volume de Souvenirs (Zurich, 1887).

KLONDIKE, district du territoire du Yukon, dans le N.-O. du Dominion canadien, près de la frontière orientale de l'Alaska, tire son nom de la rivière Klondike, affluent du Yukon. Le Klondike, qui a une longueur d'environ 240 kilomètres, traverse un pays dans lequel on a découvert, dès 1878, des mines d'or qui sont exploitées depuis 1896. Les affluents du Klondike, les rivières All Gold, Bonker, Bear, Bonanza (grossie de l'Eldorado), etc., coulent, comme la rivière principale, au milieu de terrains aurifères. Les « Champs d'or » du Klondike s'étendent à l'Est du fleuve Yukon, par 64° lat. Nord. Ils couvrent une superficie d'environ 2,500 kilomètres carrés. Les gisements les plus importants sont ceux de Bonanza, Hunker et Eureka (sur un affluent de la Rivière Indienne). La production de l'or, dans toute l'étendue du district, était, en 1897, de 2,500,000 livres sterling. Elle s'est élevée à 10 millions de livres sterl. en 1898, à 16 millions en 1899. Elle atteint, depuis, environ 20 millions de livres. — La population du Klondike et du Yukon réunis est d'environ 30,000 personnes. La capitale, Dawson-City (Voy. ce mot au supplément), a été bâtie au confluent du Yukon et du Klondike.

KNOWLES (James), écrivain anglais, né en 1851, mort

à Brighton en 1908, fut d'abord architecte. Vers 1870, il abandonna ses travaux pour prendre la direction de la Contemporary Review. En 1877, il fonda, avec l'appui de Gladstone, de Tennyson, du cardinal Manning, de Huxley et de Matthew Arnold, une autre revue, The Nineteenth Century, dont l'influence littéraire et politique fut très grande.

KOENIG (Rudolph), physicien, né à Kœnigsberg en 1832, mort à Paris en 1901, se fit connaître vers 1860 comme constructeur d'appareils d'acoustique. En 1862, il inventa un procédé pour rendre les ondes sonores sensibles au moyen de variations d'une flamme de gaz (capsule manométrique). De cette découverte il déduisit des méthodes nouvelles (transformation des vibrations en signes graphiques, etc.), grâce auxquelles l'acoustique a réalisé de grands progrès. Il inventa des appareils tels qu'un stéthoscope, la sirène à ondes, un phonautographe, qui a été remplacé par le phonographe, etc. Il a publié sur ses études, Quelques Expériences d'acoustique (Paris, 1882).

KONAKRY, chef-lieu de la Guinée française, fondé en 1888, point de départ d'une voie ferrée longue de 600 kilomètres, qui doit aboutir à Kouroussa sur le Haut Niger. Cette ville, reliée à la France ainsi qu'à l'Angleterre et à l'Angleterre par des services réguliers (Chargeurs réunis, Compagnie Fraissinet), a acquis en quelques années une grande prospérité ; elle est devenue la rivale des comptoirs anglais de la côte occidentale d'Afrique.

KOSSUTH (Louis), homme d'État hongrois, né à Monok (comitat de Zemplin) en 1802, mort à Turin en 1894, fut d'abord avocat. En 1831, il s'établit à Budapest, et débuta à la Diète de Presbourg, l'année suivante, comme représentant d'un magnat absent. Défenseur des idées démocratiques, il fonda avec le concours de Wesselényi, sous le nom de Diète, deux feuilles, l'une tirée à cent exemplaires, et distribuée dans les comitats, l'autre lithographiée, pour échapper à la censure. Il y faisait le compte rendu critique des séances de l'assemblée, et s'efforçait de développer le sens politique des Hongrois. Mais le gouvernement autrichien le fit arrêter, ainsi que Wesselényi et Schenyi, un autre de ses collaborateurs ; tous trois furent condamnés à quatre ans de prison (1839). Une amnistie, intervenue en 1840, les rendit à la liberté. En 1841, Kossuth fonda le Pesti Hirlap (Journal de Pest), qui devint l'organe des idées libérales en Hongrie. Mais il quitta en 1844 la direction de cette feuille, pour s'occuper de questions économiques. Il fonda le Vedegilet, association protectrice du travail national, qui déclara aux produits autrichiens une sorte de guerre économique, complément de la lutte politique. Membre de la Diète pour le comitat de Pest (1847), Kossuth réclama l'affranchissement des paysans, la suppression de la corvée, la liberté de la presse, la responsabilité ministérielle, l'égalité de l'impôt, etc. En 1848, Kossuth devint le tribun de la Hongrie, le chef du parti démocratique et national. Il prit position par un grand discours prononcé le 3 mars, dans lequel, cependant, il se félicitait de ce que « le point de vue dynastique se trouvait conforme aux intérêts de la patrie hongroise ». Peu après (15 mars), la révolution éclatait à Vienne, et, le 15, Kossuth se joignait à la députation qui venait réclamer la formation d'un ministère hongrois. L'empereur Ferdinand accorda à la Hongrie un vice-roi, l'archiduc Étienne, et chargea le comte Batthiany d'organiser un ministère, dans lequel Kossuth eut le portefeuille des finances (17 mars). Mais la lutte ne tarda pas à éclater entre Pest et Vienne après le soulèvement des Croates, des Serbes, des Roumains de Transylvanie, et surtout quand le gouvernement de Vienne, eut nommé Jellachich ban de Croatie sans l'assentiment de la Diète hongroise. Kossuth obtint de la Diète 200,000 hommes et 42 millions de florins (11 juillet). Le 11 septembre, Jellachich et les Croates envahissaient la Hongrie, tandis que les membres modérés du cabinet de Pest, Batthiany et Meszaros, donnaient leur démission. Proclamé président du comité de la défense nationale, Kossuth organisa quatre armées, refoula Jellachich, tint en échec une armée autrichienne qui, à Ozova, déposa les armes devant Gœrgei (7 octobre 1848), et prolongea la résistance. Après la prise de Pest, le siège du gouvernement national fut transféré à Debreczin, où fut rédigée la déclaration du 14 avril 1849, qui proclamait l'indépendance de la Hongrie et la déchéance perpétuelle de la maison de Habsbourg. Kossuth fit à Pest une entrée triomphale, et reçut le titre de chef provisoire de l'État, tandis que Bem combattait victorieusement en Transylvanie, comme Gœrgei dans les Carpathes et Klapka sur la Theiss. Mais bientôt de graves dissentiments éclatèrent entre Kossuth et Gœrgei, dans la conduite de la guerre. Les armées russes de Paskievitch arrivaient au secours des Autrichiens. La Diète, qui voyageait de Debreczin à Szeggeddin, finit par être délogée de cette dernière ville. Toute résistance sérieuse devenant impossible, Kossuth abdiqua le 11 août 1849 en faveur de Gœrgei, qui, dit-on, négociait secrètement avec les Russes depuis le mois de juillet. Gœrgei signa peu après la capitulation de Vilagos : toutes les forteresses se soumirent, sauf Komorn, défendue par Klapka. Le général Haynau fut chargé de *pacifier* la Hongrie où eurent lieu d'affreux massacres. Kossuth, accompagné de Bem, Dembiski, Perczel et de 4 000 hommes, avait passé la frontière. Il fut interné par les Turcs à Viddin, à Choumla, à Koutaïeh. Relâché en 1851, à la demande de l'Angleterre et des États-Unis, il vint à Gênes, à Marseille, sans pouvoir traverser la France, et se rendit en Angleterre, où il fut reçu avec enthousiasme. Il fit des conférences aux États-Unis en 1852, puis, de retour à Londres, il fit partie, avec Mazzini et Ledru-Rollin, du comité international révolutionnaire. En 1859, au moment de la guerre d'Italie, Napoléon III, qui paraît avoir songé à l'émancipation de la Hongrie, permit à Kossuth de traverser la France, et songea même à l'employer contre les Autrichiens. Mais le grand rôle du patriote hongrois était terminé, bien que de l'Italie, où il s'était fixé, il ait adressé, en 1866, une proclamation à la Hongrie contre les Autrichiens. Élu membre de la Diète en 1867 et 1868, il refusa ce mandat : il ne voulait pas approuver la constitution dualiste, qu'il trouvait insuffisante. Il refusa toujours de retourner en Hongrie, malgré la députation qui lui fut envoyée en 1877. — Il a laissé des *Mémoires*, dont le quatrième volume a été publié à Budapest en 1895.

KOUANG-TCHÉOU-OUANE, ville maritime et baie sur la côte orientale de Lou-Tcheou (province de Kouang-toung), cédée à bail à la France en vertu de la convention du 11 avril 1898. La superficie du territoire concédé est de 84 000 hectares, sa population d'environ 200 000 habitants. La rade de Kouang-Tcheou occupe une bonne position stratégique ; la France y a installé un dépôt de charbon et en a fait un port franc qui attire à lui une grande partie du commerce de la région. Il est relié par un service maritime postal à Haïphong. — Le territoire est placé sous le contrôle du gouvernement général de l'Indo-Chine, de qui dépendent l'administrateur en chef et ses adjoints.

KOUEIT, petit port situé à l'extrémité septentrionale du golfe Persique, sur la côte orientale d'Arabie, non loin de l'estuaire du Chatt-el-Arab. En 1901, l'Angleterre intervint sous le prétexte de protéger le cheikh de Koueit, à qui le sultan voulait imposer sa suzeraineté. En 1902, malgré les vives réclamations de la Porte, l'Angleterre a établi son protectorat à Koueit. (*Voy.* ARABIE dans le SUPPLÉMENT.)

KOURO-SIWO c'est-à-dire « courant noir », nom donné par les Japonais, à cause de sa couleur bleu foncé, à un courant d'origine tropicale qui parcourt la région occidentale de l'océan Pacifique. Sa vitesse a été, pendant la mousson du sud-ouest, de 55 à 75 kilomètres par jour. Le Kouro-Siwo baigne du sud au nord les côtes du Japon, d'où il se répand dans l'Océan Pacifique, dans la direction des îles Hawaï. Sa température varie entre 25 et 27 degrés centigrades ; elle est inférieure de 3 à 4 degrés à celle du Gulf-Stream. Mais tandis que l'action du Gulf-Stream est très considérable pour les pays de l'Amérique et surtout de l'Europe septentrionale, l'influence du Kouro-Sivo est beaucoup plus restreinte.

KOUSSERI, localité du Bornou, sur la rive gauche du Chari, près de Fort-Lamy. Le conquérant noir Rabah (*Voy.* ce nom dans le SUPPLÉMENT) en avait fait une sorte de place de guerre. Le 22 avril 1900, le commandant Lamy (*Voy.* ce nom) livra à Rabah, près de Kousseri, une bataille dans laquelle cet officier fut tué, ainsi que le capitaine de Cointet, et un assez grand nombre de sous-officiers et de soldats français.

KOVALEVSKY (Sophie Vassilievna, née KOVTVE-SKORKOVSKY), savante russe, née en 1850, morte en 1891, professa les mathématiques à l'Université de Stockholm. Ses travaux *sur la propagation de la lumière dans un milieu cristallisé; sur un cas particulier du problème*

de la rotation d'un corps pesant autour d'un point fixe, etc., rédigés en français, lui valurent le titre de membre correspondant de l'Académie des Sciences de Paris. Elle a rédigé une revue spéciale, *la ta mathematica*; laissé des *Souvenirs,* des *Œuvres littéraires* Saint-Pétersbourg, 1895, et un roman posthume, *la Nihiliste* (Genève, 1895). Mme Leffler a publié sa biographie.

KRAUSS (Gabrielle), cantatrice autrichienne, née à Vienne (Autriche), en 1842, morte en 1906, fut admise au Conservatoire de sa ville natale en 1855. Élève de Mme Marchesi, elle débuta, en 1860, à Vienne, dans le personnage de Mathilde de *Guillaume Tell*, et chanta depuis tous les grands rôles du répertoire ancien et moderne. Au mois d'avril 1868, elle se fit entendre à la salle Ventadour et obtint le plus vif succès pendant plusieurs saisons. Elle réussit spécialement dans *Norma,* le *Trouvère, Otello* et *Aïda*. Engagée à l'Opéra, lors de l'inauguration de la nouvelle salle, elle créa les rôles de Jeanne d'Arc dans l'*Opéra de Mermet,* et de Pauline dans le *Polyeucte* de Gounod (1874-1878). Elle reprit ensuite, en marquant chaque interprétation, de sa personnalité : Agathe dans *Freyschütz,* Sélika dans *l'Africaine,* dona Anna dans *Don Juan,* Hermosa dans *le Tribut de Zamora,* Marguerite dans *Faust,* Valentine dans *les Huguenots,* Alice dans *Robert le Diable,* la reine dans *Henri VIII,* de Saint-Saëns, *Sapho* dans l'opéra de Gounod, Idolorès dans *Patrie* de Paladilhe, la dernière œuvre où elle parut à l'Opéra. Elle se fit entendre ensuite dans des concerts où elle continua à remporter les plus brillants succès.

KRUGER (Paul), ancien président de la République du Transvaal, né à Colesberg (colonie anglaise du Cap) en 1825, mort à Montreux (Suisse) en 1904, quitta en 1835, avec sa famille, le territoire anglais et alla se fixer au sud des siens au Transvaal, pour vivre, à la façon des Boers, libre et indépendant de l'administration britannique. Il épousa, à l'âge de dix-sept ans, Maria du Plessies, qui appartenait à une famille calviniste d'origine française. Nommé en 1852 weld-kornell, puis général adjoint. Il se distingua dans les guerres contre les Cafres et dans les luttes qui éclatèrent entre les Boers vers 1860 : il fut alors nommé généralissime. Il dirigea en cette qualité les guerres contre les Basoutos (1865), les Cafres (1867), etc. Il vint en Angleterre en 1877 pour négocier un traité entre le Transvaal et le gouvernement britannique. En 1880-81, la guerre ayant éclaté entre les Anglais et les Boers, Kruger, qui était alors vice-président de la république, exerça le commandement en compagnie de Joubert (*Voy.* ce nom dans le SUPPLÉMENT). Battus à Majuba Hill (27 février 1881), les Anglais reconnurent l'indépendance du Transvaal. Kruger fut élu président de la république en 1883, réélu en 1888, 1893 et 1898. La découverte des mines d'or au Transvaal, vers 1888, attira de nombreux étrangers dans le pays et donna le signal de graves démêlés avec l'Angleterre (*Voy.* TRANSVAAL dans le SUPPLÉMENT). L'Anglais Jameson, lieutenant de Cecil Rhodes (*Voy.* ce nom), envahit le territoire boer en décembre 1895 ; arrêté et condamné à mort, il fut gracié par Kruger. Mais celui-ci se prépara dès lors à la guerre, acheta des armes en Europe et signa un traité d'alliance avec la république d'Orange (1897). Cependant, le Président se montra conciliant vis-à-vis de l'Angleterre : il proposa d'accorder les droits politiques, réclamés par les Anglais, aux étrangers fixés au Transvaal depuis 1890 et à tous les nouveaux venus, au bout de cinq ans de séjour (1899) ; mais il ne mandait en compensation que l'Angleterre proclamât l'indépendance du Transvaal, déjà reconnue par de précédents traités. Le gouvernement anglais, entraîné par le ministre des colonies, M. Chamberlain, qui visait l'incorporation du Transvaal, aux possessions britanniques, refusa d'accepter ces conditions et la guerre éclata (21 octobre 1899). Après la prise de Pretoria par le général Roberts, Kruger se réfugia à Lourenço-Marques, puis il vint en Europe, où il ne trouva que d'inutiles sympathies ; il séjourna successivement à Paris, à Bruxelles, à la Haye, enfin en Suisse, où il mourut. Il a laissé des *Mémoires.*

KRUPP, famille d'industriels allemands. Frédéric Krupp fonda en 1810 à Essen, sur la Ruhr, un atelier pour la production de l'acier, dont les débuts furent difficiles, et qui était menacé de disparaître quand mourut son fondateur (1826). Le fils de celui-ci, Alfred, âgé seulement de quatorze ans, quitta l'école pour prendre la direction de la maison avec l'aide de quelques ouvriers. Malgré sa jeunesse et son inexpérience, Alfred Krûpp lutta avec une indomptable énergie contre une situation qui semblait désespérée. Il fabriquait, comme son père, des matrices pour les monnaies. En 1844, il exposa à Berlin des canons de fusils en acier de son invention; en même temps, il cherchait des procédés nouveaux pour la fabrication des canons. En 1859, il obtint du gouvernement prussien, grâce à l'appui du prince-régent Guillaume, la commande de trois cents pièces. Dès lors, la fortune de sa maison fut assurée. Par la suite, Krûpp fournit la plus grande partie de l'artillerie de l'Allemagne, de l'Italie, de la Russie, de l'Autriche-Hongrie, etc. En 1894, la maison Krûpp avait fourni environ 25000 canons à trente-quatre États. Les usines Krûpp, de plus en plus considérables, fabriquaient aussi des rails d'acier, des bandages de roues en acier sans soudure, des machines, des plaques de blindage, etc. Alfred Krûpp mourut en 1887. La maison qu'il avait pour ainsi dire tirée du néant était devenue la première du monde pour la production de l'acier. Il employait de 40 000 à 50 000 ouvriers, possédait des mines de fer en Espagne, en Suède, en Allemagne; des charbonnages, et, près de Meppen, un vaste terrain long de 17 kilomètres pour les tirs au canon. Il eut pour successeur son fils unique, Frédéric-Alfred, né en 1854. Celui-ci acheta en 1890 les ateliers de construction Germania, à Kiel, et ajouta la construction maritime à l'œuvre déjà énorme de son industrie. Cette vaste entreprise était dès lors confiée, sous le haut contrôle du chef de la maison, à un directeur général, assisté d'un comité de directeurs. — Les Krûpp n'avaient jamais oublié leurs origines modestes; ils tenaient par reconnaissance autant que par bonté à se montrer d'une extrême générosité à l'égard des ouvriers qui les aidaient dans l'édification de leur fortune, affectant des sommes considérables à des œuvres philanthropiques, logements, crèches, écoles, économats, caisses de retraites, contributions aux assurances, etc. Frédéric-Alfred Krûpp mourut en 1902 sans laisser de fils. Il avait été anobli par l'empereur Guillaume II et honoré du titre de conseiller intime.

KUENEN (Abraham), savant hollandais, né à Harlem en 1828, mort en 1891, professeur d'hébreu et d'exégèse de l'Ancien Testament à l'université de Leyde, a laissé, entre autres ouvrages d'une grande réputation : l'*Histoire critique des livres de l'Ancien Testament* (traduite en français), la *Religion d'Israël*, les *Prophètes et les Prophéties d'Israël*.

L

LACAZE-DUTHIERS (Henry), zoologiste, né à Montpezat (Lot-et-Garonne) en 1821, mort en 1901, commença à étudier la médecine à Paris, et fut interne des hôpitaux ; mais il se consacra bientôt à l'étude des zoophytes et se fit un nom par ses savantes recherches dans cette spécialité. Nommé professeur de zoologie à la Faculté des Sciences de Lille en 1854, il fut chargé, en 1862, par le gouvernement, d'une mission dans la Méditerranée, dont il exposa le but et les résultats dans une remarquable monographie : *Histoire naturelle du corail* (1865). Maître de conférences à l'École normale supérieure en 1864, il fut nommé professeur de zoologie au Museum (1865), puis à la Faculté des Sciences de Paris. Il fit partie de l'Académie des Sciences (1871) et de l'Académie de médecine (1880). On lui doit l'établissement de laboratoires zoologiques à Roscoff et à Banyuls (Pyrénées-Orientales). On peut citer, parmi ses principaux ouvrages : *Histoire de l'organisation et du développement des mœurs*, etc., *du dentale* (1858); *le Monde de la Mer et ses laboratoires* (1880). Il a dirigé une revue intitulée *Archives de la zoologie expérimentale*.

LAFERRIÈRE (Julien), jurisconsulte, né à Angoulême en 1841, mort en 1901, fut inscrit au barreau de Paris en 1864; secrétaire d'Ernest Picard, il collabora activement au Journal le *Rappel* en 1869. Emprisonné à Mazas au moment des élections de mai de cette année, il fut mis en liberté sur les réclamations du conseil de l'ordre des avocats. Après la révolution du 4 septembre, il fut nommé maître des requêtes dans la Commission provisoire chargée de remplacer le Conseil d'État, et remplit les fonctions de commissaire du gouvernement auprès

de la section du contentieux. Le 28 janvier 1879, il fut appelé au ministère de l'intérieur, comme directeur des cultes, qui y étaient rattachés, et eut le titre de conseiller d'État en service extraordinaire. Nommé conseiller d'État en service ordinaire le 14 juillet 1879 et président de la section du contentieux au mois d'août suivant, il devint vice-président du Conseil d'État le 19 janvier 1886. Il fut ensuite gouverneur général de l'Algérie, où il assura la réalisation de réformes importantes, telles que la création des Délégations, etc. Il donna une collaboration active à des journaux judiciaires tels que : la *Loi*, dont il fut le fondateur, la *Revue critique de législation et de jurisprudence*, et à des feuilles politiques, notamment au *Temps*. Il a publié : les *Journalistes devant le Conseil d'État* (1865) ; la *Censure et le régime constitutionnel* (1867); les *Constitutions d'Europe et d'Amérique* (1869), avec M. Batbie; la *Loi organique départementale du 10 août 1871* (1871); *Traité de la juridiction administrative et des recours contentieux* (1887-1888), ouvrage inspiré par un cours professé par l'auteur à l'École de Droit.

LAFFITTE (Pierre), philosophe, né près de Cadillac (Gironde) en 1823, mort en 1903, enseigna les mathématiques à Paris, quand il se lia avec Auguste Comte (1844), de qui il devint le disciple favori. Après la mort du philosophe (5 septembre 1857), Laffitte fut chargé, avec le titre de président, de la direction de l'école positiviste orthodoxe, c'est-à-dire de celle qui, au contraire de Littré, de Robin et de leurs partisans, admettait dans leur intégralité les doctrines sociologiques et religieuses de Comte. Laffitte ouvrit son cours sur le positivisme en 1858, dans la maison même du maître, rue Monsieur-le-Prince, à Paris. Il y développa les idées de Comte au point de vue scientifique, politique et religieux, et dirigea avec une grande activité l'enseignement de l'histoire générale, de la sociologie, des mathématiques, de la philosophie et de la morale, dans le sens indiqué par le fondateur du positivisme. Il continua plus tard son enseignement à la salle Gerson. Il insista particulièrement sur la doctrine que le maître n'avait pas eu le temps de préciser, dans les *Grands Types de l'humanité* (1874-1875-1897), la *Morale positive* (1880), *Cours de Philosophie première* (1880-1889), etc. Il fonda en 1878 la *Revue occidentale*, « organe de conseil et d'enseignement », par lequel il espérait fortifier son « pouvoir spirituel » sur les adeptes du positivisme : ce fut l'origine d'un schisme qui entraîna hors de l'école un certain nombre de personnalités marquantes, soit en France, soit en Amérique. En 1892, il fut chargé d'enseigner au Collège de France l'histoire générale des sciences; dans ces fonctions, malgré les protestations de positivistes zélés qui le considéraient comme une sorte de schismatique, il continua de se montrer fidèle aux principes de son maître. Il a laissé, outre les ouvrages que l'on a indiqués, des études sur la *Civilisation chinoise* (1869), sur la *Révolution française* (1880), sur *Diderot*, pour qui il professait une vive admiration, sur le *Faust de Gœthe*, etc.

LA FORGE (Anatole de), écrivain et homme politique, né à Paris en 1821, mort en 1892, servit d'abord dans la diplomatie à Florence, à Turin et à Madrid. Sous la seconde République et sous l'Empire, il collabora à l'*Estafette* et au *Siècle*. Préfet de l'Aisne après le 4 septembre 1870, il défendit énergiquement Saint-Quentin contre les Allemands, administra ensuite les Basses-Pyrénées, puis rentra, après la paix, dans la rédaction du *Siècle*. Directeur de la presse au ministère de l'Intérieur sous M. de Marcère, il se retira bientôt (1877) et fut élu député à Paris (1879 et 1885). Vice-président de la Chambre en 1885, il abandonna définitivement la politique en 1880. Il a laissé quelques ouvrages : l'*Instruction publique en Espagne* 1847; *Des vicissitudes politiques de l'Italie dans ses rapports avec la France*, 1850; *Histoire de la République de Venise sous Manin*, 1853 ; la *Pologne devant la Chambre*, etc.

LAGOS (*Voy*. ce mot dans le DICTIONNAIRE), colonie anglaise, incorporée depuis 1906 à la Nigeria méridionale (*Voy*. NIGERIA dans le SUPPLÉMENT). — La population de la ville de Lagos était, en 1907, de 42 000 habitants, dont 400 Européens. Une voie ferrée, actuellement en construction, doit relier Lagos au Niger.

LA HORIE (Victor-Alexandre), général, né à Gavron (Mayenne) en 1766, s'engagea dans l'armée en 1793.

Général de brigade en 1800, il devint, cette même année, chef d'état-major de Moreau; mais des dissentiments avec le général Leclerc, beau-frère de Bonaparte, l'obligèrent à quitter le service. Accusé, sans grand fondement, d'avoir ménagé des entrevues entre Moreau et Pichegru, il fut condamné à mort par contumace (1804). Cependant il put rester caché pendant plusieurs années à Paris, mais il fut trahi par Savary et exilé en Amérique, par ordre de Napoléon Ier. Au moment où il allait partir, éclata la conspiration du général Malet (Voy. ce nom dans le microvxame); La Horie, chargé par les conspirateurs d'arrêter Savary, accepta cette mission; mais lui-même fut arrêté, condamné à mort et fusillé avec ses complices (29 octobre 1812). — Cf. L. Le Barbier, le Général La Horie.

LALANNE (Léon), ingénieur et homme politique, né à Paris en 1811, mort en 1892, fut élève de l'École polytechnique. Il embrassa avec ardeur la cause de la révolution en 1850, et resta depuis lors attaché aux idées républicaines. Il collabora en 1848 à la direction des ateliers nationaux, fut emprisonné en 1849 pour avoir blâmé l'expédition de Rome, et dut alors quitter la France. Comme ingénieur, il exécuta d'importants travaux en Valachie et dans la Dobroudja. Il a dirigé aussi les travaux du chemin de fer de Paris à Sceaux, de l'Ouest-suisse et du Nord de l'Espagne. Il fut élu sénateur en 1885.

LALLEMAND (Léon), général français, né à Eteignères (Ardennes) en 1817, mort en 1895, élève de Saint-Cyr, servit dans le corps d'état-major, fut aide de camp de Bosquet, et passa en Afrique la plus grande partie de sa carrière. Il se signala en Crimée, où il fut cité à l'ordre du jour (22 août 1855), en Kabylie (1857), devint colonel en 1860, et général en 1868. Divisionnaire en 1870, il fut mis à la tête des forces de terre et de mer de l'Algérie, au moment où l'envoi en France de toutes les troupes d'Afrique jetait ce pays dans le plus complet désarroi, et compromettait notre domination. Le désordre était encore augmenté par la nomination d'un gouverneur civil, M. Didier, qui d'ailleurs, enfermé dans Paris, ne put pas rejoindre son poste, puis d'un commissaire général, M. Du Bouzet, et surtout par la promulgation du fameux décret Crémieux, qui en naturalisant les israélites algériens, mécontenta vivement les indigènes. Dès le 22 janvier 1871, les spahis d'Aïn-Guettar se mutinèrent; puis les Kabyles s'insurgèrent en mars, sous la direction de Mokrani, bach-aga de la Medjana, et de El-Haddad, chef de la confrérie religieuse de Sidi Abd er-Rahman. Tandis que M. Du Bouzet était remplacé par M. Lambert (février), puis par l'amiral Gueydon, nommé gouverneur civil (20 mars), le général Lallemand, qui disposait à peine de 2 000 hommes de troupes disparates contre plus de 15 000 insurgés, prit hardiment l'offensive, avec le concours des généraux Saussier et Cérez et du colonel Bonvalet. Mokrani fut tué dans un engagement avec la colonne Cérez à Boudh-el-Kerroub. Un de ses frères, Bou-Mezrag, lui succéda. Mais Lallemand força les Kabyles à évacuer Tizi-Ouzou, débloqua Dellys, soumit la vallée du Sebaou, opéra sa jonction avec Cérez, qui avait rejeté les contingents de Bou-Mezrag dans la province de Constantine, et, le 16 juin, débloqua Fort-National, où 472 hommes avaient résisté héroïquement à plusieurs milliers d'ennemis. Le général soumit ensuite la vallée du Sahel et lança ses colonnes vers Bou-Saada, Djidjelli et Cherchell, où l'insurrection s'était étendue. Pour en finir avec Bou-Mezrag, il organisa six colonnes dans la province de Constantine, cerna les insurgés au sud de Sétif, et, le 12 octobre, leur infligea une soixantaine défaite; Bou-Mezrag fut fait prisonnier. Cette admirable campagne fait de Lallemand un véritable héros. C'est à ce soldat brave et modeste que la France dut, au lendemain de la guerre franco-allemande, le salut de ses possessions algériennes. Lallemand a commandé plus tard le 11e corps (1875-78), puis le 1er. — Cf. L. Rinn, Histoire de l'insurrection de 1871 en Algérie, Alger, 1891.

LALO (Edouard), compositeur, né à Lille en 1823, mort en 1892, étudia d'abord dans sa ville natale. Il fit partie, comme violoniste, du quatuor Armingaud-Jacquard, et fit connaître à Paris les œuvres allemandes classiques de la musique de chambre. On lui doit l'opéra de Fiesque, qui ne fut jamais joué; Namouna, ballet qui passa à l'Opéra en 1882, après bien des difficultés et qui n'a été repris qu'en 1908, et le Roi d'Ys.

LAMBERT (Sir John), homme d'État anglais, 1817-1892, a préparé un grand nombre de projets de lois, établi pour le comte Russell la statistique nécessaire à l'élaboration du Reform Bill, aidé Disraeli dans l'établissement du People Act, dirigé, pour le compte de Gladstone, en 1869 et 1870, d'importantes enquêtes en Irlande sur la situation agraire et religieuse. De 1871 à 1882, il fut secrétaire permanent du gouvernement local, et en cette qualité, prépara des projets qui servirent de base à l'acte de franchise de 1884. Il fut nommé membre du conseil privé en 1885. De religion catholique, il a laissé sur la musique religieuse au moyen âge d'importants travaux qui lui valurent une médaille d'or du pape Pie IX en 1851, et le titre de membre de l'Académie de musique de Sainte-Cécile, à Rome.

LAMSDORF (Nicolas, comte), diplomate russe, né en 1845, mort en 1907, entra dans la diplomatie en 1866. Premier secrétaire à la chancellerie en 1875, il accompagna le prince Gortchakof au Congrès de Berlin (1878). Il représenta le chancelier auprès de l'empereur Alexandre II pendant les séjours que fit ce prince à Livadia, de 1878 à 1881, et assista à l'entrevue d'Alexandrovo entre le tsar et l'empereur d'Allemagne (1879). Sous le règne d'Alexandre III (1881-1894), il fut chargé de la direction de la chancellerie des affaires étrangères; il assista aux entrevues de Skierniwice (1884) et du Kremsier (1885). En 1897, il fut adjoint au comte Mouravief, ministre des affaires étrangères, et succéda à ce personnage en 1900. Si l'action du comte Lamsdorf fut limitée en Extrême-Orient par suite de la création d'une vice-royauté, investie d'attributions trop étendues, en Europe il put traiter les grandes questions avec une entière indépendance. Il maintint avec force l'alliance avec la France, qu'il appuya vivement à la conférence d'Algésiras (1906), où la Russie fut représentée par le comte Cassini. Il signa en 1897 un traité avec l'Autriche-Hongrie au sujet des États balkaniques, intervint avec un vif désir de conciliation dans les affaires de Macédoine et fut un des promoteurs du programme de réformes de Muerzsteg. Il s'efforça aussi d'amener un rapprochement entre la Russie et l'Angleterre. Il se retira en 1906 et fut remplacé par le comte Iswolsky.

LAMY (François), officier français, né en 1858, était le fils d'un lieutenant de vaisseau. Il fit ses études au Prytanée militaire de la Flèche, et entra à l'École du Saint-Cyr. Il servit avec distinction au Tonkin, puis en Algérie, où il commanda, en 1890, le poste d'El Goleah et organisa des détachements de méharistes sahariens, au Congo, qu'il explora, en 1894, les bassins de la Nyanga et du Niari-Kouilon, enfin à Madagascar, où il se distingua dans les expéditions contre les Fahavalos. Promu au grade de commandant, il fut chargé en 1898 de prendre le commandement d'une forte escorte de tirailleurs et de spahis chargée d'accompagner la mission qui, sous la direction de M. Foureau, devait aller du Sahara au Soudan, au Tchad, au Chari et au Congo. La mission, qui comprenait, outre Foureau et Lamy, MM. Dorian, Leroy, Willatte, du Passage, le capitaine Reibell et sept autres officiers, les docteurs Fournial et Haller, partit d'Ouargla le 25 octobre 1898, traversa le Tassili, le Tindesset-l'Anahef, séjourna à Tadent, visita le puits de Tadjemout, où Flatters avait péri, gagna l'Aïr, Agadez (28 juillet 1899), arriva enfin à Zinder puis au Tchad, après avoir surmonté mille obstacles et repoussé, grâce à l'énergie de Lamy, les attaques des Touaregs. Enfin cette vaillante troupe, après avoir contourné le Tchad à l'Est, atteignit le Chari sur les rives duquel s'étaient concentrées les troupes de Rabah (Voy. ce nom dans le supplément). Lamy avait réuni sous son commandement des détachements des missions Voulet-Chanoine, Joalland et Gentil. Près de Kousseri, le 22 avril 1900, s'engagea, sous la direction du commandant Lamy, contre les troupes de Rabah, une grande bataille à la fin de laquelle ce brillant officier fut tué. — Cf. le Commandant Lamy, d'après sa correspondance et ses souvenirs de campagne, par le commandant Reibell (Hachette), 1905.

LA PALICE, rade située à l'O. de La Rochelle, présente un bassin profond, bien abrité derrière une belle jetée. Le port, inauguré en 1891, est fort bien aménagé. — Commerce maritime en progrès. Tonnage, en 1900 : 800 000 tonnes. Relations régulières avec l'Angleterre; escale de la Steam navigation Company. — L'abriques de jute et d'engrais chimiques; raffinerie de pétrole, etc.

LAPASSET (Ferdinand-Auguste), général, né à Saint-Martin-de-Ré en 1817, entra en 1857 dans le service d'état-major, à sa sortie de l'Ecole de Saint-Cyr. Il servit avec éclat en Algérie pendant de nombreuses années. Général de brigade en 1865, il se distingua particulièrement à la bataille de Rezonville; au moment de la reddition de Metz, il refusa de livrer ses drapeaux aux Allemands et les détruisit. Général de division en 1871, il mourut en 1875. — Cf. Mlle Jeanne Lapasset : *le Général Lapasset; Algérie-Metz*.

LAPOMMERAYE (Pierre-Henri BERDALLE DE), écrivain, né à Rouen en 1859, mort en 1892, était fils d'un imprimeur. Après de brillantes études au lycée de Rouen, il étudia le droit, entra à la préfecture de la Seine, et se fit connaître dès 1862 par des conférences gratuites pour les ouvriers. Conférencier très applaudi, il écrivit successivement dans *la Petite Presse*, *la Presse théâtrale*, *le Bien public*, *la France*, *Paris*. Chef adjoint des secrétaires rédacteurs du Sénat, il fut nommé en 1878 professeur d'histoire et de littérature dramatique au Conservatoire. Il a laissé, entre autres ouvrages : *Un conseil par jour*; *Histoire du début d'A. Dumas fils au théâtre*; *Molière et Bossuet*; *les Amours de Molière*; *Conférences*, etc.

LAPPARENT (Albert DE), géologue, né à Bourges en 1839, mort en 1908, fut élève de l'Ecole polytechnique et entra ensuite dans le corps des ingénieurs des mines. Elève d'Elie de Beaumont, il fut attaché au service de la Carte géologique de France. Il se fit connaître par une remarquable étude sur le pays de Bray, puis par sa participation au projet de tunnel sous-marin destiné à relier la France à l'Angleterre. Profondément attaché au catholicisme, il fut choisi, en 1875, comme titulaire de la chaire de géologie à l'Université catholique de Paris. En 1897, il fut élu membre de l'Académie des Sciences en remplacement de M. des Cloiseaux, et, en 1907, secrétaire perpétuel de la même académie, à la place de Berthelot. Il était aussi membre de sociétés de géologie, de minéralogie et de géographie. Considéré dans le monde savant comme un des maîtres incontestés de la géologie, il a laissé des ouvrages d'une importance capitale : *Traité de Géologie*, qui reste son œuvre principale; *Cours de Minéralogie*; *la Géologie en chemin de fer*, qui est une étude de premier ordre sur le bassin parisien; *la Question du charbon de terre*; *le Siècle du fer*; *les Anciens glaciers*; *Leçons de géographie physique*, dans lesquelles, le savant auteur créa véritablement une science nouvelle, en s'inspirant de l'étude des formes terrestres : *Notions générales sur l'écorce terrestre*; *Science et apologétique*, etc.

LARGEAU (Victor), explorateur, né à Niort en 1842, mort en 1807, fut d'abord instituteur. Il visita Rhadamès en 1875 et 1876, In-Salah en 1877. Il a consigné ses observations dans *le Sahara algérien*, 1882; *Voyage à Rhadamès*, etc.

LARROUMET (Gustave), professeur et écrivain, né à Gourdon en 1852, mort en 1903, fut d'abord répétiteur au collège d'Aix, puis professeur à Nice, à Vendôme et à Bourges. Reçu agrégé de grammaire et des lettres en 1875, il professa au collège Stanislas, à Paris, et au lycée de Vanves. Docteur en 1883 avec une thèse sur *Marivaux, sa vie et ses œuvres*, il fut nommé, l'année suivante, maître de conférences, à la Sorbonne. Chef de cabinet de M. Lockroy, ministre de l'Instruction publique (1888), il fut nommé, la même année, directeur des Beaux-Arts; il conserva ces fonctions jusqu'en 1891. Il revint alors à la Sorbonne comme professeur de littérature française, fut élu membre libre de l'Académie des Beaux-Arts et devint secrétaire perpétuel de cette Académie (1896). Il fut chargé, l'année suivante, de la chronique théâtrale dans le journal *le Temps*, en remplacement de Fr. Sarcey. Outre sa thèse sur Marivaux, Larroumet a publié un grand nombre d'ouvrages : *Lord Brougham*, 1879; *La Comédie de Molière*, 1886; *Etudes d'histoire et de critique dramatiques*, 1892; *Le XVIIIe siècle et la critique contemporaine*, 1892; *Notice sur le prince Napoléon Bonaparte*, 1892; *Etudes de littérature et d'art*, 1893; *Nouvelles études*, 1894; *La maison de Victor Hugo, impression de Guernesey*, 1895; *Meissonier*, 1895; *L'Art et l'Etat en France*, 1896; *Petits portraits et notes d'art*, 1897; *La France en Orient*, 1898; *Racine*, 1898; *Nouvelles*

études d'histoire et de critique dramatiques, 1899; *Petits portraits et notes d'art*, 1900, etc.

LASSERRE (Henri), écrivain, né à Carlux (Dordogne) en 1828, mort en 1900, se destina d'abord au barreau et y renonça après le coup d'Etat du 2 décembre. Se tournant vers le journalisme, il collabora au *Réveil*, au *Pays*, et dirigea *le Contemporain*. Ses croyances catholiques firent de lui un adversaire de Renan, qui venait de publier la *Vie de Jésus*. Guéri miraculeusement à Lourdes de la cécité dont il était menacé, il écrivit par reconnaissance sa *Notre-Dame de Lourdes*, ouvrage très remarquable, qui a été traduit en 43 langues, et qui est fort répandu dans le monde catholique. On lui doit aussi une traduction des *Saints Evangiles*, qui fut mise à l'index, et un assez grand nombre d'ouvrages divers : *l'Esprit et la Chair*; *la Pologne et la Catholicité*; *l'Evangile selon Renan*; *l'Auteur du Mandit*; *le Treizième Apôtre*, etc.

LAUGÉE (Désiré), peintre, né à Maromme (Seine-Inférieure) en 1823, mort en 1896, élève de Picot, peignit des sujets d'histoire, comme la *Mort de Guillaume le Conquérant*, 1855; *Saint Louis lavant les pieds aux pauvres*, 1863; *Sainte Elisabeth de Hongrie*, 1865; etc. Il doit surtout sa réputation à des sujets de genre rustique, le *Déjeuner du moissonneur*, les *Maraudeurs*, la *Récolte des œillettes*, la *Sortie de l'école*, *En Automne*, etc. Il a aussi exécuté des peintures murales pour les églises de Ste-Clotilde, de la Trinité et de St-Pierre du Gros-Caillou, à Paris.

LAURISTON (Jean Law DE), officier d'origine écossaise, mais naturalisé français, neveu du financier Law, était au service de la compagnie française et dirigeait le comptoir de Cossim-Bazar en 1756, lorsque éclata la guerre entre les Français et les Anglais dans l'Inde. Il s'efforça, avec une poignée de soldats, de maintenir l'influence de la France dans le Bengale; mais il arriva trop tard pour combattre à Plassey les Anglais qui, à la suite de cette victoire, devinrent les maîtres du pays (1757). Pendant quatre ans, errant avec quelques soldats dans la vallée supérieure du Gange, il s'efforça d'armer contre les Anglais le nabab d'Oude, les Mahrattes, le Grand Mogol. Pris par les Anglais à la bataille de Souan, où les troupes du Grand Mogol furent défaites (1761), Lauriston rentra peu de temps après en France. Il fut le père du général qui se distingua dans les guerres du premier Empire. — Cf. S. C. Hill, *Three Frenchmen in Bengal* (Londres, 1904).

LAUSSEDAT (Aimé), militaire et savant français, né à Moulins en 1819, mort en 1907, fut élève de l'Ecole polytechnique de 1838 à 1840. Il fut classé, à sa sortie, dans le génie militaire et employé d'abord aux fortifications de Paris, puis aux travaux de défense dans les Pyrénées-Orientales. Répétiteur d'astronomie et de géodésie à l'Ecole polytechnique en 1851, professeur titulaire en 1856, puis directeur des études, il se démit de ces fonctions en 1871 et ne garda que la chaire de géométrie au Conservatoire des arts et métiers, qu'il occupait depuis 1865. Capitaine en 1863, commandant en 1865, il fut promu lieutenant-colonel en novembre 1870, pendant le siège de Paris. Il travailla avec ardeur à la défense de la capitale, consolida la défense de la rive gauche, dont le commandement lui fut confié, chercha à établir des correspondances optiques avec les départements. Membre de la Commission de délimitation de la frontière nouvelle imposée à la France par le traité de Francfort (1871), il soutint avec une grande énergie les intérêts français contre les prétentions des commissaires allemands : nombre de localités sur la frontière, Villerupt, Raon-sur-Plaine, Raon-les-Leau, et bien d'autres, durent à l'énergie de Laussedat de demeurer françaises. Il écrivit, à la suite de cette douloureuse mission, si habilement remplie, un ouvrage vibrant de patriotisme sur *la Délimitation de la frontière franco-allemande*. Il s'occupa ensuite d'aérostation militaire, et fit en 1875, avec Tissandier et Godard, sur le ballon l'*Univers*, une ascension qui faillit avoir un résultat tragique. Colonel en 1874, il prit sa retraite en 1879. Il fut nommé directeur du Conservatoire en 1881. Il était membre de l'Académie des Sciences. On doit au savant officier le perfectionnement de plusieurs instruments d'observation, notamment la modification de la chambre claire de Wollaston, pour le lever des plans; l'invention d'un appareil adopté pour l'observation du passage de Vénus, l'application de la photographie aux observations astronomiques, etc. Il fut un des promoleurs de la loi du 14 mars 1891 sur l'unification de l'heure légale en France. Outre un grand nombre de mémoires publiés dans les *Annales du Conservatoire des arts et métiers*, dans les *Comptes rendus de l'Académie des Sciences*, le *Spectateur militaire*, le *Bulletin de la réunion des officiers*, etc., il a publié le *Mémorial de l'officier du génie*; *Expériences faites avec l'appareil à mesurer les bases appartenant à la carte d'Espagne* (1860), traduit de l'espagnol; *Leçons sur l'art de lever les plans* (1861), etc.

LAVELEYE (Émile-Louis-Victor DE), économiste, né à Bruges en 1822, mort en 1892, a publié, outre un grand nombre d'articles de revues, des ouvrages parmi lesquels on cite : *De la propriété et de ses formes primitives; le Gouvernement de la démocratie; De l'avenir des peuples catholiques; Lettres sur l'Italie*, 1878-79; *Nouvelles Lettres d'Italie*, 1885; *Éléments d'économie politique; Études et Essais; Instruction du peuple; le Marché monétaire depuis cinquante ans: Des causes actuelles de guerre; la Péninsule des Balkans; le Socialisme contemporain* (6e édition, 1891), la plus remarquable des œuvres de cet écrivain, qui a été augmentée de deux chapitres sur le *Socialisme en Angleterre* et sur l'*État et l'Individu*.

LAVROF (Pierre), écrivain russe, né dans le gouvernement de Pskof en 1825, mort à Paris en 1900, fut élève puis professeur à l'école d'artillerie de St-Pétersbourg. Il dirigea la publication du *Dictionnaire Encyclopédique russe*, dans lequel il rédigea un grand nombre d'articles historiques et philosophiques. Suspect en raison de ses opinions politiques, il fut, en 1867, interné dans le gouvernement de Vologda; il publia alors les *Lettres historiques*, qui l'ont rendu célèbre. Réfugié à Paris en 1870, il se tourna vers le socialisme, et dirigea des revues socialistes, en Suisse, en Angleterre et en France. Il a traduit la *Logique* de Stuart Mill, et écrit un certain nombre d'ouvrages, dont le plus important est son *Essai de l'histoire de la pensée*, Genève, 1895.

LAYAMON, poète anglais, était moine à Earnley (Worcester). Il termina vers 1205 un poème de *Brut*, en 32 000 vers, adaptation du *Roman de Brut* du trouvère normand Wace. C'est le premier poème anglais après la conquête. Il est allitératif, avec quelques rimes, et ne contient presque pas de mots d'origine française.

LAYARD (Austen-Henry), archéologue anglais, né à Paris en 1817, d'une famille d'origine française, mort en 1894, est connu par ses importantes découvertes sur les ruines de l'ancienne Ninive (1845-49). Il a écrit *Ninive et ses ruines* (1849) et *Monuments de Ninive*. Membre de la Chambre des communes en 1852, il fit partie de plusieurs ministères, fut nommé membre du conseil privé (1868), ambassadeur à Constantinople (1877), et en cette qualité, régla la question de Chypre. On lui doit encore, entre autres œuvres, une édition de l'*Histoire de la peinture italienne* par Kugler. Il fut nommé en 1854 correspondant de l'Institut de France.

LE BLANT (Edmond), archéologue, né à Paris en 1818, mort en 1897, fut, en France, un des fondateurs de l'épigraphie chrétienne. Il a publié sur cette matière des ouvrages de premier ordre : *Inscriptions chrétiennes de la Gaule antérieures au VIIIe siècle*, 1856-1861; *Manuel d'Épigraphie chrétienne*, 1869; *Inscriptiones hispanicæ christianæ*, 1875; *les Actes des Martyrs*, supplément aux *Acta Sincera* de dom Ruinart, 1882. Il a laissé une œuvre originale dans les *Sarcophages chrétiens de la Gaule*, 1886, et traité un grand nombre de sujets intéressants : *la Question du vase de sang*, 1859; *Mémoire sur les bourreaux du Christ*, 1870, etc. Un catalogue de ses œuvres, fort nombreuses, a été publié par M. Prou. Il fut élu membre de l'Académie des Inscriptions et Belles-Lettres en 1867. Il fut directeur de l'École française de Rome. M. Wallon lui a consacré une notice, lue à l'Institut en 1900.

LECOY DE LA MARCHE (Albert), archéologue, né à Nemours en 1830, mort en 1897, fut élève de l'École des Chartes, et attaché, à partir de 1861, aux Archives nationales. Il a laissé un grand nombre d'articles dans les revues spéciales, et des ouvrages pleins d'intérêt : *les Titres de la maison ducale de Bourbon*, 1866-75; *l'Académie de France à Rome*, 1874; et surtout *la Chaire française au moyen âge*, 1858, 1886; *le Roi René*, 1875; *les Relations politiques de la France avec le royaume de*

Majorque, 1872, etc. On citera encore une édition des *Œuvres de Suger*, 1867; *les Sceaux*; *les Manuscrits et la Miniature*, etc.

LEDOCHOWSKI (Miecislas, comte), cardinal, né à Gorki (Pologne) en 1822, mort à Rome en 1902, fut élève à l'Académie romaine des nobles ecclésiastiques. Ordonné prêtre en 1845, il fut employé à la secrétairerie d'État, puis fut envoyé comme auditeur à la nonciature de Lisbonne. Il fut successivement délégué apostolique dans l'Amérique du Sud (1856-1861) et nonce à Bruxelles (1862). En 1866, il fut nommé, par le pape Pie IX, archevêque de Gnesen et Posen : il entretint d'abord avec le gouvernement prussien les meilleures relations. Il alla même jusqu'à prohiber les prières en langue polonaise. Au concile du Vatican, il fut un des plus fermes défenseurs du dogme de l'infaillibilité pontificale. En 1870, lors de la proclamation de l'empire allemand, il fut chargé par Pie IX de protester auprès de Guillaume Ier contre l'occupation de Rome par les Italiens et de solliciter l'appui éventuel de la Prusse. Mais il ne put rien obtenir : dès lors, le prélat se jeta dans l'opposition. Pendant la lutte dite du Kulturkampf, il combattit énergiquement la politique de Bismarck, qui le fit condamner à deux ans de prison (1874). L'archevêque était encore en prison, quand il fut créé cardinal (mars 1875). Libéré en janvier 1876, il se rendit à Cracovie, mais le gouvernement autrichien le força à quitter cette ville. Il se réfugia à Rome, où le pape le logea au Vatican. De là, il continua à diriger son diocèse et à lutter énergiquement contre Bismarck, qui réclama, dit-on, son extradition au gouvernement italien. Le cardinal, prévenu, ne sortit plus du Vatican, où il était en pleine sûreté. Sous le pontificat de Léon XIII, il fut nommé préfet de la Propagande : dans cette haute situation, il rendit les plus grands services à l'Église. Il se réconcilia alors avec le gouvernement allemand, favorisa les missions catholiques allemandes dans tout l'Orient et se montra fréquemment hostile aux missions françaises.

LEFÈVRE-PONTALIS (Antonin), homme politique, né à Paris en 1850, mort en 1905, descendait par sa mère de l'architecte Soufflot. Après de brillantes études littéraires et juridiques, il collabora au *Journal des Débats* et à la *Revue des Deux Mondes*. Auditeur au Conseil d'État en 1851, il donna sa démission en 1865. Élu député de Seine-et-Oise en 1869, il fit partie de l'opposition libérale : il fut un des 35 députés qui votèrent contre la guerre. Il fut réélu à l'Assemblée nationale (8 février 1871) et fit partie du Centre gauche. Après la chute de Thiers, il parut se rapprocher de la Droite, avec laquelle il vota souvent, tout en protestant de sa fidélité au régime républicain. Il vota en effet l'amendement Wallon et l'ensemble des lois constitutionnelles. Il échoua aux élections du 20 février 1876, ainsi qu'à celles du 14 octobre 1877, où il se présenta comme candidat du maréchal Mac-Mahon. Il fut élu dans le département du Nord aux élections (scrutin de liste) du 4 octobre 1885, il prit place dans la Droite constitutionnelle. Il échoua aux élections législatives de 1889 et aux élections sénatoriales de 1897. Nommé membre libre de l'Académie des Sciences morales et politiques en 1888, Lefèvre-Pontalis a publié un grand nombre d'ouvrages, parmi lesquels on citera : *la Hollande au XVIIe siècle* (1864); *les Lois et les mœurs électorales en France et en Angleterre* (1864); *Vingt années de république parlementaire; Jean de Witt, grand pensionnaire de Hollande* (1884), ouvrage couronné par l'Académie française et traduit en anglais; une *Notice sur Hippolyte Carnot*, son prédécesseur à l'Institut, des *Conférences, Rapports*, etc. Il fut secrétaire général du Comité antiesclavagiste, fondé par le cardinal Lavigerie. — Une notice sur A. Lefèvre-Pontalis a été rédigée par M. Lefébure, son successeur à l'Académie des Sciences morales et politiques (décembre 1907).

LÉGION ÉTRANGÈRE, corps de troupes composé d'étrangers, créé en France en vertu d'une loi de 1831 qui décidait, en même temps, que ce corps ne pourrait pas être employé sur le territoire métropolitain. La légion fut donc constituée en Algérie. De 1835 à 1839, elle fut mise à la disposition de la régente d'Espagne, Marie-Christine, alors en lutte avec les carlistes. Mais un bataillon de la légion, resté en Algérie, devint, en 1856, le noyau d'un nouveau corps. Après le retour des troupes envoyées en Espagne, la légion comprit deux régiments d'un effectif total de 6000 hommes. Elle se distingua en Algérie et dans les guerres du second Empire. En 1802. elle ne forma plus qu'un seul régiment. qui fit avec éclat la campagne du Mexique. Depuis 1870, la légion. forte de deux régiments, a rendu les plus grands services dans toutes les expéditions coloniales.

LEGOUVÉ (Ernest), écrivain, né à Paris en 1807. mort en 1903, fils de J.-B. Legouvé (Voy. ce nom dans le dictionxaire). obtint, dès 1827. un prix de l'Académie pour son poème sur *la Découverte de l'Imprimerie*. Il composa de nombreuses pièces de théâtre qui lui assurèrent un rang honorable parmi les auteurs dramatiques de son temps : *Louise de Lignerolles* (1838). *Adrienne Lecouvreur*, en collaboration avec Scribe (1849). *Bataille de Dames* (1851), *les Contes de la Reine de Navarre* (1851). *Médéa*, jouée au Théâtre-Italien (1856), *Béatrix* (1861). *Miss Suzanne* (1867). *A deux de jeu* (1868). *les Deux Reines de France*, musique de Gounod (1872). *la Cigale chez les fourmis*, en collaboration avec Labiche (1876). *Une Séparation* (1877), etc. Legouvé publia, en outre. des romans et des ouvrages divers. parmi lesquels on peut citer *Histoire morale des Femmes*, *la Femme en France au xixe siècle*. *L'Art de la lecture*, *Nos Filles et nos fils*, etc. Legouvé fut chargé de la direction des études à l'Ecole normale supérieure de Sèvres, fondée en 1881 par Jules Ferry pour l'enseignement secondaire des jeunes filles. Il a consacré à cette partie de son œuvre un livre intitulé *Dernier Travail, derniers souvenirs* (1898).

LEHOUX (Pierre). peintre, né à Paris en 1844, mort en 1896, fut élève de Cabanel. Adonné surtout à la peinture d'histoire, il a laissé. entre autres œuvres : *Hémon auprès du corps d'Antigone*. 1870: *Bellérophon vainqueur de la Chimère*, 1872 ; *David et Goliath* ; une *Océanide*. 1873. Son tableau de *Saint Laurent* lui valut, en 1874, une médaille de première classe et le prix du Salon. Toutes ces toiles affectent des dimensions que le peintre exagéra encore dans des œuvres postérieures : *Samson*. 1876; *Martyre de saint Etienne*, 1877 ; *les Lutteurs*, 1878; *Baptême du Christ*, 1879, etc. Sa dernière œuvre fut *Adam et Eve*, 1895.

LEIGHTON (Frédéric, lord), peintre anglais, né à Scarborough en 1830, mort en 1896, montra dès l'enfance une ardente vocation artistique. Il étudia la peinture à Rome avec Francesco Meli. entra pour deux ans à l'Académie de Berlin en 1845, séjourna à Florence en 1845 et 1846, puis vécut quelques années à Francfort-sur-le-Mein. où il travailla sous la direction de Steinle, élève d'Overbeck. Dans cette période de sa vie, il peignit de belles œuvres. comme la *Mort de Brunellesco*. *Giotto rencontré par Cimabué*. et surtout, en 1855, *la Madona de Cimabué promenée en triomphe dans les rues de Florence*; ce tableau fut acheté par la reine Victoria. Leighton fut classé désormais parmi les maîtres de l'art. Cependant, il continua à étudier, et vint à Paris, où, pendant quatre ans, il reçut les conseils d'Ary Scheffer et de Robert Fleury. Par la suite, il a peint un très grand nombre d'œuvres, parmi lesquelles on citera : *Michel-Ange soignant son serviteur mourant*. *Orphée et Euridyce*; *David*; *la Mère et l'Enfant*; *la Fiancée de Syracuse*; *Actée*; *St Jérôme*; *le Vieillard et Damas*; *la Leçon de musique*; *Elie dans le désert*; *le Capitaine Burton* (pour l'Exposition universelle de 1878); *la Guerre et la Paix* (musée de Kensington); *la Lumière du Harem*; *Héro et Léandre*, etc. Membre de l'Académie Royale de peinture depuis 1868, Leighton fut élevé à la pairie en 1895.

LEJEUNE (Louis-François. baron). général et peintre. né à Strasbourg en 1775. mort en 1850, servit avec distinction dans les armées sous la Révolution et l'Empire, et fut attaché à l'état-major de Berthier. Il a peint avec talent la plupart des batailles auxquelles il avait assisté.

LEMONNIER (Charles). écrivain, né à Beauvais en 1806, mort en 1891, appartint d'abord à l'école saint-simonienne. Il fonda en 1851 *la Revue*, organe indépendant, dans lequel il s'inspira, tout en gardant son originalité. des doctrines du maître, et où il accueillit des collaborateurs tels que Renouvier et Ch. Lemaire. Il s'appliqua surtout à la propagation de l'idée de la paix universelle, et fut un des organisateurs du Congrès de Genève (1867). d'où sortit la Ligue de la paix. Il publia dans ce but un journal, *les Etats-Unis d'Europe*. Il a publié aussi *Formule d'un traité d'arbitrage entre nations*. 1878: *Du principe de neutralité*. 1882. etc.

LENARTOWICZ Théophile . poète polonais, né à Var-

sovie en 1822. mort en 1893. émigra en 1848. vécut plusieurs années à Paris. et mourut à Florence. La plupart de ses poésies ont été publiées dans la *Biblioteka Warsawska*, et dans les recueils *Szopka* (Breslau, 1849); *Lirenka* Posen, 1851 ; *Nowa Lirenka* (Varsovie, 1859) ; *Poessye* (Posen. 1863), *Album włoskie*, 1865.

LENBACH (Franz von). peintre allemand, né à Schrobenhausen (Haute-Bavière). en 1836. mort à Munich en 1904. fut destiné par son père. qui était maçon, à la carrière d'architecte. Il suivit à cette intention des cours de dessin à Landshut et à Augsbourg. Sa vocation, encouragée par un de ses professeurs, Geyer. l'entraînait vers la peinture, mais ses premiers essais passèrent inaperçus. Il entra dans l'atelier de Piloty (1857), avec lequel il visita Rome. En 1858. il fut appelé à Weimar comme professeur à l'Ecole des beaux-arts, nouvellement créée dans cette ville. Déjà connu comme portraitiste, il fut chargé en 1860, par un amateur, le comte de Schack, de copier en Espagne et en Italie, les œuvres les plus remarquables. De retour à Munich en 1866, il y ouvrit un atelier, fit des séjours à Vienne et visita, en 1875, l'Egypte. la Grèce et l'Italie; puis il rentra à Munich, où il fut nommé professeur honoraire à l'Académie. Il avait exposé en 1867. à Paris, quelques-uns de ses portraits; *le Peintre de Hagn*, *la Baronne Donhoff*, *Heyse*. et. à l'Exposition universelle de 1878, ceux du *Docteur Dœllinger*. du *Baron Liphart*, de *Mlle Hirsch* et de la *Comtesse Wittgenstein*. On cite en outre les portraits du *Prince Bismarck*, son ami personnel. des empereurs *François-Joseph* et *Guillaume Ier*, du *Comte Andrassy*. du *Maréchal de Moltke*. de *Gladstone*, de *Liszt*, de *Richard Wagner*. etc.

LENEPVEU (Jules-Eugène), peintre, né à Angers en 1819, mort en 1898. élève de l'Ecole des Beaux-Arts et grand prix de Rome. a laissé : *les Martyrs aux Catacombes* (musée du Luxembourg) : *le pape Pie IX* ; *la Vierge au Calvaire*, etc. Il est plus connu par ses travaux de décoration dans diverses églises de Paris, au Panthéon et à l'Opéra (*les Heures du Jour et de la Nuit*). Il fut admis, en 1869, à l'Académie des Beaux-Arts, et fut directeur de l'Académie de France à Rome (1872-1878).

LÉON XIII (Joachim Pecci). pape, né à Carpineto, le 2 mars 1810, mort le 20 juillet 1903, était le sixième fils du comte Louis Pecci et d'Anne-Françoise Prosperi. Destiné d'abord à la carrière militaire, il préféra le sacerdoce. Il entra en 1832 à l'Académie des ecclésiastiques nobles. dans laquelle le Saint-Siège recrutait, suivant un ancien usage, le personnel de sa diplomatie. Joachim Pecci garda de ses études un goût très vif pour les humanités, une connaissance approfondie de la théologie et de la scolastique et une grande admiration pour les théologiens du moyen âge, surtout pour saint Thomas et pour le pape Innocent III. Ordonné prêtre en 1837, l'abbé Pecci fut attaché d'abord à l'administration des Etats de l'Eglise: il fut chargé par le pape Grégoire XVI de rétablir l'ordre dans le territoire de Bénévent. qui appartenait au Saint-Siège. Le jeune légat, à la fois énergique et habile, ramena la paix dans ce pays troublé depuis longtemps par les bandes de contrebandiers et de brigands. Légat à Pérouse en 1841. il lutta avec succès contre les sociétés secrètes. hostiles à la domination pontificale. et. par une sage administration, il ramena au Saint-Siège la plus grande partie de la population. En 1843. il fut nommé évêque de Damiette, puis il fut envoyé comme nonce à Bruxelles, où il rendit de grands services aux catholiques et sut gagner la confiance du roi Léopold Ier, qui passait pour hostile à l'Eglise. Au début du pontificat de Pie IX. il fut nommé à l'archevêché de Pérouse. et élevé. en 1853, à la dignité de cardinal. On a prétendu que le cardinal Antonelli (Voy. ce nom) de la dictionnaire . jaloux des talents de Mgr Pecci. le maintint à dessein confiné dans le siège de son diocèse. En 1876, après la mort d'Antonelli, le cardinal Pecci fut chargé des fonctions de camerlingue, qu'il remplissait quand Pie IX mourut (7 février 1878 . Le 20 février suivant, 44 cardinaux. sur 64 qui composaient le conclave, élurent pape le cardinal Pecci, qui prit le nom de Léon XIII. Quelques voix s'étaient portées sur les cardinaux Martinelli et Bilio, mais on a prétendu que ce dernier fut frappé par le *droit d'exclusion* de la France. Vainement le cardinal Pecci avait invoqué son âge ; il avait alors 68 ans et le mauvais état de sa santé. pour se dérober à un honneur qu'il n'ambitionnait pas.

Le gouvernement du nouveau pape, qui devait durer vingt-cinq ans, différa entièrement de celui de Pie IX. Avec le concours des cardinaux Franchi, Nina, et surtout Jacobini et Rampolla, qui furent successivement secrétaires d'État, Léon XIII pratiqua, dans ses rapports avec les gouvernements étrangers, une politique de conciliation. Il tira le Saint-Siège de cette sorte d'isolement dans lequel l'avait placé l'attitude du pape Pie IX. Il s'efforça même de réconcilier l'Église et la société moderne qui semblaient de plus en plus séparées; cette politique d'apaisement était déjà en germe dans deux lettres que le cardinal Pecci avait publiées sur l'Église et la Civilisation (1876-1878). Cependant, dans ses rapports avec le gouvernement italien, il joignit ses protestations à celles de son prédécesseur contre l'abolition du pouvoir temporel, et il maintint la défense faite par Pie IX aux catholiques d'Italie de prendre part aux élections. L'attitude du pape excita la colère de certains hommes d'État italiens, notamment de Crispi (Voy. ce nom dans le SUPPLÉMENT), qui prononça, en 1887, de véhéments discours contre la politique du Saint-Siège. Mais, sans céder sur la question de principe, le pape se montra dans quelques circonstances assez accommodant pour que, dans les derniers temps de son pontificat, une détente se produisit entre le Vatican et le Quirinal. — Il s'efforça d'amener un rapprochement, en France, entre les catholiques et le gouvernement de la République. Mais cette politique de conciliation n'eut pas de succès. — En Allemagne, où Bismarck (Voy. ce nom dans le SUPPLÉMENT) avait voulu, dans la lutte appelée Kulturkampf, soumettre les catholiques à un régime d'exception, l'intervention de Léon XIII fut plus heureuse. Le succès fut, d'ailleurs, facilité par l'habileté des catholiques allemands, dont les représentants au Reichstag, groupés autour de Windthorst, leur chef, finirent par imposer leur alliance au chancelier, qui avait besoin de leurs voix pour être sûr de la majorité. En échange de leur appui en faveur des lois militaires et contre les socialistes, les catholiques obtinrent l'abolition successive des lois de mai, c'est-à-dire de la législation qui, de 1873 à 1875, avait placé l'Église catholique d'Allemagne dans une situation de fâcheuse infériorité. La visite du prince impérial, le futur empereur Frédéric III, au Vatican, en 1885, marqua la fin des hostilités entre l'empire allemand et le Saint-Siège. En 1886, l'accord s'établit entièrement par suite de l'abrogation définitive des lois de mai. L'empereur Guillaume II, à son tour, fit trois visites à Léon XIII (1888, 1895, 1903), et montra par son attitude quel prix il attachait à ses bons rapports avec la papauté. La politique de Guillaume II était inspirée non seulement par la considération des questions relatives à l'Allemagne, mais aussi par le souci d'obtenir du pape, au sujet des Églises d'Orient et d'Extrême-Orient, le droit de protectorat auquel la France paraissait disposée à renoncer. — En Espagne, où le clergé avait été longtemps favorable aux carlistes, Léon XIII s'efforça de rallier les catholiques à la politique monarchiste. Choisi comme arbitre, en 1885, à la suite d'un différend entre l'Allemagne et l'Espagne au sujet des Carolines, le pape se prononça en faveur des Espagnols, et l'Allemagne renonça à ses prétentions injustifiées sur cet archipel. — Le pape montra le même esprit de conciliation dans ses rapports avec les libéraux de Belgique et avec le gouvernement de la Suisse, où les conflits religieux s'apaisèrent et où le nombre des catholiques s'accrut en peu d'années.

On a dit que Léon XIII rêvait de ramener au catholicisme les Églises dissidentes. Il a tracé dans l'encyclique Satis Cognitum un admirable tableau de l'unité de l'Église. Il songea, en effet, à réconcilier la Haute Église d'Angleterre avec le Saint-Siège. Il réorganisa les Églises catholiques de ce pays et de l'Écosse, où la hiérarchie épiscopale fut rétablie. Il s'efforça de ramener la paix, en Irlande, entre les catholiques et le gouvernement. Il reçut, en 1903, la visite du roi Édouard VII. — Il aurait voulu mettre fin au schisme qui, depuis le moyen âge, a séparé de l'Église romaine les catholiques grecs de Russie et d'Orient. Mais il ne put réussir dans cette œuvre si difficile. Le gouvernement russe tira profit cependant des encycliques pontificales qui condamnaient les nihilistes; d'autre part, l'intervention du pape ne fut pas indifférente au sort des catholiques polonais. — En Amérique, il surveilla avec soin les progrès des catholiques qui, aux États-Unis, atteignirent, en 1902, le nombre de près de douze millions; il réorganisa les diocèses américains, qui comptèrent

alors 14 archevêques, 71 évêques et 4 vicaires apostoliques (Voy. ÉTATS-UNIS dans le SUPPLÉMENT): il maintint dans ce clergé, prompt aux innovations, les principes de l'orthodoxie. Au Canada, le nombre des diocèses fut augmenté. Dans l'Afrique du Nord, le pape fonda le siège primatial de Carthage, qui fut confié au cardinal Lavigerie. — De nombreuses missions furent créées pour répandre partout la foi catholique. Très ouvert aux idées modernes, Léon XIII s'intéressa aux questions ouvrières. Il exposa dans l'encyclique Rerum novarum (1891) la doctrine du socialisme chrétien, fondé essentiellement sur la pratique des vertus chrétiennes, surtout de la charité. Il fut un des adversaires les plus décidés de l'esclavage. Mais le pape défendit, d'autre part, le principe d'autorité en condamnant les sociétés révolutionnaires par l'encyclique Immortale Dei (1885), qui fixa les bases sur lesquelles, suivant l'Église, doivent reposer les constitutions des États chrétiens. — Le pape donna une nouvelle consécration aux doctrines orthodoxes en condamnant les mariages purement civils et le divorce. Enfin il combattit avec énergie, mais sans recourir à aucune mesure rigoureuse, les tendances « modernistes » qui se manifestaient, en quelques pays, dans une partie du clergé. — Cf. Boyer d'Agen, Vie de Léon XIII (1900). — Léon XIII eut pour successeur le cardinal Sarto, qui prit le nom de Pie X.

LESCURE (Mathurin de), écrivain, né à Bretenoux (Lot) en 1855, mort en 1892, a publié un grand nombre d'études historiques: les Maîtresses du Régent; les Confessions de l'abbesse de Chelles; le Panthéon révolutionnaire; Jeanne d'Arc; Napoléon et sa famille; Henri IV; François Ier; les Cadets de Gascogne; Mlle de Cagliostro; les Mères illustres; l'Amour sous la Terreur; les Grandes Épousées, etc. On lui doit encore de nombreux mémoires sur la guerre de Vendée, l'émigration, le Comité de Salut public.

LEUCHTEMBERG (Eugène Maximilianovitch Romanowsky, duc de), né à Saint-Pétersbourg en 1847, mort en 1901, général russe, descendait d'Eugène de Beauharnais. Il était le second fils de Maximilien et de la grande-duchesse Marie, fille de l'empereur Nicolas Ier. Il avait épousé morganatiquement, à Florence, en 1869, la princesse Daria Opotchnina, dont il eut une fille, qui est devenue, par son mariage, princesse Kotchoubey. Il épousa en secondes noces, en 1878, la comtesse Skobelef, dont il n'eut pas d'enfants.

LÉVÊQUE (Charles), philosophe, né à Bordeaux en 1818, mort en 1900, fut élève de l'École normale supérieure et de l'École française d'Athènes. Il enseigna la philosophie aux collèges d'Angoulème, de Besançon et de Toulouse, à la Faculté des Lettres de Nancy, à la Sorbonne et au Collège de France. Il fut admis à l'Académie des Sciences morales et politiques en 1865. Il a laissé un important ouvrage d'esthétique, la Science du beau, étudié dans ses principes, ses applications et ses effets, 1860. On citera encore: Études de philosophie grecque et latine, 1864; du Spiritualisme dans l'Art, 1864; la Science de l'Invisible, 1865; les Harmonies providentielles, 1872. etc.

LÉVY (Henri), peintre, né à Nancy en 1840, mort en 1905, fut élève de Cabanel et de Picot; Fromentin exerça aussi sur lui une grande influence. On a de lui, parmi ses œuvres un grand nombre de portraits remarquables, un Couronnement de Charlemagne (Panthéon), les Grands Hommes de la Bourgogne (Dijon), la Mort de Sarpédon (Luxembourg), un Christ au Tombeau, Décollation de Saint Jean-Baptiste, une Salomé, etc.

LEWES (George-Henry), littérateur anglais, né à Londres en 1817, mort en 1878, a donné: deux romans, Ranthorpe, 1847; Rose, Blanche et Violette, 1848; une tragédie, le Noble Cœur, 1848; d'excellentes biographies, dont la meilleure est Vie et Temps de Goethe, 1855 (nouvelle édit., 1875); des ouvrages philosophiques: Histoire biographique de la Philosophie, 1845; Exposition des principes de la philosophie de Comte, 1855; Physiologie de la vie commune, 1870; Problèmes de la Vie et de l'Esprit, 1874-1875; la Base physique de l'Esprit, 1877. Lewes était un ardent disciple de Comte. Il a fondé la Fortnightly Review en 1865. Il fut le mari de George Eliot, et c'est lui qui l'a poussée à écrire ses premières nouvelles.

LICHTEMBERGER (Fréd.-Auguste), théologien protestant

français, né à Strasbourg en 1852, mort en 1899, enseigna la théologie dans sa ville natale. Ardent patriote, il quitta, après la guerre, l'Alsace devenue allemande, fut pasteur à Paris, professeur et doyen de la Faculté de théologie protestante de cette ville. Il a laissé, outre des sermons et des études insérées dans diverses revues, quelques ouvrages remarquables : la *Théologie de Lessing*, et surtout une *Histoire des idées religieuses en Allemagne, depuis le milieu du XVIII° siècle jusqu'à nos jours*, 1875.

LIEBKNECHT (Guillaume), socialiste allemand, né à Giessen (Hesse-Darmstadt) en 1826, mort en 1900, se destina d'abord à l'enseignement, puis se tourna vers le journalisme. Professant des idées avancées, il rêvait, vers 1848, avec Herweg, de fonder la République allemande. En 1849, il prit part au mouvement révolutionnaire de Bade, se réfugia en Suisse, puis en Angleterre, où il se lia avec Marx et Engels. Dans cette période de sa vie, il commença à exercer une grande influence sur les associations ouvrières de Prusse. Revenu en Allemagne à la suite de l'amnistie de 1862, il fut attaché quelque temps à la rédaction de la *Gazette de l'Allemagne du Nord*, qu'il quitta bientôt, quand ce journal fut acheté par Bismarck. Son rôle consista surtout à répandre les doctrines de Karl Marx, à pousser les ouvriers à l'union locale et internationale, enfin à combattre les idées, trop modérées à son gré, de l'école de Lassalle. Expulsé de Prusse en 1865 pour s'être mêlé à l'agitation ouvrière, il se réfugia à Leipzig, où il fonda la *Mitteldeutsche Volkszeitung*, supprimée plus tard par le gouvernement prussien. Il fut élu, en 1867, à Stolberg (Saxe), membre du Parlement de l'Allemagne du Nord, et siégea parmi les démocrates socialistes. Au début de 1868, il fonda, avec Bebel, le *Volksstaat*, journal socialiste, puis dirigea jusqu'en 1878 le *Vorwœrts*. En 1869, au congrès d'Eisenach, il fonda le parti ouvrier démocrate-socialiste, qui se rattachait à l'Internationale. En 1875, il prit une part considérable au Congrès de Gotha, qui décida la fusion des démocrates-socialistes avec l'Association ouvrière des disciples de Lassalle, et qui constitua définitivement le parti socialiste allemand. Adversaire de la politique de Bismarck, il avait combattu la déclaration de guerre en 1870, la proclamation de l'Empire et l'annexion de l'Alsace-Lorraine. Il fit aussi, dans les réunions publiques, l'apologie de la Commune de Paris. Accusé de haute trahison ainsi que Bebel, il fut condamné en 1872, par la cour de Leipzig, à deux ans de forteresse. Il fut réélu au Parlement à Stolberg pendant sa captivité, puis à Mayence (1881-1887), et, après un échec à Stolberg, à Berlin, où il a toujours été réélu (1887-1900), malgré les efforts du gouvernement. Il avait fait partie aussi du Landtag de Saxe, comme député de Leipzig. Il ne cessa pas, pendant ce temps, de combattre les projets de Bismarck, et fut plusieurs fois, pour ce fait, condamné à l'amende et à la prison. Son influence était très grande, même en dehors de l'Allemagne ; elle se manifesta dans les Congrès socialistes des États-Unis (1886) et de Marseille (1892). En Allemagne, il s'éleva, en 1891, contre les tendances des socialistes qui veulent pactiser avec les gouvernements bourgeois pour s'emparer du pouvoir. Et cependant, dans les dernières temps de sa vie, tandis que Bebel poussait les socialistes vers la révolution, Liebknecht fut accusé de favoriser des opinions plus modérées, se bornant à la résistance légale et condamnant toute tentative violente. Très ferme dans ses principes, il n'hésita pas à condamner, en 1899, au congrès de Hanovre, l'attitude d'une partie des socialistes français, et à combattre, malgré Bernstein et Bebel, l'alliance politique des socialistes et des partis bourgeois : 216 voix lui donnèrent tort ; 21 seulement lui restèrent fidèles. Son rôle sembla, dès lors, terminé. Profondément sincère et dévoué à la cause populaire, Liebknecht a été un des ouvriers les plus ardents de l'émancipation du prolétariat en Allemagne. Il a laissé des *Souvenirs*, traduits de l'allemand par J. Prudhomme et Ch. Bertrand (1901).

LI-HOUNG-TCHANG, homme politique chinois, né à Ho-Fei-Shienn (province de Ann-Houei) en 1823, mort en 1901, fut reçu docteur en 1847, nommé rédacteur impérial en 1850 et envoyé en 1853 dans son pays natal pour y commander les troupes. Gouverneur de la province de Thiang-Sin, en 1862, il remporta en 1863 et en 1864 d'éclatantes victoires sur les rebelles. Vice-roi des deux Thiang en mai 1865, ministre plénipotentiaire le 7 dé-

cembre 1866, il devint en 1867 vice-roi de Hou-Kouang, grand chancelier adjoint en 1868, et, l'année suivante, commissaire impérial dans le Tso-Tchuen. Deux mois après le massacre de Tien-Tsin, il fut désigné comme vice-roi de la province de Tche-li (20 août 1870). Il faillit perdre ses titres et dignités pour n'avoir point porté secours au général Leou-Ming-Tchuan vaincu par les rebelles ; mais il fut bientôt nommé grand chancelier de l'Empire par l'empereur Toung-Tchei (1872). Dans ces hautes fonctions, il eut à conclure d'importants traités avec le Japon (1871) et le Pérou (1874) et à régler la question plus délicate des réparations dues à l'Angleterre pour le meurtre d'un agent anglais, M. Margary (septembre 1876). Le ministre de la Grande-Bretagne, sir Th. Wade, n'ayant pu obtenir satisfaction, avait quitté Pékin, et Li-Houng-Tchang dut se rendre incognito à Tche-Fou, au milieu de l'agitation générale, pour négocier la reprise de relations dont la rupture eût été une guerre à bref délai. Dans les années suivantes, Li-Houng-Tchang chercha lui-même à entraîner son pays dans la voie du progrès : c'est ainsi qu'il autorisa l'exploitation par les Européens, pour le compte de la Chine, d'une mine de charbon dans le Tche-li et la création d'une compagnie chinoise de bateaux à vapeur. Il devint le membre le plus puissant du Tsoung-li-yamen ; il fit plusieurs voyages en Europe, où il acheta du matériel de guerre. Il organisa dans la région de Tien-Tsin une armée de trente mille hommes, introduisit en Chine les éléments de l'industrie européenne, établit le télégraphe, fonda une compagnie de bateaux à vapeur, exploita des mines de charbon, construisit des lignes de chemins de fer, fonda les deux ports de guerre de Wei-hai-wei et de Port-Arthur.

LIMNANDER DE NIEUWENHOVEN (Armand-Marie Guislain), compositeur, né à Gand en 1814, mort en 1892, fut élève de Fétis. Il organisa à Malines une *Réunion lyrique* pour laquelle il écrivit un grand nombre de chœurs, donna : à l'Opéra-Comique de Paris, *les Monténégrins*, 1849 ; *le Château de Barbe-Bleue*, 1851 ; *les Blancs et les Bleus*, sur Yonne, 1859 ; à l'Opéra, *les Maîtres Chanteurs*, 1853, devenus plus tard *Maximilien à Francfort*, 1856.

LITTORAL, province ac', dite aussi « Province Maritime », partie de la Sibérie comprise entre la Manche de Tartarie, à l'est, qui la sépare de l'île Sakhaline, et, à l'ouest, le fleuve Amour et son affluent l'Oussouri. — La superficie de cette province est d'environ 610 000 kilomètres carrés. La population, en 1900, était d'environ 200 000 habitants, dont les Russes représentaient 86 pour 100 ; le reste se composait d'indigènes nomades (8 000), de Chinois (15 000), Coréens (18 000), Japonais (5000). Les principales ressources consistent dans les produits de l'agriculture, les forêts, la chasse, la pêche. Quelques mines d'or sont exploitées. Le chef-lieu, Vladivostock, est relié à Khabarovsk par un chemin de fer de 800 kilomètres.

LODGE (Thomas), médecin et poète dramatique anglais, né vers 1555, mort en 1625, a écrit : une satire, *Catharos Diogenes* ; des traductions de Josèphe et de Sénèque ; un récit, *Rosalynde*, 1590, tiré d'un vieux poème, *Gamelyn*, et qui inspira le *Comme il vous plaira* de Shakespeare ; des drames : les *Maux de la guerre civile*, 1594 ; *le Miroir de Londres et de l'Angleterre*, en collaboration avec R. Green.

LŒWY (Maurice), astronome, né à Vienne en 1833, mort à Paris en 1907, fit ses premières études dans sa ville natale et fut attaché à l'Observatoire de Vienne sous la direction de Littrow. Il entra en 1861 à l'Observatoire de Paris en qualité d'astronome adjoint, et devint titulaire en 1896 ; il se fit naturaliser Français la même année. Membre du Bureau des Longitudes en 1872, sous-directeur de l'Observatoire en 1878, il succéda en 1900 à Tisserand dans les fonctions de directeur. Membre de l'Académie des Sciences depuis 1873, Lœwy a laissé sur les étoiles filantes les planètes, etc., des travaux considérables, qui ont été publiés dans les *Annales de l'Observatoire* et les *Comptes rendus de l'Académie des Sciences*. On peut citer parmi les principaux ceux qui concernent la détermination de la différence de longitude entre Paris et Vienne ; c'est à l'occasion de ces recherches que Lœwy établit sa *Table de Longitude* en collaboration avec von Oppolzer. Il perfectionna les procédés d'observation grâce à l'invention de nouvelles méthodes, et construisit l'*équatorial coudé*. Il continua les travaux de l'amiral Mouchez sur la carte du ciel, et publia, en collaboration avec M. Puiseux, un atlas photographique de la lune ; il dirigea à partir de 1884 le recueil *la Connaissance des temps*, dans lequel il introduisit d'importants perfectionnements. Lœwy faisait partie de la Société Royale de Londres et des principales Académies étrangères.

LORENCEZ (Charles-Ferd. LATRILLE, comte de), général, né à Paris en 1814, mort en 1892, élève de Saint-Cyr, servit surtout en Afrique et fut nommé colonel en 1852. Nommé général de brigade en 1855, pour sa valeur à la prise de Malakoff, il fut envoyé ensuite au Mexique, où il fut promu divisionnaire. Il occupa Cordova et Orizaba, mais il échoua devant Puebla, se replia sur Orizaba, et, pendant la retraite, battit les Mexicains à Acultzingo. Il rentra en France après la nomination du général Forey au commandement du corps d'occupation. Il fut mis à la retraite en 1870.

LOS, petit archipel d'origine volcanique, situé sur les côtes de la Guinée Française, à 5 kilomètres environ de Konakry (*Voy.* ce mot dans le supplément), fut occupé en 1446 par les Portugais, qui l'appelèrent *Islas de los Idolos*, d'où le nom actuel. Il se compose de six îles, Tamara, Factory, les deux plus grandes, entre lesquelles se trouve un bon mouillage, Roume, Corail, Blanche, Cabris. Les Anglais s'y installèrent en 1826. Il fut cédé par l'Angleterre à la France par la convention du 8 avril 1904. La population, composée uniquement de noirs, est d'environ 800 habitants.

LOWELL (James RUSSELL), poète américain, né à Cambridge (Massachusetts) en 1819, mort en 1891, succéda à Longfellow comme professeur de langues modernes et de belles-lettres à Harward College. Ses principaux recueils sont : *A year's life*, 1841 ; *Poèmes*, 1844 ; *la Vision de sir Launfal*, 1848 ; *The Biglow papers*, 1848 et 1864, satire poétique sur l'invasion du Mexique, la question de l'esclavage, etc., qui le mit au premier rang des humoristes américains ; *Sous les saules*, 1869 ; *la Cathédrale*, poème épique, 1869. On a aussi de lui plusieurs écrits en prose : *Parmi mes livres*, 1870 ; *les Fenêtres de mon cabinet de travail*, 1871 ; *Conférences sur les poètes anglais*. — Sa femme, née Maria White, 1821-1853, poète de mérite, a inspiré un beau poème de Longfellow, *les Deux Anges*.

LUBBOCK (sir John), naturaliste et homme d'État anglais, né à Londres en 1834, mort en 1907, était le fils de J. W. Lubbock, banquier et savant astronome, mort en 1865. Après de bonnes études à Eton, il prit la direction de la maison de banque. Il entra aux Communes au mois de février 1870, comme député de Maidstone ; il siégea parmi les libéraux. Il fut nommé en 1878 conservateur du British Muséum, puis devint chancelier de l'Université de Londres, qu'il représenta ensuite au Parlement. Il fut aussi vice-président, puis président du Conseil chargé de l'administration de Londres. Il entra plus tard à la Chambre haute sous le nom de lord Avebury. — Membre de la Société royale et d'un grand nombre de sociétés savantes, Lubbock a publié sur les sciences naturelles de nombreux travaux dans lesquels il soutient les théories de Darwin ; plusieurs de ces ouvrages ont été traduits en français. On peut citer parmi les principaux : *les Temps préhistoriques* (1865), traduit en français par Barbier, 1866 ; *les Origines de la civilisation* (trad. en français par Barbier, 1872) ; *Origines et métamorphoses des Insectes* (1874) ; *Flore sauvage de la Grande-Bretagne* (1875) ; *Fleurs, fruits et feuilles* (trad. en fr. par M. Barbier, sous le titre : *Vie des Plantes*, 1889) ; *les Plaisirs de la Vie* (trad. en fr. sous ce titre : *le Bonheur de vivre*, 1896) ; *les Sens chez l'animal* (trad. en fr. sous ce titre : *les Sens et l'instinct chez les animaux*, 1890) ; *Cinquante ans de science*, etc.

LÜBKE (Wilhelm), critique d'art allemand, né à Dortmund en 1826, mort à Carlsruhe en 1893, se fit connaître en 1852 par ses *Préliminaires de l'histoire de l'architecture sacrée au moyen âge*. Il enseigna l'archéologie et l'histoire de l'art au Polytechnicum de Zurich 1861-66, puis à Carlsruhe. Il a publié les *Vieux Poètes de la Suisse*, les *Vieux Vitraux de la Suisse*, etc.

LUCE (Siméon), érudit, né à Bretteville-sur-Ay (Manche) en 1833, mort en 1892, élève de l'École des Chartes, archiviste du département des Deux-Sèvres en 1858, a publié : *Histoire de la Jacquerie*, 1859 ; *Histoire de Bertrand du Guesclin et de son époque*, 1876, ouvrage honoré du prix Gobert ; *Jeanne d'Arc à Domrémy*, 1886 ;

la France pendant la guerre de Cent Ans, 1890. Il a donné : dans la collection des *Anciens Poètes de la France*, le poème inédit de *Gaidon* 1862, in-12 ; pour la Société de l'histoire de France, *Chronique inédite des quatre premiers Valois* (1862, in-8°), *les Chroniques de Froissart* 1869-1888, t. I-VIII, in-8°) ; pour la Société des anciens textes français : *Chronique du Mont-Saint-Michel*, 1343-1468, avec notes et documents divers (1879-1886, t. I-II, in-8. Il fut un des directeurs de la *Bibliothèque de l'École des Chartes*. Il fut élu en 1882 membre de l'Académie des Inscriptions, en remplacement de Littré.

LUMINAIS (Évariste-Vital), peintre, né à Nantes en 1821, mort en 1896, fut élève de Léon Cogniet. Il a laissé de nombreuses toiles : *Siège de Paris par les Normands* ; *la Leçon de plain-chant* ; le *Pèlerinage* ; *Champ de foire* ; *Retour de chasse* Exposition universelle de 1867 ; *Pilleurs de mer* ; *Vedette gauloise* ; *les Gaulois en vue de Rome* ; *Branchout*, 1874 ; *Une chasse sous Dagobert* ; *Mort de Chramm* ; *les Énervés de Jumièges*, 1880 ; *le Dernier Mérovingien* ; *Mort de Chilpéric Ier* ; *Passage de la Meuse par les Francs* ; *Fin de la reine Brunehaut*, etc.

M

MACHARD (Jules), peintre, né à Sampans (Jura) en 1839, mort en 1905, fut élève de Picot et Signol et suivit en outre les cours de l'École des Beaux-Arts. Après avoir débuté au Salon de 1865 par un portrait, il remporta en 1865 le premier prix au concours pour l'École de Rome. On cite parmi ses principales œuvres : *Angélique attachée au rocher* (1868 ; *Narcisse et la Source* 1872 ; *Séléné* (1874) ; *Mlle Rosine Bloch* (1875) ; *Psyché rendue à l'amour* (1876) ; *Passage de Vénus devant le soleil* (1877) ; *le Ravissement de sainte Cécile* (1878) ; *Jeune Femme au capulet*, la *Visitation*, pour l'église Notre-Dame de la Croix, à Paris (1880) ; *la Princesse Alexandra Troubetzkoï* 1884) ; *Tête d'étude* (1885) ; *Nadicja* 1887 ; *Garden party* (1892) ; *le Rêve d'Éros*, etc. Il a laissé en projet des œuvres considérables. *l'Amour et la Mort*, *la Roche désespérée*, *Frontière*, sujet qu'avait inspiré l'ardent patriotisme de l'artiste. Il a peint quatre cents portraits, dont beaucoup restent des œuvres fort remarquables.

MACKENZIE (Sir MORELL), médecin anglais, né dans le comté d'Essex en 1837, mort en 1892, étudia la médecine à Londres, à Paris et à Vienne, et se fit connaître dès 1865 par ses travaux sur les maladies du larynx. Il a laissé un grand nombre d'études sur la diphtérie, les maladies de la gorge et du nez, la voix dans le chant et dans le langage parlé, etc. Chargé de soigner l'empereur Frédéric III à San-Remo, puis à Berlin, il eut de vifs démêlés avec les médecins allemands, notamment avec le docteur Bergmann. Il publia en 1888 un ouvrage qui eut un grand retentissement, *la Maladie de Frédéric le Noble*.

MAC-KINLEY (William), président des États-Unis, né à Niles (Ohio) en 1845, mort à Buffalo le 14 septembre 1901, acheva ses études à l'Alleghany College. Il combattit dans les rangs des Nordistes pendant la guerre de Sécession, et devint capitaine, puis major. Il exerça, à partir de 1867, la profession d'avocat à Canton (Ohio). Membre du parti républicain, il fut élu député en 1876. En 1890, président du comité des voies et moyens, sorte de commission des finances, il fut le promoteur des tarifs douaniers protectionnistes auxquels son nom resta attaché. Battu aux élections de 1890, il fut nommé gouverneur de l'Ohio ; il continua à combattre le président Cleveland et les démocrates, qui avaient triomphé dans ces élections. Le 5 novembre 1896, la Convention nationale élut à la présidence de l'Union, comme candidat des républicains, par 271 voix contre 176, qui se portèrent sur le nom de Bryan, candidat des démocrates, il prit possession du pouvoir le 4 mars 1897. La présidence de Mac-Kinley fut marquée à l'intérieur par l'abolition de la loi Sherman, qui obligeait le gouvernement américain à frapper chaque année une quantité déterminée de dollars d'argent ; par l'adoption de l'étalon d'or ; par la promulgation de tarifs douaniers protectionnistes proposés par M. Dingley 1897). À l'extérieur, les États-Unis furent poussés vers une politique nettement impérialiste, contre laquelle les démocrates avaient inutilement protesté. L'annexion des îles Hawaï fut proclamée (12 août 1898). La convention de Washington (2 décembre 1899), au sujet des îles Samoa, attribua aux Américains l'île Toutouïla avec le port de Pago-Pago. Mais l'affaire la plut grave fut la guerre qui éclata entre les États-Unis es l'Espagne (18 avril 1898), causée par la complication des événements cubains, prétextée par un attentat des Espagnols contre un navire américain. Cette guerre fut marquée par les victoires des Américains à Santiago de Cuba, à San-Juan de Porto-Rico, à Manille (juillet-août 1898). Les préliminaires de la paix, signés à Washington (12 août 1898), aboutirent à la conclusion du traité de Paris (10 décembre 1898). L'Espagne abandonna Cuba, qui fut proclamée indépendante, et céda aux Américains Porto-Rico, les Philippines et l'île Guam (Mariannes). Mais les vainqueurs durent commencer une lutte difficile contre les habitants des Philippines, soulevés par le patriote Aguinaldo. Cette politique agressive obligea les États-Unis à augmenter considérablement leur armée de terre et leur marine. — Mac-Kinley fut aussi en conflit avec l'Angleterre au sujet du Venezuela, que le gouvernement de Washington voulait protéger, et avec le Canada, au sujet de la délimitation du Klondike. Le 5 février 1900, un traité dit de Hay-Pauncefote, signé entre les États-Unis et l'Angleterre au sujet du canal de Panama, proclama la neutralisation du canal et l'égalité des droits des deux pays, mais les États-Unis se réservèrent la faculté d'assurer la défense du canal en temps de guerre. — Aux élections de novembre 1900, Mac-Kinley fut réélu par 292 voix contre 155, attribuées à Bryan. Mais, peu de temps après cette élection, pendant une cérémonie publique à Buffalo, il fut frappé d'un coup de poignard par un anarchiste appelé Czolgosz; il mourut le 14 septembre 1901. Cette mort brusque arrêta une évolution qui commençait à se produire dans les idées de Mac-Kinley en faveur de doctrines économiques plus libérales. Il fut remplacé à la tête de l'Union par le vice-président Roosevelt.

MAC-MAHON (Marie-Edme-Patrice-Maurice de), duc de MAGENTA, maréchal de France, deuxième président de la République française, né à Sully (Saône-et-Loire) en 1808, mort en 1893, descendait d'une ancienne famille catholique irlandaise qui s'attacha à la destinée des Stuarts. Fils d'un pair de France, qui fut un des amis personnels de Charles X. Il fut reçu, en 1825, à l'École militaire de Saint-Cyr, et entra dans le corps d'état-major. Capitaine en décembre 1833, il se signala en Afrique par plusieurs actions d'éclat, notamment, en 1837, à l'assaut de Constantine. Colonel en 1845, général de brigade en 1848, il devint, en 1852, général de division. Rappelé à Paris en 1855, il servit en Crimée dans le corps du maréchal Bosquet. Lors de l'assaut donné, le 8 septembre, à Sébastopol, il enleva brillamment les ouvrages de Malakoff, qui étaient la clef de cette place. À la suite de ce beau fait d'armes, il fut nommé grand-croix de la Légion d'honneur (22 septembre 1855), puis sénateur (24 juin 1856). Commandant en chef des forces de terre et de mer en Algérie en 1857, il fut appelé dès le commencement de la guerre d'Italie (25 avril 1859), au commandement du deuxième corps de l'armée des Alpes; il prit une part signalée à la victoire de Magenta (4 juin) et fut nommé duc de Magenta et maréchal de France. Il prit ensuite le commandement du 5e corps d'armée. en remplacement du maréchal Canrobert (14 octobre 1802), et, par décret du 1er septembre 1864, fut nommé gouverneur général de l'Algérie. Après la formation du ministère Ollivier, il donna une première fois sa démission, au mois de mars 1870; il l'offrit de nouveau au commencement de juin, mais le conseil des ministres la refusa. — Au moment de la déclaration de guerre à la Prusse (juillet), le maréchal fut rappelé en France et mis à la tête du 1er corps d'armée, réuni à Strasbourg. Le 4 août, il poussa vers Wissembourg, sous les ordres du général Abel Douai, une troupe de 5000 fantassins et de quelques escadrons. Cette force insuffisante fut écrasée par les Allemands, et le général Douai fut tué. Le maréchal reçut alors le commandement en chef des trois autres corps (5e, de Failly, et 7e, Félix Douai) qui étaient chargés, avec le 1er, de la défense de l'Alsace; mais il n'appela à lui qu'une faible partie de ces deux corps d'armée. Le 6 août, ayant concentré sous ses ordres à peine 46 000 hommes, il livra à

126 000 Allemands, soutenus par une formidable artillerie de 500 pièces, une grande bataille entre Wœrth, Reichshoffen et Freschwiller. Il fut battu par le prince royal de Prusse, et obligé d'abandonner la ligne des Vosges. Il se replia sur Châlons. Là, il organisa une armée forte d'environ 130 000 hommes. Son dessein était de lutter contre les Allemands dans les plaines de la Champagne. Mais les ordres formels du gouvernement de l'Impératrice régente l'obligèrent à se porter à la rencontre de Bazaine, qui, de son côté, restait inactif à Metz. Il s'avança lentement vers la Meuse; le 30 août, le 5e corps fut surpris et battu à Beaumont. Le 31, l'armée tout entière se concentra, sur la rive droite de la rivière, autour de Sedan. Pendant ce temps, le prince royal avait quitté les vallées de l'Aube et de la Marne, et s'était porté à marches forcées sur Sedan et Mézières. Le 31 août, l'armée allemande, composée de huit corps d'armée, formant ensemble plus de 200 000 hommes, entoura et attaqua l'armée française, réunissant à peine 124 000 combattants. Le 1er septembre, vers six heures du matin, le maréchal de Mac-Mahon fut dangereusement blessé à la cuisse par un éclat d'obus, et remit le commandement en chef au général Ducrot. Mais le général de Wimpffen, récemment arrivé d'Algérie, et désigné par le ministre de la guerre pour le commandement éventuel de l'armée, fit valoir ses droits, prit la direction de l'armée et essaya de percer du côté de Carignan. Dans l'intervalle, l'empereur Napoléon, dont le quartier général était à Sedan, fit arborer le drapeau parlementaire. La capitulation sans condition de l'empereur et de l'armée française fut signée par le général de Wimpffen. Le roi de Prusse autorisa alors le maréchal de Mac-Mahon à se faire transporter à Pourru-aux-Bois, d'où il alla rejoindre plus tard ses soldats en Allemagne.

Après la signature des préliminaires de paix, le maréchal revint en France. Mis en avril à la tête de l'armée reconstituée autour de Versailles, il fut chargé d'enlever Paris aux bataillons de la Commune. Le 28 mai, il était maître de la capitale, après une lutte terrible. Après la retraite de M. Thiers, bien qu'il se fût tenu à l'écart de la politique, le maréchal fut élu, dans la séance de nuit du 24 mai 1873, président de la République; sur 500 voix sur 392 votants : la Gauche tout entière s'était abstenue. Le gouvernement, dirigé par M. de Broglie (Fog. ce nom), chef du cabinet, se montra résolument conservateur. Mais le maréchal se refusa toujours à appuyer les projets de restauration des légitimistes. L'Assemblée le maintint pour sept ans au pouvoir par la loi dite du Septennat, voté par 378 voix contre 310 (19 novembre 1873). Elle prescrivit, en outre, l'élection d'une commission de trente membres chargée de l'examen des lois constitutionnelles. Le 16 mai 1874, le ministère de Broglie fit place au cabinet de Cissey-Fourtou, qui continua la même politique en accentuant les procédés répressifs de l'administration. À la proposition du rétablissement de la monarchie, déposée par le duc de la Rochefoucauld-Bisaccia et quelques-uns de ses collègues, le maréchal répondit, le 9 juillet, par un message dans lequel il réclamait avec une nouvelle énergie « des institutions régulières propres à assurer au pays le calme, la sécurité, l'apaisement ». Il tint le même langage dans une proclamation aux troupes qu'il avait passées en revue le 30 juin, les invitant à maintenir partout, de concert avec lui, « l'autorité de la loi et le respect qui lui est dû ». Le 10 juillet, le ministère fut reconstitué : M. de Chabaud-Latour remplaça M. de Fourtou, et M. Mathieu-Bodet M. Magne. Pendant les vacances parlementaires, le maréchal parcourut les départements de l'Anjou, de la Bretagne et du Nord, et fut partout accueilli avec plus de déférence que d'enthousiasme. Dans les derniers jours de décembre, le maréchal réunit à l'Élysée les membres influents de la Droite et du Centre gauche, et leur demanda s'il était possible de former dans l'Assemblée une majorité pour voter les lois constitutionnelles. L'entente ne parvint pas à s'établir entre ces représentants des diverses fractions, et le président s'adressa, mais sans succès, à l'Assemblée elle-même, pour l'inviter à discuter la loi sur la création du Sénat, « institution qui paraissait réclamer le plus impérieusement les intérêts conservateurs ». Enfin, le 21 janvier 1875, la loi sur les pouvoirs publics fut mise en délibération, et elle fut votée par 425 suffrages contre 254, le 25 février. La République était dès lors le gouvernement légal de la France. Le maréchal, acceptant la démission du cabinet de Cissey, appela à la présidence M. Buffet

(11 mars). qui, au lieu de modifier la politique intérieure de ses prédécesseurs, en aggrava encore les procédés, refusant de réprimer les menées bonapartistes, et accablant la presse républicaine de poursuites. Le pays se prononça contre cette politique aux élections du 20 février 1876, qui envoyèrent au Palais-Bourbon 356 républicains contre 184 monarchistes; M. Buffet et les principaux chefs des partis monarchistes n'avaient pas été élus. Le maréchal s'inclina devant la volonté nationale : il chargea M. Dufaure de reconstituer le cabinet dans lequel, depuis le 24 mai 1875, fut admis l'élément républicain, représenté par M. Ricard, et, après la mort de celui-ci, par M. de Marcère. La situation fut d'ailleurs rendue très difficile à ces ministres par les répugnances du maréchal pour une politique nettement républicaine, et par la résistance du Sénat, formé, depuis le 30 janvier 1876, de 151 monarchistes contre 149 républicains. M. Dufaure se retira, lassé de ces difficultés journalières, et Jules Simon lui succéda (12 décembre 1876). Mais, le 16 mai 1877, après une lettre anticonstitutionnelle du maréchal, Jules Simon se retira à son tour. MM. de Broglie, de Fourtou, Brunet, Paris, Caillaux et de Meaux furent appelés aussitôt à constituer un cabinet dans lequel furent seuls maintenus le général Berthaut et le duc Decazes. Après une prorogation de la Chambre pour un mois, un ordre du jour de défiance et de blâme fut voté par une majorité de 363 députés : le Président obtint du Sénat la dissolution de la Chambre. Dans cette nouvelle période de crises, signalée par un double effort de compression administrative et de résistance légale, la personnalité du maréchal, jusque-là hors de cause, fut dès lors engagée. Gambetta, chef reconnu du parti républicain, disait que le maréchal devait « se démettre ou se soumettre ». Compromis avec la Droite, il put voir combien sa popularité était diminuée, dans ses voyages à Bourges, à Évreux, à Caen, à Cherbourg, Bordeaux, Périgueux, Ribérac, Angoulême, Poitiers, Tours, etc. Rentré à Paris, il signa le décret de convocation pour les élections générales, et adressa en même temps au peuple français un manifeste contresigné par M. de Fourtou (19 septembre). Dans ce document célèbre, on lisait : « On vous dit que je veux renverser la République : vous ne le croirez pas... Des élections favorables à ma politique faciliteront la marche régulière du gouvernement existant.... Quant à moi, mon devoir grandirait avec le péril.... Je resterai pour défendre, avec l'appui du Sénat, les intérêts conservateurs, et pour protéger énergiquement les fonctionnaires qui, dans un moment difficile, ne se sont pas laissé intimider par de vaines menaces. » Cette intervention officielle aboutit, le 14 octobre, à une déception. Malgré la lutte ouverte de l'administration contre les 363 et leurs adhérents, l'opposition obtint une majorité de 115 voix. Le cabinet de Broglie-Fourtou n'en resta pas moins aux affaires. Les réélections des Conseils généraux le mirent encore une fois en minorité (4 novembre). A sa rentrée, la Chambre élut une commission chargée de constater les abus de pouvoir du ministère, et celui-ci chercha encore dans le Sénat un dernier appui. Mais, abandonné par la fraction du groupe des constitutionnels, le cabinet du 16 Mai dut enfin se retirer (19 novembre). Le maréchal, qui avait, sans résultat, quelques jours auparavant, cherché les éléments d'un cabinet dans le Centre droit, se résolut à former, sous la présidence du général de Rochebouët, un ministère extra-parlementaire (23 novembre), qui fut repoussé, dès le lendemain, par un ordre du jour. La situation était des plus critiques. Un moment, Mac-Mahon songea à donner sa démission : mais, sur les instances de MM. d'Audiffret-Pasquier, Rocher, J. Grévy, appelés tour à tour auprès de lui, il se résigna, le 13 décembre, à demander à M. Dufaure de constituer un cabinet pris dans les rangs de la majorité. Dès le lendemain, celui-ci présenta aux Chambres un message où il était dit : « Les élections du 14 octobre ont affirmé une fois de plus la confiance du pays dans les institutions républicaines.... L'intérêt du pays exige que la crise que nous traversons soit apaisée. Il exige avec non moins de force qu'elle ne se renouvelle plus. L'exercice du droit de dissolution n'est en effet qu'un mode de consultation suprême auprès d'un juge sans appel, et ne saurait être érigé en système de gouvernement. J'ai un devoir user de ce droit, et je me conforme à la réponse du pays.... L'accord établi entre le Sénat et la Chambre des députés, assuré désormais d'arriver régulièrement au terme de

son mandat, permettra d'achever les grands travaux législatifs que l'intérêt public réclame. » Dès lors, le maréchal se renferma dans la stricte limite de son pouvoir. Il ne reprit la parole publiquement que le 1er mai 1878, jour de l'ouverture de l'Exposition universelle. Dans ce discours, qu'il finit à rédiger lui-même, après avoir énuméré les avantages matériels et moraux dont la France avait le droit d'être fière, il l'invitait, « en souvenir de ses malheurs, à maintenir et à développer l'esprit de concorde, le respect absolu des lois, l'amour ardent et désintéressé de la patrie ». Le 5 janvier 1879, les élections pour le renouvellement triennal du Sénat donnèrent aussi dans cette assemblée la majorité à la Gauche. Trois semaines plus tard, le maréchal saisit le prétexte d'un dissentiment avec ses ministres, sur le projet de loi concernant les grands commandements militaires, pour donner sa démission (30 janvier). Le même jour, M. Grévy (voy. ce nom) fut proclamé par le Congrès président de la République. Le maréchal rentra dans la vie privée. Il fut respecté dans sa retraite, comme il le méritait, par ses anciens adversaires. Il consacra ses dernières années à écrire ses Mémoires. La France lui fit d'obsèques nationales. Il fut enseveli aux Invalides.

MADIER DE MONTJAU (Noël-François-Alfred), avocat et homme politique, né à Nîmes en 1814, mort à Chatou en 1892. Inscrit au barreau de Paris en 1858, il se fit connaître en plaidant des causes politiques. Il prit une part active à la révolution de 1848. Après les journées de juin, il défendit un grand nombre d'insurgés et plaida plusieurs fois pour le journal le Peuple. Élu représentant à l'Assemblée législative par le département de Saône-et-Loire, en mars 1850, il vit son élection annulée; mais il fut réélu et vota constamment avec la Gauche. Lors du coup d'État du 2 décembre 1851, il prit part aux tentatives de résistance, et fut un des plus empressés à déclarer le président de la République coupable de trahison et à signer sa mise hors la loi. Il fut expulsé de France par le décret du 9 janvier 1852 et s'établit en Belgique. Aux élections de mai 1869, il refusa avec éclat la candidature au Corps législatif qui lui était offerte dans le Gard. Élu sur les listes républicaines de Paris aux élections du 8 février 1871 pour l'Assemblée nationale, il ne fut pas élu, mais il rentra dans la vie politique grâce à une élection partielle dans la Drôme (1874); il siégea à l'extrême gauche. Il refusa de voter les lois constitutionnelles de 1875 comme n'étant pas assez franchement républicaines. Il fut élu député de Valence (1876), et prit une part active à l'opposition faite aux monarchistes. Il fut réélu le 14 octobre 1877. Membre du comité des Dix-Huit, nommé par la nouvelle majorité, pour exercer une étroite surveillance sur le pouvoir, il appuya le projet d'une commission d'enquête sur les actes du gouvernement au 16 mai. Au mois de janvier 1879, il prit la parole pour soutenir une interpellation adressée au cabinet Dufaure et réclamer, après les élections sénatoriales du 5 janvier, une application plus complète des principes démocratiques. Élu de nouveau à Valence en 1881, il fit partie du groupe de la Gauche, soutint le projet de loi ayant pour objet d'accorder des pensions aux victimes du coup d'État, et celui qui tendait à interdire toute fonction publique aux membres des familles ayant régné en France; il demanda la suppression du budget des cultes et de l'ambassade de France près le Vatican. Aux élections du 4 octobre 1885, porté sur la liste républicaine unique du département de la Drôme, il s'engagea en outre, dans un certain nombre de départements, dans la lutte contre les républicains modérés, en formant des listes radicales en tête desquelles il inscrivit son nom. La division qu'il jeta dans le parti rép. facilita le succès de la liste monarchiste, qui passa tout entière au premier tour de scrutin. Élu dans le Gard et dans la Drôme, il opta pour ce département. Questeur de la Chambre depuis 1880, il renonça à ces fonctions en 1888, à la suite des bruyants avec la presse. Il fut élu député de Montélimar en 1889. Une surdité presque complète l'empêchant de prendre une part active aux débats de la Chambre. Toutefois, à la suite de l'élection du général Boulanger à Paris, il monta à la tribune pour réclamer contre le boulangisme les plus énergiques moyens de répression (31 janvier 1889). Dans les dernières années de sa vie, il ne joua plus qu'un rôle secondaire à la Chambre.

MADRAZO (don Federico ou MADRAZO Y KUNT), peintre espagnol, né à Rome, en 1815, mort en 1896, ... qui ses premières leçons de son père, peintre, mort en 1850. Il étudia à Paris dans l'atelier de Winterhalter. Nommé peintre de la cour de Madrid, il fut directeur de l'Académie des Beaux-Arts. Il peignit un grand nombre de portraits et de toiles diverses qui le placent au premier rang des peintres espagnols contemporains. On peut citer parmi ses œuvres : *Godefroy proclamé roi de Jérusalem*, au musée de Versailles (1851); *Marie Christine en costume de religieuse au chevet de Ferdinand VII* (1843); *la reine Isabelle*; *la duchesse de Medina-Cœli*; *la comtesse de Vilchès* (1845-1847 ; *le roi don Francisco*; *les duchesses d'Albe, de Séville*; *Mazarredo*; *Ventura de la Vega*; *P. de Madrazo*, etc. Madrazo fut élu en 1873 associé étranger de l'Académie des Beaux-Arts de Paris.

MAGGESI (Daniel), statuaire, né à Carrare en 1807, naturalisé Français et mort à Bordeaux en 1892, dirigea pendant longtemps l'école de sculpture de cette ville. On cite de lui le *Tombeau du cardinal de Cheverus*, dans la cathédrale de Saint-André ; les statues de *Montaigne* et de *Montesquieu*, sur les Quinconces, etc.

MAKHAROV (Ivan), amiral russe, né en 1848, se distingua dans la mer Noire pendant la guerre contre les Turcs en 1877. On lui doit plusieurs inventions utilisées à bord des navires de guerre, un bateau brise-lames, etc. Appelé, au début de la guerre russo-japonaise, au commandement de la flotte de Port-Arthur, il tint tête énergiquement à l'ennemi ; mais il périt le 13 avril 1904, à bord du *Petropawlosk*, vaisseau-amiral, qui sauta avec 600 hommes.

MALARTIC (Ambroise DE MAURÈS, vicomte DE), né à Montauban en 1737, lieutenant au régiment de Vermandois en 1755, maréchal de camp en 1791, fut maire de la Rochelle de 1783 à 1788, puis député aux États généraux. Il émigra et mourut à Hombourg (1796). Il a laissé un *Journal de sa députation*. Sa biographie a été écrite par son arrière-petit-neveu, comte de Malartic, 1892.

MALLARMÉ (Stéphane), écrivain, né à Paris en 1842, mort en 1898, fit d'abord partie du groupe des Parnassiens qu'il ne tarda pas à quitter. Voulant à tout prix réformer la poésie, pour laquelle il rêvait une sorte de langue sacrée, il publia des œuvres qui, pleines d'innovations hardies au point de vue de la langue et de la prosodie, et imprégnées d'un symbolisme souvent obscur, étonnèrent le grand public plutôt qu'elles ne le séduisirent. On citera, parmi ses œuvres poétiques : *Hérodiade*, *l'Après-midi d'un faune*, *Prose pour les Esseintes*, *les Fenêtres*, *Automne*, *le Guignon*, etc. Il a composé aussi des poèmes en prose, comme *le Phénomène futur*, et publié des articles réunis sous le titre de *Divagations*, où il expose ses théories (1897). Il a publié, en 1885, une traduction des poèmes d'Edgar Poë, et, en 1893, *Vathek*, roman de Beckford, avec une préface.

MALON (Benoît), écrivain socialiste, né à Précieux dans le Forez en 1841, mort en 1893, était d'abord ouvrier teinturier. Venu à Paris en 1865, il fut avec M. Tolain un des fondateurs de l'Internationale. Il participa aux tentatives révolutionnaires de 1867 à 1869. Emprisonné pour sa participation à la grève du Creusot (février 1870), il fut délivré par la révolution du 4 Septembre, mais il se po-a un adversaire du gouvernement de la Défense nationale. Député à l'Assemblée nationale, il fut ensuite membre de la Commune. Proscrit, il se réfugia à Genève, à Palerme, puis à Milan, d'où il fut expulsé en janvier 1876. Il rentra en France après l'amnistie, fut un des actifs collaborateurs du journal *l'Intransigeant*, fonda la *Revue socialiste*, et devint, en 1889, rédacteur en chef de *l'Égalité*. On cite parmi ses ouvrages : *la Troisième défaite du prolétariat français* (Genève, 1872), signé Malon de l'Internationale ; *Histoire critique de l'économie politique*, *la Question sociale* (Lugano, 1876) ; *Histoire du socialisme depuis les temps les plus reculés jusqu'à nos jours* (Ibid., 1879) ; *Manuel d'économie sociale* (1885) ; *la Morale sociale* (1887) ; *le Socialisme intégral*, comprenant : *Histoire des théories et des tendances générales, et des Réformes possibles et des moyens pratiques* (1890-1891) ; sans compter un certain nombre d'écrits de même ordre, mais de moindre étendue. Il a composé un roman historique, *Spartacus ou la Guerre des esclaves* (Verviers, 1877). Il a, en outre, traduit de l'allemand *Capital et travail*, de Ferdinand Lassalle, 1889, et *la Quintessence du socialisme*, du professeur Albert Schæffle (1886).

MALOT (Hector), écrivain, né à La Bouille (Seine-Inférieure) en 1830, mort en 1907, était le fils d'un notaire

qui le destinait à la magistrature. Il fit son droit et travailla dans une étude ; mais entraîné par ses goûts, il s'adonna uniquement à la littérature. En 1859, il commença une série de romans : *les Victimes d'amour*. Parmi ses nombreux ouvrages on peut citer : *Une Bonne Affaire* (1870) ; *Un Curé de province* (1872) ; *Un Mariage sous le second Empire* (1873) ; *l'Auberge du monde* (1875-1876) ; *Sans Famille* (1878), couronné par l'Académie française ; *le Docteur Claude* (1877) ; *Une Femme d'argent* (1881 ; *les Millions honteux* (1882) ; *le Lieutenant Bonnet* (1885) ; *Sang-Bleu* (1885) ; *Zyte* (1880) ; *Séduction* (1887) ; *Mariage riche* (1889) ; *Mère* (1890) ; *les Aventures de Romain Kalbris* (1869), roman pour les enfants, etc.

MANDCHOURIE (*Voy.* ce mot dans le DICTIONNAIRE), vaste province de l'empire chinois, comprenant 942 000 kilomètres carrés de superficie et peuplée d'environ 7 500 000 habitants. Les Russes avaient songé vers 1900 à imposer à ce pays une sorte de protectorat ; ils s'étaient établis à Port-Arthur et à Dalny (*Voy.* ces mots dans le SUPPLÉMENT) et s'étaient fait concéder la construction et l'exploitation des chemins de fer. A la suite de ses victoires sur les armées russes, le Japon (*Voy.* ce mot dans le SUPPLÉMENT) obligea la Russie à évacuer la Mandchourie et proclama l'intégrité du territoire chinois. L'article 8 du traité de Portsmouth prévoyait, d'ailleurs, des arrangements particuliers entre le Japon et la Russie au sujet de l'exploitation des chemins de fer de la Mandchourie. Ces arrangements furent arrêtés par une convention du mois d'août 1907. En réalité, les Japonais sont les maîtres à Dalny (Daïren) ; ils ont la garde du chemin de fer au nord jusqu'à Kouang Tchang-tse, point où commence la partie du réseau mandchou placée sous le contrôle des Russes. Ils dirigent les postes et les télégraphes et ont la haute main sur les voies ferrées. En fait, ils exercent actuellement (1908) sur la Mandchourie méridionale un véritable protectorat, contre lequel la Chine a élevé de protestations jusqu'ici inutiles.

MANITOBA, province du Dominion du Canada, qui fut désignée primitivement sous le nom d'Établissement de la Rivière Rouge. Elle entra dans le Dominion, sous son nom actuel, en 1870. Sa superficie est de 195 517 kilomètres carrés et la population de 360 500 habitants (1906). La capitale est Winnipeg. — Climat froid et sain. Sol fertile et propice à la culture des céréales. Gisements de charbon, d'or dans la partie orientale de la province, de fer dans les îles du lac Winipeg. — Le Manitoba est administré par un lieutenant gouverneur nommé par le gouverneur général du Dominion. Il a une Assemblée législative composée de quarante membres élus pour quatre ans.

MANNING (Henri-Édouard), cardinal anglais, né à Totteridge (Hertford) en 1808, mort en 1892, fils d'un marchand qui était de religion anglicane, étudia la théologie à Oxford, dans un temps où l'on se préoccupait beaucoup des idées de Newman et de Pusey. Devenu archidiacre du diocèse anglican de Chichester, il se rallia officiellement aux idées de Pusey et de Newman, puis il se convertit au catholicisme (1851), et alla passer trois ans à Rome, d'où il revint docteur de l'Académie ecclésiastique. En 1865, il succéda au cardinal Wiseman sur le siège archiépiscopal de Westminster et reçut le titre de primat d'Angleterre. Au concile de 1870, il soutint la cause de l'infaillibilité pontificale, et fut promu cardinal en 1875. Dans ses dernières années, il manifesta des doctrines socialistes, et devint très populaire parmi les ouvriers. On cite parmi ses ouvrages : *la Souveraineté temporelle des papes*, 1860 ; *les Dernières Gloires du Saint-Siège, plus grandes que les premières*, 1861 ; *Sermons*, 1865 ; *Angleterre et Chrétienté*, 1867 ; *l'Irlande*, 1868 ; *le Concile du Vatican et ses définitions*, 1870 ; *Césarisme et Ultramontanisme*, 1872 ; *Histoire du Concile*, 1872 ; *les Décrets du Vatican*, 1872 ; *la Question ouvrière et sociale*, 1892, etc. Plein d'ardeur pour la propagande catholique, Mgr Manning a introduit en Angleterre l'ordre des oblats de Saint-Charles Borromée, auquel il appartenait, les Frères des écoles chrétiennes, les Sœurs de Sion, et fondé à Londres une université catholique (1874). — *Cf.* F. de Pressensé, *le Cardinal Manning*, Paris, 1897.

MANUEL (Eugène), universitaire et écrivain, né en 1823, mort en 1901, élève de l'École normale supérieure en 1845, professa la littérature aux lycées Charlemagne et

MAP · 2166 · MAROC

Saint-Louis, au collège Rollin et au lycée Henri IV, et devint inspecteur général de l'instruction publique. Poète, il composa des pièces d'un charme discret, célébrant d'un ton modeste et ému les joies et les tristesses du foyer domestique : *Pages intimes, Poèmes populaires*. Pendant la guerre, poésies inspirées par le patriotisme le plus élevé ; *En voyage, Poésies de l'École et du Foyer*. Il fit jouer à la Comédie-Française, *les Ouvriers* (1870 et *l'Absent* (1875).

MAP (Walter), écrivain, né dans le pays de Galles vers 1143, mort vers 1200, étudia à Paris, puis vécut à la cour de Henri II. Envoyé au concile de Latran 1179, il se montra partisan d'une réforme du clergé, fut fait à son retour chanoine de Saint-Paul, puis archevêque d'Oxford (1196). On a de lui : des poèmes latins sur la corruption des prêtres, sous forme de confessions d'un certain archevêque Golias, qui se glorifie de ses vices ; le *De Nugis curialium*, anecdotes sur les courtisans de Henri II. Il a ajouté au cycle du roi Arthur *l'Histoire de Lancelot du Lac, la Recherche du Saint Graal et la Mort d'Arthur*.

MARESCHAL (Georges), chirurgien, né à Gravelines en 1658, était fils d'un gentilhomme irlandais que des revers de fortune avaient contraint à se faire aubergiste. Il vint à Paris en 1677 et servit comme garçon chez un barbier-chirurgien appelé Le Breton. Il fut ensuite employé à l'hôpital de la Charité, dans des conditions qui lui permirent d'être admis sans examen et sans frais dans la confrérie des maîtres barbiers-chirurgiens de Paris (1691). Il devint alors chirurgien de la Charité. Quelques opérations heureusement réussies le firent connaître. En 1696, il fut appelé auprès de Louis XIV, atteint d'anthrax, et fut nommé, peu de temps après, premier chirurgien du roi, après la mort de Félix. Sa réputation comme lithotomiste était devenue universelle et s'était encore accrue après une opération qui avait guéri de la pierre le vieux médecin Fagon. Introduit à la cour, il s'y montra, selon l'expression de Saint-Simon, « droit franc et vrai », et il conquit la confiance du roi. En 1706, il acheta une charge de maître d'hôtel. En 1707, il fut anobli et devint seigneur de Bièvre. Après la mort du duc et de la duchesse de Bourgogne (1712), il défendit courageusement le duc d'Orléans contre l'accusation d'empoisonnement qui avait été lancée contre lui. Après la mort de Louis XIV, il veilla avec le plus grand soin sur l'enfance maladive de Louis XV. Devenu le doyen de la confrérie, il fonda avec La Peyronie l'Académie de chirurgie. Dès 1691, il avait, de concert avec ses collègues, fait construire près du couvent des Cordeliers un amphithéâtre pour l'enseignement de la chirurgie (aujourd'hui École des arts décoratifs, rue de l'École de médecine). Mareschal mourut en 1736. On peut le considérer comme un des fondateurs de la science chirurgicale française. — Cf. G. *Mareschal, Seigneur de Bièvre*, par le comte G. Mareschal de Bièvre, 1906, et un article de M. A. Hallays dans le *Journal des Débats* (31 août 1906).

MARIANNES (Îles). Archipel de l'Océanie (Voy. Mariannes dans le DICTIONNAIRE), fut acheté par l'Allemagne à l'Espagne, en 1899, en même temps que les Carolines, moyennant une somme de 25 millions de pesetas. L'île Guam, la principale des Mariannes, avait été cédée aux États-Unis, en vertu du traité de Paris (1898). Le chef-lieu des îles allemandes est Saipan. Population : environ 2000 habitants.

MARIE, reine de Hanovre. Voy. SAXE-ALTENBURG dans le SUPPLÉMENT.

MARIS (Jacob), peintre hollandais, né en 1858, mort en 1899, fut élève de Keyser à Anvers et d'Hébert à Paris. Il a peint des portraits, des marines, des scènes d'intérieur et surtout des paysages, qui lui ont valu la réputation d'un maître. On cite, parmi ses meilleures œuvres : *Moulins au bord d'un canal ; Vue d'une ville* (musée d'Amsterdam) ; *Vue sur l'Y ; Paysage hollandais ; l'Arrivée des pêcheurs*, etc.

MARMIER (Xavier), écrivain, né à Pontarlier en 1809, mort en 1892, visita vers 1830 une partie de l'Europe, devint en 1839 professeur de littérature étrangère à la Faculté de Rennes, et, en 1841, bibliothécaire au ministère de l'Instruction publique. Il parcourut alors les régions du Nord, la Russie, l'Orient, l'Amérique, fut, à son retour, nommé conservateur de la bibliothèque Sainte-Geneviève et historiographe de la marine. Il fut élu en mai 1870 à l'Académie

française. Outre un grand nombre d'articles publiés dans les Revues, il a laissé des *Études sur Goethe ; Lettres sur l'Islande ; Histoire de la littérature en Danemark et en Suède ; Lettres sur la Russie, la Finlande et la Pologne ; les Fiancés du Spitzberg*, etc.

MAROC (Voy. ce mot dans le DICTIONNAIRE). — D'après les statistiques les plus récentes, la superficie de ce pays serait d'environ 580000 kilomètres carrés, et la population de 5 à 8 millions d'habitants, Berbères, Arabes, Touareg, Juifs, etc. — Au XIXe siècle, le Maroc eut à soutenir des guerres contre les étrangers : le sultan Moulaï Abd er Rhaman (1822-1859) fut battu par Bugeaud sur l'Isly 1844 et signa avec la France le traité de Tanger 1844 et la convention de Lalla-Marnia (1845), qui fixa la frontière de l'Algérie et du Maroc. Sidi Mohamed (1859-1875), successeur d'Abd er Rhaman, eut à lutter contre l'Espagne, qui prit Tétouan (1860), restitua cette place, mais garda Santa-Cruz de Mar Pequena. Des troubles graves, causés surtout par la famine éclatèrent en 1867 et 1868 dans ce pays, qui a été de tous temps déchiré par les guerres civiles. Moulaï Hassan (1873-1894) eut des relations pacifiques avec les puissances européennes : il se conforma aux traités de 1844 et 1856 qui ouvraient quelques ports marocains et concédaient des avantages commerciaux aux Français et aux Anglais. En 1890, il signa un traité de commerce avec l'Allemagne. Dans le même temps, un certain nombre de tribus se soulevèrent, exaspérées par la lourdeur des impôts : en 1892, les Anghérines osèrent même assiéger Tanger. L'année suivante, le sultan fut obligé de payer à l'Espagne une indemnité de 20 millions de francs, à la suite d'attaques dirigées par les Kabyles contre le poste espagnol de Melilla. Le successeur de Moulaï Hassan, le sultan Abd el Aziz fut, dès ses débuts (1894), suspect à son peuple, qui l'accusait de s'entourer trop volontiers de chrétiens, tels que l'écossais Mac-Lean, et d'adopter trop facilement les usages européens. Des soulèvements éclatèrent de toutes parts ; un des plus graves eut lieu dans les montagnes du Riff, où les troupes du Maghzen eurent à faire une expédition difficile (1898). En 1905, un agitateur, Bou Hamara, jeta le plus grand désordre dans une partie du pays. Des chefs de brigands, dont le plus célèbre fut Raïssouli, organisèrent de véritables bandes qui enlevèrent des étrangers (arrestation de M. Perdicaris, 1906, etc.). Ces troubles étaient fort préjudiciables à la sécurité de notre frontière algérienne. Dès 1900, la France, qui avait prêté des sommes d'argent assez considérables à Abd el Aziz, négocia avec ce prince pour être chargée du rétablissement de l'ordre au Maroc. A la suite de la mission Revoil (1900), une ambassade marocaine fut envoyée à Paris à cet effet (1901) ; un accord de 1902 autorisa la France à entretenir une mission militaire chargée de réorganiser les forces marocaines. Par la conventions d'avril 1904, l'Angleterre reconnut à la France « le droit de veiller à la tranquillité du Maroc » et s'engagea à ne pas entraver son action dans ce pays. Une mission française, dirigée par M. Saint-René Taillandier, fut chargée d'élaborer avec le sultan un plan de réformes administratives, financières et militaires (1905). Mais, brusquement, l'Allemagne intervint dans nos rapports avec le Maghzen. L'empereur Guillaume II se rendit à Tanger (31 mars-avril 1905) et déclara que le Maroc n'avait pas besoin de réformes immédiates. La question marocaine prit alors une gravité exceptionnelle, et une rupture faillit éclater entre la France et l'Allemagne. Bien que la France, par sa situation en Algérie, ait des intérêts considérables au Maroc, et qu'elle tienne le premier rang dans le commerce de ce pays (près de 45 millions d'affaires en 1906, contre 21 1 2 pour l'Angleterre, 7 pour l'Allemagne, près de 4 pour l'Espagne, etc., le gouvernement allemand s'opposait à toute intervention directe de la France dans les affaires marocaines. Une conférence internationale, réunie à Algésiras, rétablit un certain calme et aboutit à un arrangement dont les points principaux furent : la fixation de mesures destinées à empêcher la contrebande, l'organisation par la France et par l'Espagne de forces de police dans huit ports, la création d'une banque d'État dont la France aurait trois parts sur quatre, l'acceptation par toutes les puissances de la politique dite de la porte ouverte, la reconnaissance par toutes de l'indépendance du sultan et de l'intégrité du territoire marocain. A la suite de la conférence, comme la France et l'Espagne commençaient l'organisation de la police, des troubles graves éclatèrent à Casablanca, où des Européens furent massacrés (1907). Le 5 août, des marins français débarquèrent et occupèrent la ville, malgré la résistance des Marocains, qui voulaient détruire le quartier européen. Depuis cette époque la France a dû entretenir autour de Casablanca des forces, qui sont incessamment augmentées, pour tenir en respect les tribus en armes. En même temps, il fallut, au Nord-Est du Maroc, occuper Oudja et envoyer des colonnes dans le pays montagneux des Beni-Snassen, qui menaçaient la frontière algérienne. Ces opérations militaires ont augmenté le désordre habituel de ce pays. Au mois de janvier 1908, un frère du sultan, Moulai Hafid, s'est fait proclamer à Fez. Le Maroc tout entier est dans un désordre inexprimable.

MARSHALL (îles). Cet archipel océanien (*Voy.* MARSHALL dans le DICTIONNAIRE), se compose de 333 îles, dont la principale, Jaluit, fut occupée par les Allemands en 1885. La superficie de l'archipel est de 440 kilomètres carrés, la population de 15 000 indigènes polynésiens et de 77 blancs (1907). — Le principal produit est le coprah. L'archipel est exploité par la « Compagnie de Jaluit », dont le siège est à Hambourg. — L'archipel est administré simplement par un *Landeshauptmann*, assisté d'un secrétaire et d'un médecin.

MARSTON (John), poète dramatique anglais, mort en 1634, appartenait au groupe de Ben Jonson. Ses meilleures pièces sont le *Mécontent*, comédie (vers 1605, et *Antonio et Mellida*, tragédie, 1602. Il fut quelque temps brouillé avec Jonson, qui l'avait ridiculisé dans *The Poetaster*; il répliqua en écrivant avec Dekker *Satiromastix*. Mais les deux adversaires se réconcilièrent et écrivirent avec Chapman une comédie, *Eastward Hoe*. On doit encore à Marston plusieurs volumes de satires.

MARTIN (Louis), général des jésuites, né à Burgos en 1846, mort en 1907, entra dans la Compagnie en 1864 et fut nommé profès en 1881. Dès 1878, il fut recteur de l'université de Salamanque. Provincial des jésuites pour l'Espagne, il fut élu général en 1892 à la mort du P. Anderledy (*Voy.* ce nom dans le SUPPLÉMENT). Il s'installa à Rome, que le général des jésuites avait quittée en 1871, pour se fixer à Fiesole. Auprès de lui étaient fixés onze frères lais et quatorze pères. Cinq remplissaient l'office d'assistants, sortes de ministres, pour la France, l'Italie, l'Espagne, l'Allemagne et l'Angleterre; les autres étaient des sortes de secrétaires généraux de la Compagnie. En 1907, celle-ci comptait plus de 17 000 membres.

MARTINEAU (Harriet), femme de lettres anglaise, née à Norwich en 1802, morte en 1876, d'une famille française émigrée à la révocation de l'édit de Nantes, embrassa les doctrines démocratiques et socialistes, qu'elle mit en action dans ses nouvelles et romans : *Illustrations of Political Economy; Taxation and Poor Laws*, 1832-34; *l'Heure de l'Homme*, 1840, etc. On lui doit encore : *la Société en Amérique*, 1837; *la Vie en Orient*, 1848; *l'Histoire de la paix de Trente Ans* (1816-1846), 1850; etc. — Cf. *Autobiography et Souvenirs* publiés par Chapman, 1877.

MARTINEZ CAMPOS (don Arsenio), maréchal espagnol, né en 1834, mort en 1900, servit comme lieutenant d'état-major dans la campagne du Maroc (1859), puis à Cuba (1864-1870). Général de brigade en 1870, il combattit les carlistes, mais il fut destitué et emprisonné en 1873, pour avoir refusé d'adhérer à la République, après l'abdication de Victor-Amédée Ier. Il écrivit au ministre de la guerre pour demander à combattre les carlistes comme simple soldat, fut remis en liberté et chargé du commandement d'une division de l'armée du Nord. Il concourut brillamment à la délivrance de Bilbao (avril-mai 1874). Partisan d'une restauration monarchique, il conspira contre le gouvernement du maréchal Serrano, et, d'accord avec le maréchal Jovellar, fit le pronunciamiento de Sagonte, qui donna la couronne à Alphonse XII (29 décembre 1874). Nommé capitaine général de la Catalogne, il pacifia ce pays et termina la guerre civile en écrasant les carlistes à Peña de Plata (mars 1876). Nommé, en récompense, capitaine général d'armée (maréchal), il fut envoyé dans l'île de Cuba insurgée, se montra conciliant autant qu'énergique, et établit la paix par la capitulation de Zanjon (1878). Il essaya, peu après, comme président du Conseil en Espagne, de réaliser les promesses qu'il avait faites aux Cubains; mais il ne put y parvenir et céda la place à Canovas del Castillo (1879). Il passa alors dans l'opposition, devint le chef de la droite libérale, fut ministre de la guerre dans les cabinets Sagasta de 1881 et 1885, et président du Sénat. Commandant en chef de l'armée du Nord (1884), capitaine général de la Nouvelle-Castille (1888), il fut envoyé à Cuba en 1896, mais il ne put ni arrêter l'insurrection ni faire prévaloir les mesures de conciliation. Il vécut depuis dans la retraite.

MAS-LATRIE (Louis DE), paléographe, né à Castelnaudary, en 1815, mort en 1897, a publié : *Chronique historique des papes, des conciles généraux et des conciles des Gaules et de France*, 1857-1861; *Archevêchés, évêchés et monastères de France sous les trois dynasties*, 1857; *Dictionnaire de statistique religieuse*, 1851; *Histoire de l'île de Chypre sous les Lusignan*, 1852-1861; *Traités de paix et de commerce concernant les relations des chrétiens avec les Arabes de l'Afrique septentrionale au moyen âge*, 1868-1875; *Du droit de marque et du droit de représailles au moyen âge*, 1867; *Des travaux sur l'île de Chypre*, 1879-1882; *Trésor de chronologie, d'histoire et de géographie*, 1889, etc. On lui doit aussi des éditions de la *Chronique d'Ernoul* et de la *Prise d'Alexandrie* de Guillaume de Machant. Il a été un des principaux collaborateurs de la collection des *Historiens des Croisades*. Professeur à l'École des Chartes, il fut admis à l'Académie des Inscriptions et Belles-lettres en 1885.

MATEJKO (Jean-Aloys), peintre polonais, né à Cracovie en 1838, mort en 1893, étudia à l'école des Beaux-Arts de sa ville natale, puis à Munich et à Vienne. On cite, parmi ses meilleurs tableaux : *Charles-Gustave, au tombeau de Ladislas Lokietek dans la cathédrale de Wawel*; *Sigismond III octroyant le privilège de la noblesse aux professeurs de l'Académie de Cracovie*; *l'Empoisonnement de Bonne, reine de Pologne*; *Jean Casimir à Bidlany, se préparant à défendre Cracovie*; *l'Union de Lublin*; *Étienne Bathory devant Pskov*; *la Bataille de Grünwald*; *le Duc de Prusse, Albert, feudataire de la Pologne, prêtant serment de fidélité au roi Sigismond*. On doit à cet artiste, indépendamment de ses grands tableaux historiques, une série de vous planches in-folio, en tailledouce, consacrées aux transformations du costume polonais, depuis l'an 1200 jusqu'en 1795. Matejko avait été élu, en 1873, correspondant de l'Académie des Beaux-Arts de Paris, et, en 1874, associé étranger, en remplacement de Kaulbach.

MATHILDE (princesse). *Voy.* NAPOLÉON dans le SUPPLÉMENT.

MAUNOIR (Charles), géographe français, ancien élève de l'École centrale, directeur des Archives géographiques du ministère de la guerre, né à Poggibonsi (Toscane) en 1850, mort en 1901, fut secrétaire général de la Société de géographie, au développement de laquelle il contribua avec une grande activité. Il publia de nombreuses études dans les publications géographiques; succéda à Vivien de Saint-Martin dans la direction de l'*Année géographique*, et composa des *Rapports annuels* qui constituent des documents importants pour l'histoire du mouvement géographique contemporain.

MAUPASSANT (Guy DE), littérateur, né au château de Miromesnil, près de Dieppe, en 1850, mort en 1893, acheva ses études au lycée de Rouen. Il fut l'élève et l'ami de Flaubert. Il débuta par un volume de poésies, *Des Vers*; mais il renonça bientôt à ce genre, et ce fut comme prosateur qu'il s'illustra. *Boule de Suif*, nouvelle insérée dans le recueil intitulé *les Soirées de Médan*, (*Voy.* ZOLA dans le SUPPLÉMENT), commença la réputation de Guy de Maupassant. Il publia ensuite : *Une Vie, Bel-Ami, Mont-Oriol, Pierre et Jean, Fort comme la mort, Notre Cœur*, etc. Mais ce qui assura le plus sûrement sa réputation, ce furent les nombreuses nouvelles qu'il fit paraître d'abord dans divers périodiques, et qu'ensuite il réunit en des volumes qui, pour la plupart, portent comme titre général le titre de l'une d'entre elles : *la Maison Tellier, Mlle Fifi, les Sœurs Rondoli, Monsieur Parent, Toine*, etc. Au théâtre, Guy de Maupassant a donné *Musotte* (en collaboration avec M. Jacques Normand, Gymnase, 1890) et *la Paix du ménage*, Comédie-Française, 1892. Un monument lui a été élevé à Rouen (1900). Une édition complète des œuvres de Maupassant a été commencée en 1907. Elle est précédée d'une importante étude de M. Pol Neveux sur l'œuvre de ce remarquable écrivain.

MAURITANIE, grande division territoriale de la colonie

française de l'Afrique Occidentale (*Voy.* ces mots dans le SUPPLÉMENT). Ces pays, placés sur la rive droite du fleuve Sénégal, et habités par les Maures Trarzas, Douaïchs, Bracknas, etc., furent d'abord placés, pour une partie, sous le protectorat français. A partir de 1902, une organisation plus précise leur fut donnée. Un décret du 12 mai 1905 les érigea en colonie, subdivisée en cercles, rattachée à l'Afrique Occidentale, mais dotée d'un budget spécial et administrée par un commissaire du gouvernement, qui fut M. Coppolani. Celui-ci plaça les Trarzas sous l'autorité de la France (1903). L'année suivante il s'efforça d'amener à l'obéissance les Douaïchs et les Bracknas. Mais il fut tué par des Maures à Tijikja (12 mai 1905). Depuis ce temps, une certaine agitation règne dans le pays.

MAURY (Alfred), archéologue, né à Meaux en 1817, mort en 1892, sous-bibliothécaire de l'Institut en 1844, se fit connaître par des études sur les *Forêts de la Gaule* et les *Religions de la Grèce antique*. Il fut admis en 1857 à l'Académie des Inscriptions. Il collabora à la *Vie de César* de Napoléon III, et fut nommé en 1862 à la chaire d'histoire et de morale au Collège de France. Il fut chargé aussi de la direction des Archives nationales. Il a laissé, entre autres ouvrages, le *Sommeil et les Rêves*; les *Croyances et légendes dans l'Antiquité*; un *Inventaire des Archives nationales*, etc.

MAXIMOVITCH (Charles), botaniste russe né en 1827, mort en 1891, a laissé de nombreux travaux sur la flore orientale : *Végétation des pays de l'Amour*; *Primiciæ floræ amurensis*; *Esquisses de la végétation de l'Asie Orientale*, surtout du Japon, de la Mandchourie, etc.

MAZADE (Charles DE), écrivain, né à Castelsarrasin en 1821, mort en 1893, se fit connaître à Paris en 1841 par sa publication d'un volume d'*Odes*. De 1846 jusqu'à sa mort, il écrivit dans la *Revue des Deux Mondes* des chroniques politiques. On cite parmi ses ouvrages : l'*Espagne moderne*, 1855; les *Révolutions de l'Espagne contemporaine*; l'*Italie moderne*; l'*Italie et les Italiens*. *Récits des guerres et des révolutions italiennes*, 1860. Il a encore publié : la *Pologne contemporaine*, récits et portraits de la Révolution polonaise, 1863; *Nouveaux récits de guerre*, 1864; *Deux femmes de la Révolution*, 1866; *Lamartine, sa vie littéraire et politique*, 1872; la *Guerre de France*, 1875; des biographies : le *Comte de Cavour*, 1877; le *Comte de Serre*, 1879; une série d'articles sur M. Thiers, 1880; *Un Chancelier d'ancien régime*, le *Règne de M. de Metternich*; une préface aux *Mémoires du comte Adam Czartoryski*, etc. M. de Mazade remplaça, en 1882, M. de Champagny à l'Académie française.

MEIGNAN (Guillaume-René), cardinal français, né à Dénazé (Mayenne) en 1817, mort en 1896, fut ordonné prêtre en 1840. Il compléta ses études par des voyages, notamment en Allemagne, où il se lia avec l'abbé Döllinger, mais sans partager ses doctrines. Directeur des études au séminaire de Notre-Dame-des-Champs, l'abbé Meignan, remarqué par Mgr Darboy, devint aumônier de la Légion d'honneur, professeur en Sorbonne, vicaire général de Paris en 1863, évêque de Châlons en 1864. Transféré à Arras en 1882, il fut promu au siège archiépiscopal de Tours en 1884, puis à la dignité de cardinal. Il a laissé sur les *Prophéties messianiques* d'importantes études, auxquelles il a travaillé jusqu'au moment de sa mort. On a encore de lui : *M. Renan réfuté par les rationalistes allemands*, 1863; les *Évangiles et la critique au XIXe siècle*, 1864; la *Crise religieuse en Angleterre et en France*, 1864; les *Deux premiers livres des Rois*, 1878; *Léon XIII, pacificateur*, 1880; les *Prophètes d'Israël*, 1894; l'*Ancien Testament dans ses rapports avec le Nouveau et la critique moderne*, 1895, etc. — Cf. M. l'abbé H. Boissonnot, le *Cardinal Meignan*, Paris, 1899.

MEILHAC (Henri), auteur dramatique, né à Paris en 1831, mort en 1897, donna, en 1855, ses deux premières œuvres au Palais-Royal, *Garde-toi, je me garde* et *Satania*. Depuis, il a composé un très grand nombre de pièces, tantôt seul, comme la *Sarabande*, le *Copiste*, l'*Autographe*, 1859; l'*Étincelle*, 1861; la *Vertu de Célimène*, 1861; tantôt en collaboration, surtout avec M. Ludovic Halévy, dont le nom devint bientôt inséparable du sien. On citera parmi les pièces ainsi composées : les *Brebis de Panurge*, le *Brésilien*, le *Train de minuit*, la *Belle Hélène*, *Barbe Bleue*, la *Vie parisienne*, la *Grande-Duchesse de Gérolstein*, *Fanny Lear*, la *Périchole*, *Froufrou*, les *Brigands*, *Tricoche et Cacolet*, le *Réveillon*, la *Boule*,

les *Sonnettes*, le *Roi Candaule*, l'*Été de la Saint-Martin*, *Toto chez Toto*, la *Petite Marquise*, la *Cigale*, le *Mari de la Débutante*, le *Petit Duc*, les *Charbonniers*, *Carmen*, etc. Avec d'autres collaborateurs, Meilhac fit jouer l'*Échéance*, les *Curieuses*, la *Pénitente*, *Manon Lescaut*, *Rip*, *Mam'selle Nitouche*, *Pepa*, *Panurge*, etc. Parmi les dernières pièces qu'il composa seul, on citera *Décoré*, qui obtint un grand succès en 1888, et *Margot* (1890). Meilhac fut admis en 1890 à l'Académie française, en remplacement de Labiche.

MENABREA (Louis-Frédéric, marquis DE VALDORA, comte), général et diplomate italien, né à Chambéry en 1809, mort en 1896, servit d'abord dans l'artillerie sarde, et professa la mécanique et les mathématiques à l'école d'application de Turin. Il s'occupait aussi de politique. Député de St-Jean-de-Maurienne au parlement de Turin, il se montra d'abord libéral, et collabora au journal *Concordia*; ensuite il s'attacha au parti conservateur et religieux. Il se distingua comme colonel du génie dans les campagnes de 1848-1849, et comme commandant en chef du génie, en 1859. Après la cession de la Savoie à la France, le général Menabrea opta pour le Piémont. Il força la place de Gaëte, où s'était réfugié François II, à capituler, et fut nommé lieutenant-général et sénateur. Ministre de la marine (1861-1862) dans le ministère Ricasoli, il développa le port de la Spezia. Il fut ensuite ministre des travaux publics dans le cabinet Farini. En 1864, il fut un des principaux promoteurs de la Convention de septembre. En 1866, il prit une part active aux négociations finales avec l'Autriche. En 1867, il succéda à M. Rattazzi comme président du conseil, mais il dut bientôt se retirer, pour avoir déclaré, dans un mémorable discours, que l'unité de l'Italie n'exigeait pas une Rome française au pape. Il resta cependant au pouvoir, sur la demande expresse de Victor-Emmanuel, jusqu'à la fin de 1868. Depuis cette époque, il représenta le royaume d'Italie à Londres (1876) et à Paris (1882).

MENANT (Joachim), orientaliste, né à Cherbourg en 1820, mort en 1899, remplit des fonctions dans la magistrature, tout en s'adonnant aux études orientales. On citera parmi ses travaux : *Recueil d'alphabet des écritures cunéiformes*, 1860; *Éléments d'épigraphie assyrienne*, 1860-1864; *Inscriptions assyriennes des briques de Babylone*, 1860; *Exposé des éléments de la grammaire assyrienne*, 1868; *Zoroastre*, 1844, 1875; les *Achéménides et les inscriptions de la Perse*, 1872; le *Syllabaire assyrien*, 1873; *Annales des rois d'Assyrie*, 1874; *Babylone et la Chaldée*, 1875; *Documents juridiques de l'Assyrie et de Chaldée*, 1877; les *Cylindres orientaux*, 1879; *Manuel de la langue assyrienne*, 1880; les *Pierres gravées de la Haute-Asie*, 1883-1885; les *Langues perdues de la Perse et de l'Assyrie*, 1885-1886; etc. Il était membre libre de l'Académie des Inscriptions et Belles-lettres.

MÉNARD (Louis), écrivain, né à Paris en 1822, mort en 1901, publia, en 1843, sous le pseudonyme de L. de Senneville, une traduction en vers de *Prométhée délivré*, et, en 1849, une histoire des récents événements, intitulée : *Prologue d'une révolution : février-juin, 1848*. Il obtint le grade de docteur ès lettres avec une thèse française sur la *Morale avant les Philosophes*, et publia, en 1863, une curieuse étude sur le *Polythéisme hellénique*. On cite encore de lui un recueil de *Poèmes* (1855, 1865); les *Rêveries d'un païen mystique* (1876, 1886); la traduction des livres d'*Hermès Trismégiste*, (1866); *Histoire des anciens peuples de l'Orient* (1882); *Histoire des Israélites d'après l'exégèse biblique* (1883); *Histoire des Grecs*, (1884-1886), etc.

MENZEL (Adolphe), peintre et lithographe allemand, né à Breslau en 1815, mort en 1905, reçut d'abord une éducation littéraire et scientifique très soignée, puis suivit les cours de l'Académie de Berlin, quand son père eut fondé dans cette ville un atelier de lithographie. Mais, s'accommodant du conseil, avec les entraves classiques, il n'eut guère d'autre maître que lui-même. En 1833, il fit paraître une série de lithographies : *Pérégrinations d'un artiste*, qui furent très remarquées. Il donna, trois ans après, douze lithographies empruntées à l'histoire prussienne et une série d'autres planches, notamment les *Cinq sens*. Il aborda la peinture à l'huile qu'en 1827. Son premier tableau de genre fut *une consultation de droit*; vinrent ensuite le *Jour du jugement*, une *Promenade de Frédéric le Grand*, le *Dérangement*. En même temps il donnait à un grand nombre d'ouvrages ou de recueils périodiques une foule d'illustrations. souvent satiriques. Il consacra son talent surtout à populariser l'histoire de Frédéric le Grand. Les lithographies qu'elle lui a fournies forment une grande série qui a occupé près de quinze ans de la vie de l'artiste, et qui comprend : *l'Histoire de Frédéric le Grand*, *l'Armée de Frédéric le Grand en uniformes*, *les Soldats de Frédéric le Grand*, *les Capitaines de Frédéric le Grand*; il a, en outre, illustré l'édition de luxe des *Œuvres* de ce monarque. Il exécuta aussi quelques grandes toiles historiques : *Frédéric le Grand à Sans-Souci*; *Un concert à Sans-Souci*; *Frédéric le Grand en voyage*; *Frédéric le Grand dans la nuit de Hochkirch*. On peut citer parmi ses autres œuvres : *Jardin des Tuileries*, *le dimanche*; *les Rues de Paris dans la semaine*; *Départ du roi Guillaume pour l'armée*; *les Cyclopes modernes*: *Intérieur d'église*; *Moines dans la sacristie*, aquarelle; *Entre deux danses*; *le Repos interrompu*, aquarelle; *la Forge*, etc. On citera encore une série lithographique de Menzel, intitulée : *Essais sur la pierre au pinceau et au grattoir* (Berlin, 1851). En avril 1885 fut ouverte, à Paris, une exposition spéciale des ouvrages de Menzel : avec *la Forge*, on y vit, entre autres : *le Marché de Péronne*, œuvre importante, et un grand nombre de ses dessins et aquarelles, jusque-là peu connus en France. En Allemagne, il était considéré comme le chef de l'école de peinture contemporaine.

MERMILLOD (Gaspard), cardinal suisse, né à Carouge en 1824, mort en 1892, fit ses études au collège des Jésuites de Fribourg (Suisse), fut ordonné prêtre en 1847, et se fit bientôt connaître à Genève comme prédicateur. Il fonda *l'Observateur catholique*, journal politique, et devint, en 1864, vicaire général de Genève, et évêque *in partibus* d'Hébron. Nommé ensuite par le pape Pie IX délégat avec attributions épiscopales, il eut à soutenir contre le canton de Genève, qui refusait de reconnaître ses titres, une lutte qui fut marquée par l'expulsion de l'évêque (1873); elle se termina en 1883, quand Mgr Mermillod fut nommé évêque de Lausanne et Genève, résidant à Fribourg, le pape ayant consenti à supprimer le vicariat général de Genève. Mgr Mermillod, dans son séjour en France (1873-1883), s'était fait remarquer par d'éloquentes prédications. Il fut créé cardinal en 1890. Sa biographie a été écrite par M. G. Félix. Paris. 1895.

MEUNIER (Constantin), statuaire, né à Etterbeck, près de Bruxelles, en 1831, mort en 1905, était le fils d'un receveur des contributions. Il reçut d'abord des leçons de dessin d'un de ses parents, Jean-Baptiste Meunier, graveur de mérite. Il entra dans l'atelier du statuaire Fraikin, mais celui-ci exerça si peu d'influence sur Meunier, que le jeune artiste s'adonna à la peinture et s'enthousiasma pour les peintres italiens et espagnols. De cette époque de sa vie et de séjours à Venise et en Espagne datent un *Christ* (musée de Bruxelles), des *Cigarières*, des *Muletiers*, œuvres de second ordre. Il fut mieux inspiré dans la peinture des mineurs et des forgerons, qu'il apprit à connaître dans un voyage effectué avec Camille Lemonnier à travers les mines de Belgique. Il revint alors à la sculpture et reproduisit en bronze des types d'ouvriers du fer et du charbon. Son art, plein de force et de simplicité, présente de grandes analogies avec celui de Millet. Ses œuvres, très recherchées en France et en Allemagne, lui assurèrent une légitime popularité. Ses derniers travaux furent un monument à Emile Zola, en collaboration avec M. Charpentier, et une *Glorification du Travail*, restée inachevée.

MEURICE (Paul), écrivain et auteur dramatique, né à Paris, en 1820, mort en 1905, fit de brillantes études au collège Charlemagne et commença son droit; mais dès 1842, il fit représenter à l'Odéon *Falstaff*, d'après Shakespeare, en trois actes, en vers, avec Th. Gautier et Vacquerie. Il donna au même théâtre ce dernier : *le Capitaine Paroles* (1843), en un acte, en vers, aussi d'après Shakespeare, puis une imitation de l'*Antigone* de Sophocle, qui fut un événement littéraire. En 1847, il signa, avec Alexandre Dumas, une traduction en cinq actes, en vers, de l'*Hamlet* de Shakespeare, représentée avec succès au Théâtre-Historique, et collabora, sans signer, à plusieurs romans du même auteur : *Ascanio*, *Amaury*, *les Deux Diane*, etc. En août 1848, Paul Meu-

rice, dévoué aux idées démocratiques et à la personne de Victor Hugo, devint rédacteur en chef de *l'Événement*, journal fondé par le poète: en 1851, il fut condamné, comme gérant, à neuf mois de prison, pour un article de Charles-Victor Hugo sur la peine de mort. En 1869, il prit aussi part à la fondation et à la rédaction d'un nouveau journal, *le Rappel*, créé sous les auspices de Victor Hugo. Il y fit particulièrement la critique littéraire et théâtrale. C'est lui que Victor Hugo chargea de diriger la publication de l'édition définitive de ses *Œuvres* (1880-1885, 46 vol. in-8). Paul Meurice a donné au théâtre un grand nombre de pièces : *Benvenuto Cellini* (1852), drame en cinq actes, spécialement écrit pour l'acteur Mélingue; *Schamyl* (1855); *Paris* (1855); *l'Avocat des pauvres* (1856), *Fanfan la Tulipe*, *le Maître d'école*, *le Roi de Bohême et ses sept châteaux*, *les Beaux Messieurs de Bois-Doré*, en collaboration avec George Sand; *François les Bas-Bleus*; *le Drac*, pièce fantastique, avec George Sand (1864); *la Vie nouvelle*, comédie en quatre actes (Odéon, 1867); *Cadio* tableau de la guerre de Vendée (1868), avec George Sand; *la Brésilienne*, drame en cinq actes (1878); *Notre-Dame de Paris*, le roman de Victor Hugo (1879); *Quatre-vingt-Treize*, drame en cinq actes (1881); *le Songe d'une nuit d'été*, écrit en trois actes et huit tableaux, d'après Shakespeare (1886). Il faut encore citer de Paul Meurice plusieurs romans : *la Famille Aubry*, *les Chevaliers de l'Esprit*, *Cesara*, *le Songe de l'Amour*, etc.

MICHEL (Louise), née dans la Haute-Marne en 1833, morte à Marseille en 1905, était institutrice à Paris en 1871, quand éclata l'insurrection de la Commune. Elle y prit une part active et fut déportée en Nouvelle-Calédonie. Revenue à Paris après l'amnistie (1880), elle fut condamnée, en 1883, à six ans de réclusion pour propagande révolutionnaire. Elle était très populaire dans son parti, en raison de sa grande charité. Elle a écrit quelques ouvrages, des *Mémoires* (1886, et deux drames. *Nadine* et *le Coq rouge*.

MICHELET (Athénaïs MIALARET, veuve, née à Montauban en 1826, morte en 1899, épousa l'historien Michelet en 1849. Elle a collaboré à quelques-uns de ses ouvrages, *l'Insecte*, *l'Oiseau*, etc. Elle a écrit les *Mémoires d'un enfant*, 1886; *la Nature*, 1872. Après la mort de Michelet, elle se consacra à la publication de ses œuvres.

MILAN Ier OBRÉNOVITCH, roi de Serbie, fut le quatrième prince de la famille des Obrénovitch. Né en 1854, il fit ses études à Paris, au lycée Louis-le-Grand. Il succéda en 1868 à son père adoptif Michel, mort assassiné. Pendant la minorité de Milan, la Serbie, qui n'était connue que nominalement, fut gouvernée par les régents Ristitch, Marinovitch et Blasnavatz. Proclamé majeur en 1872, le prince Milan s'appuya surtout sur le parti progressiste, imbu des idées occidentales, mais sans influence sérieuse dans le pays. Il combattit presque toujours les radicaux, plus nombreux et plus puissants. L'histoire intérieure de la Serbie présenta alors une interminable série de changements soudains de ministères. En 1876, la Serbie déclara la guerre à la Turquie. Mais l'armée serbe, commandée par le général russe Tchernaïev, ne subit que des revers. Cependant, en 1878, en vertu du traité de Berlin, Milan cessa d'être un simple feudataire de la Turquie, qui occupa jusqu'à cette date la citadelle de Belgrade, pour devenir prince souverain. En 1882 il se proclama roi, et la Serbie fut augmentée de 300 000 habitants nouveaux. Cependant, la politique extérieure de Milan fut des plus médiocres. Hésitant d'abord entre la Russie, à laquelle la Serbie devait sa libération, et l'Autriche-Hongrie, il finit par subir docilement l'influence de cette dernière puissance, malgré les vœux évident de la majorité des Serbes. La nullité de ses qualités militaires apparut dans la guerre déplorable qu'il fit à la Bulgarie, à la suite de la réunion à cette principauté de la Roumélie orientale (1885). Milan fut honteusement battu par le prince Alexandre de Battenberg à Slivnitza, à Tsaribrod et à Pirot. L'intervention de l'Autriche sauva la Serbie de l'invasion (mars 1886). Le 3 janvier 1889, le roi signa une constitution qui restreignait certaines prérogatives de la couronne. Mais son libéralisme était plus apparent que sincère. La Serbie resta profondément troublée par les luttes des partis, et aussi par la désunion du ménage royal. Milan, qui avait épousé en 1875 la fille d'un colonel russe, Nathalie de Ketchko, fit prononcer le divorce, malgré le Synode des évêques, par le métropolitain de Belgrade (24 oct. 1888). Peu de temps après, le 6 mars 1889, il abdiqua solennellement en faveur de son fils Alexandre ! *Foy*. ce nom dans le SUPPLÉMENT). La Serbie devait lui fournir une pension annuelle. En 1891. il s'engagea à ne plus rentrer dans le pays, à la condition que la reine Nathalie en serait également écartée. Il vécut pendant quelques années à l'étranger. Puis il revint en Serbie. malgré ses promesses, se fit céder par son fils le commandement en chef de l'armée, et, de nouveau. entretint dans le pays une agitation dangereuse pour la couronne d'Alexandre. Dans les derniers temps de son séjour à Belgrade. sous le prétexte d'une tentative d'assassinat, d'ailleurs fort suspecte. qui aurait été dirigée contre lui, il fit emprisonner et torturer les principaux chefs du parti radical. Enfin. à la suite du mariage de son fils avec Mme Draga Maschine, union à laquelle l'ex-roi s'était vivement opposé. Milan quitta la Serbie et alla se fixer à Vienne, où il mourut (février 1901).

MILLAIS (Sir John EVERETT). peintre anglais, né à Southampton en 1829, d'une famille d'origine française. mort en 1896. obtint dès l'âge de dix-huit ans, une médaille d'or pour son tableau *les Benjamites enlevant leurs femmes*. 1847. La même année, il exposa *la Reine Elvira* et *le Denier de la Veuve*. En 1849, il inaugura une manière nouvelle, rompit avec les traditions de l'Académie, et se posa, à vingt ans, en réformateur. De concert avec Hunt. Rossetti, Ch. Collins, etc., il fonda l'école des *Préraphaélites*, dont les doctrines, exposées dans une revue qui n'eut que quelques numéros (*Le Germe. Art et Poésie*. 1850), furent soutenues avec beaucoup d'éclat par Ruskin (*Foy*. ce nom au SUPPLÉMENT). Millais a laissé un très grand nombre de tableaux, parmi lesquels on citera : *l'Ordre d'élargissement*; *le Retour de la colombe à l'arche*; *Ophélie* (Exposition de 1855); *la Veille de la Ste-Agnès*; *Satan; les Romains quittant la Grande-Bretagne* (Exposition de 1808); *le Froid Octobre; Whist à trois; Garde royal; Dans les montagnes d'Écosse; la Femme du joueur; Wellington* (Exposition de 1878); portraits de *Gladstone*, de *Hook* (Exposition de 1889). etc. Millais faisait partie de l'Académie royale. qui le choisit pour président quelques mois avant sa mort. Il reçut le titre de baronnet en 1885.

MILNE-EDWARDS (Alphonse). zoologiste. né à Paris en 1835. mort en 1900. docteur en médecine en 1859, succéda à son père. Henri Milne-Edwards. comme professeur au Muséum en 1876, et devint directeur en 1891. Il prit une grande part aux expéditions du *Travailleur* et du *Talisman*, qui avaient pour objet l'étude de la faune sousmarine, et reçut en récompense de ces travaux la grande médaille d'or de la Société de géographie. Il a laissé de nombreux ouvrages, parmi lesquels on peut citer : *Recherches anatomiques, zoologiques et paléontologiques sur la famille des chevrotains; Histoire des crustacés podophthalmaires fossiles; Recherches anatomiques et paléontologiques pour servir à l'histoire des oiseaux fossiles de la France; Recherches sur la faune ornithologique éteinte des îles Mascareignes et de Madagascar*, etc. Il a collaboré, en outre, aux grandes publications de M. Grandidier sur Madagascar. Il fut admis à l'Académie des Sciences en 1877, et à l'Académie de Médecine en 1885.

MINAÏEV (Ivan Pavlovitch). savant russe. né en 1841, mort en 1890, professeur de grammaire comparée des langues indo-européennes à l'Université de Saint-Pétersbourg. fit deux voyages dans l'Inde, et publia, entre autres travaux philologiques. un *Exposé phonétique et morphologique de la langue pâli*, 1872.

MINERVINI (Jules). archéologue italien, né à Naples en 1819. mort en 1891. inspecteur du musée de Naples, puis professeur de littérature grecque. est connu par ses travaux sur l'épigraphie de l'Italie méridionale et sur les monuments de Pompéi.

MINO DA FIESOLE, sculpteur italien. né à Poppi (Toscane) en 1431. mort en 1484. vécut surtout à Florence. Il est l'auteur d'un beau tombeau de l'évêque Salutati, dans la cathédrale de Fiesole, du retable de l'église de San-Ambrogio de Florence, du tombeau du comte Ugo, fondateur, au XIe siècle, de l'église de la Badia à Florence. Pendant un séjour à Rome. Mino travailla au mausolée du pape Paul II. qui disparut après la démolition de la vieille église de Saint-Pierre, mais dont l'aspect a été conservé par une gravure de Ciaccomus. On lui doit aussi de nombreuses statues, les bustes de Pierre de Médicis, de Rinaldo della Luna (aux *Uffizi*), d'Isolta da Rimini (Campo Santo de Pise), etc.

MIQUEL (Louis DE) homme d'État allemand. descendant d'une famille française originaire de l'Agénois. né à Neuenhaus (Hanovre) en 1829. mort en 1901. étudia le droit à Heidelberg et à Goettingue. Il fut un des premiers partisans des doctrines révolutionnaires de Karl Marx; mais ses opinions ne tardèrent pas à devenir plus modérées. Avocat à Goettingue. il se fit connaître par des études sur l'organisation des finances .1857-1864. et il fut élu député à la seconde chambre 1864). Partisan de l'unité allemande. il fut un des fondateurs de la Ligue nationale (*Nationalverein*). Après l'incorporation du Hanovre. il fut premier député à la Chambre prussienne 1867). Il fut premier bourgmestre de Francfort-sur-le-Mein. de 1875 à 1887. Élu'lu cette même année au Reichstag. il fut un des chefs du parti national et un des plus actifs collaborateurs du chancelier de Hohenlohe. Vice-président de la Chambre des Seigneurs en 1888. il devint, en 1890, ministre des finances prussiennes : en cette qualité il opéra une véritable révolution en Prusse. en faisant voter l'impôt sur le revenu. Vice-président du ministère prussien en 1897. il fut obligé, peu de temps après, de donner sa démission. sous le prétexte qu'il ne défendait pas avec assez d'ardeur les idées personnelles de l'empereur au sujet du canal de l'Elbe au Rhin.

MIRIBEL (Marie-François-Joseph DE). général français. né à Montbonnot (Isère) en 1831. mort en 1895. élève de l'École polytechnique. servit en Crimée, en Italie et au Mexique. Nommé colonel après la bataille de Champigny, il se distingua dans les opérations sous Paris. Général de brigade en 1875, il fut nommé par le général de Rochebouet, ministre de la guerre, chef d'état-major général, poste qu'il reprit, comme général de division. sous le ministère Gambetta, de novembre 1881 à janvier 1882. Commandant du 6e corps en 1888, il fut nommé, le 6 mai 1890, chef d'état-major général de l'armée, avec des attributions nouvelles et très étendues. touchant tous les travaux de préparation de guerre, de mobilisation de l'armée. etc. Dans ces hautes fonctions, Miribel a rendu les plus grands services en organisant les voyages d'état-major, et en établissant les plans de défense de nos frontières de l'Est, du Jura et des Alpes.

MIZON (Louis). explorateur, né en 1853, mort en 1899. servit comme officier dans la marine, et fut, au Congo, un des collaborateurs de Savorgnan de Brazza. En octobre 1890. chargé d'aller au-devant de la mission Crampel. commença dans l'Afrique centrale un périlleux voyage qui dura jusqu'au mois de mai 1892. Il traversa le delta du Niger. et dut rester deux mois à Akassa pour parlementer avec les Anglais, qui ne tenaient aucun compte de la liberté de navigation sur le Niger. proclamée par la conférence de Berlin (1885). Enfin il arriva à Yola. capitale de l'Adamaoua. parcourut une grande partie du bassin du Niger et de celui du Congo, remonta la Bénoué, visita tout l'Adamaoua. entra dans les régions inexplorées où la mission Crampel avait péri. et redescendit par le Congo jusqu'à Brazzaville, d'où il regagna la France. rapportant un traité de protectorat signé avec le sultan de l'Adamaoua. Avec une grande énergie, il avait surmonté de nombreux obstacles. dus surtout à la perfidie des agents anglais de la Compagnie du Niger. Reçu avec éclat en France, Mizon repartit peu après pour faire exécuter le traité avec l'Adamaoua. et nouer avec ce pays des relations commerciales. Les Anglais s'empressèrent de lui susciter des obstacles encore plus graves que dans son premier voyage. Mizon remonta cependant la Bénoué et ouvrit des relations avec le sultan du Mouri : mais. au retour, devant Yola. un de ses bateaux, le *Sergent-Malamine*, fut saisi par les Anglais. Mizon fut faiblement soutenu par le gouvernement français. D'ailleurs, peu après. le traité de 1894 rendit les Allemands le protectorat de l'Adamaoua et détruisit l'œuvre de notre compatriote. Par la suite. Mizon fut nommé à Madagascar au commandement de Majunga. Il mourut en se rendant à Djibouti. où il venait d'être nommé résident.

MOÇAMBIQUE. *Voy*. AFRIQUE ORIENTALE PORTUGAISE.

MOHAMED EL HADI, bey de Tunis, né en 1855, était le second fils du bey Sidi Ali *Voy*. ce nom dans le SUPPLÉMENT). Il lui succéda le 12 juin 1902. Il mourut au mois de mai 1906. Pendant son règne si court, il se montra très favorable à l'influence française. Au mois de juillet 1904. il rendit au président de la République la visite que celui-ci lui avait faite à Tunis, et fut reçu avec une grande faveur par la population parisienne. Il e eu pour successeur son cousin germain, Mohamed en Naceur, fils de Mohamed, qui fut bey de Tunis, de 1855 à 1861.

MOISSAN (Henri), chimiste, né à Paris en 1852, mort en 1907, étudia les sciences physiques et naturelles à la Faculté des sciences et au Muséum d'histoire naturelle, et fut élève de Berthelot. Licencié ès sciences et pharmacien, il devint en 1879 maître de conférences et chef dans les travaux pratiques de chimie à l'École de pharmacie. Reçu agrégé en 1882 et docteur ès-sciences physiques en 1885, avec une remarquable thèse. *Série du cyanogène*, il fut nommé professeur de toxicologie à l'École supérieure de pharmacie, le 30 décembre 1886. Il fut élu membre de l'Académie (section de pharmacie), le 22 mai 1888, et membre de l'Académie des Sciences, en remplacement de Cahours, en 1891. Moissan se fit particulièrement connaître par ses travaux sur le fluor, qu'il réussit, le premier, à isoler. On a de lui de savants mémoires, insérés dans les *Comptes rendus de l'Académie des Sciences* et dans les *Annales de chimie et de physique*, sur les *Oxydes de fer* (1877); sur le *Chrome et ses composés* (1882); sur le *Fluorure d'arsenic* (1884); *Recherches sur l'isolement du fluor* (1886), et *Nouvelles recherches sur l'isolement du fluor* (1889); *Fluorure de carbone* (1890), etc. Ses belles recherches, couronnées de succès, portèrent ensuite sur la fabrication du diamant et sur l'usage du four électrique. Moissan put obtenir des fragments, d'ailleurs minimes, de diamant artificiel, « en refroidissant un alliage de fer et de carbone fondu et porté à trois mille degrés.... Né d'un hasard, organisé par Violle, adopté et mis en œuvre par Moissan, le four électrique, concentrant la chaleur dans un étroit espace au sein d'un bloc réfractaire qui l'emprisonne, montre ce que peut entre les mains de l'homme cette force docile qu'est l'électricité. » (M. Mérys, *Journal des Débats*, février 1907.) A la suite des expériences de Moissan, le four électrique fut introduit dans l'industrie (1900). Les beaux travaux de Moissan lui valurent le prix Nobel, partagé avec le poète italien Carducci.

MOLESCHOTT (Jacob), physiologiste, né à Bois-le-Duc en 1822, mort à Rome en 1893, étudia à Heidelberg, fut reçu docteur à Utrecht, y pratiqua la médecine de 1845 à 1847, devint *privat-docent* à Heidelberg et fonda dans cette ville son célèbre laboratoire de chimie physiologique. Il publia un grand nombre d'ouvrages destinés à la propagation du matérialisme scientifique. On cite : la *Physiologie de l'alimentation*, 1850; *Traité populaire de l'alimentation*, 1850; l'*Évolution de la vie*, 1852, qui est le plus important de ses ouvrages; *De la Transformation des substances dans les plantes et dans les animaux*, 1851; *G. Forster, le naturaliste du peuple*, 1854; etc. Frappé d'avertissement en 1854 à cause de ses doctrines, il alla enseigner à Zurich (1856), puis à Turin (1861) et à l'université de Rome (1879). A cette période de sa vie appartiennent les *Recherches pour l'histoire naturelle de l'homme et des animaux*, 1858-1895; *Lumière et vie*; *Esquisses physiologiques*, 1861; *C. R. Darwin*, 1882; *Fr. de Sanctis*, 1884, etc. Naturalisé italien, il fut nommé sénateur en 1876. On a publié en 1894 ses *Souvenirs*, sous le titre *Pour mes amis*.

MOMMSEN (Théodore), historien allemand, d'origine danoise, né à Garding (Slesvig) en 1817, mort en 1905, termina ses études à l'Université de Kiel. Étudiant, puis professeur, il appartenait au parti libéral et patriote qui s'efforça, après 1840, de fonder une « plus grande Allemagne », et d'introduire plus de liberté dans les États allemands. Il enseigna le droit successivement à Leipzig (1847), à Zurich, à Breslau et à Berlin. Ses premiers travaux furent consacrés au droit romain, à la philologie et à l'épigraphie (*les Dialectes italiques*, 1850; *les Inscriptions du royaume de Naples*, 1852). Le premier, il appliqua à l'histoire les résultats de l'épigraphie, renouvelant entièrement, par une méthode scientifique et ingénieuse, l'étude de l'antiquité. Comme épigraphiste, il publia le *Corpus inscriptionum latinarum*, en collaboration avec Henzen, Ritschl, de Rossi, etc., et il vulgarisa ses découvertes dans le *Manuel des Antiquités*, publié en collaboration avec Marquardt. Jurisconsulte, il a consacré plusieurs volumes au *Droit public* et aux textes juridiques des Romains. Historien, il a laissé une *Histoire romaine* qui est une œuvre capitale, mais qui s'arrête à la fin de la République. Le *Manuel* et l'*Histoire romaine*

ont été traduits en français. — Dans les fréquents voyages qu'il fit en France de 1855 à 1870, Mommsen reçut toujours l'accueil le plus empressé des savants français et de Napoléon III, qui le combla de faveurs. Cependant, en 1870, dans un factum intitulé *Lettre aux Italiens*, il couvrit la France et l'empereur d'injures qui étaient la manifestation grossière de la haine qui l'animait contre les Français. Longtemps après la guerre franco-allemande, et malgré la courtoisie des savants français, qui l'élurent membre associé de l'Académie des Inscriptions et Belles-Lettres (1895), il a maintenu et renouvelé jusqu'à son dernier jour ses attaques violentes et passionnées contre la France. — Mommsen fit partie du Reichstag de 1873 à 1882.

MONSABRÉ (Le révérend P. Louis), prédicateur, né à Blois en 1827, mort en 1907, fit ses études théologiques au séminaire de sa ville natale, exerça le ministère dans son diocèse, pendant deux ans, et fut ensuite précepteur pendant quelque temps. Il entra dans l'ordre des Dominicains en 1855, et se fit connaître comme prédicateur par une série de conférences données à Saint-Thomas-d'Aquin, à Paris. Il fut successivement appelé à prêcher le Carême et l'Avent dans les principales églises de Paris et dans les grandes villes de la province; en 1865, il prêcha le Carême à Londres, dans la chapelle française. Chargé, en 1869, de l'Avent à Notre-Dame, il choisit pour sujet de ses conférences : « le Concile et le Jubilé ». En 1871, il prêcha à Metz, où ses discours ardents et patriotiques lui créèrent des difficultés avec le gouvernement allemand. En 1872, il fut invité par Mgr Guibert à occuper définitivement la chaire de Notre-Dame, qu'il garda jusqu'en 1890, très admiré des uns pour le mouvement et la chaleur de son éloquence, critiqué par les autres pour ce qui paraissait s'y mêler de factice. Il réunit en volumes ses œuvres oratoires sous les titres de *Conférences du Carême de Saint-Thomas-d'Aquin de Paris* (1866), et *Conférences de Notre Dame de Paris* (1875-1888). On lui doit aussi, outre un certain nombre de sermons détachés, des ouvrages, tels que : *Sainte Monique et les femmes chrétiennes* (1870); *Or et alliage du vrai dévote* (1874); *Petites méditations pour la récitation du rosaire* (1878-1879), une étude sur le *Mariage* (1887), etc. — On a attribué au P. Monsabré un certain nombre de fantaisies poétiques, bouts-rimés, sonnets, fables, etc. Musicien, il a écrit une messe et quelques compositions musicales.

MONTEBELLO (Gustave LANNES, marquis de), né à Lucerne en 1838, mort en 1907, petit-fils du maréchal Lannes, était le fils du duc de Montebello, ambassadeur en Russie de 1858 à 1866. Il entra à l'âge de dix-neuf ans dans la carrière diplomatique et servit notamment à Saint-Pétersbourg sous les ordres de son père. Il se distingua pendant la guerre de 1870 à l'armée de la Loire. Envoyé comme secrétaire à Washington, il fut, en 1875, chef de cabinet de Léon Say, ministre des finances. Il rentra dans la diplomatie en 1876, fut premier secrétaire à Madrid et ministre plénipotentiaire à Londres; il fut envoyé en cette qualité à Munich (1880) puis à Bruxelles (1882). Nommé ambassadeur à Constantinople (1886-1891), il sut maintenir avec fermeté les vieilles traditions de la politique française en Orient. Il fut envoyé ensuite à Saint-Pétersbourg, au moment critique où allait se décider l'alliance de la France et de la Russie, préparée par M. de Laboulaye, qui l'avait précédé dans ce poste. Il resta à Saint-Pétersbourg de 1891 à 1902, époque à laquelle il fut mis brusquement à la retraite. Cependant il avait servi avec un grand succès les intérêts de la France, en travaillant à nouer et à resserrer l'alliance franco-russe.

MONTÉGUT (Émile), écrivain, né à Limoges en 1825, mort en 1895, se fit connaître par des traductions des *Essais de philosophie américaine d'Emerson*, de l'*Histoire d'Angleterre* de Macaulay (1853), puis des *Œuvres de Shakespeare* (1868-1875). Il a donné de nombreux articles de critique littéraire à la *Revue des Deux Mondes* et au *Moniteur universel*. Il a publié d'intéressants ouvrages : *les Pays-Bas, impressions de voyage et d'art*, 1869; *Tableau de la France*; *Souvenirs de Bourgogne*, 1874; *En Bourbonnais et en Forez*, 1875; *l'Angleterre et ses colonies australes*, 1879; *Poètes et artistes de l'Italie*, 1881; *Types littéraires et fantaisies esthétiques*, 1882; *le Maréchal Davout*, 1882; *Essais sur la littérature anglaise*, 1883; *Écrivains modernes de l'Angleterre*,

1885-1892; *Livres et âmes des pays d'Orient*, 1886 ; *Choses du Nord et du Midi*, 1887, etc.

MONTÉPIN (Xavier Aymon de), écrivain, né à Apremont (Haute-Saône) en 1824, mort en 1902, écrivit d'abord dans d'éphémères journaux en 1848. Il publia ensuite d'interminables séries de romans, plus remarquables par leur nombre que par leur valeur. Quelques-uns ont fourni la matière de drames médiocres, tels que *les Chevaliers du lansquenet*, *les Viveurs de Paris* (Ambigu, 1857 ; *Tabarin*, avec M. E. Grangé (Ambigu, 1875) ; *le Béarnais* (Château-d'Eau, 1876); *la Porteuse de pain*, avec M. Dornay (Ambigu, 1889), etc.

MOREAU DE TOURS (Georges), peintre, né à Ivry (Seine) en 1848, mort en 1901, est connu surtout par des tableaux militaires. On a de lui *le Drapeau* (Palais de l'Elysée ; *la Mort de Vaneau* (Ecole polytechnique); *Vive la France* (musée de Dinan) ; *La Tour d'Auvergne* (musée de Quimper); *la Mort de Pichegru*; *le Départ du Conscrit*; *Blanche de Castille*, etc. Il a peint aussi des portraits, notamment ceux de la famille Carnot, et donné des illustrations d'*Amy Robsart* et de *Marie Tudor*.

MOREAU (Gustave), peintre, né à Paris en 1826, mort en 1898, fut, pendant peu de temps, en 1846, élève de Picot, à l'Ecole des Beaux-Arts. Il se forma surtout en Italie, par l'étude des maîtres florentins du XIVe siècle. On a dit aussi qu'il subit l'influence d'Eug. Delacroix et de Th. Chassériau. En même temps, il cherchait à dégager des légendes mythologiques le sens profond qui a échappé à la plupart des peintres modernes. Il a laissé de cette période de recherches, qui va de 1850 à 1856, de fort beaux dessins. On a pu dire qu'en ce grand artiste, aussi admirable par le dessin que par le coloris, s'est incarné le préraphaélisme français. On citera parmi ses œuvres : *Cantique des Cantiques*; *Darius fuyant après la bataille d'Arbelles*, 1855; *les Athéniens livrés au Minotaure*, 1855; *les Prétendants*; *Œdipe et le Sphinx*, 1864 ; *Jason*, 1865; *Hésiode et les Muses*, *les Muses quittant Apollon*; *Orphée*; *Diomède dévoré par ses chevaux*, 1866; *Prométhée*; *Jupiter et Europe*, 1869 ; *Salomé*, 1887; *Jacob et l'Ange*; *David*; *Moïse exposé sur le Nil*; *Phaéton*, 1878; *le Sphinx deviné*, 1880; *Hélène*; *Galatée*, 1880, etc. D'après les dernières volontés de G. Moreau, l'Etat a transformé en musée l'hôtel que le grand peintre habitait à Paris, rue de La Rochefoucauld, et dans lequel il conservait ses œuvres admirables, peintures, aquarelles et dessins. — Cf. Ary Renan, *Gustave Moreau*, 1899) ; P. Flat, *le Musée G. Moreau*, 1899 ; G. Larroumet, *Notice* lue à l'Académie des Beaux-Arts, le 19 octobre 1901.

MORELLI (Domenico), peintre, né à Naples en 1826, mort en 1901, fut considéré comme un des meilleurs artistes de l'Italie contemporaine. Il fut sénateur et président de l'Académie napolitaine. On cite, parmi ses principales œuvres, *la Tentation de saint Antoine* et *le Christ au désert*.

MORLEY (Henry), biographe et critique anglais, né en 1822, mort en 1894, fut professeur de littérature anglaise à University College de Londres. On lui doit : des biographies de *Bernard Palissy*, 1852; *Jérôme Cardan*, 1854; *Cornelius Agrippa*, 1856; *Clément Marot*, 1870; — une *Littérature anglaise sous le règne de la reine Victoria*; une *Courte esquisse de la littérature anglaise*, 1 vol., 1873, rééditée avec de nombreuses additions sur la littérature contemporaine, 1886; — et une histoire complète de la littérature anglaise, intitulée *les Ecrivains anglais*. Il a édité une *Bibliothèque de la littérature anglaise*, 5 vol.), et contribue à faire pénétrer parmi le peuple la connaissance et le goût des grandes œuvres, en préparant les nombreux petits volumes plus de 200 de la *National Library*.

MORRIS (William), écrivain, peintre et architecte anglais, né en 1834, mort en 1896, fit partie du groupe qui, avec Rossetti, Millais, etc., fonda en Angleterre l'école préraphaélique. On cite parmi ses ouvrages : *la Défense de Guenevere*, 1858; *le Paradis terrestre*, 1870; *l'Histoire de Sigurd le Volsung*, 1877; *l'Histoire des Volsungs et des Nibelungs*; *Espoirs et craintes pour l'Art décoratif*, 1882; *Socialisme*, etc., ainsi que des traductions de l'*Enéide* et de l'*Odyssée*. Il fonda une imprimerie artistique dont les publications sont remarquables par le goût de l'impression et de la décoration artistique.

MORTILLET (Gabriel de), archéologue et naturaliste, né à

Meylan (Isère) en 1821, mort en 1898, étudia d'abord chez les Jésuites à Chambéry, puis au Muséum d'histoire naturelle et au Conservatoire des Arts et Métiers de Paris. Compromis dans les troubles de 1849, il se réfugia en Savoie, où il classa les collections des musées d'Annecy et de Chambéry. Il revint à Paris en 1864, et fut attaché en 1868 au musée de St-Germain. Il a été un des principaux propagateurs des études préhistoriques en France. Il fut, en 1875, chargé d'un cours à l'Ecole d'anthropologie. De longues querelles s'élevèrent entre Mortillet et Alex. Bertrand (*Voy.* ce nom dans le SUPPLÉMENT), au sujet de la classification des époques paléolithiques, que Mortillet ramenait à quatre : acheuléenne, moustérienne, solutréenne, magdalénienne. On trouvera un grand nombre de ses travaux dans les *Matériaux pour l'histoire primitive et naturelle de l'homme*, revue fondée par lui en 1864; dans les *Bulletins de la Société d'Anthropologie*; dans la *Revue d'Anthropologie*, etc. Il a publié en outre : *le Préhistorique* (1885), qui renferme la substance de ses travaux: *le Musée préhistorique*; *les Origines de la chasse, de la pêche et de l'agriculture*, 1890 ; *Formation de la nation française*, 1897. — Il fut député de Seine-et-Oise, de 1885 à 1889.

MOUCHEZ (Ernest-Amédée-Barthélemy), amiral français, né à Madrid en 1821, mort en 1892, élève de l'Ecole navale, se fit connaître jeune encore par d'importants travaux d'hydrographie, concernant surtout les côtes de l'Amérique du Sud. Commandant du *Bisson*, en 1856, il leva sur une longueur de 80 lieues le cours du Paraguay, puis, à bord du *D'Entrecasteaux* et du *Lamotte-Piquet*, fit, en moins de trois ans, le levé de la côte du Brésil. Ses travaux sur les côtes d'Algérie mirent en pleine lumière sa haute valeur scientifique. En 1870, débarqué de l'escadre de la mer du Nord, il mit le Havre en état de défense contre les Allemands, qui renoncèrent à investir cette place. Après la guerre, il reprit ses études astronomiques, organisa et mena à bonne fin une mission envoyée à l'île Saint-Paul pour observer le passage de Vénus (1875). En 1878, il fut nommé contre-amiral et directeur de l'Observatoire, en remplacement de Le Verrier. Il réorganisa les services astronomiques, créa l'Ecole d'astronomie, un musée, une école pratique à Montsouris pour les officiers de marine et les explorateurs, fit publier 21 volumes d'*Annales*, ainsi qu'un précieux *Catalogue de l'Observatoire*, donnant les séries d'observations accumulées pendant plus d'un demi-siècle par les astronomes de Paris. Son œuvre principale est la réalisation d'une carte de l'état présent du ciel, comprenant, au nombre de plus de 50 millions, tous les corps visibles dans les plus puissantes lunettes de notre temps, étoiles fixes, simples et multiples, étoiles variables, nébuleuses, amas stellaires, astres mobiles. L'exécution de ce grand travail, auquel collaborèrent des savants de tous les pays, fut résolue dans trois congrès présidés par l'amiral. Mouchez fut élu membre de l'Académie des Sciences en 1875.

MOURAD V, sultan ottoman, né en 1840. Fils du sultan Abdul-Medjid, succéda en 1876 à son oncle Abd-ul-Aziz, déposé le 30 mai, en vertu d'une décision du conseil des ministres approuvée par le cheik-al-islam. On disait le nouveau souverain ouvert aux idées libérales, que lui avait fait connaître le contact avec des Occidentaux, surtout avec des Français. Mais un isolement, ou plutôt une captivité de quinze années, pendant le règne d'Abd-ul-Aziz (1861-1876) avait étouffé chez lui les premières sympathies pour la civilisation et les idées de l'Occident. Arrivé au pouvoir dans des circonstances critiques, quand la révolution grondait en Bosnie et en Herzégovine, que la guerre était inévitable avec la Serbie et le Monténégro, derrière lesquels on pressentait l'influence hostile de la Russie, que le trésor était vide et l'armée désorganisée, Mourad V parut inférieur à sa tâche. Le bruit se répandit qu'il était atteint de folie. Le 31 août 1876, il fut destitué par ordre du cheik-al-islam pour cause de démence. Il fut remplacé par le sultan Abd-ul-Hamid et enfermé dans le palais de Tcheraghan, où il mourut en 1904.

MOURAVIEF (Michel, comte de), diplomate russe, né à St-Pétersbourg en 1845, mort en 1900, servit comme attaché, puis comme secrétaire, à Stockholm, Stuttgart, la Haye ; fut premier secrétaire à Paris (1879-1885), conseiller à l'ambassade de Berlin, ministre à Copenhague (1895). En février 1897, il succéda au prince Lobanof comme ministre des affaires étrangères. Il eut, à ce titre, à diriger l'action de la Russie dans les affaires d'Orient (questions de Crète, de Grèce et d'Arménie), dans les rapports avec la France, au cours du voyage de Félix Faure à Cronstadt (août 1897), dans les affaires de Chine (*Voy.* ce mot), et dans la conférence de la Haye.

MOUSTAFA-KAMEL Pacha, écrivain et homme politique égyptien, né en 1875, mort en 1908, fit ses études de droit à Toulouse, puis revint au Caire, où il dirigea un important journal, l'*Etendard*, rédigé en arabe, en français et en anglais. Il soutint avec une grande force la cause de l'indépendance de l'Egypte et fut le fondateur du parti nationaliste égyptien. On a dit de lui qu'il a été « à la fois le créateur et l'initiateur de l'âme égyptienne... le premier, il a prononcé le mot de patrie. » Lui-même a écrit : « Il faut rendre les Egyptiens capables de se gouverner eux-mêmes, leur donner une constitution qui mette fin à l'arbitraire et au pouvoir absolu; couronner cette œuvre par l'autonomie et la liberté. » Son programme se résuma ainsi : départ des Anglais; création d'un parlement égyptien; renforcement des institutions internationales, telles que les tribunaux mixtes et la commission de la dette publique. Le parti nationaliste fondé par Moustafa-Kamel comprend maintenant une grande partie de la nation égyptienne. Il poursuit avec ardeur l'affranchissement de l'Egypte, et s'efforce de rendre le pays digne de la liberté, en perfectionnant l'éducation intellectuelle, morale et politique du peuple égyptien.

MOUZAFFER-EDDINE, chah de Perse, cinquième souverain de la dynastie des Khadjars, né en 1851, mort au mois de janvier 1907, succéda en 1896 à son père Nasr Eddine (*Voy.* ce nom dans le supplément). D'une santé très faible, il vivait entouré de médecins et venait tous les deux ans faire une cure en France à Contrexéville. Pendant les premières années de son règne, il fit des dépenses exagérées, qui entraînèrent pour son gouvernement de graves complications au point de vue politique et financier. Il fut obligé de recourir à de fréquents emprunts, tantôt à Londres, tantôt à Saint-Pétersbourg. Les gouvernements anglais et russe profitèrent de ces circonstances pour essayer d'assujettir à leur politique la cour de Téhéran. Mais Mouzaffer réussit à maintenir son indépendance, malgré les convoitises de ses voisins. Au mois d'août 1906, il accorda à son peuple une constitution, qui commença à fonctionner régulièrement à la fin de la même année (*Voy.* Perse dans le supplément). Mouzaffer-Eddine eut pour successeur son fils aîné, Mohamed Ali Mirza.

MULLER (Ch.-Louis), peintre français, né en 1817, mort en 1892, élève de Gros et de Léon Cogniet, se fit connaître en 1844 par une *Entrée de Jésus-Christ à Jérusalem.* On citera parmi ses œuvres : l'*Appel des condamnés sous la Terreur*, 1850; *Marie-Antoinette à la Conciergerie*, 1857; *Une messe sous la Terreur*, 1865. De 1860 à 1870, il exécuta une décoration, jugée médiocre, de la salle des Etats, au Louvre. Il fut élu en 1864 à l'Académie des Beaux-Arts.

MULLER (Max), philologue allemand, né à Dessau en 1823, mort à Oxford en 1900, était fils du poète Guillaume Muller. Il étudia le sanscrit à Berlin, sous la direction de Bopp et de Schelling, vint à Paris en 1845, et, sur les indications de Burnouf, réunit les matériaux d'une édition du *Rig-Veda* et du *Sâyanâchârya.* La traduction du *Rig-Veda* a été publiée de 1849 à 1875. Il se rendit peu après en Angleterre, fit imprimer ses ouvrages à Oxford, fut nommé, en 1850, professeur d'histoire littéraire et de grammaire comparée à l'Université, et ne quitta plus désormais cette ville, où il fut successivement professeur de langues et de littérature de l'Europe moderne (1854), puis de philologie (1868). Il donna sa démission en 1876. Max Muller a laissé d'importants travaux sur le sanscrit, sur les origines du langage, sur la mythologie et la religion. On citera : une traduction de l'*Hitopadesa*, Leipzig, 1844; *De la philologie comparée des langues indo-européennes par rapport à leur influence sur la civilisation primitive de l'humanité,* ouvrage qui obtint le prix Volney en 1849; la traduction du *Meghadûta* de Kalidasa, Kœnigsberg, 1848; une *Histoire de l'ancienne littérature sanscrite;* une *Grammaire sanscrite pour les débutants;* le *Rig-Veda Sankita,* l'hymne sacré des Brahmas, Londres, 1869. — Les *Leçons sur la science du langage* parurent en 1861 (traduction française, 1864; les *Nouvelles leçons sur la science du langage* en 1864 (traduction française, 1867). — Pour les études mytho-

logiques et religieuses, on citera : *Essai sur la mythologie comparée* (1857, traduit en français, 1873); *Essais sur l'histoire des religions,* 1872, suivis de la publication des *Livres sacrés de l'Orient; Leçons sur l'origine et le développement de la religion, étudiés à la lumière des religions de l'Inde* (1879, traduites en français, 1879); la *Religion naturelle,* 1889; la *Religion physique,* 1891; la *Religion anthropologique,* 1892; la *Théologie, ou Religion psychologique,* 1893; *Contributions à une mythologie scientifique* (1897, traduites en français, 1898. — Max Muller a composé aussi des ouvrages divers : la *Science de la Pensée,* 1887; *Copeaux d'un atelier allemand,* Londres, 1869-1875; une édition de la *Correspondance de Schiller avec le prince Fréd.-Christian de Slesvig,* Berlin, 1875; une étude biographique : *Basedow, par son arrière-petit-fils,* Leipzig, 1877; des *Essais biographiques,* 1884; une sorte d'autobiographie romanesque, *Un amour allemand,* etc. — Max Muller fut un des plus grands orientalistes du XIXe siècle. Ses livres furent toujours accueillis en France avec une grande faveur, ce qui ne l'empêcha pas de prendre bruyamment parti contre ce pays en 1870, et d'assister avec un empressement affecté à l'inauguration de l'Université allemande de Strasbourg. Ce savant, plein d'une vanité puérile, faisait partie de presque toutes les Académies de l'Europe. M. Michel Bréal lui a consacré une *Notice,* lue à l'Institut (novembre 1900).

MUNKACSY (Michel ann di..., peintre hongrois, né à Munkacs en 1844, fut d'abord apprenti menuisier. Au prix de grandes difficultés, il put prendre quelques leçons de peinture à Arad. Le premier tableau qui attira sur lui l'attention fut le *Dernier Jour d'un condamné,* exposé en 1870 au Salon de Paris. Le peintre s'établit alors dans cette ville. Ses principales œuvres sont : *Episode de la guerre de Hongrie,* 1875; le *Mont-de-Piété; les Rôdeurs de nuit,* 1874; le *Héros de village,* 1875; *Intérieur d'atelier,* 1876; *Récit de chasse,* 1877; *Milton dictant le Paradis perdu à ses filles,* 1878; le *Christ devant Pilate,* 1881; le *Calvaire,* 1885; le *Requiem de Mozart,* 1886; l'*Air favori;* un *Portrait,* 1891; un *Portrait de femme,* 1892; *Arpad,* 1893, pour le Parlement de Budapest; le *Récit,* 1894; les *Saintes Femmes au pied de la Croix; Avant la Grève,* 1895; le *Christ outragé,* 1896. A la fin de 1896, il fut atteint de folie. Il mourut dans une maison de santé à Endenich, près de Bonn, en 1900.

MÜNTZ (Eugène), critique d'art français, né à Soultz-sous-Forêts (Alsace), en 1845, mort en 1902. Il fit ses études au lycée Bonaparte à Paris, puis étudia le droit. Il fit ensuite plusieurs voyages pour étudier les monuments de l'art en Allemagne et en Angleterre. Il prit part à la guerre de 1870, dans un bataillon des mobiles de la Seine. En 1875, il fut membre de l'Ecole française de Rome. Nommé, en 1876, sous-bibliothécaire de l'Ecole des Beaux-Arts, il y devint, en 1878, bibliothécaire et conservateur des archives et du musée. En 1884, il fut appelé à suppléer Taine dans la chaire d'esthétique et d'histoire de l'art à l'Ecole des Beaux-Arts. Il a publié un grand nombre d'ouvrages d'une valeur critique considérable, fondés essentiellement sur l'étude des textes : *Notes sur les mosaïques de l'Italie* (1874-1882); les *Arts à la cour des Papes pendant le XVe et le XVIe siècles,* recueil de documents inédits tirés des archives et des bibliothèques romaines (1878-1882); les *Précurseurs de la Renaissance* (1881); *Raphaël, sa vie, son œuvre et son temps,* ouvrage contenant 155 reproductions de tableaux ou fac-similés de dessins insérés dans le texte et 41 planches tirées à part (1881), nouvelle édition entièrement refondue avec 214 gravures et 51 planches hors texte, en 1885; la *Tapisserie* (1882), le premier ouvrage d'ensemble publié sur ce sujet; *Etudes sur l'histoire de la peinture et de l'iconographie chrétiennes,* 1882; *Histoire générale de la tapisserie,* avec M. J. Guiffrey, 1878-1885; les *Historiens et les critiques de Raphaël,* 1885-1883, essai bibliographique, 1884; *Donatello* (1885); la *Renaissance en Italie et en France à l'époque de Charles VIII,* ouvrage publié sous la direction et avec le concours du duc de Luynes, 1885; la *Bibliothèque du Vatican au XVIe siècle* (1886); les *Antiquités de la ville de Rome aux XIVe, XVe, et XVIe siècles, topographie, monuments, collections, d'après des documents nouveaux* 1887; la *Bibliothèque du Vatican au XVe siècle,* d'après des documents inédits, contributions pour servir à l'histoire de l'humanisme 1887 ; *Études iconographiques et archéologiques sur le moyen âge* (1888); *les Collections des Médicis au XVe siècle*, le musée, la bibliothèque, le mobilier (1888) ; *Histoire de l'art pendant la Renaissance*, dont la publication commença en 1889, mais resta inachevée, trois volumes seulement sur cinq ayant été publiés (1889-1895 ; *Guide de l'École nationale des Beaux-Arts* (1880); *les Archives des Arts*, recueil de documents inédits ou peu connus (1890); *Tapisseries, broderies et dentelles*, recueil de modèles anciens et modernes, précédé d'une introduction (1890); *Léonard de Vinci* (1899); de nouvelles études sur *Raphaël* 1902. Il a laissé une étude inachevée sur *le Primatice et l'école de Fontainebleau*. Il a, en outre, fourni de nombreux et importants articles à la *Revue d'Alsace*, à la *Gazette des Beaux-Arts*, à l'*Art*, à la *Revue archéologique*, à la *Grande Encyclopédie*, à la *Revue des Deux Mondes*, etc. Il dirigea la « Bibliothèque internationale de l'art », ainsi qu'une collection d'ouvrages sur les *Artistes célèbres*.

MURNER (Thomas), écrivain satirique alsacien, né probablement à Strasbourg (ou a dit aussi à Obernai) en 1475, entra en 1490 dans l'ordre des Franciscains. Professeur de littérature à Fribourg-en-Brisgau, il publia dans cette ville le *De phytonico contractu* (1499), livre bizarre sur la sorcellerie, puis *Invectica contra Astrologos*. Fixé à Strasbourg en 1501, il publia contre Wimpheling la *Nova Germania*, qui donna lieu à de vives disputes. Dans cette première période de sa vie, qui fut consacrée surtout aux lettres, il publia encore *Chartiludium logicae seu logica poetica vel memorativa*, Cracovie, 1507, où il représentait les idées abstraites ou scientifiques sous des images empruntées à la nature et figurées sur des jeux de cartes; le *De Reformatione poetarum* (Strasbourg, 1509); le *Ludus studentum Friburgensium* (Francfort 1511), où il établit les règles de la prosodie au moyen des figures du damier; le livre intitulé *Arma patientiae contra omnes secuti adversitates* (Francfort 1511); la traduction allemande de l'*Énéide*, avec gravures sur bois (Strasbourg, 1515); puis la traduction des *Institutes* (Bâle, 1518). — Dès cette époque, abandonnant les lettres pures pour la polémique, il attaquait les auteurs de la Réforme dans des œuvres satiriques composées en allemand. Telles sont la *Narrenbeschwörung* ou *Conjuration des Fous* (Strasbourg, 1512), imitée du *Narrenschiff* de Séb. Brant, et qui eut un très grand nombre d'éditions ; la *Schmelmenzunftou Corporation des Fripons* (Francfort, 1512), resté très populaire durant deux siècles ; le poème allégorique *Eine andächtige geistliche Badefahrt*; des satires (*Die Mülle von Schwyndelsheym*, *Die Gauchmatt*, interdite à Strasbourg à cause de son caractère licencieux, publiée à Bâle en 1519). Un poème burlesque dirigé contre les Réformateurs, *Vom Grossen lutherischen Narren*, excita surtout la colère de ses nombreux ennemis. Il séjourna quelque temps en Angleterre (1521-1525) auprès de Henri VIII, qui combattait alors la Réforme allemande. De retour à Strasbourg en 1525, il lutta activement contre les luthériens Capito et Bulzer, défendit la cause des catholiques à la diète de Nuremberg (1524) et à l'Assemblée de Ratisbonne. Les protestants de Strasbourg ayant riposté par l'emprisonnement des principaux catholiques de la ville, Murner se réfugia à Obernai, s'enfuit au moment de l'arrivée des paysans soulevés qui exigeaient son extradition, se réfugia à Lucerne, prit part contre les réformés de Suisse, et fut chassé du pays sur la demande des cantons de Berne et de Zurich. Il se réfugia à Heidelberg, puis à Obernai, où il mourut en 1536, curé de l'église Saint-Jean. — Cf. Waldau, *Nachrichten von Th. Murners Leben und Schriften*, Nuremberg, 1775; Spach, *Études sur quelques poètes alsaciens du moyen âge et du XVIe siècle*.

MUSURUS Pacha (Constantin), diplomate ottoman, né à Candie, en 1807, d'une ancienne famille grecque, mort à Constantinople en 1891, fut amené, dès sa jeunesse, à Constantinople et fut attaché, comme secrétaire, au prince Vogoridis, dont il épousa la fille, et fut chargé, en 1852, d'une mission à Samos. Plus tard, il y fut envoyé par la Porte, en qualité de gouverneur (1840). Rappelé à Constantinople (janvier 1847), à la suite d'un incident qui amena une rupture des relations diplomatiques, pendant onze mois, entre la Grèce et la Porte, il retourna à son poste, le 21 février de l'année suivante. Il fut ensuite

ministre, chargé d'affaires, à Vienne, puis à Londres (1851). Il rendit, dans ce nouveau poste, de grands services à la Porte, qui l'en récompensa en lui conférant, en 1855, le grade de fonctionnaire de premier rang, et, l'année suivante, le titre d'ambassadeur. Il figura comme plénipotentiaire au Congrès de Paris (1856). En 1867, lors de la visite du sultan Abd-ul-Aziz à Londres, il reçut le titre de pacha. Il resta à Londres jusqu'en décembre 1885, époque où il fut admis à la retraite. Il a donné, en grec moderne, une traduction en vers de *la Divine comédie*, très estimée par les hellénistes (Londres, 1882-1885).

N

NADAUD (Gustave), chansonnier, né à Roubaix en 1820, mort en 1893, publia en 1857 un premier recueil de chansons qui lui assura la vogue. La plupart de ses compositions sont restées populaires.

NANSOUTY (Charles-Champion Denos de), général et météorologiste né à Dijon en 1815, mort en 1895, entra au service comme volontaire en 1857, et servit dans la cavalerie. Général de brigade en 1869, il eut, au début de la guerre, le commandement de la 2e brigade de cavalerie du 1er corps d'armée, commandé par le maréchal de Mac-Mahon; prit part aux combats qui précédèrent la capitulation de Sedan, à la suite de laquelle il ramena à Paris un corps de 10 à 12 000 hommes entre trente canons. Après la paix, mis sans motifs en non-activité par retrait d'emploi, il prit sa retraite en 1877. Depuis la guerre, il s'adonna à la météorologie. En 1875, il installa un petit matériel complet au col de Sencours, au pic du Midi. Des souscriptions permirent de construire plus tard un observatoire dont le général fut nommé directeur, et qui a rendu de grands services.

NAPIER DE MAGDALA (Robert-Cornelis, baron), général anglais, né à Ceylan, en 1810, mort en 1890, entra dans le corps du génie du Bengale en 1826. Devenu directeur du génie dans le Pendjab, il couvrit le pays de ponts et de canaux. Pendant la révolte des cipayes (1857-58), il dirigea les opérations du siège de Lucknow. Envoyé en Chine, en 1860, il commanda en second sous sir Hope Grant, puis il prit le commandement des troupes de Bombay avec le rang de lieutenant général. En 1867, il fut choisi pour commander l'expédition envoyée en Abyssinie, dans le but de délivrer des prisonniers anglais retenus par le négous Theodoros. Il quitta l'Inde le 21 décembre, et un mois après il occupait Goom Gooma et marchait sur Antalo, une des principales villes du Tigré. Des difficultés matérielles et politiques de tout genre arrêtèrent bientôt sa marche en avant. Il fallut faire venir par mer la plus grande partie des approvisionnements de l'armée et jusqu'à l'eau, transportée du littoral dans des outres et à dos de mulets. Des complications naquirent d'une intervention du vice-roi d'Égypte : Napier triompha de tous ces obstacles. Le vice-roi d'Égypte lui retrouva chemin à ses troupes, et la construction d'une voie ferrée établit de faciles communications entre la mer Rouge et le corps expéditionnaire. Les populations, loin de se montrer hostiles, aidèrent la marche des Anglais sur Magdala, du transporto les canons Armstrong à dos d'éléphant, et on atteignit Antalo le 12 mars. Après bien des difficultés, Napier arriva devant Magdala, où s'était enfermé le négous; malgré les 10 000 fusiliers et les 28 canons de Theodoros, il entra dans cette capitale après un siège très court (13 avril 1868). Le négous, abandonné de ses soldats, se brûla la cervelle. Napier, après avoir délivré les prisonniers, détruisit la ville et les fortifications de Magdala, recueillit les enfants du négous et sa veuve, qui mourut peu après, envoya à la reine Victoria la couronne et le manteau impérial de Theodoros, reprit la route de la mer Rouge, le 18 avril, et se rembarqua le mois suivant. Il fit à Londres une entrée triomphale le 2 juillet 1868. Entre autres honneurs et récompenses, il obtint le rang de lord, avec le titre de baron Napier de Magdala, une pension de 50 000 francs, réversible sur son héritier mâle le plus ancien, et la grand-croix de l'ordre du Bain. En janvier 1870, il reçut le commandement en chef de l'armée de l'Inde. Gouverneur de Gibraltar en 1876, il fut choisi, en 1878, par le gouvernement anglais, pour commander le corps expéditionnaire, en cas de guerre avec la

Russie, avant la réunion du Congrès de Berlin. Il fut promu felt-maréchal en 1882, et nommé gouverneur de la Tour de Londres. Ses funérailles furent célébrées à Londres avec le même cérémonial qu'autrefois celles du duc de Wellington (1890).

NAPOLÉON (Lætitia-Wilhelmine-Mathilde), princesse appartenant à la partie de la famille Bonaparte à qui un décret impérial avait permis de prendre le nom de Napoléon, née à Trieste en 1820, morte à Paris en 1904, était la fille de Jérôme Napoléon, ex-roi de Westphalie, et de la princesse Caroline de Wurtemberg. D'abord connue sous le nom de comtesse de Montfort, du titre que son père portait depuis la chute de l'Empire, elle épousa à Florence, en 1841, le prince russe Anatole Demidoff de San-Donato. Il avait été question, auparavant, d'un mariage entre elle et son cousin, le prince Louis-Napoléon. En 1845, elle se sépara du prince Demidoff et se fixa en France. Quand Louis-Napoléon devint président de la République 1848, ce fut elle qui fit les honneurs du palais de la Présidence. A l'avènement de l'Empire, elle reçut le titre d'Altesse. Elle établit sa résidence d'été à Saint-Gratien, auprès du lac d'Enghien, où elle réunit autour d'elle un grand nombre d'écrivains, d'artistes et de savants. Après la révolution du 4 septembre 1870, la princesse Mathilde passa en Belgique et y séjourna pendant toute la durée de la guerre. Elle reprit, en 1872, à Paris et à Saint-Gratien, les réceptions artistiques et littéraires qui avaient rendu son salon célèbre. Douée de brillantes qualités d'esprit et d'un cœur excellent, la princesse a exercé pendant longtemps une grande influence sur le monde des écrivains et des artistes. Elle cultivait les arts avec succès; elle a laissé des portraits et des aquarelles.

NASR-EDDINE, chah de Perse, quatrième souverain de la dynastie des Khadjars, né en 1831, succéda à son père Mohamed en 1848. Il eut à lutter, dès les débuts de son règne, contre la secte des Babistes. Il entama contre les Anglais, en 1856, une guerre qui se termina par le traité de Paris (1857). Il dirigea des expéditions malheureuses contre Khiva et Merv (1860). Il ouvrit la Perse à la civilisation occidentale, fonda un collège européen (1850), établit des lignes télégraphiques et des voies ferrées. En 1873, en 1878 et 1888, il visita une partie de l'Europe et séjourna à Paris. Sollicité à la fois par l'Angleterre et par la Russie d'accorder des concessions à chacune de ces puissances, il s'efforça de maintenir entre elles la balance égale, concéda aux Russes un consulat général à Meched (1888), aux Anglais l'ouverture du fleuve Karoun, le privilège d'une banque et de la régie des tabacs. Il fut assassiné (1er mai 1896) par un certain Moulla Riza, disciple d'un aventurier appelé Jemal Eddine Afghani. L'assassin, contrairement à une opinion très répandue, n'avait aucun rapport avec la secte des babistes, que Nasr-Eddine avait impitoyablement persécutée. Son fils Mouzaffer-Eddine lui succéda.

NAUDIN (Ch.-Victor), botaniste, né à Autun en 1815, mort en 1899, étudia d'abord la médecine à Montpellier, puis vint à Paris, fut précepteur, puis simple jardinier au Muséum (1850). Au prix d'un labeur opiniâtre, il se fit recevoir licencié, puis docteur ès sciences (1842). Il aida Aug. Saint-Hilaire dans sa publication de la *Flore du Brésil méridional*. Il fut attaché peu de temps au Jardin des plantes de Rouen, puis fut nommé professeur de zoologie au collège Chaptal. Mais il fut alors (1846), atteint de surdité et obligé de renoncer à l'enseignement. Attaché au Muséum en 1848, aide-naturaliste en 1854, il compléta la *Monographie générale des Melastomacées*. Il a publié un grand nombre de travaux, notamment sur l'hybridité et son importance dans le règne végétal; sur la famille des *Cucurbitacées*; sur l'influence de l'électricité atmosphérique sur la floraison et la fructification des plantes, etc. Il a laissé de nombreux articles dans le *Bon Jardinier*, le *Journal d'agriculture pratique*, ainsi qu'un *Manuel de l'acclimateur*, 1888. Il fonda à Collioure un jardin de botanique expérimentale, puis dirigea, à partir de 1878, le jardin botanique d'Antibes, fondé par M. Thuret et légué à l'État. Il fut admis à l'Académie des Sciences en 1863. M. Berthelot lui a consacré une *Notice* (1900).

NEGRI-SEMBILAN, petit état malais de la péninsule de Malacca, fait partie d'une confédération formée en 1896 et placée sous la tutelle de l'Angleterre. La population est évaluée à environ 70000 habitants.

NEROUDA (Jean), écrivain tchèque, né en 1834, mort en 1891, a laissé, entre autres œuvres : *Fleurs de cimetière*, 1858; *Arabesques et Esquisses de Paris*, 1864; *Le Livre des poésies*, 1867; *les Gens divers*, 1872, etc. Il a collaboré aux *Narodni Listy* et aux autres publications tchèques.

NEMOURS (Louis-Charles-Philippe d'ORLÉANS, duc de), deuxième fils de Louis-Philippe, duc d'Orléans, plus tard roi des Français, et de Marie-Amélie de Bourbon, né en 1814, mort en 1896, fit ses études au collège Henri IV. En 1830, il refusa la couronne de Grèce, que lui offrait le congrès de Mégare, puis celle de Belgique, offerte par le congrès national de Bruxelles. Néanmoins, il fut élu (3 février 1831) roi des Belges, par 96 voix contre 74 données au duc de Leuchtenberg, et 21 à l'archiduc Charles. Mais le roi Louis-Philippe repoussa définitivement cette offre (17 février), et Léopold de Saxe-Cobourg devint roi des Belges (4 juin). Le duc de Nemours figura au siège d'Anvers, puis dans les deux expéditions de Constantine (1836-1837). L'opinion, qui lui avait imputé le désastre de la première expédition, ne lui sut aucun gré du courage qu'il montra dans la seconde. Le prince était impopulaire : les Chambres rejetèrent à deux reprises un projet d'apanage qui le concernait. En 1840, il épousa Victoire de Saxe-Cobourg, nièce du roi des Belges, de laquelle il eut quatre enfants : Gaston d'Orléans, comte d'Eu, né en 1842; Philippe-Marie, duc d'Alençon, né en 1844; Marguerite-Adélaïde-Marie, née en 1846, princesse Czartoriska, morte en 1893; Blanche d'Orléans, née en 1857. Après la mort du duc d'Orléans (1842), une loi, qui fut discutée avec passion, conféra la régence au duc de Nemours; mais après l'abdication de Louis-Philippe (24 fév. 1848), il ne fit aucun usage des pouvoirs qui lui étaient échus. Il se retira à Claremont, rentra en France en 1871, et vécut dans la retraite. Général de division en 1856, il fut rayé des cadres en vertu de la loi de 1886.

NEWMAN (John-Henry), théologien et cardinal anglais, né à Londres en 1801, mort en 1890, fit ses études à Oxford, et entra dans le clergé anglican. Il ne tarda pas à incliner vers les croyances catholiques, qu'un voyage à Rome et dans l'Italie méridionale (1833) l'affermit dans ces idées. Cependant il rêva tout d'abord d'une simple régénération de l'anglicanisme, d'une « voie moyenne » entre le protestantisme et le catholicisme. Mais il ne tarda pas à sentir l'impossibilité d'une telle entreprise, et à céder à l'impulsion qui l'acheminait vers la conversion à l'église romaine. En 1843, il résigna les fonctions qu'il remplissait dans l'église établie comme curé de Ste-Marie d'Oxford, se rendit à Rome, et fut admis comme prêtre dans la congrégation de l'Oratoire (1845). Désormais, il consacra toute sa vie à la propagande des doctrines catholiques, et fit d'Oxford le centre d'un mouvement très puissant en faveur de la renaissance du catholicisme en Angleterre. On citera, parmi les nombreux ouvrages : *Lettres sur certaines scrupules*, 1850; *Discours aux congrégations mixtes*, 1850; *Histoire du développement de la doctrine chrétienne*; *Discours sur la théorie de la croyance religieuse*; *Perte et gain*, histoire d'un converti*, 1850; *De l'anglicanisme au catholicisme*, 1865; *Histoire de mes opinions religieuses*, 1866; *le Songe de Gérontius*, 1890; *Sermons*; *Œuvres complètes*, 34 vol., 1871-1879. Newman fut promu au cardinalat en 1879. Il résida à Birmingham, où il est mort. Une statue lui a été élevée à Londres. — Cf. Thureau-Dangin, *la Renaissance catholique en Angleterre; Newman et le mouvement d'Oxford*, Paris, 1899; Mlle Lucie Faure, *Newman, sa vie et ses œuvres*, Paris, 1901.

NIAMEY, circonscription comprise dans le « Territoire militaire du Niger » (Voy. ces mots dans le SUPPLÉMENT); chef-lieu d'une région qui comprend les cercles de Djerma, Dounzou, Dori.

NIETZSCHE (Frédéric), écrivain allemand, né à Rœcken, près de Lutzen (Saxe) en 1844, mort en 1900, étudia aux universités de Bonn et de Leipzig, puis, de 1869 à 1876, enseigna la philologie à l'Université de Bâle. En 1870, la guerre franco-allemande lui fournit l'occasion d'exprimer toute sa haine contre la France. Il est vrai qu'après la guerre son enthousiasme pour ses compatriotes diminua singulièrement. Il commença à écrire en 1872, et composa alors ses livres sur la *Philosophie dans l'âge tragique de la Grèce* (publié seulement en 1896); *la Naissance de la tragédie par l'esprit de la musique*, 1873; *Schopenhauer éducateur*, 1874; *Réflexions inopportunes*, 1874; *Choses humaines, trop* *humaines*, 1878. Après avoir beaucoup admiré Wagner, il se brouilla avec lui vers 1876, et écrivit contre le compositeur allemand de nombreux ouvrages de polémique (*Richard Wagner à Bayreuth*, 1876; *le Cas de Wagner*, 1888 ; *le Crépuscule des Dieux*, 1889). En 1879, l'état précaire de sa santé l'obligea à renoncer à l'enseignement. Malade et solitaire, il émit dès lors des théories étranges dans des livres souvent obscurs, comme le recueil d'aphorismes, dont le premier fut intitulé *Ainsi parla Zarathustra*. C'est une sorte de poème en prose, dans lequel il rompt, d'une façon le plus souvent brutale, avec les doctrines religieuses et philosophiques, avec toutes les traditions, et annonce l'avènement du « surhomme », qui résumera en lui tous les progrès de l'humanité. Ce livre fut suivi d'autres ouvrages philosophiques, parmi lesquels on citera : *l'Aurore des préjugés moraux*, 1881; *le Gai savoir*, 1882; *Au delà du bien et du mal*, 1886; *D'une généalogie de la morale*, 1887. En 1889, à Turin, Nietzsche commença à être atteint d'aliénation mentale; ce mal devait rester incurable. C'est dans cette période trouble de son existence qu'il écrivit *l'Antechrist*, 1896 ; *le Retour du semblable*, 1897 ; on est frappé de l'incohérence et du manque de conclusion de ces ouvrages. On a dit que Nietzsche devait faire connaître le fondement et la fin de ses doctrines dans la dernière partie de la *Transmutation des valeurs*, mais cette œuvre resta inachevée, par suite de la maladie et de la mort du philosophe. — Si incomplète ou obscure qu'elle soit, la doctrine de Nietzsche a rencontré de nombreux admirateurs en Allemagne, où s'est créée toute une « littérature nietzschéenne » : des *Archives nietzschéennes* ont été fondées à Weimar. Ses ouvrages exercent aussi une réelle influence sur une partie de la société en France. Mais il faut bien admettre que, des œuvres souvent incohérentes du philosophe, se dégagent des conséquences souvent contradictoires. Nietzsche peut être invoqué simultanément par les rétrogrades et par les révolutionnaires, par les socialistes et par les conservateurs. — La *Correspondance de Nietzsche avec Heinrich Von Stein* a été publiée par Mme Förster-Nietzsche, 1900. — Cf. F. Toennies, *Der Nietzsche-Kultus*, 1897; J. Duboc, *Anti-Nietzsche*, Dresde, 1897 ; H. Lichtenberger, *la Philosophie de Nietzsche*, et *Aphorismes et fragments choisis de Nietzsche*, Paris, 1900 ; Th. Ziegler, *Fr. Nietzsche*, Berlin, 1900; Le Verrier, *Fr. Nietzsche* (dans la *Revue de métaphysique et de morale*, janvier 1901). M. Henri Albert a consacré plus récemment à Nietzsche d'importantes études. M. Faguet a publié, en 1904, *En lisant Nietzsche*, et M. Fouillée, *Nietzsche et l'Immoralisme* (Paris, Alcan, 1907).

NIGER (PROTECTORAT DES CÔTES DU), dénomination sous laquelle furent désignées en 1884 les régions situées sur les bouches du Niger et du royaume de Bénin, Vieux-Calabar, Ogogo, Nouveau-Calabar, Brass, Bénin, soumises au protectorat britannique. Ces pays produisent l'huile de palme, noix de coco, caoutchouc, ivoire, etc. Ils font partie, depuis 1906, de la Nigeria méridionale.

NIGERIA, vaste région du Soudan occidental, acquise par l'Angleterre et exploitée depuis 1886 par une Compagnie à charte à laquelle la Couronne se substitua en 1900. La superficie, délimitée à la suite de nombreuses conventions avec l'Allemagne et la France, est évaluée à 1 205 000 kil. carrés. — La Nigeria se compose actuellement de deux parties. La Nigeria septentrionale comprend le protectorat des pays, d'ailleurs mal soumis, de Sokoto, Bornou, Bénoué, Adamaoua, Gonlo, Yola, etc. L'Angleterre a simplement placé des résidents auprès des chefs indigènes. La principale station anglaise est Lokoja, au confluent de la Bénoué et du Niger. La Nigeria du Nord est administrée par un haut commissaire dépendant du gouverneur de la Nigeria méridionale. La population est d'environ 9 millions d'habitants. — La Nigeria méridionale a été formée en 1906 de l'ancienne colonie de Lagos et des régions adjacentes. La population de cette nouvelle colonie est d'environ 6 millions d'habitants. Elle est administrée par un gouverneur et un Conseil Législatif résidant à Lagos. Le surintendant des affaires indigènes réside à Abeokouta. Les principaux ports de la Nigeria sont Akassa et Ganagana. — Gomme, caoutchouc, ivoire, huile de palme, etc.

NIGRA (Constantin, comte), diplomate italien, né à Villa-Castelnuovo (Piémont) en 1828, mort en 1907, fit ses études de droit à l'Université de Turin et prit part, comme volontaire, à la guerre contre l'Autriche en 1848. Grièvement blessé à la bataille de Rivoli, il abandonna la carrière militaire, entra dans la diplomatie et fut secrétaire de Cavour au Congrès de Paris, en 1856. Il prit part aux négociations entre le Piémont et la France qui précédèrent la guerre de 1859, à laquelle il assista au quartier général de Napoléon III. Secrétaire des plénipotentiaires italiens à Zurich, il fut nommé ministre plénipotentiaire du royaume de Sardaigne, puis d'Italie à Paris. Il jouissait d'une très grande faveur auprès du gouvernement impérial ; il en profita pour servir avec beaucoup d'habileté les intérêts de son pays. Pendant le lieutenance du prince de Carignan dans les provinces napolitaines en 1861, il lui fut attaché comme secrétaire, et reprit ensuite à Paris ses fonctions d'ambassadeur. Il joua un grand rôle dans les négociations qui, de 1868 à 1870, tendirent à unir ensemble la France, l'Italie et l'Autriche, mais qui échouèrent par suite du refus déclaré par Napoléon III de laisser les Italiens s'emparer de Rome. Au 4 septembre 1870, il fut du petit nombre des amis de la cour qui se réunirent aux Tuileries. Il accompagna l'impératrice à sa sortie du palais et il ne la quitta qu'après l'avoir mise en sûreté. En 1876, le comte Nigra fut nommé à l'ambassade de Russie. Il passa à celle de Londres le 12 novembre 1882. Rappelé par Crispi, en octobre 1887, pour ne pas avoir averti son gouvernement de la médiation offerte par l'Angleterre au négus d'Abyssinie, il fut envoyé à l'ambassade d'Autriche. En 1895, il se retira à Rapallo, où il mourut. — En juillet 1874, il avait présidé les fêtes du cinquième centenaire de Pétrarque à Avignon. Lettré délicat, Nigra a laissé des travaux intéressants sur la langue et la littérature italiennes. Il a rédigé des *Mémoires*.

NORDENSKJÖLD (Eric), explorateur suédois, né à Helsingfors en 1832, mort en 1901, était le fils d'un professeur de minéralogie, qui devint surintendant des mines. À l'âge de vingt ans, il accompagna son père dans les mines de l'Oural. Reçu docteur ès-sciences en 1857, il eut avec le gouvernement russe des démêlés qui le décidèrent à aller se fixer à Stockholm : il fut nommé, en 1859, professeur de minéralogie à l'Académie des sciences de cette ville. Dès 1859, il explora le Spitzberg, où il revint en 1864 et en 1868 ; il parvint ici ora, à bord de la *Sophia*, jusqu'au 81°10' de latitude Nord. En 1870, il explora une partie du Groenland ; en 1875, la mer de Kara ; en 1876, l'estuaire de l'Iénisséï. Au mois d'août 1878, avec deux navires, *la Lena* et *la Vega*, il entreprit un grand voyage à la recherche d'un passage par le Nord-Est, pour aller des mers d'Europe dans celles de la Chine. L'expédition visita le cap Tchelionskine, les estuaires de la Léna et de la Kolyma, hiverna dans la baie de Kolioutchine, de septembre 1878 à juin 1879, et pénétra dans la mer de Behring au mois de juillet suivant. Au prix de mille difficultés, Nordenskjöld avait parcouru la route recherchée par les navigateurs depuis le XVIe siècle ; désormais, il était démontré que cette route ne peut pas être considérée comme ayant une utilité pratique. Ce beau voyage valut à Nordenskjöld une grande popularité dans toute l'Europe ; à Paris, notamment, pendant un voyage qu'il fit dans cette ville en 1880, il fut l'objet d'ovations enthousiastes et fut nommé commandeur de la Légion d'honneur et membre associé de l'Académie des Sciences. En 1883, il fit une dernière expédition au Groenland. Il était membre de l'Académie des Sciences de Stockholm et de la Chambre des députés.

NORD-OUEST (TERRITOIRES DU), vaste région du Dominion canadien. Une partie a formé les provinces de Manitoba, d'Alberta et de Saskatchevan (voy. ces mots dans le SUPPLÉMENT). Actuellement (1908), ces territoires comprennent les districts de Mackenzie, Ungava, Franklin. Le territoire du Yukon (voy. ce mot dans le SUPPLÉMENT) a reçu une organisation particulière en 1898.

NORODOM, roi du Cambodge, né en 1835, mort en 1904, succéda en 1859 à son père Ong-Duong. Pendant les premières années de son règne, il fut soumis à l'influence du Siam, qui était représenté par un mandarin à Oudong, alors capitale du Cambodge, et qui aida Norodom à vaincre l'hostilité de son frère Si Wota. Au mois d'août 1863, il accepta le protectorat, d'ailleurs assez vague, de la France ; un résident français fut envoyé à Oudong ; mais au mois de décembre de la même année, Norodom signa un nouveau traité de protectorat avec le Siam, qu'il considérait comme puissance suzeraine. En outre, le Siam prétendait posséder les provinces cambodgiennes de Battambang et d'Angkor, ainsi que la plus grande partie du Laos. Après avoir transféré sa capitale d'Oudong à Pnom Penh, Norodom introduisit dans son royaume, en 1877, quelques réformes concernant les impôts et la justice. En 1884, les liens du protectorat français furent resserrés. Des résidents français furent chargés du contrôle administratif des provinces cambodgiennes : une municipalité française fut créée à Pnom-Penh, etc. En 1897, le Cambodge fut placé entièrement sous la dépendance de la France; le résident général devint président du conseil des ministres cambodgiens. Les difficultés pendantes avec le Siam firent l'objet de traités en 1895 et en 1904 : ce dernier traité fixait la frontière du Luang-Prabang (Laos), auquel le Siam renonçait, aux Siamois Chantaboum. Le conflit entre le Cambodge et le Siam fut définitivement résolu par le traité du 23 mars 1907, qui restitua au Cambodge les provinces de Battambang, Siem-Réap et Sisophon, et attribua au Siam les territoires de Dan-Saï, Krati et quelques îles.

NORVÈGE (Voy. ce mot dans le DICTIONNAIRE). Des démêlés fréquents avaient éclaté depuis plusieurs années entre ce pays et la Suède, notamment au sujet de la représentation diplomatique et consulaire à l'étranger (Voy. OSCAR II dans le SUPPLÉMENT). Le storthing norvégien dénonça, au mois de juin 1905, l'union entre les deux royaumes, qui existait depuis 1814. La rupture fut décidée à la suite d'un plébiscite, fait au mois d'août suivant, qui donna 368 000 voix favorables à la séparation contre 184 seulement. Dès le mois de juillet, la couronne de Norvège avait été offerte au prince Charles de Danemark, fils du roi Frédéric et de la princesse Louise de Suède, époux de la princesse Maud, fille du roi d'Angleterre Édouard VII et de la reine Alexandra. Le prince n'accepta qu'à la condition qu'il serait agréé par la majorité du peuple norvégien. Un plébiscite fait sur son nom donna 259 653 voix favorables et 69 264 contraires. Le prince fut définitivement élu au mois de novembre 1905 par 116 membres du Storthing, un seul étant absent. Il prit le nom d'Haakon VII. Jadis, un acte, signé à Paris le 30 mars 1856, avait garanti l'intégrité de la Suède et de la Norvège. L'union n'existant plus, cet acte fut remplacé par un traité, valable pour dix ans, garantissant l'intégrité de la Norvège, signé à Christiania le 2 novembre 1907 entre l'Allemagne, la France, l'Angleterre, la Norvège et la Russie.

NOURRISSON (Félix), philosophe, né à Thiers en 1825, mort en 1899, fit d'abord partie du barreau de Paris. Il enseigna la philosophie au collège Stanislas (1850), puis dans divers lycées, enfin au Collège de France (1874). Il fut élu membre de l'Académie des Sciences morales et politiques en 1870. On citera parmi ses ouvrages : Essai sur la philosophie de Bossuet; le Cardinal de Bérulle; Tableau des progrès de la pensée humaine depuis Thalès jusqu'à Leibniz; les Pères de l'Église latine; la Philosophie de Leibniz; la Philosophie de saint Augustin; la Nature humaine; Spinoza et le naturalisme contemporain; la Souveraineté nationale et la Révolution; Machiavel; Pascal, physicien et philosophe; Trois révolutionnaires, Turgot, Necker, Bailly; Philosophie de la nature, etc.

NOUVELLE-GUINÉE. — Les Hollandais possèdent au nord-ouest de l'île un territoire dont la superficie est évaluée à 389 000 kilomètres carrés, avec 250 000 habitants. — Les Anglais ont organisé, en 1888, à l'Est de ces possessions, une colonie qui compte environ 229 000 kilomètres carrés, avec 350 000 habitants. Le chef-lieu est Port-Moresby (1640 habitants). — Les Allemands ont occupé, en 1884, une partie du territoire septentrional, en même temps que l'archipel de Nouvelle-Bretagne, malgré les vives protestations des gouvernements australiens. La possession allemande s'appelle « Terre de l'Empereur Guillaume. » Elle a 179 000 kilomètres carrés de superficie et compte environ 100 000 indigènes et une centaine d'Européens. Le principal port est Friedrich-Wilhelmshafen. On considère comme des dépendances de cette colonie les îles Bismarck, Salomon, Marshall, Carolines, Mariannes et Palaos. Le gouverneur de ces possessions réside à Herbertshöhe, dans les îles Bismarck.

NOUVELLE-ZÉLANDE. (Voy. ces mots dans le DICTIONNAIRE). D'après les statistiques les plus récentes, la Nouvelle-Zélande occupe une superficie de 271 305 kilomètres carrés. Sa population était, en 1907, d'environ 955 000

habitants, dont 47 731 indigènes Maoris. — Depuis la création de la confédération australienne (Voy. AUSTRALIA dans le SUPPLÉMENT), la Nouvelle-Zélande prétend former non plus une simple colonie, mais une « Puissance » ou Dominion, comprenant, outre l'archipel néo-zélandais, les six îles Cook (6000 habitants), et les petits îlots appelés Niue, Palmerston, Penryn, Souvarov, Manahiki, Rakahanga, qui comptent une population totale d'environ 600 habitants (1907).

NUBAR PACHA, homme d'État égyptien, né à Smyrne en 1825, fit ses études en France au collège de Sorèze, et entra dès l'âge de dix-huit ans dans l'administration égyptienne. Il joua un grand rôle sous le règne d'Ismaïl (Voy. ce nom dans le SUPPLÉMENT), comme ministre des travaux publics, puis des affaires étrangères (1866), fut envoyé en mission à Constantinople, où le sultan lui conféra le titre de pacha; obtint de la Porte l'indépendance de l'Égypte et le titre de Khédive pour son souverain (1867); prit une part active à l'ouverture du canal de Suez, accomplit d'importantes réformes judiciaires, et créa les tribunaux mixtes pour remplacer les anciennes juridictions consulaires. Plus favorable à l'Angleterre qu'à la France, il quitta le ministère en mai 1874; il revint aux affaires en 1875, joignant le portefeuille du commerce à celui des affaires étrangères. Dès lors, il chercha à donner satisfaction à la France et à l'Angleterre par des réformes financières. Il se retira cependant en 1876, et quitta l'Égypte après la chute d'Ismaïl (mai 1879). Revenu au pouvoir en 1884, il subit l'influence de l'Angleterre, représentée par sir Evelyn Baring. Il accepta des Anglais, comme M. Clifford Lloyd, dans le gouvernement égyptien. Il supprima le journal français du Caire, le Bosphore égyptien. Mais bientôt des dissentiments éclatèrent avec M. Clifford Lloyd, sous-secrétaire d'État à l'intérieur. Nubar-Pacha se retira en 1888, à la suite de vifs démêlés avec les Anglais. Il fut rappelé en 1894 par le Khédive; mais il quitta bientôt les affaires et se fixa à Paris, où il mourut en 1899.

NYASSALAND, région de l'Afrique centrale, placée depuis 1891 sous le protectorat britannique, comprenant le pourtour occidental et méridional du lac Nyassa, et s'étendant au S. jusqu'au Zambèze. Superficie environ 106 000 kilomètres carrés; population 928 000 habitants, la plupart nègres Bantous. — Depuis 1907, ce pays est désigné plutôt sous le nom de « Protectorat de l'Afrique centrale anglaise ». — Vastes plateaux et larges vallées. — Or, fer, graphite. Élevage de bétail. Café, riz, coton. — Le ch.-l. est à Zomba, mais la principale ville est Blantyre (6500 hab.). Localités de Fort-Johnston, sur le lac Nyassa. Karonga, Kotakota sur le lac.

O

OASIS (les), nom donné, depuis 1905, à une subdivision des territoires du Sud (Voy. ces mots dans le SUPPLÉMENT) créés en Algérie. Les Oasis correspondent à la région géographique du Touat. (Voy. ce mot dans le SUPPLÉMENT).

OBERAMMERGAU, village de Bavière, peuplé d'environ 1200 habitants, est célèbre par les représentations qu'on y donne du mystère de la Passion. La première eut lieu en 1634, en exécution d'un vœu fait deux années auparavant, quand Oberammergau et le célèbre couvent d'Ettal, voisin du village, furent pillés par les troupes du roi de Suède Gustave-Adolphe. Le texte du mystère avait été composé par les moines d'Ettal, d'après un texte du xve siècle et un mystère de Sébastien Wisel. Les ducs de Bavière protégèrent cette institution; à partir de 1680, la représentation eut lieu tous les dix ans. Cet usage s'est conservé jusqu'à nos jours. Les rôles du Passionspiel sont tenus exclusivement par des habitants d'Oberammergau, à la condition expresse qu'ils soient de mœurs irréprochables. Certains rôles se transmettent de père en fils pendant plusieurs générations. Le mystère se joue actuellement sur un théâtre moderne, reconstruit depuis quelques années. Le texte joué depuis le xixe siècle est l'œuvre d'un jésuite d'Ettal, le P. Rosner.

ODILE (Sainte), patronne de l'Alsace, était suivant la tradition, la fille d'un duc mérovingien d'Alsace, Adaric ou Athic, qui vivait vers la fin du viie siècle et serait né à Oberni. Née aveugle, Odile fut repoussée par son père;

mais, après son baptême, elle recouvra la vue. Athic voulut alors reprendre sa fille, qui chercha par tous les moyens à lui échapper. Finalement elle se réconcilia avec lui, et obtint en don la forteresse de Hohenburg, située sur la montagne qui porte aujourd'hui son nom ; elle y fonda un monastère qui est placé depuis des siècles sous son invocation. Au pied de la montagne, elle fonda aussi le couvent le Niedermunster. Elle mourut en odeur de sainteté, vers 720, au couvent de Hohenburg, où elle fut ensevelie. Depuis le moyen âge jusqu'à nos jours, l'église et le couvent de Sainte Odile sont devenus des lieux de pèlerinage très populaires en Alsace.

ODILE (montagne de sainte-), hauteur située en Alsace, sur un contrefort des Vosges, à 751 mètres d'altitude, à 30 kilomètres environ au Sud-Ouest de Strasbourg. Ancienne forteresse celtique, qu'entourait une muraille fort étendue, dont quelques débris, subsistant encore de nos jours, sont désignés depuis des siècles sous le nom de *mur païen*. Encore fortifiée par les Romains sous le nom d'*Altitona*, elle prit, au temps des invasions barbares, le nom germanique d'Alsace, due mérovingien d'Alsace, en fit don à sa fille Odile, qui y fonda un monastère où elle mourut, et qui devint bientôt un lieu de pèlerinage populaire, visité par de grands personnages, notamment par Léon IX en 1049, plus tard par Frédéric Barberousse en 1155, peut-être par Richard Cœur de Lion, après sa captivité à Trifels. Le couvent servit de prison, sous Henri VI, à la reine Sibylle, veuve de Tancrède, comte de Lecce, et à sa fille. — Le monastère eut aussi un véritable éclat littéraire vers la fin du xive siècle, grâce aux abbesses Herrade de Landsperg, Relinde, etc., dont les œuvres figurent dans le recueil dit *Hortus Deliciarum* (mss. latin de 1180, biblioth. de Strasbourg). A partir du xiiie siècle, les abbesses de Sainte-Odile eurent de fréquents démêlés avec les habitants d'Obernai, ville sur laquelle elles prétendaient avoir des droits.

OLIPHANT (Margaret wilson. Mme), romancière anglaise, née dans le Midlothian en 1828, morte en 1897, publia en 1849 son premier ouvrage, *Fragments de la vie de Mme Marguerite Maitland*. De 1850 à 1890, elle fit paraître un très grand nombre de romans qui lui assurèrent le succès. Les plus populaires sont *Markland, le Cœur tranquille, les Dames Lindores, la Rose de juin, Un pauvre monsieur*, etc. Elle dirigea une publication des *Classiques étrangers pour les lecteurs anglais* (édit. Blackwood); écrivit des études sur Dante, Cervantes, Edw. Irving, Montalembert, St François d'Assises, Chalmers, Sheridan, etc. ; une *Histoire littéraire de l'Angleterre au xixe siècle*, une biographie de Laurence Oliphant, qui fut un des mystiques les plus singuliers de l'Angleterre contemporaine, etc.

OLLIER (Louis-Léopold), médecin, né aux Vans (Ardèche) en 1830, mort à Lyon en 1900, fut reçu docteur en 1856, devint médecin en chef de l'Hôtel-Dieu de Lyon et professeur de clinique chirurgicale à la Faculté de médecine de cette ville. Il a fait d'importantes recherches sur la régénération des os par le périoste. On citera parmi ses travaux : *Recherches expérimentales sur la production artificielle des os*, 1859 ; *Des résections des articulations*, 1870 ; *De l'occlusion inamovible comme méthode générale de pansement des plaies*, 1874 ; *De l'éléphantiasis du nez et de son traitement*, 1876. Il a laissé aussi deux importants ouvrages : *Traité expérimental et clinique de la régénération des os et de la production artificielle du tissu osseux*, 1867, 2 vol. ; et *Traité des résections et des opérations conservatrices*, 3 vol., 1885-1891. Le docteur Ollier était correspondant de l'Académie de Médecine et associé national de l'Institut.

OLMEDO (José-Joaquim de), homme politique et poète, né à Guyaquil en 1780, mort en 1847, joua un rôle actif pendant la guerre de l'Indépendance, comme écrivain et comme homme d'État. Le 9 octobre 1820, il constitua à Guyaquil un gouvernement autonome qui disparut bientôt, quand Bolivar fondit dans la Colombie le pays qui devint par la suite la république de l'Équateur. Olmedo eut une part considérable dans l'organisation de ce pays. Poète, il a composé des chants de guerre et laissé des descriptions poétiques qui sont populaires dans toute l'Amérique du Sud. — Cf. Victor-M. Rendon, biographie et traduction en français des *Œuvres* d'Olmedo.

OPPERT (Jules), orientaliste français, né à Hambourg en 1825, mort en 1905, fit ses études classiques dans sa ville natale et étudia ensuite le droit à Heidelberg ; mais son goût pour la philologie le fit passer à l'Université de Bonn, où il suivit le cours de sanscrit de Lassen et celui d'arabe de Freytag. En 1847, après deux années d'études à Berlin, il prit le grade de docteur en philosophie à l'Université de Kiel, avec une thèse sur le droit criminel des Indous (*De Jure Indorum criminali*). Il étudia ensuite spécialement le zend et l'ancien persan, et publia à Berlin un ouvrage sur le système vocal de cette dernière langue (*Lautsystem des altpersischen*, 1847). D'origine juive, Oppert, malgré ses mérites, se voyait fermer en Allemagne la carrière du professorat. Il vint à Paris en 1847 et trouva des appuis dans Letronne et Eug. Burnouf. Nommé professeur d'allemand à la Flèche puis à Reims, il ne cessa de poursuivre ses travaux. Il étudia les caractères cunéiformes de la célèbre inscription trilingue de Behistoun, et publia les résultats obtenus dans ses *Inscriptions des Achéménides* (1852). Il alla poursuivre ses études en Mésopotamie 1852-54; et obtint à son retour des lettres de grande naturalisation. Adoptant une partie des idées de Hincks et de Rawlinson, et s'appuyant sur ses propres recherches, il exposa à l'Institut un système nouveau d'interprétation qu'il consigna dans deux ouvrages : *les Études assyriennes* et *l'Expédition scientifique de France en Mésopotamie* (1858). En 1855, il reçut du ministre de l'instruction publique une mission scientifique en Angleterre et en Allemagne, puis fut chargé de la chaire de sanscrit à la Bibliothèque impériale. En 1865, il obtint de l'Institut le grand prix biennal attribué à l'œuvre ou à la découverte la plus propre à honorer ou à servir le pays. En 1874, il fut nommé professeur de philologie et d'archéologie assyriennes au Collège de France. Il fut élu membre de l'Académie des inscriptions et belles-lettres, en remplacement de Mariette, le 18 mars 1881. — Parmi ses diverses publications, on citera : *les Inscriptions cunéiformes déchiffrées une seconde fois* (1859); *Grammaire sanscrite* (Berlin 1857); *Éléments de la grammaire assyrienne* (1860); *État actuel du déchiffrement des inscriptions cunéiformes* (1861); *les Inscriptions assyriennes des Sargonides et les fastes de Ninive* (1865), *l'Honover, le verbe créateur de Zoroastre* (1863); *les Fastes de Sargon*, traduits et publiés d'après le texte assyrien, etc., avec M. J. Menant (1865); *Grande inscription de Khorsabad*, commentaire philologique (1864; *Supplément*, 1866); *Histoire des empires de Chaldée et d'Assyrie* (1866); *Mémoire sur les rapports de l'Égypte et de l'Assyrie dans l'antiquité* (1869); *Babylone et les Babyloniens* (1869); *la Chronologie biblique* (1870); *les Inscriptions de Dour-Sarkayan* (1870); *Mélanges perses* (1872); *l'Immortalité de l'âme chez les Chaldéens* (1875); *Salomon et ses successeurs* (1877); *Documents juridiques de l'Assyrie et de la Chaldée* (1877); avec J. Menant; *l'Inscription d'Esmunazar* (1877); *le peuple et la langue des Mèdes* (1879); *l'Ambre jaune chez les Assyriens* (1880); *Études sumériennes* (1881), etc. On peut joindre à ces travaux un plan de Babylone, des articles donnés à l'*Athenæum français*, aux *Annales de philosophie chrétienne*, etc. C'est à Oppert que l'on doit les premières études scientifiques et étendues sur l'histoire de l'antique Assyrie.

ORANGE (*Voy.* ce mot dans le Dictionnaire). — En 1897, le gouvernement de la République, qui avait à sa tête M. Steijn, fit alliance avec le Transvaal (*Voy.* ce mot dans le suctlexext, pour résister aux prétentions des Anglais. L'Orange fut entraîné dans la guerre qui désola, à partir de 1899, l'Afrique australe. Le général anglais Buller envahit le territoire orangiste et imposa une capitulation au général Cronje, qui commandait les forces de ce pays (27 février 1900). — Par le traité de Vereeniging (1902), l'Orange fut transformé par les Anglais en colonie de la Couronne. L'Angleterre entreprit dans sa nouvelle possession de grands travaux publics, notamment le chemin de fer de Kroonstadt à Modderport. — D'après les dernières statistiques, la superficie de l'Orange est évaluée à 151000 kilomètres carrés et sa population à 387000 habitants.

ORLÉANS (Henri, prince d'), explorateur, né près de Richmond (Angleterre) en 1867, était le fils aîné du duc de Chartres. De 1889 à 1890, il fit, en compagnie de M. Bonvalot, un grand voyage du Turkestan au Tibet par

Tonkin. En 1891, il visita l'Indo-Chine; en 1892, il explora la Côte des Somalis et une partie du Harrar; en 1894, Madagascar, et, de nouveau, l'Indo-Chine; en 1895, partant du Tonkin pour se rendre dans l'Inde, il explora la Birmanie. Ces voyages lui valurent, en 1896, la grande médaille d'or de la Société de Géographie de Paris. En 1897, il explora de nouveau le Harrar, alla visiter à Adis-Ababa l'empereur Menelik, et parcourut une grande partie de l'Abyssinie (1898-99). Il mourut à Saïgon en 1901, au moment où il se disposait à entreprendre un voyage à travers l'Annam et le Tonkin. Le prince d'Orléans a publié de nombreux ouvrages : *Six mois aux Indes* 1889, *les Missionnaires français au Tibet* (1891); *de Hanoï à Bangkok* (1892); *de Paris au Tonkin* (1891); *une visite à l'empereur Ménélik* (1898), etc.

ORO (Rio de), baie de la côte occidentale d'Afrique, entre les caps Bojador et Blanc, par 23°40' et 23°55' lat. N. — Ce nom de « rivière d'or », donné par les Portugais et les Espagnols à cette région est d'autant plus impropre, qu'on n'y trouve ni rivière, ni or. L'entrée de la baie est obstruée par une barre. Les Espagnols ont fondé dans la partie occidentale la petite factorerie de Villa Cisneros.

OSCAR II, roi de Suède et de Norvège, né à Stockholm en 1829, mort le 8 décembre 1907, succéda à son frère Charles XV, le 18 septembre 1872. Il fut couronné solennellement à Stockholm, le 12 mai 1873, et à Trondhjem, comme roi de Norvège, le 18 juillet; mais les crédits nécessaires à cette dépense ne furent accordés par la Chambre qu'après des débats longs et animés. Il s'occupa, dès ses débuts, de la réorganisation de l'armée, des chemins de fer et de l'instruction secondaire. La richesse agricole et industrielle de la Suède s'accrut d'une façon considérable durant le règne d'Oscar II, qui s'intéressait avec compétence aux progrès de l'agriculture et de l'industrie. Une convention monétaire fut conclue avec le Danemark, le 19 décembre 1872; une nouvelle législation sur la navigation commerciale entra en vigueur en mai 1874; le système métrique fut introduit (15 mai 1876); l'île de Saint-Barthélemy, aux Antilles, fut cédée à la France. Le roi, qui avait été destiné d'abord à la marine, et qui avait pris part à plusieurs expéditions, fit, selon l'antique coutume des souverains de Suède et de Norvège, un voyage en Laponie, jusqu'au cap Nord, en septembre 1873. Il encouragea, par la suite, les expéditions arctiques. — Le règne d'Oscar II fut marqué par des crises suscitées en Suède par les questions politiques et économiques, et surtout par de fréquents conflits avec la Norvège. En 1882, le parti radical norvégien, hostile à l'union, l'emporta aux élections. Il réclama la restriction, sinon la suppression du veto royal, la séparation des douanes suédoises et norvégiennes, la représentation du Storthing norvégien auprès des ministères suédois, et surtout la création d'un ministère norvégien des affaires extérieures ayant ses consuls et agents diplomatiques norvégiens. Un projet de réorganisation de l'armée donna à la crise une singularité aprêté. Le 26 avril 1885, l'Odelsthing vota la mise en accusation du chef de cabinet, M. Selmer, et de ses collègues. Les ministres furent condamnés à la perte de leurs fonctions et au payement de 6000 couronnes (27 février 1884). Quelques mois plus tard, à la suite de plusieurs tentatives de conciliation, le roi de Suède se résigna à constituer un cabinet norvégien, en mettant à sa tête le chef même du parti radical, le président du Storthing, M. Sverdrup, connu pour ses opinions républicaines. Mais bientôt les crises recommencèrent. En vain, le roi proposa, le 10 mars 1885, un article additionnel à l'acte d'union, en vertu duquel trois commissaires norvégiens seraient nommés auprès du ministre suédois des affaires étrangères, pour l'assister dans la négociation des traités. Cette concession fut repoussée, en 1886, comme excessive, par le Parlement suédois, et comme insuffisante par le Storthing norvégien. L'agitation continua durant plusieurs années. En 1892, le Storthing renouvela son vote pour l'établissement de consulats norvégiens en Europe. le roi refusa de le sanctionner et le ministère de Christiania donna une fois de plus sa démission. La crise aboutit, en 1905, à une rupture définitive entre la Suède et la Norvège (*Voy.* ce mot dans le SUPPLÉMENT). La modération du roi de Suède empêcha la guerre d'éclater entre les deux pays. — Oscar II fit de nombreux voyages à l'étranger, notamment en France, pays avec lequel il entretenait des relations affectueuses. Il séjourna fréquemment à Paris, à Nice et à Pau, berceau de sa famille. Doué d'un esprit très cultivé, mathématicien distingué, il fut un protecteur éclairé des arts et de la littérature, qui jeta un grand éclat sous son règne, avec Strindberg, Heydenstam, Sélma Lagerlof, Fräding, etc. Lui-même écrivit une monographie de *Charles XII*; deux volumes de poésies : *Souvenirs de la flotte suédoise; Poèmes et feuilles de mon journal*; la traduction du *Cid* de Herder, du *Tasse* et *Faust* de Goethe; il donna une édition des *Mémoires de Charles XII*; un drame, *le Château de Kronborg*; une étude sur l'armée suédoise, etc. On a traduit en français *le Château de Kronborg* et l'étude sur *Charles XII*. — Oscar II avait épousé en 1857 la princesse Sophie de Nassau. De ce mariage naquirent quatre fils : le prince royal Gustave, qui a succédé à son père sous le nom de Gustave V. Oscar, qui a renoncé à ses droits éventuels à la couronne après son mariage avec une jeune suédoise, les princes Charles et Eugène.

OSMAN-PACHA (*Al ghazi, le Victorieux*), maréchal ottoman, né à Amazid (Asie Mineure) en 1857, mort en 1900, élève de l'Académie militaire de Constantinople, se distingua en Crimée, en Crète en 1867, dans l'Yémen, et devint général en 1874. En 1876, au début de la guerre entre la Turquie et la Serbie, il battit les Serbes à Zaïtschar, et reçut en récompense le titre de maréchal. Mais c'est surtout en 1877, dans la guerre contre les Russes, qu'il acquit une gloire incontestée. A la tête d'une armée de 50000 hommes, il fut chargé par le généralissime Abd el Kerim de garder la forteresse de Vidin. Déjà les Russes avaient occupé la plus grande partie de la Bulgarie et commençaient à franchir les Balkans, quand Osman Pacha, bien que surveillé par les Roumains, abandonna Vidin pour marcher vers Sofia, et tout d'abord, se porta sur Plevna, pour inquiéter l'ennemi sur son flanc droit. Il s'empressa d'élever des retranchements autour de Plevna, ville ouverte, et, le 20 juillet 1877, battit l'avant-garde du 9e corps russe commandée par le général Schilder-Schuldner. En dix jours, il fit de Plevna un vrai camp retranché, d'où il repoussa le général de Krudener, commandant le 9e corps, dans une seconde bataille (30 juillet). La marche en avant des Russes était dès lors arrêtée. Quatre corps d'armée et une artillerie formidable investirent Plevna, devenue, grâce à l'énergie d'Osman, une redoutable forteresse, mais ne purent s'en emparer après une bataille de six jours (11-16 septembre). Les Russes durent procéder à un siège régulier, sous la direction de Todleben en personne. Osman, entouré par 120000 hommes, essaya de faire une trouée (10 déc.), mais il fut battu et pris dans cette quatrième bataille de Plevna. En récompense de l'héroïsme dont il avait fait preuve dans cette lutte, il reçut le surnom de Victorieux (*al ghazi*). Depuis, il fut ministre de la guerre (1880-85), et travailla activement à la réorganisation de l'armée turque.

OSWALD (John), écrivain écossais, né à Edimbourg vers 1760, servit d'abord comme officier dans l'armée anglaise. Dès le début de la Révolution, il vint à Paris, et fut admis au Club des Jacobins. Il fut, comme ses compatriotes Priestley et Payne, un admirateur ardent de la Révolution française, qu'il servit par la plume et par les armes. Il fut tué aux Ponts-de-Cé en combattant les Vendéens, à la tête d'un bataillon parisien (sept. 1795). Il a laissé des *Poèmes* (sous le pseudonyme de Sylvester Otway); une ode, *le Triomphe de la Liberté*, dédiée à l'Assemblée Constituante; de nombreux ouvrages en prose : *le Cri de la Nature; la Tactique du Peuple*, livre dans lequel il préconise l'emploi des milices; *le Gouvernement du Peuple*, ou *Esquisse d'une Constitution pour la République universelle*, 1792, ouvrage dans lequel il expose des doctrines socialistes, et qui fut traduit en français.

OUBANGUI-CHARI-TCHAD, division administrative de la colonie française du Congo (*Voy.* ce mot dans le SUPPLÉMENT), a été organisée par un décret du 11 février 1906. Elle est administrée par un lieutenant gouverneur, assisté d'un conseil d'administration. De cette colonie dépendent les sultanats indigènes de Baguirmi, Dar Kouti, Bangassou, Rafaï, Zémio. C'est la partie la plus peuplée du Congo. La population, en 1907, était d'environ 5 millions d'indigènes et 276 européens. Le chef-lieu, qui avait été établi d'abord à Fort-de-Possel, a été transféré à Bangui (décembre 1906), ainsi que la justice de paix à compétence étendue (novembre 1907).

OUEÏ-HAÏ-OUEÏ. Voy. WEI-HAÏ-WEI.

OUGANDA (Voy. ce mot dans le DICTIONNAIRE), pays de l'Afrique centrale, entre les lacs Victoria et Albert, soumis au protectorat anglais ainsi que l'Ounyoro, qui fait partie de la même division. La superficie est évaluée à 570000 kilomètres carrés et la population à 4 millions d'habitants. Le pays est fertile; la population assez civilisée, est en partie musulmane, en partie convertie au protestantisme, surtout par des missionnaires anglais, et au catholicisme par les Pères Blancs institués par le cardinal Lavigerie. Sous l'influence de ces derniers, quelques chefs catholiques songèrent en 1890 à offrir à la France le protectorat de l'Ouganda. Mais, à cette date, l'Angleterre avait pris pied sur la côte de Mombaz et avait créé la Compagnie dite *Ibea*, en vue de l'occupation, de l'administration et de l'exploitation de l'Afrique Orientale anglaise. (Voy. ces mots dans le SUPPLÉMENT). La Compagnie essaya de conquérir l'Ouganda, déchiré par les guerres civiles et religieuses (1892-94); les troupes anglaises, commandées par le général Lugard, commirent de grands excès. La Compagnie, ruinée par ces entreprises, céda ses droits sur l'Ouganda à la couronne (1895) qui envoya un Haut Commissaire dans ce pays et organisa le protectorat. — La prospérité de l'Ouganda s'est accrue grâce à la construction d'une voie ferrée entre Port-Florence, sur le lac Victoria, et le port de Mombaz. La capitale indigène, où réside un roi ou *Kabaka* est actuellement à Mengo; mais le commissaire anglais réside à Entebbe, sur la côte nord-ouest du lac Victoria.

OUINIPEG, Voy. WINIPEG dans le SUPPLÉMENT. —

OU-TCHÉOU ou YO-TCHÉOU, ville de Chine (prov. de Koung-si), située sur le Si Kiang, ouverte au commerce européen par la convention du 4 février 1897.

P

PAGNERRE (Laurent-Antoine), éditeur, né à Saint-Ouen-l'Aumône (Seine-et-Oise) en 1805, mort en 1854, vint en 1824 à Paris, où, quelque temps après, se fit libraire. Il participa avec le groupe des républicains à la révolution de Juillet, il publia les pamphlets de Lamennais et de Cormenin, l'*Histoire de dix ans* de Louis Blanc, le *Dictionnaire politique*, auquel il collabora ainsi qu'au *Paris révolutionnaire*; il fut poursuivi à diverses reprises pour ses publications, notamment en 1836, époque où il fut condamné à la prison et à l'amende. Membre de la société *Aide-toi, le ciel t'aidera*, président de la Société républicaine pour l'éducation du peuple, commissaire de diverses sections de la Société des Droits de l'homme, secrétaire de l'Association républicaine pour la liberté de la presse, il organisa en 1845 le comité central des électeurs de la Seine, qu'il prépara les banquets réformistes d'où sortit la révolution de 1848. En 1848, adjoint au maire de Paris, Garnier-Pagès, il devint maire du Xe arrondissement, secrétaire général du gouvernement provisoire (1er mars), et fut mis, le 9 mars, à la tête du Comptoir national d'escompte, qu'il avait contribué à fonder. Représentant du peuple à l'Assemblée Constituante par les départements de la Seine et de Seine-et-Oise, Pagnerre siégea parmi les républicains de la nuance du *National*. Il ne fut pas réélu à l'Assemblée Législative et abandonna, dès lors, la politique.

PAGO-PAGO, port de l'archipel des Samoa (Voy. ce mot dans le DICTIONNAIRE), dans l'île Toutouila, occupé par les Américains, en vertu de la convention du 8 novembre 1899 entre les États-Unis, l'Angleterre et l'Allemagne.

PAILLERON (Édouard), auteur dramatique, né à Paris en 1834, mort en 1899, fut d'abord clerc dans une étude de notaire. Il débuta en 1860 par une petite pièce, *le Parasite*, jouée à l'Odéon, et par un volume de vers intitulé aussi les *Parasites*. Il donna ensuite au théâtre *le Mur mitoyen*, 1861; *le Dernier Quartier*, 1863; *le Second Mouvement*, 1865; *le Monde où l'on s'amuse*. Son talent s'affirma dans les *Faux Ménages*, qui passe pour une de ses meilleures pièces, 1869; *Hélène*, 1872; *l'Autre Motif*, 1875. C'est alors qu'il renonça définitivement aux vers pour la prose, qu'il a maniée avec élégance et esprit. Après *Petite Pluie*, 1875, vint l'*Étincelle*, 1879, qui eut un grand succès, puis, après quelques ouvrages secondaires, *le Monde où l'on s'ennuie*, 1881, qui reste son œuvre capitale. Ses dernières productions, *la Souris*, 1887; *Cabo-*

tins, etc., parurent inférieures à la précédente, et Pailleron cessa d'écrire pour le théâtre. Il remplaça, en 1882, Ch. Blanc à l'Académie française.

PALGRAVE Francis Turner', poète anglais, né en 1824, mort en 1897, était fils de l'archéologue Franc. Palgrave. Dans les dernières années de sa vie, il fut professeur de poésie à l'Université d'Oxford. On a de lui : *Idylles et chants*, 1854; *le Trésor d'or des chants anglais*, 1861; *Hymnes*, 1867; *Poèmes lyriques*, 1871; *le Trésor des enfants*, 1874; *Visions d'Angleterre*, 1881-89; *le Trésor des chants sacrés*, 1889; *Amenophis et autres poèmes*, 1892.

PALAOS, petit archipel de l'Océanie (superficie, 500 kilomètres carrés, population 5730 habitants) appartient à l'Allemagne et fait partie de la division administrative, dite des Carolines occidentales, dont le chef-lieu est Jap.

PANAMA (République de', fit d'abord partie de la Colombie, et se déclara indépendante à la suite de la révolution qui éclata à Panama, le 3 novembre 1903. La cause fut le rejet par le gouvernement colombien d'un traité avec les États-Unis (22 janvier 1903) qui assurait à cette puissance l'exploitation du canal pendant un siècle et la possession d'un territoire bordant le canal, moyennant une indemnité de dix millions de dollars et une redevance annuelle de 250 000 dollars à payer à la Colombie. La révolution du 3 novembre, soutenue par le gouvernement de Washington, s'étendit facilement jusqu'à Colon. La nouvelle république reprit pour son compte le traité du 22 janvier et fut reconnue par les États-Unis (traité du 18 novembre 1903). — La république de Panama a une superficie de 87 540 kilomètres carrés et une population de 400 000 habitants (1905). La capitale, Panama, compte 30 000 habitants.

PARFAIT (Noël), écrivain et homme politique, né à Chartres en 1814, mort en 1896, prit part à la révolution de Juillet, puis aux tentatives faites par les républicains contre la monarchie orléaniste. Il fut condamné en 1855 pour avoir fait l'apologie de l'insurrection de 1852 dans un poème intitulé *l'Aurore d'un beau jour*. En 1854, il publia des satires politiques sous le titre de *Philippiques*. Député en 1849, exilé après le coup d'État, il rentra en France en 1859. De 1871 à 1895, il fut député d'Eure-et-Loir. Il a écrit des pièces de théâtre : *Un Français en Sibérie*, *la Juive de Constantine*, avec Th. Gautier, etc.

PARIEU (Félix ESQUIROU DE), écrivain et homme politique, né à Aurillac en 1815, mort en 1886, était avocat à Riom en 1848. Élu dans le Cantal représentant à l'Assemblée Constituante, il vota avec la fraction la plus modérée de la majorité républicaine. Membre de l'Assemblée Législative, il fut appelé au ministère de l'instruction publique dans le cabinet inauguré par le message du 31 octobre 1849, et occupa ce poste jusqu'au 15 février 1851. C'est sous son administration que fut présentée, discutée et votée la loi du 15 mars 1850, dite loi Falloux, qui sacrifia les droits de l'État aux exigences du clergé catholique. Après le coup d'État du 2 Décembre, Parieu fut nommé président de la section des finances au Conseil d'État. Il fut appelé à la vice-présidence de ce corps en 1855, et la garda jusqu'au 2 janvier 1870 : à cette date, il fut élevé au rang de ministre présidant le Conseil d'État, dans le cabinet formé par M. Émile Ollivier. En 1876, il fut nommé sénateur du Cantal. Il fit partie de la Droite bonapartiste, vota la dissolution de la Chambre, le 25 juin 1877, puis soutint le cabinet de Broglie. Au renouvellement triennal du 25 janvier 1885, il ne fut pas réélu sénateur. — Parieu a publié divers ouvrages, entre autres : *Études historiques et critiques sur les actions possessoires*, Paris, 1850; *Essai sur la statistique agricole du département du Cantal*, Aurillac, 1855; *Histoire des impôts généraux sur la propriété et le revenu*, 1856; *Traité des impôts considérés sous le rapport historique, économique et politique, en France et à l'étranger*, 1862-1864; *Principes de la science politique*, 1870; *la Politique monétaire en France et en Allemagne*, 1872; *Histoire de Gustave-Adolphe, roi de Suède*, 1875. Il a donné un très grand nombre d'articles de jurisprudence, d'histoire et d'économie politique dans le *Journal des Économistes*, la *Revue contemporaine* et la *Revue européenne*. Il fut élu en 1856 membre de l'Académie des Sciences morales et politiques.

PARIS (TRAITÉ DE), convention signée entre l'Espagne et

les Etats-Unis le 11 décembre 1898, à la suite d'une guerre entre ces deux pays (*Voy.* ÉTATS-UNIS dans le supplément). Cet acte proclama l'indépendance de Cuba, céda aux Etats-Unis Porto-Rico, et, moyennant une somme de cent millions, les Philippines et l'île Guam dans les Mariannes.

PARIS (LOUIS-PHILIPPE-ALBERT D'ORLÉANS, comte de), fils du duc d'Orléans et de la princesse Hélène de Mecklembourg-Schwerin, né à Paris en 1838, mort à Stowe-House, près de Buckingham (Angleterre) en 1894, quitta la France avec sa famille après la révolution de Février, pendant laquelle son grand-père Louis-Philippe avait inutilement abdiqué en sa faveur. Il fit de nombreux voyages, servit en 1861 dans les troupes fédérales des Etats-Unis, comme aide de camp du général Mac-Clellan, prit part, avec son frère, le duc de Chartres, à la campagne contre Richmond, au siège de York-Town, aux batailles de Williamsburg, de Fair-Oaks et de Gaines-Mill. Au moment de la guerre franco-allemande, il ne put obtenir du Corps législatif de l'Empire la permission de servir dans l'armée française (séance du 11 août 1870). Mais, après l'abrogation des lois d'exil (1871), il rentra en France et se fixa à Paris. En 1873, il se rendit à Frohsdorff auprès du comte de Chambord, dont il reconnut solennellement les droits. Après la mort de ce prince (1883), il prit le titre de chef de la maison de France, et, en cette qualité, publia quelques manifestes politiques. En 1886, il fut expulsé, ainsi que son fils aîné, du territoire français, et vécut désormais en Angleterre. — Il avait épousé, en 1864, la princesse Marie-Isabelle, fille du duc de Montpensier ; de ce mariage sont issus : Louis-Philippe-Robert, duc d'Orléans, né à York-House (Angleterre) en 1869 ; Ferdinand-François, né au château d'Eu en 1884 ; Marie-Amélie, reine de Portugal ; Louise-Hélène, née en 1871 ; Marie-Isabelle, née en 1878 ; Louise-Françoise, née en 1882. — Le comte de Paris a publié des ouvrages parmi lesquels on cite : *Damas et le Liban*, 1861 ; *les Associations ouvrières en Angleterre*, 1869 ; *Histoire de la guerre civile en Amérique*, 1874-75, etc.

PARIS (Gaston), philologue, né à Avenay (Marne) en 1839, mort en 1903, s'adonna, sous la direction de son père, Paulin Paris, à l'étude de la littérature française du moyen âge. Il étudia la philologie à Bonn, sous la direction de Diez, et à Gœttingue, puis compléta ses études comme élève à l'Ecole des Chartes de Paris. Il publia en 1866 une *Histoire poétique de Charlemagne*, qui commença sa réputation. Il enseigna les langues romanes à l'école des Hautes Etudes, et, au Collège de France, la langue et la littérature françaises du moyen âge (1872). La même année, il fonda la revue *Romania*. Il fut membre de l'Académie des Inscriptions et de l'Académie française et administrateur du Collège de France. En appliquant à l'étude des langues romanes les règles d'une critique sévère, il fit faire des progrès considérables non seulement à la philologie, mais aussi à l'histoire générale du moyen âge. On peut citer, parmi ses œuvres très nombreuses : *Introduction à la grammaire des langues romanes de Fréd. Diez* (1863), *Grammaire historique de la langue française* (1868), *la Vie de saint Alexis* (1873), *le Petit Poucet et la Grande Ourse* (1875), *les Contes orientaux dans la littérature française du moyen âge* (1875), *Les plus anciens monuments de la langue française aux IXe et Xe siècles* (1876), *la Poésie au moyen âge* (1885), *Merlin* (1886-1888), *les Romans en vers du cycle de la Table ronde* (1887), *Manuel d'ancien français* (1890), *les Origines de la poésie lyrique en France au moyen âge* 1892), *la Légende de Saladin* (1893). *Extraits de la Chanson de Roland* (1895), *Tristan et Yseult* (1894), *le Roman du Renard* (1895), *l'Heptaméron* (1895), *Aventures merveilleuses de Huon de Bordeaux et de la belle Esclarmonde* (1899), *Poèmes et légendes du moyen âge* (1899), *François Villon* (1901), etc.

PARODI (Alexandre), auteur dramatique, né à la Canée (île de Crète) en 1840, d'un père italien et d'une mère grecque. Elevé à Smyrne, il subit profondément l'attrait de la France, où il vint s'établir en 1869, et dont il fit sa patrie volontaire ; il se fit naturaliser en 1882. Après quelques essais de jeunesse, il donna aux matinées Balande, en 1870, un grand drame scandinave, *Ulm le parricide*, qui, au dire de Francisque Sarcey, rappelait Shakespeare ; sa seconde œuvre, *Rome vaincue*, fut repré-

sentée en 1876 à la Comédie-Française : le succès en fut éclatant. Puis il publia une tragédie biblique, *Séphora* ; un drame historique, *la Jeunesse de François Ier* ; un volume de vers, *les Lois de la chair et de l'âme* ; un volume de critique, *le Théâtre en France*. En 1893 seulement se produisit son second grand succès à la Comédie-Française, *la Reine Juana*. Dans ses dernières années, Alex. Parodi publia une nouvelle tragédie historique : *le Pape* (Grégoire VII), et un volume de vers inspiré par les événements d'Arménie et la guerre turco-grecque, *Vaincus et vainqueurs* (1899). Il mourut à Paris en 1901. On a encore de lui un recueil posthume de pensées, *le Carnet d'un solitaire* (1902), et un drame en vers resté inédit jusqu'ici, *la Juive de Grenade*. Son théâtre a été réuni par lui-même en 2 volumes (Paris, Dentu, 1894). — Alex. Parodi a représenté avec originalité et puissance, dans les dernières années du XIXe siècle, la grande tradition de la tragédie historique et du drame en vers. Il a l'imagination héroïque et grandiose, souvent sombre et terrible ; il se plaît à évoquer les grandes scènes de l'histoire et à exalter toutes les énergies morales ; mais sa qualité maîtresse, c'est la puissance et l'invention dramatique ; il excelle à trouver de ces situations et de ces cris où l'âme humaine se révèle tout entière. On a souvent signalé l'inspiration cornélienne de ses œuvres ; mais plus encore qu'à Corneille peut-être, c'est à Shakespeare que celles-ci font penser.

PASTEUR (Louis), chimiste, né à Dole (Jura) en 1822, mort à Villeneuve-l'Etang, le 28 sept. 1895, était fils d'un tanneur, ancien soldat, décoré par Napoléon, qui alla s'établir plus tard à Arbois. Il commença ses études classiques au collège d'Arbois et les termina à Besançon, puis à Paris, à l'institution Barbet et au collège St-Louis. Admis le quatrième à l'Ecole normale supérieure (1843), il fut reçu agrégé des sciences physiques en septembre 1846, et fut attaché, comme préparateur, au chimiste Balard. Docteur en 1847, il fut nommé, l'année suivante, professeur de physique au lycée de Dijon, et fut appelé, en 1849, comme suppléant, à la chaire de chimie de la Faculté des Sciences de Strasbourg, dont il devint titulaire en 1852. En 1854, il fut chargé d'organiser en qualité de doyen, la Faculté des Sciences nouvellement créée à Lille. Trois ans plus tard, il revint à Paris prendre la direction des études scientifiques à l'Ecole normale supérieure (1857-1867). Il fut nommé, en décembre 1865, professeur de géologie, physique et chimie à l'Ecole des Beaux-Arts, puis, en 1867, professeur de chimie à la Sorbonne, où il conserva cette chaire jusqu'en 1875. Il fut élu membre de l'Académie des Sciences (section de minéralogie) en 1862. Honoré, en 1868, par la Faculté de médecine de Bonn, du titre de docteur, il renvoya son diplôme lors de la guerre franco-allemande. En 1869, il fut nommé membre étranger de la Société Royale de Londres. Associé libre de l'Académie de médecine depuis 1873, il fut élu membre de l'Académie française en 1881, en remplacement de Littré, et reçu le 27 avril 1882. Dans son discours de réception, il défendit avec éclat la cause du spiritualisme scientifique, dont il a été un des champions les plus illustres. L'année suivante, l'université d'Oxford lui conféra le titre de docteur ès sciences. En 1887, il fut élu à l'unanimité secrétaire perpétuel de l'Académie des Sciences, en remplacement de Vulpian ; mais l'état de sa santé et la préoccupation de ses travaux personnels ne lui permirent pas de remplir ces fonctions, dans lesquelles il l'était suppléé par son confrère Bertrand ; il les résigna au bout de deux ans, eut pour successeur Berthelot, et fut nommé secrétaire perpétuel honoraire (1889).

Les premières études de Pasteur aboutirent à la découverte des lois de la dissymétrie moléculaire. A vingt-huit ans, il résolut le problème qui avait arrêté Mitscherlich et Biot. Mais ces brillants travaux cristallographiques, qui ne sortaient pas du domaine de la science pure et ne pouvaient être appréciés que par les savants de la profession, ne tardèrent pas à être suivis de recherches et de découvertes fécondes en applications industrielles, et qui donnèrent au savant chimiste une grande renommée. Ses travaux sur la fermentation, commencés pendant son séjour à Lille, furent le point de départ de ses études ultérieures sur les maladies infectieuses. Dans une première série d'expériences sur les fermentations lactique et butyrique, il reconnut la présence et l'action d'êtres organisés, animaux ou végétaux, jouant le même rôle que la levure de bière dans la fermentation alcoolique. Lors des ardentes polémiques qui eurent lieu à cette époque entre les partisans de la génération spontanée et ceux de la génération cellulaire, Pasteur combattit énergiquement les doctrines hétérogénistes, et, en 1860, il remporta le prix fondé par l'Académie des Sciences en vue de provoquer l'élucidation de cette difficile et importante question. Il conclut que les êtres microscopiques proviennent tous de germes préexistants, que l'imperfection des instruments, l'inhabileté des observateurs ou les expériences mal conduites nous empêchent de voir. Il reprit ensuite ses études sur la fermentation. Après avoir reconnu le ferment du vinaigre dans un champignon, le *Mycoderma aceti*, il fut conduit à rechercher la cause des altérations du vin, qu'il trouva aussi dans la présence de végétations microscopiques. De la cause de la maladie déduisant le remède, il parvint à mettre les vins à l'abri de toute action parasitaire en les portant à une température de 55 à 60 degrés. En 1865, sur les instances de J.-B. Dumas, Pasteur se livra à l'étude des maladies des vers à soie, maladies qui compromettaient gravement l'industrie séricicole du midi de la France. Ses recherches portèrent spécialement sur le traitement de la *pébrine* et de la *flacherie*. Contre ces deux infections il préconisa l'élimination des femelles corpusculeuses, au moyen du grainage au microscope et du grainage cellulaire, de façon à ne livrer à la reproduction que des éducations satisfaisantes. En 1872, il appliqua à la bière son procédé de préservation du vin, c'est-à-dire le chauffage à 55 degrés ou *pasteurisation*, dont l'usage est devenu général. — En 1877, variant et étendant encore ses recherches, Pasteur aborda l'étude des virus : le 30 avril, il fit à l'Académie des Sciences une communication dans laquelle il démontrait que le charbon bactéridien, décimant les races ovine et bovine, était causé par un microbe, le *Bacillus anthracis*. Pour remédier à cette terrible maladie, il rechercha l'atténuation du virus par culture en vase clos en présence de l'oxygène, et obtint ainsi un vaccin conférant l'immunité. Des expériences nombreuses et décisives, entre autres celle de Pouilly-le-Fort, démontrèrent l'efficacité de cette méthode : les moutons vaccinés échappèrent tous à la contagion. Pasteur s'occupa ensuite de l'étude du choléra des poules (1880) ; il isola le microbe spécifique, et, comme pour le charbon, parvint à atténuer le virus, et, en l'inoculant, à rendre les poules réfractaires à la contagion. L'année suivante (1881), M. Lannelongue appela l'attention de l'illustre savant sur un cas de rage chez un enfant malade de l'hôpital Trousseau. Ce fut l'origine des importantes découvertes qui semblent avoir pour résultat la préservation et la guérison de la rage. Après de minutieuses expériences, Pasteur parvint à atténuer le virus rabique contenu dans des portions de moelle de lapins inoculés, au moyen de la dessiccation. Pour la vaccination, il préconisa surtout la méthode dite *intensive*, consistant à faire des inoculations en plus grande quantité en un temps plus court. C'est alors que l'Académie des Sciences proclama, dans une de ses séances, que la prophylaxie de la rage était acquise et qu'il y avait lieu de créer un établissement vaccinal contre la rage (mars 1886). Cet établissement fut en effet fondé par souscription, sous le nom d'*Institut Pasteur* ; l'inauguration eut lieu le 14 novembre 1888. Outre un dispensaire affecté au traitement de la rage, il comprit plusieurs autres services : la section des recherches et celle de microbie morphologiques, confiées l'une et l'autre à deux savants russes, MM. Gamaléïa et Metchnikov, d'Odessa ; la microbie médicale, placée sous la direction du docteur Roux. Depuis la création de l'institut, des malades atteints de la rage sont venus se faire soigner de tous les points de l'Europe, et les beaux résultats obtenus ont été officiellement constatés. Plusieurs instituts analogues ont été fondés dans divers États, notamment en Russie, et partout les doctrines et la pratique de Pasteur ont été enseignées. Ses découvertes ont introduit une révolution profonde dans les sciences médicales. L'une des conséquences les plus belles de ses travaux a été la découverte du traitement de la diphtérie par le sérum antitétanique.

Les admirables découvertes de Pasteur ont détruit la théorie des générations spontanées, transformé la chimie et les sciences biologiques, profondément modifié certaines industries, la brasserie, la sériciculture, etc. Elles suscitèrent au début de violentes attaques ; mais Pasteur savait défendre ses idées avec la même énergie et la même persévérance qu'il avait mises dans ses recherches. Son œuvre a été, pour l'importance, comparée à celle de Lavoisier. « Et encore, a-t-on justement ajouté, les découvertes de Lavoisier ont-elles été préparées presque en même temps par Cavendish, par Priestley, par Bayen, qui partagent un peu sa gloire, tandis que Pasteur a été seul à créer à la fois la méthode et la théorie, la science et l'application. » Il eut la satisfaction de voir ses conquêtes scientifiques reconnues à l'étranger comme en France, et tourner également à sa gloire personnelle et à l'honneur de son pays. Ses travaux lui valurent une quantité considérable de prix et de récompenses honorifiques. La Société royale de Londres lui décerna, en 1856, la médaille Rumford pour ses recherches cristallographiques, et, en 1874, la médaille Copley. Il obtint, en 1868, un prix de 10 000 florins, du ministère de l'agriculture d'Autriche, pour la découverte du meilleur moyen de combattre la maladie des vers à soie ; en 1875, un prix de 12 000 fr. lui fut décerné par la Société d'encouragement, pour l'ensemble de ses travaux sur les vers à soie, les vins, les vinaigres et la bière. Une pension viagère de 12 000 francs lui fut accordée par l'Assemblée nationale sur le rapport de Paul Bert, en 1874. En 1882, la Société libre d'économie rurale russe le nomma à l'unanimité membre honoraire et lui décerna une médaille d'or. La même année, le Conseil de la Société des Arts, des Manufactures et du Commerce lui décerna la médaille Albert, en raison de ses travaux sur la fermentation. Un comité, composé de membres de l'Académie des Sciences, de l'Académie de Médecine, de la Faculté des Sciences et de l'École normale supérieure, sous la présidence de J.-B. Dumas, offrit à Pasteur une médaille commémorative de ses travaux. Enfin, en décembre 1892, une cérémonie grandiose fut organisée en l'honneur de l'illustre savant, à l'occasion du 70° anniversaire de sa naissance. La cérémonie, présidée par le chef de l'État, S. Carnot, assisté de plusieurs membres du gouvernement, réunit un grand nombre de notabilités scientifiques de tous les pays et les représentants officiels de plus de vingt corps savants. Entre autres hommages commémoratifs, une médaille d'or de grand module, gravée par Roty, lui fut offerte par souscription internationale. — Le corps du grand savant a été déposé dans l'Institut qui porte son nom. Des monuments ont été élevés à sa mémoire dans un grand nombre de villes de France, notamment à Melun, à Dole, etc.

Outre les nombreux mémoires insérés dans le *Recueil des savants étrangers*, les *Annales de chimie et de physique*, les *Comptes rendus des séances de l'Académie des Sciences*, etc. Pasteur a laissé : *Nouvel exemple de fermentation déterminée par des animalcules infusoires pouvant vivre sans oxygène libre*, 1863 ; *Études sur le vin, ses maladies, les causes qui les provoquent*, 1866 ; *Études sur le vinaigre, sa fabrication, ses maladies, moyens de les prévenir*, etc., 1868 ; *Études sur la maladie des vers à soie*, 1870 ; *Études sur la bière, ses maladies, causes qui les provoquent, avec une théorie nouvelle de la fermentation*, 1876 ; *Les Microbes*, 1878, avec M. Tyndall ; *Examen critique d'un écrit posthume de Claude Bernard sur la fermentation*, 1879. Parmi les études consacrées à Pasteur et à ses travaux, on cite : de M. Vallery-Radot, son gendre, *Pasteur, histoire d'un savant « par un Ignorant »*, 1885 ; du même, *La Vie de Pasteur*, 1900 ; lady Claud Hamilton, *Pasteur, His Life*, New-York, 1885 ; *Jubilé de M. Pasteur*, Paris, 1893 ; Duclaux, *Pasteur, histoire d'un esprit*, Paris, 1896. La bibliographie des principaux travaux de Pasteur a été donnée par la *Revue scientifique* du 5 octobre 1895.

PATER (Walter), prosateur anglais, né à Shadwell en 1839, mort en 1894, fit de médiocres études à Oxford. Il publia en 1866 un essai sur *Coleridge*, qui fut peu remarqué. Puis il étudia Goethe et acquit le sentiment de la beauté artistique, qui se révéla dans un article sur *Winckelmann*, paru en 1867 dans la *Westminster Review*. Il devint ensuite le collaborateur régulier, mais négligent pourtant, de la *Fortnightly Review* : il lui fallait un an pour écrire un article de vingt pages. Il a publié : un recueil d'essais, intitulé *Études sur l'histoire de la Renaissance*, 1873 ; un roman médiocre, *Marius l'Épicurien*, 1885 ; un recueil de conférences faites à Oxford sur *Platon et le Platonisme*, et quelques *Essais*. Pur artiste, il s'adonnait tout entier au travail du style. Il a laissé un petit nombre de pages d'une harmonieuse pureté, qui le classent parmi les meilleurs écrivains de son temps. — Cf. *Contemporary Review*, décembre 1894, article de M. Gosse; et *Revue des Deux Mondes*, 1er janvier 1895.

PAUL (Constantin), médecin, né à Paris en 1835, mort en 1896, membre de l'Académie de Médecine depuis 1880, s'est occupé surtout des maladies du cœur. On a de lui : *De l'antagonisme en pathologie et en thérapeutique*, thèse d'agrégation, 1806; *Diagnostic et traitement des maladies du cœur*, 1885.

PAVIE (Théodore), orientaliste, né à Angers en 1811, mort en 1896, élève de Burnouf pour le sanscrit, se perfectionna aussi dans la connaissance de la langue chinoise. Il a édité et traduit : *Choix de Contes et Nouvelles*, extrait du chinois; *Fragments du Mahabhârata*; *le San-Koué-tchi*, histoire des trois royaumes entre lesquels la Chine fut partagée au xiiie siècle; *Krichna et sa doctrine*; *Bhodjaprabandha*, texte sanscrit de l'histoire de Bhodja, roi de Mâlwa. Il a laissé encore, avec quelques récits de voyages, *les Jongleurs de l'Inde*, *les Trois religions de la Chine*, *la Littérature musulmane de l'Inde*, et de nombreux articles dans le *Journal asiatique*.

PÉAN (Jules-Emile), chirurgien, né à Châteaudun en 1830, mort en 1898, fut chirurgien du Bureau central en 1865, puis médecin des hôpitaux. Il se fit connaître surtout par des opérations d'ovariotomie qu'il fut un des premiers à introduire en France. Ses principales publications sont : *Splénotomie*, 1890; *De la Forcipressure*, 1875; *Leçons de clinique chirurgicale*, 1876-1890; *Diagnostic et traitement des tumeurs de l'abdomen et du bassin*, (1880-1885), ainsi que trois volumes des *Éléments de pathologie chirurgicale* de Nélaton. Il entra à l'Académie de Médecine en 1887. Il fonda à ses frais, à Paris, un hôpital qui porte son nom.

PECCI, famille noble italienne, originaire de Cortone, fixée par la suite à Sienne et à Carpineto, à laquelle appartint le pape Léon XIII (*Voy.* ce nom dans le supplément).

PEELE (George), poète dramatique anglais, né en 1558, mort en 1599, fit de brillantes études à l'Université d'Oxford, où il traduisit l'une des *Iphigénies* d'Euripide, et écrivit son *Histoire de Troie*, poème, publié en 1589. Ses principales œuvres dramatiques sont : *le Jugement de Pâris*, représenté devant Elisabeth en 1584; *Edouard Ier*, tragédie tirée de l'histoire d'Angleterre, 1593; *Conte de vieille femme*, 1595; *les Amours de David et de Bethsabée et Absalon*.

PELLETIER (Joseph), chimiste, né à Paris en 1788, mort en 1841, se fit connaître dès 1811 par des travaux sur l'opoponax, les gommes, le santal, etc. Il étudia l'ipécacuantha, en collaboration avec Magendie, et les alcalis végétaux avec J.-B. Dumas. Sa collaboration avec Caventou (*Voy.* ce nom dans le dictionnaire) commença en 1816. En 1818, les deux savants purent extraire de la fève Saint-Ignace un alcaloïde qu'ils appelèrent *l'auqueline*, en l'honneur de leur maître Vauquelin, et qu'on a appelé depuis strychnine. On leur doit encore la découverte de la chlorophylle, de la brucine, de la vératrine et de l'acide cévadique. En 1820 ils firent connaître, par leurs savantes recherches sur le quinquina, la cinchonine et la quinine. Ils introduisirent des idées nouvelles en chimie, en démontrant que les végétaux peuvent produire des corps alcalins, ce qui était contesté. Ils dotèrent la médecine d'agents thérapeutiques très actifs; l'emploi de la quinine a rendu à l'humanité d'inappréciables services. Pelletier fut professeur à l'École de pharmacie et membre de l'Académie des Sciences. Une statue a été élevée à Pelletier et à Caventou, en 1900, à Paris, sur le boulevard Saint-Michel, non loin de l'École de pharmacie.

PERRAUD (Adolphe), cardinal, né à Lyon en 1828, mort en 1906, acheva ses études classiques au lycée Saint-Louis, à Paris, et fut élève de l'École normale supérieure (1847). Reçu agrégé d'histoire en 1850, il professa pendant deux ans au lycée d'Angers, puis à l'Université d'Angers avant d'entrer dans l'ordre de l'Oratoire. Docteur en théologie en 1865, il fut chargé du cours d'histoire ecclésiastique à la Faculté de théologie de Paris. En 1874, il fut nommé évêque d'Autun. En 1882, il fut élu membre de l'Académie française en remplacement d'Auguste Barbier. Devenu, par l'élection, supérieur général de l'Oratoire (1884), il fut créé cardinal en 1895. Il a publié un certain nombre d'ouvrages parmi lesquels on citera : *les Paroles de l'heure présente*, des *Études sur l'Irlande contemporaine*, sur

l'Oratoire de France, sur le P. Gratry, sur le Cardinal de Richelieu. On lui doit aussi des oraisons funèbres (*Mgr Darboy*, *le Cardinal Guibert*, etc.). L'éloge du cardinal Perraud fut prononcé à l'Académie française par le cardinal Mathieu, son successeur, le 7 février 1907.

PERSE (*Voy.* ce mot dans le dictionnaire, Nasr Eddine et Mozaffer Eddine dans le supplément). — D'après les statistiques, la superficie de la Perse est de 1 645 000 kilomètres carrés, et sa population d'environ 9 millions d'habitants. — Ce pays obtint du chah Mozaffer une constitution (août-décembre 1906) qui lui accordait une Assemblée nationale (*Medjliss*) représentant l'aristocratie, le clergé, les notables et les corporations. Les décisions de l'Assemblée doivent avoir force de loi, avec l'approbation du souverain. Mais des troubles graves éclatèrent à Téhéran au mois de décembre 1907, et un attentat fut dirigé contre le nouveau chah, Mohamed-Ali, au mois de mars 1908. — Au point de vue extérieur, l'Angleterre et la Russie, qui s'étaient longtemps combattues à Téhéran, s'entendirent en octobre 1906 pour faire d'un commun accord un prêt de 400 000 livres sterling à la Perse. Par un traité signé le 31 août 1907, l'Angleterre et la Russie se sont attribué deux zones d'influences situées, l'une au nord, pour la Russie, l'autre au sud, pour l'Angleterre. Les côtes et la région du golfe Persique forment une troisième zone qui, actuellement, reste neutre.

PESCADORES (*Iles des Pêcheurs*), archipel situé dans le canal de Formose, à 55 kil. de la côte occidentale de celle-ci, par 23°11′ — 23°30′ lat. N., et 116°56′ — 117°20′ long. E. — Il comprend 21 îles habitées. Les trois plus grandes enclavent l'excellente rade de Peng-hou. Le principal port est Makoung, fortifié par les Chinois. Position stratégique de premier ordre, les Pescadores furent occupées par l'amiral Courbet en 1885, puis attribuées au Japon par le traité de Simonosaki (avril 1895). — Population, environ 55 000 habitants.

PE-SÉ, ville de la Chine méridionale (prov. de Kouang-Si), sur une branche du Sikiang, vers le point où cesse la navigation fluviale (par 24° lat. N. et 105° long. E.). Devenue, depuis la convention franco-chinoise d'avril 1898, un des principaux marchés ouverts du Kouang-Si, cette ville doit être reliée par Lang-Son au réseau des chemins de fer du Tonkin.

PETER (Michel), médecin, né à Paris en 1824, mort en 1893, professeur de clinique médicale à l'hôpital Necker et membre de l'Académie de Médecine, avait d'abord été ouvrier typographe. Il a laissé un grand nombre de travaux très importants sur les maladies du cœur, du larynx, etc., relatés dans ses *Leçons de clinique médicale*. Attaché aux doctrines de Trousseau, il a longtemps combattu les théories microbiennes.

PETIT DE JULLEVILLE (Louis), professeur et écrivain, né à Paris en 1841, mort en 1900, fut élève de l'École normale supérieure et de l'École d'Athènes. Reçu docteur ès lettres en 1868, avec une thèse sur *l'École d'Athènes au xve siècle*, il enseigna la rhétorique au collège Stanislas, puis la littérature française à la Faculté de Dijon, à l'École normale et à la Sorbonne (1886). Il a laissé des ouvrages très estimés, notamment une *Histoire de la Grèce sous la domination romaine*; une *Jeanne d'Arc*, une *Histoire du Théâtre en France*, et surtout une *Histoire de la langue et de la littérature françaises*, des origines à 1900. 8 volumes, Paris, 1896 et années suiv.

PETROPAVLOVSKY (Nicolas), écrivain russe, plus connu sous le pseudonyme de Karonine. Né en 1856, il fut exilé en Sibérie, et mourut de la phtisie à Tobolsk en 1892. Il a publié des études économiques dans les *Mémoires de la section sibérienne de la Société Impériale de Géographie*, et des nouvelles de grande valeur dans diverses Revues. *Œuvres complètes*, 5 vol., Moscou, 1890-91.

PEYRAT (Alphonse), publiciste, né à Toulouse en 1812, mort en 1891, fit ses études au séminaire de cette ville. Il vint à Paris en 1835 et fut attaché au journal la *Tribune*, puis au *National* et à la *Presse*, qu'il quitta en 1862, pour diriger l'*Avenir national*. C'est lui qui eut, en novembre 1868, l'initiative de la souscription Baudin, à la suite de laquelle des poursuites lui furent intentées ainsi qu'à un grand nombre de ses confrères. Elu, en 1871, député de la Seine à l'Assemblée nationale, il siégea à l'extrême gauche et devint président de l'Union républicaine. Il déposa, le 19 mai 1875, au nom de son groupe, une proposition demandant la dissolution de l'Assemblée dans un délai de quinze jours. Il fut élu sénateur en 1876, et devint un des vice-présidents du Sénat. Outre de nombreux articles, il a laissé deux ouvrages d'une certaine importance : *Histoire et Religion* (1858) ; *Études historiques et religieuses* (1865).

PEYRON (François), amiral, né à Marines (Seine-et-Oise) en 1823, mort en 1892, entra à l'École navale en 1839. Il se distingua dans la guerre d'Orient à Bomarsund et à Sveaborg, dans la campagne de Cochinchine à Mytho, et fut nommé capitaine de frégate en 1861. Pendant l'expédition du Mexique, il commanda jusqu'en 1866 le fort de Saint-Jean d'Ulloa, puis fut chargé de ramener l'impératrice Charlotte en Europe. Nommé capitaine de vaisseau, il fit campagne dans le Pacifique, rentra en France à la fin de 1871, et passa en 1872 à la division des équipages de la flotte. Contre-amiral en 1877, il fut mis à la tête de la division du Pacifique, devint chef d'état-major général de l'amiral Jauréguiberry, ministre de la marine, puis de l'amiral Cloué, qui le nomma vice-amiral. Préfet maritime à Toulon, il fut ministre de la marine dans le cabinet J. Ferry (1883), et conserva ses fonctions jusqu'au 6 avril 1885. Il eut une grande part dans l'organisation de l'expédition du Tonkin, fut nommé sénateur inamovible, et passa dans le cadre de réserve en 1888.

PI Y MARGALL (Francisco), écrivain et homme d'État espagnol, né à Barcelone en 1824, mort en 1901, publia d'abord des ouvrages de critique artistique, notamment une *Histoire de la peinture en Espagne* (1850). Reçu avocat en 1859, il se tourna vers le journalisme et la politique. Exilé en 1866 pour ses opinions avancées, il se réfugia à Paris, où il traduisit les ouvrages de Proudhon. Rentré en Espagne après la chute de la reine Isabelle (1868), il fut élu député de Barcelone (1869) et devint le chef des républicains fédéralistes. En 1873, après l'abdication du roi Amédée, il fut membre du gouvernement provisoire, ministre de l'intérieur, puis chef du pouvoir exécutif. Il conserva peu de temps (juin-juillet) cette fonction, qu'il céda à Salmeron. Après la restauration d'Alphonse XII (1874), il renonça à la politique active. Il fut cependant élu député de Barcelone et se montra le champion ardent du fédéralisme et de l'anticléricalisme. — On peut citer parmi ses ouvrages *la République de 1873* ; *les Nationalités* (1876), trad. en français par M. de Ricard, etc.

PILLE (Henri), peintre et dessinateur, né à Essommes (Aisne) en 1844, mort en 1897, fut élève de Barrias. Il a laissé des tableaux estimés, *l'Automne*, *Don Quichotte*, etc., quelques portraits, parmi lesquels celui de *Benjamin Constant*, et surtout un très grand nombre de dessins dans les journaux spéciaux et dans des ouvrages illustrés, les *Contes de Perrault*, les *Œuvres de Musset*, *Lucrèce Borgia*, le *Roman comique*, etc.

PILOTY (Ferdinand), peintre allemand, né en 1828, mort en 1895, frère de Ch. Piloty, qui se fit connaître dans la peinture décorative et historique, étudia à Rome, à Paris et à Vienne, et fut professeur à l'Académie des Beaux-Arts de Munich. Il a laissé des fresques au Musée national de cette ville, et, au Maximilianeum, *Élisabeth d'Angleterre passant la revue de son armée*. On connaît aussi de lui un *Th. Morus en prison*, un *Jugement de Salomon*, des illustrations des œuvres de Schiller et de Shakespeare, etc.

POISE (Ferdinand), compositeur, né à Nîmes en 1828, mort en 1892, élève de Zimmermann et d'Adolphe Adam, remporta en 1852 le second grand prix de composition. Il a écrit pour le théâtre : *Bonsoir, voisin*, petite pièce jouée au Théâtre-Lyrique en 1853, puis à l'Opéra-Comique ; *les Charmeurs* (Théâtre-Lyrique) ; *le Thé de Polichinelle* (Bouffes-Parisiens) ; *les Deux Billets* (Athénée) ; *Don Pèdre*, *le Jardinier galant*, *les Absents*, *le Corricolo*, *les Trois Souhaits* (Opéra-Comique), et surtout *les Surprises de l'amour*, *l'Amour médecin* et *Joli Gilles*, qui sont ses meilleures pièces.

POBIEDONOTSEF (Constantin), jurisconsulte et homme politique russe, né à Moscou en 1828, mort en 1907, fut nommé, en 1846, référendaire au Sénat, puis il devint secrétaire générale de cette assemblée. De 1859 à 1865, il professa le droit civil à l'Université de Moscou. Il fut le précepteur du tsarévitch Alexandre qui devint en 1881 l'empereur Alexandre III (*Voy.* ce nom dans le SUPPLÉMENT). Sénateur en 1868, membre du Conseil de l'Empire en 1872, il fut appelé en 1881 aux fonctions de procureur général du Saint-Synode. Sous le règne d'Alexandre III,

son influence fut très grande, en raison de la confiance absolue qu'il inspirait à l'empereur. Il fut un des chefs principaux du parti vieux-russe et un adversaire déterminé des idées libérales. Il défendit avec passion l'orthodoxie grecque, combattit les dissidents et surtout les juifs et détermina l'empereur à opérer la russification des provinces baltiques. Son influence s'exerça encore pendant les premières années du règne de Nicolas II. — Pobiedonotsef a publié un certain nombre d'ouvrages, un *Cours de droit civil* (1868), un *Manuel de la procédure civile*, etc. Il a donné une traduction de l'Imitation de Jésus-Christ. Il fut élu en 1888 membre correspondant de l'Académie des Sciences morales et politiques de France.

PŒTŒFI (Alexandre), poète hongrois, né à Kis-Körös en 1823, fut d'abord acteur, puis soldat. En 1844, il se fixa à Pest, et se fit connaître par des poèmes lyriques, qui furent publiés la même année. Il composa aussi des contes et des pièces de théâtre. Dans toutes ses œuvres, il dépeignit avec beaucoup de vérité la nature de la Hongrie et les mœurs de ses concitoyens. Il prit une part active à la révolution de 1848 ; il fut tué à la bataille de Segesvar (31 juillet 1849). Une statue lui a été élevée à Budapest. Des traductions françaises de ses œuvres ont été données par MM. Th. Bernard, de Polignac, Gauthier. Une étude importante lui a été consacrée par M. Kont.

PISSARO (Camille), peintre, né à Saint-Thomas (Antilles) en 1830, mort à Paris en 1905, vint en France à l'âge de dix ans. Rentrant sept ans plus tard en Amérique, il s'adonna sans aucun guide à la peinture. Revenu à Paris en 1855, il commença à se faire connaître vers 1864 par des paysages. Après la guerre de 1870, il séjourna à Londres puis rentra en France et devint le chef de l'école impressionniste. Il a laissé un grand nombre de paysages et d'intéressantes reproductions de sites français et anglais.

POMIALOVSKY (Nicolas), écrivain russe, né en 1835, mort en 1863, publia en 1862 dans *le Contemporain* ses *Récits de l'École ecclésiastique* et quelques romans, dont les plus remarquables sont *Molotov* et *le Bonheur bourgeois*. — *Œuvres compl.*, St-Pétersb., 1868.

POPELIN (Claudius), peintre, né à Paris en 1825, mort en 1892, élève de Picot et d'Ary Scheffer, a peint, de 1852 à 1862, un grand nombre de toiles, parmi lesquelles on cite : *Dante lisant ses poésies à Giotto*, *Robert Estienne au milieu des savants qui l'aident dans ses travaux*, *Guillaume Budé apprenant d'Hermonyma de Sporte la langue grecque*, *Calvin prêchant devant la duchesse de Ferrare*, etc. A partir de 1862, il a peint surtout des émaux très estimés, *Jules César*, *Pic de la Mirandole*, *la Renaissance des lettres*, *la Vérité*, etc. Dans le même temps il publia quelques ouvrages d'érudition : *l'Émail des Peintres*, 1866 ; *l'Art de l'Émail*, 1868 ; *les Vieux Arts du feu*, 1869. Il a traduit de l'italien *la Statuaire et la Peinture* de Leone-Battista Alberti, 1868 ; publia un traité bizarre du frère Franciscus Columna, *l'Hypnérotomachie ou Songe de Poliphile*, qu'il fit précéder d'un remarquable travail sur l'esprit de la Renaissance italienne. Enfin, il a laissé quelques poésies : *Cinq octaves de sonnets*, 1875, qu'il illustra lui-même de gravures sur bois, et un *Livre de sonnets*, 1888.

PORT-ARTHUR (*Voy.* ce mot dans le DICTIONNAIRE). — Dès le début de la guerre entre la Russie et le Japon, cette place, qui était occupée par les Russes depuis 1897, fut attaquée par les troupes japonaises et défendue avec énergie par le général Stœssel, qui résista aux assaillants durant onze mois. Pendant la première période du siège, la ville fut bloquée seulement du côté de la mer. A partir du combat de Nan-Chan (19 mai), le blocus s'étendit à toute la place. Le bombardement et les assauts répétés commencèrent à partir du 19 août. La ville fut obligée de capituler, le 1er janvier 1905. Elle possédait encore, à cette date, des vivres et des munitions, mais la garnison était épuisée. Les Japonais perdirent, a-t-on dit, 60 000 hommes devant cette place. Le traité de Portsmouth (*Voy.* ce mot dans le SUPPLÉMENT) céda Port-Arthur aux Japonais. Malgré sa glorieuse défense, Stœssel fut traduit devant un conseil de guerre, au mois de décembre 1907, et condamné à mort ; sa peine fut commuée en captivité perpétuelle.

PORT-BOUET, localité maritime de la colonie française de la Côte-d'Ivoire, près de l'embouchure de la rivière Comoé, à l'ouest de Grand-Bassam, sert de port à Bingerville.

ville; point de départ d'un chemin de fer de pénétration vers Kong, dans l'intérieur.

PORT-ÉTIENNE, nom qui a été attribué en 1907 à l'établissement de Cansado, dans la baie du Lévrier (Afrique occidentale française', en l'honneur du personnage politique qui a eu une grande part dans l'organisation définitive de nos possessions africaines.

PORTSMOUTH, ville des États-Unis (New-Hampshire), dans laquelle fut signé, le 5 octobre 1905, sous la médiation de M. Roosevelt, président de l'Union américaine, un traité de paix entre la Russie et le Japon (Voy. ce mot dans le supplément). En vertu de cet acte, le Japon acquit le protectorat de la Corée, la possession de la partie méridionale de l'île de Sakhaline, la cession à bail de Port-Arthur et de la presqu'île de Liao-Toung, l'exploitation d'une partie du réseau ferré de la Mandchourie (Voy. ce mot dans le supplément). La Russie n'eut pas à payer d'indemnité de guerre.

POTAIN (Pierre), médecin, né à Paris en 1825, mort en 1901, fut reçu docteur en 1853, agrégé en 1859, médecin des hôpitaux en 1800. Il professa la pathologie interne à la Faculté de Médecine de Paris (1876), puis la clinique médicale (1877). Il fut élu membre de l'Académie de Médecine en 1882 et de l'Académie des Sciences en 1894. Il a laissé d'importants travaux sur la circulation, les vaisseaux sanguins, la pathologie du cœur, etc. Il a rédigé des articles remarquables dans le *Dictionnaire encyclopédique des sciences médicales*. Ses *Leçons*, réunies par ses élèves, ont été publiées en 1894.

POTEBNIA (Alexandre Afanassiévitch), savant russe d'origine ukrainienne, né en 1835, mort en 1891, professeur à l'Université de Kharkov, a laissé d'importants travaux qui le placent au premier rang des philologues slaves : *De certains symboles dans la poésie populaire slave; Notices sur l'idiome petit-russien; De la signification mythologique de certains usages et croyances; Explications des chansons populaires ukrainiennes*, Varsovie, 1885-1887, etc.

POUCHET (Georges), naturaliste, né à Rouen en 1833, mort en 1894, était fils d'un naturaliste estimé. Docteur en médecine et docteur ès sciences en 1864, il devint en 1865 aide naturaliste et chef des travaux anatomiques au Muséum d'histoire naturelle de Paris. Mais, en 1800, il fut destitué pour avoir publié un article dans l'*Avenir national* au sujet de la transformation du Muséum en École d'agronomie. En 1873, il entra dans l'Université, suppléa Paul Bert à la Sorbonne et devint maître de conférences à l'École normale supérieure. En 1879, il fut nommé professeur d'anatomie comparée au Muséum d'histoire naturelle. Depuis, il fut chargé d'un cours de biologie pour l'enseignement supérieur municipal. On lui doit, outre des relations de voyages en Islande et au Spitzberg, de nombreuses notices publiées dans divers journaux et revues, ainsi que des ouvrages estimés : *De la pluralité des races humaines*, 1856; *Précis d'histologie humaine*, 1865; *les Colorations de l'épiderme*, 1864; *Mémoire sur le grand fourmilier*, 1874; *la Biologie aristotélique*, 1885; *Robin, sa vie et son œuvre*, 1887; *Traité d'ostéologie comparée*, 1889, avec M. Beauregard, etc.

PROPAGANDE, congrégation romaine dont le chef, ou Préfet, exerce une haute juridiction sur toutes les missions et sur des pays tels que l'Angleterre, la Hollande, la Russie, la Suède, la Norvège, la Grèce, les États des Balkans, certaines parties de l'Allemagne et de la Suisse qui n'ont généralement pas de représentant attitré à Rome, ainsi que sur tous les pays situés hors d'Europe, à l'exception de l'Amérique du Sud et du Mexique.

PROTAIS (Alexandre), peintre, né à Paris en 1825, mort en 1890, fut élève de Desmoulins. Il suivit les armées en Crimée et en Italie et peignit de nombreux tableaux militaires : *Bataille d'Inkermann; Prise d'une batterie du Mamelon-Vert; Mort du colonel Brancion; le Devoir*, souvenir des tranchées de Crimée; *Attaque et prise du Mamelon-Vert; la Dernière pensée* (1859); *la Brigade du général Clerc*, sur la route de Magenta; *Passage de la Sesia; Une Marche; le soir; Deux blessés; Une sentinelle* (1861); *le Matin*, avant l'attaque; *le Soir*, après le combat : ces deux tableaux sont restés populaires; *Retour de la tranchée* (1865); *la Fin de la halte; Passage du Mincio; Un Enterrement en Crimée; les Vainqueurs, retour au camp* (1865; *Soldat blessé; Bivouac* (1866); *la Grand'halte; la Prière du*

soir à bord (1868); *Une Mare; Percement d'une route* (1869); *En marche!, la Nuit de Solférino* (1870); *la Séparation*, armée de Metz (1872); *le Repos* (1873); *Une Alerte*, Metz (1874); *Gardes françaises et gardes suisses* (1875); *la Garde du drapeau*, souvenir de l'armée de Metz (1876); *Passage de rivière* (1877); *En réserve* (1878); *le Drapeau et l'armée* (1881); *À l'Aube* (1882); *Marche* (1883); *En reconnaissance, Passage du gué* (1884); *Bataillon carré* (1885-1886); *Convoi de blessés* (1887); *Halte; la Fin de l'averse* (1888), etc.

PROUST (Achille-Adrien), médecin, né à Illiers (Eure-et-Loir) en 1834, mort en 1905, fut reçu docteur en 1862. En 1869, il alla étudier le choléra en Russie et en Perse. Médecin des hôpitaux en 1877, il fut chargé du service médical à l'hôpital Lariboisière, puis à l'Hôtel-Dieu. Agrégé de la Faculté de médecine, il fut nommé professeur d'hygiène en 1885. Il fut élu membre de l'Académie de médecine en 1879. Il devint inspecteur général des services sanitaires en 1884. Il fut le principal promoteur des mesures décidées en faveur de la prophylaxie internationale du choléra par les conférences de Venise (1892), Dresde (1893), Paris (1894), Venise (1897). Il a exposé ses idées dans son *Essai sur l'hygiène internationale* (1873); *Traité d'hygiène publique et privée* (1877, 1881); *Éléments d'hygiène* (1883); *le Choléra, étiologie et prophylaxie* (1885), *la Défense de l'Europe contre le choléra* (1895), etc.

PUGINIER (Léon), vicaire apostolique du Tonkin occidental, né à Saix (Tarn) en 1835, mort en 1892, alla en Cochinchine en 1857, et commença à évangéliser le Tonkin en 1861. Coadjuteur du directeur des missions du Tonkin, Mgr Theurel, il succéda à ce prélat comme vicaire apostolique (1868). Il donna une vive impulsion à l'œuvre des missionnaires, fonda le séminaire de Ké-So, et vit le nombre des chrétiens s'élever de 140 000 à 250 000 environ. Il favorisa de toute son influence l'établissement de la domination française au Tonkin.

PUVIS DE CHAVANNES (Pierre), peintre, né à Lyon en 1824, mort en 1898, fut élève de Delacroix pendant quinze jours, de Couture pendant trois mois, puis se mit à travailler seul. Ses débuts furent très laborieux. Enfin, après dix ans d'efforts, en 1859, il fit admettre au Salon son *Retour de chasse*, qui est maintenant au musée de Marseille. C'était un fragment d'œuvre décorative : ainsi, dès ses débuts, l'artiste se tournait, comme par instinct, vers la peinture monumentale, dans laquelle il devait se révéler grand maître. Sa vocation s'affirma encore quand la municipalité d'Amiens le chargea, en 1861, de deux grandes compositions décoratives, qui furent *Bellum* et *Concordia*. Dès lors, le maître donna, avec une fécondité admirable, toute une série d'œuvres : *le Travail et le Repos*, 1863; *l'Automne*, 1864; *Ave, Picardia nutrix*, 1865; *la Vigilance et la Fantaisie*, 1866; *le Sommeil*, 1867; *Marseille, colonie grecque* et *Marseille, porte de l'Orient*, 1869; *l'Espérance, la Moisson* (musée de Chartres), 1872; *Charles Martel vainqueur des Sarrasins* et *Ste Radegonde au couvent de Ste-Croix, Ste Radegonde donnant asile aux poètes*, pour l'hôtel de ville de Poitiers, 1874; *Famille de pêcheurs*, 1875. De 1876 à 1878, il a peint pour le Panthéon l'*Enfance de sainte Geneviève*, que l'on considère généralement comme son chef-d'œuvre. Longtemps en lutte à de violentes attaques, le maître s'avançait désormais en pleine gloire. En 1880, il donna le *Ludus pro patria*, complément pour la décoration d'Amiens. L'État, Paris, Lyon, Rouen, se partagèrent ses admirables créations : *le Bois sacré cher aux Arts et aux Muses*, 1884; *l'Automne*, 1885; *Vision antique, Inspiration chrétienne, le Rhône et la Saône* (musée de Lyon), 1886; les cartons pour la décoration de la Sorbonne, 1887; *l'Été*, 1891, pour la ville de Paris; *la Poterie et la Céramique* (musée de Rouen); *l'Hiver*, pour l'Hôtel de ville de Paris, 1892; des peintures décoratives, encore pour l'Hôtel de ville de Paris, parmi lesquelles *Victor Hugo offrant sa lyre à la Ville de Paris*. A partir de 1895, il peignit pour la ville de Boston : les *Muses inspiratrices acclamant le génie; Virgile ou la Poésie bucolique; Eschyle ou les Océanides; Homère couronné par l'Iliade et par l'Odyssée; l'Histoire évoquant le passé; l'Astronomie découverte par les bergers chaldéens; la Philosophie, la Chimie, l'Électricité*. La mort le surprit comme il travaillait à une nouvelle série de compositions, destinées au Panthéon, sur la vie de Ste Geneviève Il n'en exposa qu'une partie, qui mit le sceau à sa grande réputation : *Sta Geneviève veillant sur la ville endormie*; mais il put achever les trois autres panneaux et donner les dessins de la frise. — Outre les grandes œuvres que l'on a énumérées. Puvis de Chavannes a laissé quelques tableaux de moindre importance, une *Décollation de St Jean-Baptiste* et une *Madeleine au désert*, 1870; *l'Espérance*, 1872; *l'Enfant prodigue* et *Jeunes filles au bord de la mer*, 1874; *le Pauvre pêcheur*, 1881; *Doux pays*, 1887.

Q

QUANG-TCHÉOU-OUANE. *Voy.* KOUANG-TCHÉOU.

R

RABAH, chef noir, né dans le Soudan. peut-être près de Dem Ziber. vers 1840, fut d'abord esclave du sultan Zobeïr, combattit sous ses ordres pour le compte du gouvernement égyptien, puis se déclara indépendant (1879) et s'établit dans le Borkou (1880-1881). Il refusa de se joindre aux Derviches et envahit le Baguirmi en 1892. Il domina dès lors des territoires assez étendus. Ce fut lui qui ordonna le massacre de la mission Crampel à El-Kouti (avril 1891). Il conquit le Bornou (1895), ravagea Kouka et s'établit à Dikoa, dont il fit sa capitale. Il pilla toutes les régions voisines du Tchad, envahit de nouveau le Baguirmi en 1898, et chassa le sultan Gaourang de Massenya, sa capitale. En janvier 1899, il fit arrêter, et, plus tard, mettre à mort, un explorateur français, M. de Béhagle (*Voy.* ce nom dans le SUPPLÉMENT), qui, partant du Baguirmi, avait voulu se rendre à Dikoa auprès du chef noir. C'est alors que le gouvernement français, pour mettre fin à la domination de Rabah, poussa de l'Oubangui vers le Chari M. Gentil, accompagné des capitaines Robillot, de Cointet et de Lamothe. (*Voy.* SOUDAN FRANÇAIS au SUPPLÉMENT.) Cette mission devait opérer sa jonction avec celles de Foureau-Lamy, venant du Sahara, de Voulet-Chanoine, partie du Sénégal, et du capitaine Julien, qui, envoyé d'abord pour renforcer la mission Marchand, devait remonter l'Oubangui vers le Chari. D'autre part, au mois de janvier 1899, arrivait dans le Baguirmi l'explorateur Bretonnet (*Voy.* ce nom au SUPPLÉMENT), qui s'était distingué déjà dans ses voyages sur la Bénoué avec Mizon, dans le Haut-Dahomey et le Bas-Niger. Il ramenait des ambassadeurs du Baguirmi envoyés par Gaourang à Paris. En juin 1899, Bretonnet se porta avec un petit nombre de soldats vers Kouno, où Gaourang s'était réfugié depuis l'invasion de Rabah. Puis, apprenant l'arrivée de ce dernier avec des forces considérables, il se retira à Niellim, à 20 kil. en arrière de Kouno, sur des hauteurs dominant le Chari. Ses troupes, peu nombreuses et médiocrement soutenues par celles de Gaourang. furent écrasées (16 juillet 1899), et Bretonnet lui tué. Mais la mission Gentil arriva, le 10 août suivant, à Tounya, sur le Chari, où fut élevé le fort Archambault. Ce fut là que s'opéra la concentration des troupes conduites par MM. Julien, Robillot, de Cointet et de Lamothe. Le 29 octobre 1899, ces troupes enlevèrent Kouno, et infligèrent des pertes sérieuses à Rabah, qui dut se retirer. Gaourang reprit le pouvoir dans le Baguirmi. Pour le soutenir, la mission du Chari fut plus fortement constituée, grâce aux renforts amenés par le capitaine Bunoust et le lieutenant Bouć. Elle put attendre en toute sécurité l'arrivée de la mission Foureau-Lamy. Quand celle-ci eut atteint le Chari inférieur, les deux troupes opérèrent leur jonction. Le 22 avril 1900, fut livrée, sous la direction du commandant Lamy, la bataille de Kousseri. Les troupes de Rabah furent écrasées et dispersées; lui-même fut tué. Mais cette brillante victoire coûta la vie à deux héros, le commandant Lamy et le capitaine de Cointet. Le 1er mai 1900, Dikoa fut prise par le commandant Reibell et l'empire de Rabah disparut.

RAEBURN, peintre écossais, né près d'Edimbourg en 1756, mort en 1823. est connu surtout par les beaux portraits qu'il a laissés.— Cf. *Raeburn*, par sir William Armstrong.

RAMBAUD (Alfred), professeur et homme politique, né à Besançon en 1842. mort en 1905. entra en 1861 à l'École normale supérieure, et fut reçu agrégé d'histoire en 1864. Répétiteur à l'École des hautes études, il prit le grade de docteur ès lettres en 1870, et remplit des missions littéraires en Russie. Chargé du cours d'histoire à la Faculté des lettres de Caen en 1871, il devint en 1875, professeur suppléant à la Faculté de Nancy. En février 1879, il fut appelé par Jules Ferry au Ministère de l'Instruction publique, comme chef de son cabinet et du secrétariat. En 1881. après la chute du cabinet Ferry, il fut nommé chargé de cours à la Sorbonne et maître de conférences à l'École normale supérieure de jeunes filles à Sèvres: en 1884, il devint professeur d'histoire moderne et contemporaine. En 1895, il fut élu sénateur du Doubs, et fut ministre de l'Instruction publique dans le cabinet Méline (avril 1896-juin 1898). Il revint à la Sorbonne après la chute du ministère. En 1897, il fut élu membre de l'Académie des sciences morales et politiques. — Outre ses thèses (*l'Empire grec au dixième siècle*; *Constantin Porphyrogénète*. et *De Byzantino hippodromo et circensibus factionibus*), dont la première fut honorée par l'Académie française du prix Thiers, en 1872, on cite de Rambaud: *la Domination française en Allemagne*, 1792-1804. (1875); *l'Allemagne sous Napoléon 1er*, (1874); *la Russie épique* (1876), étude sur les chansons de la Russie traduites ou analysées; *Français et Russes*. Moscou et Sébastopol (Nancy et Paris, 1877); *Histoire de la Russie* (1878); *la France coloniale*, en collaboration avec L. Archinard, P. Foncin, P. Soleillet, J. Léveillé. etc. (1886); *Histoire de la Révolution française* (1885); *Histoire de la civilisation française* (1887); *Histoire de la civilisation contemporaine en France* (1888), etc. Il fut chargé de la partie relative à la Russie dans le *Recueil des instructions données aux ambassadeurs de France depuis les traités de Westphalie jusqu'à la Révolution* (1890). En 1891, il commença, en collaboration avec M. Lavisse, la publication de l'*Histoire générale, du VIe siècle jusqu'à nos jours*. On lui doit, en outre, d'intéressants travaux sur les sujets les plus divers: un résumé de l'histoire de l'enseignement en France (article *France* dans le *Dictionnaire pédagogique*); l'éducation des filles en Russie; deux romans, l'*Anneau de César* (1904) et l'*Empereur de Carthage* (1905); une biographie de *Jules Ferry* (1903), etc.

RAMOS (Joao de Deus), poète portugais, né à Messines (Algarve), en 1830, mort en 1896, étudia le droit à Coïmbre; mais la lecture des œuvres de Camoens le tourna définitivement vers la poésie, dans laquelle il a eu la gloire d'être comparé à son maître. Il fut élu député au Parlement en 1869. Ses œuvres principales sont: *Flores do Campo*; *Ramo de Flores*: *Campo de Flores*; *Cartilha Maternal*; *Dexeres dos Filhos*; *Horacius Lydia*; *Vida da Virgem Maria*: *Proverbios de Salomao*, etc.

RANVIER (Victor), peintre, né à Lyon en 1832, mort en 1896, se fit connaître au Salon de 1859 par une *Idylle du Soir*. Occupé surtout de travaux de décoration céramique, il a, néanmoins, laissé quelques toiles intéressantes : l'*Enfance de Bacchus*. 1865 ; l'*Aurore charmant la Nuit*, plafond destiné au palais de la Légion d'honneur, 1878; *Bacchus et Ariane*, et surtout l'*Automne*, œuvre que la gravure a rendue populaire.

RATISBONNE (Louis), écrivain, né à Strasbourg en 1827, mort à Paris en 1900, fut collaborateur du *Journal des Débats*. Il a publié une traduction en vers de la *Divine Comédie*, 1852-1859; *Henri Heine* et *Impressions littéraires*, 1855; *Au printemps de la vie*, recueil de poésies, 1857; *Héro et Léandre*, drame en vers, 1859; *la Comédie enfantine*. 1861; *Morts et vivants*; *les Dernières Scènes de la comédie enfantine*. 1862: *les Figures jeunes*, poésies, 1865; *Auteurs et livres*, 1868; *les Petits Hommes*. 1868; *les Petites Femmes*. 1871, etc.

RAVAISSON-MOLLIEN (Félix LACHER). philosophe français, né à Namur en 1813, mort en 1900, professa la philosophie à la Faculté de Rennes, fut inspecteur général des bibliothèques, puis de l'enseignement supérieur, et conservateur des antiquités au Musée du Louvre (1870). Il est connu surtout par un rapport sur la *Philosophie en France au XIXe siècle*, publié à l'occasion de l'Exposition universelle de 1867, et par des travaux sur la *Vénus de Milo*. 1871: le *Monument de Myrrhine*, 1876: *les Idées, les coutumes et les monuments des anciens* *relatifs à la vie après la mort*. 1885 : etc. M. Ravaisson était membre des Académies des Inscriptions et Belles-Lettres et des Sciences morales et politiques.

RAWLINSON (Henri), diplomate et orientaliste anglais, né à Chadlington en 1810, mort en 1894, servit dans l'armée des Indes de 1826 à 1833, puis fut chargé de réorganiser les troupes du chah de Perse. C'est pendant un séjour à Kirmanchah qu'il commença à étudier les inscriptions cunéiformes. Un savant mémoire sur Eclatane lui valut, en 1840, une médaille d'or de la Société des Orientalistes de Londres. Agent politique à Kandahar pendant la guerre d'Afghanistan (1840-1843), il fut envoyé ensuite à Bagdad, où il obtint le grade de consul général (1843-1855). Il fit alors sur les antiquités orientales de nombreux travaux, insérés dans l'édition d'Hérodote du Rév. Rawlinson et dans maintes revues. Député de Reigate (1858), il fit partie du Conseil des Indes, puis fut ministre plénipotentiaire à Téhéran. Il fut nommé, en 1857, membre correspondant de l'Institut de France.

RECLUS (Elisée), géographe, né à Sainte-Foy-la-Grande (Gironde) en 1830, mort près de Bruxelles en 1905, acheva ses études en Allemagne, et fut, à Berlin, l'élève du géographe Karl Ritter. Après des voyages en Europe et en Amérique, il revint à Paris en 1857. Il publia, de 1859 à 1868, de nombreux articles dans les publications géographiques, dans le *Tour du Monde*, la *Revue des Deux-Mondes*, etc., ainsi que des guides et d'intéressants ouvrages de vulgarisation, *la Terre* (1867-1868), *Histoire d'un ruisseau* (1869), etc. Professant en matière politique et sociale des idées très avancées, il fut mêlé aux événements de la Commune de Paris, en 1871. Il dut, après la répression, se réfugier en Italie, puis en Suisse et en Belgique. En 1892, il se fixa à Bruxelles, où il enseigna la géographie comparée à l'Université libre. Son ouvrage capital est la *Nouvelle Géographie Universelle* (19 volumes, Paris 1875-1894), complétée par l'*Homme et la Terre* (5 volumes dont le premier a paru en 1902, et dont il a laissé, pour le reste, les manuscrits prêts pour l'impression). Il a publié aussi *Histoire d'une Montagne* (1880), et, en collaboration avec son frère, Onésime Reclus, l'*Afrique Australe* (1901), l'*Empire du Milieu* (1902).

RECLUS (Elie), frère du précédent, né à Sainte-Foy-la-Grande en 1827, mort en 1901, fut exilé après le coup d'État de 1851, et revint en France en 1853. Il collabora au *Dictionnaire des Communes de France*. Pendant la Commune, il fut directeur de la Bibliothèque Nationale. Il a publié un ouvrage sur *les Primitifs* (1885).

REGINA, ville du Dominion canadien, chef-lieu de la province de Saskatchewan (Voy. ce mot dans le supplément), sur le chemin de fer transcontinental canadien, au point de départ d'une voie ferrée qui se dirige vers le Nord jusqu'à Prince-Albert, sur la Saskatchewan septentrionale. Population, environ 6000 habitants.

REILHAC (de), famille originaire du Limousin (xi° s.), s'établit ensuite en Beauce et en Brie, et, du xiv° au xvi° siècle, fournit un certain nombre de personnages notables :

REILHAC (Clément de), seigneur de Brignoil en Limousin et vicomte de Méréville en Beauce, fut un des favoris de Charles V et se trouva mêlé aux troubles du règne suivant. Il succéda à Robert Le Coq comme avocat du Roi au Parlement de Paris. On possède de lui quelques fragments. Il mourut en 1399. Sa veuve, Péronnelle de Maignac, nièce d'Aymeri de Maignac, évêque de Paris, le fit inhumer dans une chapelle qu'elle fit construire derrière le chœur de l'église St-Médard, et qui, sous le vocable de *Notre-Dame de Reilhac*, a eu ses chapelains particuliers jusqu'en 1789. La Société de l'Histoire de Paris a publié une étude sur cette fondation (1885). — R. (Pierre de), fils du précédent, fut tué à la bataille de Verneuil, contre les Anglais (21 août 1424). — R. (Clément m., 1394-1449), occupa la charge de Chambrier de France.

REILHAC (Jean de), neveu des précédents, était fils de Guillaume de R., qui était attaché au duc de Bourbon. Il naquit au château d'Aigueperse, alors capitale du comté de Montpensier, fief des Bourbons, et servit Charles VII à partir de 1455. Bien qu'il eût été mêlé aux discordes entre le roi et le dauphin Louis, celui-ci, devenu le roi Louis XI, maintint Reilhac dans ses fonctions de général des finances, et lui confia d'importantes missions diplomatiques, notamment auprès du roi d'Angleterre Henri VI, pendant la guerre des Deux Roses (août 1461) ; à Barcelone pour négocier une alliance avec les Catalans (octobre 1461) ; à Milan auprès de François Sforza ; à Bruges auprès de Philippe de Bourgogne ; à Rome, etc. Il fut employé au rachat des villes de la Somme (1463) et chargé d'une mission financière dans le royaume pour procurer l'argent nécessaire à cet effet. Fidèle au roi pendant la Ligue du Bien public, il devint maître des comptes en 1465, et fut investi, à ce titre, de nouvelles missions politiques. Le 2 novembre 1465, il eut, à Villiers-le-Bel, une conférence avec les ducs de Bretagne et de Normandie, où il réconcilia ces deux princes avec le roi. Il fut témoin de la dernière entrevue (qu'il a racontée dans une lettre du 14 octobre 1468) entre Louis XI et Charles le Téméraire à Péronne. Disgracié une première fois, il rentra en faveur et accompagna Louis XI à l'entrevue de Pecquigny avec le roi Edouard IV (août 1475). Mais il fut englobé dans les délations qui accompagnèrent le procès du duc de Nemours, principalement à cause d'intrigues qui s'étaient nouées dans son propre château à Aigueperse, durant un séjour qu'y fit Louis XI pendant la guerre du Bien public. Reilhac tomba de nouveau en disgrâce et fut révoqué en 1476. Sous Charles VIII, il récupéra sa charge de maître des comptes (1483), occupa les dernières années de sa vie à des fondations religieuses, et mourut en 1505. Sa correspondance, qui a été publiée par Champion, renferme d'importants renseignements sur l'administration royale au xv° siècle. Cf. *Jean de Reilhac*, de Champion, Paris, 1886. — R. (Marie de), fille du précédent, abbesse de Chelles en 1505, réforma ce monastère, qui était tombé dans un grand désordre, et mourut en 1548. — R. (Nicolas de), dit *Monsieur de Plaisance*, prieur de Périgueux et abbé de Lesterps, aumônier de Marguerite de Valois, fit partie du cercle des beaux esprits dont cette princesse aimait à s'entourer. Il laissa des épîtres et un certain nombre de quatrains, huitains et dizains. Il mourut en 1550. Son tombeau se voyait autrefois dans l'église St-Séverin. — R. (Jean de), neveu du précédent, fut tué à la bataille de St-Denis (10 nov. 1567). — R. (Michel de), commanda la cavalerie du roi de Navarre, et fut élu député pour le bailliage de Meaux aux États Généraux de 1614. — R. (Guillaume de), 1620-1672, religieux Trinitaire, délivra un grand nombre de prisonniers dans les États Barbaresques. En 1645, il présenta à Anne d'Autriche de nombreux chrétiens que, dans cette même année, il avait arrachés à l'esclavage. — R. (Augustin-Philippe, comte de... 1734-1810, prit part, à l'âge de 12 ans, à la bataille de Fontenoy, et fit toutes les guerres du règne de Louis XV. Il a laissé de nombreuses lettres concernant ses campagnes. Il fut nommé député pour le bailliage de Meaux aux États Généraux de 1789, mais il ne siégea pas à l'Assemblée Constituante.

RÉMUSAT (Paul, comte de), écrivain, fils de Charles de Rémusat (Voy. ce nom), né à Paris en 1831, mort en 1897, a donné un grand nombre d'articles scientifiques à la *Revue des Deux Mondes*, au *Journal des Débats*, au *Courrier du Dimanche*, etc., et publia, en 1857, un ouvrage sur les *Sciences naturelles, leur histoire et leurs plus récents progrès*. En 1870, il accompagna, comme secrétaire, M. Thiers dans sa mission auprès des gouvernements européens. En 1871, il fut nommé membre de l'Assemblée nationale par le département de la Haute-Garonne, fit partie du centre gauche et vota les lois constitutionnelles. Il fut au nombre des 363. En 1881, il fut élu sénateur de la Haute-Garonne. Il a laissé une étude sur M. Thiers dans la collection des grands écrivains français, et publié les *Mémoires* et la *Correspondance* de Mme de Rémusat, sa grand'mère.

RENAN (Joseph-Ernest), écrivain, né à Tréguier (Côtes-du-Nord) en 1823, mort en 1892, fut destiné à l'état ecclésiastique et vint de bonne heure à Paris. Ses heureuses dispositions l'ayant fait remarquer de ses supérieurs, il fut choisi, à la fin de ses études classiques, pour suivre les cours de théologie du séminaire Saint-Sulpice. C'est alors qu'il prit le goût de l'étude des langues et de la philosophie, et commença à apprendre l'hébreu, l'arabe et le syriaque. Mais il sortit bientôt du séminaire, renonça à l'église, et se livra à l'enseignement privé, afin de poursuivre ses études. En 1848, il se présenta au concours de l'agrégation de philosophie, et fut reçu le premier. En même temps il obtenait, au concours de linguistique, le prix

Volney pour un mémoire sur les langues sémitiques, qu'il a fait paraître en partie, depuis, sous ce titre : *Histoire générale et systèmes comparés des langues poétiques* (2e édit., 1858). Deux ans plus tard, Renan fut encore couronné à l'Institut pour un mémoire historique sur *l'Étude de la langue grecque au moyen âge*. Désigné par l'Académie des Inscriptions et Belles-Lettres pour remplir une mission littéraire en Italie, en 1849, il rapporta de son voyage les matériaux d'un important travail sur la philosophie arabe (*Averroès et l'averroïsme*, 1852). Attaché, en avril 1851, au département des manuscrits de la Bibliothèque nationale, il fut élu, en 1856, membre de l'Académie des Inscriptions et Belles-Lettres en remplacement d'Augustin Thierry. A la fin de 1860, il fut chargé d'une mission en Syrie. A la suite de ce voyage, il publia sa fameuse *Vie de Jésus* (1863), qui fut combattue par les catholiques. Une conséquence des attaques du clergé contre ce livre fut la destitution de l'auteur, qui avait été nommé professeur d'hébreu au Collège de France, l'année précédente. Il fut réintégré dans sa chaire à la fin de 1870. Il devint, en 1875, administrateur du Collège de France. Il fut admis en 1878 à l'Académie française, en remplacement de Claude Bernard. Il essaya inutilement de jouer un rôle politique; il échoua en 1869 en Seine-et-Marne comme candidat à la députation, et, en 1876, dans les Bouches-du-Rhône comme candidat au Sénat. On citera parmi ses nombreux travaux : l'*Histoire des origines du Christianisme*, comprenant : les *Apôtres* (1866); *Saint Paul et sa mission* (1867); l'*Ante-Christ* (1873); les *Évangiles et la seconde génération chrétienne* (1877); l'*Église chrétienne* (1879); *Marc-Aurèle* (1881), et, pour relier ces divers ouvrages, une *Table générale* formant le tome VIII de cette *Histoire* (1883), avec une carte de l'extension du christianisme. A cet ordre de travaux se rattachent encore une série de *Conférences* sur le christianisme, faites à Londres en 1880 et réunies la même année, et une *Histoire du peuple d'Israël* (1887-1889). Un grand nombre d'articles publiés dans la *Liberté de penser* (1848-50), la *Revue des Deux Mondes*, le *Journal de l'Instruction publique*, le *Journal des Débats*, la *Revue asiatique*, etc., ont été, après de soigneux remaniements, réunis par l'auteur sous les titres d'*Études d'histoire religieuse* (1857, 1864), avec une *Préface* sur le rôle et les caractères de la critique moderne; d'*Essais de morale et de critique* (1859, 1867); de *Questions contemporaines* (1868); de *Mélanges d'histoire et voyages* (1878); de *Nouvelles Études d'histoire religieuse* (1884); de *Discours et conférences* (1887). Il faut mettre à part quelques publications d'un caractère personnel et intime : *Souvenirs d'enfance et de jeunesse* (1883); l'*Avenir de la science, Pensées de 1848* (1890); *Feuilles détachées*, faisant suite aux *Souvenirs* (1892). Citons enfin des fantaisies littéraires, de forme dramatique et d'inspiration philosophique : *Caliban*, l'*Eau de Jouvence*, le *Prêtre de Némi*, *Dialogue des morts*, l'*Abbesse de Jouarre*, le *Jour de l'an 1886*, publiées à part, puis réunies sous la dénomination de *Drames philosophiques* (1888). On a publié les *Lettres intimes* échangées entre Renan et sa sœur Henriette. Renan lui-même a composé un ouvrage intitulé *Ma sœur Henriette*. La *Revue de Paris* a publié la *Correspondance* de Renan avec Berthelot. — Il a été formé un recueil des morceaux les plus remarquables de Renan sous le titre de *Pages choisies à l'usage des lycées et des écoles* (1890). — Comme orientaliste, Renan a encore laissé : la traduction en prose rythmée du *Livre de Job* (1859) et du *Cantique des Cantiques* (1860); une *Lettre à mes collègues*, à propos de la suspension de son cours d'hébreu (1862); *Mission de Phénicie* (1865-1874); *Trois inscriptions phéniciennes* (1864); *Nouvelles observations d'épigraphie hébraïque* (1867); *Sur les inscriptions hébraïques des synagogues de Kefr-Bereim, en Galilée* (1867); *Rapport sur les progrès de la littérature orientale et sur les ouvrages relatifs à l'Orient* (1868); l'*Ecclésiaste* (1881), etc. Renan a concouru pour une part importante à la publication du vingt-quatrième volume de l'*Histoire littéraire de la France*. — Une statue lui a été élevée à Tréguier.

RENAN (Ary), fils du précédent, peintre et critique, né en 1858, mort en 1900, fut élève de Puvis de Chavannes et de Gustave Moreau. Il a laissé un assez grand nombre de toiles, parmi lesquelles l'*Épave*, la *Phallène*, *Scylla* (Exposition universelle de 1900). Il a écrit des articles de critique dans la *Gazette des Beaux-Arts*, une biographie de Gustave Moreau, et deux ouvrages, le *Costume en France* et *Paysages poétiques*, 1899.

RENOUVIER (Charles), philosophe, né à Montpellier en 1815, mort en 1903, fut d'abord élève de l'École polytechnique. Après sa sortie de l'école, il se voua entièrement à l'étude de la philosophie, et publia en 1842 un *Manuel de Philosophie moderne*, puis un *Manuel de Philosophie ancienne*, dans lesquels il professait les doctrines qui étaient alors généralement acceptées. Fermement attaché aux idées républicaines, il salua avec enthousiasme la Révolution de 1848, et rédigea un *Manuel Républicain*, « sorte de catéchisme populaire », sous les auspices d'Hippolyte Carnot, alors ministre de l'Instruction publique. Sous l'Empire, il étudia avec soin les œuvres de quelques philosophes, tels que Kant, Hume, etc., et publia, en 1869, son *Système de morale*. Il commença à édifier le système qu'il appela « néo-criticisme », fonda en 1867, l'*Année philosophique*, qui devint en 1872, la *Critique philosophique*. Vers la fin de sa vie, il tenta de fonder une sorte de « religion laïque » dont il a exposé les fondements dans le *Personnalisme* (1903). Renouvier a publié de nombreux ouvrages : *Essais de critique générale*; *La philosophie du XIXe siècle en France*; *Philosophie analytique de l'histoire*; *Histoire et solution des problèmes métaphysiques*; *Victor-Hugo, le Philosophe*, etc. Ses *Derniers entretiens* ont été recueillis et publiés par un de ses disciples, M. Prat (Paris, 1904). Renouvier fut élu, en 1900, membre de l'Académie des Sciences morales et politiques. — Cf. Darlu, *La morale de Renouvier* (*Revue de métaphysique*, janvier 1904).

RHODES (Cecil), homme d'État anglais, né à Bishop-Stortford en 1853, mort en 1902, vint au Cap en 1871 et commença à exploiter les gisements de diamants récemment découverts dans la région de Kimberley. En 1880, il fonda la société De Beers, autour de laquelle il groupa d'autres sociétés minières, et devint en 1889 le président d'une sorte de syndicat qui eut le monopole de l'exploitation des mines dans l'Afrique Australe. Il dut à ses spéculations et à sa gestion habile une très grande fortune. Député au parlement du Cap en 1881, premier ministre en 1890, d'accord avec le ministre des colonies, M. Chamberlain, il forma et réalisa le projet de développer la puissance anglaise dans l'Afrique Australe; dès 1884, il fit décider l'établissement du protectorat britannique dans le Bechuanaland. En 1889, il fit signer avec Lo-Bengula, roi des Matchélés, des conventions qui assuraient à l'Angleterre la possession future de vastes territoires (Matchéléland); dès cette époque, la découverte de mines d'or avait révélé l'énorme richesse de certaines régions de l'Afrique Australe, notamment du Transvaal (Voy. ce mot dans le SUPPLÉMENT). Pour l'exploitation de ces riches gisements, Rhodes fonda la « British South-Africa Cy ». Cette société, que l'on appela communément « Chartered », reçut du Gouvernement anglais une Charte qui lui conférait des privilèges très étendus; elle s'empara de vastes territoires au nord et au sud du Zambèze, incorpora le Machonaland; imposa au Portugal la renonciation à tout domaine dans l'hinterland africain (1890); fonda des centres de population (Boulawayo, Fort-Salisbury, etc.), poussa activement la construction des voies ferrées, et porta la domination anglaise jusque dans la région des lacs Nyassa et Tanganika; les pays nouvellement incorporés formèrent la Rhodésia (Voy. ce mot dans le SUPPLÉMENT). Rhodes essaya de s'emparer par surprise du Transvaal, contre lequel Jameson, son lieutenant, dirigea une agression criminelle qui resta sans résultats (1895). Traduit à la suite de ces faits devant la juridiction anglaise, Rhodes fut acquitté. Il fut l'un des principaux instigateurs de la guerre entre les Anglais et les Boers, qui aboutit à la suppression des Républiques du Transvaal et d'Orange. (Voy. AFRIQUE AUSTRALE, ENFIN, ORANGE, TRANSVAAL, etc., dans le SUPPLÉMENT.)

RHODÉSIA, région de l'Afrique australe, acquise à l'Angleterre surtout par Cecil Rhodes, qui lui a donné son nom, est formée de la réunion du Machonaland, du Matchéléland et de la Zambézie. Superficie 1.150.000 kilomètres carrés; population, environ 1.500.000 hab. — L'exploitation de ce pays fut attribuée en 1889 à une compagnie à charte, qui passa des traités avec les souverains indigènes. En 1890, Cecil Rhodes organisa une véritable expédition de flibustiers qui envahirent le pays, soi-disant pour empêcher les Boers de s'y établir, et élevèrent le fort Salisbury. Après un soulèvement des Matébélés (1895), le lieutenant Jameson s'empara de Boulawayo et incorpora définitivement le Matébéleland. Une nouvelle tentative d'insurrection, en 1896, fut sévèrement réprimée. — La Rhodésia se divise actuellement (1908) en Rhodésia du Nord et Rhodésia du Sud, séparées par le Zambèze. Les principales localités sont, dans la première, Fort-Jameson et Livingstone; dans la seconde, Salisbury, siège du gouvernement (1970 hab.) et Boulawayo (5840 hab.). — Les principales ressources du pays consistent dans le commerce de l'ivoire. L'exploitation de l'or, moins prospère qu'on l'espérait, et dans l'élevage. — La Rhodésia est traversée par la voie ferrée du Cap allant à Salisbury, par la ligne télégraphique reliant le Cap au Caire, et doit être desservie par un chemin de fer entre Boulawayo et la côte orientale.

RICHARD (François-Marie-Benjamin), archevêque et cardinal, né à Nantes en 1819, mort à Paris en 1908, appartenait à la famille Richard de Lavergne. Il entra au séminaire de Saint-Sulpice en 1849 et fut attaché au diocèse de Nantes, dont il devint bientôt le vicaire général. Il fut nommé en 1871 évêque de Belley. En 1875, il reçut le titre d'archevêque de Larisse *in partibus* et fut nommé coadjuteur de Mgr Guibert, archevêque de Paris. Il succéda à ce prélat en 1886. En 1889, il fut créé cardinal. Il s'efforça de maintenir l'union entre les catholiques et le gouvernement de la République. Cependant il protesta contre l'obligation du service militaire imposée aux séminaristes. Il publia un certain nombre d'ouvrages, parmi lesquels on peut citer la *Vie de la bienheureuse Françoise d'Amboise, duchesse de Bretagne et religieuse carmélite*, les *Saints de l'Église de Nantes*, les *Statuts synodaux du diocèse de Paris*, etc. — L'oraison funèbre de Mgr Richard fut prononcée dans la basilique de Notre-Dame de Paris par le cardinal Luçon, archevêque de Reims (avril 1908).

RICHMOND (George), peintre anglais, élève de W. Blake, né en 1809, mort en 1896, a exécuté en Angleterre un très grand nombre de portraits, parmi lesquels on cite ceux de Sir R. H. Inglis pour la galerie bodléienne d'Oxford, du docteur Selwyn, évêque de Nouvelle-Zélande, etc. Il a concouru à la décoration du tombeau de l'évêque Bloomfield, dans l'église St-Paul de Londres.

RICHTHOFEN (Ferdinand Vox), explorateur et géologue allemand, né à Carlsruhe en 1833, mort en 1905, fit, de 1860 à 1872, de longs voyages en Extrême-Orient, et s'adonna plus spécialement à l'étude géologique et géographique de la Chine, où il demeura plusieurs années. Revenu en Allemagne en 1872, il fut nommé président de la Société de Géographie de Berlin (1875), professeur de géologie et de géographie à Bonn, à Leipzig, puis à Berlin (1886). Son ouvrage capital, consacré à la Chine (*China, Ergebnisse eigener Reisen und darauf gegründeter Studien*, 4 vol.), parut à Berlin de 1877 à 1883.

RIEGER (Ladislas), homme d'État bohémien, né en 1818 à Semily, petite localité au nord de la Bohême, mort en 1903, fut, en face des prétentions des Allemands, un des plus ardents défenseurs de la nationalité tchèque. A côté de Palacky (Voy. ce nom), dont il épousa plus tard la fille, il joua un rôle important dans la révolution de 1848, quand la Bohême s'efforça de conquérir son autonomie; il fut un des principaux promoteurs du congrès slave de Prague, qui fut convoqué en même temps que le parlement allemand de Francfort, mais qui ne produisit aucun résultat; il fut ensuite élu député au parlement de Vienne, qui disparut dans la tourmente de 1848. Pendant la réaction qui suivit ces tentatives nationalistes et libérales, Rieger voyagea en France et en Angleterre. Quand l'empereur François-Joseph fit l'essai, à partir de 1860, du régime constitutionnel, Rieger entra au Reichstag comme député de la Bohême, dont il ne cessa pas de soutenir les revendications (1860-1865); dans le même temps, il travaillait à la publication d'une encyclopédie tchèque (1860-1872), dont il était le fondateur, collaborait à l'édification d'un théâtre national, et donnait de nombreux articles à la *Gazette nationale*. Il protesta, en 1867, contre le compromis austro-hongrois qui n'accordait pas de satisfaction suffisante aux Slaves de l'Autriche-Hongrie, et il publia, l'année suivante, « Déclaration des Droits de la Bohême ». Dans le même temps, son vif attachement au slavisme le conduisit à faire à Moscou

(1867) et à Paris (1868) des démarches qui furent dénoncées par les Allemands d'Autriche comme des actes de trahison; cependant, il n'était, en aucune façon, séparatiste, et il poursuivait simplement la revendication des libertés de son pays. C'est pour réaliser ce double programme d'autonomie et de loyalisme qu'il organisa, après 1867, le parti appelé vieux-tchèque. En 1871, il obtint de François-Joseph des promesses en faveur de l'autonomie bohémienne, mais l'empereur, dominé par les Allemands, ne tint pas ses engagements. Pendant plusieurs années, Rieger resta à l'écart de la politique; cependant il rentra au Reichstag en 1879. Il eut une part considérable dans le traitement plus favorable qu'obtint alors la Bohême au point de vue de l'égalité des langues tchèque et allemande, de l'enseignement, etc. Les dernières années de Rieger furent attristées par la scission qui s'opéra entre les vieux et les jeunes Tchèques, ceux-ci, démocrates, partisans du suffrage universel et de l'autonomie intégrale de la Bohême. Pour contenir les prétentions de ce parti, qu'il trouvait exagérées, Rieger, en 1890, se rapprocha des Allemands; dès lors sa popularité fut gravement atteinte; le parti vieux tchèque perdit toute influence et fut battu par les jeunes Tchèques aux élections de la Diète de Bohême (1891). Rieger assista avec tristesse aux scènes de violence qui se produisirent à Prague (1893), à Eger et à Pilsen (1897). Cette même année, l'empereur lui conféra le titre de baron, avec un siège à la Chambre des Seigneurs.

RIMSKY-KORSAKOV (Alexandre), général russe, né en 1753, mort en 1840, accompagna en 1794 le comte d'Artois en Angleterre, et prit part aux luttes dans ce Pays-Bas contre la France. En 1798, il fut mis à la tête d'un corps d'armée qui devait opérer en Suisse tandis que Souvorov occuperait l'Italie. Mais, mal soutenu par les Autrichiens, Korsakov fut battu par Masséna près de Zurich, et dut battre en retraite. En 1805, il fut nommé gouverneur général de la Lithuanie, et il conserva ce poste jusqu'au soulèvement de la Pologne en 1830.

RIO DE ORO. Voy. ORO.

RISTORI (Adélaïde), actrice italienne, née en 1822, à Cividale, petite ville du Frioul, morte en 1906, était la fille de modestes comédiens. Dès son enfance, elle parut sur le théâtre. A quinze ans, elle joua le rôle de Francesca dans *Françoise de Rimini*, de Silvio Pellico. Quelques années plus tard, elle jouissait d'une grande notoriété, comme comédienne et tragédienne, sur toutes les scènes de l'Italie. En 1847, elle épousa le marquis Capranica del Grillo, et vécut quelque temps éloignée du théâtre. Elle y reparut en 1849. Elle joua dès lors avec un grand succès les tragédies d'Alfieri : *Myrrha; Rosemonde; Octavie; Antigone*. En 1855, elle vint à Paris se mesurer, en quelque sorte, avec la grande tragédienne Rachel, et elle reçut un accueil enthousiaste; puis elle alla jouer à Londres les tragédies de Shakespeare. Le gouvernement impérial aurait voulu l'attacher à la Comédie-Française; mais elle refusa cette offre, tout en continuant à Paris des représentations annuelles. C'est ainsi qu'elle joua, en 1856, la *Médée* de Legouvé, et, en 1858, une traduction italienne de *Phèdre*. De Paris, toujours avec le même succès, elle porta sur les théâtres d'Espagne, de Hollande, de Russie, d'Allemagne et d'Amérique. Elle a publié en français un volume d'*Études et souvenirs* (1887).

RIZZI ZANNONI (Jean-Antoine), géographe, né en Dalmatie en 1736, fit de brillantes études à l'Université de Padoue, visita Constantinople, l'Orient, la Russie, la Pologne, la Suède, le Danemark, l'Allemagne, où il fut élu membre des Académies de Gottingue et de Nuremberg. Il servit comme ingénieur géographe dans l'armée du prince Henri de Prusse, au début de la guerre de Sept Ans, et fut fait prisonnier par les Français à la bataille de Rosbach (1757). Il séjourna à Paris de 1757 à 1776. Il acquit une réputation si grande, que Galiani l'appelait « le premier des géographes de l'Europe ». Il publia, à Paris et à Nuremberg, en allemand et en français, des cartes du théâtre de la guerre de Sept Ans, exécuta des travaux considérables pour le Portugal, la Bavière, le royaume de Naples, dressa pour le gouvernement français des cartes de la Pologne et des régions septentrionales de l'empire ottoman. Pourvu du titre de premier ingénieur hydrographe, il devint en 1772, gardien du dépôt de la marine; il établit les cartes de la Manche et de la mer du Nord. En 1776, il se fixa à Venise, et dressa des cartes de la région de Padoue et de la Lombardie. En 1781, il vint à Naples. où il fit encore des travaux cartographiques considérables, et mourut dans cette ville en 1814. — M. Drapeyron a consacré une étude à Rizzi Zannoni dans la *Revue de Géographie* (1900).

ROBIN (Nicolas), chancelier de Bourgogne en 1422. a joué un très grand rôle dans l'histoire de cette province. Il était célèbre par sa richesse autant que par sa science. Il fonda l'hospice de Beaune et l'église collégiale d'Autun, où il fut inhumé en 1461. Le Louvre possède un portrait du chancelier par Van Eyck. Cf. Bigarne, *Vie du chancelier Robin*, 1860. — Son fils, Guillaume, fut chambellan de Bourgogne en 1473. Un de ses petits-fils s'allia avec la maison de Bourbon-Carency. Un autre fut évêque d'Autun.

RODENBACH (Georges), écrivain belge, né à Tournai en 1855, mort en 1898, composa d'intéressants ouvrages, inspirés le plus souvent par la vie flamande. Il publia, en 1878, à Bruxelles, un recueil de vers, *le Foyer et les champs*, puis *les Tristesses*, 1879. On lui doit encore *la Belgique*, 1881; *la Mer élégante*, 1881; *l'Hiver mondain*, 1884; *Silence*, 1888; *le Règne du silence*, 1889; *les Tombeaux*, 1896; *les Vierges*, 1896; *les Vies encloses*, 1896; *le Miroir du ciel natal*. 1898. Tous ces ouvrages sont en vers. Il a écrit en prose : *l'Art en exil*. 1889; *Bruges la Morte*, 1892; *Musée de Béguines*, 1894; *la Vocation*, 1895; *le Carillonneur*. 1897; *l'Arbre*. 1898. Il a donné, en 1894, à la Comédie-Française, une pièce en un acte et en vers, *le Voile*.

ROERSCH (Louis), philologue, né à Maestricht en 1831. mort en 1891, enseigna les humanités et la philologie à l'Athénée de Bruges, à l'École normale, puis à l'Université de Liège. On lui doit de bonnes éditions latines, des grammaires française et grecque, 1885, et surtout une *Histoire de la philologie en Belgique*.

ROHLFS (Gérard), explorateur allemand, né à Vegesack, près de Brême, en 1834, mort à Godesberg-sur-Rhin en 1896, servit d'abord dans les troupes de Brême, fit la campagne de Danemark, et fut promu officier en 1858. Il prit ensuite du service dans la légion étrangère de l'armée française, et gagna la croix de la Légion d'honneur dans l'expédition de Kabylie. C'est alors qu'il songea à entreprendre des voyages en Afrique. En 1861, il pénétra au Maroc, où il fut pris pour un véritable musulman. En 1862, il explora le Sahara marocain et les régions du Draa, où il faillit être tué par ses guides. Peu après, il explora le Touât, une partie du Soudan, essaya vainement de pénétrer dans le Ouadaï, visita la région du Tchad et une partie du bassin du Niger. Il rentra en Europe en 1867. Il a publié, outre un grand nombre de cartes, insérées dans les *Mittheilungen* de Petermann : *Traversée du Maroc*, 1869; *Voyages à travers l'Afrique septentrionale*, 1868-1875; *Pays et peuples de l'Afrique*. 1870; *de Tripoli à Alexandrie*, 1871; *A travers l'Afrique*, 1874; *Trois mois dans le désert libyque*, 1875; *Quid novi ex Africa*, 1886, etc.

ROLLINAT (Maurice), poète et compositeur, né à Châteauroux en 1846, mort en 1903, fit partie, dans les dernières années du second Empire, du petit groupe des écrivains qui s'appelaient *Hydropathes*. Il publia en 1877 un premier recueil de poésies, *Dans les brandes*, puis *les Névroses* (1883), qui commencèrent sa réputation. Il revint ensuite dans son pays natal, et dans la solitude, il composa *l'Abîme* (1886), qui renferme des morceaux remarquables; *la Nature* (1892); *le Livre de la nature* (1892); *les Apparitions* (1896); *Ce que dit la Vie, ce que dit la Mort* (1898); *Paysages et paysans* (1899); *En errant; Pensées d'un solitaire* (1903). Il a laissé aussi des compositions musicales, mélodies qui sont, comme ses vers, d'une expression parfois étrange, mais d'un sentiment profond et captivant.

ROQUETTE (Otto), écrivain allemand, né à Krotoschin en 1824, mort en 1896, fut professeur de littérature à Dresde, à l'Académie de guerre de Berlin et au Polytechnicum de Darmstadt. Il a laissé un grand nombre d'ouvrages, parmi lesquels on citera surtout : *l'Histoire de la poésie allemande* et des recueils de poésie, tels que *le Livre de lieder*, *la Journée de Saint-Jacques*, *Sire Henri*, le *Voyage de fiançailles du maître forestier*, une jolie suite, *Guirlande de pampres pour la noce d'argent du maître forestier*, quelques romans *Heinrich Falk*, *Susanne*, *le Monde et le foyer*, et quelques pièces de théâtre.

ROSAS (Manoël ortiz de), né à Buenos-Ayres en 1793,

appartenait à une noble famille espagnole. A partir de 1818, il joua un rôle actif dans les troubles dont la Plata fut le théâtre. A la tête d'une bande d'aventuriers, véritables brigands, il se signala par sa hardiesse et sa cruauté pendant la révolution de 1820. Il s'opposa aux tentatives que fit Rivadavia pour établir à Buenos-Ayres une constitution unitaire. Brave et brillant cavalier, il profita de son ascendant sur les populations des pampas pour établir sa dictature à Buenos-Ayres, qui le reconnut comme gouverneur en 1828. L'année suivante, il organisa dans la ville une véritable dictature. Il abdiqua en 1832, reprit le pouvoir en 1835 et le conserva jusqu'en 1852. Soutenu par l'association populaire de la *Mashorca*, ou de l'« épi de maïs », il domina la République Argentine et Buenos-Ayres par la terreur. Il se débarrassa de ses adversaires en les faisant mourir dans d'horribles supplices. Il n'hésita pas à frapper même des étrangers; pour ce motif, il fut en lutte ouverte avec le gouvernement de Louis-Philippe, qui n'agit que mollement contre lui. Il déclara la guerre à l'Uruguay, et, pendant dix ans, il essaya vainement de s'emparer de Montévidéo. Battu à Caseros (février 1852), il fut abandonné par ses lieutenants et obligé de s'enfuir. Il se réfugia en Angleterre, où il mourut en 1877.

ROSSEL (Louis), officier, né à Nîmes. en 1844, était le fils d'un officier qui s'était distingué dans les guerres du second Empire. Élève du Prytanée militaire de la Flèche, il entra à l'École polytechnique et servit dans le corps du génie. Il était capitaine quand éclata la guerre de 1870, et fut envoyé à Metz le 1er août. Il protesta contre l'attitude de Bazaine, qui restait inactif sous les murs de cette place. Après la capitulation (27 octobre), il s'évada, passa en Belgique, en Angleterre, et revint à Tours se mettre à la disposition du gouvernement de la défense nationale. Envoyé en mission dans le Nord, il fut ensuite chargé de la direction du camp de Nevers avec le grade de colonel auxiliaire du génie. Exaspéré par le rôle inutile qu'on lui avait fait jouer, alors qu'il désirait ardemment se battre, Rossel protesta contre la capitulation de Paris (28 janvier 1871). Quand il apprit que le gouvernement de Versailles était résolu à signer la paix avec les Allemands, il donna sa démission d'officier et vint à Paris, le 20 mars, prendre du service dans l'armée qu'organisait la Commune. Élu chef de la 17e légion, il ne tarda pas à entrer en conflit avec l'Hôtel de Ville, fut jeté en prison, mais en sortit au bout de quelques jours pour devenir chef d'état-major de Cluseret au ministère de la guerre. Bientôt il remplaça celui-ci comme délégué à la guerre; il conserva ces fonctions pendant peu de jours. Écœuré par l'incapacité des hommes de la Commune, il donna sa démission, le 9 mai, et demanda à être arrêté. Des amis le firent cacher. Il fut arrêté le 7 juin suivant par les troupes de Versailles. Traduit devant le troisième Conseil de guerre, il fut condamné à mort. Malgré les instances de nombreuses personnes, notamment Victor Hugo. Thiers refusa de commuer la peine. Rossel fut fusillé à Satory le 28 novembre. Il mourut avec un grand courage. La sœur de Rossel a publié en 1908 la correspondance émouvante de cet officier, qui n'a participé à la guerre civile que poussé par l'exaspération de son patriotisme humilié et par le désir de protester contre la faiblesse dont avait fait preuve en présence de l'invasion le gouvernement de la défense nationale.

ROSSETTI (miss Christina), écrivain anglais, née à Londres en 1850, morte en 1895, produisit, avant l'âge de dix-sept ans, un petit volume de vers. Après avoir donné quelques poésies dans des périodiques, elle publia, en 1862, *Goblin Market et autres poèmes*. Cet ouvrage, qui la classa parmi les meilleurs poètes de sa génération, fut suivi du *Voyage du Prince*, 1866. L'édition complète de ses poèmes, publiée en 1875, s'est augmentée depuis de plusieurs volumes. Elle a aussi donné des ouvrages religieux en prose.

ROSSI (Jean-Baptiste de), archéologue et épigraphiste italien, né à Rome en 1822, mort en 1894, fut élève du Collège romain et étudia l'archéologie chrétienne sous la direction du R. P. Marchi. Il se fit connaître de bonne heure par de remarquables études épigraphiques sur l'antiquité païenne. Dès sa jeunesse, il se proposa de continuer les découvertes faites dans les catacombes, au XVIe siècle, par le savant Bosio, et il entreprit sur la *Roma sotterranea* les travaux considérables qu'il continua jusqu'à sa mort. Ses belles découvertes des cimetières souterrains notamment de celui de Calliste, où fut déposée sainte Cécile, et ses études sur les tombeaux des papes aux premiers siècles du christianisme, jusqu'au temps de Constantin, rendirent le nom de Rossi universellement célèbre. Outre son grand ouvrage sur *Roma sotterranea cristiana*, dont le premier volume parut en 1864, Rossi a publié : *Inscriptiones christianæ urbis Romæ septimo sæculo antiquiores* (Rome, 1857-1885, 5 vol.), recueil de douze mille inscriptions chrétiennes de Rome, avec des commentaires historiques et l'attribution méthodique des monuments à leur époque; *Musaici Cristiani e saggi di pavimenti delle chiese di Roma anteriori al secolo XV* (1872-1894), ouvrage sur les mosaïques et marbres des églises de Rome. Rossi fonda en 1863 le *Bulletino di archeologia cristiana*, qui contient presque exclusivement ses travaux personnels. Il fut, avec Henzen et Th. Mommsen, un des trois membres de la commission du *Corpus universale inscriptionum latinarum*. Il collabora à la publication des œuvres de Borghesi, entreprise sous les auspices de Napoléon III. Il fut nommé préfet du musée sacré de la bibliothèque vaticane. Président de l'Académie pontificale d'archéologie de Rome, il fut élu correspondant de l'Académie des Inscriptions et Belles-lettres de France, en 1875, et associé étranger en 1867. En 1892, son soixante-dixième anniversaire fut célébré avec solennité par la société d'archéologie chrétienne de Rome, par l'Institut de France et par l'École française de Rome, qui publia à cette occasion les *Mélanges J.-B. de Rossi* (Paris, Thorin). — M. Wallon a consacré une *Notice* à la vie et aux travaux de J.-B de Rossi (novembre 1895).

ROSYTH, port situé sur les côtes de l'Écosse, sur la rive gauche du Firth of Forth, à l'extrémité d'un golfe profond, dans lequel on pénètre par un goulet large seulement de 2 kilomètres et facile à défendre. En 1905, l'amirauté anglaise a choisi ce port pour y établir une station navale, à proximité de nombreuses voies ferrées qui le relieront aux chantiers de la Clyde et aux centres industriels de l'Écosse et de l'Angleterre. Ce port de guerre assurera la défense des côtes écossaises, particulièrement des villes de Leith et d'Édimbourg. Les travaux, évalués à 450 millions de francs, ont été commencés en 1907; ils paraissent devoir être terminés vers 1917.

ROTH (Rodolphe-Frédéric), orientaliste allemand, né à Stuttgart en 1821, mort en 1894, étudia aux Universités de Tubingue, de Berlin, de Paris et de Londres, prit ses grades à Tubingue, où il devint, en 1856, professeur de langues orientales et bibliothécaire en chef de l'Université. Très versé dans la littérature et la langue des anciens Indous, il a donné des éditions du *Nirukta* de Jâska (Gœttingue, 1852) et de l'*Atharva-Veda* (Berlin, 1856), avec un important *Mémoire* sur ce dernier ouvrage, en allemand, Tubingue, 1856). Son principal travail, dans cette spécialité, est le *Grand Dictionnaire sanscrit*, publié en commun avec M. Bœhtlingk, sous les auspices de l'Académie de Saint-Pétersbourg (*Sanskrit-Wœrterbuch*, Saint-Pétersbourg, 1853-1875, t. I-VII). On cite en outre de lui : *Essai sur la littérature et l'histoire du Veda* (en allemand), Stuttgart, 1846); *Idée de la destinée dans les sentences indiennes* (en allem.), Tubingue, 1866). Il a publié aussi : *Documents pour servir à l'histoire de l'Université de Tubingue*, 1877; *l'Industrie du livre à Tubingue*, 1866. Roth était depuis 1882 correspondant de l'Académie des Inscriptions de France.

ROUROUTOU ou **RURUTU**, île de l'archipel Toubouai (Océanie), mesure 50 kilomètres carrés de superficie, et compte environ 500 habitants. Soumise au protectorat français depuis 1888, cette île a été annexée, sur la demande des habitants, aux possessions françaises de l'Océanie, le 25 août 1900.

ROUSSE (Edmond), avocat, membre de l'Académie française, né à Paris en 1817, mort en 1906, fut inscrit au barreau en 1857, et fut secrétaire de Chaix d'Est-Ange. Membre du conseil de l'ordre, en 1862, et toujours réélu depuis lors, il devint bâtonnier en 1870. Avocat de grand mérite, il ne sollicita aucune fonction publique. Pendant la Commune (1871), il se donna courageusement à la défense des citoyens arrêtés ou poursuivis qui firent appel à son ministère, et fit de vains efforts pour arracher à la mort Gustave Chaudey; il essaya vainement de défendre l'archevêque de Paris, le curé de la Madeleine et d'autres prêtres arrêtés comme otages; cette courageuse tentative faillit lui coûter la vie. Il a raconté ces péripéties dramatiques dans son *Journal du siège et de la commune*. Lors de la promulgation des décrets du 29 mars 1880 sur les congrégations non autorisées, Rousse fut choisi par les supérieurs de ces congrégations pour rédiger en leur faveur une consultation, qui fut signée par seize cents avocats, et qui produisit dans toute la France une profonde impression. Dans l'intervalle, il avait été élu membre de l'Académie française, en remplacement de Jules Favre (13 mai 1880). Rousse a édité les *Discours et plaidoyers* de M. Chaix d'Est-Ange avec *Préface* (1862), et publié : *Étude sur les parlements de France*, tirée à 300 exemplaires et non mise dans le commerce; *Consultations sur les décrets du 29 mars 1880*; un certain nombre de plaidoyers et discours académiques, dont il a été formé un recueil intitulé *Discours, plaidoyers et œuvres diverses* (1884); *Avocats et Magistrats*; une éloquente étude sur *Mirabeau*, et des *Lettres intéressantes*, qui ont été publiées dans le *Correspondant*. Son *Éloge* a été prononcé à l'Académie française par le marquis de Ségur, son successeur, le 6 janvier 1908.

ROUSSET (Camille), historien, né à Paris en 1821, mort en 1892, professa l'histoire au collège Bourbon (depuis, lycée Henri IV). Il est surtout connu par une *Histoire de Louvois*, (1861-63), qui lui valut les fonctions d'historiographe et archiviste du ministère de la guerre. Il a publié aussi la *Correspondance de Louis XV et du maréchal de Noailles*; *Histoire de la guerre de Crimée*; *le Marquis de Clermont-Tonnerre*; *la Grande-Armée de 1815*; *la Conquête de l'Algérie*, *les Volontaires de 92*, etc. Il succéda à Prévost-Paradol à l'Académie française ou 1871.

ROYAUME-UNI. On désigne sous ce nom la réunion de la Grande-Bretagne (Angleterre, pays de Galles, Écosse), de l'Irlande et de l'île de Man. La superficie totale de ces pays est de 314 628 kilomètres carrés; la population était, en 1907, de 44 100 251 habitants. La population augmente régulièrement, malgré l'émigration, qui a entraîné, de 1815 à 1895, plus de 14 millions de personnes hors de la métropole. — On se bornera à indiquer ce résumé les faits les plus importants qui concernent l'histoire économique du Royaume-Uni. Pour l'agriculture, on observe, de 1881 à nos jours, une diminution dans la culture des céréales (l'avoine exceptée) et des plantes fourragères, tandis qu'augmentent les prairies et pâturages. — L'industrie métallurgique continue à progresser. On a extrait, de 1889 à nos jours, près de 200 millions de tonnes de minerai de fer, représentant une valeur d'env. 700 millions de francs. En 1905, la production s'est élevée à 14 millions de tonnes. La production de la fonte, qui atteignait près de 9 millions de tonnes (chiffre maximum) en 1882, atteint 8 millions en 1905. La production de l'acier dépasse 5 millions de tonnes. Les industries du plomb, cuivre, étain, restent stationnaires. La production du charbon, en 1895, a atteint presque 195 millions de tonnes, et 239 millions (houille et lignite) en 1905. — Les industries textiles sont en progrès. — La marine marchande compte plus de 9 000 voiliers (2 756 000 t.) et 6 623 vapeurs (6 millions de tonnes), représentant la première marine de commerce du monde. — Le réseau des chemins de fer est monté de 10 653 kil. (1850) à 54 069 kil. (1895) et 36 297 en 1905. — Le commerce général a dépassé, en 1896, 17 milliards à l'importation et 12 milliards à l'exportation. En 1905, le commerce général s'est élevé à 22 575 millions de francs, dont 8 275 à l'importation. — La dette publique dépasse 18 milliards (1905). — Enfin, le domaine colonial s'est considérablement agrandi, d'après une progression méthodique, et par suite de l'évolution d'une politique traditionnelle (*Cf. Seeley*, *l'Expansion de l'Angleterre*, trad. en français, par MM. Baille et A. Rambaud, 1885). Voici, pour l'année 1908, le tableau des possessions anglaises, dont l'ensemble forme, avec la métropole, l'*Empire Britannique*.

Europe. — Iles anglo-normandes (196 kil. car., 95 841 hab.).

Gibraltar (5 kil. car., 26 850 hab.).

Malte et Gozzo (325 kil. car., 206 689 hab.).

Asie. — Inde Britannique et États feudataires (superficie env. 4 860 000 kil. car., popul. de plus de 294 millions d'hab.).

Aden, Périm, Socotora, îles Kouryan-Mourya (25 500 kil. car., 41 222 hab.).

Ile Bahrein (600 kil. car., 70 000 hab.).

ROYER — 2192 — RUSKIN

Chypre (9 282 kil. car., 237 000 hab.).
Ceylan (65 610 kil. car., 3 578 000 hab.).
Hong-Kong et dépendances (1 079 kil.
car., 400 850 hab.
Wei-haï-Wei (4 600 kil. car., 151 000
hab.).
Établissements du Détroit (3 908 kil. car.,
572 249 hab.).
Bornéo (189 000 kil. car., 660 000 hab.).
Protectorats de la presqu'île de Malacca
(70 000 kil. car., 871 974 hab.).

Afrique. — Colonie du Cap (574 000 kil. car.,
2 409 804 hab.).
Transvaal (308 500 kil. car., 1 399 528
hab.).
Orange (131 070 kil. car., 587 315 hab.).
Bassoutoland (26 700 kil. car., 317 751 h.).
Bechouanaland (712 000 kil. car., 126 000
hab.).
Rhodésie (1 159 000 k. car., 1 400 000 h.).
Natal et Zoulouland (27 000 kil. car.,
1 108 754 hab.).
Afrique centrale ou Nyassaland (106 000
kil. car., 977 247 hab.).
Afrique orientale (458 000 kil. car.,
4 038 000 hab.).
Zanzibar (2 500 kil. car., 200 000 hab.).
Sierra Leone (71 000 kil. car., 1 680 000
hab.).
Gambie (179 kil. car., 90 554 hab.).
Côte de l'Or (187 900 kil. car., 1 486 455
hab.).
Nigeria (1 295 000 kil. car., environ
15 000 000 d'hab.).
Somaliland (176 000 kil. car., 500 000 h.).
Ouganda (570 000 kil. car., 4 000 000 h.).
Ste-Hélène (123 kil. car., 3 888 hab.).
Ascension (88 kil. car., 410 hab.).
Tristan da Cunha (116 kil. car., 78 hab.).
Maurice (1 914 kil. car., 378 195 hab.).
Seychelles (264 kil. car., 20 275 hab.).

Amérique. — Dominion (9 584 000 kil. car., 5 685 596
hab. (1905).
Terre-Neuve et Labrador (420 098 kil.
car., 250 000 hab.).
Bermudes (50 kil. car., 17 000 hab.).
Iles du Vent (1 827 kil. car., 128 000 h.).
Barbade (430 kil. car., 200 000 hab.).
Iles sous le Vent (1 425 kil. car., 173 000
hab.).
Trinité et Tabago (4 850 kil. car., 274 000
hab.).
Jamaïque (10 859 kil. car., 821 000 hab.).
Iles Turques et Caïques (575 kil. car.,
5 550 hab.).
Iles Caïmans (584 kil. car., 5 000 hab.).
Iles Bahama (13 960 kil. car., 59 142 h.).
Honduras (21 475 kil. car., 40 572 hab.).
Guyane anglaise (246 470 kil. car.,
304 000 hab.).
Iles Falkland (12 552 kil. car., 2 065 h.).

Océanie. — Australie (7 655 052 kil. car., 4 119 481
hab. (1900).
Tasmanie (67 914 kil. car., 180 165 hab.).
Nouvelle-Zélande (271 505 kil. car.,
935 000 hab.).
Nouvelle-Guinée, région du Sud-Est
(229 100 kil. car., 350 000 hab.).
Fidji (20 837 kil. car., 122 000 hab.).
Tonga (1000 kil. car., 21 765 hab.).
Salomon (partie anglaise : 35 900 kil. car.,
150 000 hab.).
Petites iles de l'Océanie (1400 kil. car.,
40 000 hab.).
L'ensemble des possessions et protectorats du Royaume-
Uni donnerait donc un total approximatif de 30 millions de
kilomètres carrés avec une population d'environ 400 550 000
habitants.

ROYER (Clémence), née à Nantes en 1830, morte en
1902, enseigna la philosophie à Lausanne (1859). L'année
suivante, elle publia sur la *Théorie de l'impôt* un mémoire qui fut remarqué. En 1862, elle fit paraître une

traduction de *l'Origine des espèces*, de Darwin, accompagnée de notes. Depuis, Mme Royer publia un certain
nombre d'ouvrages d'anthropologie et de philosophie :
les Rites funéraires aux époques préhistoriques
1876 ; *les Phases sociales des nations* (1877) ; *Du
Groupement des peuples* (1877) ; *le Bien et la loi
morale* (1881) ; *la Question religieuse* (1897) ; *La Constitution du monde* (1900), etc. En 1884, elle fonda à
Paris une *Société des Études philosophiques et sociales*.

ROZIÈRE (Eugène DE), historien, né à Paris en 1820,
mort en 1896, ancien élève de l'École des Chartes, inspecteur général des Archives, a publié de nombreuses études
dans la *Bibliothèque des Chartes* et dans la *Revue du
Droit français et étranger*. On citera, parmi ses œuvres,
une *Histoire de Chypre*; *Formulæ andegavenses*; *Cartulaire de l'église du Saint-Sépulcre*; *Formulæ wisigo-
thiques*; *Dissertation sur l'histoire et le droit ecclésiastique*; *Liber diurnus*; et surtout le *Recueil général des
formules*. Il fut admis à l'Académie des Inscriptions et
Belles Lettres en 1871, et fut élu, en 1879, sénateur de
la Lozère.

RUSKIN (John), écrivain et artiste, né à Londres en
1819, mort en 1900, fit de brillantes études à l'Université
d'Oxford, où il remporta, en 1839, le prix de poésie. Il
étudia ensuite la peinture sous la direction de Copley Field-
ing et de J. D. Harding. C'est surtout comme esthéticien
qu'il acquit une brillante réputation. Son premier ouvrage,
composé après un voyage d'études en Italie et en Hollande,
et publié d'abord sans nom d'auteur, *les Peintres modernes* (1er vol. en 1843 ; 5e vol. en 1860), fut un plaidoyer
éloquent en faveur de Turner et de l'école moderne des
paysagistes anglais. Plus tard, il fut un des défenseurs les
plus ardents du préraphaélisme, dont il se fit l'avocat, en
1851, dans une série de lettres publiées par le *Times*.
Au cours d'excursions dans les principaux centres artistiques de l'Europe, il écrivit *les Sept flambeaux de l'architecture*, 1849 ; *les Pierres de Venise*, 1853 ; *Giotto et son
œuvre*, 1853-1860, ouvrages dans lesquels il montre un
grand enthousiasme pour l'art du moyen âge. Dans le
même temps, il publiait des études sur les *Éléments du
dessin*, 1855 ; *la Décoration et l'ornement*, 1854 ; un
Cours d'architecture et de peinture, 1854 ; une *Revue
de l'Exposition de 1855* ; le texte explicatif d'un album
gravé des *Ports de l'Angleterre*, de Turner, 1856 ; des
Observations sur l'Académie royale, 1857-1859. Vers l'âge
de quarante ans, subissant une influence qu'on a attribuée à
Carlyle, il se sentit attiré vers les questions morales et sociales. Il commença alors une vie nouvelle, après avoir dis-
tribué sa fortune en fondations utiles, pour vivre uniquement de son travail. Retiré quelque temps en Suisse, il composa *Unto this last* (1860), et *Munera pulveris* (1862-63),
que suivirent *Sésame et les lys*, 1865 ; les *Éthiques de
la poussière* (1866), etc. Mêlé aux hommes du peuple, il
prêchait la réhabilitation du travail manuel, tout en professant l'esthétique à Cambridge puis à Oxford (1870). Pour
régler d'une façon harmonique les rapports des paysans et
des propriétaires, il fonda en 1872 la *Guilde de St-
Georges*, qui parut une utopie, puis le *Collège des ouvriers*, à Londres. Devenu son propre éditeur, il publia *Ara-
tra Pentelici*, cours sur la sculpture (1872) ; *Ariadna
Florentina* (1874) ; *Val d'Arno* (1875) ; *Fleckes de la
chasse*, recueil de lettres (1880) ; *Hortus inclusus*, autre
recueil épistolaire (1887), etc. Retiré à Brantwood, près du
lac de Coniston, en 1870, il reprit, pour peu de temps,
son enseignement à Oxford (1883-85). Il fut frappé de
folie à Venise en 1888, et revint dans sa retraite, où il
mourut. Il a laissé, avec un grand nombre d'articles de
critique insérés dans le *Times*, le *Quarterly Review*, etc., une autobiographie, sous le titre de *Præterita*.
Comme artiste, il a produit des illustrations pour ses
livres, des dessins et des aquarelles. De l'œuvre immense
laissée par Ruskin se dégagent, au milieu d'idées singu-
lières et paradoxales, de grandes et généreuses pensées.
Le fond de sa doctrine philosophique est que la beauté,
qui est le propre de la nature, est l'origine du bien, avec
lequel elle se confond. Il définit la beauté « l'expression
de l'esprit créateur de l'univers ». L'admiration de la
nature est le commencement de toute sagesse, et, en
matière d'art, de toute vérité. L'art qui fait connaître cette
beauté devient une religion. Son amour pour le peuple
est touchant. Son enseignement survit dans les *Ruskin*

societies, actuellement au nombre de 5 en Angleterre. — Cf. R. de la Sizeranne, *Ruskin et la religion de la beauté*; W.-G. Collingwood, *The life and work of J. Ruskin*.

S

SABATIER (Louis-Auguste), théologien, né à Vallon (Ardèche) en 1839, mort en 1901, fut professeur à la faculté de théologie protestante de Strasbourg (1868-1870), puis à celle de Paris. Il a laissé un grand nombre d'ouvrages théologiques très estimés : *l'Apôtre Paul; le Canon du Nouveau Testament; De l'ordre des livres canoniques dans l'Ancien Testament; De la vie intime des dogmes et de leur puissance d'évolution; Esquisse d'une philosophie de la religion d'après la psychologie de l'histoire; la Vie intérieure et la théologie scientifique*; etc. — On lui doit aussi des œuvres historiques sur *Guillaume le Taciturne* et sur la *Révocation de l'Édit de Nantes*.

SAGASTA (Mateo), homme d'État espagnol, né à Torrecilla de Cameros (province de Logroño) en 1828, mort en 1903, fut d'abord ingénieur à Zamora, et fut élu, en 1854, député de cette ville aux Cortès; il se rangea parmi les progressistes et les démocrates et combattit la politique d'O'Donnell. Après la dissolution des Cortès (1856), il se réfugia quelque temps en France. Il fut élu en 1857 député de Logroño, son pays natal. Avec les révolutionnaires et les généraux mécontents, Prim, etc., il participa à la tentative de coup d'État du 22 juin 1866; de nouveau, il se réfugia en France et fut interné à Bourges; mais il revint secrètement en Espagne, prit part au soulèvement des marins et de la population de Cadix septembre 1868, qui amena la chute de la reine Isabelle II (20 septembre). Ministre de l'intérieur, puis des affaires étrangères sous le gouvernement de Prim, il afficha dès lors ses idées modérées et fut un des principaux auteurs de la Constitution de 1869; il se montra favorable aux candidatures successives du prince de Hohenzollern et du duc d'Aoste au trône d'Espagne. Sous le règne très court de ce prince, proclamé sous le nom d'Amédée Ier (2 janvier 1871-11 février 1873), Sagasta fut deux fois ministre. Il ne joua aucun rôle officiel sous la République; mais, après le coup d'État du général Pavia (3 janvier 1874), il devint ministre des finances, puis de l'intérieur, et président du Conseil sous le gouvernement de Serrano. La proclamation d'Alphonse XII (*Voy.* ce nom comme roi d'Espagne lui fit perdre le pouvoir. Il se rallia à la nouvelle monarchie en 1875, rentra aux Cortès, défendit les doctrines libérales dans la discussion de la constitution de 1876, et devint le chef du parti « libéral dynastique », il fut désormais l'antagoniste de Canovas del Castillo (*Voy.* ce nom dans le supplément), chef du parti conservateur. Dès lors ces deux hommes d'État gouvernèrent, pendant de longues années, l'Espagne à tour de rôle. Président du Conseil en février 1881, Sagasta prit quelques mesures libérales et travailla à la réforme des finances. Il se retira en 1885, à la suite du voyage d'Alphonse XII en Allemagne. Il revint au pouvoir après la mort de ce prince (novembre 1885) et rendit de grands services à la reine régente Christine; il continua d'ailleurs ses réformes libérales et donna à l'Espagne le suffrage universel (1890); la même année, il céda la présidence du Conseil à Canovas. Il la reprit en 1893 et s'efforça alors, avec le concours de M. Abarzuza, ministre des colonies, de donner satisfaction aux réclamations légitimes des habitants de Cuba et des Philippines; mais ces concessions venaient trop tard, et la révolution s'aggrava dans les colonies. Il se retira au mois de mars 1895 et fut remplacé par Canovas. Après la mort de ce ministre (8 août 1897), Sagasta revint au pouvoir (octobre), au moment où la révolution de Cuba était presque victorieuse : vainement, il chercha à l'arrêter par des concessions; les États-Unis, soutenant les insurgés, déclarèrent la guerre à l'Espagne (avril 1898). Les Espagnols, battus à Santiago de Cuba et à Manille, durent, par le traité de Paris (décembre 1898), abandonner leurs colonies. Sagasta se retira peu de temps après (mars 1899). De nouveau président du Conseil en 1901-1902, il abandonna définitivement la politique en décembre 1902, peu de

temps après la proclamation de la majorité d'Alphonse XIII. Il mourut le 6 janvier suivant.

SAKHALINE. *Voy.* ce mot dans le dictionnaire. — En vertu du traité de Portsmouth (*Voy.* ce mot dans le supplément), la partie méridionale de cette île a été cédée par la Russie au Japon (15 octobre 1905).

SALISBURY, capitale de la Rhodésia méridionale. — 1726 habitants en 1907.

SALISBURY (Robert-Arthur-Talbot Gascoigne Cecil, marquis de), homme d'État anglais, né en 1830, mort en 1903, entra à la Chambre des Communes en 1853, et siégea parmi les conservateurs. La mort de son frère aîné, lord Cranborne (1865), fit de lui l'héritier de la famille des Cecil. A la mort de son père (1869), il prit le titre et le nom de marquis de Salisbury et entra à la Chambre des Lords. Dès 1866, il avait été secrétaire d'État pour l'Inde dans le cabinet Disraëli (*Voy.* ce nom dans le dictionnaire), mais il s'était retiré bientôt, désapprouvant la réforme électorale proposée par ses collègues. Chez les lords, il fut l'adversaire résolu des libéraux qui avaient, grâce à la loi électorale, triomphé des conservateurs; il combattit activement la politique de Gladstone (*Voy.* ce nom dans le supplément), premier ministre de 1868 à 1874. En 1874, les élections donnèrent la majorité aux conservateurs. Salisbury devint, dans un nouveau ministère Disraëli, secrétaire d'État pour l'Inde. Dès lors, il fut, avec son chef, un des principaux promoteurs de la politique impérialiste. En 1878, il succéda au second lord Derby (*Voy.* ce nom) au ministère des affaires étrangères, en un temps où la guerre paraissait inévitable entre l'Angleterre et la Russie, au sujet de la question d'Orient. Il signa avec le sultan la convention qui attribuait à l'Angleterre l'administration de l'île de Chypre, sous la promesse que les Anglais défendraient l'Asie Mineure contre toute agression. Il représenta, avec lord Beaconsfield (Disraëli) l'Angleterre au Congrès de Berlin. Après la défaite des conservateurs aux élections de 1880, il quitta le pouvoir. Après la mort de Beaconsfield (1881), le chef des conservateurs, il reprit la lutte contre Gladstone, ministre pour la seconde fois (1880-1885), surtout au sujet de l'Irlande. Quand celui-ci eut été battu, en 1885, Salisbury devint chef du cabinet. Il fut renversé peu de temps après par suite de l'alliance des députés irlandais et de Gladstone (janvier 1886). Mais les fautes de ce dernier rendirent la victoire aux conservateurs; Salisbury reprit la direction du gouvernement en juin 1886, et il la conserva jusqu'en 1902, sauf pendant une brève période (1892-1895), marquée par le triomphe passager des libéraux avec Gladstone (1892-1894) et Rosebery (1894-1895). L'impérialisme britannique se développa alors, grâce à Salisbury et au ministère des colonies, M. Chamberlain, ancien radical rallié aux conservateurs. Le domaine colonial de l'Angleterre en Afrique fut considérablement agrandi : la convention anglo-française de 1890 assura aux Anglais la possession de la colonie actuelle de Nigeria (*Voy.* ce mot dans le supplément). La formation d'une « Compagnie à Charte » dans l'Afrique Australe eut pour conséquence l'extension de la puissance britannique dans ces régions, où l'Angleterre obligea le Portugal à renoncer à ses prétentions sur le bassin du Zambèze et l'hinterland africain (1890-1891), imposa son protectorat aux peuples indigènes, Matabélés et Machonas, organisa la Rhodésia (*Voy.* ce mot dans le supplément) en 1891, poussa la domination britannique jusqu'aux lacs Nyassa et Tanganika, et, finalement, déclara la guerre aux Boers (1899). Ceux-ci furent vaincus et réduits à la soumission par le traité de Vereeniging (1902), qui transforma les républiques du Transvaal et de l'Orange en colonies britanniques. Dans l'Afrique orientale, l'Angleterre acquit le protectorat de Zanzibar (1890), fonda une colonie nouvelle, « l'Afrique Orientale anglaise », (*Voy.* ces mots dans le supplément) qui s'étendit jusqu'à l'Ouganda et à l'Ounyoro, sur les bords du Victoria, et qui fut administrée d'abord par une compagnie (Ibea), puis par la couronne. Les territoires du Somaliland furent soumis, et l'Angleterre entra en relations de plus en plus étroites avec l'Ethiopie. Mais c'est surtout dans le bassin du Nil que la politique anglaise triompha. Le Soudan égyptien (*Voy.* ces mots) fut conquis par les Anglais, et la France, qui s'était avancée vers le Bahr-el-Gazal et Fachoda, sur le Haut Nil (1898), fut obligée de se retirer de ces pays par la convention de 1899. Ce fut Salisbury en personne, bien plus que M. Chamberlain, qui montra vis-à-vis de la France une arrogance elle que la guerre faillit éclater entre les deux pays. En même temps, les Anglais, qui, en 1885, s'étaient engagés à évacuer l'Égypte dans un délai de trois ans, s'établirent définitivement dans ce pays et prirent la direction de tous les services publics, au nom du khédive. — Dans l'Extrême-Orient, l'Angleterre imposa à la Chine (*voy.* ce mot dans le SUPPLÉMENT) des conventions favorables à l'extension de la puissance britannique; la politique de l'Angleterre en Extrême-Orient causa des conflits avec la Russie. En réalité, le système pratiqué par Salisbury et Chamberlain avait excité contre les Anglais la colère d'une grande partie du monde; mais le premier ministre se félicitait hautement du « splendide isolement » dans lequel il avait placé son pays. A l'intérieur, Salisbury s'efforça de calmer l'opposition irlandaise par quelques concessions, réorganisa la division des comtés en Angleterre et Pays de Galles (1888), ainsi qu'en Écosse (1889). — Peu de temps après la mort de la reine Victoria (*Voy.* ce nom dans le SUPPLÉMENT) et l'avènement du roi Édouard VII, Salisbury abandonna volontairement le pouvoir (11 juillet 1902). Il fut remplacé par M. Balfour.

SALOMON (îles). *Voy.* MARSHALL dans le SUPPLÉMENT.

SAMAIN (Albert), poète, né à Lille en 1858, mort à Paris en 1900, mena une existence modeste et retirée. Son œuvre, courte, mais pleine de charme, est des plus remarquables. Elle comprend : *Au Jardin de l'Infante*, poésie élégiaque et d'un caractère tout intime, publiée en 1803 et couronnée par l'Académie française en 1898; de gracieux poèmes : *Elle infortunée*, *Arpège*, *l'Indifférent*, *Invitation*; d'autres petites pièces, publiées dans des revues, comme *le Nocturne provincial* et *la Peau de bête*; *Aux flancs du vase*, œuvre d'une délicatesse infinie, inspirée de l'antiquité, et trois contes en prose.

SAN-MOUN, baie de la côte orientale de Chine, par environ 29° lat. N., présente de bons abris et quelques petits ports, dont le principal est Tchi-pou. L'Italie, en 1899, émit sur cette région des prétentions dont la Chine ne tint pas compte.

SAN-FRANCISCO. — Cette ville comptait environ 350 000 habitants, quand elle fut détruite en partie par un tremblement de terre, au mois d'avril 1907. Elle a été, depuis, reconstruite.

SAPPEY (Constant), médecin, né à Bourg en 1810, mort en 1896, membre de l'Institut et de l'Académie de Médecine, a laissé d'importants travaux : *Traité d'anatomie descriptive*, 1847-1863, 1888-1889; *Recherches sur la conformation de l'urèthre de l'homme*, 1854; *Anatomie, physiologie, pathologie des vaisseaux lymphatiques chez l'homme et les vertébrés*, 1874; *Atlas d'anatomie descriptive*, 1879, etc.

SARCEY (Francisque), écrivain, né à Dourdan en 1828, mort en 1899, entra en 1848 à l'École normale supérieure et professa de 1851 à 1858. Il quitta alors l'enseignement, écrivit dans divers journaux, et fut chargé, en 1867, dans *le Temps*, de la critique dramatique, qu'il rédigea jusqu'à sa mort. Après la guerre de 1870-1871, il écrivit dans le *XIX⁰ Siècle*, fondé par About. En même temps qu'il publiait dans un grand nombre de journaux, sur les sujets les plus divers, des articles qui attestaient au moins une facilité singulière, il prenait une part active aux conférences organisées sous l'Empire à l'Athénée, au boulevard des Capucines, puis dans divers théâtres. On citera parmi ses ouvrages : *le Nouveau Seigneur du village*, 1862; *le Mot et la Chose*; *Étienne Moret*; *le Siège de Paris*; *Comédiennes et Comédiens*, 1878-1884; *Souvenirs de jeunesse*, 1884; *Souvenirs d'âge mûr*, 1892, etc. Ses feuilletons dramatiques ont été recueillis sous le titre de *Quarante ans de théâtre*.

SARZEC (Ernest CHOQUIN DE), archéologue, né à Sarzec (Vienne) en 1837, mort en 1901, était vice-consul de France à Bassorah, quand il découvrit en 1875, à Tello, les ruines d'une ville et du palais des prêtres-rois de Sirpoula, remontant aux plus anciennes époques de l'histoire de la Chaldée. Les fouilles, qu'il poursuivit pendant vingt ans avec un labeur obstiné, firent connaître un grand nombre d'inscriptions, de vases, de statues, etc. Les monuments découverts par Sarzec sont exposés au musée du Louvre. Ils ont été décrits, notamment dans l'ouvrage intitulé *Découvertes en Chaldée* (1885 et années suivantes). — Sarzec était membre correspondant de l'Académie des inscriptions et belles-lettres.

SASKATCHEWAN, province du Dominion du Canada, formée, en 1905, de l'ancien district de Saskatchewan et de parties des territoires d'Athabasca et d'Assiniboia. — Superficie, environ 580 000 kilomètres carrés; population, environ 500000 habitants (1906). — Capitale, Regina. — La province est administrée par un lieutenant-gouverneur et des ministres responsables devant l'Assemblée législative; celle-ci est composée de vingt-cinq membres élus. La province est représentée par quatre sénateurs et cinq députés dans le Parlement fédéral.

SAUSSIER (Félix-Gustave), général, né à Troyes en 1828, mort en 1905, entra en 1848 à l'École de Saint-Cyr. Il prit part aux campagnes de Crimée, d'Italie et d'Afrique, et fut promu, en 1869, colonel du 41⁰ régiment d'infanterie. Il protesta énergiquement contre la capitulation de Metz. Conduit comme prisonnier en Allemagne, il s'évada et rejoignit l'armée de la Loire; il fut nommé général de brigade en janvier 1871. Il fut élu en 1875 député de l'Aube à l'Assemblée nationale, où il siégea au centre gauche. Il refusa une candidature sénatoriale, fut promu général de division en 1878, et placé, l'année suivante, à la tête du 19⁰ corps (Alger). En 1882, il dirigea une expédition en Tunisie et s'empara de Kairouan. En 1884, il fut nommé gouverneur militaire de Paris et exerça les fonctions de généralissime.

SAXE-ALTENBURG (Marie DE), reine de Hanovre, née en 1818, morte à Gmunden (Autriche) en 1907, épousa en 1843 le prince royal George de Hanovre, qui devint aveugle en 1851, l'année même où il ceignait la couronne sous le nom de George V. Les événements de 1866 chassèrent du Hanovre la famille royale, qui se réfugia à Gmunden. Après la mort de George V à Paris (1878), la reine Marie devint l'âme du parti guelfe, qui ne cessait de protester contre l'incorporation du Hanovre à la Prusse. De son mariage avec George V, la reine avait eu plusieurs enfants; l'aîné, le duc Ernest-Auguste de Cumberland, a épousé en 1878 la princesse Thyra de Danemark.

SAXE-COBOURG ET GOTHA (ERNEST II duc DE), fils d'Ernest I⁰ʳ (*Voy.* SAXE-COBOURG-GOTHA dans le DICTIONNAIRE) et de la princesse Louise de Saxe-Gotha-Altenburg, né en 1818, succéda à son père en 1844. Dans les révolutions de 1848-1849, il se montra libéral et accorda à ses sujets une constitution, en 1849. On lui doit aussi la loi fondamentale de 1852, qui a resserré l'union entre les duchés de Cobourg et de Gotha. Il prit part à la première guerre contre le Danemark, et se distingua, en 1849, à Eckernförde. Après avoir embrassé la politique de Bismarck, se tourna ensuite du côté de la Prusse, participa à la bataille de Langensalza (1866), et, en 1870, à la campagne de France. Très lié avec son frère cadet, le prince Albert, mari de la reine Victoria, il exerça, durant quelques années, une certaine influence sur la cour d'Angleterre. C'était un prince cultivé, qui avait fait de nombreux voyages et qui était versé dans les sciences naturelles et la musique. Il a composé divers opéras. *Casilda*, *Santa-Chiara*, *Diane de Solanges*. Il avait épousé, en 1842, la princesse Alexandrine-Sophie, fille du grand-duc Léopold de Bade. Mort sans enfants en 1893, il a laissé sa couronne au duc d'Édimbourg, fils de la reine Victoria (*Voy.* l'article ci-dessous).

SAXE-COBOURG-GOTHA (Alfred, duc DE), né en 1844, était le second fils de la reine d'Angleterre Victoria et du prince Albert, et le neveu du précédent. Il porta d'abord en Angleterre le titre de duc d'Édimbourg et fut amiral de la marine anglaise. Le fait le plus marquant de sa vie politique fut le refus de la couronne de Grèce, en 1862. Il épousa, en 1874, la grande-duchesse Marie de Russie, fille d'Alexandre II, dont il eut un fils, mort en 1899, et quatre filles. En 1893, il succéda à Ernest II de Saxe-Cobourg-Gotha. Il mourut en 1900, laissant la couronne ducale à son neveu, le duc d'Albany.

SAXE-WEIMAR-EISENACH (Charles-Alexandre, grand-duc DE), né à Weimar en 1818, mort en 1901, était fils du grand-duc Charles-Frédéric et de la grande-duchesse Marie Paulovna. Il acheva ses études dans les universités d'Iéna et de Leipzig, 1835-1837, et fit de nombreux voyages en Europe. En 1842, il épousa la princesse Sophie-Louise, fille du roi de Hollande, Guillaume II. Il prit le gouvernement du grand-duché en 1853. Il se montra toujours libéral. Très instruit, il protégea les arts avec un zèle éclairé. Depuis 1892, il avait dans l'armée allemande le grade de lieutenant-général avec rang de feld-maréchal. Il a eu pour successeur son fils aîné.

SAY (Léon), économiste et homme politique, né à Paris en 1826, mort en 1896, était le petit-fils de l'économiste J.-B. Say. Élevé dans les traditions libérales, il s'adonna de bonne heure à l'étude des questions économiques. Il se fit connaître, dès 1848, par une *Histoire de la Caisse d'escompte*, plus tard par des travaux sur *la Ville de Paris et le Crédit Foncier*, les *Obligations populaires*, une traduction de la *Théorie des Changes étrangers* de M. Goschen avec une introduction, 1869. Il échoua à Pontoise aux élections de 1869 comme candidat de l'opposition. Mais, en 1871, il fut élu membre de l'Assemblée nationale par les départements de la Seine et de Seine-et-Oise. Préfet de la Seine (juin 1871) en remplacement de M. Jules Ferry, Léon Say réorganisa les services municipaux des mairies de Paris sur un plan uniforme, divisa l'administration centrale en trois grandes directions, des Finances, de l'Administration générale et des Travaux publics. Il fit voter par le Conseil municipal élu un projet d'emprunt dont l'émission obtint un succès complet. Il réorganisa la Bibliothèque municipale, l'instruction primaire, reconstitua les actes de l'état civil, détermina le montant des indemnités à payer aux habitants pour les dégâts causés par les deux sièges, etc. En décembre 1872, il devint ministre des finances, et, en cette qualité, acheva le payement de l'indemnité de guerre. Il tomba du pouvoir en même temps que Thiers (24 mai 1873), devint le président du centre gauche, et combattit les projets de restauration monarchique. En mars 1875, il reprit le portefeuille des finances dans le premier cabinet constitutionnel avec Dufaure et Buffet; mais il fut bientôt en opposition avec ce dernier. Sénateur républicain de Seine-et-Oise, il conserva le portefeuille des finances dans les cabinets Dufaure et Jules Simon, combattit les ministres du 16 Mai, et revint aux affaires en 1877. Il se montra opposé aux dégrèvements, abaissa le tarif postal à 15 centimes (avril 1878), et créa le 5 pour 100 amortissable. Il quitta le ministère en décembre 1879. Ambassadeur à Londres en 1880, il fut, peu après, élu président du Sénat. En 1882, il fut réélu sénateur de Seine-et-Oise, en 1889, il fut député de Pau. Il combattit les doctrines protectionnistes, la réforme des droits de succession, l'impôt sur le revenu, et, en général, les doctrines socialistes. Il fut un des fondateurs de l'Union libérale républicaine. Membre de l'Académie des Sciences morales et politiques depuis 1874, et de l'Académie française depuis 1886, Léon Say a écrit, outre les ouvrages indiqués plus haut, un *Rapport sur le payement de l'indemnité de guerre*, 1874 ; le *Socialisme d'État*, 1884 ; les *Solutions démocratiques de la question des impôts*, 1886 ; *Turgot*, dans la collection des grands écrivains français ; Hachette ; *Contre le Socialisme*, 1896, et surtout les *Finances de la France sous la Troisième République* (1898 et années suiv.). Il a dirigé la publication du *Dictionnaire des Finances* et du *Dictionnaire d'économie politique*, rédigé un grand nombre d'articles dans le *Journal des Débats*, le *Journal des Économistes*, etc. — M. G. Picot a lu, en 1900, à l'Académie des Sciences morales et politiques, une *Notice sur Léon Say*. — Cf. Georges Michel, *Léon Say, sa vie, ses œuvres*.

SCHEFER (Charles), orientaliste, né à Paris en 1820, mort en 1898, occupa divers postes diplomatiques en Orient, prit une part active à la conclusion du traité de Paris (1856), et fut nommé, en 1857, premier secrétaire interprète pour les langues orientales au ministère des Affaires étrangères. La même année, il fut chargé de la chaire de persan à l'École des langues orientales. Il devint, en 1867, directeur de l'École. Versé dans les langues persane, arabe et turque, il a laissé une œuvre considérable, qu'on retrouve dans le *Recueil de voyages et de documents*, etc., publié par lui-même et par H. Cordier ; dans la *Bibliothèque des Voyages anciens*, publiée par E. Leroux ; dans la *Bibliothèque orientale elzévirienne*, publiée par E. Leroux ; dans la collection publiée par l'École des langues orientales. Il a publié aussi une *Chrestomathie persane*.

SCHŒLCHER (Victor), homme politique, né à Paris en 1804, mort en 1895, fit partie des sociétés républicaines qui combattirent la Restauration, puis la monarchie de Juillet. Il collabora à la *Revue républicaine*, la *Revue du Progrès*, la *Revue indépendante*, le *Journal du Peuple*, la *Réforme*. Il défendit surtout la cause de l'abolition de l'esclavage. Après un voyage au Mexique, à Cuba et aux États-Unis (1829), il publia deux brochures

sur cette question : *De l'Esclavage des noirs et de la législation coloniale* (1833) et *l'Abolition de l'Esclavage* (1840). Après un voyage dans les Antilles (1840), il publia les *Colonies françaises* (1842) et les *Colonies étrangères et Haïti* (1843). Il visita ensuite l'Égypte, la Grèce et la Turquie. Dans son livre de *l'Égypte* (1846), il dépeignit avec force la misère des fellahs et la servitude en Orient. En 1857, il publia l'*Histoire de l'esclavage pendant les deux dernières années*, puis il alla faire un voyage au Sénégal. Après la révolution du 24 février 1848, il fut nommé sous-secrétaire d'État au ministère de la marine. Le 4 mars, il fit rendre le décret qui proclamait le principe de l'émancipation et instituait une commission chargée de préparer l'affranchissement immédiat des noirs. Grâce à son activité, l'esclavage fut aboli par décret du 27 avril 1848. Schœlcher fut alors élu député de la Guadeloupe à la Constituante, puis à la Législative. Il siégea à l'extrême gauche et protesta énergiquement contre le coup d'État du 2 décembre 1851. Expulsé de France, puis de Belgique, il se retira en Angleterre. Il ne rentra en France que le 6 août 1870. Nommé colonel d'état-major dans la garde nationale, il prit part au siège de Paris et fut élu, en 1871, député à l'Assemblée nationale par Paris, la Martinique et la Guyane. Il opta pour la Martinique. Membre de l'extrême gauche, il ne cessa pas de s'intéresser aux questions coloniales. Il fut élu sénateur inamovible le 16 décembre 1875 et fit partie de l'Union républicaine. Il fut un des partisans les plus convaincus de l'abolition de la peine de mort, de l'expansion de l'enseignement primaire, etc. — Il a publié un grand nombre d'ouvrages, outre ceux qu'on a déjà cités : une *Vie de Hœndel* (1857) ; le *Crime de décembre* (1875) ; le *Vrai Saint Paul* (1879) ; *l'Esclavage au Sénégal en 1880* (1880) ; *Polémique coloniale* (1871-80) ; une *Vie de Toussaint Louverture* (1889) ; etc.

SCHOLL (Aurélien), journaliste, né à Bordeaux en 1833, mort en 1902, débuta en 1850, à Paris, dans le journalisme d'opposition. Il fut le fondateur d'un petit journal satirique, le *Nain jaune*. Attaché successivement à l'*Événement*, à l'*Écho de Paris*, etc., il devint le chroniqueur le plus célèbre de son temps. Il composa un certain nombre de pièces de théâtre et des opuscules, tels que *Lettres à mon domestique*, *Scènes et Mensonges parisiens*, *l'Esprit du boulevard*, etc.

SCHÜTZENBERGER (Paul), chimiste français, né à Strasbourg en 1829, mort en 1897, professa la chimie à l'École des Hautes-Études (1868), puis au Collège de France (1876), et fut directeur de l'École de physique et de chimie industrielles de Paris (1882). Il a laissé un très grand nombre de travaux, mémoires, etc., et des ouvrages, parmi lesquels on citera un *Traité des matières colorantes* (1867), et un *Traité de chimie générale* en 7 volumes.

SÉCESSION (Guerre de). On appelle ainsi la lutte qui mit aux prises, en 1861, 11 États de l'Union américaine avec les autres membres de la Confédération. Les causes de cette lutte furent la divergence de vues du Nord et du Sud sur bien des points : question des tarifs (Nord partisan des tarifs prohibitifs, Sud plus libéral), intérêts économiques différents, etc., et surtout sur la question de l'esclavage, que le Nord voulait abolir et le Sud conserver. Les adversaires des *Sudistes* prétendaient avoir le droit d'empêcher par la force les États mécontents de se séparer de l'Union. Ils se groupèrent dans le parti républicain, dont le chef fut Abraham Lincoln, élu à la présidence de la République (nov. 1860). Alors la Caroline du Sud déclara se séparer de l'Union (déc. 1860). Elle entraîna les États de Mississipi, Floride, Alabama, Géorgie, Louisiane, Texas, et, plus tard la Caroline du Nord, Tennessee, Virginie, Arkhansas. Jefferson Davis fut nommé président des « États confédérés d'Amérique ». Richmond fut déclarée capitale des Sécessionnistes. Ceux-ci organisèrent rapidement une armée de 200 000 hommes sous les ordres de Lee, Beauregard, Jackson, etc. De son côté, Lincoln, installé à la Maison-Blanche en mars 1861, convoqua 75 000 miliciens et 82 000 volontaires (avril 1861). L'armée fut commandée par Scott. Cependant les Nordistes furent écrasés par Beauregard à Bull's Run (21 juillet 1861). Mais Lincoln forma de nouvelles armées sous le commandement de Mac-Clellan. Vaincu à Fair-Oaks (31 mai 1862), celui-ci battit Jackson à Shaepsburg (16-17 sept. 1862). Il prit alors les allures d'un dictateur et fut destitué (nov. 1862).

Washington fut menacée par les Sudistes : elle fut délivrée par la victoire de Meade sur Lee, à Gettysburg (5 juill. 1863). En même temps, le Nordiste Grant faisait une belle campagne sur le Mississipi et gagnait la victoire de Pittsburg (1er juillet 1863). L'établissement du service obligatoire et de la conscription (1863-1864) augmenta les forces du Nord. Rosellani fut vainqueur à Murfreesboro (2 janv. 1863), et Grant à Chattanooga (27 nov. 1863). La guerre se termina par la marche des armées de Grant et de Sherman sur Richmond. Le Sudiste Lee fut vaincu à Pétersburg (2 avril 1865), et capitula le 9. Son collègue Johnston dut l'imiter. Richmond avait été occupée le 6 avril par les Nordistes. — Sur mer, Lincoln avait organisé une véritable flotte, qui bloqua les ports du Sud, et, par ses corsaires, infligea des pertes considérables au commerce de l'ennemi. — Réélu président en novembre 1864, Lincoln fut assassiné par un nommé Booth (14 av. 1865). — La guerre de Sécession avait coûté au parti vainqueur 300 000 hommes et 3 milliards de dollars. Elle eut pour conséquences l'abolition de l'esclavage (31 janv. 1865) et l'assimilation des noirs aux citoyens blancs (1867-1870). Les lois d'amnistie de 1865 et 1868 effacèrent les dernières traces de ces terribles luttes. — Cf. comte de Paris, la Guerre civile des États-Unis: Scribner, Campaigns of the civil war; Draper, Hist. of the civil war, etc.

SECRÉTAN (Charles), philosophe suisse, né à Lausanne en 1815, mort en 1895, enseigna la philosophie à Lausanne et à Neuchâtel. Ses doctrines, qui ont eu une grande influence en France, sont une réaction, au nom de la volonté libre, contre le positivisme et les théories rationalistes. On a de lui : De la philosophie de Leibniz (Lausanne, 1840); la Philosophie de la liberté, l'Idée, l'Histoire (Paris, 1849); Recherche de la méthode qui conduit à la vérité sur nos plus grands intérêts (Neuchâtel, 1858); la Raison et le Christianisme (Lausanne, 1863); la Philosophie de Victor Cousin (1868); Précis élémentaire de philosophie (Lausanne, 1868); la Civilisation et les croyances. Suivant M. Fouillée, la morale et la métaphysique de Secrétan se résument dans les mots liberté et solidarité. Au sujet des questions sociales qu'il a étudiées dans Mon utopie, il se prononce en faveur des systèmes coopératifs. Il fut élu correspondant de l'Académie des Sciences morales de Paris en 1885. — Cf. V. Pillon, la Philosophie de Ch. Secrétan.

SÉE (Germain), médecin, né à Ribeauville en 1818, mort en 1896, docteur en médecine en 1846, fut professeur de thérapeutique, puis de clinique médicale, à l'École de Paris. Il vulgarisa l'usage du salicylate de soude, de l'antipyrine, et publia un grand nombre de travaux : Mémoire sur la chorée et les maladies nerveuses; du Sang et des Anémies; les Maladies du cœur; Diagnostic des phtisies douteuses; un grand ouvrage sur la Médecine clinique, etc.

SEGANTINI (Giovanni), peintre italien, né à Arco (Tyrol) en 1858, mort en 1899, étudia, après une enfance aventureuse, à l'Académie des Beaux-Arts de Milan. Il a peint de beaux paysages de la Lombardie ; puis, se fixant dans l'Engadine, il chercha dans les Alpes la source de son inspiration (le Labourage en Engadine, l'Hiver à Savoguino, Midi sur les Alpes, Pâturages alpins, Printemps alpin, etc.). La mort le surprit tandis qu'il préparait une vaste composition, la Nature. Il a laissé aussi des œuvres symbolistes, la Douleur réconfortée par la Foi, les Luxurieuses, l'Ange de la vie, la Vanité, etc.

SERPA PINTO (Alexandre da Rocha), explorateur portugais, né en 1846, mort en 1900, servit dans l'armée coloniale du Portugal. Il se fit connaître par de remarquables explorations dans l'Afrique australe, qu'il traversa de Benguella à Port-Natal (1877-1880), ainsi que par ses découvertes concernant les fleuves Zambèze, Kouando, Koubango. Il a donné de ses premiers voyages une relation, publiée en français, sous le titre Comment j'ai traversé l'Afrique, Paris, 1881. De 1885 à 1889, il explora la région du lac Nyassa, et chercha à établir des communications permanentes entre les possessions portugaises de l'Atlantique et celles de l'océan Indien. Il signa des traités avec quelques chefs indigènes; mais il fut arrêté par l'intervention de l'Angleterre suscita contre lui l'opposition des Makololos, et qui exigea son rappel.

SERVAIS (Franz), compositeur belge, né à Hal-lez-Bruxelles en 1850, mort en 1901, était le fils d'un violoncelliste qui eut une grande réputation. En 1873, il obtint en Belgique le grand prix de Rome, avec un poème lyrique, la Mort du Tasse. Il a composé des Lieder, des Contemplations, des œuvres symphoniques. Il dirigea pendant peu de temps l'orchestre de la Monnaie, à Bruxelles, puis vint se fixer en France, à Asnières, où il mourut. Il a laissé une belle œuvre dramatique, l'Apollonide, à laquelle il avait travaillé pendant vingt-cinq ans, et qui fut représentée à Carlsruhe en 1898.

SIAM. — D'après les dernières statistiques, la superficie du Siam est évaluée à 628 875 kilomètres carrés, et la population à 6 687 000 habitants. — Pour les rapports entre le Siam et l'Indo-Chine française, notamment le Cambodge, Voy. sononon, dans le supplément.

SIDI ALI, bey de Tunis, né en 1817, mort en 1902, était le fils du bey Sidi Ahsin. Sous le règne de son frère Mohamed es Sadok, il fut commandant en chef des troupes tunisiennes. Il put pas empêcher l'entrée des Français en Tunisie (avril 1881), qui eut pour conséquence la signature du traité de Kasr el Saïd (12 mai), par lequel le protectorat français fut imposé au gouvernement tunisien. Cet acte ayant déterminé le soulèvement d'une partie de la population, Ali aida les Français à rétablir l'ordre. Devenu bey après la mort de Mohamed es Sadok (27 octobre 1882), Ali se conforma aux clauses du traité du Bardo (18 février 1882) qui avait resserré les liens du protectorat. Pendant tout son règne, il vécut en bonne amitié avec la France qui, loin de nuire, respecta ses prérogatives. La Tunisie subit alors de profonds changements. Le régime du protectorat transforma l'administration, la justice, les finances, fonda des écoles, dota le pays de routes et de chemins de fer, développa les ressources naturelles du pays, qui recouvra son ancienne prospérité. Sidi Ali eut pour successeur son second fils Mohamed el Hadi (Voy. ce nom dans le supplément).

SI-KIANG, fleuve de Chine (Voy. l'article dans le mot TXIOXSANG), ouvert au commerce européen par une convention du 4 février 1897. Les Anglais ont établi un service de steamers qui relient régulièrement Hong-Hong à Ou-Tcheou sur le haut fleuve, faisant ainsi une concurrence dangereuse à notre commerce avec le Yun-nan par le Tonkin.

SIMON (Jules-François suisse, dit Jules), écrivain et homme politique, né à Lorient en 1814, mort en 1896, fit ses études aux collèges de Lorient et de Vannes, et fut nommé, en 1852, maître répétiteur au lycée de Rennes. Élève de l'École normale supérieure en 1833, il enseigna la philosophie à Caen, à Versailles, et, en 1839, suppléa Victor Cousin à la Sorbonne. Dans cette première partie de sa vie, Jules Simon écrivit un grand nombre d'ouvrages (Voy. plus bas) et de nombreux articles publiés dans la Revue des Deux-Mondes. Élu, en 1848, représentant du peuple pour le département des Côtes-du-Nord, il siégea parmi les républicains modérés, et fit partie de la Commission du travail. Après les journées de juin, dans lesquelles il essaya de jouer le rôle de conciliateur, il s'occupa activement des questions d'enseignement, et élabora, comme rapporteur, un projet de loi organique que la Constituante n'eut pas le temps de voter. Nommé membre du Conseil d'État réorganisé en 1849, il n'y fut pas maintenu par l'Assemblée législative. Révoqué de ses fonctions universitaires après le coup d'État de décembre, J. Simon fut élu en 1863 au Corps législatif par le département de la Seine. Il défendit les idées libérales et soutint la cause de l'enseignement populaire. Élu de nouveau en 1869 à Paris et dans la Gironde, il opta pour ce département. Son activité pendant la période électorale avait fait de lui un des principaux chefs de l'opposition. Il essaya inutilement d'empêcher la guerre avec la Prusse. Après le 4 septembre, il devint membre du gouvernement de la Défense nationale, ministre de l'Instruction publique, des Cultes et des Beaux-arts (5 sept.). Il fut envoyé à Bordeaux, en janvier 1871, pour obliger Gambetta à exécuter les décrets du gouvernement de la Défense nationale. Il fut élu dans la Marne aux élections de 1871, mais échoua à Paris. Ministre de l'Instruction publique sous la présidence de Thiers, il se signala par des réformes portant sur l'enseignement du latin et du grec, de la géographie, des langues vivantes. En même temps, il combattit énergiquement les tentatives de restauration monarchique. Il quitta le ministère en 1873, peu de jours avant la chute de Thiers, et fut choisi comme président par le groupe de la gauche républicaine. Il resta fidèle à ses convictions libérales, en défendant, dans un mémorable discours, les droits de l'État en matière de collation des grades (juin 1875). Sénateur inamovible dès l'organisation du Sénat, il constitua, en décembre 1876, un nouveau ministère, où il remplaça Dufaure à l'intérieur et à la présidence du Conseil. Mais il se retira, le 16 mai 1877, à la suite de dissentiments graves avec le maréchal de Mac-Mahon au sujet de la loi sur la presse et surtout au sujet de l'attitude des catholiques. Lorsque M. Grévy eut succédé au maréchal, Jules Simon joua de nouveau un rôle important. Il fut un des promoteurs du retour des Chambres à Paris (juin 1879); il combattit le fameux article 7 de la loi Jules Ferry, qui interdisait l'enseignement aux membres des congrégations non reconnues. Dès lors, il fut soutenu par les groupes conservateurs du Sénat. Aux derniers jours comme au début de sa carrière politique, il resta le défenseur des idées libérales. En dehors des assemblées législatives, J. Simon s'était consacré à la propagation de l'enseignement primaire et à l'amélioration du sort des ouvriers. Président d'honneur de l'Association polytechnique, il coopéra à un grand nombre d'œuvres philanthropiques, et fut chargé de représenter la France à Berlin lors du Congrès convoqué par Guillaume II pour discuter les questions ouvrières. — Membre de l'Académie des Sciences morales depuis 1865, il fut élu, en 1875, membre de l'Académie française en remplacement de M. de Rémusat. — Outre sa collaboration à de nombreux journaux, le Siècle, le Gaulois, la Revue de la Famille, qu'il avait fondée, etc., J. Simon a laissé une œuvre littéraire et scientifique très considérable. On citera: Du commentaire de Proclus sur le Timée de Platon, thèse de doctorat, 1839; Étude sur la Théodicée de Platon et d'Aristote, 1840; Histoire de l'École d'Alexandrie, 1844-45, 1861; le Devoir, 1854; la Religion naturelle, 1856; la Liberté de conscience, 1857, 1883; la Liberté, 1859, 1867; l'Ouvrière, 1865; l'École, 1864; le Libre échange, 1870; l'Instruction gratuite et obligatoire, 1873; la Réforme de l'enseignement secondaire, 1874; Souvenirs du 4 Septembre, 1874; le Gouvernement de M. Thiers, 1878; le Livre du petit citoyen, 1880, manuel d'éducation civique; Introduction aux rapports du jury international de l'Exposition de 1878; Dieu, Patrie, Liberté, 1883; la Femme du XXᵉ siècle, 1891; des Notices et Portraits, des éditions d'œuvres philosophiques, un Manuel de Philosophie, publié en 1847 avec MM. Jacques et Saisset.

SLUTER. Voy. CLAUS SLUTER dans le SUPPLÉMENT.

SOREL (Albert), historien, né à Honfleur en 1842, mort en 1906, fut attaché en 1865 au ministère des Affaires étrangères, puis nommé secrétaire d'ambassade. Pendant la guerre franco-allemande, attaché à la délégation de Tours, il fut secrétaire de M. de Chaudordy, chargé des Affaires étrangères. En 1872, il fut nommé professeur d'histoire diplomatique à l'École libre des Sciences politiques. En 1876, il devint secrétaire général de la présidence du Sénat. Il a publié un grand nombre d'ouvrages concernant l'histoire diplomatique: Histoire diplomatique de la guerre franco-allemande (1875; la Question d'Orient au XVIIIᵉ siècle, le Partage de la Pologne (1877), Essais d'histoire et de critique (1885), l'Europe et la Révolution française (1885-1904), ouvrage considérable qui a été traduit en plusieurs langues, qui reçut le grand prix Gobert en 1887, et en 1888, et le prix Osiris en 1905. Sorel a publié en outre un Précis du droit des gens, en collaboration avec M. Funck-Brentano, des biographies de Montesquieu et de Mme de Staël, et deux romans, la Grande Falaise et le Docteur Egra. Il fut élu membre de l'Académie des Sciences morales et politiques en 1889 et membre de l'Académie française en 1894, en remplacement de Taine. — Une Notice historique concernant Albert Sorel a été communiquée à l'Académie des Sciences morales et politiques, par M. G. Picot, le 8 décembre 1906. L'Éloge de l'historien a été prononcé devant l'Académie française par M. Donnay, son successeur (19 décembre 1907).

SOMALIS. Ce pays (Voy. l'article dans le DICTIONNAIRE) a été partagé depuis quelques années entre la France, l'Angleterre et l'Italie. La France possède, sous le nom de « Côte française des Somalis et dépendances », un territoire bordé au N. par l'Érythrée italienne, à l'O. par l'Éthiopie, au S. par le Somaliland anglais. La superficie de cette colonie, qui a réuni l'ancienne colonie d'Obok, les pays des Danakils et des Somalis, est évaluée à 120 000

kil. carrés; la population à environ 200 000 habitants. — Pâturages, salines. — Ch.-l. Djibouti. Une voie ferrée doit relier cette localité au Harrar et à Adis-Ababa, capitale de l'Éthiopie. — L'Angleterre possède, sous le nom de « Protectorat du Somaliland », une colonie de la Couronne, séparée d'Aden depuis 1898, et une région soumise à l'influence britannique. — Superficie 176 000 kil. car.; population env. 300 000 hab. La côte présente les ports de Zeïlah, Boulhar, Berbera, Karam, Lasgori, occupés effectivement par les Anglais. — L'Italie possède un territoire de 380 000 kil. car., avec une population de 400 000 hab., déterminé par des conventions avec l'Éthiopie. Il comprend sur l'océan Indien toute la côte depuis le cap Guardafui jusqu'à la rivière Djouba. Il est exploité par une Compagnie, et forme une dépendance de l'Érythrée. L'hinterland de ce territoire est limité d'une façon peu précise. Un conflit s'est élevé à ce sujet entre l'Italie et les Abyssins, qui pénétrèrent en 1908 dans la zone réservée à l'Italie.

SONNAZ (Maurice, comte GERBAIX DE), général italien mort en 1892, gagna ses premiers grades dans la campagne de 1848 contre l'Autriche, sous les ordres de La Marmora. Il se distingua dans la campagne de 1859, surtout à Montebello, où il soutint pendant deux heures, à la tête d'une poignée d'hommes, le choc de l'armée autrichienne. Il se signala ensuite à Ancône, dans les Abruzzes, dans le royaume de Naples, devint commandant de corps d'armée dans la réserve en 1866, et sénateur en 1870.

SOUAZILAND, pays de l'Afrique australe, limité à l'E. par le territoire portugais de la baie Delagoa, fut placé par une convention du 10 décembre 1894, sous le protectorat du Transvaal, qui devait nommer les fonctionnaires de cette région. L'Angleterre se réservant d'intervenir en faveur des indigènes, dans le cas où les Boers n'exécuteraient pas exactement la convention. Une intervention armée des Boers dans le Souaziland en 1898, représentée par une partie de la presse anglaise sous de fausses couleurs, fut un des prétextes invoqués par l'Angleterre pour entrer en lutte avec le Transvaal. Le Souaziland passa sous la domination directe de l'Angleterre dès 1900. Il fut constitué en pays de protectorat. La population était, en 1907, de 86 581 habitants, dont 890 blancs.

SOUDAN BRITANNIQUE. Voy. au SUPPLÉMENT les articles NIGER et NIGERIA.

SOUDAN ÉGYPTIEN, nom sous lequel on désigne surtout la Nubie, le Sennaar, le Darfour, le Kordofan et la vallée supérieure du Nil avec ses tributaires. La conquête égyptienne dans ces pays commença en 1821 avec Ismaïl-Pacha, fils de Méhémet-Ali, qui fonda Khartoum. Sous Saïd-Pacha, les territoires conquis prirent le nom de Soudan Égyptien, et formèrent les provinces de Dongola, Berber, Taka, Sennaar et Kordofan. L'esclavage fut officiellement supprimé en 1857. Mais le progrès ne commença guère qu'avec Samuel Baker, nommé en 1869 gouverneur général. Il fonda Gondokoro (1871), et, peu après, Lado; conquit l'Ounyoro (1872), et fit la guerre aux marchands d'esclaves. Après lui, Gordon organisa les Provinces équatoriales (territoires au Sud de Fachoda, 1874); dans le même temps, le gouvernement égyptien prétendait occuper tout le littoral de la mer Rouge, la côte des Somalis, et englober dans ses possessions, même l'Abyssinie. Battus à Adsoua par les Abyssins (1875), les Égyptiens renoncèrent à l'Abyssinie. Mais le Soudan restait encore trop vaste pour qu'on pût le gouverner facilement. En 1879, Gordon évacua l'Ounyoro, et forma au Sud de Lado une province qu'il confia à Émin-Pacha (Voy. ce nom). Peu de temps après (1881), éclata l'insurrection des Mahdistes (Voy. MAHDI, MOHAMMED AHMED dans le DICTIONNAIRE, ABDOULLAH au SUPPLÉMENT). Le Soudan se souleva; Gordon succomba dans Khartoum (janv. 1885), et, en 1887, Émin-Pacha quitta à son tour la Province équatoriale, emmené par Stanley. Cependant, la réaction contre les Mahdistes commença peu après. Les Anglais pénétrèrent dans l'Ouganda (1891), fondèrent des postes sur le lac Albert-Édouard, et entrèrent dans l'Ounyoro (1895). Les Italiens enlevèrent Kassala (1894); les troupes de l'État libre du Congo pénétrèrent dans le Bahr el-Ghazal (1893-94), qui fut cédé à bail, ainsi que l'ancienne Province équatoriale, au roi des Belges par l'Angleterre, qui venait d'affirmer ses droits sur tout le bassin du Nil (mai 1894). La France protesta contre cette prétention, et prépara une expédition qui devait sous les ordres du commandant Marchand, gagner le haut Nil par le haut Oubangui. En même temps, le sirdâr Kitchener remontait le Nil avec l'armée anglo-égyptienne, occupait Dongola (sept. 1896) et écrasait les Mahdistes à Omdourman (2 sept. 1898). Pendant ce temps, le commandant Marchand était arrivé à Fachoda (juillet 1898), au prix de difficultés inouïes, tandis que les Abyssins se disposaient à marcher à sa rencontre par la vallée du Sobat. Menacée dans ses intérêts, l'Angleterre exigea la retraite du commandant Marchand, et la France signa le traité du 11 mars 1899, par lequel elle abandonnait Fachoda et tous les postes du Bahr el-Ghazal ; l'Angleterre lui reconnaissait, d'autre part, la possession des pays à l'Ouest de l'ancien Soudan Egyptien. Les Anglo-Egyptiens anéantirent les restes des Mahdistes à Om Debrikat, où Abdoulahi fut tué (24 nov. 1899). La mort du mahdi et la capture d'Osman Digma près de Tokar (janv. 1900) mirent fin à l'empire des Mahdistes. Les Anglais réorganisèrent le Soudan Egyptien (convention anglo-égyptienne du 19 janv. 1899) sous un gouverneur général nommé par le khédive avec l'approbation du gouvernement britannique. Le drapeau anglais fut arboré dans tout le Soudan (sauf à Souakim) à côté du drapeau égyptien. La loi martiale fut mise en vigueur. Aucun agent diplomatique étranger ne put résider au Soudan sans le consentement de l'Angleterre. En fait, le Soudan Egyptien appartient actuellement (1908) aux Anglais.

SOUDAN FRANÇAIS. Vaste région comprise dans l'Afrique occidentale française (voy. ces mots dans le supplément). On a désigné sous ce nom l'ensemble des possessions françaises et pays de protectorat des bassins supérieurs du Sénégal et du Niger, ainsi que les régions avoisinant le lac Tchad et celles qui se rattachent aux vallées des cours d'eau tributaires du golfe de Guinée. L'ensemble de ce vaste pays présente l'aspect d'un plateau dominé par le Fouta-Djalon et les collines du Kong, arrosé par le haut Sénégal, le haut et le moyen Niger avec ses tributaires, ainsi que par une partie des fleuves qui se jettent dans le golfe de Guinée sur les territoires du Dahomey et de la Côte d'Ivoire. La superficie était, en 1890, de 720000 kil. carrés. Mais, depuis cette époque, la France a fait dans ces pays de nombreuses conquêtes et étendu considérablement son domaine. La ch.-l. était Kayes. — L'occupation de ces régions fut préparée par le général Faidherbe (fondation de Médine, 1855 ; voyage de Mage et Quintin, du Sénégal au Niger, de 1863 à 1866). Le général Brière de l'Isle, en 1877, reprit le projet formé par Faidherbe de relier le Sénégal au Soudan, ouvrit des relations avec le sultan de Ségou, Ahmadou (1880-1881), grâce au capitaine Gallieni ; fit construire le fort de Kita par le colonel Borgnis-Desbordes (1881) ; combattit Samory sur la rive droite du haut Niger, et planta le drapeau français à Bamakou (1er fév. 1883). Un fanatique, Mahmadou Lamine, fut vaincu par Gallieni (1885) ; Samory et Ahmadou se placèrent alors sous le protectorat de la France (1887). Les voyages du lieutenant Caron sur le Niger (1887) et du capitaine Binger dans la boucle du Niger jusqu'à la côte de Guinée (1887-1888) montrèrent l'importance économique de ces régions. Mais on ne pouvait compter sur la fidélité de nos protégés. Une expédition fut dirigée contre Ahmadou, auquel le commandant Archinard enleva Ségou-Sikoro, sa capitale (avril 1890), puis Nioro, sa dernière place forte (janv. 1891). Ahmadou fut rejeté dans le Massina. Il en fut chassé par les Français (1893) et rejeté sur Saï. Son frère Aguibou reconnut notre domination dans le Massina. Samory perdit Kankan (avril 1891), et Bissandougou, une de ses capitales. Poursuivi par les colonnes françaises, il fut pris près de Nzo par le capitaine Gouraud (29 sept. 1898). Transporté à Libreville, il y mourut, le 2 juin 1900. La France occupa dès lors, le Ouassoulou et le pays de Kong. — Sur le Niger, le colonel Bonnier s'empara de Tombouctou (10 janvier 1894), et la domination française fut poussée le long du fleuve jusqu'à Saï. Les expéditions faites contre les Touaregs (1898-99) pacifièrent le pays que la convention anglo-française de 1898 nous attribua entre le Niger et le Tchad. Les autres limites du Soudan furent fixées par les conventions de 1889, 1891 et 1895 avec l'Angleterre pour la colonie de Sierra-Leone ; de 1897 avec l'Allemagne pour le Togo ; de 1898 avec l'Angleterre pour Lagos et la Côte de l'Or. Vers le sud, l'occupation du Kénédougou, enlevé au successeur peu fidèle du roi Tiéba, se fit sans difficulté (mai 1898). Dans la boucle du Niger, la France

devança habilement les Anglais, en faisant occuper Mossi (1896) et le Gourounsi (1897).

Restait à relier le Soudan à nos autres possessions africaines. Le voyage du capitaine Binger, de Bakel à Bammakou et à Grand-Bassam (1887-88), avait relié le Soudan au golfe de Guinée. En 1890-1891, le lieutenant Mizon cherchait par la Bénoué et Yola une jonction avec le Congo. En même temps, le commandant Monteil allait du Niger au Tchad, et du Tchad au Fezzan, reliant le Soudan central au Sahara. La mission Crampel, arrêtée en 1891 par l'assassinat de son chef, cherchait une route entre le Congo, le Chari et le Tchad. L'œuvre fut continuée par M. Dybowski. — A des dates plus récentes, la France a fait de vigoureux efforts pour réaliser définitivement l'œuvre de jonction. Entre le Soudan et le Congo, celle-ci était d'autant plus nécessaire, que la convention anglo-française de mars 1899 nous reconnaissait, en échange de l'abandon du Bahr el-Ghazal, la possession d'une partie du lac Tchad, et nous laissait libres d'étendre notre influence sur le Kanem, le Borkou, le Ouadaï et le Tibesti ; mais ces pays étaient plongés dans un profond désordre. Un ancien esclave noir, Rabah (Voy. ce nom dans le supplément), avait fondé dans le Soudan central un véritable Etat, avec le Dar Fertit (1890), le Chari (1892), le Bornou et le Bagnirmi, où il avait établi sa capitale à Dikoa (1893). Il avait fait assassiner, en 1891, l'explorateur Crampel à el-Kouti (territoire de Snoussi) ; avait arrêté, en 1897, la mission Gentil, envoyée vers le Baguirmi, tué un second explorateur, M. Bretonnet (Voy. ce nom) dans un engagement près de Niellim (juillet 1899), et fait prisonnier un troisième, M. de Béhagle (Voy. ce nom). Trois missions furent dirigées vers le Tchad et le Soudan central : M. Gentil, nommé commissaire du gouvernement sur le Chari, devait s'avancer par ce fleuve ; la mission dite Voulet-Chanoine irait du Niger au Tchad ; la mission Foureau-Lamy (Voy. Lamy dans le supplément), qui accomplissait la périlleuse traversée du Sahara (oct. 1898-avril 1900), arriverait par le nord. La mission Voulet-Chanoine fut arrêtée près de Zinder par un drame tragique, la révolte de ces officiers contre le colonel Klobb, qui fut tué (1899) ; mais une partie de la mission continua la route vers le Tchad avec MM. Joalland et Meynier, et arriva sur le Chari en avril 1900, en même temps que la mission Foureau-Lamy. La jonction s'opéra entre les troupes françaises à Kousseri, sur la rive gauche du Chari, le 21 avril 1900. Le camp de Rabah, à 5 kil. N.-O. de cette localité, fut attaqué le 22 avril et emporté après une lutte sanglante qui coûta la vie au commandant Lamy et au capitaine de Cointet. Rabah fut tué dans l'action. Sa capitale, Dikoa, fut prise (1er mai 1900). Le Soudan central était conquis, en même temps que la jonction avec le Congo était définitivement opérée.

Mais, à cette date, le Soudan français ne formait plus une colonie distincte. Placé d'abord sous l'autorité d'un « commandant supérieur », puis d'un « gouverneur » (1894-1895), le Soudan avait un « lieutenant-gouverneur » depuis la création du « gouvernement général de l'Afrique occidentale française » (1898). Un décret du 17 oct. 1899 prononça le démembrement du Soudan. Les cercles de Kayes, Kita, Bafoulabé, Bammakou, Ségou, Djenné, Nioro, Goïmbou, Sokoto, Bougouni, furent rattachés au Sénégal ; — ceux de Binguiray, Siguiri, Kouroussa, Kankan, Bissandougou, Beyla, à la Guinée française ; — d'autres parties furent jointes au Dahomey et à la Côte d'Ivoire. On forma, avec les cercles du N. et du N.-E., deux territoires militaires, rattachés administrativement au Sénégal, et commandés par des officiers supérieurs : 1° Tombouctou, Bandiagara, etc. ; 2° région de la Volta (Ouaghadougou, Sikasso, etc. ; En 1900 furent créés aussi des territoires militaires sur le Tchad et le Chari. — Cf. Archinard, le Soudan en 1895 (1895) ; Gatelet, Histoire de la conquête du Soudan français (1878-1899), etc.

SPEDALIERI (Nicolas), philosophe italien, né à Bronte (Sicile), en 1740, mort à Rome en 1795, fit ses études au séminaire de Monreale, près de Palerme, et fut ordonné prêtre. Mais il ne fut pas attaché au clergé paroissial, et demeura au séminaire pour apprendre, sous la direction du supérieur, Mgr Testa, la philosophie et les mathématiques, en même temps qu'il cultivait le dessin, la musique et la poésie. En 1773 ou 1774, il vint se fixer à Rome, où il fut reçu membre de l'Académie des Arcades (1774). Réduit à une condition obscure et gratifié par Pie VI d'une modeste bénéfice de trente écus par mois, il publia en 1778 son *Analyse de l'examen critique sur les preuves du christianisme de Nicolas Fréret*, puis, en 1784, la *Réfutation de Gibbon*: mais ses ouvrages n'obtinrent pas un grand succès. Au début de la Révolution française, il entreprit de défendre la religion contre le bouleversement qu'il jugeait inévitable, dans un livre qui parut en 1791, sous le titre des *Droits de l'Homme* (*I diritti dell'uomo*). Cet ouvrage n'a aucune ressemblance avec le *Contrat social* de Rousseau, qui n'a aucune influence sur Spedalieri. Une statue lui a été élevée à Rome.

SPENCER (Herbert), philosophe anglais, né à Digby en 1820, mort en 1903, fut d'abord ingénieur civil; puis il abandonna cette carrière, collabora (1848-1852) à l'*Economist*, et fit paraître son premier grand ouvrage sur l'*Équilibre social* (1851). Dès lors, il s'adonna exclusivement à la philosophie. On peut citer parmi ses principaux ouvrages : *Principes de Psychologie* (1855); *Essais scientifiques et politiques* (1858-1863; 1868-1874); l'*Éducation intellectuelle, morale et physique* (1861); *Premiers principes* (1862); la *Classification des sciences*, avec l'exposé des *Raisons du dissentiment entre l'auteur et M. Comte* (1864); *Principes de Biologie* (1865); l'*Étude de la Sociologie* (1873); *Sociologie descriptive* (1873); *Introduction à la science sociale* (1873); *Essais de morale, de science et d'esthétique* (1877-1879); *Institutions cérémoniales* (1879); les *Bonnées de la morale* (1879); *Institutions politiques* (1882); l'*Homme en face de l'État* (1884); *Institutions ecclésiastiques* (1885), etc. La plupart de ces ouvrages ont été traduits en français par MM. Ribot, Espinas, Cazelles, Burdeau, etc. — Herbert Spencer est un des plus grands philosophes de l'Angleterre. « Il est le seul de sa nation, selon M. Bourdeau, qui ait construit un système général de l'univers. » Il a cherché à réunir toutes les sciences en une puissante synthèse à la façon de Hegel et de Comte, avec qui il présente certaines analogies, bien qu'il se distingue, par ses vues sociologiques, du fondateur du positivisme. La société civilisée tend, d'après lui, vers deux types principaux, le *type militaire*, qui est l'état actuel, et le *type industriel*, qui est celui de l'avenir; mais il n'accepte ni l'impérialisme, ni l'antimilitarisme; il est hostile à la plupart des conceptions socialistes, surtout au socialisme d'État. C'est à tort qu'on vu eu lui un des promoteurs des théories anarchistes, car s'il est hostile à l'extension des pouvoirs de l'État en matière d'éducation, de législation, etc., il estime que l'État doit réprimer sévèrement toutes les violences. De même, il est opposé à l'éducation purement rationnelle. L'œuvre de Spencer a exercé une influence très grande sur les esprits cultivés, médiocre sur les masses. — Spencer a composé son *Autobiographie*.

SPULLER (Eugène), homme politique et écrivain, né à Seurre (Côte-d'Or) en 1835, mort en 1896, fut inscrit comme avocat au barreau de Paris en 1862. Lié avec Gambetta, il combattit l'Empire, prit part à l'organisation de la Défense nationale en 1870, et devint en 1871 rédacteur en chef de la *République française*. Il fut élu député de Paris en 1876, et devint sous-secrétaire d'État aux affaires étrangères dans le cabinet Gambetta (nov. 1881). Député de la Côte-d'Or en 1885, il fut ministre de l'Instruction publique dans le cabinet Rouvier (1887), des Affaires étrangères dans le cabinet Tirard (1889). Élu sénateur dans la Côte-d'Or en 1892, il fut ministre de l'Instruction publique dans le ministère Casimir-Perier (1893), et il montra dans ces fonctions un large esprit de tolérance. Il a écrit de nombreux ouvrages : *Petite histoire du second Empire*, 1870; *J. Michelet*, 1876; *Conférences populaires*, 1879-1881; *Figures disparues, portraits contemporains*, 1885-1894; *Histoire parlementaire de la seconde République*, 1891; *Éducation de la démocratie*, 1892; *Lamennais*, 1892; *Royer-Collard*, 1895; *Hommes et Choses de la Révolution*, 1895; etc.

STANLEY (John Rowland, dit Henri Morton), né à Denbigh (pays de Galles) en 1840, mort en 1904, était le fils de paysans qui le laissèrent orphelin à l'âge de trois ans; il fut élevé à l'orphelinat de Saint-Asaph. À quinze ans, il partit pour la Nouvelle-Orléans et fut adopté par un négociant, Morton Stanley, dont il prit le nom. Pendant la guerre de Sécession, il servit dans l'armée sudiste, fut fait prisonnier, et passa dans la marine fédérale, où il devint enseigne. Après la guerre, il fut envoyé par le *New-York Herald* en Abyssinie pour suivre l'expédition du général

Napier (Voy. ce nom dans le SUPPLÉMENT). Il fit ensuite, pour le même journal, des voyages en Espagne. En octobre 1869, il fut chargé par Gordon Bennett, propriétaire du *New-York Herald*, d'une expédition à la recherche du docteur Livingstone, dont on n'avait plus eu de nouvelles depuis deux ans. Il arriva à Zanzibar en janvier 1871; il parvint, après de grandes difficultés, à rencontrer Livingstone, le 5 novembre 1871, à Oudjidji, sur les bords du lac Tanganika. Après avoir visité ensemble la partie nord du lac et acquis la certitude qu'il ne déverse point ses eaux dans le Nil, les deux explorateurs se quittèrent, le 8 février 1872, et Stanley rentra en Europe. Il fit le récit de ce voyage, dans son livre : *Comment j'ai retrouvé Livingstone* (1875). En 1874, Stanley fut chargé d'une nouvelle expédition dans l'intérieur de l'Afrique, aux frais du *New-York Herald* et du *Daily-News* de Londres. Il reprit le même chemin, avec une troupe de 300 hommes, en février 1875, et, après avoir reconnu le lac Victoria-Nyanza, il visita M'tesa, roi de l'Ouganda, chez qui il rencontra l'ingénieur français Linant, mort depuis; il y resta jusqu'au 1er janvier 1876, et convertit ce roi au christianisme; il employa les années 1876 et 1877 à l'exploration des réservoirs du Nil, des cataractes et des nombreux cours d'eau de l'Afrique équatoriale, principalement du Congo supérieur et de ses affluents. À son retour en Europe, il fut reçu solennellement par la Société de géographie de Paris en janvier 1878. Cette même année, fut fondé, sous les auspices du roi de Belgique Léopold II, un comité d'études du haut Congo, ayant pour but d'attirer le commerce de l'Afrique centrale vers les postes situés le long du fleuve; ce comité prit plus tard le nom d'Association internationale du Congo. On décida une expédition à la tête de laquelle on mit Stanley. Après avoir établi une série de stations sur le bas Congo jusqu'à Stanley-Pool, l'expédition atteignit le haut Congo au commencement de l'année 1881. Stanley fonda une station à l'embouchure de la Koua, en remonta le cours et découvrit un grand lac qu'il nomma du Léopold II. Pendant les années suivantes, jusqu'au milieu de 1884, il fonda des stations le long du Congo, jusqu'aux chutes appelées depuis Stanley-Falls, à 2240 kilomètres de la mer. Au mois d'août 1884, il revint en Europe et prit part, comme délégué technique des États-Unis, à la Conférence de Berlin, qui, entre autres besognes, délimita et organisa l'État libre du Congo. Pendant les deux années qui suivirent, il essaya de fonder une société pour l'exploitation d'une voie ferrée qui irait de Stanley-Pool à la mer.

En 1886, le célèbre explorateur était occupé à faire des conférences en Amérique, lorsqu'on lui proposa d'aller à la recherche d'Émin pacha, qui avait été placé par le gouvernement égyptien à la tête de la Province Équatoriale, sur le Haut-Nil, et que l'on croyait menacé par le soulèvement des Madhistes (Voy. MOHAMED-AHMED dans le DICTIONNAIRE et ABOULANI dans le SUPPLÉMENT). À l'instigation de la Société géographique écossaise, le gouvernement égyptien et quelques capitalistes anglais réunirent les fonds nécessaires à l'expédition; Stanley accepta. Il quitta l'Angleterre dans les premiers jours de 1887 et partit pour Zanzibar. Après avoir rassemblé à la hâte une petite armée composée de 9 Européens, 620 Zanzibarites et 74 autres Africains, il se décida à pénétrer dans l'intérieur de l'Afrique par le Congo; en conséquence, il s'embarqua à Zanzibar, le 25 février, emmenant avec lui le fameux traitant arabe Tippou-Tib, de qui il espérait tirer un précieux concours. Il contourna l'Afrique et arriva, le 18 mars, à Banana, à l'embouchure du Congo. Les premières marches sur le bas Congo jusqu'à Stanley-Pool, où la caravane arriva le 22 avril, furent des plus pénibles. À l'aide de la flottille que l'État libre du Congo mit à sa disposition, il remonta le fleuve jusqu'à Yambouya sur l'Arouhimi; là il partagea sa troupe en deux colonnes : l'une resta en arrière-garde au campement de Yambouya, sous le commandement du major Bartlelot, qui fut, plus tard, assassiné par un indigène; et le 28 juin, Stanley s'avança résolument à travers la forêt équatoriale le long de l'Arouhimi; il lutta contre les indigènes, la famine et les maladies, et après avoir laissé ses malades à Ipoto, il sortit de la grande forêt et arriva sur les bords de l'Albert-Nyanza, le 13 décembre.

Cette traversée de la forêt équatoriale, où Stanley prétendit avoir reconnu dans les nains appelés Akkas l'étrange et antique race des pygmées, avait été signalée par de rudes épreuves qu'il devait braver encore. À sa première arrivée sur l'Albert-Nyanza, il n'avait pu avoir aucune nouvelle d'Emin: il retourna alors en arrière, et fonda le fort Bodo, où il amena ses malades restés à Ipoto. Tombé malade lui-même, il ne reprit sa route vers les lacs que le 2 avril, avec 126 hommes. Le 29 avril, il rencontra enfin Emin dans un état de prospérité et de puissance qui contrastait singulièrement avec le dénuement et l'épuisement de ceux qui venaient à lui en prétendus libérateurs. Leurs premières entrevues furent cordiales, mais Emin, qui ne courait aucun danger, refusait de quitter, sans le consentement de ses troupes, la Province équatoriale. Stanley s'occupa alors de son arrière-garde, et, pendant qu'Emin allait à Doutilé consulter ses soldats, il repartit le 24 mai pour le fort Bodo et y arriva le 8 juin; son arrière-garde n'y était pas encore. Il prit l'héroïque résolution de retraverser la forêt équatoriale et d'aller jusqu'à Yambouya; cette marche fut plus désastreuse que la première; enfin, le 17 août 1888, il retrouva à Banalya les 101 hommes qui restaient de son arrière-garde; il fallut franchir pour la troisième fois la forêt, et la route fut encore plus meurtrière que précédemment. Enfin, l'expédition arriva à Fort-Bodo le 20 décembre 1888; trois jours après, l'expédition, réduite à 412 hommes, partait pour l'Albert-Nyanza, où elle arriva le 17 janvier 1889. Pendant ce temps, la venue de Stanley dans le pays avait eu, pour Emin et son commandement, les plus funestes conséquences. Le gouverneur avait été fait prisonnier par ses troupes, alarmées de la perspective du départ, et le Mahdi profitait de ces troubles pour enlever à l'Égypte les Provinces équatoriales. Emin, rendu à la liberté, hésitait toujours à partir; mais Stanley l'emmena presque de vive force, et, le 10 avril, l'expédition quitta Kavali. Elle remonta le Semliki, reconnut les monts Rouvenzori, à peine soupçonnés jusque-là, détermina avec plus de précision le lac Albert-Edouard-Nyanza, dont elle suivit les côtes nord-est, se dirigea ensuite vers le Victoria-Nyanza, et constata qu'il s'étendait beaucoup plus au sud qu'on ne le croyait. Ce retour s'effectua encore au prix de beaucoup de fatigues, de dangers et de sacrifices. Le 10 novembre, l'expédition, réduite de moitié, passa à Mpouapoua; elle arriva enfin, le 4 décembre 1889, à Bagamoyo, où Emin fit, volontairement ou non, une chute qui faillit causer sa mort.

L'arrivée de Stanley à la côte de Zanzibar suscita un grand enthousiasme en Angleterre; des éditeurs offrirent au voyageur un million comptant pour avoir le droit de publier la relation de son voyage. Stanley se rendit au Caire, où il écrivit en toute hâte le livre qu'il intitula: *Dans les ténèbres de l'Afrique; recherche, délivrance et retraite d'Emin pacha, gouverneur de l'Equatoria.* L'ouvrage, en deux volumes, avec cartes et dessins, parut en juin 1890, simultanément à Londres, New-York, Paris, Berlin, Vienne et Milan. D'autre part, l'opinion s'émut des procédés violents employés à l'égard des indigènes et des actes de sauvagerie que révélèrent les accusations réciproques des membres européens de l'expédition. Celles portées par Stanley contre l'ancien chef de son arrière-garde, le major Barttelot, furent vivement relevées par le frère de celui-ci et retournées contre l'explorateur lui-même dans la publication du *Journal et correspondance du major Edmond-Musgrave Barttelot* (1891). En 1895, Stanley publia une nouvelle défense : *Mes compagnons noirs et leurs étranges légendes*. D'ailleurs, ces discussions laissèrent intacte la popularité de l'explorateur, qui fut créé docteur des universités d'Oxford et de Cambridge. En 1895, il fut élu député de Lambeth, et il siégea parmi les libéraux-unionistes. Il fut nommé grand-croix de l'ordre du Bain (1899) et reçut le titre de *Sir*. Outre les deux ouvrages cités plus haut, Stanley a publié un certain nombre de livres qui ont été traduits en français : *la Terre de servitude* (1874 ; *la Vie et les voyages de Livingstone* (1876), suivi d'un coup d'œil sur l'état actuel de la géographie de l'Afrique; *Lettres de Stanley racontant ses voyages et ses découvertes, novembre 1874, septembre 1877* (1878 ; *A travers le Continent noir* (1879), contenant la découverte des sources méridionales du Nil et la circumnavigation des lacs Tanganika et Nyanza; *Cinq années au Congo, 1879-1884* (Bruxelles, 1885); *le Congo et la fondation de son Etat libre* (1885). Son dernier ouvrage, paru en 1898, fut intitulé: *A travers l'Afrique australe.* — Une biographie de Stanley a été publiée par M. J. Joubert (Angers, 1905).

STEDMAN (Edmond-Clarence), écrivain américain, né en 1855, mort en 1908, termina ses études en 1853 à l'Université de Yale. Il est connu surtout comme critique : il a consacré à la poésie américaine deux ouvrages qui ont été analysés dans la *Revue des Deux Mondes* par M. Bentzon (1886) et par Mme J. Van Vorst (1906). Il a publié aussi une étude sur les poètes anglais du règne de Victoria. Plein d'une foi sincère dans l'avenir intellectuel de son pays, il n'hésitait pas à mettre en parallèle les écrivains des Etats-Unis avec ceux de l'Angleterre. Malgré l'exagération évidente de cette tendance, l'œuvre de Stedman a une portée considérable, quand elle montre l'originalité de la littérature américaine, la continuité des efforts et l'importance des progrès réalisés depuis un siècle par les écrivains d'Amérique.

STEPNIAK (Serge), révolutionnaire russe, de son vrai nom Serge Michaïlovich KRAVTCHINSSKY, né en 1852, mort en 1895, était d'origine noble. Il fut arrêté en 1874 pour fait de propagande socialiste parmi les paysans. Mais il put s'évader, fut considéré comme un des chefs du mouvement terroriste et comme un des fauteurs de l'assassinat du général Mézentzef à St-Pétersbourg (4 août 1878). Il se réfugia en Suisse, puis à Londres. Il y a laissé des ouvrages les plus connus, *la Russie souterraine*, 1882 ; *les Paysans de Russie; la Russie sous les Tsars; la Carrière d'un nihiliste; un Cottage près du Volga*, etc.

STEVENS (Joseph), peintre belge né à Bruxelles en 1816, mort en 1892, termina à Paris ses études artistiques, retourna en Belgique en 1844, et, dès lors, se fit connaître au Salon de Bruxelles par un grand nombre de toiles finement exécutées, sur lesquelles il a représenté surtout des animaux. On cite parmi ses œuvres : *Chien portant à son cou le dîner de son maître*, 1847 ; *Taureau flamand poursuivi par un chien*, 1855; *Un épisode du marché aux chiens, à Paris*, 1855; *Un philosophe sans le savoir*, 1855; *l'Intérieur du saltimbanque; le Chien de la Douairière*, 1857; *les Bœufs; une Pauvre bête*, 1850; *le Coin du feu; le Chien criant au perdu*, 1861, etc.

STEVENS (Alfred), frère du précédent, né à Bruxelles en 1828, mort en 1906, fut élève de Roqueplan. Au début de sa carrière, il parut subir l'influence de Courbet dans quelques sujets réalistes : *la Petite industrie, la Mendiante, le Vagabondage, le Dévouement*, etc. Puis il s'adonna à la peinture de genre, dans laquelle il montra un réel talent. On a dit de lui qu'il fut par excellence le peintre de la Parisienne.

STEVENSON (Robert-Louis-Balfour), romancier anglais, né à Edimbourg en 1850, fit ses études à l'Université de cette ville, et se destina d'abord à la carrière juridique. Après être resté quelque temps attaché au barreau d'Ecosse, il s'embarqua pour l'Amérique et se consacra entièrement à la littérature. De retour en Angleterre, il donna une relation de son voyage en Californie, puis écrivit une série de romans fantastiques dans le genre d'Edgar Poë, qui ne tardèrent pas à le rendre populaire en Angleterre et en France. Atteint d'une maladie qui mit ses jours en danger, il dut suspendre le cours de ses publications, et, pour se rétablir, il alla en Polynésie et se fixa à Apia, dans l'archipel de Samoa, où il mourut en 1895. Il écrivit dans cette résidence une nouvelle série de romans, intéressants par la couleur locale. La plupart des ouvrages de Stevenson ont été traduits en français, notamment : *l'Ile au trésor* 1883; *Suicide-Club; le Diamant du rajah* 1885; *le Cas étrange du docteur Jekyll*, 1890; *Nouvelles Mille et une Nuits*, 1890; *Enterré; la Flèche noire; le Naufrageur*, etc.

STOKES (George-Gabriel), savant anglais, né à Skreen (Irlande) en 1819, mort en 1903, fut nommé en 1849 titulaire de la chaire de mathématiques que Newton avait jadis occupée. Il a laissé d'importants travaux sur l'hydrodynamique des fluides visqueux, sur l'équilibre des corps élastiques, sur les phénomènes lumineux et les propriétés de l'éther, sur l'arc-en-ciel, etc. On appelle *loi de Stokes* la formule donnée dans un mémoire célèbre sur le *Changement de réfrangibilité de la lumière* 1852 et qui est ainsi énoncée : « Les rayons émis par un corps fluorescent sont de longueur d'onde plus grande et de réfrangibilité plus petite que les rayons incidents dont ils dérivent. » Stokes était membre de la Société royale de Londres et associé de l'Académie des Sciences de Paris.

STRADA Jules (ILLARD), dit le..., écrivain, né à Vouillé (Deux-Sèvres) en 1821, mort en 1902, a publié un grand nombre d'ouvrages philosophiques, d'une inspiration souvent originale et profonde. dans lesquels il se déclarait partisan du « théisme scientifique » et exposait de nouvelles méthodes de critique. On peut citer : *Essai d'un Ultimum Organum ou constitution critique de la méthode* (1865); *Philosophie méthodique* (1867): *Le point de départ de la pensée* (1868). Dans un autre ordre d'idées, il a publié *La loi de l'histoire* (1894); *Jésus et l'ère de la Science* (1896); *La religion de la Science* (1897); *Robespierre et la révolution de l'humanité* (1899). Enfin dans une vaste composition intitulée *L'Epopée humaine*, publiée de 1864 à 1898, mélange de poèmes et de drames en vers. il a tracé un tableau souvent remarquable de l'évolution de l'humanité. Il avait aussi reproduit par le pinceau quelques-unes des phases de cette évolution. — Cf. J.-P. Clarens, *Un grand ignoré, Strada* (1891); J.-F. Malan, *Strada* (1895).

STRAUSS (Jean). musicien autrichien, né à Vienne en 1825, mort en 1899, fils d'un compositeur de musique qui le destinait au commerce, devint chef d'orchestre à dix-neuf ans. Il donna des concerts à Vienne jusqu'en 1859, puis voyagea en Russie, en Allemagne, en Italie, en France, en Amérique. Il a composé quelques opéras ; mais il doit sa notoriété surtout à ses valses, *Feuilles du matin*, *Sur les montagnes, Vienne, le Beau Danube bleu*. etc.

STROSSMAYER (Joseph-Georges), évêque croate, né à Essek (Slavonie), en 1815, mort en 1905, appartenait par son père à une famille autrichienne, mais, par sa mère, était d'origine croate. Il acheva ses études à l'université de Pest. fut reçu docteur en théologie et ordonné prêtre en 1838. Il devint bientôt professeur au séminaire de Diakovo et fut appelé comme prédicateur à la Cour. En 1848, il soutint énergiquement les revendications des Croates, et, sur la proposition du ban Jellacic. il fut nommé évêque de Diakovo (1849); il devint dès lors le chef du parti national croate. Possesseur d'une grande fortune, il créa de nombreuses écoles, fonda une université pour les Bosniaques, restaura l'antique chapitre illyrien de San-Girolamo à Rome, fonda une université croate à Agram (Zagreb), et construisit une cathédrale à Diakovo. Membre du Reichsrath réuni à Vienne en 1860, il se rangea parmi les fédéralistes et soutint les droits des nationalités. Il accentua cette attitude dans la diète de Croatie en 1861: la diète fut dissoute. Quand elle se rouvrit, en 1865, Strossmayer fut invité à quitter le pays. Il se fixa pendant quelque temps à Paris, où il se lia avec les notabilités de la science et de la politique, puis il revint à Diakovo. Mais il ne cessa de s'occuper de questions politiques et consacra tous ses soins à des œuvres nationales et charitables: c'est ainsi qu'il assista. en 1867, à l'inauguration de l'Académie nationale d'Agram, dont il était un des principaux fondateurs. En 1869-70, au concile du Vatican, il combattit le dogme de l'infaillibilité. Après Sedan, il sollicita vainement une intervention de la Russie en faveur de la France. Plus tard, il s'efforça de réconcilier avec Rome tous les Slaves du Sud, dont beaucoup sont de religion grecque. Il aurait voulu, aussi, amener un rapprochement entre la Russie et le Saint-Siège. Il rêvait une sorte de fédération intellectuelle et morale entre les quatre grands groupes slaves: tchèque, polonais, illyrien (jougo-slave) et russe. En 1888, à l'occasion des fêtes commémoratives en l'honneur de la conversion des Russes au christianisme. il adressa au comité de Kiev une adresse de félicitations chaleureuses, qui lui valut, peu de temps après, de vives remontrances de la part de l'empereur François-Joseph. « Vous travaillez contre la monarchie et contre votre église », dit celui-ci. — « Majesté, répondit Strossmayer, ma conscience est pure. » — Le prélat n'en devint que plus populaire aux yeux de ses compatriotes, qui célébrèrent avec enthousiasme son jubilé, en 1890. Mais, suspect à Vienne et à Rome, il donna sa démission d'évêque en 1891. — Mgr Strossmayer a publié quelques ouvrages importants tels que: *Monumenta Slavorum meridionalium historiam illustrantia* (Rome, 1865), des recueils de littérature populaire, etc. — Un historien croate. M. Fadé Smiciklas, a écrit une intéressante biographie de Mgr Strossmayer, accompagnée d'une importante étude sur les Slaves du sud de l'Autriche-Hongrie (1906).

SUD-OUEST AFRICAIN ALLEMAND, colonie allemande dans la partie occidentale de l'Afrique australe, entre le cap Frio et le fleuve Orange, a eu pour origine un établissement fondé en 1885 à Angra Pequeña par la maison Luderitz, de Brême. Ce territoire fut placé en 1884 sous le protectorat de l'Empire allemand, ainsi que la côte allant de l'embouchure de l'Orange au cap Frio, sauf l'enclave anglaise de Walfish Bay. Les frontières avec l'Afrique portugaise ont été fixées en décembre 1886; avec l'Angleterre, en juillet 1890 (elles passent entre 17° et 19° long. E.). — La superficie est évaluée à 835 000 kil. car.; la population a env. 300 000 indigènes, Namaquas, Damaras. Ovahéros, etc., contre lesquels les Allemands ont dû soutenir de longues luttes. Le nombre des blancs, en 1905, était évalué à 4682. — La colonie forme 3 districts, *Nord*, ch.-l. Windhoek, où siège le gouverneur de la colonie ; *Ouest*, ch.-l. Otyrmbingoué; *Sud*, ch.-l. Keetmanshoop. Le commerce consiste surtout en exploitation de cuivre, gomme, tabac. palmiers, etc. — La colonie est troublée depuis quelques années par de fréquents soulèvements des indigènes.

SULLIVAN (Arthur). compositeur anglais, né à Londres en 1842, mort en 1900, fut d'abord enfant de chœur de la chapelle royale de St-James. Il étudia la musique à Londres et à Leipzig, revint en Angleterre en 1861, fit exécuter, tantôt au Palais de Cristal, tantôt dans les festivals de Birmingham, *l'Orage*, d'après Shakespeare, une cantate, *Kenilworth* (1864), une *Symphonie*, une ouverture, *In memoriam* (1868), un oratorio, *l'Enfant prodigue* (Worcester, 1868). Il fut nommé alors directeur du théâtre de Covent-Garden, puis professeur de composition à l'Académie de musique. En 1872, il fit exécuter un *Te Deum* pour célébrer le rétablissement de la santé du prince de Galles. Il donna un nouvel oratorio, *la Lumière du Monde* (1873). un drame sacré. *les Martyrs d'Antioche* (1880). Puis il abandonna la musique religieuse pour composer des opérettes. presque toutes populaires en Angleterre, *le Contrebandier, le Pirate de Penzance*, et surtout *le Mikado*, qui eut une grande vogue.

SULLY-PRUDHOMME (René-François-Armand Prudhomme. dit), poète né à Paris en 1839, mort en 1907. était le fils d'un négociant. Il entra dans l'industrie et fut employé dans l'administration de l'usine Schneider, au Creusot, puis devint clerc de notaire à Paris. Il débuta, en 1865, par un volume de *Poésies*, avant pour sous-titre : *Stances et Poèmes*, et qui fut très remarqué du public lettré: une des pièces de ce premier recueil, *le Vase brisé*. fut, entre toutes, citée comme un chef-d'œuvre de finesse de style et de sentiment délicat. Les œuvres poétiques de Sully-Prudhomme sont remarquables par la fermeté et la précision du style, merveilleusement adapté à l'expression des sentiments élevés et des idées philosophiques. Telles sont: *les Épreuves* (1866); *les Solitudes* (1869): la traduction en vers du premier livre du poème de Lucrèce, *la Nature des choses* (1869); *les Destins* 1872 ; *les Vaines tendresses* (1878); *le Prisme, poésies diverses* (1886); *le Bonheur* (1888). Ces pièces et poèmes ont été réunis en plusieurs séries, sous le titre général de *Poésies* (1879-1886, 3 vol.). Après 1888, Sully-Prudhomme ne publia plus d'œuvres poétiques. On lui doit deux ouvrages en prose: *l'Expression dans les beaux-arts* (1884), et *Réflexions sur l'art des vers* (1892). Il a donné à la *Revue des Deux Mondes*. entre autres articles, une importante étude sur Pascal. Une édition générale de ses *Œuvres* en trois volumes a été publiée en 1883-1884. Sully-Prud'homme a laissé non publiés quelques opuscules philosophiques. un livre de poésies, que l'on suppose être des œuvres de jeunesse, et un ouvrage en prose, *le Lien social*, développement de la préface qu'il avait écrite pour *la Bible de l'Humanité*, de Michelet. — Le poète fut élu membre de l'Académie française en 1881. Il reçut le prix Nobel en 1908. M. B. Zvromski a consacré à l'œuvre de Sully-Prudhomme un excellent ouvrage (1908).

SYBEL (Henri m. historien et homme politique allemand, né à Dusseldorf en 1817, mort en 1895, suivit pendant quatre ans, à Berlin, les leçons d'histoire de Ranke, prit ses grades à l'Université de Bonn, et y devint professeur extraordinaire en 1844. Il passa, l'année suivante, comme professeur ordinaire à Marbourg, où il fut élu, en 1847, membre des États de Hesse et député à la diète d'Erfurt. Appelé en Bavière, en 1856, par Maximilien II, il fut élu membre de l'Académie des Sciences de Munich et chargé de diverses fonctions et missions scientifiques. En 1861, il retourna à Bonn comme professeur, et fut élu, par l'Université, membre de la Chambre des députés de Berlin. Il combattit vivement les projets de réorganisation de l'armée prussienne, et, après la dissolution de la Chambre, il fut réélu à l'unanimité. Il fut envoyé de nouveau, en 1867, à la diète constituante de la Confédération de l'Allemagne du Nord. Il fonda à la même époque l'Association allemande rhénane, pour combattre l'ultramontanisme. Il fit partie du Parlement de l'Empire depuis 1874, et fut nommé, en 1875, directeur des Archives de l'Etat et membre de l'Académie de Berlin. — Le principal ouvrage de Sybel est une *Histoire de l'Europe au temps de la Révolution, de 1789 à 1795*, Dusseldorf. 1855-1857 (4e édit., 1878), traduite en français par Mlle Marie Dosquet (1878 et suiv., 6 vol.). On cite en outre : *Origine de la royauté en Allemagne* (Francfort, 1845); *le Soulèvement de l'Europe contre Napoléon Ier* (Munich, 1860); un recueil de *Petits écrits historiques* (ibid., 1865-1869, 2 vol.); un mémoire sur la *Paix avec la France* (Dusseldorf. 1871); *Politique cléricale au xixe siècle* (Bonn, 1874 : une *Histoire de la fondation de l'Empire allemand par Guillaume Ier*, sans compter de nombreux articles dans le *Journal historique*, fondé par lui-même en 1856, et dans divers recueils; des brochures sur les questions politiques; des discours, etc. Sybel commença, en 1878, une publication de documents des Archives de l'Etat.

T

TAINE (Hippolyte-Adolphe), écrivain, né à Vouziers en 1828, mort en 1893, entra en 1848 à l'Ecole normale supérieure. Après avoir obtenu, en 1853, le diplôme de docteur ès lettres avec ces deux thèses : *De personis platonicis* et *Essai sur les Fables de La Fontaine*, il renonça à la carrière de l'enseignement, et fit paraître plusieurs ouvrages, entre autres un *Essai sur Tite-Live* (1854), couronné par l'Académie française, puis, sous ce titre : *les Philosophes français du xixe siècle* (1856), une critique très vive des maîtres de l'enseignement spiritualiste officiel. En mars 1863, Taine fut appelé aux fonctions d'examinateur pour les lettres à l'Ecole militaire de Saint-Cyr et nommé, en octobre 1864, professeur d'histoire de l'art et d'esthétique à l'Ecole des Beaux-Arts. Il fut élu à l'Académie française en 1878, en remplacement de M. de Loménie. Ses principaux ouvrages sont : *Voyage aux eaux des Pyrénées* (1855); *Essais de critique et d'histoire* (1857); *La Fontaine et ses Fables* (1860); *Histoire de la littérature anglaise* (1864), œuvre importante, à propos de laquelle l'auteur se vit enveloppé dans les accusations d'athéisme dirigées par l'évêque d'Orléans contre Littré et Renan, et qui, présentée aux concours de l'Académie française, fut repoussée à cause des doctrines; *Idéalisme anglais*, étude sur Carlyle (1864); *le Positivisme anglais*, étude sur Stuart Mill (1864); *les Ecrivains anglais contemporains* (1865), étude refondue dans la 2e édition de l'*Histoire de la littérature anglaise*; *Nouveaux essais de critique et d'histoire* (1865); *Philosophie de l'art* (1865); *Philosophie de l'art en Italie* (1866); *Voyage en Italie* (1866); *Notes sur Paris, ou Vie et opinions de M. Fréd.-Thomas Graindorge* (1867); *l'Idéal dans l'art*, leçons professées à l'Ecole des Beaux-Arts (1867); *Philosophie de l'art dans les Pays-Bas* (1868); *de l'Intelligence* (1870); *du Suffrage universel et de la manière de voter* (1871); *un Séjour en France de 1792 à 1795*, lettres d'un témoin de la Révolution française, traduites de l'anglais (1872); *Notes sur l'Angleterre* (1872, 5e édit., 1880). L'œuvre capitale de Taine, en ces dernières années, fut une grande étude ayant pour titre général : *Origines de la France contemporaine*, et comprenant : *l'Ancien régime* (1876), *la Révolution* (1878-1884), *le Régime moderne* (1890). — Des études importantes ont été consacrées à Taine par MM. Barzelotti (ouvrage traduit en français), Faguet (*Politiques et moralistes*, IIIe volume), Bontuny (*Annales de l'Ecole des sciences politiques*), V. Delbos (*Le problème moral dans la philosophie de Spinoza*, p. 498-520), Paul Bourget (*Minerva*, 1902), V. Giraud (*Essai. Bibliographie*), L. Roure (*Hip. Taine*). La librairie Hachette a publié H. Taine, sa vie et sa correspondance (1902-1903).

TA-LIEN-OUANE, baie de la côte septentrionale de Chine sur la presqu'île de Liao-Toung (Mandchourie), sur laquelle est construite la petite localité de Taï-lien, fortifiée naguère par les Chinois. Occupée par les Japonais nov. 1894, et par les Russes en 1898. En vertu du traité de Portsmouth ('oy. ce mot dans le SUPPLÉMENT), signé à la fin de la guerre entre la Russie et le Japon .5 octobre 1905), toute la presqu'île de Liao-Toung a été cédée à bail aux Japonais.

TANNERY (Paul), mathématicien et philosophe, né à Mantes en 1843, mort en 1904, entra en 1862 à l'Ecole polytechnique, et fit sa carrière dans le corps des ingénieurs des tabacs. Il a publié de nombreuses études disséminées dans les revues, et des ouvrages parmi lesquels on citera : *Pour l'histoire de la science hellène* (1887); *la Géométrie grecque* (1887); *la Correspondance de Descartes dans les inédits du fonds Libri* (1893); *Recherches sur l'histoire de l'Astronomie ancienne* (1893). Il a édité, en collaboration avec M. Ch. Henry, les œuvres de Fermat, et celles de Descartes en collaboration avec M. Charles Adam. On lui doit aussi une édition des œuvres de Diophante. Il a laissé une *Histoire générale des Sciences*, en préparation. Tannery était président de la Société des études grecques. Après la mort de Pierre Laffitte (voy. ce nom dans le SUPPLÉMENT), il fut désigné par le Collège de France et l'Académie des Sciences pour occuper la chaire de l'histoire général des sciences. Mais malgré cette double désignation, il ne fut pas nommé aux fonctions auxquelles l'avaient préparé ses nombreux et remarquables travaux.

TARDE (Gabriel), philosophe, né à Sarlat en 1843, mort en 1904, fut d'abord magistrat, puis directeur de la statistique au ministère de la justice (1894), professeur au Collège de France (1900), et membre de l'Académie des Sciences morales et politiques. Il a publié un grand nombre d'ouvrages de philosophie et de sociologie d'une haute importance : *La criminalité comparée* (1886); *Les lois de l'imitation* (1890); *La philosophie pénale* (1890); *Etudes pénales et sociales* (1892); *Les transformations du droit* (1893); *La logique sociale* (1895); *Fragment d'histoire future* (1896); *La criminalité professionnelle* (1897); *L'opposition universelle* (1897); *Etudes de psychologie sociale* (1898); *Les lois sociales* (1898); *Les transformations du pouvoir* (1899); *Psychologie interméntale* (1901); *L'opinion et la foule* (1901); *L'invention considérée comme moteur de l'évolution sociale* (1902); *Psychologie économique* (1902). L'œuvre de Tarde a été analysée dans une étude remarquable publiée par la *Revue encyclopédique* (1896).

TCHAIKOVSKY (Pierre), compositeur russe, né à Votkinsk (gouvernement de Viatka) en 1840, mort en 1895, étudia la musique au Conservatoire de Saint-Pétersbourg, puis en Allemagne, sous la direction de Schumann. De 1866 à 1879, il enseigna l'harmonie au Conservatoire de Saint-Pétersbourg, et devint directeur du Conservatoire de Moscou. Il a composé : des opéras, *Mazeppa, Oprítchnik, Vakoula le Forgeron, Eugène Onéguine*, drame lyrique qui est considéré comme son chef-d'œuvre; des ballets, *Snegowrotchka, le Lac des Cygnes*; une ouverture, « 1812 », et un poème symphonique, la *Tempête*, qui furent exécutés à Paris en 1882; des concerts de piano; des œuvres de musique de chambre, dont une des plus célèbres est le *Trio à la mémoire d'un grand artiste* (Nicolas Rubinstein). Tchaïkovsky fut élu en 1892 membre correspondant de l'Académie des Beaux-Arts de Paris.

TCHERNÍCHEVSKY (Nicolas Gavrilovitch), savant et publiciste russe né en 1828, mort en 1889, fit ses études au séminaire de Saratov, puis à l'Université de St-Pétersbourg. Il a traduit les *Principes d'Economie politique* de Stuart Mill, avec addition de *Commentaires* (trad. en fr., Bruxelles, 1874 ; il a écrit la *Biographie de Dobroliouboc* et le célèbre roman *Tchto diélat ? — Que faire?* (trad. en fr.), qui eut une grande importance dans l'histoire du mouvement nihiliste en Russie. Accusé en 1862 de participer aux menées révolutionnaires, il fut condamné à la déportation en Sibérie, et interné en 1864 dans un hameau près de Vilouisk, dans le pays des Yakoutes. Il y resta plus de vingt ans en compagnie de quelques indigènes et de gendarmes. Libéré enfin en 1885, il mourut, peu après, d'épuisement. Dans ses œuvres, il a abordé les questions politiques et économiques au point de vue scientifique, sans pousser aux extrémités du terrorisme. On peut dire sans exagération qu'après Herzen aucun écrivain russe n'a exercé autant d'influence sur son temps. On a encore de lui : *Cavaignac, la Lutte des partis en France; les Communautés rurales; la Propriété foncière*, etc. ; ses Œuvres complètes ont été publiées à Genève (1870-1875).

TENNYSON (Alfred), poète anglais, né à Somersby (Lincolnshire) en 1809, mort en 1892, était fils d'un pasteur protestant. Son enfance s'écoula à la campagne, dans sa famille. A 15 ans, il fut envoyé avec son frère aîné au collège de Louth, et y prépara un volume. *Poésies par deux frères*, qui parut en 1827, et qui est fait surtout d'imitations d'Horace et de Byron. A Cambridge, il se lia notamment avec Trench et Arthur Hallam, et remporta un prix de poésie avec un poème sur *Tombouctou*, 1829. Il publia ensuite deux recueils (1850 et 1855), dont le second contient quelques-unes de ses plus fraîches inspirations, poèmes antiques ou idylles modernes : *la Fille du Meunier, Œnone, la Reine de Mai, Lotophages*. Après un silence de dix ans, il donna en 1842, deux nouveaux volumes, complètement débarrassés de la recherche et de l'étrangeté, qu'on reprochait aux premiers, et l'on remarque : des ballades, *le Seigneur de Burleigh; Lady Clare; Dora*, histoire rustique; *Ulysse; Locksley Hall*, où il s'abandonne à un magnifique rêve de progrès indéfini par la science. En 1847, il publia *la Princesse*, poème bizarre, où le rôle de la femme dans le monde moderne est discuté au milieu d'un récit du moyen âge, mais où l'on trouve de délicieuses pièces lyriques. En 1850 parut *In Memoriam*, série de courts poèmes où, au milieu des accents de deuil, est examiné le problème de la destinée humaine. La même année, le poète se maria, alla habiter l'île de Wight, et fut nommé Poète lauréat. Cette dignité lui donna l'occasion de chanter, dans des poèmes excellents, comme *la Charge de Balaclava*, les gloires de son pays. *Maud* (1855) présente, en une série de monologues lyriques, une histoire byronienne d'amour et de folie, dont le héros se console en allant combattre pour l'Angleterre. Les poèmes narratifs en vers blancs, intitulés *Idylles du Roi* (Enide, Viviane, Elaine, Genièvre, le St Graal, etc.), qui parurent de 1858 à 1872, célèbrent le roi Arthur et le monde chevaleresque. Les figures de femmes en sont particulièrement exquises. Tennyson continuait en même temps de chanter la vie des humbles dans *Enoch Arden* (1864), histoire de marin; *la Grand'Mère; Rispah*. Il écrivait même des poèmes en patois : *le Fermier du Nord, la Première querelle, l'Épouse villageoise*, etc. On lui doit encore plusieurs recueils, dont un posthume, qui contiennent : des *Ballades*, comme *the Revenge; Locksley Hall soixante ans après*, où il reprend dans un autre esprit les motifs d'un de ses premiers poèmes; *le Rêve d'Akbar, la Mort d'Œnone*, etc. Il a aussi écrit plusieurs drames : *la Reine Marie* (1875), *le Faucon* (1879), *la Coupe* (1881), *la Promesse de Mai* (1882), qui, mis à la scène, n'ont eu qu'un succès d'estime; *Harold* (1877), qui n'a pas été représenté, et *Becket* (1885), qui l'a été seulement en 1893. Les *Œuvres* de Tennyson, qu'il a plusieurs fois revues et retouchées, ont été publiées par Macmillan. Plusieurs ont été traduites ou imitées en français: on citera la traduction en prose française d'*Enoch Arden*, et l'édition du même poème, avec une notice et une étude sur la versification, par M. Beljame (1892). M. Léon Morel a donné une remarquable traduction en vers de divers poèmes (Paris, 1899), et une traduction, également en vers d'*In Memoriam* (1900). La *Vie de Tennyson* a été écrite par Waee et par H. J. Jennings (nouv. édition, 1892). — Cf. Taine, *Littérature anglaise*, 5e vol.; Montégut, *Écrivains modernes de l'Angleterre*, 1889; lord Hallam Tennyson, *Alfred lord Tennyson*, Londres, 1897.

TÉNOT (Eugène), écrivain, né à Larreule (Hautes-Pyrénées) en 1839, mort en 1890, appartint d'abord à l'Université. Attaché ensuite à la rédaction du *Siècle*, il publia, en 1865, un ouvrage d'histoire politique, *la Province en décembre 1851*, qui ne fut remarqué que trois ans plus tard, après l'apparition du volume destiné à lui faire pendant : *Paris en décembre 1851*, étude historique sur le coup d'État (1868). Ce dernier livre eut un grand retentissement. En septembre 1870, Ténot fut nommé préfet des Hautes-Pyrénées, puis il alla diriger, à Bordeaux, le journal *la Gironde*. Il fut élu député des Hautes-Pyrénées en 1881 et il siégea sur les bancs de l'Union républicaine. Il échoua aux élections du 4 octobre 1885. Outre les ouvrages cités plus haut, il a publié : *les Suspects de 1858*, étude historique sur la loi de sûreté géné-

rale, avec M. A. Dubost (1865) ; *Campagnes des armées du second Empire* (1869), et *les Nouvelles défenses de la France*.

TERRE-NEUVE (Voy. le DICTIONNAIRE). — En vertu de la convention anglo-française du 8 avril 1904, la France a renoncé aux privilèges relatifs aux pêcheries sur les côtes d'une partie de l'île (*French Shore*) qui lui avaient été concédés par le traité d'Utrecht (1713, art. XIII) et par des actes postérieurs. Mais elle conserve le droit de pêche dans les eaux territoriales du *French Shore*, et se trouve, à cet égard, en égalité complète avec les habitants anglais de Terre-Neuve. Les pêcheurs français ont le droit de s'approvisionner d'appât (*boëtte*) sur le littoral, et de pêcher le homard aussi bien que la morue, ce qui leur était autrefois interdit.

TERRITOIRE MILITAIRE DU NIGER, subdivision de la colonie de l'Afrique occidentale française (Voy. ces mots dans le SUPPLÉMENT), créée par un décret du 18 octobre 1904. Ce territoire est partagé en trois *régions* ayant pour chefs-lieux Niamey, Tombouctou et Zinder, commandées chacune par un officier supérieur chargé des affaires politiques, administratives et militaires. Le commandement en chef appartient à un colonel résidant à Niamey, dépendant du lieutenant-gouverneur du Haut Sénégal et Niger. Chaque région est divisée en *cercles*, commandés chacun par un capitaine, suivant le tableau suivant : Région de Tombouctou : Tombouctou avec les annexes de Goundam et de Ras-el-Mâ, Bamba, Gao ; région de Niamey : Djerma, Dounzou, Dori ; région de Zinder : Tahoua, Zinder, Gouré. — Le territoire est gardé par des troupes régulières et par des milices indigènes chargées de la police.

TERRITOIRES DU SUD, division de l'Algérie, organisée en 1905. Ils sont au nombre de quatre : Aïn-Sefra, les Oasis, Ghardaïa, Touggourt. Chaque territoire a un commandant militaire, chargé des services militaires et administratifs, et est subdivisé en cercles, (Voy. ALGÉRIE et TOUAT dans le SUPPLÉMENT).

TERRITOIRE MILITAIRE DU TCHAD, subdivision de la colonie française du Congo (Voy. ces mots dans le SUPPLÉMENT), organisée par un décret du mois de décembre 1903, et placée alors sous l'autorité d'un commandant supérieur. Un décret du 11 février 1906 a rattaché cette division territoriale à la colonie de l'Oubangui-Chari-Tchad (Voy. OUBANGUI dans le SUPPLÉMENT).

TEWFIK-PACHA (Mehemet), khédive d'Égypte, né en 1852, mort en 1892, était le fils aîné du khédive Ismaïl, qui fut forcé de renoncer au trône, au milieu des difficultés intérieures et étrangères de la politique égyptienne. Par une dérogation à l'ancien droit de succession, il avait été reconnu par le sultan, depuis 1866, comme héritier présomptif du pouvoir khédivial et il vivait retiré dans un domaine près d'Héliopolis, lorsque le dernier ministère de son père, présidé par Nubar pacha, fut renversé par un soulèvement militaire, au commencement de 1879. Tewfik fut d'abord appelé à la présidence d'un cabinet nouveau, mais, au bout de quelques semaines, ses dissentiments avec son père l'amenèrent à quitter cette situation. Bientôt, par l'action combinée de la France et de l'Angleterre, le khédive Ismaïl fut déposé (26 juin), et Tewfik, qui lui succéda, reçut l'investiture du sultan le 14 août suivant. Son autorité se trouva aux prises avec les plus graves embarras. Un péril important s'était formé contre l'influence exercée en Égypte par les puissances européennes, créancières du pays; à sa tête se plaçait Arabi pacha, devenu ministre de la guerre, qui, soutenu par une assemblée de notables, était arrivé à prendre la direction du Conseil et à attirer à lui toute l'autorité (février 1882). Sans attendre le dénouement diplomatique de ces difficultés, l'Angleterre prit le prétexte d'une intervention armée à laquelle aucune autre puissance européenne ne voulut s'associer (la flotte anglaise bombarda Alexandrie le 11 juillet; le général Garnet Wolseley s'empara du canal de Suez, marcha sur le Caire, battit Arabi à Tel-el-Kébir (15 septembre). Dès lors les Anglais occupèrent l'Égypte et la conservèrent, malgré de solennelles promesses d'évacuation. A partir de ce moment, l'autorité du khédive ne fut que nominale, et ses ministres ne furent choisis ou maintenus que par le bon plaisir des commissaires anglais, arbitres de la situation politique et militaire. Tewfik eut pour successeur son fils aîné, Abbas II Hilmi, né en 1874.

THEURIET (André), littérateur né à Marly-le-Roi (Seine-et-Oise), d'une famille lorraine, en 1833, mort en 1906, fit ses études au collège de Bar-le-Duc et son droit à Paris. Reçu licencié en 1857, il entra peu après au ministère des finances, mais il se livrait en même temps à des travaux littéraires, et, maniant tour à tour avec grâce le vers et la prose, il acquit bientôt la réputation d'un écrivain distingué et délicat. Après avoir débuté en 1857 dans la *Revue des Deux-Mondes* par un poème intitulé : *In Memoriam*, il publia plusieurs recueils de vers : *le Chemin des bois* (1867), couronné par l'Académie française ; *les Paysans de l'Argonne* (1871) ; *le Bleu et le Noir* (1873) ; *les Nids* (1879) ; *le Livre de la payse* (1882) ; *Nos oiseaux* (1886) ; *la Ronde des saisons et des mois* (1891) ; *les Charbonniers*, etc. Il aborda en même temps le genre du roman et de la fantaisie : *Nouvelles intimes* (1870) ; *Mlle Guignon* (1874) ; *le Mariage de Gérard*, suivi de *Une Ondine* (1875) ; *la Fortune d'Angèle* (1876) ; *Raymonde* (1877) ; *Nos Enfants, le Filleul d'un marquis* (1878) ; *Sous bois* (1878) ; *le Fils Maugars* (1879) ; *La Maison des Barbeaux* ; *le Sang des Finoël* (1879) ; *Toute seule* (1880) ; *Mme Véronique* (1880) ; *Sauvageonne* (1880) ; *les Enchantements de la forêt* (1881) ; *les Mauvais Ménages* (1882) ; *Madame Heurte-loup* (1882) ; *le Journal de Tristan*, impressions et souvenirs autobiographiques (1883) ; *Michel Verneuil* (1885) ; *le Secret de Gertrude* (1885) ; *Tante Aurélie* (1884) ; *Nouvelles, Bigarreau, l'Abbé Daniel*, etc. ; *Eusèbe Lombard* (1885) ; *les Œillets de Kerlaz* (1885) ; *Péché mortel* (1885) ; *Hélène* (1886) ; *Contes pour les jeunes et les vieux* (1886) ; *Contes de la vie de tous les jours* (1887) ; *l'Affaire Froideville* (1887) ; *Contes de la vie intime* (1888) ; *Amour d'Automne* (1888) ; *l'Amoureux de la préfète* (1889) ; *Deux Sœurs* (1889) ; *Contes pour les soirs d'hiver* (1889) ; *Reine des Bois* (1890) ; *l'Oncle Scipion* (1890) ; *le Bracelet de turquoises* (1890) ; *Charme dangereux* (1891) ; *Jeunes et vieilles barbes* (1892) ; *la Chanoinesse* (1893). Les œuvres de Theuriet ont un caractère nettement national. Il s'est inspiré fréquemment de la vie de ses compatriotes lorrains et il a dépeint avec amour les paysages de sa terre natale. On lui doit aussi une étude de critique artistique : *Jules Bastien-Lepage, l'homme et l'artiste* (1885) ; et quelques œuvres dramatiques, *Jean-Marie, la Maison des deux Barbeaux, Raymonde* avec M. Morand. Honoré du grand prix Vitet en 1890, André Theuriet fut élu membre de l'Académie française en 1896, en remplacement d'Alexandre Dumas.

THOLOZAN (Joseph-Désiré), médecin français, né à Diego-Garcia (île Maurice) en 1820, mort à Téhéran en 1897, fut médecin militaire et professeur au Val-de-Grâce. En 1865, il fut envoyé en mission en Perse ; le chah Nasr-Eddin l'attacha à sa personne. Il a laissé d'importants ouvrages sur les épidémies : *Une épidémie de peste en Mésopotamie*, 1867 ; *Histoire de la peste bubonique en Mésopotamie*, 1874 ; *De la genèse du choléra dans l'Inde et son mode d'origine*, 1875 ; *Histoire de la peste bubonique en Caucase, en Arménie et Anatolie*, 1876 ; *les Trois dernières épidémies du Caucase*, 1879 ; *la Peste en Turquie dans les temps modernes*, 1880, etc.

THOMAS (Ambroise), compositeur, né à Metz en 1811, mort en 1896, était le fils d'un professeur de musique. Il entra en 1828 au Conservatoire, où il fut l'élève de Zimmermann pour le piano, de Lesueur pour la composition, et de Barbereau pour le contrepoint et la fugue. Il obtint en 1829 le premier prix de piano ; en 1830 le premier prix d'harmonie, et, en 1832, le grand prix de Rome pour la composition musicale. Rentré en France après un séjour de trois ans en Italie, il écrivit pour le théâtre un très grand nombre de pièces : *la Double Échelle*, 1837 ; *le Perruquier de la Régence*, 1838 ; *la Gipsy*, ballet, 1839 ; *le Panier fleuri*, 1839 ; *Carline*, 1840 ; *le Comte de Carmagnola*, 1841 ; *le Guerillero*, 1842 ; *Angélique et Médor*, 1843 ; *Mina*, 1843 ; *Betty*, 1846 ; *le Caïd*, 1849 ; *le Songe d'une nuit d'été*, 1850 ; *Raymond*, 1851 ; *la Tonelli*, 1853 ; *la Cour de Célimène*, 1854 ; *Psyché*, 1857 ; *le Carnaval de Venise*, 1857 ; *le Roman d'Elvire*, 1860. Toutes ces œuvres, à l'exception du *Caïd* et du *Songe d'une nuit d'été*, qui eurent, dès leur apparition, une vogue méritée, étaient, sans doute, de médiocre importance, mais elles attestaient le labeur opiniâtre du maître. Son talent se révéla dans *Mignon* (1866), qui est restée

la plus populaire de ses œuvres, dans *Hamlet* 1868 ; dans *Françoise de Rimini* (1882), et le ballet *la Tempête* (1889). Membre de l'Institut depuis 1851, A. Thomas remplaça Auber à la tête du Conservatoire de 1871 à 1896.

THOMAS (Gabriel), statuaire, né à Paris en 1824, mort en 1905, fut élève de Dumont, à l'École des Beaux-Arts. Il remporta le grand prix au concours de 1848. Après de nombreuses récompenses, il obtint la médaille d'honneur au Salon de 1880 et une médaille d'or à l'Exposition de 1889. Il fut élu membre de l'Académie des Beaux-Arts en 1875, en remplacement de Barye, et nommé professeur à l'École en remplacement de Dumont (1884). On peut citer parmi ses principales œuvres : *Attila* (1857) ; *Ève* (1859) ; *Virgile* (1861) ; *la Mort de saint Étienne*, tympan de l'église de Saint-Étienne du Mont (1864) ; *Mlle Mars*, statue en marbre (1865) ; *la Pensée*, statue en marbre (1870) ; *les Quatre Parties du monde*, statues en bois (1872), pour la banque de France à Toulouse ; les bustes de Perraud statuaire, et de P. Larcin (1877) ; *La Bruyère* (1882) ; *le baron Taylor* (1885) ; *l'Architecture*, pour le musée Galliera (1885) ; *Crucifix* (1890), etc.

THOMSON (sir William), l'oy. KELVIN.

THOREAU (Henry-David), philosophe américain, né en 1817 à Concord (Massachusetts), mort en 1862, embrassa plusieurs professions et devint, finalement, géomètre-arpenteur. Mais il interrompit fréquemment ses occupations professionnelles pour faire des voyages et vivre librement dans la campagne, en contemplant la nature, de laquelle il était épris. Ses excursions lui inspirèrent de curieux ouvrages, tels que *Une Semaine sur le Merrimak*, récit d'un voyage fait en 1839, publié une dizaine d'années plus tard ; *A Yankee in Canada*, à la suite d'un voyage fait en 1850, ouvrage publié en 1866. Il se plaisait à vivre solitaire au milieu des forêts, dans une cabane que lui-même avait construite. Pour cette raison, on l'a appelé parfois « l'ermite de Concord ». Il subit l'influence des doctrines d'Emerson. (*Voy.* ce nom dans le SUPPLÉMENT), mais qui il était lié, et aussi celle de Fourier. Il a composé onze volumes de pensées, de notes et de méditations. Le plus célèbre de ses ouvrages est intitulé *Walden ou la vie dans les Bois* (1854) ; il y raconte son existence au milieu des forêts. Il se pose en adversaire de la civilisation, qui, selon lui, a introduit dans la vie de l'homme trop de complications inutiles et mauvaises. À l'exemple de Rousseau, il fut le défenseur convaincu de la simplicité et du « retour à la nature ». Une traduction française de *Walden* a été publiée par Mme Wimaretta Singer, avec une préface de M. Maurice Muret (1905). Les ouvrages de Thoreau sont remplis d'observations originales, de pensées souvent profondes. Plusieurs ont été publiés après sa mort : *Early Spring in Massachusetts* (1881) ; *Summer* (1884) ; *Winter* (1888) ; *Excursions in field and forest*. Il a laissé aussi des *Lettres*. Il avait composé des poésies, qu'il détruisit avant de mourir. Sa *Biographie* a été composée par Emerson (1863).

TIBET (*Voy.* ce mot dans le DICTIONNAIRE). — D'après les statistiques les plus récentes, la superficie du Tibet est évaluée à environ deux millions de kilomètres carrés, et sa population à trois millions d'habitants. — La Russie essaya, après d'autres tentatives peu connues, d'établir son influence dans ce pays vers 1902 ; elle avait, en effet, toute facilité pour négocier avec les autorités religieuses du Tibet, grâce aux Bouriates, sujets du tsar, qui sont de religion bouddhiste. Les Anglais obtinrent, en 1885, la permission d'envoyer une mission au Tibet, mais ils n'en tirèrent aucun avantage. Des conventions signées en 1890 et 1895 ordonnèrent la délimitation des frontières avec l'Inde et créèrent un marché à Ya-toung, dans la vallée tibétaine de Choumbi. Ces traités ayant été mal observés, le gouvernement anglo-indien envoya au Tibet, en 1903, une expédition dirigée par le colonel Younghusband au point de vue diplomatique et par le général Macdonald au point de vue militaire. Les Anglais occupèrent la vallée de Choumbi, qui a une grande importance stratégique, s'avancèrent jusqu'à Gyang-Tsé (avril 1904), traversèrent le fleuve Brahmapoutre (25 juillet) et entrèrent à Lhassa (3 août), capitale du Dalaï-Lama ; mais celui-ci s'était réfugié en Mongolie. Cependant les représentants du pontife et ceux de la Chine signèrent un traité qui accorda aux Anglais la liberté de commercer dans les marchés de Gyang-Tsé, Gangtok, Ya-toung, une indemnité de cinq millions de dollars, le droit d'occuper pendant trois ans la vallée de Choumbi. Le Tibet restait interdit à toute mission comme à toute influence étrangère; aucune portion du pays ne pourrait être cédée à une puissance quelconque sans l'adhésion de l'Angleterre (7 septembre 1904). La Russie, qui s'émut vivement de cette convention, se trouvait en fait exclue du Tibet. Mais un traité anglo-russe, signé le 31 août 1907, apporta quelques modifications à cet état de choses. Les sujets bouddhistes du tsar, Bouriates, Kalmouks et Kirghizes, conservent la liberté de faire des pèlerinages aux sanctuaires de Lhassa. La Russie et l'Angleterre seront traitées, au Tibet, sur le même pied, quant aux affaires commerciales. Les deux puissances reconnaissent la suzeraineté de la Chine et s'interdisent d'avoir des représentants à Lhassa. Il semble, cependant, malgré cette apparente égalité, que l'expédition de 1904 a assuré, en réalité, la plus grande influence aux Anglais. Elle a eu, d'autre part, de graves résultats au point de vue religieux. Après la fuite du Dalaï-Lama, la Chine a reconnu l'autorité spirituelle d'un rival de ce pontife, le Tachi-Lama, ancien moine du couvent de Tachilhoumpo, qui joussait déjà d'une grande influence, et qui passe pour être moins hostile aux étrangers que son prédécesseur.

TIELE (Corneille-Pierre), historien et exégète hollandais, né à Leyde en 1830, mort en 1902, étudia la théologie à Amsterdam et fut d'abord pasteur. Il fut appelé en 1877 à la chaire d'histoire des religions de l'Université de Leyde. Il a publié sur les origines du christianisme et sur les religions anciennes d'importantes études historiques et critiques: l'Évangile de Jean considéré comme source de la Vie de Jésus (1855); la Religion de Zarathustra (1864); Manuel de l'histoire des religions, traduit en français par M. Maurice Vernes (1880); Histoire comparée des anciennes religions de l'Égypte et des peuples sémitiques, traduit en français par G. Collins, avec une préface de M. Albert Réville (1881); le Mythe de Kronos, à propos d'une méthode en mythologie comparée (1886, etc.)

TILGNER (Victor), sculpteur autrichien, né à Presbourg en 1844, mort en 1896, étudia à Vienne et en Italie. Il envoya à l'Exposition universelle de Paris, en 1878, les bustes de Mme Walter, tragédienne viennoise, du Peintre Führich, du Comte Zichy, du Prince de Salm, de la Baronne de Rothschild, la Princesse d'Auersperg. Il a orné de ses œuvres les places et les monuments de Vienne: Triton, Naïade, Rubens, Fontaine monumentale, statue de Mozart, etc.

TILLAUX (Paul), chirurgien, né à Aulnay-sur-Odon (Calvados) en 1834, mort à Paris en 1904, fut reçu interne des hôpitaux en 1857 et agrégé en 1866. Chirurgien de l'hôpital Beaujon, puis de l'Hôtel-Dieu, il fut nommé professeur à la Faculté de médecine en 1890. Il fut élu membre de l'Académie de médecine en 1879. Il a publié d'importants ouvrages dont les principaux sont un Traité d'anatomie topographique (1884) et un Traité de chirurgie clinique (1889).

TISSANDIER (Gaston), aéronaute et chimiste, né à Paris en 1843, mort en 1899, étudia la chimie au Conservatoire des Arts et Métiers, et fut mis, en 1864, à la tête du laboratoire d'essais et d'analyses de l'Union nationale. Préoccupé des questions de météorologie, il fit, le 16 août 1868, sa première ascension à Calais avec M. Duruof. Depuis, il fit un grand nombre d'ascensions, soit avec son frère Albert, avec lequel, en 1870, il sortit de Paris assiégé, soit avec MM. Crocé-Spinelli et Sivel, dans le ballon le Zénith. La deuxième ascension de ce ballon (15 avril 1875), où les aéronautes s'élevèrent à 8 000 mètres, amena la mort des compagnons de Tissandier. Dans d'autres voyages avec M. J. Ducom, il a réalisé d'intéressantes applications de la photographie (1885). Dans le même temps, il essayait de résoudre le problème de la direction des ballons au moyen d'un aérostat à propulseur électrique (1883). Outre un grand nombre d'articles insérés dans le Magasin Pittoresque et dans la Nature, dont il fut longtemps le directeur, G. Tissandier a laissé des ouvrages, destinés surtout à la vulgarisation des sciences. On citera plus particulièrement de lui: En ballon, 1871; les Ballons dirigeables, 1872; Observations météorologiques en ballon, 1879; le Problème de la direction des aérostats, 1885; l'Océan aérien, 1885; les Ballons dirigeables, 1885; la Photographie en ballon, 1886; Histoire des

ballons et des aéronautes célèbres, 1890; Histoire de mes ascensions, 1890; etc.

TISSERAND (Félix), astronome, né à Nuits, en 1845, mort en 1896, élève de l'École normale supérieure, fut directeur de l'Observatoire de Toulouse, puis de celui de Paris, où il succéda à l'amiral Mouchez (1892). Il remplaça la même année O. Bonnet à la chaire d'astronomie de la Sorbonne. Il fut chargé de missions au Siam (1868), au Japon (1874) avec M. Janssen, pour l'observation du passage de Vénus sur le soleil, à Saint-Domingue (1882) pour le même objet. Il fut admis à l'Académie des sciences en 1878. Il a laissé de nombreux mémoires, notamment sur les étoiles filantes, les taches du soleil, etc. Il a complété la Théorie de la Lune de Delaunay, et publié un important Traité de mécanique céleste (1888-1896).

TISSOT (James), peintre et graveur, né à Nantes en 1836, mort à Buillon (Doubs) en 1902, fut élève d'Ingres, de Flandrin et de Lamothe, qui lui inspirèrent le goût de la peinture classique. Ses premières expositions au Salon, en 1859, furent des peintures à la cire qui attirèrent l'attention. Il a peint des portraits et des tableaux de genre: le Départ du Fiancé, les deux Sœurs, Tentative d'enlèvement, la Retraite dans le jardin des Tuileries, la Rencontre de Faust et de Marguerite (musée du Luxembourg). Pendant un long séjour à Londres, il composa des aquarelles et surtout de remarquables eauxfortes. Son œuvre capitale fut l'illustration de la Vie de Jésus-Christ, qui ne comprend pas moins de trois cent cinquante aquarelles et de très nombreux dessins. C'est un beau monument élevé par un croyant sincère à la gloire du christianisme. Pour mieux réaliser sa pensée, Tissot visita pendant plusieurs années la Palestine, où il acheva de s'imprégner des sentiments chrétiens qu'avait éveillés en lui la lecture de l'Évangile. Il entreprit ensuite d'illustrer les livres de l'Ancien Testament, mais cette œuvre, d'un symbolisme souvent compliqué, fut moins appréciée du public.

TISZA (Koloman), homme d'État hongrois, né à Geszt en 1830, mort en 1902, servit d'abord dans l'administration de l'instruction publique et des cultes, et prit part, malgré sa jeunesse, aux événements de 1848-49. Il conçut dès lors contre l'Autriche des ressentiments qui ne s'apaisèrent que lentement. Élu député en 1848, il devint chef du centre gauche après la mort du comte Teleki. À la suite de la fusion de ce groupe avec le parti deakiste, sous le nom de Parti libéral, en mars 1875, Tisza devint ministre de l'intérieur et président du ministère hongrois (octobre); il devait conserver ces fonctions jusqu'en 1890. Parmi les principaux actes de ce cabinet, un des plus longs que la politique moderne ait connus, il faut citer le compromis administratif avec la Transylvanie, et la fondation très laborieuse d'une banque d'État austro-hongroise. Le ministre dut, à plusieurs reprises, calmer l'agitation résultant des conflits entre les éléments si divers de la population austro-hongroise et protéger les habitants d'origine allemande contre les manifestations magyares. Les troubles antisémitiques réclamèrent plus souvent encore son intervention pacificatrice. Il présenta et soutint un ensemble de projets tendant à la réorganisation matérielle et administrative du pays. Les difficultés budgétaires offrant le principal obstacle à l'accomplissement de ses réformes, Tisza échangea, en février 1887, le ministère de l'intérieur pour celui des finances. Dans la politique étrangère il soutint le comte Andrassy; il se montra adversaire résolu de la Russie et du panslavisme. Sa politique intérieure, en Hongrie, fut souvent peu équitable, car elle consiste uniquement à défendre la prépondérance magyare sur les autres races et à favoriser, aux dépens des autres religions, le calvinisme, auquel il appartenait. En ce qui concernait l'Autriche, Tisza se montra, en toutes circonstances, partisan résolu de l'influence allemande. Lorsque l'occupation de la Bosnie et de l'Herzégovine par l'Autriche suscita des embarras financiers à cette puissance et amena la retraite du ministre des finances de Hongrie, le président du conseil et ses collègues donnèrent également leur démission, le 1er octobre 1878; mais, le 5 décembre suivant, Tisza reprit son ministère avec la présidence du cabinet, où il sut se maintenir, douze ans encore, avec une majorité flottante dans la Chambre des députés. Dès l'année 1879, il approuva l'alliance entre l'Autriche et l'Allemagne et fut, depuis, un des soutiens les plus actifs de la Triple Alliance. Son hostilité contre la France se montra d'une manière blessante à propos de l'Exposition universelle de 1889 : il conseilla aux Hongrois de n'y prendre aucune part : interpellé à ce propos à la Chambre des députés, il déclara, au grand émoi des amis de la France, que « les exposants et leurs produits pourraient n'être pas en sûreté à Paris, et que le pavillon national qui flotterait là-bas pourrait être violé » (26 mai 1888). Ces paroles durent être désavouées par le comte Kalnocky auprès du gouvernement français. Au commencement de mars 1890, un désaccord entre Tisza et ses collègues au sujet des honneurs à rendre au vieux patriote Kossuth l'engagea à donner sa démission de la présidence du conseil, qu'il avait occupée pendant quinze ans. Il fut remplacé par le comte Szápáry. Il a eu le regret, dans les dernières années de sa vie, de voir les nationalités non magyares de Hongrie et les Slaves d'Autriche prendre dans la politique des deux pays une influence de plus en plus considérable.

TOMBOUCTOU (Voy. ce mot dans le DICTIONNAIRE). — Occupée par les Français en 1894, cette ville comptait alors à peine 8000 habitants. Elle fait partie actuellement du Territoire militaire du Niger. (Voy. ces mots dans le SUPPLÉMENT). Elle est le chef-lieu d'une région qui comprend les cercles de Bamba et Gao et les annexes de Goundam et de Ras-el-Mâ.

TORNIELLI (Giuseppe, comte BRUSATI DE VERANO —), diplomate italien, né à Novare en 1836, mort à Paris en 1908, fut ministre d'Italie à Athènes, puis à Bucarest, au moment où éclata la guerre entre la Russie et la Turquie (1877). Il publia, à cette occasion, un livre intitulé *Relazione del ministro d'Italia in Roumania*. Après la signature du traité de Berlin (1878), il fut nommé secrétaire général du ministère des affaires étrangères, et, en même temps, sénateur. Il fut ensuite ambassadeur à Madrid et à Londres. Dans ce dernier poste, il afficha, dans un toast qui fut remarqué, des sentiments hostiles à la France, au moment où se préparait l'alliance de ce pays et de la Russie (1891). Il travailla activement à un rapprochement entre l'Italie et l'Angleterre, dans lequel on vit, surtout lorsque l'Espagne eut adhéré à la combinaison, une sorte de complément à la Triple Alliance, fondé sur l'entente des gouvernements de Londres, Rome et Madrid, au sujet des questions méditerranéennes, accord qui pouvait menacer, au besoin, la France et la Russie. Au mois de janvier 1895, alors que Crispi (Voy. ce nom dans le SUPPLÉMENT) était à la tête du gouvernement italien, le comte Tornielli devint titulaire de l'ambassade d'Italie à Paris, en remplacement du comte Ressmann, qui, à Rome, était suspect de dispositions trop favorables à la France. D'abord partisan résolu de la Triple Alliance, et plein de préventions à l'égard du gouvernement français, Tornielli devint cependant un des promoteurs du rapprochement entre la France et l'Italie, qui fut facilité par la chute de Crispi. C'est ainsi que, dans une pensée de conciliation, fut signé entre l'Italie et la Tunisie un traité de commerce remplaçant les anciennes capitulations et reconnaissant en fait le protectorat français (1896). En 1899, un traité de commerce franco-italien réconcilia sur le terrain économique la France et l'Italie. En 1902, des accords furent arrêtés entre les deux pays au sujet des intérêts méditerranéens. Les visites du roi d'Italie à Paris (1903) et de M. Loubet à Rome (1904) marquèrent la réconciliation des deux pays. Le comte Tornielli avait conformé avec empressement son attitude à cette situation nouvelle. Dans les derniers temps de sa carrière, il représenta l'Italie à la conférence de la Haye.

TOSTI (Luigi), bénédictin italien, né à Naples en 1811, dans une famille noble, mort en 1897, entra dès sa jeunesse dans l'ordre de St-Benoît. Il composa des ouvrages historiques d'un grand mérite sur l'Église au moyen âge. On citera : l'*Histoire de l'abbaye du Mont-Cassin*; l'*Histoire de Boniface VIII*; la *Ligue lombarde*; *Abélard et son temps*; l'*Histoire du concile de Constance*; l'*Histoire du schisme grec*; la *Comtesse Mathilde*. Ces beaux travaux le firent appeler aux fonctions de bibliothécaire de la Vaticane. Il dut les abandonner, pour avoir publié, en 1887, sous le titre de *Conciliation*, une brochure sur la réconciliation de l'Église et de l'État italien, qui fut condamnée par l'Index et que l'auteur dut désavouer. Il se retira alors au Mont-Cassin et fut nommé inspecteur général des monuments religieux du royaume. Il a laissé un ouvrage manuscrit, le *Vaisseau de l'Église*.

TOUAT (Voy. ce mot dans le DICTIONNAIRE). — Les principales oasis du Touat ont été occupées par les Français, Insalah, que l'on y rattachait autrefois, et Tidikelt, en 1899; Igli et Gourara en 1900. Les oasis font partie des Territoires du Sud, organisés en 1905. (Voy. TERRITOIRES DU SUD et ALGÉRIE dans le SUPPLÉMENT).

TOUBOUAI (Voy. ce mot dans le DICTIONNAIRE). — L'archipel se compose de quatre îles, Toubouaï, Raïvavae, annexées à la France en même temps que Taïti (1880); Rimatara et Rourouton, soumises au protectorat français en 1889, et, depuis, annexées.

TOUDOUZE (Édouard), peintre, né à Paris en 1848, mort en 1907, fut élève de Pils et de Leloir, débuta au Salon en 1867, et remporta le grand prix de Rome en 1871. Après un séjour de plusieurs années en Italie, il revint en France, où il peignit des tableaux empruntés à la mythologie ou à l'histoire de l'antiquité, et quelques paysages. Nous citerons : *Mort de Jézabel* (1868); *Supplice de Brunehaut* (1869); *la Veillée sur la Lande* (1870); *Éros et Aphrodite* (1874); *Clytemnestre* (1876); *la Femme de Loth* (1877); *la Plage d'Yport* (1878); *les Anges gardiens*, d'après une légende byzantine (1879); *Divertissement champêtre* (XVIe siècle, 1880); *Coquetterie* (1881); *Triomphe de Diane* (1882); *Pavane* (1885); *Salomé triomphante* (1886); *l'Édit, XVIIIe siècle* (1887); *Soleil levant*, golfe de Gênes (1888); *Un coin de Jardin* (1889); *Fleurs d'automne* (1890); *Octobre* (1892), etc.

TOUGGOURT (Voy. TERRITOIRES DU SUD dans le SUPPLÉMENT).

TRANSBAÏKALIE ou PROVINCE DE ZABAÏKAL (Voy. le DICTIONNAIRE). — D'après les plus récentes statistiques, ce pays occupe une superficie de 600 000 kilomètres carrés. Il est dominé par des massifs montagneux dont le point culminant est le Tchokondo (2500 mètres). Le climat est très rigoureux. Un tiers du sol seulement est cultivable. L'élevage des chameaux, des rennes et des chevaux, est une des principales ressources. Le district de Nertchinsk possède d'importants gisements d'or et d'argent. — La colonisation russe dans la Transbaïkalie a commencé à la fin du XVIIe siècle. La population comprend 664 000 habitants environ, dont 70 pour 100 sont Russes. Les indigènes se composent surtout de Bouriates (170 000) et de Toungouzes (26 000).

TRANSVAAL, État fondé en 1848 par les Boers (Voy. ce mot dans le DICTIONNAIRE). Il se donna, en 1858, une constitution qui plaçait à la tête de la République sud-africaine un président et une Assemblée législative, et qui ouvrait le pays aux étrangers, placés sous la protection des lois. Les Boers eurent à soutenir de longues luttes contre les indigènes, soutenus secrètement par l'Angleterre, qui, cependant, avait reconnu en 1852 l'indépendance du Transvaal. A la suite d'une guerre malheureuse contre les Cafres (1876), les Anglais proclamèrent l'annexion de la République sud-africaine (1877). Mais les Boers prirent les armes en 1880, sous la conduite de Krüger et de Joubert (Voy. ces noms dans le SUPPLÉMENT), battirent les Anglais dans plusieurs rencontres et anéantirent la colonne du général Colley à Majouba-Hill (28 fév. 1881). Un traité signé au mois de mars avec l'Angleterre reconnut de nouveau l'indépendance de la République, dont Krüger fut élu président. Cependant, en vertu d'un acte de 1884, le Transvaal s'engagea à soumettre sa politique extérieure au contrôle de l'Angleterre.

Entre temps, commençait, à partir de 1881, l'exploitation des mines aurifères. Elle fit des progrès très rapides dans les magnifiques « champs d'or » du Witwatersrand, de Klerksdorp, de Kaap, Lydenburg, etc. En douze ans (1886-1898), le Witwatersrand fournit 582 196 kilogrammes d'or. Dès lors, les conditions dans lesquelles le Transvaal avait vécu se trouvèrent transformées. Un grand nombre d'étrangers (uitlanders) se fixèrent dans le pays, et les difficultés commencèrent, suscitées surtout par des agents anglais. Cependant le président Krüger, pour arriver à une entente, n'hésita pas à faire modifier la constitution. Une seconde chambre, dite chambre des mines, à laquelle pouvaient être élus les étrangers, fut créée à Johannesburg 1890. Elle devait élaborer des projets de loi qui seraient soumis à la Chambre haute (Volksraad). Mais cette concession ne désarma pas les ennemis des Boers. L'anglais Jameson, au service de la Compagnie à charte, fondée de 1887 à 1891 dans l'Afrique australe, et de Cecil Rhodes, son directeur (*Voy.* RHODES dans le SUPPLÉMENT), envahit le Transvaal avec une bande armée (décembre 1895), mais il fut battu près de Krugersdorp et conduit à Pretoria (2 janvier 1896). Aussitôt, une dépêche de l'empereur d'Allemagne félicita les Boers de leur succès. Jameson, remis aux Anglais, fut, pour la forme, condamné par la haute cour de justice de Londres (juillet 1896). L'agitation, néanmoins, continua. Les compagnies minières commencèrent à protester contre le gouvernement transvaalien, dès 1896, au sujet des tarifs de douanes, de transports, etc. En 1899, les *uitlanders*, au nombre de 190 000, dont la plupart étaient Anglais, réclamèrent des droits politiques et la naturalisation, ce qui devait réduire à néant l'élément boer, inférieur à 30 000 hommes. Le président Krüger offrit des concessions (réduction à 9 ans, au lieu de 14, du temps de séjour nécessaire à la naturalisation, etc.); mais, malgré cette attitude modérée, les réclamations anglaises persistèrent, soutenues en Angleterre par le ministre des colonies, M. Chamberlain, et, en Afrique, par Cecil Rhodes. La conférence de Bloemfontein (juin 1899), tenue sur l'initiative du président Steijn, de l'Orange, entre Krüger et le Haut Commissaire du Cap, M. Milner, n'aboutit pas. L'Angleterre prétendait intervenir même dans la rédaction des lois électorales de la République. L'Assemblée du Transvaal ayant, par une loi de juillet 1899, accordé les droits électoraux à tous les étrangers domiciliés au Transvaal depuis 1890, et ayant fixé à sept les années nécessaires pour la naturalisation, avec effet rétroactif, tout débat semblait terminé. Mais l'Angleterre invoqua alors un prétendu droit de suzeraineté pour contrôler la nouvelle loi. Le Transvaal repoussa cette prétention, mais accorda les droits électoraux aux étrangers après cinq ans de séjour. En échange, le Transvaal demandait que l'Angleterre reconnût solennellement son indépendance. L'Angleterre s'y étant refusée (août 1899), les Boers réclamèrent (9 octobre) un arbitrage qui fut encore repoussé par M. Chamberlain (18 octobre).

Les hostilités commencèrent dès le 21 entre l'Angleterre et le Transvaal, auquel se joignit l'Etat libre d'Orange, en vertu d'un traité d'alliance du 17 mars 1897. Les Boers, sous les ordres de Joubert (*Voy.* ce nom), Botha, De Wet, etc., furent aidés dans la lutte par des volontaires français, parmi lesquels le colonel de Villebois-Mareuil (*Voy.* ce nom dans le SUPPLÉMENT), allemands, irlandais, etc. Au début, les Anglais furent battus à Glencoe (octobre 1899), à Elandslaagte, sur la Tugela (novembre 1899), à Colenso, à Modder-River, Maggersfontein, Stormberg, et battirent en retraite, les uns sur Ladysmith, les autres sur Modder-River (décembre 1899). Cecil Rhodes, un des instigateurs de la guerre, fut bloqué dans Kimberley. Mais l'Angleterre envoya de puissants renforts sous les ordres de lord Roberts et du général Kitchener. Le général French força le passage de la Modder et débloqua Kimberley (février 1900), tandis que les Boers échouaient devant Ladysmith (janvier 1900). Le général anglais Buller, battu sur la Tugela (8 février), envahit cependant l'Etat libre d'Orange, tandis que le général boer Cronje était réduit à capituler (27 février). Malgré leur énergie, les Boers, commandés par Botha, après la mort de Joubert, ne purent résister à l'invasion. Tandis que Villebois-Mareuil était tué à Boshof (5 avril 1900), les Anglais occupaient Bloemfontein (13 mars), Kroonstadt, Mafeking (mai), franchissaient le Vaal (25 mai), entraient à Johannesburg (31 mai), puis à Pretoria (5 juin). Le 1er septembre, lord Roberts proclamait l'annexion du Transvaal. Quelques semaines après, le président Krüger s'embarquait à Lourenço-Marquez, pour se rendre en Europe. Cependant les Boers, sous les ordres de De Wet, continuèrent pendant quelque temps la guerre de partisans. — Cf. colonel Frocard et capitaine Painvin, *la Guerre au Transvaal* (Paris, 1900); *Dix mois de campagne chez les Boers*, par un ancien lieutenant du colonel de Villebois-Mareuil, (Paris, 1901); *Trois ans de guerre*, par Christian De Wet (1904), etc. Définitivement écrasés par le nombre, les Boers furent obligés de subir le traité de Vereeniging (mai 1902). En vertu de ce traité, le Transvaal et l'Orange devinrent des possessions anglaises, de la catégorie des colonies dites de la couronne. Les désastres causés par la guerre furent réparés, grâce à un emprunt de 875 millions contracté sous la garantie du gouvernement anglais. Une ordonnance de 1904, qui devait être abolie

en 1908, conjura la crise économique en autorisant l'introduction de la main-d'œuvre chinoise. Depuis, la prospérité est revenue dans le Transvaal, aujourd'hui sillonné de nombreuses voies ferrées, qui le relient au Cap et aux ports de Durban et de Lourenço-Marquez. — Au point de vue politique, le Transvaal avait reçu en 1902 un gouverneur anglais et un Conseil législatif, composé de la plus grande partie de fonctionnaires. En 1905, ce Conseil fut remplacé par une Assemblée législative comprenant 35 membres élus et 9 fonctionnaires seulement. Au mois de décembre 1906, le Transvaal reçut une constitution qui créait un Conseil législatif de 15 membres nommés par le gouverneur, et une Assemblée de 69 représentants élus au suffrage universel par les Boers et les Anglais, dont les droits politiques sont désormais égaux. Les ministres sont responsables devant l'Assemblée. Les élections de février 1907 donnèrent la majorité aux députés Boers. Le général Botha devint le président du Conseil des ministres. — D'après les statistiques récentes, la superficie du Transvaal est évaluée à 308 560 kilomètres carrés, et la population (en 1904) à 1 354 200 habitants, dont 300 225 blancs.

TRÉCUL (Auguste), botaniste, né à Mondoubleau (Loir-et-Cher) en 1818, mort en 1896, fut d'abord étudiant en pharmacie, puis interne des hôpitaux. Dès 1845, il publia plusieurs mémoires qui lui valurent une mission aux Etats-Unis. Parti en 1848, Trécul suivit une tribu sauvage dans les solitudes de l'Ouest et fit sur les plantes de ces régions d'intéressantes études. Il visita ensuite le Texas et le Mexique septentrional, d'où il rapporta de belles collections. Il rentra en France en 1850, et, sans solliciter des fonctions officielles, s'occupa de classer les plantes recueillies pendant ses voyages pour l'herbier du Muséum. Il entra en 1866 à l'Académie des Sciences. Il a publié un très grand nombre de travaux, parmi lesquels on citera : *Recherches sur les formations secondaires dans les cellules végétales*, 1854; *Développement de la chlorophylle*, 1857; *Développement de l'amidon*, 1857; les mémoires sur *les Vaisseaux laticifères* (1857-1869), constituent la partie la plus originale et la plus importante de son œuvre.

TREITSCHKE (Henri de), historien allemand, né à Dresde en 1834, mort en 1896, professa à Fribourg-en-Brisgau, à Kiel, à Heidelberg et à Berlin (1874). Il entra au Parlement en 1871 et siégea parmi les nationaux-libéraux. Il dirigea, à partir de 1865, les *Preussische Jahrbücher*. Il a laissé des *Mémoires historiques et politiques*; *Dix ans de luttes allemandes* (1865-1874); une *Histoire des Allemands au XIXe siècle*. Il a beaucoup contribué, par son enseignement, à répandre en Allemagne les théories favorables à la Prusse dont la politique de Bismarck a assuré la réalisation.

TRICOUPIS (Charilaos), homme d'Etat hellène, né à Nauplie en 1832, mort à Cannes en 1896, fit ses études à Paris, acheva son droit à Athènes, et entra dans la diplomatie comme attaché à la légation de Londres (1852). Nommé chargé d'affaires, il négocia, pendant la dernière année de son séjour à Londres (1865), la cession des îles Ioniennes à la Grèce. Député de Missolonghi, il devint, en 1860, ministre des affaires étrangères. Il conserva ce portefeuille dans plusieurs cabinets qu'il fut chargé de former, notamment en 1875 et 1879. Comme tant d'hommes d'Etat de son temps, il se montra hostile à la France; en 1878, il n'hésita pas à prononcer un discours violent contre cette puissance, qui, cependant, venait de soutenir, au Congrès de Berlin, les prétentions de l'hellénisme. La Chambre grecque vota d'ailleurs un blâme au ministre. Trois fois à plusieurs reprises, président du Conseil, concurremment avec Commoundouros et Delyannis, ses adversaires politiques. Celui-ci, après l'incorporation de la Roumélie à la Bulgarie (1885), n'hésita pas à faire les armements contre la Turquie et à occuper des parties de l'Epire et de la Thessalie que la Conférence de Constantinople avait maintenues sous l'autorité du sultan (1886). Tricoupis, qui lui succéda, parvint à opérer une détente; cependant, aussi ambitieux que son prédécesseur, il préconisait, dans le même temps, un projet de confédération balkanique qui produisit un certain émoi dans toute l'Europe. Du nouveau ministre en 1892, après la chute de Delyannis, il prit le portefeuille des finances, mais, malgré la réduction des dépenses et la création d'impôts nouveaux, il ne put pas rétablir l'équilibre financier : alors il quitta définitivement le pouvoir.

TROCHU (Jules), général, né à Palais (Morbihan) en 1815, mort en 1896, fut élève de St-Cyr et servit dans le corps d'état-major. Aide de camp de St-Arnaud en Crimée, il fut promu général de brigade en 1854 et divisionnaire en 1859, en récompense de ses brillants services dans la campagne d'Italie. Il subit plus tard une demi-disgrâce pour avoir publié, quoique sans nom d'auteur, en 1867, un livre, *l'Armée française*, où se révélaient des sentiments orléanistes. Au début de la guerre de 1870, on songea à lui confier le commandement d'un corps expéditionnaire qui agirait sur les côtes de la Baltique. Mais l'idée de cette diversion fut bientôt écartée. Trochu faillit être nommé ministre de la guerre après la chute du cabinet Ollivier ; il fut chargé de l'organisation et du commandement du 12e corps, au camp de Châlons, et fut nommé, le 17 août, par Napoléon III, gouverneur de Paris. Fort mal accueilli par l'Impératrice, il essaya d'organiser la défense de la capitale. Après la révolution du 4 septembre, il accepta une place dans le gouvernement de la Défense nationale, à la condition d'être confirmé dans ses fonctions de gouverneur et d'être nommé président du nouveau gouvernement. Pendant le siège de Paris, il compta beaucoup trop sur l'ascendant de la « force morale » et de sa propre éloquence pour tenir en respect les révolutionnaires enfermés dans la ville. Il ne sut ni prévenir ni arrêter les émeutes du 31 octobre 1870 et du 22 janvier 1871. Au point de vue militaire, il prépara les batailles livrées autour de Paris : Châtillon (19 sept. 1870), Chevilly (30 sept.), Montretout (21 oct.), le Bourget (28 oct.), Villiers et Champigny (30 nov.-3 déc.), Buzenval (19 janvier 1871) Le 22 janvier, il donna sa démission de gouverneur de Paris, et fut remplacé par le général Vinoy. Élu, en 1874, par 8 départements (dont 4 de Bretagne) membre de l'Assemblée nationale, il siégea au centre droit. Il prit une part active à la discussion de la loi militaire de 1872, et, cette même année, se retira de la vie publique. Il publia, depuis, *l'Armée française en 1879*. Il a laissé des *Mémoires* qui ont été publiées.

TROLLOPE (Thomas-Adolphe), frère du romancier Anthony né en 1810, mort en 1892, publia son premier ouvrage, *Brittany*, en 1840 ; peu de temps après sa publication, il alla se fixer à Florence, où il passa presque tout le reste de sa vie. Ses livres les plus connus sont : la *France occidentale* (1841, 2 volumes), *Impressions d'un voyageur en Italie* (1850), *l'Enfance de Catherine de Médicis* (1859), *Philippe Arozzi* (1860), et surtout une importante *Histoire de Florence* en 4 volumes.

TRUTAT (Félix), peintre, né à Dijon en 1824, mort en 1848, fut élève de l'école des Beaux-Arts de cette ville. Admis en 1842 à l'École de Paris, il fut élève de Coignet ; mais il se lassa bientôt de l'enseignement officiel. Il a laissé quelques tableaux remarquables, dont quatre ont figuré à l'Exposition centennale de l'Art français en 1900. On citera : la *Femme couchée*, 1834 ; un portrait de *Mme Ramon*, 1845 ; son portrait et celui de sa mère, 1846, etc. Bien que mort très jeune, Trutat mérite de compter parmi les bons peintres de ce temps. — Cf. *Notice sur F. Trutat*, par M. Chabeuf, Dijon, 1887 ; et une étude de M. B. Prost dans la *Gazette des Beaux-Arts* de 1890.

T'SERCLAËS (Everard), patriote belge, né à Bruxelles vers 1320, appartenait à la noblesse brabançonne. En 1356, dans la nuit du 24 octobre, il souleva Bruxelles contre la garnison flamande qui avait été imposée à cette ville par le comte de Flandre Louis de Maëll, vainqueur du duc de Brabant, Wenceslas, et de la duchesse Jeanne. Les Flamands, écrasés, abandonnèrent la ville. Le libérateur de Bruxelles fut créé chevalier et nommé échevin de la ville. Il fut mêlé ensuite aux luttes obscures qui mirent aux prises les habitants de Bruxelles avec les petits nobles flamands, notamment Sweder d'Abcoude, seigneur de Gaesbeck. Fait prisonnier par les soldats de ce dernier, le 26 mars 1388, T'Serclaës fut affreusement mutilé et mourut cinq jours après. Il fut enterré à Ternath. Les Bruxellois se vengèrent en détruisant le château de Gaesbeck. Un monument a été élevé de nos jours par la ville de Bruxelles à la mémoire de T'Serclaës.

TUNISIE. — Le traité de Kasr-es-Saïd (12 mai 1881) n'avait établi sur la Tunisie qu'un protectorat insuffisant. L'attitude hostile de la population rendit nécessaire une nouvelle expédition sous la direction du général Saussier (Voy. ce nom dans le SUPPLÉMENT). Les Français s'emparèrent de Kairouan, Gafsa, Tozeur, etc. Les tribus soulevées durent se soumettre, et le bey Mohamed es Sadok fut obligé de signer le traité du Bardo (18 février 1882), qui plaça la Tunisie sous la dépendance plus directe de la France. Depuis, la domination française s'est établie fortement sur ce pays. (Voy. SIDI ALI et MOHAMED dans le SUPPLÉMENT). — La superficie de la Tunisie est évaluée à 107 000 kilomètres carrés. Les indigènes étaient en 1907, au nombre de 1 500 000, les Français de 50 000. Les Italiens, en 1904, avait atteint le chiffre de 90 500.

TURKESTAN RUSSE (Voy. ces mots dans le DICTIONNAIRE). — D'après les plus récentes statistiques, ce pays compte plus de 7 millions d'habitants, dont 6 pour 100 environ sont Russes. — La plus grande partie du Turkestan se compose de déserts et de régions privées d'eau.

TURR (Étienne), général, né à Baja, en 1824, mort à Budapest en 1908, était lieutenant dans l'armée autrichienne en 1848. Quand éclata, cette même année, l'insurrection de la Hongrie, il déserta, passa au service du Piémont (janvier 1849) et organisa une légion hongroise à la tête de laquelle il combattit à Novare. Entraîné dans la défaite des Piémontais, il se réfugia dans le grand-duché de Bade et combattit les Prussiens dans les rangs de l'armée révolutionnaire, qui fut bientôt écrasée. Il passa en Suisse, puis à Londres, et servit en Crimée, dans la légion anglo-turque. Chargé en 1855 d'une mission dans les provinces danubiennes, il fut arrêté à Bucarest par les Autrichiens qui occupaient alors cette ville : envoyé à Vienne, il fut condamné à mort par un conseil de guerre. Il fut sauvé par l'intervention personnelle de la reine Victoria, et condamné au bannissement perpétuel. Il se rendit en Turquie en 1856, prit part à l'insurrection des Tcherkesses du Caucase contre les Russes, combattit pour l'indépendance de l'Italie, à côté de Garibaldi, contre les Autrichiens (1859), fit partie de l'expédition des Mille en Sicile et à Naples (1860), fut nommé général par Garibaldi et fut confirmé dans son grade par Victor-Emmanuel. En 1861, il fut nommé gouverneur de Naples. La même année, il épousa la princesse Adeline Bonaparte-Wyse, cousine de Napoléon III. Aide de camp du roi d'Italie, il remplit des missions secrètes à Londres, à Berlin et à Paris. En 1866, il s'entendit avec Klapka, pour former une légion hongroise, qui devait faire une diversion utile aux Prussiens. En 1867, il fut autorisé à rentrer dans son pays. Très dévoué à la France, il s'employa activement de 1868 à 1870, à nouer une triple alliance entre la France, l'Autriche et l'Italie. Il avait travaillé aussi à la réconciliation de François-Joseph et de Victor-Emmanuel. Ses efforts en vue d'une triple alliance contre l'Allemagne restèrent malheureusement stériles. En 1878, dans une lettre adressée au *Journal des Débats*, le général exposa les raisons de son insuccès, qui fut surtout au refus de Napoléon III d'abandonner Rome aux Italiens. Renonçant à la politique, Turr obtint en 1886 la concession du percement de l'isthme de Corinthe, qui fut achevé au mois d'août 1893. Il fut aussi le promoteur, avec son beau-frère, M. Bonaparte-Wyse, du projet de canal interocéanique de Panama. — Il a publié un certain nombre d'ouvrages : *Arrestation, procès et condamnation du général Turr* (1865) ; *la maison d'Autriche et la Hongrie* (1865) ; *la Question des nationalités* (1867) ; *Solution pacifique de la question d'Orient* (1882), etc.

TYNDALL (John), physicien anglais, né à Leighlinbridge (Irlande) en 1820, mort en 1893, perfectionna ses premières études en Allemagne, où il fut élève de Bunsen et de Magnus. Il publia en 1848 un remarquable travail sur le diamagnétisme et les propriétés électro-optiques des cristaux. Nommé en 1855, sur la proposition de Faraday, professeur à l'Institut royal de Londres, il conserva ce poste jusqu'en 1887. Il fit des conférences aux États Unis, et soutint contre les adversaires de ses doctrines d'ardentes polémiques. Parmi ses ouvrages les plus connus, on cite : *Fragments de science*, le *Son*, la *Lumière*, la *Chaleur comme mode de mouvement*, les *Notes sur l'électricité*, et surtout les mémoires sur les *Glaciers des Alpes*.

U

UCHARD (Mario), écrivain, né à Paris en 1824, mort en 1893, est connu surtout par *la Fiammina*, pièce jouée en 1857 au Théâtre-Français, et inspirée, dit-on, par ses démêlés avec une actrice, Madeleine Brohan, qu'il avait épousée en 1855 et de laquelle il venait de se séparer. Parmi les nombreux romans qu'il a publiés, un seul, *Mon oncle Barbassou*, a quelque valeur.

V

VACHEROT (Étienne), philosophe, né à Langres en 1809, mort en 1897, fut élève de l'École normale supérieure, puis directeur des études et maître de conférences dans cette même école. D'abord disciple de Cousin, il publia, de 1846 à 1851, une *Histoire de l'École d'Alexandrie*, dont la dernière partie suscita de vifs démêlés entre l'auteur et l'abbé Gratry. Il fut révoqué de ses fonctions en 1852, et, vivant désormais dans la solitude, ne tarda pas à se séparer en philosophie de Cousin. Il publia, en 1858, un livre original, la *Métaphysique et la Science* ou *Principes de métaphysique politique*, dans lequel il montrait la haute importance des travaux des philosophes allemands et la nécessité de ne pas négliger, dans les conceptions de la philosophie, les progrès de la science. Il publia aussi, en 1859, *la Démocratie*, ouvrage qui le fit condamner à l'amende et à la prison, puis *la Religion* (1868). Il fut maire du Ve arrondissement de Paris pendant le siège, et député de la Seine en 1871. D'abord républicain, il se sépara plus tard de ses anciens amis politiques pour se rallier à la politique monarchiste, et ne joua plus aucun rôle après 1876. A cette évolution politique correspondait une évolution religieuse, que Vacherot a consignée dans un mémoire manuscrit. Une de ses dernières publications fut *la Démocratie libérale* (1892). Vacherot avait été admis en 1868 à l'Académie des Sciences morales et politiques en remplacement de Cousin. — Cf. Ollé-Laprune, *Ét. Vacherot* (Paris, 1898).

VACQUERIE (Auguste), écrivain, né à Villequier (Seine-Inférieure) en 1819, mort en 1895, fut l'ami et l'admirateur passionné de Victor Hugo. Il débuta en 1840 par un recueil de poésies, *l'Enfer de l'esprit*, et publia dans *le Globe*, puis dans *l'Époque*, des articles littéraires et critiques. Ses deux premières œuvres furent deux adaptations de Shakespeare, *Falstaff* et *le Capitaine Paroles*, en collaboration avec Paul Meurice, représentées à l'Odéon. En 1844, ils firent représenter une théâtre une traduction en vers de l'*Antigone* de Sophocle. En 1845, parurent *les Demi-Teintes*, nouveau recueil de poésies, dans lequel on trouve le fameux sonnet à la neige. En 1848, fut fondé *l'Événement*, et Vacquerie en devint un des principaux rédacteurs, avec Charles Hugo et Paul Meurice. Cette même année, il fit représenter *Tragaldabas*, drame en cinq actes, en vers, à la Porte-Saint-Martin. Après le coup d'État du 2 Décembre, Vacquerie alla rejoindre Victor Hugo en exil, et vécut longtemps auprès de lui à Jersey et à Guernesey. Il fit alors publier à Paris *Profils et Grimaces*, et les *Drames de la Grève*, 1857. Il revint à Paris pour faire jouer, au Théâtre-Français : *Souvent homme varie*, 1859 ; à la Porte-Saint-Martin, les *Funérailles de l'honneur*, 1862 ; au Théâtre-Français, *Jean Baudry*, 1863, puis *le Fils*, 1866. En 1869, il fonda à Paris *le Rappel* avec Paul Meurice, Charles Hugo et Rochefort. De 1875 à 1895, Auguste Vacquerie a publié son *Théâtre complet*, un grand poème philosophique et humanitaire, *Futura*, et, enfin, *Depuis*, qui fut son dernier volume de vers paru. Il fit représenter : *Formosa*, drame en quatre actes et en vers, à l'Odéon, en 1885 ; *Jalousie*, drame en quatre actes, en prose, au Gymnase en 1888. La reprise d'*Antigone* fut l'objet, au théâtre d'Orange, d'une représentation retentissante. Depuis la mort de Victor Hugo, Auguste Vacquerie fut, avec Paul Meurice, chargé de la publication des œuvres littéraires posthumes du poète.

VALLAURI (Thomas), historien et philologue italien, né en 1805, mort en 1897, fut professeur d'éloquence grecque et latine à l'Université de Turin. Il a laissé des ouvrages estimés : *Histoire de la poésie en Piémont*, 1841 ; *Histoire des universités de Piémont*, 1846 ; *Historia critica litterarum latinarum*, 1849 ; *Fastes de la maison royale et de la monarchie de Savoie*, 1843-1846, etc. Il a donné aussi des éditions d'écrivains latins et un *Dictionnaire latin-italien*.

VALOUÏEV (Pierre-Alexandrovitch, comte), homme d'État russe, né en 1815, mort en 1890, collaborateur de Speransky, en 1836, gouverneur de Courlande en 1853, ministre de l'intérieur en 1861, prit part aux réformes d'Alexandre II, et surtout à l'abolition du servage. Nommé en 1872 ministre des domaines impériaux, il reçut le titre de comte en 1880. On a de lui un roman, *Lorine*, et un *Recueil de Lectures pieuses*.

VAN BENEDEN (Pierre-Joseph), zoologiste belge, né à Malines en 1809, mort en 1894. Associé étranger de l'Académie des Sciences, il a laissé des travaux aussi nombreux qu'importants sur les *animaux marins*. Professeur d'histoire naturelle à l'Université de Gand (1835), Van Beneden a écrit une *Zoologie médicale* éditée en plusieurs langues et restée longtemps classique en France.

VAPEREAU (Gustave), écrivain, né à Orléans en 1819, mort en 1900, entra à l'École normale supérieure en 1858, et enseigna la philosophie au collège de Tours. Il abandonna l'enseignement en 1852, ne voulant pas servir l'Empire, fit son droit à Paris, et commença, en 1858, à publier à la librairie Hachette le *Dictionnaire des Contemporains*. Il publia aussi *l'Année littéraire et dramatique*, de 1859 à 1869. Après la chute de l'Empire, il fut nommé préfet du Cantal, puis du Tarn-et-Garonne. En 1877, il fut nommé inspecteur général de l'enseignement primaire ; il conserva ces fonctions jusqu'en 1888. En 1876, il avait fait paraître le *Dictionnaire des littératures*. Il publia aussi une *Esquisse d'histoire de la Littérature française* (1882), de nombreux articles dans le *Dictionnaire philosophique* de Franck, dans le *Dictionnaire de pédagogie*, l'*Encyclopédie générale*, etc. Il a donné aussi à l'*Illustration*, sous le pseudonyme de Valtoux, des maximes et des pensées qui ont été réunies en un volume intitulé *l'Homme et la Vie*.

VAUGHAN (Herbert), cardinal anglais, né à Gloucester en 1832, mort en 1903, étudia la théologie à Rome, et fut ordonné prêtre en 1854. Après son retour en Angleterre (1855), il fonda la congrégation des Oblats de Saint-Borromée et le Collège des missionnaires de Saint-Joseph. Évêque de Salford en 1872, il succéda, en 1892, sur le siège archiépiscopal de Westminster, au cardinal Manning (*Voy.* ce nom dans le SUPPLÉMENT). Il fut nommé cardinal en 1893. Il fut associé aux efforts que fit le pape Léon XIII (*Voy.* ce nom dans le SUPPLÉMENT) pour amener une réconciliation entre le Saint-Siège et la haute Église anglicane. Il travailla à l'organisation des missions catholiques dans les colonies anglaises ; il publia de nombreuses brochures sur les questions sociales.

VERDI (Giuseppe), compositeur italien, né en 1813 au village de Roncole, près de Busseto (ancien duché de Parme), mort à Milan en 1901, était le fils d'un pauvre aubergiste. Il fit, tout enfant, ses premières études musicales sous la direction d'un organiste obscur. Grâce à la protection d'un amateur éclairé, M. Barezzi, qui avait été frappé de ses rares dispositions, il put étudier avec un compositeur de quelque valeur, le Provesi. A peine âgé de 13 ans, Verdi avait dépassé ses premiers maîtres. Doté d'une bourse du mont-de-piété de Busseto, et toujours soutenu par M. Barezzi, Verdi alla se présenter au Conservatoire de Milan. Il fut refusé, comme n'ayant aucune aptitude musicale. Sans se rebuter, il continua de travailler sous la direction de Lavigna, accompagnateur de la Scala. Au bout de trois ans, ses études terminées (1836), Verdi se trouva dans une affreuse misère. Cependant, il travaillait à sa première œuvre, *Oberto di San Bonifazio*, drame musical qui fut représenté avec quelque succès à Milan en 1839. L'année suivante, il donna un opéra bouffe, *Un Giorno di regno*, qui échoua, ce qui fit croire prématurément que le compositeur ne réussirait jamais dans ce genre. *Nabucco*, représenté à la Scala de Milan en 1842, eut un grand succès. Désormais, Verdi comptait parmi les maîtres, et son succès s'affirma encore avec *I Lombardi alla prima crociata* (1843) et *Ernani* (1844). Le talent du compositeur brilla beaucoup moins dans *I Due Foscari, Giovanna d'Arco, Alzire* (1845), *Attila* (1846), *Macbeth* (Florence), 1847, *I Masnadieri* (Londres, 1847 ; *Il Corsaro* (Trieste, 1848), *Battaglia di Legnano* (Rome, 1848), *Luisa Miller* (Naples, 1849', *Stiffelio* ,Trieste, 1850'. Enfin se produisirent des triomphes éclatants avec *Rigoletto* (Venise, 1851), dont le sujet est tiré du *Roi s'amuse* de Victor Hugo, *il Trovatore* (Rome, 1853), et *la Traviata*, inspirée par *la Dame aux Camélias*, d'Alex. Dumas (Venise. 1855). La réputation de Verdi devint, dès lors, universelle. Il semblait incarner le goût du temps avec ses opéras où la mélodie vocale tenait la plus grande place, avec cette orchestration, souvent pauvre, mais toujours sonore, entraînante comme une musique de guerre, avec ce sentiment souvent brutal, mais toujours saisissant, des situations dramatiques. En 1855, furent jouées à Paris, pendant l'Exposition universelle, *les Vêpres Siciliennes*. D'ailleurs, dès cette même époque, Verdi, d'abord contesté, avait fini par s'imposer en France. L'Opéra avait donné, dès 1847, *I Lombardi*, sous le titre de *Jérusalem*. C'est encore à l'Opéra qu'il donna, en 1867, *don Carlos*, qui suscita de vives discussions. La reprise de *Giovanna d'Arco* aux Italiens (Paris, 1868) fut l'occasion d'un des plus beaux triomphes de Mlle Patti, chanteuse alors très célèbre. Des œuvres moins heureuses avaient suivi, de 1856 à 1870 : *Aroldo*, *Simone Boccanegra*, *Una vendetta in domino*, le *Roi Lear*, *Un ballo in maschera*, *la Forza del Destino*. Puis vinrent les dernières compositions, qui couronnèrent glorieusement la carrière du maître. En 1871, Verdi fit représenter, au Caire, *Aïda*, qui obtint dans toute l'Europe un succès du premier ordre, fut donné au Théâtre-Italien de Paris en 1876, puis passa au répertoire de l'Opéra en 1880. On a voulu voir, non sans exagération, dans cette partition une conversion de Verdi aux doctrines musicales allemandes. Il serait plus juste de dire que, sous l'influence de Berlioz et de Wagner, il avait modifié son style, sans renoncer entièrement à ses traditions italiennes. Il donna encore *Otello* à la Scala de Milan, 1887, et acheva sa glorieuse carrière par l'opéra bouffe du *Falstaff* (Milan, 1895). Aux diverses compositions qu'on a citées, il faut ajouter une *Messe de Requiem*, en l'honneur de Manzoni (Milan et Paris, 1874). — L'illustre compositeur était un des hommes les plus populaires de l'Italie, qui fêta son jubilé avec enthousiasme en 1889, et qui lui fit, en 1901, de solennelles funérailles. C'était un grand citoyen, dévoué à la gloire et à l'indépendance de sa patrie. Sa musique, véhémente et passionnée, avait contribué au réveil des sentiments patriotiques en Italie, dans la période de 1846-1860. Son nom même avait comme une signification symbolique. Formé des cinq initiales de la devise patriotique « Vittorio Emmanuele Re d'Italia », il retentissait d'un bout à l'autre de la péninsule comme un appel et une espérance. La France s'est associée solennellement aux regrets causés par la mort du maître.

VEREENIGING (Traité de). Traité signé au mois de mai 1902 entre l'Angleterre et les Boërs de l'Orange et du Transvaal. (*Voy.* dans le SUPPLÉMENT KRUGER, ORANGE, TRANSVAAL).

VERESTCHAGUINE (Vasili), peintre russe, né à Tcherepovets (gouvernement de Novgorod), en 1842, se destina d'abord à la marine ; il avait passé ses examens d'officier, lorsqu'il se tourna vers la peinture. Il entra à l'Académie des Beaux-Arts de Saint-Pétersbourg, et obtint, en 1851, une médaille d'argent pour son premier tableau, le *Massacre des amoureux de Pénélope par Ulysse*, qu'il détruisit, le trouvant trop classique. Il visita le Caucase et la Transcaucasie, vint ensuite à Paris, fut élève de Gérôme et exposa au Salon de 1866 un dessin. *les Douchobortsi chantant les psaumes*. En 1867, il suivit, autant en soldat qu'en artiste, l'expédition du général Kauffmann dans le Turkestan, où y resta trois ans. Il voyagea, de 1874 à 1876, dans les Indes, et, au début de la guerre turco-russe, fut attaché à l'état-major du grand-duc Nicolas. Blessé, il suivit, après sa guérison, le général Gourko dans les Balkans ; la guerre finie, il revint à Paris. Ses tableaux de la campagne, après avoir été exposés à Saint-Pétersbourg, ont formé une galerie spéciale au musée de Moscou. A Paris, en janvier 1880, au Cercle artistique, eut lieu une exposition générale de deux séries de ses tableaux, empruntées à un voyage dans les Indes et à la guerre turco-russe, comprenant 140 sujets pour la première et 21 pour la seconde : cet ensemble, par la puissance de la couleur locale et par le talent du peintre, produisit une grande impression sur le public pari-

sien. Les tableaux de Verestchaguine représentent avec un réalisme poignant les horreurs de la guerre : tels sont *l'Oublié*, *la Route de Plevna*, couverte de cadavres, etc. En 1885, Verestchaguine envoya à l'Exposition de l'Académie des Beaux-Arts de Vienne une *Sainte Famille* qui causa un vif émoi parmi les catholiques, car elle représentait l'enfant Jésus dans la maison de la Vierge, au milieu, disait le catalogue, de « ses frères et sœurs ». On peut citer parmi ses dernières œuvres *les Défenseurs de la laure de Saint-Serge*, et *l'Apothéose de la guerre*, figurée par des milliers de crânes superposés. Verestchaguine assista aux débuts de la guerre avec les Japonais en Mandchourie. Il périt dans la catastrophe du navire de guerre *Petropavlosk*, qui fut anéanti le 13 avril 1904.

VERLAINE (Paul), poète, né à Metz en 1844, mort en 1896, fit d'abord partie du *Parnasse*. En 1866, il publia les *Poèmes saturniens* ; en 1869, les *Fêtes galantes* ; en 1870, la *Bonne chanson*. Il se sépara des Parnassiens vers 1872, mena dès lors une existence extravagante, et fut condamné, en 1873, à deux ans de prison en Belgique pour attentat à la vie d'un de ses amis. Il publia en 1874 *Romances sans paroles*, qui n'eut aucun succès : puis, en 1881, *Sagesse*, qui assura sa réputation. Il a publié en outre *Jadis et Naguère*, 1885 ; *Amour*, 1888 ; *Parallèlement*, 1889 ; *Dédicaces*, 1890 ; *Bonheur*, 1891 ; *Choix de poésies*, 1891 ; *Chansons nouvelles*, 1891 ; *Liturgies intimes*, 1892 ; *Elégies*, 1893 ; *Odes en son honneur*, 1895 ; *Dans les limbes*, 1894 ; *Epigrammes*, 1894. Il a composé une comédie, *les Uns et les Autres*, 1891, et quelques ouvrages en prose : *les Poètes maudits*, 1884 ; *les Mémoires d'un veuf*, 1892 ; *Mes Hôpitaux*, 1892 ; *Mes prisons*, 1895 ; *Confessions*, 1895 ; *Quinze jours en Hollande*, 1895 ; etc. On a dit que par son esprit comme par sa vie si agitée, Verlaine fut une sorte de Villon moderne.

VERNE (Jules), romancier, né à Nantes en 1828, mort en 1905, se fit connaître par une sorte de roman à prétentions scientifiques, *Cinq Semaines en ballon*, publié en 1863. Depuis, il publia un grand nombre d'ouvrages du même genre, tels que *les Aventures du capitaine Hatteras*, *De la terre à la lune*, *les Enfants du capitaine Grant*, *Vingt mille lieues sous les mers*, *le Tour du Monde en quatre-vingts jours*, *le Docteur Ox*, *Michel Strogoff*, *les Indes Noires*, *Un Capitaine de quinze ans*, *la Maison à vapeur*, *Mathias Sandorf*, etc.

VEUILLOT (Eugène), journaliste, né à Boynes (Loiret) en 1818, mort en 1905, fit partie, dès 1844, de la rédaction du journal *l'Univers*. Il en prit la direction effective à la mort de son frère Louis (*Voy.* VEUILLOT dans le DICTIONNAIRE). Il a publié une *Histoire des guerres de la Vendée et de la Bretagne*, ainsi qu'une importante biographie de Louis Veuillot.

VIBERT (Georges), peintre, né à Paris en 1840, mort en 1902, fut élève de Barrias et de Picot. Il débuta au Salon de 1863 par deux tableaux de genre : *la Sieste*, *Repentir*. On peut citer parmi ses œuvres : *Martyrs chrétiens dans la fosse aux lions*, *Daphnis et Chloé*, *Entrée des toreros*, peint en collaboration avec M. Zamacoïs, *Un Cabaret à Tolède*, dessin ; *Porteur d'eau*, aquarelle ; *l'Appel après le pillage*, *Don Quichotte*, aquarelle ; *Barbier ambulant*, *le Couvent sous les armes*, *le Matin de la noce*, *le Départ des mariés*, *le Premier-Né*, *la Réprimande*, *Moine cueillant des radis*, *M. Coquelin aîné dans le rôle de Mascarille*, *la Cigale et la Fourmi*, *le Repos du peintre*, *l'Antichambre de Monseigneur*, *le Nouveau Commis*, *la Sérénade*, *l'Avarice*, *le Malade imaginaire*, *le Cordon bleu*, *le Désespoir de Polichinelle*, *le Médecin malade*, etc. Il a peint aussi une *Apothéose de M. Thiers* (1878), toile de vastes proportions, où se mêlent le classique et le réel, et qui, d'abord acquise par l'État pour la Chambre des députés, fut envoyée au Luxembourg. Vibert fut un des fondateurs de la Société des aquarellistes français.

VICAIRE (Gabriel), poète, né à Belfort en 1848, mort en 1900, a publié les *Emaux bressans*, le *Miracle de St-Nicolas*, *l'Heure enchantée*, la *Bonne Conquête*, *Marie-Madeleine*, le *Bois-Joli*, *Quatre-vingt-neuf*, le *Clos d'Été*. Il a composé aussi les *Déliquescences* 1885 , en collaboration avec H. Beauclair, parodie des œuvres des poètes décadents et symbolistes. Un monument lui a été élevé au Luxembourg.

VICTORIA, reine du Royaume-Uni de Grande-Bretagne

et d'Irlande, impératrice des Indes, née à Londres, le 24 mai 1819, morte à Osborne (île de Wight), le 22 janvier 1901, était la fille du duc de Kent et de la princesse Victoria de Saxe-Cobourg. Elle succéda en 1837, à l'âge de dix-huit ans, à son oncle Guillaume IV. Elle arrivait au pouvoir dans des circonstances difficiles, prenant une couronne déconsidérée par les excès des deux derniers souverains, Georges IV et Guillaume IV, en face d'une aristocratie ombrageuse et hostile à la jeune reine réputée *whig*, et d'un peuple bouleversé par l'agitation chartiste. Victoria devait triompher de toutes ces difficultés, grâce à sa dignité et à son bon sens. Elle avait été élevée par sa mère dans des idées libérales. Un homme d'État célèbre, lord Melbourne, avait été pour elle une sorte de précepteur politique, et lui avait enseigné le respect des libertés constitutionnelles et le culte du libéralisme. Pour cette raison, le parti conservateur se montra, dans les premières années, très hostile à la nouvelle souveraine. Le couronnement eut lieu le 28 juin 1838. En 1840, malgré l'opposition de la plupart des lords et le mécontentement des radicaux, Victoria épousa son cousin, le prince Albert de Saxe-Cobourg et Gotha. De ce mariage naquirent neuf enfants : 1° la princesse Victoria, née en 1840, qui épousa, le 25 janvier 1858, le futur empereur d'Allemagne Frédéric III, et fut la mère de l'empereur Guillaume II; 2° le prince royal Albert-Edouard, né en 1841, qui épousa en 1863 la princesse Alexandra de Danemark, et qui succéda à sa mère, sur le trône d'Angleterre, sous le nom d'Edouard VII ; 3° la princesse Alice, née en 1845, morte en 1878, mariée en 1862 au prince de Hesse-Darmstadt, mère de l'impératrice actuelle de Russie ; 4° Alfred-Ernest-Albert, duc d'Edimbourg, puis duc de Saxe-Cobourg et Gotha, né en 1844, mort en 1900, qui épousa en 1874 la grande-duchesse Marie de Russie ; 5° la princesse Hélène, née en 1846, mariée en 1866 au prince Christian de Slesvig-Holstein ; 6° la princesse Louise, née en 1848, mariée en 1871 au marquis de Lorne, duc d'Argyll ; 7° le prince Arthur, duc de Connaught, né en 1850, qui épousa en 1879 la princesse Louise-Marguerite, fille du prince Frédéric-Charles de Prusse ; 8° le prince Léopold, duc d'Albany, né en 1853, mort en 1884, qui épousa en 1882 la princesse Hélène de Waldeck ; 9° la princesse Béatrice, née en 1857, mariée en 1885 au prince Henri de Battenberg (mort en 1896). L'union profonde qui ne cessa jamais de régner entre les deux époux permit au Prince Consort d'exercer en matière politique une influence considérable, quoique discrète. Cette influence fut parfois profitable à l'Allemagne, car le prince Albert suivit en maintes circonstances les conseils d'un Allemand, le baron Stockmar. Le prince consort ne fut jamais populaire. Au contraire, la reine, dont les débuts avaient été assez mal accueillis, vit bientôt venir à elle la popularité. Elle la méritait par son libéralisme et par ses vertus privées. Le calme et l'éclat de cette vie royale furent détruits par la mort soudaine du prince Albert (14 déc. 1861). Plongée dans une douleur profonde, la reine vécut pendant plusieurs années à Osborne et à Balmoral (Ecosse), dans une demi-retraite qui souleva parfois les réclamations et les plaintes du Parlement et de la nation. Elle ne reparut en public qu'en février 1866, à l'ouverture de la session du Parlement. Les membres du Parlement et le public lui firent une ovation enthousiaste. Dès lors se noua entre la reine et la nation une affection touchante qui ne s'est jamais démentie, et qui s'affirma avec une grande force toutes les fois qu'un malheur parut menacer la famille royale. C'est ainsi que l'Angleterre s'associa aux angoisses de la souveraine à l'occasion d'une maladie dangereuse que fit le prince de Galles (déc. 1871-fév. 1872); à sa douleur après les morts de la princesse Alice (1878), du duc d'Albany (1884), du prince Christian-Victor, petit-fils de la reine, tué dans la guerre Hélène, tué dans la guerre du Transvaal, et du duc d'Edimbourg, duc de Saxe-Cobourg et Gotha (1900).

On ne saurait exposer ici l'histoire politique de l'Angleterre sous le règne de Victoria, c'est-à-dire pendant la plus grande partie du XIXe siècle. Il suffira de rappeler que la reine Victoria a présidé pendant 65 ans à la transformation profonde du Royaume-Uni dans l'ordre des questions économiques, sociales et politiques, coloniales, et même intellectuelles. C'est dans « l'ère victorienne » que l'Angleterre a évolué du protectionnisme au libre échange (*Voy.* Robert PEEL, Richard COBDEN, etc.): du régime

aristocratique et oligarchique maintenu par la loi électorale de 1832, à une organisation de plus en plus démocratique (lois électorales de 1867, 1869, 1872, 1885, etc. *Voy.* GLADSTONE, DISRAELI, etc.). Les colonies, mal administrées jusqu'en 1837, furent à leur tour transformées, et gagnèrent, sous le règne de Victoria, 150 millions de sujets nouveaux. Des idées nouvelles de tolérance religieuse s'accréditèrent ; dans cet ordre d'idées s'opéra une véritable transformation, qui entraîna vers le catholicisme certains membres de l'église anglicane (*Voy.* NEWMAN, etc.): le libéral Gladstone put même rêver de donner à l'Irlande le « *home rule* ». On vit surgir, après une longue période de torpeur, une philosophie, une littérature, un art nouveaux, mais on ne saurait entrer ici dans le détail de ces faits complexes. On se bornera à indiquer les lignes essentielles de la biographie de Victoria. Jusqu'en 1861, la reine, éclairée par les conseils du prince Albert et du roi des Belges Léopold 1er, dans lequel elle avait une grande confiance, apprit à se soumettre aux exigences de la constitution et à s'incliner devant l'autorité du Parlement. D'ailleurs, les ministres du début, lord Melbourne et lord Aberdeen (*Voy.* ces noms), lui étaient sympathiques. Si elle combattit d'abord Robert Peel dont les grandes idées l'effrayaient, plus tard elle soutint cet illustre homme d'État. De 1848 à 1851, elle essaya de lutter contre lord Palmerston (*Voy.* ce nom) qui dirigeait un matière la politique extérieure du Royaume-Uni; mais elle ne put parvenir à briser sa toute-puissance. Dans cette même période, la reine fut unie par des liens d'amitié personnelle d'abord au roi Louis-Philippe et à sa famille, qu'elle visita au château d'Eu en 1843, puis, avec une note de sympathie plus profonde, à l'empereur Napoléon III, auquel elle rendit sa visite en 1855. Les deux nations, devenues amies, firent ensemble la guerre de Crimée qui fut surtout profitable aux Anglais. Cependant, en 1870, Victoria refusa à Thiers d'intervenir dans la guerre franco-allemande. Après cette guerre, elle accueillit en Angleterre Napoléon III et sa famille. Elle voulut, en 1875, agir en faveur de la France, d'accord avec l'empereur de Russie Alexandre II, en écrivant directement à l'empereur Guillaume Ier, pour empêcher une agression de la part de l'Allemagne. Enfin, elle se plut, dans ses dernières années, à passer l'hiver sur le littoral français de la Méditerranée. En traversant le territoire de la France, elle eut à plusieurs reprises des entrevues cordiales avec quelques-uns des présidents de la République française, notamment avec Félix Faure.

Quand elle eut repris intérêt, après 1866, à la direction des affaires de l'État, Victoria continua son rôle de souveraine constitutionnelle, et accepta le plus souvent les décisions du Parlement. Elle avait pourtant ses préférences, et passait peu à peu des doctrines libérales de sa jeunesse à des conceptions plus conservatrices. C'est ainsi qu'elle subit plutôt qu'elle n'accepta Gladstone, dont les idées l'effrayaient. Cependant, elle soutint le ministre dans la grave question du « désétablissement » de l'église anglicane en Irlande (1869), et dans celle de l'abolition de l'achat des grades dans l'armée (1872). Il est vrai que, plus tard, elle essaya de le remplacer par lord Hartington comme premier ministre (1880), et qu'elle parut se réjouir de sa chute (1894). Les sympathies de la reine allaient plutôt au conservateur Disraeli, qui sut triompher des premières préventions de la souveraine en se faisant le défenseur de la couronne, et en donnant à Victoria le titre d'impératrice des Indes qu'elle prit à partir du 1er janvier 1877. Jusqu'à la fin de sa vie (1881), Disraeli, devenu lord Beaconsfield, resta l'ami intime et le conseiller de Victoria. Ce fut lui surtout qui transforma la reine *whig* en une souveraine *tory* et conservatrice.

Dans ces dernières années de son règne, Victoria put mesurer toute l'étendue des progrès réalisés depuis soixante ans. Mais quelque brillants qu'aient été ces résultats, on ne peut pas passer sous silence les erreurs et les fautes de la politique britannique : les malheurs immérités de l'Irlande, dont la population, traquée et meurtrie, a diminué de moitié depuis un demi-siècle ; les atrocités commises dans l'Inde, depuis la révolte des cipayes (1857) jusqu'aux horribles famines qui, de nos jours encore, désolent trop souvent ce malheureux pays; les excès de l'impérialisme contemporain, qui semblent avoir fait oublier à l'Angleterre actuelle ses belles traditions libérales ; enfin, après les conquêtes coloniales violentes, la guerre injuste du

Transvaal, que la reine ne sut pas ou ne voulut pas empêcher. Mais, sur ces divers points, que les étrangers jugent fâcheux, Victoria était d'accord avec la très grande majorité de ses sujets, aveuglés depuis un quart de siècle par le rêve éblouissant de « la plus grande Angleterre », et affolés par les rêves les plus exorbitants de l'impérialisme. En 1887, l'Angleterre célébra le cinquantième anniversaire de Victoria reine, avec une pompe qui fut encore surpassée dans le jubilé de 1897, à l'occasion du soixantième anniversaire. Les Anglais profitèrent de ces circonstances solennelles pour faire, devant le monde entier, non seulement l'apothéose de la souveraine, mais encore l'étalage orgueilleux de leur puissance matérielle. Des fêtes plus paisibles célébrèrent en 1899 le quatre-vingtième anniversaire de la naissance de Victoria. — La reine Victoria a publié un certain nombre d'écrits, la plupart médiocres, sortes de Journal et de Mémoires dans lesquels se trouvent relatés des faits même insignifiants concernant sa vie privée. Des extraits considérables de la Correspondance de la reine Victoria ont été publiés en Angleterre en 1907, traduits et publiés en français par M. Bardoux (Hachette, 1908). De nombreux ouvrages ont été consacrés à l'histoire de la reine Victoria. On citera, entre autres, Queen Victoria, par Sidney Lee, 1902.

VICTORIA (Impératrice), fille aînée de la reine d'Angleterre et du prince Albert, née à Buckingham en 1840, épousa, le 25 janvier 1858, le prince royal Frédéric de Prusse, qui devint empereur allemand en 1888, après la mort de son père Guillaume Ier, et qui mourut la même année, après quelques mois de règne. (Voy. FRÉDÉRIC III dans le DICTIONNAIRE). L'impératrice Frédéric, comme on l'appelait, mourut en 1901. Elle eut deux fils, Guillaume, qui devint l'empereur Guillaume II ; le prince Henri de Prusse, et trois filles. Douée d'un esprit très cultivé, elle s'intéressait particulièrement aux beaux-arts, desquels elle se montra la protectrice éclairée.

VIGNE (Paul de), sculpteur belge, né à Gand en 1850, mort en 1901, a laissé un grand nombre d'œuvres remarquables par le goût classique et par l'harmonie des formes. On cite de lui le groupe intitulé l'Art récompensé (façade du musée ancien de Bruxelles), la Psycherella (musée moderne de Bruxelles), la Senne, statue qui décore la fontaine Anspach à Bruxelles ; le groupe de Breydel et de Coninc sur la Grande Place de Bruges, etc.

VILLE (Georges), agronome et chimiste, né à Pont-Saint-Esprit, en 1824, mort en 1897, s'occupa d'agronomie sous la direction de Regnault, installa des champs d'expériences à Grenelle (1850), à Vincennes (1860), et réalisa de grand progrès dans la chimie agricole. Professeur de physique végétale au Muséum, il a publié d'importants ouvrages : les Lois de la production végétale, 1868 ; les Engrais chimiques, 1868-70 ; la Sidération, 1880 ; l'Analyse de la terre et des plantes, 1894 ; les Champs d'expériences à l'École primaire, etc.

VILLEBOIS DE MAREUIL (Georges-Victor de), officier, né à Nantes en 1847, fut élève de l'École de St-Cyr. Il se distingua dans la guerre avec l'Allemagne, pendant laquelle il fut nommé capitaine et décoré pour sa belle conduite. Il fit la campagne de Tunisie, et fut nommé colonel en 1889. Il prit sa retraite prématurément en 1896, mit son épée au service des Boers, et leur rendit, comme général, les plus grands services. Il fut tué à Boshof, le 5 avril 1900.

VILLIERS DE L'ISLE-ADAM (Philippe), écrivain, né à Saint-Brieuc, en 1838, mort en 1889. Il débuta par un volume de vers, Premières poésies (Lyon, 1860 ; nouvelle édition, Bruxelles, 1895). Depuis, il a donné des romans : Isis (Paris, 1862), l'Ève future (Paris, 1886) ; Tribulat Bonhomet (Paris, 1887) ; — des recueils de contes et de fantaisies : Contes cruels (Paris, 1881, l'Amour suprême (Paris, 1886 ; réimprimé sous le titre : le Secret de l'échafaud), Histoires insolites (Paris, 1888), Nouveaux Contes cruels (Paris, 1889 ; réimprimés en 1895, avec quelques contes posthumes sous le titre : Nouveaux Contes cruels et Propos d'au delà). Chez les Passants (œuvre posthume, Paris, 1890) ; — des drames : Elen (Paris, 1864), Morgane (Saint-Brieuc, 1865), la Révolte (représenté au Vaudeville en 1870 et publié la même année, le Nouveau Monde (publié en 1880 et représenté ensuite au Théâtre-Historique), l'Évasion (représenté au Théâtre-Libre en 1887 et publié en 1890) ; — enfin, un poème dramatique, Axël, son œuvre la plus importante,

à laquelle il travailla toute sa vie ; il en donna une première version dans une revue, mais, pour le publier en volume, il comptait le remanier entièrement ; ce remaniement ne fut pas achevé : néanmoins, Axël a paru en volume en 1890.

VIRCHOW (Rodolphe), savant et homme politique allemand, né à Schivelbein (Poméranie) en 1821, mort en 1902, élève de Jean Muller, fut reçu docteur en médecine en 1845 et nommé professeur d'anatomie pathologique à l'université de Berlin en 1847. La même année, il reçut du gouvernement prussien la mission d'aller combattre le typhus en Silésie. A cette époque, il fonda, avec son ami Reinhardt, les Annales d'anatomie pathologique et de clinique médicale, dont il resta seul directeur à la mort de celui-ci. Il se jeta avec ardeur dans le mouvement révolutionnaire de 1848. Il dut quitter l'Université de Berlin et alla enseigner l'anatomie pathologique à l'Université de Wurzbourg. Il revint à Berlin en 1856 et devint directeur de l'Institut pathologique, dont il fit un établissement de premier ordre. Conseiller municipal de Berlin en 1859, puis député de cette ville (1860), il devint un des chefs de l'opposition et entra en lutte ouverte contre Bismarck, qu'il accusait d'avoir violé la Constitution (janvier 1863). Les événements de 1866 rejetèrent dans l'ombre le parti libéral et progressiste dont il était le chef : cependant Virchow ne renonça pas à l'opposition. Une motion en faveur du désarmement, qu'il présenta à la Chambre des députés de Prusse, fut, à la suite de discussions très retentissantes, repoussée par 215 voix contre 99 (5 novembre 1869). Il avait refusé en 1867 de siéger comme député de Saarbruck à la diète de la Confédération de l'Allemagne du Nord et plus tard au Reichstag de l'Empire. Malgré ses déclarations humanitaires, il se montra, en 1870, adversaire acharné de la France, à laquelle, plus tard, il rendit justice. Il n'entra au Reichstag qu'en 1880, pour une des circonscriptions de Berlin. Il prit une part active à la lutte de l'État contre l'Église, et il passe pour l'inventeur du nom de Kulturkampf, donné à cette lutte. De concert avec Eug. Richter, il soutint l'opposition du parti progressiste contre la politique de Bismarck, jusqu'à la chute du chancelier, et ce fut à l'instigation de ces deux hommes politiques qu'eut lieu le refus de voter le Septennat, qui provoqua, en 1887, la dissolution du Reichstag. Il fut aussi l'adversaire de la politique coloniale allemande. Écarté une première fois, en 1887, du rectorat de l'Université de Berlin, à cause de ses opinions politiques, il fut appelé à cette dignité le 18 septembre 1892. — Virchow était, depuis 1859, correspondant de l'Académie des Sciences de Paris. Il fut un des fondateurs de la Société anthropologique allemande, dont il devint le président en 1870. Il jouissait d'une réputation méritée dans le monde savant. En 1900, il présida à Paris le Congrès international de la presse médicale. En Allemagne, sa popularité était très grande. Un jubilé à l'occasion de sa 80e année fut célébré avec solennité le 13 octobre 1901. — Virchow a publié de nombreux ouvrages de médecine : Sur les Pigments pathologiques hématoïdines ; Sur les Tumeurs colloïdes des ovaires, le cancer (1847) ; Sur le Choléra (1848-1849) ; Sur les Flexions de l'utérus, la scrofule, la tuberculose, la fièvre typhoïde (1850), etc. ; Sur le tissu conjonctif, rachitis, développement des os (1851) ; Dégénérescence amyloïde (1855) ; Trichiniasis (1860), résultat d'observations importantes sur les trichines du porc et des ravages de ces vers dans les muscles de l'homme ; ce travail a été traduit en français par E. Chinus (1864) ; Sur le Typhus en Hongrie (1868) ; la Médecine en Egypte, Souvenirs de voyage (1888) ; l'Alimentation et le bien-être (1889), etc. Deux ouvrages surtout présentèrent un grand intérêt, la Pathologie cellulaire (1858), traduite en français par M. Strauss (1874), et la Pathologie des tumeurs (1865). Ces livres sont fondés sur l'étude microscopique des tissus, ils servirent de base à l'enseignement médical pendant plusieurs années. Ces doctrines, alors nouvelles, ont été depuis remplacées par celles du microbisme toxique. Virchow n'en reste pas moins un des créateurs de l'étude locale des maladies. Il comprit du reste toute l'importance que prit quelques années plus tard la microbiologie, qui donna à la médecine une orientation nouvelle. Il protesta cependant contre la tuberculine du Dr Koch, dont les effets furent désastreux. Bien que ses doctrines soient maintenant démodées, on ne doit pas oublier, a écrit le Dr Daremberg, que « Virchow a su combattre la génération spontanée, qu'il a découvert la structure du tissu conjonctif réunissant les diverses parties du corps entre elles, la nature spéciale de la substance amyloïde, sorte de graisse amylacée constituant la trame de certaines dégénérescences d'origine tuberculeuse; l'origine et la nature des caillots sanguins qui constituent les thromboses et les embolies; qu'il a éclairé l'histoire pathologique de la trichinose, du cancer, des maladies des veines et des artères, etc. » (*Journal des Débats*, 7 septembre 1902). — Virchow, qui était une sorte d'encyclopédiste, a publié, en outre, des essais de littérature scientifique, comme *Gœthe naturaliste* (1861); *Contribution à la géographie de Troie* (1880), à la suite d'un voyage en Asie Mineure (1879), pendant lequel il visita les fouilles opérées par Schliemann; *Tombeaux et crânes troyens* (1882); puis des essais sur des questions sociales, comme *l'Éducation des femmes d'après leur vocation* (1865); *Problème des sciences naturelles dans la nouvelle vie nationale d'Allemagne* (1871); *la liberté de la science dans l'État moderne* (1877). On a publié une traduction française de son cours à l'Université de Berlin : *Pathologie des tumeurs* (1867-1876).

VIVIEN DE SAINT-MARTIN (Louis), géographe, né à St-Martin-de-Fontenay (Calvados) en 1802, mort en 1897, publia dès 1823 une *Carte électorale et administrative*, puis un *Atlas universel*, 1825. Il a rendu de grands services à la géographie en publiant les *Nouvelles annales des voyages*, 1845-1854; *l'Histoire universelle des découvertes géographiques*, 1845-1847; *Études de géographie ancienne*, 1850-1854; *le Nord de l'Afrique dans l'antiquité*; *Histoire de la géographie*, etc. Il commença en 1863 la publication de l'*Année géographique*, et consacra ses dernières années à la publication du *Nouveau Dictionnaire de géographie universelle* (Hachette, 1876-1895).

VŒRŒSMARTY (Michel), poète hongrois, né à Nyék en 1800, mort à Pest en 1855, se fit connaître dès sa jeunesse par des drames : *le Roi Salomon* (1821), les *Sans-Patrie*, etc., et des poèmes épiques : *la Fuite de Zalan* (1824), qui passe pour son chef-d'œuvre, *Cserhalom* (1826), la *Vallée enchantée* (1827), *Eger*, etc. Il donna aussi des contes (*Csongor et Tünde*), des traductions du *Roi Lear* et de *Jules César* de Shakespeare. En 1857, il composa un chant patriotique, *l'Appel* (*Szozat*), qui devint l'hymne national de la Hongrie. Il ne joua cependant qu'un rôle effacé dans la révolution de 1848. Ses œuvres complètes ont été publiées en 1865-66. Elles ont été étudiées en France par M. Kont.

VOLLON (Antoine), peintre, né à Lyon en 1833, dans une famille d'ouvriers, mort en 1900, fut d'abord graveur sur métaux. En même temps, il étudiait le dessin et la peinture. Il se fit connaître à Lyon par un tableau intitulé *Après le bal*; en 1865, il se fixa à Paris. Il donna un *Intérieur de Cuisine* et *Arts et gourmandise*, qui furent remarqués. Dès lors, il se fit une spécialité des peintures de ce genre, et ne tarda pas à exceller dans la nature morte. On cite de lui, *Potiron*, 1878; des *Courges*, etc. Il encore peint les *Curiosités* (musée du Luxembourg), le *Casque de Henri III*, des *Armures*, fixant habilement sur la toile l'éclat brillant et varié du métal. Après 1870, il peignit des figures et des paysages. On citera la *Femme du Pollet*, 1870; un *Espagnol roulant sa cigarette*, 1878; la *Femme de Camaret*, 1885: un *Buveur*; un *Coin de cuisine*; *l'Automne*, *l'Été*; le *Bord de mer à Trouville*; le *Port de Marseille*, etc. Vollon fut admis à l'Institut en 1897. Sans avoir brillé au premier rang, il s'est placé parmi les bons maîtres de l'École française contemporaine.

W

WALDECK-ROUSSEAU (Pierre-Marie), avocat et homme politique, né à Nantes en 1846, mort en 1904, était le fils d'un ancien représentant de 1848, mort en 1882. Il était avocat à Rennes lorsqu'il fut élu député le 6 avril 1879. Il fit partie de l'Union républicaine, présenta un projet de loi sur la réforme de la magistrature et en fut nommé rapporteur. Il fut réélu en 1881. Dans le cabinet du 14 novembre 1881, présidé par Gambetta, il eut le portefeuille de l'intérieur et se signala par ses tentatives pour empêcher les empiétements des influences politiques dans l'administration. Il se retira avec tout le ministère, le 26 janvier 1882. Ayant repris le même portefeuille dans le cabinet Jules Ferry (21 février 1883), il le garda jusqu'à la démission générale du ministère, le 31 mars 1885. Il fut élu de nouveau, aux élections du 4 octobre 1885, au scrutin de ballottage. Il ne se représenta pas aux élections du 22 septembre 1889. En 1886, il s'était fait inscrire au barreau de Paris, où il acquit une grande notoriété. En 1894, il fut élu sénateur de la Loire. Ses amis songèrent à le porter à la présidence de la République après la démission de Casimir-Périer, mais il se désista en faveur de Félix Faure. Il devint, le 22 juin 1899, président d'un cabinet, dit de défense républicaine, qui compta parmi ses membres M. Millerand et le général de Galliffet. Des poursuites furent intentées aux monarchistes, aux nationalistes, aux Pères de l'Assomption. Waldeck-Rousseau fut le promoteur d'une loi très importante sur la liberté d'association (1er juillet 1901); d'une loi sur les sociétés de prévoyance (5 février 1902), d'une autre sur la marine marchande (7 avril). Il quitta le pouvoir le 4 juin 1902, après les élections du 27 avril, où les partis avancés avaient remporté de grands succès. Waldeck-Rousseau a laissé, outre des *Discours parlementaires*, des ouvrages sur les *Questions sociales*, les *Associations et Congrégations*, etc.

WALDERSEE (Alfred, comte de), feld-maréchal allemand, né à Potsdam en 1832, mort en 1901, entra en 1850 comme sous-lieutenant dans l'artillerie de la garde. Attaché à l'état-major général en 1865, il obtint le grade de major, l'année suivante, pendant la campagne d'Autriche. Lorsque éclata la guerre entre la France et la Prusse, au mois de juillet 1870, il était, depuis six mois, attaché militaire de l'ambassade d'Allemagne à Paris. Il fut immédiatement appelé au grand quartier général du roi Guillaume et assista aux batailles devant Metz, à la capitulation de Sedan et au blocus de Paris. Chef d'état-major du grand-duc de Mecklembourg, il prit une part importante à la campagne sur les bords de la Loire. À la paix, il fut promu colonel et chargé d'affaires auprès de Thiers, jusqu'à la nomination du comte d'Arnim à l'ambassade de Paris. Général en 1880, il devint chef d'état-major général en remplacement de Moltke (1888). Par ses mérites et aussi grâce à son mariage avec la veuve du prince Frédéric de Slesvig-Holstein-Sonderbourg-Augustenbourg, parente de l'impératrice Augusta-Victoria, le général de Waldersee eut une grande influence à la cour de Berlin, pendant le règne très court de Frédéric III, et dans les premières années de celui de Guillaume II. Il fut promu feld-maréchal en 1891. En 1899, au moment du soulèvement des Boxeurs en Chine, il fut accepté par toutes les puissances comme commandant en chef des troupes européennes qui vainquirent les insurgés et occupèrent Pékin (1900).

WALLACE (Alfred-Russell), naturaliste anglais, né à Usk (Monmouthshire) en 1822, mort en 1902, travailla quelque temps chez son frère, architecte, puis se tourna vers l'étude des sciences naturelles. En 1848, il explora l'Amazone et le Rio-Negro; en 1854, il visita l'archipel Malais, en étudia la faune et la flore pendant huit ans, et, sans connaître la théorie de Darwin, arriva, en même temps que ce savant, à des conclusions favorables à l'évolution; il exposa ses doctrines dans des mémoires communiqués à la Société Linnéenne en 1858. On peut citer, parmi ses principaux ouvrages, l'*Archipel Malais*, le *pays des orangs-outangs et des oiseaux de paradis* (1869); la *Sélection naturelle* (1870), traduit en français (1882); de la *Distribution géographique des animaux* (1876), ouvrage très important au point de vue de la géographie zoologique; la *Nature des Tropiques* (1878); la *Vie animale et végétale dans les îles* (1880), etc. On lui doit aussi un ouvrage sur le spiritisme : *Miracles and modern spiritualism* (1875), sur la *Nationalisation des terres*, etc.

WALLON (Henri-Alexandre), historien et homme politique, né à Valenciennes en 1812, mort à Paris en 1904, fit de brillantes études aux collèges de Valenciennes et de Douai et entra, en 1831, à l'École normale supérieure. Reçu premier agrégé d'histoire en 1834, il professa aux collèges Louis-le-Grand et Rollin. Dès 1838, il fut nommé maître de conférences à l'École normale, après avoir, pendant un an, suppléé dans ce poste Michelet, qui l'avait désigné au choix du ministre. Licencié en droit en 1836, il fut reçu docteur ès lettres avec une thèse latine sur la *Croyance à l'immortalité de l'âme avant le Christianisme* et une thèse française sur le *Droit d'asile*; en 1840, enfin, il fut seul reçu, pour l'histoire, à l'agrégation des Facultés, que venait d'établir Victor Cousin. Il quitta définitivement l'enseignement secondaire en 1846, pour suppléer, à la Faculté des lettres de Paris, Guizot, dans la chaire d'histoire moderne ; deux ans plus tard. Carnot, prenant le portefeuille de l'Instruction publique, enlevait à Guizot cette chaire, pour la donner à Henri Martin, qui ne l'occupa guère. Déclarée vacante en 1850, elle fut, sur la présentation de la Faculté, décidément attribuée à Henri Wallon. Celui-ci la conserva jusqu'en 1888, mais y fut suppléé à partir de l'année 1871, où il rentra dans la vie politique ; il fut cependant, par le vote de ses collègues. élevé au décanat en 1876 ; il y resta cinq ans : Paul Bert, devenu ministre, le nomma d'office, doyen honoraire. En 1858, il avait été élu membre de l'Académie des Inscriptions et Belles Lettres : il devint, en 1873. secrétaire perpétuel de cette Académie. — En 1837, l'Académie des Sciences morales avait mis au concours « L'abolition de l'esclavage ancien et la servitude du globe ». En collaboration avec son camarade Yanoski — celui-ci s'étant chargé de ce qui concernait la période moderne — Wallon présenta un mémoire qui fut couronné. Il le reprit, le transforma, le compléta, et fit paraître, en 1847, son *Histoire de l'esclavage dans l'antiquité*. Dans cette œuvre capitale, il combattait, avec une très grande force, ce qu'il appelait le crime de l'esclavage. Aussi, lorsque le gouvernement provisoire de 1848 institua, pour préparer l'acte d'émancipation dans toutes les colonies de la République, une commission dont le président était Victor Schœlcher, Wallon en fut-il nommé secrétaire. Il y joua un rôle très actif, et quand, le décret d'abolition promulgué, les colonies eurent à désigner leurs représentants à l'Assemblée Constituante, la Guadeloupe, en élisant Schœlcher, le choisit comme suppléant ; mais il ne fut pas appelé à siéger.

L'année suivante, il fut envoyé par le département du Nord à l'Assemblée législative. Il y fit voter l'abolition de la mort civile. Partisan décidé de la liberté d'enseignement, il refusa cependant son vote à la loi Falloux, dont certaines parties lui paraissaient porter atteinte aux droits de l'Université, à laquelle il fut toujours ardemment dévoué ; il prononça même à ce sujet un discours vigoureux. Plus tard, fidèle à ses principes, il devait, devant le Sénat, défendre cette même loi Falloux, réduite aux articles qui consacrent la liberté de l'enseignement secondaire. A l'Assemblée législative. il ne voulut pas davantage s'associer à la loi du 31 mai, qui restreignait le suffrage universel ; il refusa cependant, obligé de se séparer ainsi de ses amis, il donna sa démission. Pendant toute la durée du second empire. il resta complètement à l'écart de la vie politique, se consacrant exclusivement à son enseignement et à ses travaux d'historien. En 1870, il demeura dans Paris et s'enrôla dans la batterie de l'Ecole polytechnique ; lorsque vinrent les élections pour l'Assemblée nationale, le département du Nord lui donna, sans qu'il eût fait acte de candidature, plus de 180.000 suffrages. Dans le débat sur les lois constitutionnelles, il mit fin aux indécisions de l'Assemblée en présentant et en faisant adopter, le 31 janvier 1875, un amendement qui définissait le mode d'élection et la durée des pouvoirs du Président de la République. Il prit une part très importante aux discussions qui suivirent, et la plupart des dispositions essentielles, dans les lois constitutionnelles de 1875. furent dues à son initiative : clause de revision introduite comme garantie contre le retour des coups d'Etat; élection du Président de la République par la Chambre et le Sénat réunis en Assemblée nationale ; mode électoral des sénateurs ; établissement d'un groupe de sénateurs inamovibles, élus par l'assemblée même et devant en être comme le prolongement dans le Parlement nouveau, etc. Il fut appelé à faire partie. comme ministre de l'Instruction publique. des cultes et des beaux arts, du premier cabinet formé après le vote des lois constitutionnelles ; à ce titre, il soutint devant le Parlement le projet de loi établissant la liberté de l'enseignement supérieur : mais il prit en même temps des mesures pour que l'Université fût en état de soutenir victorieusement cette concurrence nouvelle : il créa des chaires. et même des facultés nouvelles (droit à Lyon, médecine à Lille), obtint des crédits plus larges, consolida le traitement des professeurs, tenta de rétablir l'agrégation des Facultés. Elu par l'Assemblée nationale au nombre des sénateurs inamovibles, il prit, au Luxembourg. une part active à toutes les discussions touchant soit aux lois constitutionnelles, dont il voyait avec peine fausser les rouages, soit aux questions d'enseignement.

soit aux libertés religieuses. Luttant jusqu'à son dernier jour pour les causes auxquelles il était resté fidèle pendant toute sa vie, il monta encore à la tribune, âgé de plus de 91 ans, pour défendre la liberté d'association. Il fut au Sénat, pendant plusieurs années. président du groupe agricole, où l'estime et le respect qu'il inspirait réunissaient les membres de tous les partis. Son activité, d'ailleurs, ne se bornait pas au Parlement et à l'Institut. Il présidait encore, au moment de sa mort, le conseil d'administration de l'Institut Pasteur et la société antiesclavagiste, dont il avait été un des fondateurs, avec son camarade et ami ; Simon, avec les cardinaux Lavigerie et Perraud. — Doué d'une extraordinaire puissance de travail. H. Wallon a laissé une œuvre considérable : on y peut distinguer deux parts. l'une relative aux études historiques, l'autre touchant à l'exégèse. Dans la première, on peut citer : *Géographie politique des temps modernes* (1838) ; *Géographie politique de la France depuis les temps les plus reculés jusqu'à nos jours* (1850) : *De l'esclavage dans les colonies* (1847) ; *Histoire de l'esclavage dans l'antiquité*. 3 vol. (1847-1848) ; *Jeanne d'Arc* (1860), ouvrage honoré par l'Académie française du grand prix Gobert ; *Richard II* (1864) ; *La Terreur* (1873) ; *Saint Louis et son temps* (1875) ; *Histoire du tribunal révolutionnaire de Paris*, avec le journal de ses actes. 6 vol. (1881-1882) ; *La révolution du 31 mai et le fédéralisme en 1793*, 2 vol. (1886) ; *Les représentants du peuple en mission*. 3 vol. (1888-1890). — Dans la seconde : *La Sainte Bible, résumée dans son histoire et dans ses enseignements*, 2 vol. (1854-1859) ; *Les Saints Evangiles*, traduction tirée de Bossuet (1873) ; *De la croyance due à l'Evangile* (1858) ; *Vie de N.-S. Jésus-Christ selon la concordance des quatre évangélistes* (1865) ; *Abrégé de l'histoire sainte* (1867). A ces ouvrages, dont beaucoup ont été plusieurs fois édités. il faut ajouter, en particulier. les trente et une notices historiques que H. Wallon rédigea comme secrétaire perpétuel de l'Académie des inscriptions, les nombreux articles de critique donnés par lui au *Journal des savants*, etc.

WATTEMBACH (Guillaume), paléographe allemand, né en 1819, mort en 1897, a collaboré aux *Monumenta Germaniae historica*, et professé l'histoire à Heidelberg et à Berlin. On cite surtout de lui : *Mémoires sur l'Eglise chrétienne en Bohème et en Moravie*, Vienne. 1849 ; *Sources pour l'histoire de l'Allemagne au moyen âge, jusqu'au milieu du XIII° siècle*, Berlin, 1858-1878 ; *Histoire de la Papauté*, Berlin. 1876. Ses principaux ouvrages de paléographie sont : *Guide de paléographie grecque*, Leipzig. 1867-1886 ; *Guide de paléographie romaine*, Leipzig, 1869-1886 ; *Ecriture au moyen âge*. 1871-1875.

WATTS (George-Frederick), peintre anglais, né à Londres en 1817, mort en 1904, fut élève de l'Académie royale des Beaux-Arts. Il fut admis, dès 1837, à ses expositions, où il envoya d'abord des portraits, puis des scènes de genre tirées de Boccace et de Shakespeare, et son carton de *Caractacus* (1843). En 1844, il partit pour l'Italie, et. durant un séjour de trois années, s'attacha surtout à l'étude de l'école vénitienne. A son retour, il concourut pour la décoration du Parlement avec deux grandes compositions. *Echo et Alfred excitant les Saxons à une expédition maritime*. achetées dans les salles du nouveau Parlement (1847 En 1853, il acheva pour le même palais la fresque de *Saint Georges terrassant le dragon*, qui a été placée dans la galerie des poètes. L'œuvre de Watts, très belle et très variée, comprend des scènes tirées de la mythologie grecque (*Prométhée. Psyché. Orphée et Eurydice. Endymion. l'Enfance de Jupiter. Pallas. Junon et Vénus*. etc.) ; de l'histoire Sainte (la trilogie d'Eve. la *Mort d'Abel. Esaü. Après le déluge. le Bon Samaritain*. etc.) : des tableaux symboliques (*l'Espoir. le Temps. l'Amour et la Vie. l'Amour et la Mort. l'Amour triomphant*. etc.) ; de beaux portraits de *Lady Holland*, du *Duc de Cleveland, de Percy Windham. Rob. Browning. Calderon. Tennyson* 1890. etc. Il a aussi peint à fresque, dans une salle de l'Ecole de droit de Lincoln's Inn, à Londres. une vaste scène allégorique représentant les principaux législateurs du monde.

WALFISH BAY. en français « Baie de la Baleine », possession anglaise. dépendant de la colonie du Cap. enclavée dans le Sud-Ouest Africain allemand. La baie est située par 22°52' latitude sud et 12°7' longitude ouest. Superficie

1114 kilomètres carrés; population environ 800 habitants, dont un très petit nombre de blancs.

WEI-HAI-WEI, port de Chine, situé sur les côtes du Chantoung, presque à l'entrée du golfe de Pe-tchi-li, et en face de Port-Arthur, arsenal maritime, bon port de guerre, fut occupé par les Japonais, comme gage du paiement de l'indemnité de guerre, de 1895 à 1898. Par une convention de juillet 1898, la Chine l'a cédé à bail à l'Angleterre, qui a organisé un régiment chinois pour la défense de cette place (1899). La superficie du territoire concédé à l'Angleterre est d'environ 758 kil. carrés. La population indigène est d'environ 130 000 habitants (1907).

WHISTLER (James Mac-Neil), peintre, né à Baltimore en 1834, mort à Londres en 1903, se destina d'abord à l'armée et suivit les cours de l'école militaire de West-Point. Il vint à Paris vers 1856 et fréquenta l'atelier de Gleyre. Après plusieurs années d'études, il commença à peindre des portraits, dont plusieurs, notamment le portrait de sa mère (Musée du Luxembourg) sont des chefs-d'œuvre; ils s'efforçait de représenter moins le type physique que la personnalité morale de ses modèles. Doué d'une nature originale, il recherchait avec une ardeur passionnée et une science délicate l'expression dans l'amalgame des couleurs. De là viennent les titres, en apparence singuliers, qu'il donnait d'habitude, à ses œuvres : *Portrait de femme, arrangement en noir*; *Harmonie en gris et rose* (*Lady Meux*); *Vert et violet* (*Mme S...*); *Noir et or* (*Comte Robert de Montesquiou-Fezensac*); *Brun et or* (portrait de *Lady E...*; ou pour les transcriptions de nocturne : *Nocturne gris et or* (la *Neige à Chelsea*); *Gris et vert* (l'*Océan*); *Rose et rouge* (la *Tulipe*); *Bleu et or* (*Saint-Marc de Venise*); *Bleu et argent* (*Bognor*). Les « *Nocturnes* » de Whistler sont des compositions souvent étranges, dans lesquelles, dit M. Geffroy, « il ne représentait que des formes indécises, entrevues à travers l'air de la nuit, parfois une immensité bleuâtre semée d'une poussière d'astres. Les nocturnes stupéfièrent le public et agacèrent la critique. » Très contesté en France, Whistler alla se fixer à Londres. Il a peint un grand nombre de portraits, parmi lesquels on peut citer ceux de Carlyle, de Sarasate, etc. Dans les dernières années de sa vie, il exécuta dans un hôtel privé de Londres une décoration dite *Chambre du paon*, qui est célèbre. Il a publié un livre, *De l'art de se faire des ennemis*, dans lequel il malmène rudement les critiques.

WHITTIER (John Greenleaf), poète et journaliste américain, né à Haverhill (Massachusetts) en 1807, mort en 1892, passa ses premières années sur une ferme. Son instruction fut négligée; il n'entra à l'école qu'à dix-huit ans, mais il y apprit assez en quatre années pour se charger de la direction d'un journal. Il prit une part ardente au mouvement anti-esclavagiste. Il a laissé quelques œuvres : *Légendes de la Nouvelle-Angleterre*, en prose et en vers, 1831; *Moll Pitcher*, poème, 1855; *Ballads*, 1838; *Voix de la Liberté*, 1849; *Chants du travail*, 1850; *Poèmes lyriques nationaux*, 1865-66; *Maud Muller*, 1866; *Snowbound*, idylle d'hiver, 1866; *Miriam*, 1870; *les Pèlerins de la Pennsylvanie*, 1872; *Mabel Martin*, 1874; *Poèmes de la Nature*, 1885, etc.

WINIPEG, capitale du Manitoba (*Voy.* ce nom dans le SUPPLÉMENT), située au confluent de la Rivière Rouge et de l'Assiniboine. Population, environ 100 000 habitants (1906).

WISSMANN (Hermann Von), explorateur allemand, né à Francfort-sur-l'Oder en 1855, fut d'abord officier d'infanterie. De 1880 à 1882, il accompagna le docteur Pogge dans un voyage d'exploration de Loanda au Kassaï et à Niangoué sur le Congo. Il continua ensuite seul sa route vers la côte de l'océan Indien et arriva à Zanzibar au mois de novembre 1882, ayant ainsi accompli une remarquable traversée de l'Afrique. À la fin de 1883, il entreprit un nouveau voyage pour le compte du roi des Belges, en compagnie du docteur Wolf et des lieutenants Von François et Müller. De Loanda, il gagna la rivière Loulou, dans l'intérieur du Congo, en remonta le cours, explora ensuite le Kassaï, et descendit ce grand cours d'eau jusqu'à son confluent avec le Congo (1885). De janvier 1886 à juillet 1887, il traversa pour la seconde fois le continent africain, de Banana, à l'entrée du Congo, à Quelimané, dans le delta du Zambèze. Il fut nommé alors commissaire impérial dans l'Afrique Orientale allemande. En 1892, il fonda la station de Langenbourg, sur la côte orientale du lac Nyassa. En 1895, il fut placé avec le titre de gouverneur, à la tête de la colonie allemande d'Afrique orientale. Peu de temps après, il fut nommé président de la Société de Géographie de Berlin. Il fut tué en Styrie, dans un accident de chasse, en 1905. Il a publié, entre autres ouvrages : *Im Innern Afrikas* (1888); *Meine zweite Durchquerung Æquatorial-Afrikas* (1890), etc.

WITT (Henriette Guizot, dame Conrad de), née à Paris en 1829, morte en 1908, était la fille aînée de Guizot. Elle épousa, en 1850, M. Conrad de Witt, qui fut député d'ouvrages d'éducation, par les romans destinés à la jeunesse et par des traductions de livres anglais. On citera, parmi ses principaux ouvrages : *Contes d'une mère à ses petits enfants* (1861); l'*Histoire Sainte racontée aux enfants* (1865); *Scènes d'histoire et de famille du XVI° au XVIII° siècle* (1867-1885); *Histoire du peuple juif* (1868); *Scènes historiques et religieuses* (1872); *Une sœur* (1875); *Recueils de poésies pour les jeunes filles* (1875); *Scènes historiques du protestantisme français* (1879); *Vieux Amis* (1883); *Petite* (1885); *Les Femmes dans l'histoire* (1888), ouvrage couronné par l'Académie française; *Contes et Légendes de l'Est* (1892), etc. Mme de Witt a achevé l'*Histoire de France race tée à mes petits enfants*, commencée par son père, écrit une *Histoire d'Angleterre*, une *Histoire contemporaine*, donné des éditions illustrées d'un *Abrégé des chroniques de Froissart* et des *Chroniqueurs de l'histoire de France*, depuis les origines jusqu'au XVI° siècle. On lui doit aussi une biographie de son père, sous ce titre : *M. Guizot dans sa famille et avec ses amis* (1880).

WOLF (Rodolphe), astronome suisse, né à Fœllanden (canton de Zurich) en 1816, mort en 1893, fit ses études scientifiques à Berlin, à Paris et à Vienne, prit le grade de docteur, devint, en 1839, professeur au collège de Berne, et fit un cours d'astronomie à l'Université de cette ville. En 1855, il passa, comme professeur de mathématiques, au gymnase de Zurich, et fut aussi professeur d'astronomie à l'École polytechnique fédérale et à l'Université. Il fut élu correspondant de l'Institut de France en 1885. Outre quelques ouvrages de mathématiques pour l'usage des classes (*Géométrie et problèmes*, 1884; *Manuel de mathématiques et de physique*, Berne, 1852); Wolf a laissé un grand nombre de mémoires sur la périodicité des taches du soleil, objet spécial de ses recherches; sur les étoiles filantes et les bolides, sur la météorologie, sur les comètes, etc. Dans un autre genre, il a donné des notices biographiques sur les savants suisses, réunies en quatre volumes (1858-1862); il a publié depuis une nouvelle série de notices sur Grœlle, Dentzler et autres, et donné une *Histoire de l'astronomie* (Munich, 1877).

Y

YLGARN. — *Voy.* COOLGARDIE dans le SUPPLÉMENT.

YON (Edmond), peintre et graveur, né à Paris en 1841, mort en 1897, fut élève de Ponget et de Lequien. Il a laissé des œuvres intéressantes : la *Rivière d'Eure à Arquigny* (musée du Luxembourg), les *Bords de la Seine à Montereau*, la *Meuse à Dordrecht*, l'*Embouchure de la Dive*, l'*Étang de Cernay*, *Automne*, etc. Ses paysages ont beaucoup de charme.

YUKON (Territoire du), dans le Dominion du Canada, formé en 1898, est administré par un commissaire assisté d'un Conseil de dix membres, dont cinq sont élus par les habitants. La superficie du territoire est d'environ 500 000 kilomètres carrés, avec une population d'environ 30 000 habitants. Le Klondike (*Voy.* ce mot dans le SUPPLÉMENT) n'occupe qu'une faible partie du Territoire du Yukon.

YRIARTE (Charles), écrivain, né à Paris en 1832, mort en 1898, collabora à divers journaux, et dirigea pendant quelques années *le Monde illustré*. À la fois journaliste, critique d'art, voyageur, historien, il a laissé un grand nombre d'ouvrages, de valeur inégale. On citera : *Souvenirs du Maroc*, 1862; *Goya*, 1867; *Campagne de France*, 1871; *la Vie d'un patricien de Venise*, 1874; *Bosnie et Herzégovine*, 1876; *Venise*, 1877; *les bords de l'Adriatique et le Monténégro*, 1877; *Florence*, l'*Histoire des Médicis*, 1880; *Françoise de Rimini*, 1882; *Sculpture italienne au XV° siècle*, 1885; *G.-P. Millet*, 1885; *les Borgia*, 1888; *Autour des Borgia*, 1890, etc.

Z

ZAMBÉZIE. — On a parfois désigné sous ce nom une vaste région de l'Afrique australe, soumise au protectorat ou à l'influence de l'Angleterre, entre l'État libre du Congo au N., l'Afrique orientale allemande au N.-E., l'Afrique orientale portugaise à l'E., le Transvaal et le Betchouana (anglais) au S., la colonie allemande du Sud-Ouest africain et l'Angola (portugais) à l'O. — Superficie, 1 604 480 kil. car., population, 7 350 000 hab. — La possession de ces pays a été longtemps revendiquée par le Portugal. Mais l'Angleterre y étendit son influence à partir de 1885 (formation du protectorat du Betchouana), engloba le pays des Matabélés (1888) et du Machona (1889), une partie du Zambèze et du Nyassa (1891), etc. L'exploitation de ces pays fut confiée à la *Compagnie Sud-Africaine*. Celle-ci acheva l'incorporation du Matébéléland, pour rester maîtresse des gisements aurifères de ce pays; relia par voie ferrée Salisbury au réseau du Cap et poussa une autre voie vers Beira. — Toute cette région est favorable à l'agriculture et paraît destinée à une grande prospérité. Elle est englobée dans la Rhodésia et le Nyassaland britanniques (*Voy.* Rhodésia et Nyassaland dans le supplément).

ZANARDELLI (Giuseppe), homme d'État italien, né à Brescia en 1829, mort en 1903, étudiait le droit à l'université de Pavie quand éclata la révolution de 1848. Il s'engagea comme volontaire et se distingua dans plusieurs combats. Après la défaite des Piémontais à Novare, il revint à Brescia, et se fit inscrire au barreau de cette ville, tout en collaborant à plusieurs journaux, notamment au *Crepusculo* de Milan. Il refusa toute fonction sous le régime autrichien. Après la guerre de 1859, il participa activement à l'œuvre de l'unité italienne, prépara l'incorporation de Naples au royaume d'Italie (1860) et fut nommé député d'Iseo. Il devint bientôt un des orateurs les plus influents de la gauche. Quand son parti arriva au pouvoir, en 1876, il fut ministre des travaux publics dans le cabinet Depretis; mais il donna sa démission au mois de novembre 1877, étant hostile aux conventions de chemins de fer. Peu de temps après, il devint ministre de l'intérieur dans le cabinet Cairoli, qui tomba le 11 décembre 1878, à la suite d'un attentat dirigé contre le roi par un fou appelé Passanante. Zanardelli se retira à Brescia, reprit sa place au barreau et publia un livre, *Avvocato*, qui eut un grand succès. En 1881, Depretis étant revenu au pouvoir, il devint ministre de la justice et il conserva ce portefeuille pendant plusieurs années (1881-83, 1887-91, etc.), dans les cabinets Depretis, Cairoli et di Rudini. En cette qualité, il réforma la procédure de la cour de cassation, et, surtout, il dota l'Italie d'un nouveau code pénal plus libéral que l'ancien. En décembre 1895, après la chute du ministère Giolitti, il fut chargé de constituer un cabinet, mais il échoua. En 1900, dans les premiers temps du règne de Victor-Emmanuel III, il devint président du Conseil; il fit succéder au système de répression des ministères Pelloux et Zaracco une politique libérale et conciliante et accomplit d'heureuses réformes législatives et sociales. Il travailla activement au rapprochement qui s'opéra alors entre la France et l'Italie.

ZANNONI, *Voy.* Rizzi Zannoni.

ZANZIBAR (*Voy.* ce mot dans le dictionnaire). — Cette île, qui compte 150 000 habitants (1907), et celle de Pemba (50 000 habitants) sont soumises depuis 1890 au protectorat anglais et administrées, sous le contrôle du consul-général britannique, par des officiers anglais choisis par le sultan et agréés par le ministre des affaires étrangères d'Angleterre.

ZEMSTVO, corps représentatifs territoriaux, organisés en 1864 en Russie pour la gestion des affaires et l'étude des besoins économiques dans chaque gouvernement et chaque district. La compétence de ces assemblées a été peu à peu réduite sous le règne d'Alexandre III.

ZÉLANDE NOUVELLE-), *Voy.* Nouvelle-Zélande.

ZEVORT (Edgar), historien, né à Rennes en 1841, mort en 1908, entra en 1861 à l'École normale supérieure, puis enseigna l'histoire dans plusieurs lycées de province et à Paris, inspecteur de l'Académie de Paris en 1881, il devint en 1884 recteur de l'Académie de Caen; il

conserva ces fonctions jusqu'à sa mort. Il défendit dans le *Journal des Débats* et dans la *Revue de l'Enseignement secondaire* les réformes scolaires de Jules Ferry. Il a laissé une étude sur le *Marquis d'Argenson*, une *Histoire de Louis-Philippe*, une biographie de *Thiers* et surtout une bonne *Histoire de la Troisième République*, dont quatre volumes ont été publiés.

ZINDER, localité de l'Afrique occidentale française, comprise dans le « Territoire militaire du Niger » (*Voy.* ces mots dans le supplément): chef-lieu d'une région qui comprend les cercles de Zinder, Gouré et Tahoua.

ZOLA (Émile), écrivain, né à Paris en 1840, mort en 1902, fit ses études au collège d'Aix en Provence, puis à Paris, au lycée Saint-Louis. Il publia en 1864 son premier livre, *Contes à Ninon*, puis un roman, *la Confession de Claude*; en même temps, il commença à se faire connaître par des articles de critique littéraire et artistique dans le journal l'*Événement*. Pressé d'arriver à la notoriété, il publia des romans dont le réalisme volontairement grossier étonna et scandalisa souvent le public : *Thérèse Raquin* (1867); et, à partir de 1869, la série des *Rougon-Macquart*, avec ce sous-titre prétentieux : *Histoire naturelle et sociale d'une famille sous le second Empire*. Zola devint alors le chef d'une école qui s'intitula *naturaliste*, et qui comprit Maupassant, Paul Alexis, Huysmans, Hennique, Céard, etc. Ce cénacle publia un recueil de nouvelles, *les Soirées de Médan* (1880). Dans le même temps, Zola formulait sa doctrine dans des articles de journaux et des livres tels que *la Littérature et la République* (1879), *le Roman expérimental* (1880), *Une Campagne* (1882), etc. Il continuait la série de ses romans, qui, depuis l'*Assommoir* (1877) jusqu'au *Docteur Pascal* (1895), le vingtième et dernier volume des *Rougon-Macquart*, soulevèrent de vives protestations. Quelques-uns de ces romans ont été adaptés à la scène, notamment par M. Busnach. Zola a écrit pour le théâtre *Madeleine*, *Renée*, et trois drames lyriques, *Messidor*, l'*Ouragan*, l'*Enfant-Roi*. En 1894, il fit paraître un roman intitulé *Lourdes*, que suivirent *Rome* (1896) et *Paris* (1898). Pendant l'affaire Dreyfus, il publia contre les chefs militaires un réquisitoire violent sous le titre de *J'accuse* (janvier 1898); et il le fut, pour ce fait, condamné à un an de prison et 3000 francs d'amende. Réfugié en Angleterre, il poursuivit sa campagne en faveur de la revision du procès, tout en préparant une nouvelle série de romans intitulée *les Quatre Évangiles* : trois volumes sur quatre furent publiés de 1899 à 1902. En 1908, les Chambres décidèrent que les restes de Zola seraient portés au Panthéon.

ZORILLA (don José), poète et auteur dramatique espagnol, né à Valladolid, en 1817, mort en 1895, fit ses études au séminaire des nobles à Madrid, puis étudia le droit. Mais ses goûts le portaient vers les lettres : en 1834, il publia sa première poésie, *Elvira*. Fixé à Madrid en 1836, il composa, à l'occasion de la mort du poète Larra, une élégie qui commença sa réputation. Le premier volume de ses poésies parut en 1837. Dès lors, il devint le poète national de l'Espagne, et le représentant le plus illustre du romantisme dans ce pays. Il donna successivement deux pièces écrites dans le vieux style espagnol : *A buen juez mejor testigo* (A bon juge meilleur témoin), 1838; *El Zapatero y el Rey* (le Cordonnier et le Roi), 1840. Puis parurent *Don Juan Tenorio* (1844) drame fantastique, traduit en français par M. Achille Fouquier, 1882 : *Maria*, poème religieux, 1849; *Traidor, inconfeso y martyr*, drame, 1850. En 1855, il partit pour le Mexique, et revint en 1866 à Madrid, où il fut reçu en triomphe. Il publia alors *Album de un Loco*, et, en 1867, *el Drama del Alma*. De 1877 à 1887, il fit à l'Athénée de Madrid des conférences qui eurent le plus vif succès. Dans la dernière partie de sa vie, il publia : *Gnomos y Mujeres*, 1880; *De Murcia al cielo* et *A escape y al vuela*, 1888. On doit citer encore : ses *Recuerdos del tiempo viejo*, 1879; l'épopée de *Granada*, 1853-54; *Ecos de las montañas*; *Composiciones diversas*, poésies; parmi les œuvres dramatiques : *El Molino de Guadalajara*, *Sancho Garcia*, *Cain*, *Un año y un dia*, *La Reina y los Favoritos*, *El Caballo del Rey don Sancho*, *El Excomulgado*, *Sofronia*, etc. Membre de l'Académie espagnole en 1885, il reçut des Cortès, en 1887, une pension viagère de 2,000 fr. à titre de récompense nationale.

LIBRAIRIE HACHETTE ET C⁹, BOULEVARD SAINT-GERMAIN, 79, A PARIS

DICTIONNAIRES ENCYCLOPÉDIQUES

DICTIONNAIRE UNIVERSEL D'HISTOIRE ET DE GÉOGRAPHIE, contenant : 1° l'histoire proprement dite ; 2° la biographie universelle ; 3° la mythologie ; 4° la géographie ancienne et moderne, par M. N. Bouillet, entièrement refondu sous la direction de M. Gourraigne, professeur agrégé d'histoire. 33° édition augmentée d'un nouveau supplément. 1 volume grand in-8 de 2216 pages. Broché, 20 fr. ; relié demi-chagrin, 25 fr.

DICTIONNAIRE UNIVERSEL DES SCIENCES, DES LETTRES ET DES ARTS, contenant : Pour les sciences : 1° les sciences métaphysiques et morales ; 2° les sciences mathématiques ; 3° les sciences physiques et naturelles ; 4° les sciences médicales ; 5° les sciences occultes. Pour les lettres : 1° la grammaire ; 2° la rhétorique ; 3° la poétique ; 4° les études historiques. Pour les arts : 1° les beaux-arts et les arts d'agrément ; 2° les arts utiles, par M. N. Bouillet, entièrement refondu sous la direction de MM. E. Faivre, membre de l'Académie française, professeur à la Faculté des lettres de Paris et J. Tannery, sous-directeur de l'École Normale supérieure. 17° édition augmentée d'un supplément. 1 volume grand in-8 de 1800 pages. Broché 20 fr. ; relié demi-chagrin, 25 fr.

DICTIONNAIRE UNIVERSEL DES LITTÉRATURES, contenant : 1° des notices sur les écrivains de tous les temps et de tous les pays ; 2° la théorie et l'historique des différents genres de poésie et de prose ; 3° la biographie générale et particulière, les ouvrages à consulter sur les questions d'histoire, de théorie et d'érudition ; par M. G. Vapereau. 1 vol. grand in-4. Broché, 30 fr. ; relié demi-chagrin, 35 fr.

DICTIONNAIRE UNIVERSEL DES CONTEMPORAINS. Ouvrage rédigé et tenu à jour avec le concours d'écrivains et de savants de tous les pays, par M. G. Vapereau. 6° édition entièrement refondue et considérablement augmentée, avec un supplément (1895). 1 volume grand in-8. Broché 35 fr. ; relié demi-chagrin, 40 fr.

DICTIONNAIRE HISTORIQUE DE LA FRANCE, contenant : 1° la biographie ; 2° l'histoire générale ; 3° la législation, les coutumes et les usages ; 4° la généalogie des principales familles ; 5° la chronologie des principaux faits ; 6° la géographie ancienne ; 7° des notices historiques sur les provinces, les principales villes, etc. ; 8° les grandes institutions politiques, religieuses, artistiques, militaires, littéraires, etc. ; 9° la liste chronologique des rois, par M. Ludovic Lalanne. 1 volume grand in-8. Broché 21 fr. ; relié demi-chagrin, 25 fr.

DICTIONNAIRE DES ANTIQUITÉS GRECQUES ET ROMAINES, par MM. Daremberg, Edmond Saglio et Edm. Pottier. Ce dictionnaire se composera d'environ cinquante fascicules, grand in-4, illustré de 3000 gravures. Chaque fascicule comprend 20 feuilles d'impression (160 pages) et se vend 5 fr. Les vente quarante et un fascicules :
Tome I° (A-B), 30° fr. — Tome II (C), 30 fr. — Tome III (D-E), 30 fr. — Tome IV (F-G), 25 fr. — Tome V (H-L), 25 fr. — Tome VI (L-M), 40 fr. — Tome VII (N-Q), 25 fr.
Reliure de chaque volume demi-chagrin 5 fr.

DICTIONNAIRE GÉOGRAPHIQUE ET ADMINISTRATIF DE LA FRANCE, par M. Paul Joanne, auteur de l'Itinéraire général de la France, avec la collaboration d'une société d'archivistes, de géographes et de savants. 2° édition entièrement refondue et illustrée de nombreuses gravures, de cartes et de plans. 7 volumes in-4. broché 195 fr. ; reliés demi-chagrin, 250 fr.

DICTIONNAIRE DE GÉOGRAPHIE UNIVERSELLE, contenant : 1° la Géographie physique ; 2° la Géographie politique ; 3° la Géographie économique ; 4° l'Ethnologie ; 5° la Géographie historique ; 6° la Bibliographie, par MM. Vivien de Saint-Martin, président honoraire de la Société de Géographie de Paris, et L. Rousselet. Avec un supplément conduisant jusqu'en 1900. 6 vol. in-4° brochés, 250 fr. ; reliés en 7 vol. demi-chagrin, 295 fr.

DICTIONNAIRE DES SCIENCES PHILOSOPHIQUES, par une société de professeurs et de savants, sous la direction de M. Ad. Franck, membre de l'Institut. 3° tirage. 1 volume grand in-8°, de 1812 pages à deux colonnes. Broché, 35 fr. ; relié chagrin, 40 fr.

DICTIONNAIRE DE CHIMIE PURE ET APPLIQUÉE, comprenant la chimie organique et inorganique, la chimie appliquée à l'industrie, à l'agriculture et aux arts, la chimie analytique, la chimie physique et la minéralogie, par M. Ad. Wurtz, membre de l'Institut (Académie des sciences). Ouvrage accompagné d'un grand nombre de figures. 5 volumes grand in-8, brochés, 90 fr. ; reliés en demi-veau, 107 fr. 50.

PREMIER SUPPLÉMENT AU DICTIONNAIRE DE CHIMIE PURE ET APPLIQUÉE de M. Ad. Wurtz, 2 volumes grand in-8, avec de nombreuses figures, 38 fr. 50 ; reliés demi-veau, 45 fr. 50.

DEUXIÈME SUPPLÉMENT AU DICTIONNAIRE DE CHIMIE PURE ET APPLIQUÉE de M. Ad. Wurtz, publié sous la direction de MM. Friedel et Charles. 7 volumes in-8° brochés 150 fr. ; reliés demi-veau, 174 fr. 50.

DICTIONNAIRE D'AGRICULTURE, encyclopédie agricole complète, par MM. J.-A. Barral, ancien secrétaire perpétuel de la Société nationale d'Agriculture de France, et H. Sagnier, rédacteur en chef du journal l'Agriculture. 4 volumes in-8, avec plus de 3000 figures, brochés, 94 fr. ; reliés demi-veau, tr. rouges, 105 fr.

62079. — Imprimerie Lahure, 9, rue de Fleurus, à Paris. — 6-1908-3500.

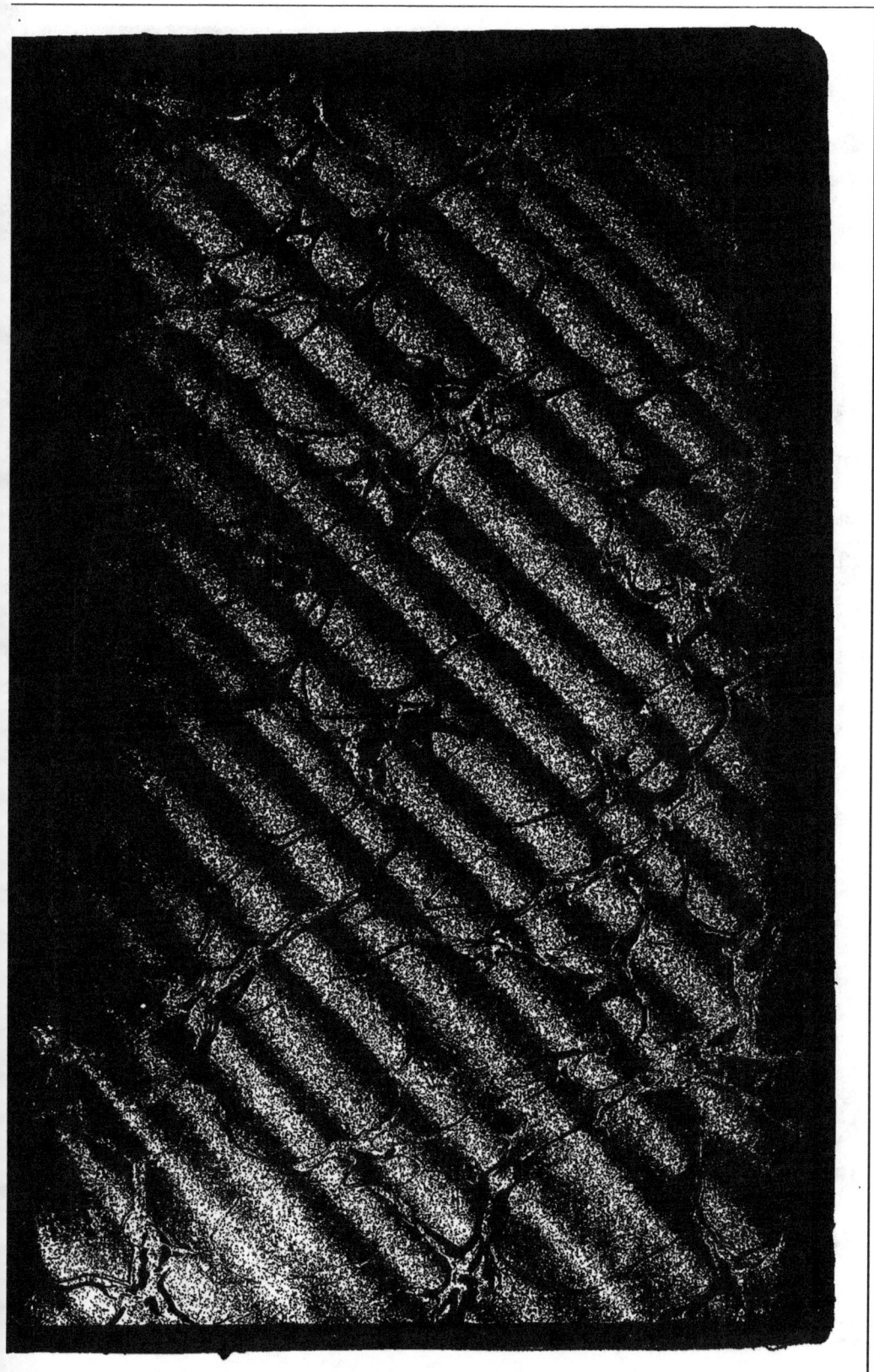

www.ingramcontent.com/pod-product-compliance
Lightning Source LLC
Chambersburg PA
CBHW050014100426
42739CB00011B/2644